GRAMMAIRE
DE LA LANGUE D'OÏL

OU

GRAMMAIRE DES DIALECTES FRANÇAIS

AUX XIIe ET XIIIe SIÈCLES.

TOME III.

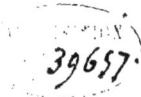

GLOSSAIRE ÉTYMOLOGIQUE

PAR

G. F. BURGUY.

LEIPZIG:

L. A. KITTLER.

1856.

PARIS:　　　　　　　　　　　BERLIN:

CH. REINWALD,　　　F. SCHNEIDER & COMP.,

RUE DES SAINTS-PÈRES, 15.　　　UNTER DEN LINDEN, 19.

PRÉFACE.

En annonçant un Glossaire comme supplément de ma *Grammaire*, je m'étais uniquement proposé de donner la signification des mots de l'ancienne langue qui se trouvent dans l'ouvrage. Des considérations toutes particulières qu'il serait inutile d'exposer ici, m'ont déterminé à modifier ce plan. J'offre aujourd'hui au public un *Glossaire étymologique*. Mes lecteurs apprécieront la valeur de ce changement, et ceux qui ont mesuré les difficultés d'un pareil travail useront volontiers d'indulgence envers moi pour le retard qu'a éprouvé sa publication.

Le Glossaire donne les mots par ordre de famille. Cet arrangement déplaira sans doute à quelques-uns de mes lecteurs. Ils prétendront que chaque mot a droit à être traité à la place que lui assigne l'alphabet. D'accord; mais je les prie de songer que ce Glossaire ne forme pas un tout indépendant: il fait partie intégrante de la *Grammaire de la langue d'oïl,* et, si je ne me trompe, la classification des mots par familles est du domaine de la grammaire. Au surplus, je n'ai pas adopté une systématisation rigoureuse; je me suis contenté de grouper les mots dont la vocalisation est semblable ou à peu près, et j'ai indiqué brièvement leurs affinités. Ajoutez à cette considération, que j'avais affaire à une langue mobile, dont les formes dialectales varient à l'infini, et que j'aurais toujours été obligé de recourir à des renvois pour éviter de reproduire souvent jusqu'à quinze fois la même explication, ou de tomber dans un défaut commun à presque tous nos glossaires du vieux langage, qui attribuent des significations différentes aux formes dialectales d'un seul et même mot. Il ne s'agissait donc que de quelques renvois de plus, dont les inconvénients sont contre-balancés pour le moins par les avantages qu'offre le groupement des mots par ordre de racine et de famille.

Comparé à l'ensemble de la langue d'oïl, ce Glossaire paraîtra fort borné; néanmoins il contient un assez grand nombre de mots qui n'ont encore été recueillis par personne; il en explique d'autres dont on avait ignoré jusqu'à présent la vraie signification; il donne enfin l'étymologie ou la dérivation de beaucoup de formes qu'on avait tout à fait méconnues ou qui étaient restées un problème à mes devanciers. Les articles suivants confirmeront entre autres cette assertion: *acater, assener, atainer, blet, brau, bret, caillou, chaceuol, contretenail, enhermi, escalcitrer, falourde, fremillon, garillant, gourle, gragant, marer, meslin, mien, parax, pieu* (pal), *pullent, quoi, re, relayer* (laier), *resprit, rigoler, scancelhier,* sombre (ombre), *spur, stanceneir,* etc., etc.

Le grand nombre de matériaux que j'avais à mettre en œuvre me forçait d'être fort bref. Aussi, comme M. DIEZ, ai-je cru pouvoir me dispenser de rechercher en chaque occasion l'origine de l'étymologie proposée, et de réfuter toujours au long celles que je regarde comme fausses. Je me suis cependant tenu obligé à faire quelque chose pour la mémoire d'un homme qu'on décrie aujourd'hui à l'envi. C'est MÉNAGE. J'accorde à ses détracteurs qu'il n'avait pas toutes les qualités qui font l'étymologiste; mais c'était un homme d'esprit et fort savant. Ses ouvrages sans être bons, rigoureusement parlant, contiennent d'excellentes choses, et on lui doit l'étymologie d'un très-grand nombre de mots. Que d'autres après lui soient parvenus à des résultats identiques par des voies plus rationelles, cela ne saurait lui enlever la gloire de la découverte. J'ai donc cité le nom de MÉNAGE au sujet de tous les points difficiles sur lesquels il s'est prononcé, pour prouver à ceux de mes lecteurs qui n'ont pas connaissance de ses ouvrages, assez rares actuellement, que sa science n'est pas aussi méprisable que certaines personnes le publient par-dessus les toits. Il faut, du reste, rendre cette justice à l'Allemagne qu'elle ne s'est pas associée à ces clameurs. Son plus grand linguiste dans le domaine roman, M. Diez, s'appuie sur l'autorité de Ménage; il ajoute même son nom à des mots dont on ignore l'origine. C'est assez dire, ce me semble, quel cas il fait du *Dictionnaire étymologique de la langue françoyse* et des *Origines de la langue italienne*, d'où il a extrait maint article et des notices fort importantes.

Je dois réclamer encore en faveur d'un autre de mes compatriotes qu'on s'habitue aussi à traiter un peu de haut en bas, bien que tous ceux qui ont écrit sur les langues romanes aient puisé à pleines mains dans ses ouvrages. On voit que je veux parler de Raynouard. Nous avons beau jeu, nous autres, pour grouper les mots par ordre de famille, de racine, d'analogie; nous ouvrons le riche *Lexique de la langue des troubadours,* et quatre-vingt-dix-neuf fois sur cent nous y trouvons tout ce qu'il nous faut dans le plus bel arrangement du monde. Quelles que soient les erreurs auxquelles son système l'a entraîné, l'oeuvre de Raynouard n'en est pas moins celle d'un homme d'un éminent talent, si l'on ne veut pas lui concéder le génie.

J'ai rappelé ailleurs les droits que M. Diez avait à ma gratitude. Le profit que j'ai retiré des nouvelles recherches qu'il a consignées dans son *Dictionnaire des langues romanes* les a encore accrus. Je dois aussi des remerciments tout particuliers à MM. Pott, Diefenbach, Schwenck, dont les savants et consciencieux travaux m'ont souvent guidé dans le labyrinthe des étymologies. Ils comprendront tout ce que mon coeur leur garde, s'ils veulent bien compter les difficultés qu'ils m'ont aidé à vaincre.

Les temps sont passés où l'on criait de toutes parts: *Mort aux patois!* On en recueille aujourd'hui les moindres débris. On a reconnu que l'étude des patois est une introduction nécessaire à la connaissnace des radicaux de la langue littéraire et que par eux seuls on parvient à s'expliquer distinctement le plus grand nombre des étymologies. Toutefois les savants de quelques-unes de nos provinces n'ont pas déployé assez d'activité pour rendre au jour ces inappréciables monuments de l'art d'exprimer la pensée. L'ancienne principauté de Montbéliard, p. ex., dont le patois présente tant de particularités remarquables, n'a pas encore son dictionnaire. Je serais heureux, si ces lignes et les citations que j'ai faites dans mon Glossaire décidaient un de mes compatriotes à entreprendre cette tâche méritoire.

J'avais l'intention de joindre à ce Glossaire des remarques sur le prononciation de la langue d'oïl. Ce travail a pris une extension telle, que je suis forcé d'en faire l'objet d'une nouvelle publication.

Je serais certainement coupable d'ingratitude, si je terminais cette préface sans offrir le tribut de ma reconnaissance à la presse, dont les éloges m'ont encouragé dès le principe à poursuivre avec zèle la pénible tâche que je m'étais imposée. Mes critiques reconnaîtront, je l'espère, que je n'ai rien négligé pour me rendre digne de l'intérêt qu'ils ont bien voulu m'accorder. Je regrette seulement que les profondes et curieuses observations publiées par M. Littré dans le *Journal des Savants* me soient parvenues trop tard pour les utiliser dans ce troisième tome.

Je ne veux pas oublier non plus mon bienveillant éditeur, M. Schneider, qui m'a donné toute latitude pour conduire cette entreprise à bonne fin. Ma reconnaissance lui est à jamais acquise.

Berlin, 4 juillet 1856.

ADDITIONS

A LA TABLE DES OUVRAGES SCIENTIFIQUES CITÉS DANS LA GRAMMAIRE DE LA LANGUE D'OÏL.

CHEVALLET. — Origine et formation de la langue française par **A. de Chevallet.** Paris 1853. 1ère partie.

DIEFENBACH. — Celtica I. II. III. Sprachliche Documente zur Geschichte der Kelten; zugleich als Beitrag zur Sprachforschung überhaupt, von Dr. **Lorenz Diefenbach.** Stuttgart, 1839.

DIEFENBACH. — Vergleichendes Wörterbuch der gothischen Sprache von Dr. **Lorenz Diefenbach.** Frankfurt am Main, 1851. II vol.

DIEZ. — Etymologisches Wörterbuch der romanischen Sprachen von **Friedrich Diez.** Bonn, 1853.

DU CANGE. — Glossarium mediae et infimae latinitatis conditum a Carolo Dufresne Domino du Cange, cum supplementis integris monachorum ordinis S. Benedicti, D. P. Carpenterii, Adelungii, aliorum, suisque digessit **G. A. L. Henschel.** Parisiis, Didot frères.

GRANDGAGNAGE. — Dictionnaire étymologique de la langue Wallonne par **Ch. Grandgagnage.** Liège, 1847. 1850. I, II vol. (inachevé).

HONNORAT. — Dictionnaire provençal-français ou dictionnaire de la langue d'oc ancienne et moderne .... par **S. J. Honnorat,** docteur en médecine. Digne, 1847. III vol.

HUMBOLDT. — Prüfung der Untersuchungen über die Urbewohner Hispaniens vermittelst der Vaskischen Sprache von **Wilhelm von Humboldt.** Berlin, 1821.

SCHWENCK. — Wörterbuch der deutschen Sprache in Beziehung auf Abstammung und Begriffsbildung von **Konrad Schwenck.** Frankfurt am Main, 1838. 3e Auflage.

ZEUSS. — Grammatica celtica. E monumentis vetustis tam hibernicae linguae quam britannicae, dialecti cambricae, cornicae, nec non e gallicae priscae reliquiis construxit **J. C. Zeuss.** Lipsiae, 1853.

TABLE

DES ABRÉVIATIONS EMPLOYÉES DANS CE GLOSSAIRE.

---

absol.	absolument.	m.	masculin.
adj.	adjectif ou adjectivement.	Mén.	Ménage.
adv.	adverbe ou adverbiale-ment.	n.	neutre.
		p.	page.
ahal.	ancien haut-allemand.	part.	participe.
allmâ.	haut-allemand moyen.	pas.	passé
allmod.	nouvel haut-allemand.	pers.	personne.
anc. franç.	ancien français.	pl.	pluriel.
anc. nor.	ancien norois.	pl. r.	pluriel régime.
c.-à-d.	c'est-à-dire.	pl. s.	pluriel sujet.
cat.	catalan.	port.	portugais.
Cfr.	confer, c.-à-d. comparez, consultez.	prép.	préposition.
		prés.	présent.
comp.	composé.	pron.	pronom.
dér.	dérivation ou dérivé.	propr.	proprement.
Dief.	Diefenbach.	prov.	provençal.
dim.	diminutif.	R. ou Rayn. LR.	Raynouard Lexique
écoss.	écossais.		roman.
empl.	employé.	r ou rég.	régime.
esp.	espagnol.	r. dir.	régime direct.
f.	féminin.	rég. ind.	régime indirect.
fig.	figuré.	rel.	relatif.
gloss.	glossaire.	s.	singulier.
goth.	gothique.	s. e. v.	sub eodem verbo.
holl.	hollandais.	s. r.	singulier régime.
imp.	imparfait.	s. s.	singulier sujet.
ind.	indicatif.	subj.	subjonctif.
inf.	infinitif.	subst.	substantif ou sub-stantivement.
irl.	irlandais.		
isl.	islandais.	s. v.	sub verbo.
ital.	italien.	v.	voyez.
lmâ	bas latin.	vb.	verbe.

NB. Dans les renvois, le chiffre romain indique le tome, le chiffre arabe, la page de la *Grammaire de la langue d'oïl*. — Quand je n'avais rien à ajouter ou à corriger aux explications données dans les t. I et II, je me suis contenté d'y renvoyer, afin de ne pas grossir inutilement le Glossaire.

INTRODUCTION.

J'ai établi dans le premier tome de cet ouvrage que la plupart des mots français qui n'appartiennent pas à la famille latine, sont d'origine allemande. Pour compléter mon travail sur la dérivation, j'aurais donc dû indiquer les lois qui ont présidé aux permutations que nos aïeux firent subir aux mots allemands en les naturalisant dans la lingua romana. Mais, pour marcher en toute sûreté, je voulais, avant de me prononcer, examiner encore attentivement cette partie du matériel de notre langue, parce que dès lors j'avais le pressentiment que certains philologues faisaient une trop grande part à l'allemand aux dépens du celtique, tandis que d'autres restreignaient beaucoup trop le domaine de l'allemand pour élargir celui du celtique. C'est aujourd'hui une certitude pour moi, et j'ose espérer que ceux qui voudront bien étudier le présent Glossaire se rangeront à mon opinion. Toutefois, je dois avouer qu'en cherchant à établir ce qui revient de droit à l'un ou à l'autre de ces deux éléments constitutifs du français, j'ai toujours donné, à raisons égales, la préférence au celtique. Les *germanomanes* en prendront sans doute occasion de m'accuser de *celtomanie*. Peu m'importe, j'ai la conscience d'avoir travaillé sans prévention aucune, et je tiens fort ridicules toutes les conclusions qu'on tire de ces emprunts faits par un peuple à la langue d'un autre. Voici du reste ce qui m'a décidé à suivre la voie que j'indique.

Une langue répandue sur une vaste étendue de pays, quelle que soit la culture intellectuelle du peuple qui la parle, ne saurait disparaître sans laisser d'assez nombreuses traces, surtout à l'égard des choses de la vie commune, même lorsque toutes les circonstances militent contre elle. Vous prétendez que la conquête romaine et l'invasion des peuplades germaniques ont détruit complétement la langue celtique. Cela n'est pas, ne peut pas être. Allez dans nos campagnes, aujourd'hui encore où l'instruction est si répandue et l'usage du français littéraire si étendu, où les moyens de communication sont si faciles, les rapports avec l'extérieur si fréquents, et vous entendrez des mots fort expressifs qui ne se retrouvent pas même dans les plus vieux monuments de notre langue; vous en entendrez d'autres qui ont disparu depuis des centaines d'années de l'usage des villes. Eh bien, si les hommes du XIXe siècle montrent une religieuse fidélité à conserver ce que leur ont transmis leurs pères, vous m'accorderez que ceux des premiers siècles de notre ère ont dû en faire autant, pour le moins [1], quelles qu'aient été l'habileté et la tyrannie de leurs oppresseurs; vous direz avec moi que le celtique s'est de toute nécessité conservé dans la lingua romana à un bien plus haut degré qu'on ne l'admet ordinairement, parce que l'on suppose toujours à tort que la disparition du celtique comme langue usuelle, au VIIe siècle, implique sa disparition complète de la vie sociale. Si nous avions autant de monuments du vieux celtique que nous en avons de l'ancien allemand, p. ex., ils nous fourniraient sans aucun doute la preuve de ce que j'avance ici [2]. Nous y trouverions la vraie source de nombre de ces mots *patois* dont on ignore complétement l'origine, et peut-être même celle de bien d'autres qu'on croit pouvoir rattacher en toute sûreté à tel ou tel idiome, parce que la racine en question y est amplement représentée. Car, à tout prendre, cette dernière circonstance n'est pas une preuve sans réplique. Il y a, p. ex., des mots celtiques qui ont fort peu ou point de représentants dans les langues néo-celtiques, et si les écrivains grecs et latins ne nous avaient pas fait connaître leur origine, nous serions induits, faute de documents celtiques anciens, à les rapporter à un autre idiome où nous trouverions une racine convenable.

Un second moment en ma faveur, c'est que l'Allemagne elle-même a subi l'influence celtique. On ignore encore, il est vrai, la véritable portée de cette influence [3]; cependant plusieurs savants allemands ont démontré que beaucoup de noms de lieux, de rivières, etc., qu'on croyait allemands, étaient celtiques; ils ont prouvé que certains mots et quelques formations grammaticales de leur langue avaient la même origine. Etait-ce donc être

(1) On connaît la ténacité des peuples celtiques pour tout ce qui concerne leur nationalité
(2) Cfr. ce que j'ai dit t. I, p. 12 et 13 du celtique et de ses rapports avec les autres langues
(3) La connaissance de monuments *franciques* pourrait seule fournir une certitude à cet égard.

partial ou *celtomane,* si le celtique et l'allemand me fournissaient la racine d'un mot, que d'accorder la préférence à l'aînée des deux langues dans notre Europe, quand des considérations toutes particulières ne parlaient pas pour le contraire? Je ne le pense pas.

Cette confession faite, je vais donner des explications nécessaires à l'intelligence de quelques dénominations dont j'ai fait usage dans ce Glossaire, puis je traiterai de la dérivation des mots français d'origine allemande.

La langue du peuple germanique a eu, comme celle de tous les peuples, un grand nombre de dialectes. Le plus ancien est le *gothique* (du IVᵉ au VIᵉ siècle), ainsi nommé de la nation des Goths. Il nous reste de ce dialecte des fragments assez considérables d'une traduction de la Bible faite par l'évêque Ulfilas. Nous y voyons la langue dans sa structure originelle, pour ainsi dire, et, grâce à ce précieux monument, il nous est donné d'approfondir chaque formation, chaque mot de la langue actuelle. Après le gothique, l'histoire nous prouve la coexistence des dialectes suivants: *haut-allemand, anglo-saxon, ancien norois, frison* et *saxon* [1].

On distingue trois périodes dans le haut-allemand: la première, qui s'étend du VIIᵉ au XIᵉ siècle [2], a reçu le nom d'*ancien haut-allemand;* la seconde, du XIIᵉ au XVᵉ siècle, celui de *haut-allemand moyen;* la troisième, du XVIᵉ siècle jusqu'à nos jours, celui de *nouvel haut-allemand.* L'ancien haut-allemand était la langue des Francs, des Alamanni et des Bavarois. De là les noms des trois dialectes si souvent mentionnés dans l'histoire: le *francique,* l'*alamannique,* le *bavarois.* Le francique était la langue littéraire du royaume carolingien-franc dans la Neustrie et l'Austrasie. Il est donc à regretter pour la linguistique française que, parmi les monuments de l'ancien haut-allemand, il ne nous en reste aucun en pur francique. Nous y trouverions la solution de bien des problèmes qui nous embarrassent fort. Le haut-allemand moyen, qui avait cours dans la Souabe, la Franconie, la Suisse, la Bavière et l'Autriche, fut la langue littéraire à dater de la fin du XIIᵉ siècle. Avec la réformation, commence la 3ᵉ période, et dès lors le haut-allemand, modifié dans nombre de ses rapports phoniques par l'influence du saxon (v. ci-dessous), fut la langue de toute la partie éclairée de la population allemande.

Les Anglo-Saxons, qui étaient établis à l'extrémité occidentale de la Germanie, nous ont laissé des monuments d'une haute

---

(1) Je ne cite que ceux dont il est fait mention dans le Glossaire.
(2) Ces dates ne sont qu'approximatives et j'y comprends les époques de transition.

antiquité, en vers et en prose, fort importants pour la linguistique. Leur dialecte, après s'être assimilé un élément roman, a donné naissance à la langue anglaise.

L'*ancien norois* était la langue des peuples du Nord. Il subsiste modifié dans le suédois et le danois; mais il a conservé son ancienne forme et sa vigueur première dans l'islandais pour ainsi dire jusqu'à nos jours.

Les habitants de la Frise se tinrent longtemps isolés de leurs voisins, aussi le dialecte *frison* conserva-t-il à peu près sa forme première jusqu'au XIV° siècle. Cette circonstance donne de la valeur aux monuments écrits dans cet idiome, bien qu'ils soient de date assez récente. La réunion de la Frise à la Hollande réduisit le dialecte frison à l'état de patois.

Au XIII° siècle, un autre dialecte, le *néerlandais*, prend tout à coup rang parmi les langues littéraires. On ne lui trouve pas de passé, aucune charte ne prouve son existence antérieure comme idiome particulier. C'est un voile impossible à soulever aussi longtemps que l'on n'aura pas retrouvé quelques monuments du francique. Le néerlandais continue de fleurir dans le hollandais.

Abstraction faite de Frisons et des Néerlandais, les peuplades qui habitaient entre le Rhin et le Weser, entre le Weser et l'Elbe, parlaient le dialecte *saxon*, dont il nous reste un monument considérable et important pour la science grammaticale, bien qu'il ne date pas des plus anciens temps. La dialecte saxon fait le fond de ce qu'on appelle aujourd'hui *bas-allemand*.

DÉRIVATION.

Les anciennes langues germaniques étant généralement peu connues en France, je crois devoir donner avant tout quelques renseignements sur les alphabets du gothique et du haut-allemand. Je les réduis en tableaux pour simplifier le travail et pour faciliter les comparaisons.

TABLEAU

DES VOYELLES, DE LEURS PERMUTATIONS ET DE LEURS ALTERATIONS.

	Voyelles	Permutations			Altérations		
	Gothique	Ancien haut-allemand	Haut-allemand moyen	Nouvel haut-allemand	Ancien haut-allemand	Haut-allemand moyen	Nouvel haut-allemand
Brèves	*a*	*a*	*a*	*a, á*	*e*	*e*	*e, ä, œ*
	i (ai) [1]	*i, ë* [3]	*i, ë*	*i, î; ë, ê*			
	u (aú [1]*, iu)*	*u, o*	*u, o*	*u, û; o, ô*		*ü, ö*	*ü, ue; ö, œ*
Longues	*ê* [2]	*â*	*â*	*â, a*		*œ*	*œ, ä*
	ô	*uo*	*uo*	*û*		*ue (üe)*	*ĕ u*
	û	*û*	*û*	*au*	*iu*	*iu*	*eu, äu*
Diphthongues	*ái* [1]	*ei, ê*	*ei, ê*	*ei, ê*			
	áu [1]	*ou, ô (au, ao)*	*ou, ô*	*au, ô*		*öu, œ*	*eu, äu, œ*
	ei	*î*	*î*	*ei (ai)*			
	iu [1]	*iu, io, ia*	*iu, ie*	*eu, ie (= î)*			

(1) M. J. GRIMM distingue deux sortes de *ai, au, iu :* l'une où l'*a* et l'*i* jouent le principal rôle, et où l'on fait entendre les deux voyelles; l'autre où l'appui de la voix se fait sur *i* et sur *u*. L'accent indique ici ces différences. *Ai* et *aú* sont toujours pour *i* et *u* quand un *h* ou un *r* suit, et *ai* répond alors à l'*ë* de l'ancien haut-allemand, tandis que le gothique *ái* devient *ei, ê*, dans l'ancien haut-allemand.

(2) Le circonflexe indique la quantité.

(3) Cet *ë* avec tréma a été admis par les grammairiens modernes pour le distinguer graphiquement de l'*e* qui représente tantôt une altération de l'*a*, tantôt l'*e* de syllabes inaccentuées non radicales, où il a pris naissance d'une des voyelles *a, ë, i, o, u*, et d'autres sons. La prononciation de l'*ë* se rapprochait de l'*i*, dont il s'est développé; celle de l'*e* tournait vers l'*a*; c'est, du moins, ce qu'on suppose.

TABLEAU
DES CONSONNES ET DE LEURS PERMUTATIONS.

	Gothique	Ancien haut-allemand	Haut-allemand moyen	Nouvel haut-allemand
Liquides	*l* *m* *n* *r*	*l* *m* *n* *r*	*l* *m* *n* *r*	*l* *m* *n* *r*
Labiales	*b* *p* *v* *f*	*b* ou *p* *f, ph, pf* *w*[1] *v*	*b (p, pp)* *f, pf* *w* *v (f)*	*b (p, pp)* *f, pf* *w* *f (v = f)*
Gutturales	*g* *k* *h* *j*	*g* ou *k (c)* *k* ou *h, ch* *h* *j (g)*	*g (c)* *k, ch* *h, ch, g* *j, g*	*g* *k, ch,* *h, ch, g* *j, g*
Linguales	*d* *t* { a) *s* { b) *z* *th*	*d* ou *t* *ȝ*[2] ou *z* *s, r* *r* *th* ou *d*	*t* *ȝ* ou *z* *s, r, sch* *r* *d*	*i (th)* *ß* et *z* *s, r, sch* *r* *d*

(1) Dans les manuscrits de l'ancien haut-allemand on trouve, au lieu de *w*, tantôt *uu* tantôt *u* (quand la voyelle *u* suit ou précède, de même *qu* pour *qw*, *kw*).

(2) Cette lettre répond à *tss (zſ)*; tandis que le *z* à la valeur de *tſ*. Au commencement des mots on écrivait toujours *z*; au milieu et à la fin des mots on employait surtout *z* après les liquides *l*, *n*, *r* (rarement après les voyelles), et *ȝ* après les voyelles (après les consonnes quand il y a eu contraction).

Voyelles.

Les règles que j'ai données touchant les permutations des voyelles latines ne peuvent en général être appliquées aux voyelles allemandes. A quoi attribuer cette différence? Aux habitudes d'organes des conquérants de la Gaule romaine, à la position de l'accent dans leur langue et à sa modulation, enfin à la manière différente dont ils articulaient les voyelles et les diphthongues. Telles sont les causes principales qui influèrent sur la déformation des mots allemands. Il y en a d'autres encore, peut-être; mais celles-là sont décisives, et il serait inutile de recourir à des suppositions.

I. **A** long. C'est l'*a* du haut-allemand; on voit par le tableau
des voyelles que le gothique ne le connaît pas et qu'il
le remplace par *e*. Cet *a* long reste en français, s'affaiblit en *e*, ou se diphthongue en *ie*, *ai*: *wage*[1], *bar* et
biere, *rasse* et *raisse* (courant, ruisseau, de l'ancien norois *râs*, ib., anglo-saxon *raes*).

A bref, gothique, se maintient, s'affaiblit en *e*, ou se diphthongue en *ei*, *ai*, comme l'*a* bref latin, mais seulement
avant *m*, *n*: *gage*, *garir*, *halle* ou *hale*, régime *gram* ou
graim, sujet *grains* ou *greins*.

II. **E** long. La langue d'oïl ne connaît ni l'*e* long gothique,
ni l'*e* long du haut-allemand: le premier se range sous
l'*a* long du haut-allemand, l'autre répond à l'*ai* gothique
V. plus bas.

E bref. Cette lettre manque dans le gothique. D'après
ce que j'ai dit ci-dessus (Tableau des voyelles, note 2),
l'ancien haut-allemand a deux espèces d'*e*: l'un répondant à l'*a* bref gothique, dont je viens de parler, l'autre
qui s'est développé de l'*i*. Je renvoie donc à cette lettre.

III. **I** long du haut-allemand, répondant au gothique *ei*, reste
intact: *riche*, *cnivet*, *rider*.

I bref du gothique et du haut-allemand, auquel on doit
joindre l'*ai* gothique et l'*ë* du haut-allemand (v. le Tableau des voyelles), reste *i*, se permute en *e* et quelquefois en *ie*, *ei*, *a*: *eschif*, *eschirer*, *fieu* — *feu* — *fiu*, *fres*
— *freis*, *feltre* — *fautre*, *renc*, *sen* — *san*.

IV. **O** long du gothique, de l'ancien norois et de l'anglo-saxon,
n'éprouve aucun changement, tandis que son correspondant de l'ancien haut-allemand *uo* (plus anciennement
ua) produit d'abord *ue*, *œ*, d'où se développe *oi*, *uei*,
ui: *croc*, *rostir*, *orguel* — *orgoil* — *orgueil* — *orguil*, *faldestuel* — *faudestueil* — *faldestoed*.

O bref du haut-allemand, répondant au gothique *u*, *aú*
(v. Tableau des voyelles, note 1) reste *o* ou se diphthongue comme l'*o* bref latin: *mordre* (homicidium), *hose*
— *huese* — *hoese* — *house*. Cfr. I, 25.

V. **U** long du gothique et de l'ancien haut-allemand n'éprouve
aucun changement: *brun*, *brut* (belle-fille), *buc*, *escume*.

U bref et *aú* du gothique, *u* bref de l'ancien haut-alle-

---

(1) Les mots cités sans explication se trouvent dans le Glossaire. Je renvoie au t. I,
p. 23 et suiv. pour la distinction des formes dialectales. On fera sans peine les comparaisons avec la langue fixée.

mand, restent quelquefois, mais ils passent le plus souvent à l'*o*: *huche, forbir, horde, morne.*

VI. **Ai**, c'est-à-dire *ái*, du gothique, auquel répond l'*ei* ou l'*ê* de l'ancien haut-allemand, se présente sous les formes *ai, ei, a: ham, gale, hairon, hait — eit, laid — leid.*

VII. **Au**, c'est-à-dire *áu* gothique, ancien haut-allemand *ou, ô,* et, avant le VIIIe siècle, *au, ao,* devient *o (u), ou, oi: hoge, rosel, sope — soupe, choisir.*

VIII. **Iu** *(iu)*, qui, dans l'ancien haut-allemand déjà, est représenté de diverses manières: *iu, ia, io* (plus anciennement *êo*), n'a pas de forme constante dans la langue d'oïl. Il y a d'ailleurs peu de mots qui le contiennent. Nous avons d'abord *iuv, iuw, iv: triuve — triuwe — trive*; puis *oi* (*i* d'*iu* syncopé): *croissir.*

Consonnes.

I. **P** gothique répond à *ph (f)* de quelques-uns des plus anciens monuments du haut-allemand, et à *pf* du haut-allemand moyen et moderne. *P* gothique initial ne se montre guère que dans des mots d'origine étrangère. Il en est de même de *pf* initial, qui tient sa place quand l'admission des mots a eu lieu de bonne heure, tandis que *p* reste dans ceux d'admission récente.

P initial se maintient dans la langue d'oïl: *poe.*

P médial et final, ancien haut-allemand *pf, f, ff,* se présente sous les quatre formes *p, b, v, f: agrapeir, eschif* ou *eskip, eschiper, estouble, estofe, eschevin.*

II. **B** gothique disparaît dans l'ancien haut-allemand proprement dit, où *p* le remplace, tandis que certaines peuplades, p. ex. les Francs, conservent le *b*. Au lieu de *bb*, le haut-allemand moyen et moderne emploient toujours *pp*. Il faut remarquer encore que l'anglo-saxon, l'ancien norois et le saxon ont souvent *f* pour *b* ou *p*. De là, pour le *b* gothique, les consonnes *b, f, v* (pour *b* médial), *p* (pour *bb*), dans la langue d'oïl: *bande, brant, bric, bride, lobe, robe, escrevisse, graver, nafrer — navrer, riper* (de *rippen, ribben,* ahall. *rîban*).

III. **F** gothique répondant à *v = f* et *f* du haut-allemand. L'allemand moyen fait toujours usage de *f* à la fin des mots, avant les consonnes *s, z, t,* dans le corps des mots, et comme initiale des mots d'origine étrangère; partout ailleurs il emploie ordinairement *v*.

F est constant, excepté dans la combinaison *lf: faldestuel, fel, garol, Arnol* (Arnulf).

IV. **V** gothique, *w* du haut-allemand. Selon M. J. GRIMM, le *v* gothique se prononçait comme le *w* de l'allemand moderne, tandis que le *w* de l'ancien haut-allemand était l'équivalent du *w* anglais. Le *v* final gothique est voyelle *(u)* après une voyelle brève, il est consonne *(v)* après une voyelle longue et les consonnes. Médial, il est aussi consonne dans la diphthongue *du* avant *i, é, ei*, et dans la diphthongue *iu*, avant chaque voyelle. Le *w* final de l'ancien haut-allemand se permute partout en *u* ou en *o*, et peu à peu même la voyelle disparaît. Dans le nouvel haut-allemand, on emploie *b* au lieu de *w* après *l* et *r* quand il y a une voyelle de syncopée, et *w* ne peut jamais figurer à la fin des mots ou des radicaux. Enfin le *w* tombe avant une consonne.

Le *v* gothique ne se trouve pas dans la langue d'oïl; c'est le *w* de l'ancien haut-allemand qui y figure sous les formes *gua, gue, gui*, avec rejet du son *u* dans quelques provinces, tandis que d'autres le maintiennent. Les provinces qui furent le plus longtemps soumises à l'influence allemande conservèrent le *w* (cfr. I, 33). On rencontre même *v*, qui provient de la confusion du *v* roman et du *v* étranger. Ex. *gaagnier — guaigner, gaarnir — guarnir — warnir, queredon — geredon — werdon, guiscart, triuwe — trive, wage* (aujourd'hui *vague* au lieu de *gague*), *espervier*.

W se résout en outre en *ou, o: ouest, ouaiter* pour *waiter, Gaudoin* (Gotwin); ou se syncope: *Regnalt* (Reginwald).

Enfin, ce que je viens de dire du *w* final de l'ancien haut-allemand explique le mot de *bloi*, qui s'est formé comme *poi* de *pau*. Quant à la forme *blef*, que je me suis expliquée par un féminin *bleve*, le *f* repose simplement sur le *w* allemand. *Iwa* (îwa) a également produit *if*.

V. **M.** Le *m* final de l'ancien haut-allemand et de l'allemand moyen se permute quelquefois en *n*. La langue d'oïl connaît aussi cette permutation, mais le plus souvent elle apocope le *n: estorn* puis *estor, Bertran* (Bertram). Les noms propres en *an* final prirent de bonne heure un *d: and*.

VI. N. Je ne trouve pas d'exemple de la permutation de cette liquide en *l* ou en *r* (cfr. I, 41); notre *gonfalon*, p. ex., s'écrivait régulièrement *gonfanon*.

VII. L se permute en *r: gaufre*. Il se transpose quelquefois: *floc — folc.* Avant une consonne, le *l* allemand suit la même loi d'aplatissement que le *l* latin: *falde — faude.* Cfr. I, 42.

VIII. R se permute en *l: helberc* et *herbert*. Le *r* allemand se transpose comme le *r* latin: *escremir, burnoier, grenon — guernon.* Cfr. I, 42.

IX. K. Le *k* gothique, qui est remplacé par *q* avant un *v*, se permute dans l'ancien haut-allemand proprement dit en *ch* quand il est initial, en *hh* dans le corps des mots. Il se maintient seulement dans les combinaisons *sk* (= *sc*), *lk, rk, nk*. Le gothique *kk* répond à l'ancien haut-allemand proprement dit *cch*, haut-allemand ordinaire *ch*. Au XII⁰ siècle, les combinaisons *sk, skr* se transforment en *sch, schr.*

Le son *k* reste avant les voyelles *o, u*, avant une consonne et à la fin des mots : *escume, escurie, escot, bacon, blanc, folc.* (Cfr. I, 35 pour les différences dialectales du picard). Avant *a*, le *k* prend le son sifflé *ch*, comme avant l'*a* latin, et nous avons ici les mêmes différences dialectales (cfr. I, 34 et suiv.). Le son *ch* a lieu aussi avant *e, i*, au contraire des mots dérivant du latin (I, 37. 38.), hormis le dialecte picard-flamand. Cette différence, dont je n'ai pas su fournir la raison à l'égard de l'exception picarde-flamande (I, 38.), pourrait peut-être s'expliquer par une supposition de M. Diez rapportée I, 35. Du reste, au lieu de *ch*, on a aussi les formes dialectales avec le son *k*, et *ce, ci*, comme pour les mots d'origine latine. Ex. *Charles — Karles, eschac — eskiec, riche — rice — rike, eschancer — escancer, escharnir — escarnir — eschernir — eskernir, eschiver — eskiver, eschiper — esquiper*; de même les féminins *blanche — blanque, franche — franque, fresche — freske.*

Le *k* passe au *g*, comme le *c* latin: *rogue* (ancien norois *hrôk-r*), *ganivet* (et *cninet*), *grape.*

Le *k* de la combinaison *sk* se syncope ou s'apocope quelquefois: *fres, fresanche, seneschal.*

X. Q. Il n'y a, que je sache, aucun mot de la langue d'oïl venant de l'allemand qui contienne cette lettre.

XI. G gothique, *g* ou *k* (c) dans l'ancien haut-allemand, reste guttural ou prend le son de *j* avant toutes les voyelles: *gueude — gelde, wage, jardin — gardin, gai* (et notre *yeai*), *jurbe — garbe, gigue — gige, targe.* (Cfr. I, 39 *g* latin.)

On a quelques exemples de la syncope du *g*, ce qui donne lieu à une diphthongaison avec *i: esmaier — esmoier, haie.*

Au lieu de *rg*, la langue d'oïl a quelquefois *rt:* (helberc) *herbert.* Ce *t* est probablement pour *c* de l'ancien haut-allemand, comme dans *haubert* (hauberc).

XII. J initial sonne *j* dans la langue d'oïl: *gehir — jehir.* Lorsqu'un *j* médial est précédé de *b, p, d, t,* ces lettres se syncopent et alors *j* a sa prononciation ordinaire ou devient *ch: loge, creche, gager.* Quant au *j* des verbes gothiques en *jan,* qui passent dans la langue d'oïl à la 2e conjugaison, il se permute en *i.* Si le *j* du gothique ou du haut-allemand est précédé de la nasale *n,* on écrit ordinairement *gn,* comme dans les mots dérivés du latin (II, 235): *broigne,* mais aussi *brunie* avec *i, gaagnier — guaigner.* Quelquefois le *g* adouci repose sur un *i* final du nominatif ou sur le *j* qui se trouve au génitif, etc.: *gage.*

XIII. H. Dans l'ancien haut-allemand, on employait toujours *h* où le gothique avait *k* final, quelquefois où il avait *k* médial. Dès le IXe siècle, les combinaisons *hl, hn, hr, hw* perdent l'aspirée. Le haut-allemand moyen se sert de *sch* pour *sc;* l'allemand moderne l'emploie aussi avant d'autres consonnes pour le simple *s* (schlagen, schmecken).

H initial allemand reste ordinairement dans la langue d'oïl: *healme* (mais aussi *eame*), *hauberge* (aujourd'hui *auberge*), *ham, halt, hanter, hanap.*

La combinaison *hl* perd l'aspirée: *los* (lot), *Loeis* (Hludowîc); dans *toaille* sa syncope produit un son mouillé.

La lettre *h* de la combinaison *hr* ne se maintient que quand on intercale une voyelle: *renc* — par contre *harengue, renge.*

XIV. T. Le *t* gothique est représenté dans l'ancien haut-allemand par *z* au commencement des mots et dans les combinaisons *lz, nz, rz,* et par 3 dans le corps des mots et comme consonne finale.

La langue d'oïl conserve ordinairement *t*: *tape, tomber, torbe, batel, baste, bout.* Quelquefois elle le syncope: *haïr; esclier.* Le *z* de l'ancien haut-allemand se trouve cependant représenté dans la langue d'oïl par *z, c, ch, s, ss*, avant toutes les voyelles: *blecier — blescier, bozon — bouson, escrevisse, grocer, esclice* (à côté de *esclit*), *champer* (mot patois, s. v. tape).

XV. D. Le *d* gothique passa au *t* dans l'ancien haut-allemand. Le *d* de l'ancien haut-allemand répond à l'aspirée *th* du gothique. On trouve cependant *th* pour *d* dans quelques monuments de l'ancien haut-allemand, mais ce n'est qu'une variante orthographique de *d*. Quant au *th* du nouvel haut-allemand, il est indicatif de la quantité.

La langue d'oïl rend le *d* gothique par *d*: *borde, bande.* Elle le syncope: *loire, fuerre, gaagnier, braon.* Toutefois il y a des formes où l'influence du haut-allemand est visible: *tassel; mordre* et *murtre.* La combinaison *nd* conserva d'abord la finale, puis elle la perdit: *brant — branc — bran.*

XVI. S. Le son *s* reste: *sope, danser* (cfr. I, 34). *S* médial et *s* final qui, le plus souvent, deviennent *r* dans les autres dialectes, sont représentés par *s* ou par *r* dans la langue d'oïl: *rosel.* La combinaison *sl* intercale un *c*: *esclier.* (Cfr. H.) *Sm, sn, sp, st* restent: *esprohon, isnel, estache, estal.*

A.

A, ab, ad prép. II, 340 et suiv.;
  à ce que conj. II, 376.
A interj. II, 402.
Aage v. edage.
Aaiatie v. ate.
Aaige v. edage.
Aaise v. aise.
Aaiser v. aise.
Aaisie, aeisie v. aise.
Aaisier v. aise.
Aaitir v. ate.
Aamer, aimer v. amer.
Aamplir v. ademplir.
Aancrer v. ancre.
Aasmement v. aesmer.
Aasmer v. aesmer.
Aate v. ate.
Aatie v. ate.
Aatine v. ate.
Aatir v. ate.
Ab v. a.
Abaier II, 362, aboyer; de *ad-bau-
  bari.* De là le subst. *abois,* propre-
  ment extrémité où est réduit le cerf,
  le sanglier, sur ses fins, lorsque les
  chiens l'entourent en aboyant.
Abailler v. bail.
Abaisser v. bas.
Abaissier v. bas.
Abandon v. ban.
Abandoneement v. ban.
Abandoner v. ban.
Abatre v. batre.
Abatut partic. emp. subst , abatre.
Abaubir v. baube.
Abbes v. abet.
Abe v. albe.
Abeit v. abet.
Abelir v. bel.

Abesoigne v. soin.
Abet, abeit I, 116. II, 269, s. s. abbes I,
  345, abbé; de *abbas*, propr. père.
Abet v. beter.
Abeter v. beter.
Abevrer, abevre v. boivre.
Abiter v. habiter.
Aboenir v. bon.
Aboivre v. boivre.
Abonder v. onde.
Abovrer v. boivre.
Abrander v. brant.
Abraser v. brase.
Abrevier v. bref.
Abri, abri; ital., esp., port. abrigo,
  prov. abric; **abrier,** couvrir, mettre
  à l'abri. M. Diez I, 276 dér. *abrier*
  de l'ahal. *birîhan,* couvrir, mais ce
  mot n'a pas encore été retrouvé;
  cependant on pourrait le supposer,
  car on a *antrîhan,* découvrir. L'*a*
  serait l'*ad* latin. Je crois qu'il y
  a une étymologie plus simple et plus
  rapprochée : c'est le latin *apricus,*
  bien qu'au premier abord la signification de ce mot paraisse tout à
  fait contraire à celle du roman;
  mais, en y regardant de plus près,
  on reconnaîtra qu'il n'en est rien.
  En effet, *abri* signifia dans le principe, et il signifie surtout encore,
  un lieu qui protége du froid, de la
  pluie, etc. Or *apricus locus* ou
  neutre *apricum* (ἡλιαζόμενον, dans
  les gloses sur Pomp. Fest.) signifie
  lieu exposé au soleil, et l'on a dit
  d'abord apricum, abri, par opposition à un lieu ombragé; puis, admettant une très-petite extension,

1

on a pris abri comme contraire de lieu froid, lieu humide, etc. Cfr. Ménage s. v. abri et Caseneuve Orig. franç. De *abrier*, nous avons fait *abriter*, en intercalant un *t* euphonique.

Abrivet, abrivé, rapide, vif, prompt, pressé, empressé; part. passé d'un verbe que je ne connais pas dans la langue d'oïl, mais qui se trouve dans le prov. brivar, presser, s'empresser; abrivar, ib.; de briu, vivacité, force, courage; esp., ital., port. brio; du celtique: ancien irlandais *brìg*, valeur, gallois *brîgh*, force, vie.

Absolu v. soldre.

Abstinence I, 230, abstinence; *abstinentia*.

Abuissement v. buisser.

Abuisser v. buisser.

Abusion II, 84, abus, erreur, tromperie, fraude; d'abuser, de *abuti*, propr. *abusari*.

Acaindre v. ceindre.

Acarier v. char III.

Acaser v. case.

Acat v. acater.

Acater, achater, acheter I, 178. II, 39, procurer, acheter, faire un échange; *ad-captare*, Imâ. accaptare, accapitare; subst. acat, achat I, 57, acquisition, achat; comp. racater, rachater, rechater I, 177. 364, racheter, sauver; d'où rachatères, rachateor I, 77, racheteur, sauveur; rachatement I, 159 rachètement, salut; cfr. DC. s. v. accaptare, Mén., acheter. En partant d'un autre point de vue et d'une autre signification de capere, captare, on employa ad-captare, acater; achater dans le sens de assembler, amasser; comp. racater, rachater I, 192, rassembler, réunir, ramasser. La signification de ce mot est restée inconnue jusqu'ici (v. entre autres le glossaire de la C. d. R.); cependant il l'a

encore dans quelques patois, p. ex. dans celui de Montbéliard. Cfr. le proverbe: Pierre que rôle (roule) n'*aicâte* pe (pas) de môsse (mousse).

Accide, négligence, indolence, ennui, tristesse. DC. acedia, accedia, grec *ἀκηδία*.

Accorre v. corre.

Accreissement v. croistre.

Aceindre v. ceindre.

Aceler v. celer.

Acemeement v. aesmer.

Acener, achainer, faire signe de venir; comp. de *a* et de *cener*; subst. ital. *cenno*, signe. On trouve, dans la basse latinité, *cinnus*, tortio oris, *cinnare*, innuere, mots qui dérivent peut-être de *cincinnus*, boucle de cheveux; de sorte qu'on aurait donné une acception générale à la propriété qu'ont les boucles de flotter, pour ainsi dire de faire signe. Cfr. locher. Ne confondez pas avec *assener*.

Acenser v. cense.

Acer v. acier.

Acerin v. acier.

Acerter v. cert.

Acertes v. cert.

Acesmeement v. aesmer.

Acesmement v. aesmer.

Acesmer v. aesmer.

Acesser v. cesser.

Achainer v. acener.

Achaison v. occasion.

Achaisonner v. occasion.

Acharier, charier v. char I.

Acharier, confronter v. char III.

Acharoier v. char I.

Achat v. acater.

Achater v. acater.

Acheminer v. chemin.

Acheson v. occasion.

Achever v. chef.

Achier, apier v. es, abeille.

Achier, acier v. acier.

Achierer v. char III.

Achiever v. chef.

Achoison v. occasion.

Achoisonner v. occasion.

Acier, acer, achier II, 242. 303. 357, acier; lance; lmâ. aciare, aciarium, de *acies* sc. *ferri*, fer dur.

Aclasse, être aux abois (au propre), râler (?). J'ai rencontré ce mot une seule fois, il se trouve cité II, 213. Ignorant sa signification précise, car on ne peut la déterminer d'après un exemple, il est difficile d'indiquer son origine. Isidore donne *conclassare* pour *conclamare*; une forme semblable avec une autre préfixe conviendrait peut-être fort bien ici. On pourrait aussi songer à *clas*, qui, en provençal, signifie cri, clameur, glapissement; en irlandais, *glas* signifie plainte.

Aclin v. cliner.

Acliner v. cliner.

Aclore v. clore.

Acoardi v. coe.

Acoder v. code.

Acointance v. cointe.

Acointe v. cointe.

Acointement v. cointe.

Acointer, acointier v. cointe.

Acoiser v. coit.

Acoisier v. coit.

Acolcher v. colcher.

Acoler v. col.

Acomblement v. comble.

Acompaignier v. compain.

Acomparer v. par, adj.

Acomplir, acumplir I, 210. 267. II, 352, accomplir; de *ad-complere*; *acomplir sa parole* I, 334. Cfr. complie.

Aconduire v. duire et II, 253. 5.

Aconfermer v. ferm.

Aconseiller v. consoil.

Aconseure, aconsevre v. sevre.

Aconsieure, aconsievre v. sevre.

Aconsievir, aconsivir v. sevre.

Aconsirre v. sevre.

Aconsivre, aconsiure v. sevre.

Aconsoivre, aconsore v. sevre.

Aconsques I, 190.

Aconsuir, aconsuire, aconsure v. sevre.

Aconter v. conter.

Acoragiement v. cuer.

Acoragier v. cuer.

Acorber v. corbe.

Acorcier, acorchier v. cort, adj.

Acordance v. acorder.

Acorde v. acorder.

Acorder, acourder, convenir, arrêter, accorder; s'*acorder à qqch.* I, 196. II, 313, s'*acorder* absol. I, 237, faire sa paix; *acorder un desbat* I, 380; *acourder qqn. à qqn.* II, 54, mettre la paix entre eux; comp. *racorder* I, 263, faire sa paix, se rapprocher; subst. acort I, 402, accord, convention, société, parti; acorde, accorde I, 400. II, 387, accord, conciliation, traité; acordance, accord, convention. Du latin *cor*, comme discordare, concordare, recordari.

Acorer v. cuer.

Acorre v. corre.

Acort v. acorder.

Acost v. costeit.

Acoster v. costeit.

Acostume v. costume.

Acostumeement v. costume.

Acostumement v. costume.

Acoton, aucoton, auqueton, aqueton, aucton, hoqueton, sorte de casaque militaire, qui se mettait par dessus la chemise: Sor sa chemise vest l'auqueton de .ij. plois (Ch. d. S. I, 229). Ce mot est un dérivé médiat de l'arabe al-qôton, d'où l'on a fait *coton*, en espagnol *algodon*, coton et ouate. C'est de *algodon*, dans le dernier sens, qu'on a dérivé *aucoton*.

Acouardi v. coe.

Acoucer v. colcher.

Acouder v. code.

Acoudre v. coudre.

Acourder v. acorder.

Acouter v. code.
Acquill v. cueillir.
Acravanter v. crever.
Acraventer v. crever.
Acreantement v. creanter.
Acreanter v. creanter.
Acreis v. croistré.
Acrevanter v. crever.
Acroire v. croire.
Acrois v. croistre.
Acroissement v. croistre.
Acroistre v. croistre.
Acueil v. cueillir.
Acueillir v. cueillir.
Acuel v. cueillir.
Acuit v. coit.
Acuiter v. coit.
Aculchier v. colcher.
Acumplir v. acomplir.
Acun, acune, acuns v. alcuens et I, 169.
Acunter v. conter.
Acuser II, 164, accuser; de accusare.
  Cfr. cause, encuser.
Ad prép. v. à.
Adecertes v. cert.
Ademetre v. metre.
Ademise v. metre.
Ademplir, aamplir, aemplir II, 82. 145.
  I, 160. 1, emplir, remplir, accom-
  plir; adimplere; comp. paraemplir
  I, 180, accomplir, remplir, exécuter;
  raemplir I, 142. 196, remplir, ac-
  complir.
Adenerer v. denier.
Adens v. dent.
Adenter v. dent.
Adenz v. dent.
Ades, adies II, 267; tot ades II, 268;
  ades ... ades II, 268.
Adeser v. aherdre.
Adestrer v. destre.
Adevancer v. davant.
Adevinaille, adevinal v. devin.
Adevinement v. devin.
Adeviner v. devin.
Adies v. ades.
Adob v. dober.

Adobe, v. dober.
Adobement v. dober.
Adober v. dober.
Adocier v. dols.
Adol v. dober.
Adolcier v. dols
Adolcir v. dols.
Adomagier v. damage.
Adonc, adonques v. donc et II, 283.
Adons, adont v. donc et II, 283.
Ados, armure. v. dober.
Ados, appui v. dos.
Adoser v. dos.
Adou v. dober.
Adoube v. dober.
Adoubement v. dober.
Adouber v. dober.
Adoul v. dober.
Adrecher, adrecier v. drescer.
Adrescer, adresser v. drescer.
Adube v. dober.
Adubement v. dober.
Aduber v. dober.
Aducier v. dols.
Aduire v. duire.
Adulcier v. dols.
Adulcir v. dols.
Adunc, adunkes v. donc et II, 283.
Adure v. durer.
Adureie v. durer.
Adurer v. durer.
Adversarie v. avers.
Adversier v. avers.
Adversiteit v. avers.
Adversitet v. avers.
Aë, âge v. edage.
Aë interj. II, 397.
Aeisier v. aise.
Aëit v. edage.
Aëiz v. edage.
Aemplir v. ademplir.
Aërdre v. aherdre.
Aerien v. air.
Aesier v. aise.
Aesmer, aasmer, esmer II, 319, estimer,
  évaluer, croire, présumer, penser;
  de aestimare; subst. esme, estima-

tion, évaluation, opinion, intention, but, calcul, action de viser ; *à esme,* d'avis, dans l'espérance, sur le point ; d'où **aasmement** II, 141, pensée, attente ; **esmance**, opinion basée sur des combinaisons, valeur, portée ; *faire esmance,* faire mine de qqch., ajuster, menacer de frapper ; — **esmee**, estimation. Les mêmes formes verbales signifiaient calculer, dresser, préparer, ajuster, présenter, faire mine de qqch. ; on a fait passer la signification du verbe de la pensée à l'action. L'orthographe *aasmer* semblerait remonter à l'influence de *ad-aestimare, azesmar* en provençal, d'où la langue d'oïl avait fait **acesmer** I, 66. 304, disposer, arranger, ajuster, orner, parer ; et d'ici **acesmement**, ajustement, parure, atours ; du part. pas. l'adv. **acesmeement, acemeement,** en grand appareil.

Aeure de aorer.

Aezo I, 149. 157.

Afabloier II, 393 pour afoibloier, afebloier v. floible.

Afaire v. faire.

Afaite v. afaiter.

Afaitement v. afaiter.

Afaiter, afaitier, affaiter II, 254. 255. 398, orner, parer, préparer, apprêter, accommoder, raccommoder, panser, apaiser, apprivoiser ; de *affectare;* part. pas. *afaitiet, afaite,* bien élevé ; *s'afaiter,* se mettre en état, se disposer, se préparer ; de là **afaitement,** ornement, parure, manière, façon, instruction.

Afaitier v. afaiter.

Afaitiet s. v. afaiter.

Afamer v. faim.

Afautrer v. feltre.

Afebleier v. floible.

Afebloier v. floible.

Afeire v. faire.

Afeltrer v. feltre.

Afenir v. fin.

Aferir v. ferir.

Afermer v. ferm.

Afeurer v. fuer.

Afeutrer v. feltre.

Affection I, 126. 227, affection, volonté ; de *affectio.*

Afferir v. ferir.

Affi 1re pers. s. prés. ind. d'affier.

Affie v. foit.

Affier v. foit.

Affinite v. fin.

Affliction, afflictiun v. afflire.

Afflire II, 269, abattre, accabler, affliger ; part. *afflit, afflite* I, 50 ; de *affligere, afflictus;* **affliction, afflictiun** I, 371. II, 64, accablement, mortification, affliction ; *afflictio.*

Afflit v. afflire.

Affronter v. front.

Affubler v. afubler.

Affuison II, 126, par attraction pour à fuison.

Affumbler v. afubler.

Affuster v. fust.

Afi v. fit.

Afiancer v. fiance.

Afiche, afice v. ficher.

Aficheement v. ficher.

Aficher, afichier, aficier v. ficher.

Afichiement v. ficher.

Afie v. foit.

Afier v. foit.

Afiler v. fil II.

Afiner v. fin.

Afoiblir v. floible.

Afolement v afoler.

Afoler I, 60, maltraiter, blesser, meurtrir, tuer ; d'où **afolement,** détérioration, dommage, blessure ; **defoler, defuler** II, 3. 275, comme afoler. Composés du latin *fullare,* verbe qu'on peut supposer d'après le substantif *fullo, onis,* d'où nos mots *foule, fouler, foulon.*

Afoler, devenir fou v. fol.

Afonder v. fond.

Afondrer v. fond.

Afranchir v. franc.

Afremer v. ferm.

Afrener v. frein.

Afronter v. front.

Afruiter v. fruit.

Afrunter v. front.

Afublail v. afubler.

Afubler, affubler, et avec *m* intercalaire, affumbler I, 105. 290. II, 61. 390, cacher sa tête sous un voile, couvrir, vêtir, garnir de la fibula; lmâ. affibulare; afublail II, 131, manteau (chlamys); proprement manteau avec la *fibula*, *fibla* dans Apulée; comp. desafubler, ôter le manteau, déshabiller. — On trouve desfubler dans le même sens, formé directement comme affubler G. d. V. v. 1129. P. d B. v. 3995 desfublee est en un samit, c.-à-d. sans manteau.

Afuerer v. fuer.

Afuir v. fuir.

Agace, agache, agace, pie; de l'ahal. *agalstra*, prov. gacha, agassa; ital. gazza, gazzera.

Agacer, agacier, quereller, exciter à badiner ou à quereller, provoquer, harceler, piquer, irriter, aiguillonner. Ménage dér. agacer de agace, parce que les pies sont colères; mais il n'y a aucune apparence que ce soit juste, et, soit dit en passant, il donne une fausse origine au substantif. Agacer dér. de l'ahal. *hazjan*, allmod. hetzen, irriter, poursuivre, avec *a* préposé, ce qui permit au *h*, devenu médial, de se condenser en *g*.

Agache v. agace.

Agacier v. agacer.

Agait v. gaitier.

Agaiter, agaitier v. gaitier.

Agarder v. garder.

Agencer v. gent.

Agenoiller, agenoillier v. genol.

Agenser v. gent.

Agesir v. gesir.

Agiez v. algeir.

Agraanter v. creanter.

Agrafe v. agrappeir.

Agrappeir I, 131, prendre, saisir, accrocher, prendre avec vivacité et force; de l'ahal. *krapfo*, aujourd'hui *krapf*, *krappen*, crampon, crochet. A la même racine appartiennent les mots *grappin*, *grappe* (Q. L. d. R. I, 115), autrefois aussi *crape*, *agraffe*, en wallon *agrap*. Pour *grappe*, cfr. le néerlandais *grappe*, *krappe*, ib.

Agreer, agreeir v. gre.

Agregier v. grief.

Agrei v. roi II.

Agreier v. roi II.

Agret v. roi II.

Agrevance v. grief.

Agrever v. grief.

Agu, ague I, 106, II, 42, aigu, pointu, piquant; prov. agut; de *acutus*; aguiser I, 397, aiguiser; proprem. *acutiare*.

Aguaiter v. gaitier.

Ague v. agu.

Agueit v. gaitier.

Agueiter v. gaitier.

Aguet v. gaitier.

Agueter v. gaitier.

Aguile, aiguille, aiguille; lmâ. acucla pour acncula, *acicula*; de là aguilon, aguilun, aiguilhon, awillon II, 241. 244. 378, pointe, aiguillon. V. Ménage.

Aguilon, aguilun v. aguile.

Aguiser v. agu.

Ah interj. II, 402.

Ahaise, aheise v. aise.

Ahan (aan) II, 131, travail forcé, peine corporelle, peine, chagrin. Dans la basse latinité et dans la langue d'oïl, ce mot s'employait souvent en parlant du travail des champs: **Ahaner**, enhaner (terram ahanare), labourer, cultiver: Enhanerent il toz les espazes de ccl cortil ki ne furent pas enhaneit (Dial. de S. Grég.); **ahan,**

terre labourable, champ; **ahanable** (rég.
propre au labourage; **ahanieres** (rég.
ahanor, plus tard **ahanier** R. d'A.
p. 469) laboureur, cultivateur; **ahanage** II, 228, labourage, récolte,
fatigue, peine. Carpentier cite le
simple **haner**, labourer, que je n'ai
jamais rencontré. S'**ahaner** signifiait
se fatiguer, prendre peine (P. d. B.
v. 32). Du Cange dérive *ahan* de
l'interjection *han*, que laissent échapper avec une respiration pressée les
personnes qui font un travail pénible; ce serait donc une onomatopée. D'autres veulent que la racine
han soit celtique. Owen cite en
effet un *afan* dont la forme est
parfaitement convenable pour racine
de *ahan;* cfr. le prov., le port. et
l'esp. *afan;* mais la signification
dispute, trouble, sédition ne concorde guère; puis *afan* ne se trouve
que dans un seul dialecte et peut-
être a-t-il été lui-même emprunté
ou est-il tout à fait étranger à notre
ahan. M. Pougens parle d'un verbe
français **affaner** = ahaner, et Raynouard Lex. Rom. en cite un exemple
s. v. afaner.

Ahanable v. ahan.

Ahanage v. ahan.

Ahaner v. ahan.

Ahanier, ahanieres v. ahan.

Ahanor v. ahan.

Aherdre, aërdre II, 120-22, prendre,
saisir, empoigner, joindre, s'attacher,
se joindre à un parti; de *adhaerere*,
c.-à-d. adherere, avec *d* intercalaire;
comp. **entraherdre** II, 121, s'entr'attacher, s'entresaisir, s'entrejoindre;
desaherdre II, 121, détacher, disjoindre, débarrasser. Du fréquentatif (adhaesus), on forma adeser
I, 297, s'attacher, toucher, attoucher, saisir.

Ahi interj. II, 402.

Ahnesse v. asne.

Ahonir v. honir.

Ahonter v. honir.

Ahontir v. honir.

Ahucher v. hucher.

Ahunter v. honir.

Ahuri v. hure.

Ahurter v. hurter.

Ahyretement v. hoir.

Aidable v. ajude.

Aide, aidere v. ajude.

Aider, aidier v. ajude.

Aidis v. ajude.

Aïe v. ajude.

Aiere v. rier.

Aige v. edage.

Aighe v. aigue.

Aiglent, gratte-cul; dér. **aiglentier** R.
d. l. V. p. 212, églantier; de *aiguille*,
avec la suffixe *ent*, proprem. ai-
guillonné. Cfr. prov. aguilen, ai-
glentina. *Aiglent* était un peu plus
honnête que sa traduction, et, si
on l'eût conservé, églantier, églan-
tine auraient au moins un primitif
dans la langue moderne.

Aiglentier v. aiglent.

Aignel, aignez, aigniaus, aigniax I, 90.
149, agneau; de *agnellus;* dimin.
aigneles, aignelait I, 99.

Aignelait v. aignel.

Aigneles v. aignel.

Aignez v. aignel.

Aigniaus v. aignel.

Aigniax v. aignel.

Aigre, eigre, egre I, 134, aigre, âpre,
rude, avide; *acer;* adv. **egrement**
I, 82, aigrement, âprement, rudement, vigoureusement; *aigrete,*
amertume, aigreur; *acritas;* comp.
aigrevin, vinaigre.

Aigrete v. aigre.

Aigrevin v. aigre.

**Aigue, aighe, aiwe, aive, awe, eve,
ieve, iave, eave, eaue** I, 68. 135.
377. II, 78. 79. 114. 125, etc.,
eau; de *aqua*. La forme moderne
dérive immédiatement de *eve*, diph-

thongué ieve, iave, eaue puis eau.
Les formes *aigue* et *eve* nous sont
restées dans aiguade, aiguail, ai-
guayer, aiguière etc., évier.

Aigue, cavale, jument; de *equa;* prov.
egua. Pour la forme cfr. le mot
précédent.

Aiguilhon v. aguile.

Ail v. al I.

Aillors, aillurs, aillours I, 375. 268. 148,
ailleurs; de *aliorsum;* comp. *d'ailleurs.*

Aillours v. aillors.

Aillurs v. aillors.

Aim v. haim.

Ain v. haim.

Ainc v. anc.

Ainchois v. ans.

Ainçois v. ans.

Aincores II, 287 et Gloss. ore II.

Aingle v. angele.

Ainkes v. anc.

Ainmi interj. II, 402.

Ainques v. anc.

Ainrme v. anime.

Ains, ainz v. aus.

Ainsi, ainsinc, ainsint v. ensi et II, 273.

Ainsneit, ainsnes, ainsnez v. naistre et
II, 272.

Ainsunkes v. ans et II, 273.

Air I, 83. II, 44, aïr; aire, naturel,
manière d'être d'une personne, dis-
positions, humeur, origine; **aerien**
II, 387, aérien; propr. aeranus. Dans
ces derniers temps, on a tenté de
dériver *aire* de l'allemand *art;* c'est
une de ces étymologies basée sur
une simple analogie de significations
et qui montre combien peu on a
étudié les lois de la dérivation.
Comment *art* aurait-il produit *aire?*
Air et *aire* sont identiques dans
leur origine; le premier dérive de
aër, le second de l'adjectif *aerea.*
Cfr. l'ital. aria, l'esp. aire. En op-
posant à celles de notre mot les
significations du latin *spiritus,* on

a, ce me semble, la même marche:
Air, souffle, ton, bruit, passions,
d'où naturel, humeur, manière
d'être d'être d'une personne, dis-
positions. De là à origine, il n'y
a pas loin. On disait de mal aire,
de put aire, pour de mauvais naturel; de bon aire, pour de bon
naturel, d'où l'adjectif debonaire,
debonere II, 231, doux, bon, affable;
adv. debonairement, deboinairement
I, 335, avec bonté, affabilité, gracieusement; subst. debonairete II,
381, bonté, affabilité, gracieuseté.

Aïr v. irer.

Aire v. air.

Aïré v. irier.

Aïreement v. irer.

Aïrement, acharnement v. irer.

Airement, encre v. atrement.

Aïrer v. irer.

Aïrie v. irer.

Aïrier v. irer.

Aïrison v. irer.

Airme v. anime.

Aïros v. irer.

Ais, ais; de *axis;* dér. aisie R. d. l. V.
p. 34, porte; dimjn. aiselle, aisiele,
aisil, aisceau, petit ais à couvrir
les toits, les livres, etc. (bardeau,
dosse); de *axicellus* (axiculus).

Aisceau v. ais.

Aise, aisse, facilité, occasion, aise,
plaisir; adj aise, aisse II, 170, content, joyeux; adverbial. à aise II,
364, à l'aise, commodément; d'où
le subt. aaise, ahaise Q. L. d. R. I,
66, facilité, contentement, aisance,
richesse, secours; vb. aaisier, aaiser,
aeisier, aesier, aiser, aisier, donner
le nécessaire, donner de l'aise, mettre
à l'aise, soulager, aider, secourir,
servir, prêter, garnir; aaisie, aeisie,
qui a son aise, riche; de là aisement, usage, faculté d'user de qqch.,
gré, volonté, plaisir; comp. desaise,
malaise; malaise, malaisse II, 170,

malaise, mésaise; **mesaise, mesese** II, 217. 364. 384, mésaise, malaise; **mesaisé, mesaisie** I, 250, = egenus, malaisé, incommode, peu aisé, mal à l'aise. On a proposé nombre d'étymologies pour ce mot: Périon le dér. du grec αἴσιος, heureux, de bon augure; convenable; d'où le subst. ce qui convient, ce qui est commode; Ménage remonte à otium; Frisch à l'allem. behagen; Schilter, Junius, MM. Grimm et Diez y voient la racine allemande contenue dans l'adj. goth. *azêts*, facile, commode, subst. *azêti*, agrément; mais, en ce dernier cas, il faudrait, pour la forme, avoir un subst. *azi*, qui n'a pas encore été trouvé, et je n'ose décider si on peut le supposer. Cfr. Rayn. II, 41, ais, aize, etc.

Aiselle v. ais.

Aisement v. aise.

Aiser v. aise.

Aisie v. ais.

Aisielle v. ais.

Aisier v. aise.

Aisil v. ais.

Aisli II, 407.

Aisse v. aise.

Aisselle I, 315, aisselle; de *axilla* pour ala.

Aistre, foyer v. astre.

Aisvos II, 407.

Aït, aïst v. ajude.

Aitant v. tant et II, 325.

Aitier v. hait.

Aïue v. ajude.

Aïuer v. ajude.

Aïuwe v. ajude.

Aïuwer v. ajude.

Aive v. aigue.

Aive, avie, aïeul; de *avus*; comp. besaive II, 160, bisaïeul; tresaive, trisaïeul. La forme moderne est un diminutif de avus, aivel dans l'ancienne langue, Ben. v. 11809.

Aivel v. aive.

Aiwe, aide v. ajude.

Aiwe, eau v. aigue.

Aiwer v. ajude.

Ajoindre v. joindre.

Ajoinst de ajoindre.

Ajornant v. jor.

Ajornee v. jor.

Ajorner v. jor.

Ajostee v. joste.

Ajostement v. joste.

Ajoster v. joste.

Ajoustee v. joste.

Ajouster v. joste.

Ajude, ajue, aïue, aïe, aide, secours; force armée, troupe; aides, impôt; vb. **ajuer, aïuer,** aider, secourir; du latin *adjutare*. Cfr. dans les Serments, adjudha. Outre ces formes, on trouve aïuwe, aiwe; aïuwer, aiwer, où le *w* semble indiquer une influence du latin *adjuvare*; et **aide, eide, aïe, eïe; aider, aidier, eider** II, 231; comp. entraidier II, 160, s'aider mutuellement. Remarquez les formules *Deus ajude, ajue, aïe, aïe,* Dieu aide, si *Dieus m'aït, m'aïst* (subj.). Voy. Q. L. d. R. II, p.163, *aïrai, aïras; aiust* R. d. S. G. v. 1097. De là **aidis** II, 295, aide, auxiliaire; propr. p. prés. **aidant** II, 361. 394, aide, auxiliaire; **aidere,** auxiliaire; — **aidable,** secourable; *adjutabilis;* **adjutorie, adjutoire** II, 362, aide, secours; *adjutorium.*

Ajue v. ajude.

Ajuer v. ajude.

Ajurnee v. jor.

Ajurner v. jor.

Ajustee v. joste.

Ajustement v. joste.

Ajuster v. joste.

Akuns v. alcuens et I, 169.

I. **Al,** ail s. s. et p. r. als, aus, auz R. d. S. S. 4175; Ch. d. S. II, 143; R. d. l. V. 2142; Ben. 30800; G. d. V. 1223, ail; *alium*. Fallot confond *al* et *alie*, en faisant de alz un

simple. masc. plur. de alie, qui,
selon lui, signifie ail; cela n'est
pas. V. alie.

II. Al, d'où au, rég. ind. sing. de l'art.
I, 46. 49; de à et ille; plur. als,
d'où as, az, aus I, 46. 54. 55.

III. Al, el I, 167 pron. indét., d'où
au, en I, 168; *parler d'un et d'el*
I, 168; *el* empl. subst. I, 168; adv.
comp. alsi, ausi, assi, aussi, ossi II,
269; d'où alsiment, ausiment II, 269;
conj. *alsi, aussi*, com et *que* II, 377.

Alaigre, halaigre A. et A. v. 2847,
alègre; *alacer*.

Alainne v. anheler.

Alaiter v. lait.

Alasse v. las.

Alas, allas interj. v. las et II, 401.

Alasser v. las.

Albain, aubain, étranger dans le lieu
qu'il habite; lmâ. albanus (DC. al-
bani); de l'adverbe *alibi*, avec la
suffixe *unus*; cfr. ancien de ante.
De là *aubainete, aubanie, aubaine*.

Albe, aube, abe, point du jour; de
albus, alba, clair, serein; cfr. al-
bente coelo, César BC. 1, 168; lux
albescit, Virgile. Du même adj.,
dans son sens primitif, dér. albe,
aube, aube, vêtement pour les prêtres.

Alches v. alcuens et II, 268.

Alcon, alcone, alcuens v. alcuens et I, 169.

Alcuens, aucuens, aucuns, alcons, alquons, aucons, auchuns, acuns, akuns,
aloun, aucun, alcon, alquon, aucon,
acun, auchun, alcune, aucune, acune,
auchune I, 168 et suiv.; alkes, alques, auques pron. indét. I, 171;
dim. auquetes I, 171; adv., encore
avec les formes, alches, auches II,
268; alquant, alkant, auquant I, 170;
var. normande asquant I, 171.

Alcun, alcune v. alcuens et I, 168.

Ale pour ele I, 127.

Alee v. aler.

Alegier v. legier.

Alsier v. loi.

Aleigne v. alesne.

Aleiion I, 324, dans l'original var. alerion, comme dans P. d. B. 10323:
Chiute de dum d'alerion; signifiant
aigle, aiglon. La forme en *r* médial est sans aucun doute la primitive. Alerion ne peut se rapporter
à aigle, aquila, car on ne saurait
supposer que le *g* a été syncopé,
et, cela même accordé, la forme
alerion serait encore incorrecte par
rapport à aigle. Alerion dér. de
l'allem. *adelar, adler*, comp. de adel,
noble, et ar, aigle, ahal. adalaro,
ancien norois ari, aigle, goth. ara.

Aleine v. anheler.

Aleir v. aler.

Alemele v. lame.

Alentir v. lent.

Aleoir v. aler.

Aleor v. aler.

Aler, aleir, alier I, 280 et suiv. aller;
d'où alee, galerie, corridor; aleor,
aleoir, galerie, passage, allée; aleure,
allure, train, pas, marche; *grant
aleure* II, 271, grand train; comp.
s'entraler I, 290, aller mutuellement; mesaler I, 289; paraler I, 290;
poraler I, 290; raler I, 289; tresaler
I, 290, passer, s'en aller, se passer,
s'évanouir.

Alerion v. aleiion.

Alesne, aleigne, poinçon, alêne; d'une
forme dérivée de l'ahal. *ala, alansa*,
par transposition *alasna*, alêne. Le
correspondant italien de ce mot
est *lesina*, qui a pris la signification de épargne sordide et raffi-
née, d'où notre *lésine*. Voici comment Ménage explique ce singulier
changement de signification. Lésine,
Lat. Nimia parcimonia. Du livre
italien, intitulé Della famosissima
Compagnia della Lesina: lequel contient divers moyens de ménage.
L'auteur de ce livre, qui est un
nommé Vialardi, feint que cette

Compagnie fut ainsi appellée di certi Taccagnoni, i quali, per marcia, miseria, et avarizia, si mettevano insino a rattacconar le scarpette e le pianelle, con le loro proprie mani, per non ispendere. E perche tal mestier del rattacconare non si puo fare senza lesina, anzi è lo stromento principale, presono questo nome *della Lesina.* Dict. Etymol. s. v. lesine et Origines Italiennes s. v. lesina.

Aleu, alleu, alo, aluf I, 166, **alluef** (Dunod II, 605), r. pl. **aluefs** (J. v. H. p. 553), **alues** (Ch. d. S. II, 95, Phil. M. v. 17293), **alloux** (Dunod II, 106), **alleu.** Toutes ces formes dérivent du lmâ. *alodis* (Loi salique), *alodium;* la lettre *f* que l'on voit à quelques-unes est sans doute due à l'influence du mot *fief.* Selon M. J. Grimm *alodium* est un composé allemand: *al,* tout, en entier, *ôd,* propre. Dans le latin du moyen-âge on scandait souvent *allŏdium,* d'où les diphthongaisons des formes de la langue d'oïl.

Aleure v. aler.

Alever v. lever.

Alfin, aufin, ofin, onfin, pièce du jeu des échecs, que nous appelons le fou; du persan *fil,* éléphant, avec l'article arabe *al.* V. Ducange s. v. alphinus.

Algeir, algier, agiez, dard. Cfr. l'ahal. *azkêr,* jaculum; anglo-saxon *ätgâr,* genus teli; ancien norois *atgeir,* lancea.

Algier v. algeir.

Aliance v. lier.

Alie, alise; **aliier,** alisier. Fallot reproche avec raison à l'abbé de la Rue d'être tombé dans une erreur grossière, en traduisant alie par olive; mais il en commet une tout aussi grossière en donnant exclusivement à alie la signification d'ail;

car, si jamais il l'a eue, ce n'est que par corruption ou confusion de forme. V. al. On trouve des exemples décisifs, pour fixer la signification de ce mot, dans le R. d. S. S. p. 75-7. R. d. S. S. d. R. p. 22. 3. Le vers suivant, où le nom du fruit est mis pour celui de l'arbre, mérite encore d'être cité: Un baron prent un grant baston d'*alie* (Roncisv. p. 116). *Alie* est d'origine allemande: *elsebeere* = baie de l'else, un des noms de l'*erle,* anglo-saxon *alr, aler,* anglais *alder,* ahal. *elira, erila.*

Alier v. lier.

Alier, aller v. aler.

Alieve de alever.

Aligement v. legier.

Aliier v. alie.

Alkant v. alcuens et I, 170.

Alkes v. alcuens et I, 171, II, 268.

Allaitant v. lait.

Allou v. aleu.

Alluef v. aleu.

Almaille, aumaille, gros bétail, surtout boeufs et vaches; collectif et individu; de *animalia.* V. DC. s. v. et Ménage s. v. aumaille.

Alme v. anime.

Almosne, aumosne I, 147, II, 160, aumône, bonne oeuvre, action louable, pitié; de *eleemosyna* (ἐλεημοσύνη); de là **almosnier, aumosnier** I, 210. II, 184, celui qui fait l'aumône, et chargé de distribuer des aumônes; **aumosnière, aumônière,** bourse, gibecière.

Almosnier v. almosne.

Alne, aune, aune; du goth. *aleina,* ahal. *elina;* mais, selon M. J. Grimm, *aleina* dérive du latin *ulnus.*

Alo v. aleu.

Aloc v. lieu et II, 300.

Aloe, aloue, aloette I, 189. 310. II, 271, alouette; de *alauda,* mot celtique, d'après le témoignage de Pline (II, 371) et de Suétone. On lit dans

Marcellus Empiricus, ch. 29: Avis galerita quae gallice *alauda* dicitur. M. J. Grimm dérive *aloe* du kymri *uchedydd*, alouette; d'autres, du breton *alc'houeder*, alouette, kymri *alaw-adar*. L'élision de l'aspirée n'a rien d'extraordinaire; toutes les langues, sans en excepter les sémitiques, offrent de pareils exemples.

Aloette v. aloe.

Alogier v. loge.

Aloié v. lier.

Aloier v. loi.

Aloir v. aler.

Aloser, aloset, alosez v. los.

Aloue v. aloe.

Alquant v. alcuens et I, 170.

Alques v. alcuens et I, 171. II, 268.

Alquon, alquone, alquons v. alcuens et I, 169.

Alqunt v. I, 171.

Als, alz v. al I.

Als art. v. al II.

Als, els, ols, d'où aus, eus, ous I, 121. 131, eux. Le pron. pers. de la 3e pers. de la langue d'oïl n'ayant pas, comme en prov., de sing. el, d'où le plur. els, il faut dér. als, els, ols directement de *illos, ollos*. Cfr. do, dou.

Alsi v. al III et II, 269.

Alsiment v. al III et II, 269.

Alt v. halt.

Altant v. tant et I, 192. II, 325.

Alteir v. alter.

Altel, autel v. alter.

Altel, pareil v. tel et I, 194.

Alter, alteir, altel, autel I, 50. 89. 185. M. d. F. Elid. 929, autel; de *altare*, prov. altar. Cfr. halt.

Alter, altere, autre v. altre.

Alterquer v. altre.

Altisme v. halt.

Altre, autre, alter, altere, atre, otre, outre I, 171 et suiv., autre; altrui, autrui, altroi I, 172, autrui, d'autrui; de *alterhujus* ou *altruic*; cfr.

lui; altri I, 172, ib., de *alterhic*; enfin altrei I, 172, ib., n'est qu'une orthographe normande pour altroi; ce ne peut être un féminin comme celei, lei, cestei, masc. celui, lui, cestui; altrui comme en ital. n'a pas de fém., cela ressort de son emploi absolu et indéterminé; autru pour autrui I, 173; *l'autrui*, le bien d'autrui I, 172; adv. altrement, autrement I, 105. 231. 234, autrement, d'autre manière; alterquer, disputer, contester, débattre; *altercare*; comp. altresi, autresi, autressi adv. II, 269.

Altrei v. altre.

Altrement v. altre.

Altrer v. hier et II, 269.

Altresi v. altre et II, 269.

Altretant v. tant et I, 192. II, 326.

Altretel v. tel et I, 194.

Altri v. altre.

Altrier v. hier et II, 269.

Altroi v. altre.

Altrui v. altre.

Alucher, attirer, inviter, allécher; la voyelle *u* ne permet pas de songer au latin lacere, allicere; la racine se retrouve dans le celtique: *llochi*; et l'allem.: en isl. *lokka*, ib., anglosaxon, *locce*, appel, allèchement.

Alucher, cultiver; nourrir; de *louchet*, selon DC.; houe, bêche; lmâ. lochea, espèce de cuiller; mais d'où ce dernier.

Aluec v. lieu et II, 300.

Alues v. aleu.

Alumer v. lumiere.

Am pron. et prép. v. en et I, 175. II, 349.

Amaine v. mener.

Amaint v. mener.

Amaladir v. malade.

Amande v. amender.

Amander v. amender.

Amanevis I, 162. 229. amani, ameni Roq. Suppl., prêt, prompt, empressé, alerte, adroit; part. passé d'un comp.

amanevir, de manevir; prov. *ama-*
noir, amanavir, amarvir, de *ma-*
noir, marvir; v. Rayn. L. Rom. IV,
144. 163, qui sépare à tort ces
formes; selon M. Diez (v. Dief. G.
W. II, 764, N. 26) du goth. *manvjan,*
préparer, apprêter. Cfr. prov. *mar-*
vier, prêt, prompt, goth. *manvus,*
ἕτοιμος.

Amani v. amanevis.

Amanrir v. menre.

Amassee v. masse.

Amasseiz v. masse.

Amasseor v. masse.

Amasser v. masse.

Amasseres v. masse.

Amatir v. mat.

Ambdui I, 112.

Ambedoi, ambedui, ambedous, ambedeus
I, 112.

Ambeleter v. bel.

Ambes I, 111, composé avec dui, deux,
d'où ambedoi, ambedeus, amedoi, etc.
I, 112.

Amble v. ambler.

Ambler, anbler, enbler I, 315. II, 77,
aller l'amble; du latin *ambulare,*
qui prit la signification indiquée ici
vers la fin du 8e siècle; subst. amble,
amble; de là ambleure II, 356, amble;
DC. ambulatura.

Ambler v. embler.

Ambleure v. ambler.

Ambore I, 112. 113.

Ambs I, 112.

Ambur, ambure I, 112. 113.

Amdui, amdeus I, 112.

Ame v. anime.

Amedoi, amedui, amedous, amedeus I, 112.

Ameinnent v. mener.

Amenage, espèce de droit v. mine II.

Amenage, voiture v. mener.

Amendance v. amender.

Amendanche v. amender.

Amende v. amender.

Amendement v. amender.

Amender, amander, réparer, faire satisfaction, réformer, rendre meilleur,
perfectionner; s'*amender vers Dieu*
I, 217. Amender est une altération
fort ancienne de *emender,* prov.
emendar, ital. emendare; du latin
emendare. Subst. amende 1, 59,
amande, emende II, 10, réparation,
satisfaction, correction, punition,
amende (peine pécuniaire). De là
amendance, amendanche I, 387, amendement; amendise II, 50. 282, réparation, satisfaction, réforme, amélioration, profit, perfectionnement;
amendement II, 311, comme amendise.

Amendise v. amender.

Amener v. mener.

Ameni v. amanevis.

Amenier v. mener.

Amenrir v. menre.

Amenteivre v. menter.

Amentevoir v. menter.

Amentiveir v. menter.

Amentoivre v. menter.

Amenuiser v. menut.

Amenuissement v. menut.

Amenusier v. menut.

Ameor v. amer.

Amer, ameir I, 277 et suiv., aimer;
comp. enamer I, 280; desamer I,
280; mesamer I, 280; entramer,
entreamer I, 280. 224. 268, s'aimer
mutuellement, aimer à l'envi; ameres,
amierres, ameor, amant, amoureux,
ami; *amator;* amor, amour; *amor;*
amoros, amoureux, amical; vb. de
amor, enamorer, aimer, chérir, amou-
racher; — ami, amin I, 81, ami,
parent, proche; *amicus;* amie, amie,
amante; *amica;* amiable, amiaule
II, 360. 361, amiable, capable d'attachement, aimable, doux, utile;
amicabilis, avec mélange d'amabilis
pour le sens; adv. amiablement,
amiavlement, amiaulement II, 15. 166,
amiablement, amicalement, avec douceur, à l'amiable; amistiet, amisted,
amiste, amitié, attachement, témoi-

gnage d'amitié; — enemi, anemi, anemin, enemie I, 131, ennemi, ennemie; *inimicus, inimica*; les anciens auteurs employaient souvent *enemi* pour désigner le diable; cfr. aversier; **anemiable**, difficile, pénible, détestable, nuisible; **anemiablement** II, 194, d'une manière nuisible; irréconciliablement; **enemistiet** II, 347, inimitié, haine.

Amer, e I, 106. II, 14, amer, triste, rude; de *amarus*; adv. **amerement** I, 220. 352, amèrement; **amertume** I, 153. II, 269, amertume; *amaritudo, udinis*, d'où amartudne, amartume, v. ume; **amertor, amertur, amertume.**

Amercier v. mercit.

Amerement v. amer, e.

Ameres, amierres v. amer.

Amermer v. menre.

Amertor v. amer.

Amertume v. amer.

Amertur v. amer.

Amesureement v. mesure.

Amesurer v. mesure.

Ametiste, améthyste; *amethystus.*

Ami v. amer.

Amiable v. amer.

Amiablement v. amer.

Amiaule v. amer.

Amiaulement v. amer.

Amicte v. amit.

Amie v. amer.

Amieldrir v. mialdres.

Amin v. amer.

Aminage v. mine II.

Aministration v. ministrer.

Aministrer v. ministrer.

Amirail, amiral, s. s. amiraus, amirant, amire II, 370, prince, chef des Sarrasins, émir; de l'arabe *amir*, prince, chef. La signification que nous donnons à ce mot lui a été attribuée par les Génois et les Siciliens.

Amiral v. amirail.

Amirant v. amirail.

Amiraus v. amirail.

Amire v. amirail.

Amis v. amit.

Amiste v. amer.

Amisted v. amer.

Amistiet v. amer.

Amit, amicte, amis, aumusse, vêtement qu'on mettait sur la tête, l'un des ornements sacerdotaux; espèce d'étoffe, couverture; de *amictus*; de là amitun, espèce d'étoffe.

Amitun v. amit.

Amoine v. mener.

Amoire I, 163. Le besoin de la rime a influé sur la forme de ce mot, qui n'est sans doute pas correcte; en conséquence on ne peut en fixer la signification.

Amoleier v. mol.

Amolier v. mol.

Amoloier v. mol.

Amoneie v. mener.

Amonesteor v. amonester.

Amonester II, 308, avertir, conseiller, admonester; de *ad monitare*; d'où amonestere, amonesteor, conseiller; comp. **desamonester** II, 111, déconseiller, détourner.

Amonestere v. amonester.

Amont, amunt II, 270 et gloss. mont.

Amonter v. mont.

Amor v. amer.

Amordre v. mordre.

Amoros v. amer.

Amors v. mordre.

Amorter v. mort.

Amortir v. mort.

Ample I, 337, ample, large; *amplus*; amplete II, 63, ampleur.

Amplete v. ample.

Amploier v. plier.

Amprendre v. prendre.

An, on v. hons.

An pron. et prép. I, 175. II, 349 et gloss. en.

An, an, année; *annus*; dér. anee, année; adv. comp. antan, entan II,

275; oan, ouan, uan, owan, awan, auan II, 275; maisoan, mesoan II, 275.

Anaises, enaises II, 269, environ, à peu près, presque. Le latin n'offre aucun primitif pour cet adverbe, qui ne se rencontre que dans quelques ouvrages picards-flamands et dans saint Grégoire. Ce dernier ayant puisé souvent dans les dialectes allemands pour créer de nouvelles formes, on osera peut-être conclure de ces deux circonstances que le mot anaises a une origine allemande. Mais quel est le primitif allemand? Je ne connais pas de forme qui corresponde complétement à notre mot. Anaises serait-il de la famille du goth. ana = allmod. an, avec un s suffixe du génitif, et le es final serait-il additif? Si cette dernière supposition est recevable, il serait permis peut-être de songer au goth. anaks, que l'on connaît dans les significations de subitement, tout à coup, à l'instant, aussitôt. Anaks tient, selon les uns, à ana; selon les autres, au goth. anan, exspirare, ancien norois andaz (passif); et, dans les deux cas, on obtiendrait sans peine la signification de anaises. Ou bien anaises est-il d'origine celtique? An privatif et un simple nas? Cfr. le gallois annas, rareté, annasach, rare; ce qui est rare est l'exception, l'à peu près de la règle, l'environ du tout. Je crois cependant qu'il vaut beaucoup mieux s'en tenir à l'allemand.

Anbrunchier v. embronc.

Anc, ainc, einc, ainkes, ainques II, 273; ainc que II, 377. V. hui et nuit.

Anceis v. ans.

Anceisor v. ancestre.

Anceisorie v. ancestre.

Anceissor v. ancestre.

Anceisur v. ancestre.

Ancele I, 125. II, 165, servante, épouse; *ancilla.*

Ancesserie v. ancestre.

Ancessor v. ancestre.

Ancestre, auncestre I, 223. 232, ancessor, anceisor, anceissor, anceisur, ancissor, ancessour, ancissour I, 77. 106. 148, etc., homme du temps passé, ancien, ancêtre, aïeul; de *antecessor;* de là **ancesserie** I, 232, anceisorie, origine, succession, héritage venant des ancêtres.

Anchien v. ans.

Anchois v. ans.

Ancianor v. ans.

Ancien v. ans.

Anciien v. ans.

Ancissor v. ancestre.

Ancissour v. ancestre.

Ancoi v. hui et II, 297.

Ançois v. ans.

Ancombrier v. comble.

Ancore II, 287 et gloss. ore II.

Anclin v. cliner.

Ancre, ancre; *anchora,* ital., prov., esp., port. ancora; d'où **aancrer** II, 300, être à l'ancre, ancrer.

Ancue v. hui et II, 297.

Ancui v. hui et II, 297.

Andementiers II, 283,

Andex I, 112.

Andoi, andui, andous, andeus I, 112.

Andox I, 112.

Anee v. an.

Aneit v. naistre et II, 272.

Anel I, 128, aniaus, aniax, anneau, cachet; *annulus;* dim. anelet I, 99, petit anneau.

Anelet v. anel.

Aneme v. ánime.

Anemi, anemin v. amer.

Anemiable, anemiablement v. amer.

Anfant, anfanter v. enfant.

Anfes v. enfant.

Angarde v. ausgarde.

Angele, angeles, aingle, angle, et avec changement de la liquide, **angre** I,

65. 223, ange; *angelus*; angelos, petit ange I, 99; angelial I, 106, angelin, angelical, angélique; adv. angelinement I, 221, à la manière des anges, d'une manière angélique.

Angeleus v. jalous.

Angelial v. angele.

Angelical v. angele.

Angelin v. angele.

Angelinement v. angele.

Angelos v. angele.

Angigneor v. engien.

Angigner v. engien.

Angigneres v. engien.

Angle v. angele.

Angoiseusement v. angoisse.

Angoisse, anguisse I, 209. II, 304, angoisse; vb. angoisser, anguisser II, 326, affliger, rendre triste, causer de la douleur, presser fortement; angoissos, angoissus, anguissos, anguissus I, 165. 172. 270, pénible, dans les angoisses; anguissable, ib.; adv. anguissousement, anguissusement, angoiseusement, avec angoisse, amèrement, avec instance. *Angoisse* de *angustia*.

Angoisser v. angoisse.

Angoissos v. angoisse.

Angoissus v. angoisse.

Angre v. angele.

Angreste v. engres.

Anguissable v. angoisse.

Anguisse v. angoisse.

Anguisser v. angoisse.

Anguissos v. angoisse.

Anguissousement v. angoisse.

Anguissus v. angoisse.

Anguissusement v. angoisse.

Anheler, haleter, souffler, être hors d'haleine, harassé, de *anhelare*. De *anhelare*, par transposition, aleiner, alainer, aujourd'hui *halener*, d'où le subst. aleine, alainne, alaine, haleine. V. Rayn. L. R. II, 84. *Enhel*, *enhelement* II, 299.

Aniable v. anoi.

Aniaus v. anel.

Aniax v. anel.

Anieus v. anoi.

Anime, anme, avec *l*, alme, avec *r*, anrme, ainrme, arme, airme, et, comme aujourd'hui, ame II, 227, âme; de *anima*.

Anme v. anime.

Anneit v. naistre et II, 272.

Annoncier v. noncer.

Annor v. honor.

Annuncier v. noncer.

Anoi, anui, enui II, 228. 336. 364, ennui, souci, peine, chagrin; d'où anoier, anuier, enuier I, 210, II, 3. 383 (ordinairement *à qqn.*), ennuyer, fâcher, fatiguer, attrister; anoios, anoious, ennius, anieus II, 163, ennuyeux, fâcheux, fatigant; aniable II, 267, fâcheux, chagrin, ennuiable; anoiance, anuiance, ennui, chagrin, colère. *Noxa*, *noxia*, qu'on a proposés pour racines de *anoi*, sont inadmissibles; on aurait eu *nosce* ou *noisce*. Cabrera dérive l'espagnol *enojo* = *anoi* du latin *odium*, et il a trouvé juste. *In odio esse* = être en oi, d'où plus tard, en un seul mot, enoi.

Anoiance v. anoi.

Anoier v. anoi.

Anoios v. anoi.

Anoious v. anoi.

Anombrer v. nombre.

Anonceir v. noncer.

Anontion v. noncer.

Anprendre v. prendre.

Anpres v. pres et II, 362.

Anquenuit v. nuit et II, 297.

Anqui, anjourd'hui v. hui et II, 297.

Anqui, enqui, enki — iqui, iki — qui II, 271, adv. de lieu.

Anrme v. anime.

Ans, anz, ainz, ains, einz, eins, enz adv. II, 271 et suiv.; *ki ains ains* II, 272; *com ains ... ains* II, 272; *ains de* II, 272; prép. II, 345; conj. II, 376; *ains que*, *ains com* II, 376; *al ains que* II, 376; *com ains*

II, 376; dér. ancien, anciien, anchien, anchiien I, 148. 358. II, 279, vieux, âgé, ancien; propr. *antianus;* comparatif ancianor I, 103; comp. adv. anzois, ançois, anchois, anceis, ainçois, ainchois, ençois, enceis II, 271; *ainçois... ainçois* II, 272; conj. II, 376; *anzois que* II, 376; ainsunkes II, 273, de ains et unkes. Cfr. avant, davant, anc.

Ans, dans v. ens et II, 351. 2.

Ansaigne v. signe.

Ansanglanter v. sanc.

Ansdous I, 112.

Anseigne s. signe.

Ansement v. eis et II, 277.

Ansgarde, antgarde, angarde, engarde, enguarde I, 116. II, 207, avantgarde; de *ante* et *garde*, comme notre forme moderne. Cfr. II, 271.

Ansi v. ensi et II, 273.

Ansiment v. eis et II, 277.

Ansinc v. ensi et II, 273.

Anste v. hante.

Antain v. ante.

Antan v. an et II, 275.

Ante, r. antain I, 265, Fl. et Bl. 365, tante; de *amita;* prov. amda. Le *t* que nous avons mis devant ce mot est euphonique, comme dans caffetier, etc.; on l'introduisit lorsqu'il ne fut plus permis de dire m'ante, t'ante, etc.

Antechrist v. Christ.

Anter v. ente.

Anterement v. entier.

Antgarde v. ansgarde.

Antie v. antif.

Antier v. entier.

Antif (antis), antie I, 71. 112. 401. II, 69. 254, âgé, ancien, antique, vieux; de *antiquus*. Cfr. eve de aqua.

Antis v. antif.

Antor, antour v. tor I et II, 290. 353.

Antre v. entre et II, 352.

Antresque v. entre et II, 372 et suiv.

Antrues, antruesque v. entre et II, 289. 382.

Anubli v. nue.

Anui v. anoi.

Anuianche v. anoi.

Anuier v. anoi.

Anuit, annuit v. nuit et II, 297.

Anuitant v. nuit et cfr. primsoir.

Anuitement v. nuit.

Anuiter, anuitier v. nuit.

Anumbrer v. nombre.

Anuntion v. noncer.

Anvoiser v. vice.

Anz, avant v. ans.

Anz, dans v. ens.

Anzois v. ans.

Aocher v. oscher.

Aoi interj. II, 397.

Aoire v. awoit.

Aoisement v. awoit.

Aombrement v. ombre.

Aombrer v. ombre.

Aordene v. ordene.

Aordre v. ordene.

Aorement v. orer.

Aorer v. orer.

Aorne, lis. à orne, v. orne.

Aornement v. aorner.

Aorner I, 102, disposer, orner; de *adornare;* d'où aornement, ornement, parure.

Aourer v. orer.

Aoust I, 396, août; *augustus.*

Aovert part. de aovrir.

Aovrir, auvrir, ovrir, ouvrir, olvrir I, 52. 67. 148. 182. 187. 231. 408, ouvrir, desserrer, mettre à découvert; prov. obrir, ubrir; ancien catalan ubrir. Ces formes prouvent qu'on ne peut dériver *ouvrir* de *aperire,* comme on le fait ordinairement; *aperire* a donné aux Italiens *aprire,* aux Espagnols et aux Portugais *abrir.* Il faut absolument un radical avec o initial. Raynouard L. R. II, 104, c. 1 cite un composé *adubrir,* où le *a* paraît n'avoir aucune signification, si on le compare au prov. mod. *durbir* (v. Honnorat), et cet *adubrir* est sans aucun doute la même forme que *aovrir*, *auvrir*. Dans le dialecte de Crémone on a *darver*, ouvrir, *davert*, ouvert, de *aperire* et préfixe *de;* et l'on pourrait supposer que *durbir* est également dérivé de *de* et *operire*, d'où *adubrir*, *aovrir*. La seule difficulté qu'il y ait ici, c'est de prouver que, dans le fait, la lettre *a* n'a aucune valeur. Il serait peut-être possible de l'expliquer par un mélange de la forme *adoperire*, où les peuples romans auraient regardé le *d* comme une apocope ordinaire de leur particule *de.* Cela paraîtra en quelque façon ridicule, mais il y a dans la formation des langues tant de choses soumises au hasard, que souvent ce qui nous semble illogique, a néanmoins été la raison déterminante. De là, par le part. passé, l'adv. auvertement I, 215. 334, overtement I, 124, ouvertement, clairement, manifestement; — aovrement, auvrement I, 250, explication, révélation; comp. entreovrir II, 73, entrouvrir, fendre.

Apaer v. paier.

Apaier v. paier.

Apaisanteir v. pais.

Apaisier, apaissier v. pais.

Apanage v. pain.

Apandise v. pendre.

Apaner v. pain.

Aparail v. pareil.

Aparailler v. pareil.

Aparecer v. parece.

Apareil v. pareil.

Apareillement v. pareil.

Apareiller v. pareil.

Apareit v. pareil.

Aparel v. pareil.

Aparellement v. pareil.

Aparellier v. pareil.

Aparier v. par.

Apariller v. pareil.

Aparlement v. parole.

Aparler v. parole.

Aparmain II, 275.

Aparmannes II, 275.

Aparmenmes II, 275.

Aparmennes II, 275.

Aparoil v. pareil.

Aparoiller, aparoillier v. pareil.

Aparoir v. paroir.

Aparoler v. parole.

Apartenance v. tenir.

Apartenir v. tenir.

Apartignent de apartenir.

Aparzoivre v. percevoir.

Apeaus v. apeler.

Apecier v. piece.

Apel v. apeler.

Apelant v. apeler.

Apeler, nommer, crier, faire approcher, invoquer, prier, accuser qqn., offrir le combat singulier, sommer, requérir, appeler en justice; de *appellare;* cfr. reteir; de là apel, apiel, s. s. et p. r. apiaus, apeaus, apiax, appel, invocation, prière, appel en justice (c'est une des formes de ce mot qui s'est conservée dans notre *appeau*); *savoir d'apel*, connaître les lois, les usances du combat singulier; *sans apel*, sans appel; apeleur, apelant, celui qui appelle en justice, demandeur, plaignant; comp. rapeler, rappeler I, 232, rappeler.

Apeleur v. apeler.

Apendre v. pendre.

Apenseement v. pois.

Apensément v. pois.

Apenser (s') v. pois.

Apercevance v. percevoir.

Apercevoir v. percevoir.

Aperchevoir v. percevoir.

Aperchoivre v. percevoir.

Aperdre v. perdre.

Aperecer v. parece.

Apermemes, apermesmes II, 275.

Apermismes II, 275.

Apert, aperte II, 133, évident, connu, ouvert, public, vrai, sans feinte; de *apertus; en apert* I, 71, à découvert, publiquement; avec changement d'initiale *espert* R. d. C. d. C. 7013. 7100 même signification; adv. apertement II, 132, ouvertement, au su de tout le monde, hautement, vivement, sans relâche.

Apertement v. apert.

Apetiser v. petit.

Apiaus v. apeler.

Apiax v. apeler.

Apiecer v. piece.

Apiel v. apeler.

Aplaier v. plaie.

Aplanier v. plain.

Aplovoir v. plovoir.

Apoier v. pui.

Apoigner v. poin.

Apointer v. poindre.

Aporter v. porter.

Apostele v. apostole.

Apostle v. apostole.

Apostoile v. apostole.

Apostoire v. apostole.

Apostole, apostele, apostle, et avec changement de la liquide, apostre I, 215. 216. 373. II, 42, puis avec les variantes: apostoile, apostoire, apostolie I, 189. 306. 384, apôtre, puis, dans un sens restreint, l'apôtre de Rome, c.-à-d. le pape, et même un évêque; de *apostolus;* apostolial, apostolique, papal.

Apostolial v. apostole.

Apostolie v. apostole.

Apostre v. apostole.

Apovrir v. povre.

Apparoir v. paroir.

Appendice v. pendre.

Aprecer v. proche.

Apref v. prop et II, 361.

Apreindre v. preindre.

Aprendre v. prendre.

Apres v. pres et II, 362.

Apresser, appresser v. presse.

Aprester v. prest.

Apriement de apreindre.

Apriendre v. preindre.

Aprienst, aprient de apreindre.

Apries v. pres et II, 362.

Aprimer v. proïsme.

Aprise v. prendre.

Aprismer v. proïsme.

Aprison v. prendre.

Aprocheir v. proche.

Aprochier v. proche.

Aprocier v. proche.

Aprof v prop et II, 361.

Aproïsmer v. proïsme.

Aprop v. prop et II, 361.

Aproscier v. proche.

Aproucher v. proche.

Apruef v. prop et II, 361.

Apui v. pui.

Apuier v. pui.

Apuignier v. poin.

Apurtenaunce v. tenir.

Aquerre v. querre.

Aquest v. querre.

Aqueton v. acoton.

Aquis v. querre.

Aquiser v. coit.

Aquit v. coit.

Aquiter v. coit.

Aquitier v coit.

Aquoiser v. coit.

Arabi II, 20, arabe; *cheval arabi*, que nous appelons barbe; DC. s. v. farius, Rayn. L. R. II, 108; puis on donna à ce mot la signification de rapide; arabiois, qui est d'Arabie.

Arabiois v. arabi.

Aracer v. raïs.

Arachier v. raïs.

Arager, aragier, arracher v. raïs.

Arager, enrager v. rage.

Aragnier v. raison.

Araim, airain; de *aeramen*.

Araire v. arer,

Araisnier v. raison.

2 *

Araisoner, arraisonner v. raison.

Aramie v. aramir.

Aramir, arramir I, 89, promettre en donnant un gage, promettre, attester, prendre à témoin, assigner, défier: aramir bataille, assigner, c.-à-d. déterminer le lieu et le moment d'une bataille; à champ arami II, 17, etc.; de là aramie, combat assigné; v. DC. s. v. adramire. Lmâ. adrhamire, adchramire, achramire, etc. M. Grimm dérive ce mot du latin ad et du goth. hramjan, mettre à la croix, crucifier; d'où attacher, déterminer, assurer. M. Diefenbach G. W. II, 589, paraît suspecter cette étymologie.

Aranier v. raison.

Arbaleste, arbalète; arcuballista; arbalestier II, 226, arbalétrier; arcuballistarius.

Arbalestier v. arbaleste.

Arban, corvée, service corporel; lmâ. herebannum; de l'ahal. heriban, convocation de l'armée. Cfr. ban.

Arbre, arbre; arbor; d'où arbrier, fût de l'arc, manche de l'arbalète; arbrer (se dresser debout, comme un arbre), se cabrer. On trouve souvent, dans les Romans du moyen-âge, Arbre-Sec, Sec-Arbre, pour désigner un pays fabuleux, qui, selon Raynouard L. R. II, 112, est situé en Afrique, selon M. F. Michel R. d. C. d. P. p. 54, à l'extrémité orientale de l'Asie.

Arbrer v. arbre.

Arc, s. s. et p. r. ars II, 32. 223, arc; de arcus. Arc avait aussi le sens de notre arcade, archie, qui est le même mot, avec la forme en ch d'un autre dialecte, à laquelle on ajouta e, probablement à cause des dérivés. Vb. archer, arquer, courber; dér. arçon, arçun II, 357, arçon; terminaison on; archee, archie, archiee, portée d'arc; archeer, archeier,

archoier, tirer de l'arc, chasser à l'arc; archier I, 324, archer, et faiseur d'arcs; archiere, carquois, et espèce de fenêtre, qui se trouvait près des crénaux, pour tirer des flèches aux ennemis. R. d. Ren. II, 327.

Arcevesque v. evesque.

Arcevesquie v. evesque.

Archal, arkal, laiton; de aurichalcum, du grec ὀρείχαλκος.

Arche I, 226. II, 319, coffre, caisse, et spécialement l'arche de Noé; de arca; dim. archet, archete Ben. I, p. 513, étui.

Archee v. arc.

Archeer v. arc.

Archeier v. arc.

Archer v. arc.

Archet, archete v. arche.

Archeveske v. evesque.

Archier v. arc.

Archiere v. arc.

Archoier v. arc.

Arçon, arçun v. arc.

Ard suffixe qui n'est pas exclusivement d'origine allemande s. v. liart.

Ardanmant v. ardoir.

Ardant v. ardoir.

Ardeir v. ardoir.

Ardeor v. ardoir.

Arder, arderes v. ardoir.

Ardiz v. hardir.

Ardoir, arder, ardeir, ardre II, 115 et suiv., brûler, mettre le feu, enflammer, briller, étinceler; sbst. ardor, ardeur, flamme; ardor; de là arderes, ardeor, incendiaire; (le part. prés. ardant empl. sbst. dans le même sens G. l. L. I, 170;) ardure, arseure, arsure, brûlure, incendie; arson, arsion, arsun II, 69, incendie; arsin, arais, ardeur, incendie. Les formes en s médial s'expliquent par le part. pas. ars, arse. Comp. enardoir I, 342, brûler, enflammer, être ardent. Le part. prés. ardant nous est resté comme adjectif; c'est de là que dér. l'adv. ardanment I, 160. 188, avec ardeur, ardemment.

Ardor v. ardoir.

Ardure v. ardoir.

Aree, labourage v. arer.

Aree, disposition v. roi II.

Aregarder v. garder.

Areisnier v. raison.

Areisoner v. raison.

Arengier v. renc.

Arer I, 227, labourer, cultiver la terre; *arare*; de là aree, labourage, terre labourée; — araire, arere, charrue, araire; *aratrum*.

Arere v. arer.

Aresoner v. raison.

Arestement v. steir.

Arester v. steir.

Aresteul v. steir.

Arestier v. steir.

Arestison v. steir.

Arestuel v. steir.

Argant v. argent.

Argent, argant, arjant I, 82. 378, R. d. l. V. 81, argent; *argentum; sec argent* P.d. B. 3124, argent comptant; argentier, argentier, orfèvre et caissier; *argentarius*; cfr. DC. argentarii.

Argentier v. argent.

Arguer I, 210, faire des reproches, blâmer, réprimander, dire des injures. *Arguer* I, 338, R. d. C. d. C. 351, signifiait aussi piquer, pointiller, aiguillonner, exciter. De *arguere*.

Arier, ariere v. rier.

Arite v. hoir.

Arjant v. argent.

Arkal v. archal.

Armaire v. arme.

Armarie v. arme.

Arme, arme, armoirie; *arma; à armes*, muni d'armes, armé; *à l'arme*, aux armes; de là notre *alarme, alarmer; d'armes*, armé; dér. armaire, armarie I, 263, armoire, latin armarium, proprement meuble pour les

armes; de là armoirie, armoirie; — armer (armare), armer; participe passé employé subst. pour gens armés, hommes d'armes; armure, armeure I, 380. 394, armure; comp. desarmer I, 284, désarmer; — enarmer, armorier. Le subst. enarmes I, 226, comp. de arme, toujours au pluriel, signifiait anses du bouclier, par lesquelles on le tenait. V. R. de Rou II, p. 275. De là le verbe renarmer, remettre des enarmes aux boucliers. Cfr. R. d. l. V. 87.

Arme, âme v. anime.

Armer v. armé.

Armoirie v. arme.

Armure v. arme.

Arocher v. roche.

Aroquer v. roche.

Arpent, arpent; lat. *arepennis, aripennis, eripennis*. Ce mot est d'origine gauloise: Galli candetum appellant in areis urbanis spatium C pedum; in agrestibus autem pedum CL quod aratores candetum nominant, semijugerum quoque arepennem vocant (Columelle V, 1). Voy. Dief. Celt I, 11.

Arrai, arraier v. roi II.

Arramir v. aramir.

Arraser v. raire.

Arrastassent II, 271 de arrester.

Arreer v. roi II.

Arrei, arreier v. roi II.

Arrement v. atrement.

Arriere v. rier.

Arriver, ariver v. rive.

Arroi, arroier v. roi II.

Arrosement v. rosee.

Arroser v. rosee.

Arroter, aroter v. rote.

Arrouter, arouter v. rote.

Ars, arse part. pas. de ardoir.

Ars, art v. art.

Ars, arc v. arc.

Arsevesque v. evesque.

Arsin, arsis v. ardoir.

Arsion v. ardoir.

Arson, arçon v. arc.

Arson, incendie v. ardoir.

Arsure v. ardoir.

Art, s. s. et p. r, ars, arz I, 241, art, adresse, artifice; de ars (art); de là artos, habile, savant; artillos, artilleus, fin, rusé, adroit; comp. enartos II, 149, rusé, entendu; malartos II, 33, rusé, perfide, fourbe, traître.

Arteil, orteil; de articulus.

Artilleus v. art.

Artillos v. art.

Artos v. art.

Arvol, arvolt v. volte.

Arz v. art.

As I, 325, as, c.-à-d. le nombre un sur les dés à jouer (et les cartes); du latin as, qui désigne une unité.

As, az art. v. al II.

Asaier v. essai.

Asaillir v. saillir.

Asalir, asalt v. saillir.

Asaucier v. halt.

Asavoir, assavoir v. savoir.

Asavurer v. savor.

Ascouter v. escolter.

Ascuter v. escolter.

Asdenz v. dent.

Aseiz v. assez.

Aserer, aserier v. soir.

Aserir v. soir.

Aseuler v. seul.

Aseur v. segur.

Aseurement v. segur.

Aseurer v. segur.

Aset v. assez.

Asez v. assez.

Asinier v. signe et assener.

Asne II, 130, âne; asinus; ahnesse I, 227, ânesse.

Asoager v. soef.

Asoldre v. soldre.

Asotement v. sot.

Asoter v. sot.

Asourder v. sort II.

Asperiteit v. aspre.

Aspiration v. esperit.

Aspirement v. esperit.

Aspirer v. esperit.

Aspre, âpre, rude, vaillant; de asper, avec renversement très-fréquent de er; adv. asprement I, 265. 384, rudement, vaillamment; asperiteit, aspiriteit I, 82 (où le premier i est sans doute une faute de lecture), aspreteit II, 34, âpreté, rudesse, rigueur, sévérité, austérité, dureté; asperitas (asperitat); dér. asprece, âpreté, rudesse; comp. enasprie, propr. part. pas. d'un verbe enasprier, formé comme exasperare, et signifiant agiter, irriter, aigrir.

Asprece v. aspre.

Asprement v. aspre.

Aspreteit v. aspre.

Asquant v. alcuens et I, 171.

Assaeir v. II, 78.

Assaillie v. saillir.

Assaillir v. saillir.

Assaisoner v. saison.

Assalt v. saillir.

Assambler v. sembler.

Assanler v. sembler.

Assasier v. assez.

Assaure v. soldre.

Assaut v. saillir.

Assavorer v. savor.

Asseger, aseger, asejer v. seoir.

Asseir v. seoir et II, 78.

Asseiz v. assez.

Assemblaison v. sembler.

Assemblee v. sembler.

Assembleement v. sembler.

Assemblement v. sembler.

Assembler v. sembler.

Assenement v. signe.

Assener, asener, diriger vers, adresser, tendre à, viser à, disposer, conduire, atteindre, frapper; comp. rassener Ruteb. II, 240, diriger vers, remettre. On rapporte assener à signum, seigne, signe, senne. La forme senne existe, à la vérité, mais elle n'est pas constante; on la voit figurer avec d'autres en *i* radical et *n* mouillé *(gn)*, tandis que *assener*, avec les significations indiquées, ne varie jamais dans sa forme. Cfr. signifier, signe. Cette circonstance permet déjà d'élever quelque doute sur la vérité de l'étymologie proposée. Et puis, sans être impossible toutefois, le développement des significations diriger vers, adresser, etc., de *adsignare*, me paraît forcé. Enfin, l'exemple suivant prouve évidemment que *assener* et *asigner* étaient considérés comme deux mots différents: *Asigne* les si e *assene*, Qu'en pais les afaite et ordene. Ben. v. 13351. 2. Cfr. DG. assennatio. Je distinguerai donc deux *assener*: l'un avec les variantes *assigner, asinier, asenier, asinner*, venant de *signum* (assignare), et signifiant assigner, fixer, déterminer, établir, placer, destiner, marier; l'autre dér. de l'abal. *sinnan,* tendere, ce qui le rapproche de *sen* (v. s. e. v.). Ne confondez pas avec acener.

Assens v. sens.

Assentement v. sens.

Assenter, asseoir, placer. Ce mot est un composé de *senter*, que je n'ai jamais rencontré dans la langue d'oïl, mais qui se trouve dans le prov., l'ital., l'esp. et le port.: *sentare, sentar*. *Sentar, senter*, dérivent de *sedens* (sedere).

Assentir v. sens.

Asseoir v. seoir et II, 78.

Asses v. assez.

Assez, asez, aset, asseiz, asses II, 194. 275, assez; *ad satis; assez plus, plus assez* II, 276, beaucoup plus; *assez miels* II, 276, beaucoup mieux; *d'assez, qu'assez* II, 276; assasier, satisfaire, fournir, rassasier; *ad-*

satiare; ressazier, rassasier I, 101, rassasier; *read-satiare*.

Asseur v. segur.

Assi v. al III, et II, 269.

Assiantre v. scient.

Assidueiement v. assidueil.

Assidueil, assiduel I, 231. II, 196, assidu, attentif; de *assiduus* avec une terminaison romane; adv. assidueiement I, 302, assidûment; assiduite ib.

Assiduite v. assidueil.

Assiecte, assiette, impôt, taille; ressort, juridiction, district; assignation de fonds, partage; situation, place de ceux qui se doivent asseoir à table, comme le démontre Caseneuve dans ses origines françaises, d'où enfin la signification que nous donnons à assiette (vase); de *ad-sectare, adsecta*, formé de *secare, sectus*, et non pas de asseoir, comme on l'admet ordinairement. L'orthographe assiecte montre distinctement l'origine, et puis, on ne saurait de quelle façon assiette est dér. de asseoir. Voy. DC. assieta 3, chambre de cabaret, où *chacun* est assis *à son écot*; et cfr. ital. assettare, couper et ordonner, parer.

Assieger v. seoir.

Assiette v. assiecte.

Assigne v. signe.

Assignement v. signe.

Assigner v. signe et assener.

Assis, assise v. seoir.

Assoagement v. soef.

Assoager v. soef.

Assoldre v. soldre.

Assommer, surcharger v. somme I.

Assommer, dormir v. somme II.

Assommer, dominer v. som.

Assommer, résumer v. somme s. v. som.

Assoper, assouper v. soper.

Assordre v. sordre.

Assorre v. soldre.

Assoter v. sot.

Assouager, assouagier v. soef.

Assuageir v. soef.

Asteir v. steir.

Astele, estele, éclat, morceau, copeau; de *astula*, qu'on trouve pour *assula*, copeau, éclat. Ce mot, qui ne s'emploie plus que comme terme de chirurgie, s'est conservé dans plusieurs patois avec sa signification primitive; p. ex. *ételle*, en Franche-Comté (Montbéliard). De *astele*, on a fait *asteler*, briser, voler en éclats.

Asteler v. astele.

Astenir v. tenir.

Aster v. haste.

Astine v. ate.

Astraindre v. straindre.

Astre, astre, destin, bonheur; *astrum*; de là astru (prov. astruc = heureux; au contraire esp. astroso = malheureux, équivalant à l'astrosus d'Isidore, né sous une mauvaise étoile), dans le composé *malostru*, malheureux, malavisé, imprudent, malotru, pour *malastru*, prov. malastruc. C'est aussi à astre qu'il faut rapporter *désastre*, mauvaise étoile, malheur, désastre. Cfr. Rayn. L. R. II, 138. 9.

Astre, aistre, foyer, cheminée; lmâ. *astrum, astrus, astrea*, v. DC. Mot d'origine inconnue, car le s ne permet pas de le dériver d'*atratus*, d'*atrium*, ou d'*atrum*, comme on l'a proposé. Cfr. l'ancien norois *astrak*, l'ahal. *astrih*, l'allemand moderne *éstrich*, le lmâ. *astracum, astragus, astrocum, astreca*, le sicilien *astracu*, et Dief. G. W. I, 50.

Asuager v. soef.

Asuaiger v. soef.

Asvos II, 407.

Atacher v. taiche.

Ataindre v. ateindre.

Ataïne v. ataïner.

Ataïner, chicaner, agacer, inquiéter, chagriner, différer, retarder, tarder; prov. *atahinar*, *ataïnar*, simple *tahinar*, *taïnar*; subst. ataïne, retard, délai, attente, chicane, querelle; prov. *ataïna*. Ce mot ne se montre que sur le sol français; le breton l'a conservé dans atahinein, chicaner. *Taïner* dérive de l'hébreu *taan*, forme araméenne *taïn*, qui de la signification imposer, charger, passa, dans l'hébreu rabbinique, à celles de appeler, citer, faire des objections, disputer, chicaner, etc. M. le Dr. M. Sachs, à qui je dois ces renseignements, me dit que les Juifs allemands emploient encore, dans leur patois, tânen (tahnen) avec le sens de notre ataïner. Les synagogues juives qui, aux XIe et XIIe siècles, florissaient surtout en Provence, nous ont légué taïner.

Atalenter v. talent.

Atant v. tant et II, 325.

Atapiner v. tapir.

Atapir v. tapir.

Atarder v. tart.

Atarger v. tart.

Atargier v. tart.

Atarier I, 125, faute d'impr., v. tarier.

Atarjance v. tart.

Atarjer v. tart.

Atarzier v. tart.

Ate, aate, vif, bouillant, agile, prompt; aatir, aaitir I, 263 (où il faudrait probablement lire ai-atir, comme au vers 1293 du même poème aiatie; *ai* bourguignon pour *a*), agacer, provoquer, quereller, ouvrir des hostilités, combattre, lutter; aatie, aiatie, aatine, et avec s intercalaire, par influence de astir, astine, inimitié, haine, querelle, provocation, lutte. De l'ancien norois *at*, provocation au combat, *att*, provoqué, *etia*, provoquer.

Ateindre, ataindre, atignre II, 236, atteindre, toucher, approcher, contester, maltraiter; part. ateinz dans le sens de abattu, abasourdi; *attingere*.

Ateirement v. terre.

Ateirier v. terre.

Atemprance v. temprer.

Atemprement v. temprer.

Atemprer v. temprer.

Atenant v. tenir.

Atendance v. tendre.

Atendre v. tendre.

Atendue v. tendre.

Atenir v. tenir.

Atennuer II, 53, atténuer; de atte-
nuare, de tenuis.

Atentis v. tendre.

Aterer, aterier, aterrer v. terre.

Atermer v. termine.

Aterminer v. termine.

Atignre v. ateindre.

Atirer v. tirer.

Atiser v. tison.

Atocher, atochier v. tocher.

Atoivre v. toivre.

Ator v. tor I.

Atorner v. tor I.

Atot prép. II, 344.

Atoucer v. tocher.

Atour v. tor I.

Atourner v. tor I.

Atout prép. II, 344.

Atraire v. traire.

Atrait v. traire.

Atraper v. trape.

Atraver v. tref.

Atre, autre v. altre.

Atrement, arrement, airement II, 149.
R. d. Ren. III, 118 v. 23000. R. d.
C. d. P. 35, encre; de atramentum.

Atret v. traire.

Atribler v. tribler.

Atriever v. trive.

Atriver v. trive.

Atriwer v. trive.

Atroveir, atrover v. trover.

Atteler, atteler; deteler, dételer. Ménage pense que atteler dér. de pro-
tēlum, protelare, d'où adprotelare,
avec contraction de pro. Il eût mieux
valu dire avec changement de la

particule pro en ad. Cependant on
n'aurait eu que la signification tirer,
et non celle d'attacher, atteler. Le
Duchat a eu recours à telum. Si
l'on regarde, dit-il, le timon d'un
chariot comme une espèce de flèche,
on pourra croire qu'atteler a été
fait de adtelare, de telum. Cfr.
l'anglais shaft, flèche et limon. Cette
dérivation est d'autant plus probable
que, dans l'ancienne langue, desteler,
G. Guiart I, 287. II, 149 signifiait
s'ébranler, partir, par comparaison
au trait.

Atur, aturn v. tor I.

Aturner v. tor I.

Atut prép. II, 344.

Au, aus, art v. al II.

Au pron. v. al III.

Auan v. an et II, 275.

Aubain v. albain.

Aube v. albe.

Aubert v. halberc.

Aubespin II, 172, auj. fem. aubépine;
prov. albespin; de alba spinus.

Aubor, aubour, aubier, obier, aubour;
prov. alborn; de alburnum, de albus,
dont nous avons également fait
notre forme moderne, qui équivaut
à albarius, prov. albar.

Aubour v. aubor.

Auches v. alcuens et II, 268.

Auchun, auchune, auchuns v. alcuens
et I, 169.

Aucident I, 323 pour accident, aci-
dent; de accidens, id quod accidit.

Aucon, aucone, aucons v. alcuens et
I, 169.

Aucoton v. acoton.

Aucton v. acoton.

Auctoriteit I, 220. 302, autorité; aucto-
ritas (auctoritat). Cfr. otrier.

Aucuens v. alcuens et I, 168.

Aucun, aucune, aucuns v. alcuens et
I, 168.

Aüe v. ajude.

Auferrant v. ferrant.

Aufin v. alfin.

Augue, colline, hogue, pays montueux.
Même forme que hogue sans aspiration? V. hoge.

Auls de als, aus I, 132.

Aumaille v. almaille.

Aümbrer v. ombre.

Aumosne v. almosne.

Aumosnier v. almosne.

Aumosniere v. almosne.

Aün v. aüner.

Auncestre v. ancestre.

Aune v. alne.

Aünee v. aüner.

Aüner I, 361. II, 51. 226, assembler,
réunir, rassembler, combiner; de
adunare; de là aünee, aünie, assemblée, réunion; aün, ensemble:
Pensez de vos tenir aün. (Ben.
v. 80930.) Cfr. uns.

Aünie v. aüner.

Auquant v. alcuens et I, 170.

Auques v. alcuens et I, 171. II, 268.

Auquetes v. alcuens et I, 171.

Auqueton v. acoton.

Aur, or v. or I.

Aür, eür, heür, sort, chance, heur,
bonheur, félicité; dur eür II, 102;
de augurium, et non de hora (v. ore),
comme on l'admet ordinairement;
les dérivés de hora étaient mono-
syllabes; prov. anguri, agur; ital.
augurio; port. agouro; vb. aürer,
eürer, heürer, rendre heureux, combler de bonheur; de augurare, d'où
aussi notre augurer; prov. aburar
et augurar, agurar; bien estes eüree,
vous avez un sort heureux; bien
aüreit iert cil, celui-là sera comblé
de bonheur, etc.; le participe aüreit
s'employait substantivement, et alors
on le joignait souvent avec bon,
déclinable, au lieu de bien: li bons
aüreis; comp. bon-aür, mal-aür, bonheur, malheur; bien-aürous, malaürous, heureux, malheureux; bienaürteit, bonheur, béatitude; bien-

aürousement II, 233, heureusement,
bienheureusement, mal-aürousement,
malheureusement. Tous ces mots
avec les variantes en e initial. Cfr.
Wack. A. L. et ore.

Aureille v. oreille.

Aüreit v. aür.

Aürer, prier v. orer.

Aürer, rendre heureux v. aür.

Aus, eux v. als.

Aus, auz, ail v. al I.

Ausan I, 306. Je ne saurais indiquer
en ce moment quelle est la véritable
signification de ce mot. Si la chronique de Phil. M. était à ma disposition, peut-être la suite du passage me mettrait-elle sur la voie.

Ausement v. II, 269.

Ausi v. al III et II, 269.

Ausiment v. al III et II, 269.

Aussi v. al III et II, 269.

Autant v. tant et I, 192. II, 315.

Autel, autel v. alter.

Autel, tel v. tel et I, 194.

Autre v. altre.

Autrement v. altre.

Autrer v. hier et II, 269.

Autresi, autressi v. altre et II, 269.

Autretant v. tant et I, 192. II, 326.

Autretel v. tel et I, 194.

Autrier v. hier et II, 269.

Autru, autrui v. altre.

Auvant II, 366, auvent. On trouve ostevent dans quelques auteurs, et l'on a
pensé que auvent était une contraction de ostevent; mais dans Com-
mines p. ex. ostevent signifie un
paravent et non un avant-toit.
L'ancienne Bible de Genève connaît,
il est vrai, ost-vent en ce dernier
sens, mais c'est une création des
traducteurs. D'autres étymologistes
ont pensé que auvant était le même
mot que le prov. amban, anvan,
espèce d'avance ou de balcon retranché pour protéger l'entrée d'un
fort, et qu'il y avait eu renversement

de *an* en *au*. Quant à l'origine de anvan, ce serait un composé de ans, an = ante et de *vannus*, quod vanni alti instar suspendatur, dit Du Cange. Le *t* de la forme française aurait donc été ajouté plus tard par confusion avec le mot vent.

Auvec, auvecques, auveques II, 344 et gloss. o.

Auvert part. de auvrir.

Auvrement v. aovrir.

Auvrir v. aovrir.

Avaine v. avoine.

Aval v. val.

Avaler, avaller v. val.

Avallee v. val.

Avancer v. avant.

Avant II, 346, cfr. ci-dessus ans; *avant aler* II, 108; de là avancer, avancir I, 308. 333, avancer, faire faire du progrès, faire réussir, élever, approcher, rapprocher; subst. avancer I, 255, devancier, prédécesseur; avantage I, 279, avantage, profit; vb. comp. desavancer, desavancir II, 59, devancer, prévenir, retarder, empêcher. Cfr. davaut.

Avantage v. avant.

Avanture v. venir.

Avar, aver, avare, chiche; *avarus*; avarisce I, 152, avarice; *avaritia*.

Avarisce v. avar.

Aveaus v. avel.

Avec, aveques II, 344 et gloss. o.

Aveier v. voie.

Aveir v. avoir.

Aveirer, averer v. voir.

Avel, s. s. et p. r. aviaus, aveaus, bijou; — tout ce que l'on veut, souhaite, désire, envie. La première signification met sur la voie pour retrouver l'origine d'*avel;* il dérive de *lapillus,* dont on retrancha le *l,* pensant que c'était l'article.

Avenamment v. venir.

Avenandise v. venir.

Avenanment v. venir

Avenant v. venir.

Avenaument v. venir.

Avenement v. venir.

Avenger II, 55. Ce mot ne peut être ici un composé de venger; M. Fr. Michel le traduit par venir à bout. Supposé que cela soit juste, il resterait à expliquer la forme.

Avengier v. vengier.

Avenir v. venir.

Aventure v. venir.

Aventurer v. venir.

Aventuros v. venir.

Aver, avare v. avar.

Aver, avoir v. avoir.

Avers prép. v. vers.

Avers I, 269, contraire, opposé; *la gent averse,* les païens, propr. la gent du diable, comme on disait la gent à l'aversier; de *adversus;* adversier, aversier, averser et adversarie I, 145 (lisez ainsi au lieu de adversaire), adversaire, ennemi, et l'ennemi par excellence, c.-à-d. le diable, démon; païen G. d. V. 3956; de *adversarius;* adversiteit, adversitet, aversiteit, aversite I, 166. 215. 178. 212, adversité; *adversitas.* Cfr. vers, verser, vertir.

Averser v. avers.

Aversier v. avers.

Aversiteit, aversitet v. avers.

Avertir v. vertir.

Avesprant v. vespre.

Avesprer, avesprir v. vespre.

Avestir v. vestir.

Aveuc II, 344 et gloss. o.

Aveugler v. oil.

Aveule v. oil.

Aveuler, aveuleteit v. oil.

Aviaus v. avel.

Avie v. aive.

Avigorer, avigurer v. vigor.

Avilance, avillance v. vil.

Avilement v. vil.

Aviller, aviler, avillier v. vil.

Aviltance v. vil.

Aviron, avironner v. virer.

Aviruner v. virer.

Avis v. veoir.

Aviser v. veoir.

Avision v. veoir.

Avisonkes, avisunkes v. oukes et II, 311.

Aviver v. vivre.

Avoc, avocques, avoques II, 344 et gloss. o.

Avoe v. vois.

Avoec, avoech II, 344 et gloss. o.

Avoement v. vois.

Avoer v. vo.

Avoerie v. vois.

Avogle v. oil.

Avogleement v. oil.

Avoglement v. oil.

Avogler v. oil.

Avoi interj. II, 397.

Avoiement v. voie.

Avoier v. voie.

Avoiltire v. avoltre.

Avoine, avaine I, 119. II, 92, avoine; de *avena;* ces deux formes expliquent la double orthographe et la double prononciation modernes.

Avoir, aver, aveir I, 246, avoir, tenir, posséder; inf. empl. subst. II, 380. 386, avoir, richesse, argent, biens en général; comp. ravoir I, 257; *se ravoir* I, 257.

Avoler v. voler.

Avoltere v. avoltre.

Avoltierge v. avoltre.

Avoltre, avultre, avultre, avoutre, avostre II, 338, illégitime, bâtard, adultérin; adultère, amant d'une femme mariée; avoltere, avoltierge, avultere, avoutere, avoutire, avoiltire M. s. J. 449, adultère; de *adulter, adulterium,* dont on a rejeté le *d,* puis remplacé cette lettre par *v.*

Avostre v. avoltre.

Avoue v. vois.

Avoutere v. avoltre.

Avoutire v. avoltre.

Avoutre v. avoltre.

Avuec, avueques II, 344 et gloss. o.

Avuert, e passim; avuertement passim, que portent souvent les textes publiés, sont des fautes; lisez auvert, auvertement. V. aovrir.

Avugler v. oil.

Avule v. oil.

Avultere v. avoltre.

Avultre, avuiltre v. avoltre.

Awan v. an et II, 275.

Awe v. aigue.

Awech II, 344 et gloss. o.

Awil v. oil.

Awillon v. aguile.

Awoit II, 34. Cette forme est le participe passé du verbe aoire, augmenter, accroître, de *augere:* Qui por seue biaute *aoire,* | Se paint cum ymage marmoire (Reclus de Moliens). V. Ben. s. v. aoist. Mais *auctus* aurait dû produire *aoit,* et il faut admettre que le *w* a été intercalé, d'abord pour éviter le hiatus et puis par souvenir du *g* radical du verbe: *gu* = *w* par suite de la confusion avec *gu* venant de l'allemand *w.* Cfr. prov. *augut.* Un autre exemple de *awoit,* dans les mêmes M. s. J. p. 484. On a *aoisement* dans les Dial. de S. Grég. Li dolors, Pierres, cui je soffre cascun jor, et toztens par usage est à moi viez, et toztens par aoisement noveaz.

Ax de als I, 132.

Axordre v. sordre.

Ayer v. rier.

Aymi interj. II, 402.

Azur II, 243, azur; du persan *lazur.* V. Ménage.

B.

Baailler v. baer.

Babtizier v. baptisme.

Bac v. bacin.

Bacele v. baiasse.

Baceler v. bacheler.

Bachele v. baiasse.

Bacheler, bachelier, bachiler, baceler II, 285, lmâ. baccalarius, possesseur d'un bien rural nommé bachelerie, baccalaria; puis chevalier trop pauvre ou trop jeune pour avoir une bannière à soi; celui qui aspire au rang de chevalier, de prêtre; en général, aspirant à quelque chose; jeune homme qui n'est pas marié, jeune garçon, adolescent, béjaune. On admet d'ordinaire que les dernières significations indiquées sont les primitives, et l'on s'est cru autorisé à rapporter bachelier à la racine bach, petit (v. baiasse). Cela est faux; en poursuivant ce mot dans les chartes, on voit que ses significations se sont développées dans l'ordre où je les range. Il ne peut donc être question d'une étymologie bach. Borel dérive bachelier de baculus. Sans parler de l'incompatibilité de forme, je demanderai quel rapport il y a entre baculus et bachelier? D'autres ont proposé bas-chevalier, que la grammaire et l'histoire du mot bachelier repoussent également. Barbazan enfin est remonté à baccalia, arbrisseau qui porte fruit, racine aussi peu en accord que les autres avec la signification de notre mot. Quant à l'étymologie baccalaureus, c'est un remaniement moderne de bachelier. Si l'on me demande mon opinion, je répondrai que je n'en ai aucune qui ait quelque apparence de vérité. Mieux vaut se taire que de proposer, comme on le fait trop souvent, des étymologies qui pèchent ou contre l'histoire des mots ou contre leur forme. — Bachelerie prit des significations conformes à celles que développa bachelier.

Bachelerie v. bacheler.

Bachelier v. bacheler.

Bachiler v. bacheler.

Bachin v. bacin.

Bachinet v. bacin.

Bacin, bachin, bassin, lmâ. bacca, bacinus, bachinum; diminutif bacinet, bachinet. Bacin désignait aussi une armure de tête. On dérive ordinairement bassin de l'allemand becken, ahal. pecchi; cela est impossible, parce que la forme picarde aurait été baquin et non bachin. Bacin dérive directement de la racine bac, creux, cavité, qui se retrouve dans l'allemand (bach, ruisseau, proprement la cavité où l'eau coule; becken = back-en) et le celtique. En ce cas, je préfère l'origine celtique, parce que Grégoire de Tours parle du mot bacin comme d'un mot indigène (v. DC. bacinetum). A la même racine se rapportent bac, autrefois espèce de navire qui servait aux transports, aujourd'hui bâteau plat pour passer les rivières; le diminutif bachot, et baquet.

Bacinet v. bacin.

Bacon I, 143, flèche de lard, lard, jambon, porc tué et salé, chair de porc; de l'ahal. bacho, pacho, allmâ. et allmod. bache, jambon; dérivant de l'ahal. pah, dos, ancien norois bak, anglo-saxon bäc, anglais back, parce que le dos du cochon est l'endroit où la graisse se jette; puis par extension les significations indiquées. Cfr. cependant Schwenk D. W. s. v. bache.

Baer, beer II, 291, ouvrir la bouche,

attendre, bayer aux corneilles, avoir
dessein, volonté, se proposer, prétendre, désirer avidement, aspirer;
rire, se moquer; lmâ. *badare*. La
signification primitive de ce mot est
celle que je donne la première. On
a dérivé *baer* du celtique, en se
fondant sur le breton *bada*, s'é-
tonner, agir ou parler comme un
sot; mais *bada* est un mot qui ne
peut renier son origine romane.
Baer a pour racine l'onomatopée
ba, qui désigne l'action d'ouvrir la
bouche, d'où l'on a formé *baare*.
De là **baailler** II, 370, bâiller, et
souvent avec le sens de baer; **baerie**,
air niais, stupide. Dans la langue
d'oc, on avait intercalé un *d* à ces
formes, d'où *bader, badalhar, bada*,
sentinelle; *en bada*, en vain; intercalation qui se fit aussi sur les frontières méridionales de la langue
d'oïl. Quelques-unes de ces formes
en *d* intercalaire pénétrèrent vers
le nord et se fixèrent dans la langue.
Je citerai ici, pour la langue d'oïl,
la forme rare *bade*, badinerie, plaisanterie; *en bades*, en vain; *badaud*;
badin, badiner, que les lexicographes
du XVIe siècle traduisent encore
par ineptus, ineptire. Cfr. baïf.

Baerie v. baer.

Bagasse v. baiasse.

Bague, anneau que l'on porte au doigt;
de *bacca*, perle, anneau de chaîne.
Notre *baie* (fruit) a la même origine.

Bague, paquet, bagage, équipage (har-
des, meubles, marchandises, et en
général tous les effets qu'on peut
porter); lmâ. *baga*, sac, coffre. Le
mot *bague* se retrouve dans le gallois *bag*, le kymri *baich*, charge,
paquet; mais, à côté de *bag*, le gallois a le verbe *bac*, empêcher, ce
qui nous fait penser à l'ancien
norois *baggi*, charge, *baga*, empêcher (ahal. *baga*, interruption, hési-

tation). Cependant les idiomes germaniques modernes ne connaissent
que des formes en *p* initial, de sorte
qu'il est difficile de décider si *baggi*,
baga, ne sont pas des mots empruntés, et peut-être est-il mieux
de s'en tenir ici au celtique. De
bague, on a fait *baguer*, plier bagage, au part. passé équipé, garni.

Baguer v. bague.

Bahaleivet I, 47, 3e pers. sing. imp.
ind. de bahaleir, bêler, de *balare*,
avec la flexion *eve* I, 218. D'où
provient le *ha*, ou, ce qui revient
au même, le redoublement de l'*a*,
car le *h* sert simplement à indiquer
que les deux *a* doivent se prononcer?
L'auteur a-t-il eu une onomatopée
en vue et doit-on admettre influence
de baare, baailler? La forme actuelle se rapporte au latin belāre,
ital. belare.

Bai, de couleur brune, en parlant des
chevaux; du latin *badius*; de là
baille, baillet, rouge pâle (des chevaux aussi).

Baiasse, bajasse, bagasse, suivante,
femme de chambre, et fille publique,
femme débauchée; du celtique *baches*,
petite femme, de *bach*, petit Cette
dérivation est d'autant plus probable que la langue d'oïl avait encore les formes **baissele, baichele,
bachele, bacele**, qui signifiaient jeune
fille, servante; dim. **baissielete** T. F.
M. A. 120. Cfr. les significations
de fille.

Baïf Ben. 5325, ébahi, étonné; comp.
esbahir, esbaïr II, 281. 289, ébahir,
étonner; d'où **esbahiement**, avec admiration. La racine est l'onomatopée interjective *ba* (Q. L. d. R. I,
36). Cfr. baer.

Baigner v. bain.

Bail, baile, tutelle, tuteur, curateur,
administrateur; **baillir** II, 277. 379,
administrer, gouverner, traiter;

bailler, baller, bailier, ballier II, 378,
donner, prêter; mais aussi, comme
baillir, gouverner, avoir en sa puissance, d'où atteindre, joindre, toucher, manier, porter; de là baillie
II, 379. 395, administration, garde,
soin, protection, pouvoir, domination; baillance, action de donner,
de mettre qqn. en possession de
qqch.; bailliage, tutelle; comp. abailler, atteindre, rejoindre, rattraper;
malbaillir, maubaillir II, 37, maltraiter, détruire, ruiner. — Du latin
bajulus, bajulare. A la même racine
se rapporte baile, baille, lieu fermé
de palissades, première défense d'une
ville, et, par extension, les pieux
qui la forment.
Baile, baille v. bail.
Bailier v. bail.
Baillance v. bail.
Baille, baillet v. bai.
Bailler v. bail.
Bailliage v. bail.
Baillie v. bail.
Baillir v. bail.
Bain II, 77, bain; baigner, baingner,
avec et sans se, II, 326, baigner;
de balneum, avec syncope du l.
Se baigner s'employait quelquefois
pour se délecter.
Baingner v. bain.
Bairon v. baron.
Baisement v. baisier.
Baisier, beisier, baissier (je bois, rime
R. d. l. V. 57) I, 128. 232. II, 21.
226, baiser; basiare, de basium
qui n'a pas passé dans la langue
d'oïl, prov. bais, ital. bacio, esp.
beso; nos pères disaient baisement,
baiser, baisement; comp. entrebaisier
I, 134. II, 370, se baiser mutuelle-
ment.
Baissele v. baiasse.
Baisser v. bas.
Baissier, baiser v. baisier.
Baissier, baisser v. bas.

Baivre v. boivre.
Balain I, 106, flagellum, du breton
balaen, balai, de balan = genêt.
Quant à balai, balayer, prov. balai,
verge, qui paraît être la signification
primitive de balai, il doit également
avoir été introduit du celtique sous
cette forme, parce que le roman n'a
pas de suffixe substantive ai. Ou
serait-ce une altération de balain?
Cfr. encore balaon, plur. de bala,
en kymri, bourgeons des arbres,
balant, pousses des arbres; et Dief.
Celt. I, 190.
Balance, balance, au figuré incerti-
tude; de bilanx.
Balbier v. baube.
Bald, baud, baut, s. s. et p. r. balz,
bauz, baus II, 285, hardi, audacieux,
assuré, gaillard, dispos, joyeux;
adv. baldement, baudement II, 187,
avec audace et insolence, hardiment,
joyeusement; baudor, balderie, bauderie, hardiesse, audace, joie, allégresse; baudir, se réjouir; vb. comp.
esbaldir, esbaudir, devenir audacieux,
donner du courage, avoir du courage, égayer, élever, résonner; d'où
resbaldir II, 97, ranimer, reprendre
courage, devenir audacieux, insolent, réjouir. Racine: goth. baltha,
audax (balthaba, franchement, loyalement; balthei, franchise, confiance,
assurance), ahal. bald, liber, fidens,
audax (adverbe baldo; baldi, fidu-
cia, constantia); goth. balthjan, oser,
ahal. balden, etc.
Baldement v. bald.
Balderie v. bald.
Baldre v. baldret.
Baldrei v. baldret.
Baldret, baldre, baldrei, baudre II, 69,
baudrier, ceinturon; de l'ahal. bal-
derich, balteus. Notre baudrier est
un dérivé de baudre. Comp. esbaudré (subst.), le milieu du corps,
la partie que couvre la ceinture.

Baler, baller, sauter, danser, se réjouir. M. Wackernagel (A. L. p. 236, note 1) fait observer que, dans le moyen-âge, comme chez les Grecs, le jeu de paume était inséparable de la danse et du chant, et il dérive *baler* de *balle*. Cette dérivation me paraît fort juste ; j'ajouterai seulement que *balle* vient de l'ahal. *balla, palla,* balle. On a souvent pensé au grec παλλα, παλλειν, βαλλειν, βαλλιζειν, comme racines de *balle* et *baler* ; c'est, je crois, aller trop loin. De *baler* dérive peut-être baloier, se remuer de côté et d'autre, flotter, voltiger (cfr. ban), et certainement le substantif baut, baus, saut, bond.

Balle v. baler.

Baller, donner v. bail.

Baller, sauter v. baler.

Ballier v. bail.

Baloier v. baler et bande.

Balois II, 104, ce qui reste après que le grain a été vanné ou criblé, criblure ; blé tombé dans la grange. La *balle* formant la principale partie de la criblure, ce mot doit se rapporter à la même racine, qui est probablement celtique ; cfr. le kymri *ballasg,* peau, glume, gousse ; gallois *ballan,* ib.

Balz v. bald.

Ban II, 265. 149, vb. banir, bannir II, 266 ; *ost bannie* II, 32 ; adv. baniement I, 81, par ban ; de là banier, celui qui dénonce un ban, qui fait une semonce ; celui qui est obligé de moudre son blé au moulin et de cuire au four de son seigneur ; adj. banal II, 266 ; bandon II, 266 ; *à bandon ;* d'où abandon II, 266 ; et d'ici abandonner II, 266 ; adv. abandoneement II, 267. Comp. esbanir, convoquer, rassembler ; forbanir, bannir, reléguer, i. e. par ban ; subst. forban, bannissement

et banni, pirate (for = foras). Cfr. arban, bande.

Bande, bende II, 181, bande, i. e. espèce de ruban, etc., et troupe ; du goth. *bandi* (f.), lien ; allm. *band* (n.). Ce mot est de la même famille que *ban* ; cfr. II, 265 et Dief. G. W. I, 296 et suiv. A ce primitif se rapporte également baniere, prov. bandiera, bannière ; cfr. II, 265 le goth. bandva, bandvo, signe ; vb. banoier, prov. bandeiar, baneiar, voltiger, flotter ; significations qu'a aussi le verbe *baloier* (s. v. baler), et peut-être ces deux mots sont-ils identiques, par suite d'une permutation de la liquide. Cfr. l'ital. balicare = baloier = banoier, et le lmâ. banicare. Banoier signifiait encore, comme le composé esbanoier, esbanoiier, esbaneier, esbanier I, 264. II, 356, amuser, distraire, s'amuser, se réjouir ; d'où esbanois, esbaneis, amusement, divertissement. Cfr. ban.

Bandon v. ban.

Baniement v. ban.

Banier v. ban.

Baniere v. bande.

Banoier v. bande.

Bapteiement v. baptisme.

Bapteier v. baptisme.

Baptestal I, 402, punition ; jugement sévère, querelle. Ce mot se trouve encore dans le même roman v. 2258 ; dans le R. d. Ren. I, p. 255 il est écrit batestal, prov. *batestau.* Le *p* est-il intercalé ? Alors on pourrait le rapporter à battre ; sinon je ne saurais d'où le dériver, car il n'est pas possible de songer à la racine de baptesme.

Baptestire v. baptisme.

Baptiier v. baptisme.

Baptisme, batesme I, 212. 216, baptême ; *baptisma ;* baptizier, baptiier, bapteier, babtizier, batizer I, 69. 305. II, 11,

baptiser; *baptizare;* de là bapteiement, baptême; **baptestire** I, 78. II,
15, vaisseau où l'on baptise, et, par
extension, baptême; *baptisterium.*

Bar v. biere.

Baraigne, brahaigne DC., brehaigne,
brehaine, brehange M. s. J. 447, stérile
(des femmes, des animaux et des
choses). *Brehaigne* paraît être formé
par un rapprochement du *r* à la
consonne initiale et le *h* serait euphonique. *Baraigne* dérive de l'allemand, selon M. Diez I, 81, mais il
ne dit pas comment; selon d'autres,
du breton *brec'hañ,* stérile (des
femmes). *Brec'han* n'a pas de correspondant dans les autres langues
celtiques et cela inspire des doutes
sur son originalité. Cfr. cependant
Dief. Celt. I, 98. *Baraigne* peut
avoir pour racine *bar* (barus, baro),
homme, d'où *barana,* femme homme,
femme stérile. Cfr. ταύρα de ταύρος,
port. tourra de touro, prov. torig(a)
de taur, esp. machorra de macho.

Barat, barate, barete, fraude, tromperie, ruse, fourberie; désordre,
confusion, embarras; troc; **barater,**
bareter, tromper, friponner, frauder;
faire un troc; d'où **baratores,** traître,
trompeur; **baretele,** colifichet; comp.
desbarater, desbareter, tromper, réduire à rien, défaire, vaincre; **des-**
barateison, desbarateiz, défaite, déconfiture. Le grec πράττειν, vendre,
agir, tramer, intriguer, répond assez
bien, pour le sens, à *barat, bara-*
ter; mais il faut être très-circon-
spect avec les étymologies grecques,
et ne les admettre que quand il est
prouvé que le mot nous vient du
sud. Tel n'est pas le cas ici, je
crois, car *barat* a développé plus
de formes que dans toutes les autres
langues romanes. La racine de *barat*
se trouve, sans doute, dans le breton
barad, barrad, trahison, astuce,

ruse, bien que ce mot paraisse isolé
dans les langues celtiques. Cependant il peut être décomposé en
bar-ad; or, *bar* signifiait *mer* et a
encore cette signification en irlandais. De l'idée de mer, on aurait
passé à celle de faire du commerce,
et de celle-ci à tromper, il n'y a
qu'un petit pas. Cfr. bargaigner,
troc, troquer.

Barate v. barat.

Barater, barateres v. barat.

Barbe I, 62, barbe; *barba;* **barbet,**
barbé I, 196. II, 278, barbu, et,
par extension, vieux; *barbatus.*

Barbet, barbé v. barbe.

Barbis v. berbis.

Bare v. barre.

Barete v. barat.

Baretele v. barat.

Bareter v. barat.

Bargagne v. bargaine.

Bargaigne v. bargaine.

Bargaigner v. bargaine.

Bargaine, bargagne, bargaigne II, 329,
marché, accord, convention; action
de marchander, hésitation, retard;
affaire, mêlée; **bargaigner, bar-**
geigner, barginer, plus tard **bar-**
guiner, barguigner, qui nous est resté,
marchander, hésiter; lmâ. *barca-*
niare. La forme latine nous montre
que le *g* dérive de *c,* ce qui permet
de rechercher l'origine de ces mots
dans *barca,* navire qui apporte et
emporte des marchandises, d'où
l'idée de faire du commerce en général. Cette dérivation est d'autant
plus probable que **barge** II, 226,
signifiait barque, chaloupe; (proprement barge = barica = prov. barja).
Cfr. barat. Quant à *barca,* il dérive sans doute du celtique *barc,* ib.

Barge v. bargaine.

Bargeigner v. bargaine.

Barginer v. bargaine.

Barguiner, barguigner v. bargaine.

Burguy, langue d'oïl, Glossaire. 3

Barisiel v. barre.

Barizel v. barre.

Barnage v. baron.

Barnaige v. baron.

Barne, barnet v. baron.

Barnilement v. baron.

Baron, bairon, s. s. bers I, 71. II, 230, lmâ. *baro*, homme, comme le latin *vir*, mari; de là, par opposition à femme, viril, vigoureux, énergique, courageux, brave (empereres ber, mult par es ber e sage, Ch. d. R). A ces significations, on joignit, dès les plus anciens temps, celles de homme né libre, homme distingué par sa naissance, grand de l'empire, vassal, illustre guerrier. Outre le *baro* de la basse latinité et des langues romanes, il y en a un dans le latin classique; Cicéron p. ex. l'emploie souvent, il se trouve aussi dans Perse, Tertullien, et toujours avec le sens de sot, stupide, lourdaud, imbécile; toutes significations fort éloignées de celles de notre *baron*. Le *baro* classique a sans doute une origine fort différente. Un commentateur de Perse, à propos du passage où se trouve le mot *baro* (satire V.), fait observer que, dans le langage des Gaulois, *baro* ou *varo* signifie *servus militum*, et Isidore (Origines IX, IV.) traduit à peu près de même *baro* par *mercenarius*, en le dérivant de βαρὸς, fort, grossier, fortis in laboribus. La notice du commentateur est-elle exacte? Nous trouvons dans l'ancien gallois *bar*, héros, qui répond fort bien à la signification de l'ancien français *ber*, vaillant, courageux; mais cela n'est guère analogue au *baro* du commentateur. Du reste, le celtique *bar* n'aurait jamais produit *bers*, baron; *ber* serait resté partout. Les mots qui appartiennent à la même classe que *bers* dérivent

tous du latin ou de l'allemand. Mais on sait que les Romains confondaient souvent gaulois et germain, et ceci nous ouvre une nouvelle voie. En partant de la signification *servus militum*, valet de soldat, c'est-à-dire celui qui porte les paquets des soldats, on aurait la racine gothique *bairan*, φέρειν, προσφέρειν, φορεῖν, βασιάζειν; ahal. *beran*, porter; ancien frison *bera*, porteur; ancien norois *bör*, ib.; d'où ahal. *bero*, porteur. On aurait donc les significations porteur, homme fort, homme, vassal, etc.; cependant cette hypothèse est trop problématique. Il faut chercher une autre étymologie; ou, du moins, en laissant de côté le commentateur, dériver de *bairan* d'autre façon. *Barn*, autrefois commun à tous les idiomes allemands (*bearn* en anglo-saxon, *bern* en frison), signifiait infans, proles, un être humain quelconque (Ottfried I, 11, 13); l'anglo-saxon *beorn* a le sens de homme, un grand; de *bairan*, *beran*. Là est l'origine immédiate de notre mot *baron*; ce qui n'empêche pas que le *baro* de la basse latinité, si vraiment il est d'origine étrangère, appartienne à la racine *bairan*; mais il faut séparer *baro* et *baron*, quant à la signification. Cfr. les expressions aujourd'hui perdues: *Barmann*, homme obligé à payer un cens; *barschalk*, espèce d'homme libre. Dér. **barnage, barnaige** II, 303. 317. 341, corps ou assemblée de la noblesse, naissance illustre, grandeur d'âme, vaillance; **barnet, barne**, baronnage, baron, corps de nobles; **barunie, baronie** II, 285. 345. 354, mêmes significations que barnage; **barnilement**, noblement; **embarnir**, devenir fort, croître, devenir gros; **bernage**, suite, équipage d'un grand

seigneur, genre de vie d'un grand
seigneur.

Baronie v. baron.

Barre, bare II, 356, (barre,) retranchement, clôture; en terme de droit,
exception, défense, fin de non-rece-
voir; de là notre barreau, barrière;
barrer, (barrer,) enfermer, enclore;
débattre, contester; du celtique:
kymri *bar*, pl. *barau*, branche, etc.
V. Dief. Celt. I, 184 (279 A). C'est
à la même racine qu'appartiennent
nos mots *embarras*, *embarrasser*,
débarrasser, et peut-être *barrique*,
baril, dans l'ancienne langue bareil,
bariel, diminutif barisiel, barizel R.
d. l. V. p. 82. Cfr. le breton *baraz*
= baquet.

Barrer v. barre.

Barruier v. berrier.

Barnier v. berrier.

Barunie v. baron.

Bas, basse, large, gros et court (trapu),
bas; dérivé de *bassus*, mot de la
langue populaire, sans aucun doute;
car il se trouve souvent comme nom
propre. Isidore, dans son glossaire,
traduit *bassus* par *crassus*, *pinguis*;
et Papias, tout en lui donnant le
même sens, est le premier qui lui
attribue la signification de *humilis*.
Cfr. Fuchs p. 193. La signification
primitive est donc crassus, pinguis,
comme le prouvent encore l'italien
bassotto, gros, gras, et les significations que *bas* a dans la langue
d'oïl. V. Jubinal N. R. II, p. 260
un exemple de *bas*, où il ne peut
être question de profondeur. On a
essayé fort inutilement de dériver
bas de βάσσων pour βαθύτερος;
ou du celtique, en se basant sur
le breton *bâz*, peu profond. On
s'aperçoit au premier coup d'oeil
que, pour le sens, cette dernière
étymologie est tout à fait fausse.
Bas, en opposition avec *sovrain*,

signifiait les choses temporelles,
d'ici-bas, *sovrain*, les choses célestes,
éternelles; basse ore, soir; cfr. halt;
empl. subst. II, 384; voler **du bas**,
ruser, faire par astuce; adv. **bassement**, en bas, bas. De *bas*, on fit
bassece, employé t. I, p. 55 dans le
sens que je viens d'expliquer pour
bas; **baisser**, baissier, buisser, abaisser, abattre; comp. **abaisser, abaissier**
I, 128. 337. II, 162, abaisser, rabaisser, humilier, déprimer; *abaisser
honor*, manquer au respect dû à
qqn., ou à sa charge.

Bas v. bac.

Basme v. bausme.

Bassece v. bas.

Bassement v. bas.

Bastard, bastart, s. s. et p. r. bastarz,
bastars I, 344, bâtard; lmâ. *bastar-
dus*; bastardon, petit bâtard. *Bastart*
est un mot qui ne se montre pas
avant la seconde moitié du XIe siècle,
et le premier à qui on l'appliqua fut,
selon l'histoire, Guillaume, duc de
Normandie, conquérant de l'Angleterre. On a décomposé *bastart* en
bas-tart, parce qu'aux XIIIe et
XIVe siècles, on trouve *fils*, *fille
de bas*, pour *bastart* (enfans de bas
Phil. M. 11610), *venir de bas* = ex
illegitimo concubitu; et l'on a cru
retrouver son origine dans le celtique *bâz* = bas et *tard* = extraction,
ainsi *bastart* = de basse extraction:
gallois *basdarz*, breton *bastard*.
Par malheur *bas* n'est qu'une orthographe altérée de *bast: fils*, *fille
de bast*, *venir de bast*, comme le
prouvent les chartes les plus anciennes et les plus correctes. Il
faut donc lire *bast-art*. D'après cela,
l'étymologie indiquée se réduit à
rien, et les prétendues racines celtiques m'ont tout l'air d'être em-
pruntées au roman. *Bastart* a une
origine allemande. En comparant

3 *

la signification du verbe *bastir* (s. v. *baste*) à celle de quelques-unes de nos expressions populaires pour désigner une action dont je dois passer ici le nom sous silence, je serais tenté de dériver *bastart* de ce mot et de la terminaison *art*, qui vient, en général, du gothique *hardus*, ahal. *hart*. Cfr. liart. [On sait que *art*, *ard*, se joint aux noms et aux verbes; que les mots en *ard* désignent des personnes, quelquefois des animaux (des choses plus rarement), et que leur signification a d'ordinaire quelque chose de rabaissant, de dénigrant, en général de mauvais.] On s'expliquerait facilement ce que c'est qu'un *enfant basti*, par abréviation *un bastard*. Cependant les expressions *fils de bast*, etc., ne permettent guère cette étymologie. — Le substantif allemand *bast* signifiait proprement *cortex*, *cutis*; mais il avait développé un grand nombre de significations, parmi lesquelles je citerai celles de liber, aubier, ligature des souliers, de bât, de chose de peu de valeur, chose vile. Ce *bast* est peut-être la racine de notre *bât*, anc. franç. *bast*, lmâ. basta, bastum; le nom de la ligature a été transporté à celui de la chose même, ou bien il ne serait pas impossible que les premiers bâts eussent été faits d'aubier, de tresses d'aubier. En Suisse, *bast* signifie encore bât. Il y a cependant une raison pour ramener bât à la famille de baston = bâton, v. ci-dessous. Quoi qu'il en soit, *bast* = bât forme le radical du mot bastard, c.-à-d. enfant du bât, expression populaire péjorative, qui a sans doute pris naissance dans le sud, où il y a beaucoup de mulets, d'ânes, et où leurs conducteurs avaient l'habitude d'éta-

blir leur couche sur les bâts. On sait assez la vie que ces conducteurs de mulets menaient avec les filles d'auberge, pour croire à un grand nombre d'enfants conçus sur les bâts, et à une généralisation de ce nom. Cfr. du reste coitrart s. v. cotre, et l'allemand bankart, bankert, filius naturalis, spurius, de bank, banc; et, dans la langue du peuple, von der bank fallen, en parlant d'un enfant, signifie avoir une naissance illégitime. Si l'on admet pour *bast* l'étymologie allemande, et non pas celle qui le rapproche de baston, l'explication du mot bastart dont j'ai parlé en premier lieu, touche de très près, par son origine, à celle indiquée plus bas; car bastir de bestan, basten, et bast sont de la même famille.

Baste, couture grossière, faufilure; vb. bastir, aujourd'hui bâtir, attacher des pièces les unes aux autres en les cousant à grands points; de l'ahal. *bestan*, raccommoder, rapiécer, du subst. *bast*.

Bastille v. baston.

Bastiller v. baston.

Bastir, bâtir v. baston. Ne confondez pas avec *bastir* s. v. baste.

Baston, bastun II, 345. 387, bâton, toute espèce d'arme offensive et défensive; dim. bastoncel, petit bâton, houssine. Le mot qui sert d'origine à baston (DC. basto) appartenait sans doute à la langue populaire et il est de la famille du grec βαστάζειν, porter un fardeau, porter, soutenir. En partant de ce point de vue, c.-à-d. de l'idée de support, base, couche, on peut rapporter bât à la même racine (cfr. bastard), ainsi que les mots **bastir** II, 357. 369, bâtir, établir, composer, former; (cfr. plaid); **bastille**, tour, château, forteresse; siège d'une ville ou d'un château; bastiller, assiéger.

Bataille, batailler v. batre.

Batailleur v. batre.

Bataillier v. batre.

Batant v. batre.

Bateaus v. batel.

Bateiller v. batre.

Bateillous v. batre.

Batel, s. s. et p. r. bateaus, batiaus, bateus, bateau; lmâ, batus, batellus; de l'anglo-saxon *bát*, petit vaisseau.

Batesme v. baptisme.

Batestal v. baptestal.

Bateus v. batel.

Batiaus v. batel.

Batizer v. baptisme.

Batre, battre, battre; de *batuere; venir batant* II, 376; *tot batant*, battant, tout courant, en toute hâte. De là bataille II, 390, bataille, corps de bataille, principal corps d'armée; *bataille campel, champel, champal, campel, campal*, bataille rangée; *bataille nomee*, combat dont le sujet et le jour sont indiqués; *faire bataille*, faire du bruit, se plaindre de qqch.; vb. batailler, bateiller, combattre; d'où batailleur, bataillier, guerrier, soldat, querelleur; adj. bateillous, belliqueux, guerrier, vaillant. Comp. abatre I, 82. 233, renverser, abattre, vaincre; abolir, supprimer; *abatre la verite* II, 64; part. empl. subst. *abatut* II, 73, le tombé, le mort; rabatre I, 337, abattre à son tour, rabattre; — desbatre, debatre, débattre, agiter, frapper; subst. desbat, debat, débat; dér. debateis, action d'agiter; — esbatre, amuser, divertir, se réjouir; d'où esbatant propr. part. prés., gai, gaillard; esbatement, amusement; — combatre, conbatre I, 59. 193, combattre, battre, débattre; subst. combat, combat, débat; dér. combateres, combateor, combateur, combattant,

assaillant; **combatant** propr. part. prés., propre au combat; (tous ces composés avec les variantes de com;) — embatre, enbatre, anbatre I, 74. 188. 286, pousser, lancer, enfoncer; abattre, renverser; *s'embatre* II, 140, s'élancer sur qqch., entrer.

Baube (balbe), bègue; de *balbus*; ital. balbo; de là **balbier** II, 386, balbutier; abaubir, ebaubir H. d. V. p. 235, étonner, surprendre, effrayer; ainsi notre ébaubir signifie proprement faire bégayer.

Bauçant, bauzan, bauchant, taché de blanc, couleur de pie, en parlant des animaux, en général tacheté; de *balteus, baltius*, bord, bordure, ceinture. Le simple s'est conservé dans l'ital. *balza*.

Bauchant v. bauçant.

Baud, baudement v. bald.

Baudequin, étoffe de soie et d'or, et, par extension, baldaquin, parce qu'on se servait de cette étoffe pour faire les dais. Le nom de *baudequin* donné à l'étoffe lui vient de la ville d'où on la tira d'abord, *Bagdad*, en italien *Baldacco. Baudequin* était aussi le nom d'une petite monnaie. V. DC. baldakinus, moneta.

Bauderie v. bald.

Baudir v. bald.

Baudor v. bald.

Baudre v. baldret.

Baus, baut subst. v. baler.

Bausme, basme I, 327. II, 181. baume; *balsamum*; de là embasmer II, 181, oindre, embaumer.

Baut v. bald.

Baut subj. de *bailler* I, 245.

Bauz, baus v. bald.

Bauzan v. bauçant.

Be pour De, Dieu II, 403.

Beals v. bel.

Bealtet v. bel.

Beaus v. bel.

Bec, s. s. et p. r. **bes,** bec; mot d'origine celtique, comme le prouve le passage suivant, où il est question d'Antonius Primus, général de Vespasien: Cui Tolosae nato cognomen in pueritia *Becco* fuerat, id valet gallinacei rostrum (Suétone, Vie de Vitellius XVIII.). Breton *bek,* gallois *beic.* De là bechier, becqueter; **bechet, becquet,** brochet (poisson); **besche, besque** R. d l. V. 240, avec s intercalaire, bêche; *bannir sur la besche,* sous peine d'être enfouie; supplice pour les femmes qu'il n'était pas d'usage alors de pendre; **bescher,** bêcher. Nos mots *béquille, bécasse, abéquer,* ont la même racine.

Bechet v. bec.

Bechier v. bec.

Becquet v. bec.

Beer v. baer.

Beeste v. beste.

Beffe, moquerie; **beffer,** se moquer de quelqu'un, le tromper: **beffler,** ibid. Notre *baffouer* n'est qu'une forme allongée de *beffer.* De l'allemand *baffen, baeffen,* résonner, aboyer?

Beffer v. beffe.

Beffler v. beffe.

Befreit v. berfroit.

Behorder v. horde.

Behort v. horde.

Behourder v. horde.

Behourt v. horde.

Beisier v. baisier.

Beivre v. boivre.

Bel, biel, bieu, beals, biaus, beaus, biau I, 96. 100. 105. 155. II, 254, agréable, gentil, joli, cher, (bel) bean; *bellus; estre bel à qqn.* I, 273; adv. **bellement, bielement** I, 130. 137. 223. II, 75, bellement, agréablement, gentiment, doucement, chèrement; de là **bealteit, biaute** I, 148, beauté; **abelir** I, 378. II, 313, plaire, être agréable, charmer; **ambeleter** I, 75 propr. d'un diminutif belet, embellir, enjoliver. — Beau, dans nos compositions beau-père, belle-mère, etc., voy. mere.

Bele, belette, peau de belette. Le terme moderne est un diminutif de bele. *Bele* dérive de *bella,* beau, belle. Cfr l'anc. anglais fairy, le bavarois schönthierlein, le danois kjönne, belette. On a souvent dérivé ce mot du kymri *bele,* martre, ou de l'ahal. *bilih,* auj. *bille,* zizel; mais il est, je crois, inutile d'aller si loin.

Belefroi v. berfroit.

Belement v. bel.

Belloi v. loi.

Ben v. bien.

Benefice v. faire.

Bende v. bande.

Beneichon v. beneir.

Beneiçun v. beneir.

Beneir I, 320, **beneistre, bemistre** I, 321; **beneiçun, beneichun** I, 282. II, 293, bénédiction; *benedictio.* Cfr maleir.

Beneistre v. beneir.

Benigne (m.) I, 78, benin; *benignus,* prov. benigne; adv. **benignement, ib.;** **benigniteit, benigneteit** I, 213. 322, bénignité, douceur; *benignitas* (benignitat).

Benignement v. benigne.

Benigneteit v. benigne.

Benigniteit v. benigne.

Benistre v. beneir.

Ber préfixe v. loi.

Berbis, barbis II, 361. 387, brebis; de *berbex* pour *vervex,* lmâ. *berbix;* de là **bergier, bregier** II, 387, R. d. l. V. p. 79, par le rapprochement du r à la consonne initiale, comme dans brebis — berger; **bercil,** bergerie, étable à moutons, aujourd'hui bercail.

Bercer, berser, bierser I, 265. II, 312, tuer avec un trait ou une flèche, chasser à l'arc; **bercerie** II, 343, armes de chasse, l'arc et les flèches ; bersail, berseil, but, auquel on vise ; bersailler, berseiller, atteindre. Racine ? L'origine que lui donne DC., de *bersa*, haie, clôture, dans lequel Carpentier retrouve le breton *berz*, *berc'h*, empêchement, défense, d'où *bercer* = chasser dans un parc, n'est pas du tout soutenable. *Bercer* n'a jamais eu la signification de clore d'une haie ou de protéger, et la signification de bercer ne se rapporte pas seulement à la chasse dans les parcs. Ménage, au mot berser et dans ses Origines ital., donne à berser une fausse origine.

Bercer v. bers.

Bercerie v. bercer.

Bercil v. berbis.

Berefreit v. berfroit.

Bérele (altération de barele, prov. baralh, baralha), dispute, contestation, querelle, désordre. Ce mot paraît se rapporter à la même famille que *barat*, v. s. e. v. ?

Berfreit v. berfroit.

Berfroit, berfreit, berefreit, belefroi, befreit, beffroi, c.-à-d. dans le principe, espèce de tour roulante, en bois, que l'on faisait approcher des murs d'une ville assiégée, afin que les soldats qui se trouvaient dans cette tour pussent, en toute sûreté, lancer des projectiles dans la ville. Plus tard on donna le nom de *beffroi* à une tour située dans l'intérieur d'une ville, et dans laquelle se trouvait une cloche. La sentinelle placée dans la tour devait sonner l'alarme en cas de danger. Enfin on nomma *beffroi* la cloche d'alarme elle-même. De l'almâ. *bercvrit*, *bervrit*, même signification que la primitive de notre beffroi ; lmâ. berfredus, belfredus.

Bergier v. berbis.

Bernage v. baron.

Berrier, berruier, beruier, barruier, baruier II, 336, éclaireur, soldat d'avant-poste, dont la valeur était devenue proverbiale. D'après M. d. F. I, 54 on donnait aussi ce nom à des chasseurs. Primitivement *berrier* a signifié un habitant du Berry, puis il est devenu appellatif. Pourquoi et comment ?

Berruier, beruier v. berrier.

Bers, baron v. baron.

Bers, biers, bierc, bierch, berceau ; dér. bercuel, bercol I, 71, ib.; lmâ. *berciolum* (v. DC. s. v.) ; berser, bercer, bercer. Ces mots ont-ils quelque affinité avec *bercer* cité plus haut ? Ménage dérive bers de versus, a vertendo, à cause qu'on le remue pour bercer l'enfant.

Bersail v. bercer.

Bersailler v. bercer.

Berseil v. bercer.

Berseiller v. bercer.

Berser, chasser v. bercer.

Berser, bercer v. bers.

Bertauder v. bertoder.

Bertoder, bertauder, bertouder I, 266, bretauder (par transposition du *r*), tondre, couper, châtrer, puis, par extension, se moquer, tourmenter. Ce verbe, hormis la terminaison, nous vient tel quel du celtique. On voit par l'ancien irlandais que l'infinitif était simplement le substantif du verbe et qu'on avait des infinitifs dérivés avec *ad, ed, id, ud,* etc. Or, *bertod* représente la racine celtique *berth, bert,* gallois *berth* (adj. et subst.), riche, beau, parfait, avec *ud* ; de sorte que *bertoder* signifie propr. ôter ce qui rend beau, parfait, décompléter une personne, si j'ose m'exprimer ainsi. On trouve *berrthar* = tondeatur dans un manuscrit irlandais du dixième siècle. (Würzbourg).

Bertouder v. bertoder.

Bes préfixe v. loi.

Besaive v. aive.

Besche v. bec.

Beslei, besloi v. loi.

Besognier v. soin.

Besognol v. soin.

Besoig v. soin.

Besoignable v. soin.

Besoignal v. soin.

Besoigne, besoigner v. soin

Besoigneus v. soin.

Besoignos, besoignus v. soin.

Besoin v. soin.

Besoing v. soin.

Besoingnos v. soin.

Besoinos v. soin.

Besongne, besongner v. soin.

Besoniable v. soin.

Besque v. bec.

Bestancier v. tenser.

Bestant v. tenser.

Beste I, 394, bête; *bestia*; I, 151 on lit beeste; d'où provient ce redoublement de l'*e*? cfr. le bas - saxon *beest*, bête; bestiole II, 309, bestiole; *bestiola*; bestial, bestial; *bestialis*; bestialment II, 233, bestialement.

Bestenc v. tenser.

Bestencer v. tenser.

Besteng v. tenser.

Bestial, bestialment v. beste.

Bestiole v. beste.

Bestordre v. tordre.

Bestors v. tordre.

Besuigner v. soin.

Beté v. beter.

Beter II, 87, emmuseler, et poursuivre, donner la chasse; de l'anglo-saxon *baetan*, allmâ. *beizen*, faire mordre (dans le frein) et *erbeizen*, donner la chasse. Comp. abet, instigation; finesse, ruse; lmâ. abettum; abeter, tromper, ruser, donner le change, se moquer; forbeter, ib. Le part. passé beté se trouve souvent employé avec le substantif *mer*, pour

désigner une mer éloignée (cfr. Rayn. L. R. II, 216, betat), et le texte latin de Brandaine traduit *beté* par coagulatum (cfr. sanc vermelh *betaiz*, sang vermeil coagulé). Ce *beté* dérive-t-il également de *beizen*, et de quelle manière sa signification s'est-elle développée?

Beubance v. bobance.

Beubancier v. bobance.

Beubant v. bobance.

Beveor, beveres v. boivre.

Beverie v. boivre.

Bevre v. boivre.

Biaus v. bel.

Biaute v. bel.

Bice v. biche.

Biche, bice, bisse II, 212, biche. Selon les uns, forme collatérale de *bique*, chèvre; mais bique n'aurait jamais produit *bisse*; selon d'autres, biche dérive de *ibex*, langue d'oïl ibiche, chamois. Pour la forme, il n'y aurait rien à dire; mais le passage de la signification de chamois à celle de biche n'est guère admissible.

Bie v. bied.

Bied, bie I, 189, lit (d'une rivière); de l'anglo-saxon *bedd*, bed, ancien norois *bedr*, ahal. *betti*, allmâ. *bette*, lit; quoique ces mots n'aient pas la signification particulière de *bied*. Cfr. Dief. G. W. s. v. Badi I, 254.

Biel, bielement v. bel.

Bien, ben I, 223, bien, beaucoup, fort; *bene*; être bien de qqn. II, 90, être en grâce auprès de qqn.; subst. bien, richesse, fortune, avantage; comp. maubien, malheur. Cfr. bon.

Bienaürous, bienaürousement v. aür.

Bienaürteit v. aür.

Bienestance v. steir.

Bieneürous, tieneüros, bieneürosement v. aür.

Bieneürteit v. aür.

Bienfait v. faire.

Bienfet v. faire.

Bienfetor v. faire.

Bienveuillant, bieuveuillance v. voloir.

Bienvoillant, bienvoillance v. voloir.

Biere, bierch v. bers.

Biere, bierre I, 407, bière, coffre où l'on enferme un corps mort, cercueil, et sorte de brancard propre à porter un malade, litière. On trouve quelquefois *bar* dans le même sens. De l'allemand: ahal. *bâra*, civière, brancard; anglo-saxon *baer*, *bére*, ibid.; goth. *bairan*, porter; anglo-saxon *baeran*, ibid.

Biers v. bers.

Bierser v. bercer.

Bieu pour Dieu II, 403.

Bieu, beau v. bel.

Bigot nom donné aux Normands, terme injurieux. On trouve dans DC. s. v. Bigothi: V. Chron. 3. Hist. Franc. de Rollone primo Normannorum Duce: „Hic non est dignatus pedem Caroli osculari, nisi ad os suum levaret. Cumque sui comites illum ammonerent, ut pedem Regis in acceptione tanti muneris (Neustriae provinciae) oscularetur; lingua anglica respondit, *Ne se bigot*, quod interpretatur, Ne per Deum. Rex vero et sui illum deridentes, et sermonem ejus corrupte referentes, illum vocaverunt *Bigoth*, unde Normanni adhuc Bigothi vocantur." Cette anecdote, bien que vraisemblable, peut avoir été inventée; mais, en tout cas, cette origine est meilleure que celle donnée par M. Francisque Michel, qui dérive très-artificiellement *bigot* de Visigothus, parce que les Normands sont de race allemande. En admettant l'origine citée dans DC., comment expliquer le *t*? car les Normands doivent avoir prononcé *god*, anglo-saxon *god*, ancien-norois *gudh*, et le *d* ne remonte pas au *t*. La signification que nous donnons à *bigot* date du XVIe siècle. Estienne Guichard dér. ridiculement *bigot* de l'hébreu bagad, transgresser, prévariquer.

Bis préfixe v. loi.

Bis, gris cendré, noirâtre, noir; bise II, 252, contrée du nord, nord, vent du nord. Cfr. le latin aquilus et aquilo. Vossius dér. *bis* d'un hypothétique *bysseus*, de couleur coton; et, outre que les noms des couleurs sont sujets à beaucoup de variations, il a pour lui la signification du grec βύσσος, soie brune du coquillage appelé pinna marina. On a aussi songé à l'allemand pour l'origine de ce mot: ahal. *pîsa, bîsa*, allmâ. *bîse*, signifiaient vent orageux, vent furieux, nommé plus tard *beiswind*. Il s'agirait de savoir si *pîsa* est primitif en allemand; alors *bis* pourrait dér. du mot qui désigne la contrée des vents et des orages, la contrée noire, comme on nommait le nord.

Bisclaveret II, 215. Bisclaveret ad nun en Bretan, Garwal l'apelent li Norman. M. d. F. I, 178. V. Garol. Ritson pense que *bisclaveret* est une altération du breton bleiz - garv (garo), bleiz = loup, et garol. Il y a dans le breton le même pléonasme qu'en français.

Bise v. bis.

Bisse v. biche.

Biu pour Diu II, 403.

Blahmer v. blasme.

Blamer v. blasme.

Blanc, blanque, blance, blanche II, 226. 373. 381, blanc; de l'ahal. *planh*, *blanch*, blanc; de là blancheor, blançor, blanchor II, 348, blancheur.

Blancheor, blanchor v. blanc.

Blançor v. blanc.

Blandir II, 224. 355, flatter, caresser, gagner par de belles paroles; *blandiri*; de là blandissement II, 19, cajolerie, flatterie, caresse; comp. reblandir, flatter, caresser, ménager, faire la cour.

Blandissement v. blandir.

Blanque v. blanc.

Blasme, blâme, reproche; **blasmer**, blahmer, blamer II, 249, blasphémer, blâmer, faire des reproches; — **blastenge**, blâme, reproche, injure, outrage; **blastenger**, blâmer, faire des reproches, blasphémer, dire des injures, outrager; de βλάσφημον, βλασφημεῖν — βλασφημία. Il faut remarquer le remplacement curieux du f par t dans *blastenge*. A cause de la racine βλάπτω, φήμη?

Blasmer v. blasme.

Blason; blazon II, 380, bouclier, écu, proprement écu à armoiries; de là **blasonnier**, celui qui fait les écus. La signification que nous donnons à *blason* est bien postérieure au XIIIe siècle; mais il eut de bonne heure, en provençal (blezo, bleso), celle de gloire, éclat, comme aujourd'hui en espagnol. On dérive *blason* de l'allemand *blasen*, trompetter, parce que le héraut du tournoi trompettait avant de décrire les armes d'un chevalier; et l'on se fonde sur ce que l'anglais *blaze*, de l'anglo-saxon *blaese*, signifie flamme, flambeau, étoile à la tête d'un cheval, appel. Mieux vaudrait dériver *blason* directement de *blaese*, de là éclat dans l'écu, distinction, gloire.

Blasonnier v. blason.

Blastenge v. blasme.

Blastenger v. blasme.

Blazon v. blason.

Ble v. bled.

Blecier, blescier I, 86. 369. II, 180, blesser, endommager, tailler en pièces. Selon M. Diez ce mot dérive du norois *bletta*, souiller; mais ni la forme ni le sens ne concordent.

Je préférerais l'allmâ. *bletzen*, rapiécer, *bletz* (pour blez), pièce, d'où *blesser*, mettre en pièces; allmâ. ze-*bletzen*; goth. *plats*, ἐπίβλημα; bavarois *pletzen*, mettre une pièce, rapiécer.

Bled, blef, bleif, ble, s. s. et p. r. **blez, bles, bleis** I, 86, blé, toute espèce de grain. On dérive ordinairement *bled* de l'anglo-saxon *blaed, bled*, plante, fruit, bénédiction. Les idiomes allemands nous ont fourni trop peu de termes agricoles, pour qu'on puisse admettre cette dérivation; peut-être même la prétendue racine dérive-t-elle du roman. L'origine de *bled* doit se trouver dans le latin ou le celtique. C'est ce qu'a senti M. J. Grimm, mais le kymri *blawd*, farine, qu'il propose comme racine de *bled*, ne va pas, quant à la forme.

Blef, blé v. bled.

Blef, bleu v. bloi.

Bleif v. bled.

Bleis v. bled.

Bleme v. blesmir.

Blemir v. blesmir.

Blescier v. blecier.

Blesme v. blesmir.

Blesmir, blemir, frapper, battre, froisser, blesser, salir; adj. **blesme**, bleme, blême; de l'anc. norois *blâmi*, couleur bleuâtre, de *blâ*, bleu. Dans ce mot le s est intercalaire et sa signification primitive a été celle de faire des taches bleues, sc. en frappant.

Blet, adjectif dont on n'emploie guère que le fém. **blette**; il se dit des fruits qui sont mous sans être gâtés. A Metz on dit poires *blosses*, en Franche-Comté *blesses*; dans les mêmes provinces on appelle *belosse*, *blosse*, une espèce de prune fort commune, dont l'arbre s'appelle *belossier*; le *pelossier* de nos dictionnaires. C'est le propre de toutes les prunes et poires sauvages de n'être mangeables que lorsqu'elles sont *blosses, blettes*, de là le nom du prunier sauvage. Dans le Hainaut, on dit *blétir*, devenir mou, blet. Ce mot est peut-être d'origine allemande; cfr. suéd. *blöd, blöt,* tendre, mou, humide; *blöta,* humecter; dan. *blöd,* tendre, doux, *blöden,* amollir, ramollir. Cependant le breton a aussi *blôd,* mou, tendre, délicat, vb. *blôda;* kymri *blydd,* plein de sève, mou, tendre, et peut-être encore de la même famille *blodwy,* mou, blet, mûr, *blodeus,* mûrir. Je ne connais pas de formes en *s* final. Cfr. blos.

Bleu v. bloi.

Blez v. bled.

Bliad v. blialt.

Blialt, bliaut, bliad, s. s. et pl. r. blialz, bliauz, blians, bliaus, vêtement de dessus, en soie et d'ordinaire brodé d'or, pour hommes et pour femmes; étoffe propre à ce vêtement. Selon DC. de la racine celtique *bliant,* fine toile de lin? De l'ancien frison *bli,* couleur; adjectif *bli,* beau, bon, avec la terminaison *alt, ald?*

Blialz v. blialt.

Bliaus, bliauz v. v. blialt.

Bliaut v. blialt.

Blocher, heurter, choper, trébucher; mot encore en usage dans le patois de Montbéliard, sous les formes *blutcher, biutcher;* de l'allemand *blötzen, blutzen,* cadere, allidere.

Bloi, bloie I, 386; blond ardent, jaune. *Bloi* était synonyme de *blond* (v. c. mot), comme le prouve l'épithète de *blonde* et *bloie* donnée à Yseult; mais, dans le principe, ce mot a signifié aussi *bleu,* ainsi qu'on le voit par le passage suivant: E gunfanuns blancs e *blois* e vermeilz (Ch. d. R. p. 40, cfr. p. 70); car on ne saurait guère comment, dans la

mêlée, un gonfanon *blond* se distinguerait d'un *blanc. Bloi* dérive de l'ahal. *blao, blaw,* flavus et caeruleus; ancien norois *blar,* ib; ancien saxon *blâu,* gén. *blâwes,* anglo-saxon *bloev, bleo.* C'est dans une forme semblable à ces dernières que blef II, 243, bleu, a son origine; le *f* peut reposer sur un fém. blave, bleve, cfr. prov. blau, f. blava. *Bleu* n'est qu'une forme distinctive de bloi. Cfr. pau, poi, peu.

Blond, blonde, blond; lmâ. blundus, blondus; de l'anglo-saxon *blonden,* mélangé, teint, puis gris, fauve; ancien norois *blendinn;* de sorte que *blonden-feax* (feax = chevelure) signifie à cheveux mélangés, c.-à-d. gris, de là blanc, de couleur claire, blond. Les changements de signification que les noms des couleurs ont éprouvés sont si grands, que celui-ci n'a rien d'extraordinaire. De là blondir, user d'art pour paraître ou faire paraître blond.

Blondir v. blond.

Bloque v. bocle.

Bloquier v. bocle.

Blos, blous, dépouillé, privé; mot qui se rencontre surtout dans les auteurs picards; de l'allmâ. *blôz,* nudus, mot dont les origines sont encore à éclaircir; car l'ahal. *plôz,* qui se montre une seule fois, signifie superbus; par contre, on a beaucoup de formes en *t: blott,* nudus, en Suisse et en Bavière *blutt,* sur lesquelles se fonde l'italien *biotto.*

Blostre, bloustre, petite motte de terre renversée par le soc en labourant; de l'allemand *bolster;* ancien norois *bolstr,* cumulus; hollandais *bolster,* coque, gousse; allmod. *polster,* culcita. Il y a en français rapprochement du *l* à la consonne initiale.

Blous v. blos.

Boban v. bobance.

Bobance, **boubance**, **beubance**, pompe, faste, grand appareil, luxe, présomption, ostentation, arrogance, vanité; **bobancier**, **boubancier**, **beubancier**, vain, qui fait étalage, fier, hautain, fanfaron, orgueilleux, prodigue; **bobant**, **beubant**, **boban**, comme bobance; de *bombus*, bourdonnement, bruit, *bombicus*, bruyant, fanfaron.

Bobancier v. bobance.

Bobant v. bobance.

Bobe v. bobance.

Bobelin v. boef.

Boce, milieu élevé du bouclier; bosse, charbon pestilentiel; **boçu**, bossu; **bociet**, plein de bosses, infecté d'une maladie pestilentielle; **bocier**, bosseler; lmâ. *bocia, bossia, bossa — bocius*, etc.; de l'allemand *butz*, l'extrémité de qqch., un petit bouton, en général quelque chose d'obtus, de mousse, de grumeleux, une masse, de *bôzên*, pousser (pousser en dehors, en avant). Cfr. *boter*. Notre *but*, composé *début*, et *bute* appartiennent à la même racine. *Bot* dans l'expression *pied bot* se rattache également à *butz*.

Boch, bouc M. s. J. 450, bouc. Ce mot se retrouve dans le celtique et l'allemand; mais comme M. Grimm pense que les Allemands ont emprunté ce mot du français, il faut le dériver du celtique *bwch*. Notre mot *boucher*, comme l'a déjà dit Valois, dérive de *bouc*, ainsi tueur de boucs, dans le principe; de là *boucherie*. Notre *bique* n'a aucun rapport avec *bouc*; il doit avoir la même racine que l'italien *becco* = bouc. Quelle est-elle?

Boche, boiche, bouce, **bouche**, buche, bouque I, 66. 145. 194. 356. II, 386, bouche; de *bucca*, creux, joue, plus tard bouche, gueule; **bouci**, **boussi**, **boussin**, bouchée, morceau, lopin;

d'après *buccea*. A bouche se rapportent *bouchon* et *boucher*, obturare. Le Duchat est tombé sur cette origine, mais il a mal conclu. Le bouchon est propr. ce qui remplit la bouche, spécialement l'ouverture de la bouteille, ital. boccone, prov. boco, bocon; d'où, par analogie, on fit le vb. boucher. Honnorat s. v. bouch a aussi pensé à bouche.

Bocier v. boce.

Bociet v. boce.

Bocle, bucle, boucle, bloque II, 237, bosse, centre du bouclier; dér. **bocler**, **bucler**, **bouclier**, bloquier, bouclier. On a dit aussi *escut bucler*, c.-à-dire écu à bosse. Cfr. l'ahal. buckeler, écu à bosse. De *buccula*, joue, à cause de la ressemblance de cette bosse avec la joue, comme l'indique DC. s. v.

Bocler v. bocle.

Boçu v. boce.

Bodne, bonne, bone, **borne** I, 390, M. s. J. 448, borne, limite; lmâ. bodina, bodena, bonna. La forme primitive est sans doute *bodina*, d'où *bodne* et de celui-ci *borne*. Ainsi ni le grec βουνός, colline, ni le breton *born*, qu'on a proposés comme primitifs de *borne*, ne peuvent être admis. Racine: goth. *bauths* (baud), stumpf? Cfr. Dief. G. W. I, 300.

Bodon v. bozon.

Boe I, 253, boue; peut-être du kymri *baw*, boue; de là **boier**, bourbier; **emboeir** I, 134, embouer, embourber, souiller. Cfr. Dief. Celt. I, 278. G. W. I, 280. M. Chevalet place en face de boue, qu'il dérive cavalièrement de l'allem. *both*, l'anglais *bog*. *Bog* et le lombard *boga*, ne peuvent avoir le même primitif que boe.

Boef, buef, s. s. et p. r. **boes**, bues, bos II, 51, boeuf; de *bos* (bov); de là **bovier**, **bouvier** II, 51. 331, bou-

vier; bobelin I, 253, bouvier, vacher;
de *bubulinus* pour *bubulcus*.

Boel, s. s. et p. r. boiaus, boyau; boele,
boiele, buele, buille II, 391, boyaux
(collectif); de *botellus* (Martial 5, 78),
petite saucisse; de là esboeler, esbuiller II, 390, ouvrir le ventre,
arracher les boyaux.

Boele v. boel.

Boen v. bon.

Boes v. boef.

Boge, bouge, sac (de cuir); bogette,
bougette, valise; d'où l'ancien anglais *bogett*, aujourd'hui *budget*, que
nous avons emprunté. Latin *bulga*,
que Festus désigne comme un mot
gaulois: Bulgas Galli sacculos scor-
teos appellant. La racine de ce
mot se retrouve dans le celtique et
l'allemand: ancien irlandais *bolc*;
gallois *bolg, builg*; ahal. *bulga*, de
belgan, pelkan. *Bouge* (espèce de
chambre) est le même mot.

Bogette v. boge.

Bohordeis v. horde.

Bohorder v. horde.

Bohort v. horde.

Bohourdeis v. horde.

Bohourder v. horde.

Bohourt v. horde.

Boiaus v. boel.

Boiche v. boche.

Boiele v. boel.

Boier v. boe.

Boillant v. bolir.

Boillir v. bolir.

Boillon v. bolir.

Boire v. boivre.

Bois (je), baise v. baisier.

Bois, bos II, 228. 301, bois; lmâ.
boscus, buscus; dim. boisette I, 192,
menu bois. M. J. Grimm propose
de rapporter *bois* à *bauen*, par le
moyen d'un adjectif hypothétique
buwisc, buisc, matériaux de bâtisse, bois. Dér. **boisiere**, bois, clai-
rière; **boscage, boscaige, boschage**

II, 244, forêt; boschet, bosquet,
petit bois, bosquet; comp. **debuscher**,
débusquer; embuscher, embuissier I,
embusquer, mettre en embuscade,
d'où **embuschement** II, 383, embuscade. Notre *bouquet* appartient à
la même racine et devrait s'écrire
boûquet pour *bousquet*. Busche, éclat;
bûche; d'où buscher, abattre du bois;
est de la même famille.

Boisdeur v. boisie.

Boisdie v. boisie.

Boisdif v. boisie.

Boisdivement v. boisie.

Boisel v. boiste.

Boiseor, boiseour v. boisie.

Boiser v. boisie.

Boisette v. bois.

Boiseur v. boisie.

Boisie, félonie, fraude, trahison, tromperie; lmâ. *bausia*, prov. bauza,
bauzia; boiser, boisier, boissier II,
294, tromper, duper, donner le
change, violer sa foi et son serment, commettre le crime de félonie; lmâ. *bausiare*, prov. bauzar;
boisieres, boiseor, boiseur, boiseour,
boxeour, faux, trompeur, qui manque
à son serment, qui viole sa foi.
Au lieu de ces formes, on trouve
boisdie = *boisie*; **boisdif** (adjectif);
boisdivement, frauduleusement; **boisdeur** = *boiseur*. Le *d* n'est sans
doute qu'une imitation de celui
de *voisdie* (v. ce mot), parce qu'il
n'existe pas un adjectif *boise*, qui
aurait pu produire *boisedie, boisdie*.
Les formes de la basse latinité et
du provençal demandent un *au* dans
la racine, d'où s'est développé *oi*;
cfr. savoir p. déf., pau. Quelle est
cette racine? L'ahal. *bôsi, pôsi*,
sans force, sans prix; dans les compositions, mauvais, méchant, nuisible; sot, imbécille; aujourd'hui
boese, conviendrait pour le sens;
mais la forme ne va pas, parce que

jusqu'ici on n'a retrouvé aucun radical en *au* (bausi). Il est vrai que l'*ó* pourrait équivaloir à l'*au* goth., mais c'est une question qui n'a pas encore été éclaircie, bôsi, manquant dans le goth. et l'ancien norois. Cfr. gallois *bos*, abject, vil.

Boisier v. boisie.

Boisiere v. bois.

Boisieres v. boisie.

Boisine v. buisine.

Boisse, boissele v. buisson.

Boissel v. boiste.

Boissier v. boisie.

Boiste II, 118, boîte; prov. *bostia, boissa*. Ce dernier mot dérive de *pyxis*, par l'intermédiaire du lmâ. *buxis*; de *buxida* pour *pyxida* dérivent boiste, bostia (celui-ci par transposition de l'*i* buxdia). Cfr. DC. s. v. buxis, que Rayn. L. R. II, 233 a eu tort de ne pas suivre dans sa dérivation de boissa, bostia. Le mot boissel, boisel II, 182, notre boisseau (mesure) doit être un dérivé de boiste; lmâ. *bustellus*.

Boivre, bevre, beivre, baivre, boire, beire II, 122 et suiv., boire; prov. beure, ital. bevere, esp., port. beber; inf. empl. subst. II, 125; **beveres, beveor** I, 77, buveur; *bibitor*; de là **bovraige** II, 125, boisson, breuvage; **beverie**, action de boire, buverie; comp., d'après la 1re et la 4me conjug., dès les plus anciens temps, **aboivre, abevre, aboivrer** et **abevrer** II, 126. 189; **emboivre** II, 126; **forsboivre**, d'après Monet, abreuver (un animal) ayant chaud; **oltreboivre**, s'enivrer, boire trop; **sorboivre**, boire outre sa soif, avec excès.

Bojon v. bozon.

Bolengier II, 139, boulanger; selon DC. s. v. boulengarius, de *boule*, parce que les pains avaient la forme d'une boule; mais il faudrait déjà avoir un dérivé *boulange*; et que signifierait-il? Cfr. Ménage.

Bolir, bollir, boillir, bulir, buillir I, 323, bouillir, faire bouillir, bouillonner, se répandre en bouillonnant, s'agiter fortement; **boillant** part. prés. empl. subst. pour la saison chaude, les canicules, v. G. l. L. I, 177; comp. **esboilir, esboulir**, bouillir, être très chaud, animer; subst. dérivé **boullon** I, 323, bouillon, c.-à-d. avec l'idée de bouillonnement; **boulon**, bourbier, parce qu'il s'échappe des bulles de la bourbe. Cfr. *boule* de la même racine.

Bon, boen, boin, buen bon; de *bonus*; *bon feroit* II, 53; empl. subst. par opposition à méchant II, 388; subst. bien, volonté, plaisir, gré, ce qu'on désire, ce qui plaît; *bonum*; *avoir de ses bons* I, 146; *consentir ses bons* (en parlant d'une femme) R. d. l. V. 190; *voloir le bon de qqn.* I, 386; *faire ses bons* (d'une femme) II, 60. 68; *face de mei tut sun bon* II, 190, faciat quod bonum est coram se; adv. **bonement, buenement** I, 81. 252. II, 166, convenablement, franchement, de son propre mouvement; dér. vb. comp. **aboenir** (s') II, 99, s'abonir, s'apaiser, se calmer, se contenter, s'assujettir; transitif améliorer; **bonteit, bonte** I, 46, bonté. Cfr. bien.

Bonaür v. aür.

Bondie v. bondir.

Bondir, bundir, retentir, sonner, corner; **bondie**, retentissement, rejaillissement, bond; de *bombitare*, d'après la 2e conj. Cfr. tentir de tinnitare, pour le *d*, coude de cubitus, et DC. s. v. bunda, sonus tympani.

Bone v. bodne.

Bonement v. bon.

Boneür v. aür.

Bonne v. bodne.

Bonte, bonteit v. bon.

Boort v. horde.

Bor II, 276 et gloss. ore II.

Borbe, bourbe; lmâ. borba, burba, borbor; qu'on compare à βόρβορος. Cfr. Dief. Celt. I, 199.

Borbeter, barboter, patauger. *Borbeter* a-t-il quelque liaison avec *borbe*? Je ne le pense pas; c'est une simple onomatopée. Cfr. le grec βορβορύζω.

Borc, bourc, burc, borg, s. s. et p. r. bors, ville défendue par une forteresse, par une citadelle, par une enceinte de murailles, ville forte, puis ville en général, et enfin la signification que nous donnons à *bourg;* du goth. *baurgs,* ville; ahal. *puruc,* allmâ. *burc,* anglo-saxon *burg;* ancien norois *borg,* etc., de *bairgan.* Ce mot passa dans presque toutes les langues européennes; les Romains eux-mêmes en firent usage de très-bonne heure sous la forme *burgus,* puis *burgum.* De là borgois, borjois, bourgois, burgeis, borzeis II, 310. 324, bourgeois; bourgeoisie, borgoisie, borjoisie, bourgeoisie, droit seigneurial sur les bourgeois d'une ville; *faire borgoisie,* se reconnaître bourgeois de quelqu'un; borgaignage, droit que les habitants d'un bourg payaient au seigneur du lieu.

Bordaus v. borde.

Borde, petite maison, ferme, métairie; d'où bordel, s. s. et pl. r. bordiaus, bordaus, bordeaus; d'ici bordelet, petite maison, chaumière, bicoque; du goth. *baurd,* planche, anglo-saxon *bord,* tabula, mensa; navis; ancien-saxon *bord,* ib. et domus. Le texte des S. d. S. B. a *bordele,* f. Dér. bordier, fermier.

Bordeaus v. borde.

Bordel, bordelet v. borde.

Border v. horde.

Bordiaus v. borde.

Bordier v. borde.

Borg v. borc.

Borgaignage v. borc.

Borgois, borgoisie v. borc.

Borjois, borjoisie v. borc.

Borne v. bodne.

Bors v. borc.

Borse, bourse, bourse; de *byrsa* (βύρσα), peau, cuir; dimin. borselet, borset, petite bourse.

Borselet v. borse.

Borset v. borse.

Borzeis v. borc.

Bos, bois v. bois.

Bos, boeuf v. boef.

Boscage, boscaige v. bois.

Boschage v. bois.

Boschet v. bois.

Bosquet v. bois.

Bot v. boter.

Boteis v. boter.

Boter, botter, bouter II, 121. 228. 241. 355. 371, pousser, heurter, repousser, frapper, enfoncer, mettre; de l'allmâ. *bôzen,* pousser, heurter, frapper; en Suisse *botzen,* en Bavière *bôszen;* d'où botement, boteis, choc, l'action de pousser; subst. botte, coup, heurt; bot, bout, bout; *de bot, tot de bot,* de suite, tout de suite; d'où notre *debout, aboutir.* Vb. comp. deboter, debouter, repousser; d'où deboutement, action de repousser; rebouter II, 245, repousser, remettre. Dér. boton, bouton, bouton, bourgeon, c'est-à-dire quelque chose de saillant (cfr. *boce*); botone, garniture de boutons; d'où botonner, garnir de boutons, former nombre de boutons; boteron II, 356, petit bout, l'extrémité. M. Diefenbach dérive *boton* du kymri *bot* = any round body. Dans l'ancienne langue, le crapaud portait le nom de bot, s. s. boz, botte, et cette dénomination se rattache également à la racine *bôzên,* c.-à-d. que le crapaud est un animal poussé, gonflé, boursouflé; mais, au lieu de *bot*, on trouve aussi **boterel, bouterel,** s. s. et p. r. **botereaus, boteriaus,** ce qui nous reporte à *botter*, c.-à-d. à la même racine sous un autre point de vue; le *boterel* serait l'animal qui pousse, qui heurte, qui marche par bonds. — Plusieurs patois, entre autres celui de Montbéliard, font usage de *bouter*, dans le sens de mettre, placer, poser.

Botereaus v. boter.

Boterel v. boter.

Boteriaus v. boter.

Boteron v. boter.

Boton, botone v. boter.

Botonner v. boter.

Botte, boute, sorte de tonneau, hotte; bout, bouteille, pot; dér. **boutille, bouteille,** ib., lmâ. *buticula*; **bouteillier, boutillier,** boutillier, échanson; **bouteillerie, boutillerie,** boutillerie, échansonnerie. Notre *botte*, chaussure = tuyau, est le même mot. Presque toutes les langues ont ces formes, p. ex. en grec βύτις, plus tard βοῦτις, βοῦττις = lmâ. buttis, butta, buta, bottus, bota, buza, etc.; βυτίνη, bouteille (à Tarente); en anglo-saxon *butte, byt, bytte,* tonneau, allm. *butte, bütte, botte, bottich,* etc.; gallois *bôt,* botte, etc.

Botte, coup v. boter.

Botter v. boter.

Bou, bracelet: Ses armilles, qu'om bous apele, Ben. v. 7418; lmâ. boga, bonga; de l'ahal. *boug,* anneau, chaîne, collier, de *biugan,* aujourd'hui *biegen,* fléchir, courber.

Boubance v. bobance.

Boubancier v. bobance.

Bouc v. boch.

Bouce v. boche.

Bouche v. boche.

Bouci v. boche.

Boucle v. bocle.

Bouclier v. bocle.

Bouge, bougette v. boge.

Boule, boule, *bulle*; de *bulla*, bulle, globule qui s'élève sur l'eau, boule, etc. Dans l'ancienne langue, *boule* signifiait aussi astuce, tromperie, ce qui concorde très-bien avec l'idée du primitif latin. De là **bouler,** rouler comme une boule; user de finesse, tromper; enfin aujourd'hui gonfler le gésier, en parlant des pigeons; d'où **s'esbouler,** s'ébouler, se précipiter; dér. **boulon,** grosse flèche, trait d'arbalète; aujourd'hui espèce de clou à grosse tête (bulla = tête de clou, bouton); et notre *billet,* ital. bolletta, *bulletin.*

Bouler v. boule.

Boullon v. bolir.

Boulon v. boule et bolir.

Bouque v. boche.

Bourc v. borc.

Bourde v. horde.

Bourder v. horde.

Bourgesie v. borc.

Bourgois v. borc.

Bourse v. borse.

Bouson v. bozon.

Boussi v. boche.

Boussin v. boche.

Bout, boute v. botte.

Bouteille v. botte.

Bouteillerie v. botte.

Bouteillier v. botte.

Boutement v. boter.

Bouter v. boter.

Bouterel v. boter.

Boutille v. botte.

Boutillerie v. botte.

Boutillier v. botte.

Bouton v. boter.

Bouvier v. boef.

Bouzon v. bozon.

Bovier v. boef.

Bovraige v. boivre.

Boxeour v. boisie.

Boz v. boter.

Bozon, bouzon, bouson, sorte de flèche,

gros trait d'arbalète, dont l'extré-
mité se terminait par une tête; il
ressemblait en cela au matras; de
l'ahal. *bolz, polz*, allmâ. *bolz*, une
petite flèche; anglo-saxon *bolt*, gros
trait de main; ancien norois *bolti*.
Au lieu de *bozon*, on trouve **bodon**,
Agolant 205, **bojon**, R. d. Ren. III, 35.
Brac, bras v. bras.
Brac, fange v. brai.
Brace v. bras.
Braceier v. bras.
Bracer v. bras.
Bracerole v. bras.
Brache, bracon, chien de chasse qui
a les pieds courts, braque; de là
braconer, chasser avec le bracon;
braconier, veneur, notre braconier.
On lit dans Grég. de Tours: Ado-
lescens quidam nomine Brachio, quod
eorum (scil. Arvernorum) lingua
interpretatur ursi catulus. (De vit.
patr. c. 12.) *Brach*, en irlandais,
signifie ours, et *io = ua*, catulus.
On trouve encore brag, Brequigny
I, 350, Bragoglio = brag, ours,
goglio, ruisseau, Guér. 2, 262, Breuil,
braogilo. Dans Gr. d. T. Hist. 5, 2
on voit que le nom de Brachio se
rapporte à un Thuringien, et on en
a conclu que *brache, bracon* était
d'origine allemande: ahal. *braccho*.
Braccho, comme faon, a désigné
les petits de tous les animaux, et
on pourrait le faire dér. de *bër*,
ours, comme le celtique *brach*. Je
préfère cependant l'étymologie celtique, parce que l'origine de *braccho*,
dér. de *bër*, n'est pas encore prouvée
incontestablement; et si *bracon* parle
pour l'ahal. *braccho*, *brache* est de
même en faveur du celtique *brach*.
Brache v. bras.
Brachel, brachele v. bras.
Bracheus v. bras.
Brachoier v. bras.
Bracier v. bras.

Bracon, braconer v. brache.
Brae v. braie.
Braech v. bras.
Brageus v. brai.
Brahaigne v. baraigne.
Brai, bray, brac, fange, limon, boue,
terre grasse; lmâ. braium, braio-
tum; de là l'adj. **braieus, brayeus,**
boueux, fangeux; plus tard **brageus,**
prov. bragos; de la racine allemande *brach*, rejiculum, rebut, qui
peut se rapporter à *breken, braken*
= ausbrechen; ou prenant b = w, de
wraken, rejicere; cfr. Dief. G. W.
I, 233; *brackisch*, corruptus; ancien norois *brâk*, oleum rancidum,
etc.; prov. brac, ital. *brago*.
Braic v. bras.
Braidif, braidi, braidis v. braire
Braie, brae (brage, brague), ordinairement au pluriel, vêtement en usage
chez nos pères, espèce de haut-
de-chausse. Nous avons conservé
le diminutif *brayette*. *Braie*, de
braca, bracca, dont Ovide s'est
déjà servi (Tr. 5, 7, 49). C'est un
mot gaulois, dit-on. L'ahal. a *pruah*,
proh, l'anglo-saxon *braec*, le hollandais *broeck*, l'irlandais *broages*;
le breton *bragez*, et nos paysans
disent *brague* pour *braie*. De *braie*
vient braiel, braiol, braieul, braier
II, 393, ceinture placée au — dessus des braies.
Braiel v. braie.
Braier v. braie.
Braieul v. braie.
Braieus v. brai.
Braieus s. s. et p. r. de braieul.
Braiol v. braie.
Braion v. braon.
Braire II, 19. 229. 339, crier, brailler, se lamenter; résonner; aujour-
d'hui dans un sens fort restreint;
subst. brait II, 370, cri, clameur;
de ce dernier **braidif, braidi, braidis,**
hennissant, fougueux, furieux. Cfr.

Rayn. II, 248. *Braire*, lmâ. braiare, bragire, de la racine *brag*; anglais *brag*, kymri *bragal*, faire du bruit. Cfr. Schwenk D. W. s. v. prahlen. De *braire* dérive sans doute *brailler*; cfr. criailler de crier.

Brais, braisse v. bras.

Brait v. braire.

Bran, branc v. brant.

Brance v. branche.

Branche, brance, lmâ. *branca*, branche; mot celtique: breton *brank*, branche; ancien gallois *brac*, kymri *breich*, bras, par suite de la syncope du *n*; de là **branchir**, avoir des branches, partic. **branchu**.

Branchir v. branche.

Branchu v. branche.

Brandeler v. brant.

Brander v. brant.

Brandir v. brant.

Brandon v. brant.

Brans v. brant.

Brant, branc, bran, branz, brans I, 96. 97, lame d'épée, de glaive, et par extension, l'épée, le glaive; de l'ahal. *prant*, *brant*, incendium, titio; ancien norois *brandr*, ib. et lame d'épée; de là **brandir**, brandir, branler, darder, lancer; d'où notre *brandiller;* dans l'ancienne langue **brandeler**, remuer, s'agiter, forme complète de notre *branler*, pour brandeler, brandoler; comp. *ébranler*. En partant de la signification incendium, on a formé **brandon**, morceau de bois allumé, tison, torche; **brander**, être en flammes, brûler; d'où **abrander**, s'allumer, s'enflammer; **esbrander**, allumer, mettre le feu. (Cfr. esbraser.)

Branz v. brant.

Braon, braion, renflement de chair, morceau de chair, partie charnue du corps de l'homme et des animaux, en particulier mollet et fesse; de l'ahal. *brâto*, partie charnue, mollet; de là **esbraoner**, déchirer, dilacérer, mettre en pièces les chairs.

Bras, braz, brais, bras; de *brachium*. Dans les dialectes de Normandie et de Bourgogne, ce mot a été fixé de fort bonne heure à la forme invariable en *s* final; mais dans le langage picard il se déclinait: s. s. et p. r. *bras;* s. r. et p. s. *brac, braerh, braic.* Du pluriel *brachia,* la langue d'oïl avait dérivé **brace, brache, brasse, braisse, brase,** que nous rendrions souvent assez bien par brassée, c.-à-d. que *il le tient entre sa brace* signifierait il le tient dans sa brassée, embrassé. De là nous vient l'expression *à brace le corps,* que nous écrivons aujourd'hui fautivement *à bras-le-corps. Brace* se trouve cependant quelquefois à la rime pour *bras. A brace levee,* à bras ouverts. Notre **brasse,** mesure, est le mot qui nous occupe; dans l'ancienne langue brace, brache, brasse, était une mesure de terre, autant qu'un homme peut en labourer à bras dans un jour; d'où **bracier, brassier,** laboureur à bras, manouvrier. De *bras,* bracer, bracier, brasser, embrasser; comp. **embracer, embracier, embrasser** I, 405, embrasser, saisir; **braceier, brachoier,** marcher les bras ballants, agiter les bras; **bracerole,** manche, vêtement du bras; **brachele, brachel, (bracheus,)** brassard, armure du bras.

Brase, braise; de l'ancien norois *brasa,* souder, *braser, bras,* soudure; ferrumen = anglais brass; suédois *brasa,* flamber; de là **embraser, embraser,** enflammer; d'où **embrasement** I, 191, embrasement; **esbraser,** mettre le feu, allumer, embraser; **abraser,** enflammer, allumer.

Brase v. bras.

Brasse, brasser v. bras.

Brassier v. bras.

Brau I, 151. II, 402, gâchis, boue, fange, ordure. Quoique *brau* ait la même signification que brai, il en diffère par la vocalisation. Il a pour correspondants l'esp. *brea*, le port. *breo*, *breu*, qui, soit dit en passant, ne dérivent pas du français *brai*, comme on le pense communément. *Brau* n'est non plus l'équivalent du prov. *bro* = à notre dér. *brouet*, ital. brodo, broda, esp., port. brodio; de l'ahal. *brod*, anglo-saxon *brodh*, ib. *Brau* est de la famille de l'allem. *brei* et de son affilié et synonyme *brägel*, puls, ahal. *pri*, *prio*, *pria*, allmâ. *brî*, anglo-saxon *brig* et *briv*, néerlandais *brij*; de *brêgen*, frigere, cuire; ou, si l'on considère *prio* comme monosyllabe, de l'ahal. *prio* = *priuwan* = anglo-saxon *breovan* = allmod. *brauen*, coquere.

Bray v. brai.

Bras v. bras.

Bre préfixe v. loi.

Brebis v. berbis.

Bref, brief, (bries) I, 101, bref, court, rapide, de peu de durée; de *brevis*; *en brief*, bientôt; *à brief*, bref, enfin; adv. *brefment, briefment, briement* I, 74. II, 241. 265, bientôt, brèvement, rapidement; subst. I, 142. 345, bref, lettre; dim. brievet, petite lettre; *brefte, brieteit*, brièveté; *brevitas*; **abrevier** I, 101, abréger, accourcir; **s'abrevier** I, 241, se faire petit, s'humilier; *abbreviare*.

Brefment v. bref.

Bregier v. berbis.

Brehaigne v. baraigne.

Brehaine v. baraigne.

Brehange v. baraigne.

Bret, broi II, 395, lacet, piége, appeau; d'où broion, ib. Notre mot *bretelle* appartient à la même racine; prov. bret, esp. brete, ceps. V. Rayn. II, 256. C'est ce *bret, broi* qu'on

trouve dans nos dictionnaires sous la forme *brai*, *bray*, piége à prendre les oiseaux, et que tous donnent, bien à tort, sous brai, résine, avec lequel il n'a rien de commun. Voy. ci-dessus. *Bret, broi* dér. de l'allemand: anglo-saxon *bredan*, plectere, nectere; ahal. *pridan, prettan*, stringere, nectere; bas-allemand *breijen*, tricoter, tresser; d'où, la racine immédiate de notre mot, anglo-saxon *brâd*, ancien saxon *brêd*, ahal. *preit*, dans le principe plectus, textus, puis pansus, expansus, all.-mod. breit. Cfr. bride.

Breteche, bretesche, breteske, bretesce, bretecque, tour de bois garnie de créneaux, dont on construisait un grand nombre pour défendre les villes et châteaux ou pour les attaquer. En italien *bertesca, baltresca*, en provençal *bertresca*. Racine? M. Chevalet dérive breteche de l'allemand *brett-tach*; c'est par trop ridicule.

Bretecque v. breteche.

Bretesce v. breteche.

Bretesche v. breteche.

Breteske v. breteche.

Breuil v. bruel.

Briban v. bribe.

Bribe (brife? comme dans le patois picard), morceau, reste de pain d'un repas; de là **briber, brifer**, manger gloutonnement; mendier; **briberesse**, mendiante, coureuse; **briban**, mendiant, gueux; **brifaud**, homme vorace, gros mangeur. Le breton a *brifa* = bribe; *brifaod* = brifaud et *dibri* (vieux), *dibriff* = détruire; consumer, manger. Ne pourrait-on pas faire remonter ces mots au kymri *briw*, ce qui donnerait l'idée de rompre, briser, broyer? Les autres significations se lient facilement à celle-là. Cfr. encore le gallois *brib*, vétille, chose de peu de valeur.

Briber v. bribe.

Briberesse v. bribe.

Bric (brics et bris), bricon, drôle, coquin, scélérat, malotru, impudent, imposteur, vantard, malavisé, sot; du roman *briga*, dispute, d'après DC.; mais le *g* ne permet pas cette dérivation. L'ahal. *brecho*, violateur (*hus-brecho*, pillard), convient parfaitement et pour le sens et pour la forme, si l'on compare le participe gothique *ufbrikands*, scélérat, et l'anglo-saxon *brica*, ib. Cfr. Dief. G. W. I, 318. C'est à la même racine que se rapporte briquetoise II, 20, faute, attentat, crime, inceste. Mais la terminaison oise, est-elle pour ise, itia? Pour la forme; cfr. brique, autrefois aussi briche, de l'anglo-saxon brice, morceau, fragment.

Bricon v. bric.

Brics v. bric.

Bride, bride; bridel, bride; ce dernier de l'ahal. *brîtil*, le premier de la racine de brîtil, qu'on trouve s. v. bret.

Bridel v. bride.

Brief v. bref.

Briefment v. bref.

Briement v. bref.

Bries v. bref.

Brieteit v. bref.

Brievet v. bref.

Brifaud v. bribe.

Brifer v. bribe.

Brigand v. brigue.

Brigandine v. brigue.

Brigant v. brigue.

Brigue, dispute, querelle, bruit; brigand, brigant, infanterie légère, puis pillard, voleur, brigand; d'où brigandine, haubergeon, cotte de mailles. *Brigue*, lmâ. *briga*, est d'origine inconnue, car le *briga* des langues celtiques ne peut avoir aucun rapport à notre mot. (V. Humboldt,

Urbewohner Hispaniens, p. 142.) Quant à *brigant* (cfr. truand), la forme doit nous être venue telle quelle et elle se trouve peut-être dans le nom de peuple *Brigantes*; le kymri *brigant* signifie highlander et pillard, et cette dernière signification reporte au kymri *brig*, broussailles, taillis. Cfr. Dief. Celt. I.

Briquetoise v. bric.

Bris v. bric.

Briser, brisier II, 225 — bruisier, bruiser, bruser, briser (propre et figuré), rompre; brisieres, celui qui brise, rompt; briseiz, bruiseiz, bris, action de briser. Les formes en *i* pur dér. sans doute de l'almâ. *brîze*, fragment, éclat; celles en *ui* radical se rapportent peut-être à l'anglo-saxon *brysan*, d'où l'anglais *bruise*. *Bruiser* peut encore être dérivé de l'ahal. *brochisôn*, qui a la même signification, ou du celtique, où l'on trouve p. ex. en gallois le collectif *brûis*, fragments, éclats, etc. *Bruiser*, briser avaient les composés combriser, combruiser (Q. L. d. R. Introd. 118), traduit par défoler, briser, dans d'autres textes; d'où combrisement, action de briser; combrissable, facile à briser, à écraser et debruisier, debruser, debriser, briser, rompre; d'où debruseiz, comme *briseiz*. De briser vient brisee, route. Cfr. *rote*, et l'anc. nor. *braut*, de *briota*, frangere, ainsi chemin brisé. Cfr. Dief. G. W. s. v.

Brisier, brisaieres v. briser.

Broc, pointe, pique; broche, broce, broke, brocque, lance, pieu pointu, fourche; brocher, broicher, brocer, piquer, éperonner, presser des éperons (et puis aussi broder, d'où brocard); de *brochus*, dent saillante, d'où pointe, fourche. *Broche, broke, brocque* signifiaient aussi canelle, tuyau, robinet, et c'est le même mot que le précédent, dont nous avons étendu la signification dans notre *broc*.

Broce v. broc.

Broce, broche, brosse, menu bois, *broussailles* (dérivé de *broce*); esp. broza, broutilles, débris; brosse; prov. brus, bruyère; *broust*, pâturage, chûte des feuilles; de là **brouster**, brouter, qui devrait s'écrire avec un circonflexe; prov. brostar; ainsi ss de bresse = st; de l'ahal. *brusta*, *burst*, *porst*; aujourd'hui *borste*, soie, c.-à-d. poil raide d'un animal. Quelques étymologistes pensent que *borste* désigna primitivement l'idée de surgir, signification qui se montre dans l'ancien saxon *brustian*, bourgeonner. Cela parle en faveur de la dérivation proposée. Notre *brosse*, ustensile propre à nettoyer, est le *broce* ici en question. Cfr. verge. *Rebours.*, (rebourser) *rebrousser* propr. aller à contre-poil, sont de la même famille; lmâ. rebursus, hérissé, hirsuté. Cfr. brost.

Brocer v. broc.

Broche v. broc.

Brocher v. broc.

Brocque v. broc.

Broee, brouee, pluie subite et de courte durée, brouillard épais; forme participiale d'origine allemande: anglosaxon *brodh*, vapeur; allmod. *brod-em* ou *brod-en*, vapeur. C'est à la même famille qu'appartient *brouillard*; cfr. l'allemand *brodel*, *brudel*, vapeur qui s'élève.

Broel v. bruel.

Broi v. bret.

Broicher v. broc.

Broigne v. brun.

Broil v. bruel.

Broillet v. bruel.

Broine v. brun.

Broion v. bret.

Broke v. broc.

Bronche, buisson, broussailles; de même que *broche*, avec intercalation de *n*, de *brochus* qui s'écrivait aussi *broncus*. De là notre *broncher*; cfr. le prov. abroncar; l'ital. cespo, buisson, et cespitare, broncher; Mén. s. v. broncher.

Bronie v. brun.

Brosse v. broce.

Brost, broust, pousse, jet d'arbre; de l'ahal. *próz*, bouton, pousse, bourgeon; allmâ. *broz*, *brozze*. Le breton *brous*, *brostat* signifie jet des végétaux. Ces mots auraient-ils eu de l'influence sur notre forme *brouter*? V. broce.

Brouee v. broee.

Broust, pâturage v. broce.

Broust, pousse v. brost.

Brueil v. bruel.

Brueille, brueillet v. bruel.

Bruel, brueil, breuil, bruelle, brueille, bruil, bruille, broel, broil, lmâ. *brugilus*, *brogilus*, *brolium*, *broilus*, etc., taillis, fourré, bois, forêt; (et, comme les mots latins, taillis enfermé d'une barrière, parc?) — **bruellet**, bruillet, broillet, brueillet, taillis, buissons, bosquet, petit bois. Raynouard place avec raison sous *bruelh*, le verbe *brolhar*, bourgeonner, surgir, pousser; notre verbe *brouiller* a sans aucun doute la même origine; de là *brouillon*, dans ses diverses acceptions. Cfr. broillot, anc. franç. = brueillet, et, patois de Montbéliard = brouillami, mélange confus. Quant à l'origine de *bruel*, on la croit celtique. Le kymri *brog* signifie gonfler, ce qui se rapproche sans peine des idées de germer, surgir, etc.; mais cette même racine *brog*, *brug* se retrouve en allemand. Y est-elle primitive ou est-elle empruntée des idiomes celtiques? Quoi qu'il en soit, les mots romans nous sont venus des idiomes allemands, c'est ce que prouve la terminaison *il*.

Bruelle, bruellet v. bruel.

Brueroi v. bruiere.

Brui, bruit v. bruire.

Brui, bru v. brut.

Bruiere II, 51, dérivé d'un simple *brug* (occitanien), bruyère, prov. bru, du kymri *brwg*, forêt, broussailles, breton *brúg*, bruyère. Cfr. Dief. Celt. I, 216. De même **brueroi**, bruyère; broussailles. Lmâ. bruera, bruarium.

Bruil v. bruel.

Bruille, bruillet v. bruel.

Bruine v. brun.

Bruine, gelée blanche, pluie fine et froide, parce que cette pluie tombe comme le brouillard qui accompagne la gelée blanche; prov. bruina; du latin *pruina*, quoique le passage du *p* au *b* soit un peu extraordinaire en français; cependant il y en a d'autres exemples: brusler, perustulare, treble, triplex, desrube, etc. M. Grandgagnage, s v. brouhène, rejette cette étymologie, la transition logique ne lui paraissant pas satisfaisante. Elle me semble très-satisfaisante, quand on a observé la manière dont marche le brouillard qui accompagne la gelée blanche.

Bruir II, 257, brûler, rôtir. La forme allemande qui se rapproche le plus de la nôtre est l'almâ. *brüejen*, néerlandais *broeijen*, échauffer, brûler, anglo-saxon *breovan*, allmod. *brühen;* cependant pour la forme occitanienne braouzi, il faudrait avoir une forme avec *o* long, comme je l'ai dit, et je n'en connais pas. Cfr. bruire.

Bruire II, 257; subst. **bruit, brui** I, 57. 267, bruit. Après mûre réflexion et m'appuyant sur la comparaison du prov. brugir, ancien catalan brogir, j'admets la dérivation donnée par Ménage.

Bruiser, bruisier v. briser.

Bruit v. bruire.

Bruman v. brut.

Brume, le solstice d'hiver, le plus court jour de l'année; brouillard; de *bruma*.

Brun II, 230, brun; de l'ahal. *brún*, aujourd'hui *braun*, même signification. *Brún* vient de *brinnan, brennen*, brûler, et signifie la couleur brûlante, de feu, le rougeâtre. Le primitif *brinnan* signifiant aussi briller, on en a dérivé brunir, burnir, brunir, polir, briller; d'où burnoyer, briller. A la même racine *brinnan*, par le moyen du dérivé gothique *brunjo*, ahal. *brunja, brunna*, cuirasse, appartient brunie, bronie, broine, broigne, bruine, cotte de mailles, cuirasse. De *brunir*, les Allemands ont fait *bruniren;* ils nous empruntent souvent des mots dont ils nous ont fourni la racine. M. Chevalet renverse le rapport; selon lui, brunir dér. de bruniren.

Brunie v. brun.

Brunir v. brun.

Brus v. bruz.

Brusc, brusque, sombre, noir; furieux; notre brusque; contracté de l'ahal. *bruttisc*, sombre, furibond.

Brusc, espèce de houx; selon Ménage, de *ruscum*, avec *b* préposé, pour renforcer la consonne initiale.

Bruser v. briser.

Brusler, brûler; prov. bruslar, ital. brustolare; d'un simple inconnu en franç., prov. bruzar; ital. brusciare. Comme l'a dit Le Duchat, de *perustus*, d'où le fréq. *perustare*, en roman *prustare*, et avec changement de *p* en *b, brustare*, d'où les simples prov. et ital., et de même de *perustulare*, brusler, etc. Cfr. prov. usclar, anc. esp. uslar, de ustulare.

Brut, brui, belle-fille, bru, selon DC.,
aussi jeune mariée (s. v. epithala-
mum); lmâ. bruta; de l'allemand:
goth. *bruths*, belle-fille; ahal. *brút*,
sponsa, conjux; nurus; allmod.*braut;*
anc. saxon, suéd., dan. *brúd*, etc.;
cfr. Dief. G. W. I, 329. II, 755.
Si la signification indiquée par DC.
est fondée, *brut* dérive de la forme
générale allemande, et non du gothique *bruths*, qui, en un seul endroit, a la signification de bru. Cfr.
bruman, mot encore en usage dans
la Normandie et la Champagne,
pour dire nouveau marié, autrefois
gendre, beau-fils, de l'anc. norois
brâdh-mannr, convive des noces,
bas-allemand *brûtman*, celui qui
conduit la fiancée.

Bruz, brus (Ben. v. 27536 où le *sic*
est de trop), en prov. *brutz*, aujourd'hui *brusc*, poitrine; de l'ahal.
prust, brust, goth. *brusts*, ancien
norois *briost*, ancien frison *briast*,
brast, brust, poitrine.

Bu v. buc.

Buc, bu, s. s. et p. r. bucs, bus II, 218,
buste du corps humain, tronc; de
l'ahal. *búh*, allmâ. *buch*, ancien norois *búkr*, ventre et tronc. M. Chevalet dérive *buc* de *brust*, sans s'inquiéter de ce que sont devenus le
r, le *s* et le *t*; c'est fort commode.
Cfr. bruz. Comp. de buc, trabucher,
trabuchier, trebuchier, tresbucher II,
228, jeter à terre, renverser; s'a-
battre, tomber à la renverse; détruire, ruiner; d'où trabuchet, trebuchet, machine de guerre pour
jeter de grosses pierres; trebuchement, trabuchement I, 82, action
de trébucher (propre et figuré).

Buce v. busse.
Buche, bouche v. boche.
Buche, navire v. busse.
Bucle v. bocle.
Bucler v. bocle.

Bucs v. buc.

Buee, lessive; buer, laver, nettoyer,
purifier; faire la lessive; *buresse*
(femme), laveuse. Prov., esp. *bugada, bugadar*. On a voulu dériver *buer* de l'allemand *bauchen,
bäuchen*=buer; mais il y a impos-
sibilité absolue, car le mot allemand ne se montre, au plus tôt,
que dans le XVe siècle, et il dérive
sans doute du roman. Les Italiens
font remonter leur *bucato*=buee à
buca, trou, parce qu'on passe la
lessive par un linge percé de petits
trous, et l'on prétend que *buee,
bugada*, dérivent de l'italien. Comment donc? Il faudrait prouver que
les Espagnols, les Français et les
Provençaux ont emprunté le procédé
des Italiens, car s'ils ont connu la
méthode de faire la lessive, ils ont
eu un mot pour exprimer cette action.
Buer doit se rapporter à une racine
qui exprime l'idée de mouiller, tremper, parce que l'opération principale
en *coulant* la lessive est de tremper
le linge, pour détremper la saleté;
et nous retrouvons cette racine dans
le gallois *bog*, tremper, secouer.
L'*o* radical, qui, au premier abord,
semble s'opposer à cette dérivation,
ne fait aucune difficulté, *o* se trouvant pour *u*, et *u* pour *o*, dans
les idiomes celtiques. Le breton
buga, fouler, presser avec les mains,
surtout le linge, est-il emprunté du
roman? **Buresse** demande un primitif *bure*, qu'indique DC. s. v.
bura. Est-il de la même branche
que *buee?* Cfr. Dief. G. W. I, 278.

Buef v. boef.
Buele v. boel.
Buen, buenement v. bon.
Buer v. buee.
Buer adv. II, 276 et ore II.
Bues v. boef.
Bufe, bouffe, soufflet; la partie du

casque qui couvre les joues; bufet, ib.; le devant de la tête; la seuil de la porte, table, chambre, cabinet, bureau (*buffet*); vb. bufer, buffer, enfler les joues, *bouffer*, *bouffir*, donner des soufflets; et de la même famille, avec *p*, notre *pouf*, *pouffer*. Comme l'a dit Ménage, ces mots sont onomatopéiques. L'idée de coup réunie à celle de souffler, enfler, n'a rien que de naturel, notre soufflet et souffler en sont la preuve. On a voulu dér. nos mots de l'allemand puff, puffen; c'est peine perdue, puffen, etc., ne sont pas vieux dans la langue. — Reste à expliquer comment *bufet* en est venu à signifier ce que nous nommons ainsi. Le *bufet* était, dans le principe, une sorte de table placée près de la porte, à laquelle on admettait les pèlerins, ménétriers, etc., qui réclamaient l'hospitalité. Les gens de cette espèce étant doués d'un bon appétit, tout ce qui venait du *dois* ou grande table, passait et disparaissait à l'endroit qu'on nomma bufet par opposition au dois, c.-à-d. que bufet fut d'abord le lieu à se bouffir, le lieu bouffi, et de là peu à peu les significations actuelles.

Bufer v. bufe.

Bufet v. bufe.

Bugle, bœuf, bœuf sauvage; *buculus*; de là bugler II, 277 notre beugler.

Bugler v. bugle.

Bugne, bune, buigne (*beugne*, dans Ménage), bouton, tumeur, contusion, enflure, bosse. Notre mot *bigne*, tumeur au front qui provient d'un coup ou d'une chute, est identique; c'est une forme dialectique avec changement de *u* en *i*. Le patois de Montbéliard a *gugne*. De là *beignet*, dans plusieurs contrées *bignet*. A Lyon, *bugne* est le nom d'une espèce de crêpes, roulées et

frites à l'huile. De l'ancien norois *bunga*, tumor, verbe protuberare? Les langues celtiques ont plusieurs mots en *p* initial, dont la signification se rapproche de celle de *bugne* et du primitif norois proposé hypothétiquement.

Buie, entrave, ceps, fers, chaîne; lmâ. *boia*; vb. comp. enbuier, mettre dans les ceps, dans les fers. Notre *bouée*, autrefois *boie*, est le même mot; on a donné le nom de l'attache au bois qui nage sur l'eau. *Boja* se trouve déjà dans Plaute (As. 3. 2, 5) avec le sens de carcan, collier de fer; c'est la racine de *buie*.

Buigne v. bugne.

Buille v. boel.

Buillir v. bolir.

Buire (bure), rouge brun, brun; de *burrus*, du grec πυῤῥός; de là burel, buriaus, grosse étoffe de laine; notre *bure*, *bureau*, d'où meuble couvert de cette étoffe. Cfr. le latin *birrus* aussi de πυῤῥός. A la même racine appartiennent encore bluteau, blutoir, bluter, lmâ. buletellum, buletare: neuf cenz muis de flur deliecement *buletee* (Q. L. d. R. 239); où le *l* est pour *r*, comme le prouvent *buretel* dans la Bible Guiot 2322, le bourguignon *burteau*, l'ital. *buratello* et le breton *burutel* pour buratel; de sorte que buretel signifie propr. un morceau d'étoffe (bureau) propre à tamiser. DC. s. v. burallus connaît buretele dans le sens de morceau de *bureau*, ou bourse.

Buisine, busine, boisine I, 370, espèce de trompette; de *buccina*; vb buisiner, sonner de la buisine.

Buisiner v. buisine.

Buisse v. buisson.

Buisser, heurter; comp. abuisser, heurter, chopper; d'où abuissement II, 195, achoppement, occasion de faute, sujet de chute. *Buisser* est sans doute de la même branche que boter, et les formes allemandes qui peuvent entrer ici de plus près en ligne sont: allmâ. *buschen*, frapper, battre; hautpalatin *buschen*, frapper de manière à produire un son sourd; franconien *bauschen*, frapper, heurter; bas-allemand *botsen*, *bossen*, battre, heurter; suisse *butz*, coup, heurt. La famille des mots allemands ici en question a un grand nombre de rameaux assez difficiles à distinguer.

Buisson II, 219, propr. fourré de *buis*, buisson; dérivé de *buis*, de *buxus*. La preuve que *buisson* ne dérive pas de *bois*, comme on l'admet souvent, se trouve dans la forme provençale *boisson*, de *bois* = buis, tandis que *bosc* = bois, aurait produit *boscon*. Cfr. DC. *buissiere*, lieu planté de buis, s. v. buxera. A la même racine *buis*, qui s'orthographiait aussi *bois*, se rapporte *buisse*, *boisse*, boîte, propr. de buis, puis capsule, enveloppe; d'où *boissele*, petite boîte. Notre *boussole* est de la même famille.

Buletel v. buire.
Buleter v. buire.
Bulir v. bolir.

Bundir v. bondir.
Bune v. bugne.
Burc v. borc.
Burel v. buire.
Buresse v. buee.
Buretel v. buire.
Burgeis v. borc.
Buriaus v. buire.
Burnir v. brun.
Burnoyer v. brun.
Buron, petite maison, cabane; dérivé de *bur*, qui est resté dans le normand avec le sens de habitation (v. E. Duméril s. v.); de l'ahal. *búr*, maison, demeure; anglo-saxon *bur*, allmod. *bauer*. Cfr. le kymri *bwrr*, inclosure, intrenchment.

Bus v. buc.
Busche v. bois.
Buscher v. bois.
Buse v. busse.
Busine v. buisine.
Busse, buse, buce, buche, sorte de vaisseau ou navire; lmâ. *bucia*, *buza*; de *butta*, selon DC. Cfr. anglosaxon *butse* - carlas, marins, DC. s. v. buscarla; holl. *buis*, *buise*, angl. *buss*, dan. *bojse*, anc. norois *bússa*; et Schwenk D. W. s. v. Büse.

Busuin, busuing v. soin.

C.

C' II, 299 pour qu', que.
Ça, çai, cha, sa, zai II, 278 adv.; ci, chi II, 278 adv.; ici, ichi, qui s'expliquent par rapport à ci, chi, comme icil, etc., par rapport à cil, etc.; adv. comp. caenz, caienz, caiens, chaiens, caians, ceanz, ceenz, ceienz II, 280.
Caable v. cadable.
Caagnon v. chaaine.
Caaignon v. chaaine.
Cace v. chacier.
Caceor v. chacier.
Cacerie v. chacier.

Cache, poursuite v. chacier.
Cache, coffre v. catir.
Cacheor v. chacier.
Cacher, cachier v. chacier.
Cachierres v. chacier.
Cacier v. chacier.
Cacieres v. chacier.
Cadable, caable, chaable, machine de guerre pour lancer des pierres; action d'abattre et de jeter par terre; arbre ou branche abattue par le vent ou d'autre manière; coup; lmâ. cabulus, chadabula. Le seul mot à ma connaissance auquel *ca-*

dable pourrait se rapporter, est le grec χαταβολος, ἡ, qui abat, tue ou renverse. De là notre *accabler*; *chablis*. Cfr. DC. s. v. cabulus.

Cadhun, chaum, cheun I, 174. 5, prov. *cada un*, port. *cada hum*, ital. *cadauno*, doivent être séparés de chascun, comme je l'ai dit; mais il resterait à expliquer le *cada*. C'est, je crois, une forme euphonique pour *cad*, qui s'est dégagé de quisque ad unum, comme semble le prouver l'ancien espagnol *quiscadauno*. Si cette combinaison, devenue pronom, paraissait extraordinaire, je ferais observer qu'Apulée se sert de *ad unum omnes* dans le même sens.

Caeir v. chaor.

Caenz v. ça et II, 280.

Caer v. chaor.

Cai v. ça.

Caians v. ça et II, 280.

Caiens, caienz v. ça et II, 280.

Caillou, chaillo, kaillo I, 106, caillau R. d. R. IV, 201, caillou; prov. calbau; dans le Berry *caille*. On a dérivé caillou de *calculus*, mais la disparition du premier *l* est inexplicable et contre la règle. M. Grandgagnage, s. v. caiewai, caie, pense au hollandais *kai, kei*, caillou. Il faut remarquer avant tout que la suffixe *ou = au* prov. ne se rencontre que dans les dénominations géographiques, qui, presque toutes, sont d'origine celtique, et l'on doit se demander d'où elle vient ici. Cette finale *ou* est-elle primitive? Alors on pourrait y reconnaître l'ancien pluriel gallois en *ou*, plus tard *eu*, aujourd'hui *au*, p. ex. *caiou*, munimenta, plur. de *cae*, dans les Gloses de Luxembourg. La racine celtique *cal* exprime l'idée de dureté; p. ex. dans les mêmes gloses *cal-ut*, durili, breton *kal-et*, dur,

gallois *cal-ed*; breton *calc'h, kalc'h* : gallois *clach* = pierre; testicule. C'est là que se trouve l'origine de nos mots: le berrichon *caille* est le singulier, et *caillou* exactement le pluriel celtique. Cfr. gallois *caill*, testicule, plur. *ceilliau*, breton *calc'h*, plur. *calc'hiou*. On pourrait aussi songer au latin *coagulare*, mais il il serait trop hardi et trop artificiel d'expliquer l'idée de caillou par celle de sable caillé ou pierre caillée, et puis la terminaison *ou* resterait encore à justifier.

Çaindre v. ceindre.

Cainse v. chemise.

Cainsil v. chemise.

Caint v. ceindre.

Cainture v. ceindre.

Cair v. chaor.

Caistif v. chaitif.

Caitif v. chaitif.

Caitivete v. chaitif.

Caitivier v. chaitif.

Caive v. cave.

Calamite v. chaume.

Calenge v. chalonge.

Calengier v. chalonge.

Calice I, 329, calice; *calix*.

Caloir v. chaloir.

Calonge v. chalonge.

Cals I, 155 comme chiaus, cealz, ceolz, etc.

Camail, partie supérieure de la cotte de mailles, dont on se couvrait la tête; prov. *capmalh;* de *cap*, tête, et *malha, maille*, tissu.

Camberier v. chambre.

Cambre, cambrete v. chambre.

Camise v. chemise.

Camp v. champ.

Campagne v. champaigne.

Campaigne v. champaigne.

Campel v. champ.

Campeler v. champ.

Campion v. champ.

Canceler v. cheance.

Cancelier v. canciel.

Canchieler v. cheance.

Canciel, chancel I, 235, clôture, balustrade, lieu fermé, chambre de l'épouse; de cancellus; cancelier, chancelier, chanceler II, 172, chancelier; cancellarius.

Cançon v. chanter.

Cançonnete v. chanter.

Candelabre v. chandele.

Candelle v. chandele.

Cange v. changier.

Canger v. changier.

Cangier v. changier.

Canivet v. cnivet.

Canon, kanon I, 396, canon, partie des prières de la messe; les lois de l'église; de canon; canone, kanone I, 387, chanoine; canonicus, prov. canonge.

Canone v. canon.

Cans, champ v. champ.

Cans, chant v. chanter.

Cansil v. chemise.

Cantel v. chantel.

Canteor v. chanter.

Canteres v. chanter.

Canus, canut v. chanut.

Caoir v. chaoir.

Cape, chape, manteau, cape; couverture en général, et même au figuré; de capa qu'on dérive de capere, parce que la cape enveloppait l'homme. De là chapel, capel, guirlande qu'on portait en guise de chapeau, mais aussi déjà bonnet, chapeau (t. II, 135); dim. chapelet, petit chapeau, petite guirlande; — chapele, capele II, 352, manteau court; chapelle; d'où chapelain, capelain, prêtre, curé; — chaperon, espèce de capuchon que les hommes et femmes de tous les rangs portèrent jusqu'au XVe siècle (v. Roquefort s. v.).

Capel v. chape.

Capelain v. cape.

Capele v. cape.

Capeler v. chapler.

Caple v. chapler.

Car, char v. char I.

Car, chair v. char II.

Car, kar, quar, quer conj. II, 377. Au lieu de car, on trouve char sur les frontières sud-ouest de la langue d'oïl.

Caraie v. charme.

Carbuncle II, 116. 252, escarboucle; carbunculus.

Carche v. char I.

Carchier v. char I.

Cardenal v. cardinal.

Cardinal, chardenal, kardenal, cardenal, cardonal, cardonnal, s. s. et p. r. en aus, cardinal; cardinalis.

Cardonal v. cardinal.

Care, caree v. char I.

Carete v. char I.

Caretil v. char I.

Careton v. char I.

Carge v. char I.

Cargier v. char I.

Carier, cariere v. char I.

Cariteit, carite v. cher.

Carn v. char II.

Carnail v. char II.

Carneil v. char II.

Carnel, carnelment v. char II.

Carner v. char II.

Carneument v. char II.

Carneus v. char II.

Carnier v. char II.

Carniere, charniere I, 404, charnière; ce mot est de la même famille que cran, carnel, crenel (v. s. v.), carneler, et signifie proprement jointure, entaille.

Caroier v. char I.

Caroigne v. char II.

Carole, karole, querole, danse, espèce de branle; de là caroler, karoler II, 354, danser. Pendant qu'on dansait ce branle on chantait des chansonnettes, appelées caroles, chausons de carole, à carole. Voy. Wolff, Ueber die Lais, p. 185 et suiv. Ménage a dérivé ce mot de *chorea*; il eût mieux valu dire de *chorus* par un diminutif *chorulus*, avec changement de l'*o* en *a* dans la syllabe inaccentuée. Ménage cite le prov. *corola*, *corolar*, et le breton *korolla*, danser, prouve aussi une forme en *o* radical. Quant à la dérivation du prov. *carrau*, *charau*, carrière, voie, chemin, de là marche circulaire, proposée par Wolff (l. c.), elle n'est d'aucune valeur; de car- rau = carral, jamais on n'aurait pu former *carole*, ni même *carale*.

Caroler v. carole.

Carongne v. char II.

Carpent v. charpentier.

Carpenter v. charpentier.

Carpentier v. charpentier.

Carrue v. char I.

Cartre v. chartre.

Cartrier v. chartre.

I. Cas, qas, quas, vain, vide, inutile; de *cassus*; casser, quasser, casser, dans le sens de annuler; de *cassare*. Cfr. cas II, et Ménage s. v. casser.

II. Cas, qas, quas I, 58, brisé, cassé, abattu, découragé; casser, quasser, casser, briser, rompre; battre, frap- per; de *quassus*, *quassare*. Cfr. cas I, et Mén. s. v. casser.

Cas, chute, cas v. chaor.

Cascun v. chascun.

Case, chase, demeure, maison; de *casa*; de là la préposition chies, cies, chiez, ciez, chez, par abréviation de *en chies*: Parmi les rues le va uns mes nuncier | Et as barons par trestout acointier, | Qu'Amis est sains reve- nuz et haitiez, | Or le puet on trouver *en chies* Gautier. A. et A. 3373. Cfr. Grimm III, 756 l'ancien norois *hiá*, apud, juxta, de *hi*, mansio, domus. Autres dériv. casal, chasal, kasel, hameau, ferme, métairie, ma-

sure; caser, chaser, caser, pourvoir; part. pas. empl. subst. case, chase, chasey I, 263, fieffé, celui qui tient un fief à titre de casement; d'où casement, chasement, I, 69. II, 349, terre, château tenu en fief sous certaines conditions; comp. acaser, établir.

Casement v. case.

Caser v. case.

Casse, poêlon à queue; de l'ahal. *chezi*, *kessi*, ancien norois *kati*, catinus, cymba, goth. *katils*, χαλχίον, all.- mod. *kessel*, anglo-saxon *cetel*, etc. Notre *casserole* est un dérivé de casse, avec *r* intercalaire; ital. caz- zuola, et, du franç., casserola, dans la Champagne castrole.

Casse, chasse, boîte, coffre, tout objet qui sert à enfermer un autre; châsse, reliquaire; de *capsa*. Notre *châsse* est le même mot; de là *enchâsser*. De l'ancienne forme *casse* = caisse, il nous est resté le dimin. *cassette*.

Casser, annuler v. cas I.

Casser, casser v. cas II.

Castaigne, castenge v. chastaigne.

Caste v. chaste.

Casteal v. chastel.

Casteaus v. chastel.

Castel v. chastel.

Castelet v. chastel.

Castement v. caste.

Castial v chastel.

Castiaus v. chastel.

Castiax v. chastel.

Castier, castoier v. chastier.

Castoiement v. chastier.

Casule, chaisuble, chasuble; lmâ. *ca- sula*, diminutif de *casa*: Quasi minor casa eo quod totum hominem tegat, dit Isidore. Mais d'où vient le *b* de la seconde forme? Cfr. l'italien *casupola*.

Cat, chat, chat. *Catus*, en latin, se montre fort tard; mais cat est ré- pandu dans tous les idiomes cel-

tiques et allemands: irlandais *cat,*
gallois *cath,* anglo-saxon *cat,* anc.
norois *kötr,* suédois *katt,* etc. Il
n'est guère possible d'indiquer l'origine de *cat,* parce qu'on ignore
laquelle de ces langues l'a possédé
d'abord et s'il a passé de l'une à
l'autre.

Cataigne v. chevetaine.

Cataine v. chevetaine.

Catel v. chatel.

Cateus v. chatel.

Catex v. chatel.

Catir, quatir, quaitir, presser, serrer
fort, (se) blottir, (se) cacher; de
coactus (cfr. cailler de coagulare).
A la même racine appartiennent
cache, coffre, cassette, lieu secret;
cacher, cacher; *coactare;* cfr. fléchir
de flectere, delecher de delectare;
comp. **escachier, esquachier** Chast.
XXIII, 72, écacher. Dérivés de
cache: **cachet, cachette, cachot.**
DC. dér. cacher de saccus: quasi
in sacco sese abscondere; cela ne
convient ni pour le sens, ni pour
la forme. — Guyet indentifie chacier = chasser et cacher.

Cauc v. cauch.

Cauch, cauc, chauc, cax II, 226, chaux;
de *calx,* ib.; de là **cauchie, chaucie,**
chaussée, propr. voie faite de chaux,
calciata; **cauchier,** paver; *calciare.*

Cauche, chauce, cauce, chausse; de
calceus (calx), prov. calsa, caussa,
ital. calzo, calza, port. calças, esp.
calza; **caucher, chaucer, caucer,**
chaucher, caucier, etc., chausser;
calceare, prov. caussar, ital. cal-
zare, esp. calzar, prov. calçar;
chaucier, etc., marchand ou faiseur
de chausses. Notre *caleçon* est un
dérivé. Comp. **descaus, deschaus,**
déchaux, déchaussé; lmâ. discalcius
pour discalceatus; **deschaucher, des-**
caucher, deschaucer, descalcer, des-
caucer, descauchier, etc., déchausser;

prov. descaussar, esp. descalzar,
port. descalçar, ital. discalzare.

Cauchie v. cauch.

Cauchier, paver v. cauch.

Cauchier, chausser v. cauche.

Caucier v. cauche.

Caudel v. chald.

Caudiel v. chald.

Caudiere v. chaudiere.

Cauf, kauf, caus, cauz II, 22. R. d. R.
1759, chauve; de *calvus.*

Caufer v. chaufer.

Caup v. colp.

Cauper v. colp.

Caus, chaud v. chald.

Caus, coup v. colp.

Caus I, 155 comme **chaus, ceals,**
ceolz, ceus.

Caus, cauz, chauve v. cauf.

Cause, cose, coze II, 382, cause; de
causa, qui prit de bonne heure le
sens de notre *chose.* Les dialectes
bourguignon et normand distin-
guèrent dès les plus anciens temps
les deux significations par l'orthographe, c.-à-d. que, pour la seconde,
ils écrivirent *chose,* comme nous,
tandis que, dans le dialecte picard,
on trouve souvent *cose, coze* pour
chose. De *causari,* on forma choser, coser II, 386, blâmer, désap-
prouver, faire des remontrances,
faire des réprimandes, gronder, accuser, quereller; d'où **chosement,**
blâme, remontrance. Les mêmes
formes *choser, coser* signifiaient encore traiter de choses et d'autres,
notre *causer,* et, dans ce sens, elles
remontent peut-être à l'allemand
kosen, ahal. *choson,* parler amicalement.

Caut v. chald.

Cavage II, 97, capitation, tribut imposé sur les personnes et sur les
têtes, ou sur chaque maison; de
caput.

Cave, caive I, 181, caverne, grotte,

cage; *cavea;* caver, **chaver,** percer,
creuser, fouiller; *cavare;* **caverne**
I, 298, caverne, grotte; creux et
probablement cave, car on trouve
le dérivé **cavernier,** Aubri p. 158,
avec le sens de celui qui prend soin
de la cave. **Caverne** de *caverna.*
Notre mot *cage* n'est qu'une forme
distinctive de cave. Cfr. gaiole.

Cavel v. chevel.

Caver v. cave.

Caverne v. cave.

Cavernier v. cave.

Caveus v. chevel.

Cavex v. chevel.

Caviaus v. chevel.

Caviax v. chevel.

Cax, chaux v. cauch.

Cax I, 156, forme contracte de cals.

Cealz I, 150, ceux, ceux-ci; *ecce ille;*
a pour *i;* v. als.

Ceanz v. ça et II, 280.

Ceas, ceaz I, 150, ceux, ceux-ci;
v. cealz.

Ceaus I, 156, comme cealz, ceolz,
ceus, etc.

Ceder, céder; *cedere;* cession, cession,
délaissement; *cessio;* comp. proce-
der, procéder, avancer, provenir;
procedere; **procès,** avancement, progrès; procès; *processus;* procession,
action de procéder; procession; rassemblement; *processio;* **succeder,**
succéder, survenir, réussir; *succe-*
dere; **successor, successur** II, 361,
successeur; *successor;* succession,
suite, succès, héritage; *successio.*

Cedre I, 66, cèdre; *cedrus.*

Ceelz I, 150, ceux, ceux-ci; *ecce ille.*

Ceenz v. ça et II, 280.

Cegne v. ceindre.

Ceienz v. ça et II, 280.

Ceil v. ciel.

Ceile, celle I, 157.

Ceindre, çaindre, chaindre (cigncre, cingre)
II, 237. I, 388, *cingere;* **çaint, chaint,**
ceinture; d'où **çainture,** cinture I, 271.

359, nouvelle dérivation de cingere;
cegne, segne, seigne, ceinture, enceinte, lieu renfermé entre certaines
bornes; prov. cenha, ital. cigna;
vb. comp. aceindre II, 237; **deceindre**
II, 237; **porceindre** Q. L. d. R.
254, enceindre, entourer; **receindre,**
ceindre, enceindre, entourer; enceinte, **ensainte** I, 216. II, 30. 37,
enceinte; de *incincta,* quod est sine
cinctu, cfr. Diez I, 22. 32; **cengle,**
notre sangle, de *cingula,* prov.
singla, ital. cingia; vb. **cengler,**
sangler, serrer la sangle; d'où **re-**
cengler I, 314, ressangler.

Cel I, 149, ce, cet, celui, celui-ci;
ecce ille.

Cel v. ciel.

Cele, selle v. selle.

Cele, celes I, 149, cette, celle, celle-
ci; ces, celles; *ecce illa.*

Celebrer II, 279, célébrer; *celebrare.*

Celee v. celer.

Celeement v. celer.

Celei I, 150, celle, celle-ci; *ecce il-*
laec, d'après lei v. s. v.

Celer, cheler I, 61. II, 386, celer, cacher;
celare; part. pas. empl. subst. dans
l'espression à celee I, 264, en secret,
en cachette; d'où **celeement** II, 229.
249, secrètement, en cachette; comp.
aceler, cacher, celer; **receler** I, 89.
159. II, 276, cacher, celer, receler;
se receleir I, 215. 220, se cacher;
à ou **en recelee** I, 162, en cachette,
à couvert; prov. recelada, cachette,
embûche.

Celeste v. ciel.

Celestial, celestiel v. ciel.

Celestien v. ciel.

Celestre v. ciel.

Celi pour celie I, 153; pour celui I, 155.

Celie I, 153 équivalent picard de celei.

Celier I, 147. 193, cellier; de *cella-*
rius pour *cella.*

Celoi pour celui I, 156.

Cels, celz I, 149, ces, ceux, ceux-ci; v. cel.

Celu pour celui I, 154.

Celui I, 150, celui, celui-ci, *ecce illujus* ou *ecce illuic*; cfr. lui.

Celx I, 157.

Cembeaus v. cembel.

Cembel, cenbel, s. s. et p. r. cembeaus, *a)* appeau, amorce, piége; *b)* réunion où l'on s'amusait, surtout à jouter, puis jonte, combat; de là *a)* (cembeler,) encembeler, allécher, amorcer; *b)* cembeler, cenbeler, jouter, tournoyer, combattre. *Cymbalum* (DC. s. v.) signifiait la clochette qui appelait les moines à leur repas; de clochette d'appel à appeau il n'y a qu'un petit pas. Le passage aux autres significations n'offre pas plus de difficultés.

Cembeler v. cembel.

Cemin v. chamin.

Ceminee v. cheminee.

Ceminer v. chamin.

Cenbel v. cembel.

Cenbeler v. cembel.

Cendal, s. s. et p. r. cendaus, cendax II, 385, espèce d'étoffe précieuse, demi-soie. On dérive ordinairement *cendal* de *sindon*, fine toile de lin. Cette origine me semble plus que problématique.

Cendaus, cendax v. cendal.

Cendre II, 257, cendre; *ciner* (cinis), avec *d* intercalaire; ital. cinere.

Cenele Ruteb. I, 216, cénelle; contraction de *coccinella*, de *coccina* pour *coccum*, selon Ménage. M. Chevalet avec sa virtuosité sans pareille dérive cenele de l'allemand *sleha*; mais, même avec les changements qu'il indique, on aurait eu snèlle, et non pas cenele ou senele.

Cengle v. ceindre.

Cengler, sangler v. ceindre.

Cengler, sanglier v. singler.

Cens II, 365 pour sens, sans.

Cens, cenz v. cent.

Cense f. I, 207, cens, redevance que le tenancier devait payer au seigneur du fief, ou le serf colon au propriétaire de la terre; de *census*; de là acenser I, 340, donner à cens; lmâ. *acensare*. Pourquoi *cense?* Cfr. prov. ces, ses, m. et sensa, f.

Cent, cenz, cens I, 109. 111, cent; *centum*, empl. subst. I, 117; de là centime, centisme, centième; centaine, centeine I, 117, centaine; et juridiction, domaine, lieu composé de cent feux; d'où centeinier, centenier, juge d'une centaine.

Centaine v. cent.

Centeine v. cent.

Centenier v. cent.

Centime, centisme v. cent.

Ceo v. iceo.

Ceolz I, 150, ceux, ceux-ci. Comme dans dou (v. s. v.), l'*o* a sa source dans l'ancienne forme olle pour ille: *ecce olle.*

Ceos I, 150 v. ceolz.

Cercelé v. cercle.

Cercher v. cercher.

Cercher, cerchier, cherchier, cherquier, cherquer, cerquer, cerquier, cercier II, 383, examiner avec soin, fouiller, chercher, parcourir, aller de tous côtés; lmâ. cercare, prov. cercar, ital. cercare. M. Diez I, 37. 214 dérive cercher de *quaericare* pour quaerere, suivant en cela les traces de Ferrari. Mais à quoi bon supposer un mot, quand la langue latine offre une racine toute faite et en outre beaucoup plus convenable pour le sens. DC. et Caseneuve l'ont déjà indiquée, c'est *circare*, dont Properce, Tibulle, etc., se sont servis. A l'appui de cette dérivation, Ménage cite en outre, dans les Gloses d'Isidore, *circat* = circumvenit. *Circare* produisit lmâ. *circa*, langue d'oïl cerche, cherche, cerque, tournée, ronde, *recherche; circator*, visitator; etc.; v. Mén. s. v.

chercher. Comp. encercher, encerchier, etc. I, 220. II, 199. 216. 278, chercher avec attention, scruter, sonder, faire enquête, consulter, découvrir; encercheur, espion, plus tard querelleur; encerchaule I, 66, qui peut être sondé, scruté; escercher, eschercher I, 285, enquérir, srcuter, sonder; rechercher II, 290, parcourir, examiner.

Cerchier v. cercher.

Cerciele R. d. l. V. 197, sarcelle; de *querquedula*, ital. cerceta.

Cercier v. cercher.

Cercle, cercle, de circulus (*cerceau*, de *circellus*); d'où cercelé, frisé, bouclé; comp. recercelé, recoquillé, bouclé, frisé.

Cerf, chirf, s. s. et p. r. cers, ciers I, 86. II, 181. 269, cerf; *cervus;* cerve, biche; *cerva.*

Cerquier, cerquer v. cercher.

Cers v. cerf.

Cert I, 223, certain, assuré, sûr, fidèle; *certus;* adv. certement II, 281, rapporté faussement à *certes* à la page citée; certain II, 380, sûr, assuré, fixe, sincère, certain; propr. *certanus; faire certain* I, 137; *de certain*, pour certain; — adv. certainement, certeinement, chertainement I, 103. 398. II, 65. 175, certainement, d'une manière certaine, sûrement; certes, chertes II, 280; propr. fém. plur. de cert; comp. adecertes, acertes II, 281; — acerter, assurer, rendre sûr, indiquer (Marot emploie le verbe *acertainer*), d'où acertance, certitude; certefier II, 106, certifier, assurer; *certus facere.*

Certain, certainement v. cert.

Certefier v. cert.

Certes v. cert.

Cerve v. cerf.

Cerveise v. cervoise.

Cervele II, 391, cervelle; de *cercbellum.*

Cervoise, cerveise II, 113, espèce de boisson différente de la bière et dont on faisait plus de cas; de là cervoisier, brasseur de cervoise. Selon Pline, le latin *cervisia, cerevisia*, est d'origine gauloise. Cfr. kymri *cwrwf, cwryf, cwrw*, bière, et Dief. Celt. I, 123.

Cervoisier v. cervoise.

Cerz v. cert.

Ces v. cez.

Ces pour ceus, cels I, 152.

Cescun v. chascun.

Cesser, cesseir I, 62. 101, cesser; *cessare; sans cesser* II, 52; comp. acesser, cesser, R. d. l. V. 66.

Cest r. sing. masc., ceste s. et r. fém. sing. I, 49, ce, cet, celui, celui-là; *ecce iste, ista.*

Cestei I, 150, celle, celle-là; *ecce istaec,* d'après celei, v. s. v.

Cesti pour cestie, équivalent picard de cestei, I, 154.

Cestu pour cestui I, 154.

Cestui I, 150, celui, celui-là; *ecce isthujus* ou *ecce istuic.* Cfr. celui, lui.

Cetui, cettui pour cestui I, 157.

Ceu rég. sing. de cel I, 152.

Ceu, ce v. iceo.

Ceuls I, 157.

Ceus I, 150, ceux, ceux-là.

Ceus, ciel v. ciel.

Ceus pour cels I, 152.

Ceus I, 150 pour ceelz, v. s. e. v.

Ceval v. cheval.

Cevalcer v. cheval.

Cevalchier, cevalcher v. cheval.

Cevaucer v. cheval.

Cevax v. cheval.

Ceveche v. chevece.

Cevel v. chevel.

Cex I, 157 forme contracte de cels; fém. l. c.

Cez, ces r. plur. masc. et fém., et s. plur. fém. I, 149, ces, ceux, ceux-là, celles, celles-là; *ecce iste.*

Cha v. ça et II, 278.

Chaable v. cadable.

Chaagnon v. chaaine.

Chaaigne v. chaaine.

Chaaignon v. chaaine.

Chaaine, chaaigne II, 161, **chaëne,** puis **chaïne, chaine,** chaîne; de catena; dim. **chaanete, chaenete** I, 99. II, 353. De *chaaine* dér. **chaaignon, chaagnon, caaignon, caagnon,** puis **chaignon,** pour **chaïgnon,** notre chignon, autrefois aussi chaînon; vb. comp. **enchaïner, encaïnner** I, 400, enchaîner. V. Ménage s. v.

Chaair v. chaor.

Chace v. chacier.

Chaceor v. chacier.

Chaceres v. chacier.

Chacerie v. chacier.

Chaceuol I, 220, chassieux, troublé; de *caseus* (ital. cacio, cascio), avec la terminaison adject. *ol.* La conservation de l'*u* est assez remarquable. Cfr. l'allemand augenbutter, augenkäse, propr. beurre, fromage exprimé par les yeux, i. e. chassie. Notre chassie a sans aucun doute la même origine.

Chache v. chacier.

Chacher v. chacier.

Chacier, cacier, cachier, chacher, chascier, cacher, lmâ. *caciare,* II, 241. 276. 307. 313. 351, chasser, aller à la chasse, poursuivre, expulser. Des nombreuses étymologies proposées pour ce mot, j'adopte celle de Ménage, qui le dérive de *captare,* dont se servaient déjà les Romains dans le sens de chasser. Cfr. l'ancien espagnol *cabzar.* Seulement, au lieu de *captare,* il vaudrait mieux, en présence des formes citées, et de l'italien *cacciare,* admettre *captiare,* du participe *captus,* avec la terminaison *iare.* De là **chace, cace, cache, chache** II, 274, chasse, poursuite; **chacerie, cacerie,** chasse, droit de chasser; **chaceres, chasseres,** ca-

cieres, cachierres, chaceor, cacheor, caceor, cheval de chasse, de coûrse Comp.: **deschacier, dechacher, dechacer, descacier, decacher, chasser,** faire la chasse, poursuivre vivement, expulser; **enchacier, enchasser,** etc., chasser, courir après, poursuivre; **eschacer** II, 31, chasser, éloigner, repousser, faire reculer; **porchacer, porchacier, purchacier, purcacer** I, 112. 145 221. 314, pourchasser, efforcer, donner de la peine, tracasser, chercher, procurer, amasser, combiner, intriguer, remuer; subst. **porchaz, purchaz, pourchas** II, 99, soin, travail, dessein, plan, poursuite, quête. **Chassoire, chasseure,** fouet des autoursiers, appartient sans doute à la même racine. Je ferai observer que dans quelques provinces, en Franche-Comté p. ex, on appelle *chassoire* la mèche du fouet ou de la cravache. Cette dernière signification ne peut guère se rapporter à *chasser.* Cfr. l'espagnol *chasco,* mèche du fouet, mot qui dérive du basque che-ascó, très mince, selon Larramendi. (?)

Chadaine v. chevetaine.

Chadel v. chevetaine.

Chadeler v. chevetaine.

Chadet, e v. chald.

Chael v. chien.

Chaeler v. chevetaine.

Chaëne v. chaaine.

Chaënete v. chaaine.

Chaer v. chaor.

Chaere v. chaiere.

Chaidne v. chesne.

Chaiel v. chien.

Chaiement v. chaor.

Chaiens v. ça et II, 280.

Chaier v. chaor.

Chaiere, chaere (chaire) II, 75. I, 250. 356, siége en général, chaise; de *cathedra.*

Chaigement v. changier.

Chaigne v. chesne.

Chaïgnon v. chaaine.

Chaillo v. caillou.

Chaindre v. ceindre.

Chaîne v. chaaine.

Chaingier v. changer.

Chainse v. chemise.

Chainsil v. chemise.

Chaint v. ceindre.

Chaïr v. chaor.

Chaisuble v. casule.

Chaitif, caitif, caistif, chetif, ketif, s. s. et p. r. chaitis, etc. II, 296. 401, captif, malheureux, *chétif;* de *captivus;* celui qui vit dans la captivité est malheureux, etc. Cfr. l'allemand *elend,* malheureux, de *elilende,* pays étranger; celui qui vit à l'étranger, en exil, est malheureux. De là chaitiver, chaitivier, caitivier, captivité, misère; chaitiveison, captivité, bassesse, faiblesse, chose sans valeur; chaitivel (adj.), misérable, de peu de valeur, mauvais; chaitivete, caitivete, captivité, faiblesse, bassesse; de *captivitas.*

Chaitis v. chaitif.

Chaitiveison v. chaitif.

Chaitivel v. chaitif.

Chaitiver v. chaitif.

Chaitiveteit v. chaitif.

Chaitivier v. chaitif.

Chald, chalt, chaud, chaut, caut, s. s. et p. r. chalz, chauz, caus, chaud; employé aussi subst. dans le sens de chaleur; de *caldus;* diminutif chadet, e, tiède; adv. comp. chalt ou chaut pas II, 298. I, 266. 307. 370. II, 33, promptement, vite, sur-le-champ, à l'instant même; de là chaudel, caudel, caudiel, chaudeau, sorte de bouillon, bouillie. *Chaudel* s'employait souvent au figuré; p. ex. jo vous apreste tel caudiel que ... (R. d. l. V. p. 300), mau caudiel (Agol. 186, c. 1). Cfr. bouillon et l'esp. caldo, bouillon de viande.

Vb. eschauder Dol. 244, échauder ; *excaldare.* Cfr. chaufer.

Chaleir, chaler v. chaloir.

Chalenge v. chalonge.

Chalenger, chalengier v. chalonge.

Chaloigne v. chalonge.

Chaloir, caloir, chaler, chaleir II, 26 et suiv., importer, soucier; comp. nonchaloir I, 173 infin. pris subst., nonchaloir, nouchalance; rechaloir, chaloir à son tour. Notre *nonchalant* est également un comp. du partic. prés. de chaloir, d'où *nonchalance.*

Chalonge, chaloigne, calonge, chalenge, calenge II, 327, refus, réclamation, conteste, dispute; *faire chalonge,* provoquer, attaquer; *mettre chalonge,* contester, disputer; vb. chalonger, chalongier, chalenger, chalengier, calengier, chaslaingier I, 175. 400. 302. II, 84. R. d. l. V. 272, I, 282. etc., demander, contester, provoquer, attaquer, défendre, refuser, prohiber, blâmer; de *calumnia,* fausse accusation, chicane.

Chalonger, chalongier v. chalonge.

Chalt, chalt pas v. chald.

Chalz v. chald.

Chambellain v. chambrelenc.

Chamberere, chamberiere v. chambre.

Chamberlain v. chambrelenc.

Chamberlin v. chambrelenc.

Chambre, cambre I, 54. 73. II, 249, chambre; *camera;* dim. cambrete; de là camberier I, 162, valet de chambre; chamberere, chamberiere I, 285. II, 160, femme de chambre.

Chambrelein v. chambrelenc

Chambrelenc, chambrelein, chamberlain, chamberlin, chambellain II, 295, chambellan; de l'ahal. *chamarlinc.*

Chamin, chemin, chimin, cemin, chemin; lmâ. *caminus;* cheminer, chaminer, ceminer, cheminer; comp. acheminer I, 341, acheminer; d'où racheminer I, 347, racheminer; de la racine

celtique *kam*, *cam* (v. cheminée):
kymri *cam*, pas, *caman*, chemin.
Cfr. Dief. Celt. I, 109, et Mone
Gallische Sprache p. 180 s. v. cam.
Champ, camp, s. s. et p. r. **chans, cans** I,
79. II, 93. 357, champ; de *campus*.
(Campus) *champ* prit les significations de place (champ) de la bataille,
bataille, journée, duel qui se fait
en champ clos. De là **champal,**
champel, campel, champaus, cham-
peus II, 231, rangé; **champeler, cam-**
peler I, 365, combattre, tenir en
campagne; **champestre,** qui est de
la campagne; de *campester*. De
campus, on dériva encore de bonne
heure *campio*, d'où **champion, cham-**
piun, campion, champion, proprem.
l'homme du champ de bataille. De
ex et de *campus* (campare) on forma
escamper, eschamper, fuir en toute
hâte, s'échapper; **escamp, escampee,**
fuite, échappatoire. De là notre
décamper.
Champaigne, campaigne, campagne,
campagne, plaine; de *Campania* employé comme nom appellatif, **Cam-**
pangne II, 277. V. DC. Campania.
Champal v. champ,
Champaus v. champ.
Champel, champéler v. champ.
Champestre v. champ.
Champeus v. champ.
Champion v. champ.
Chancel v. canciel.
Chanceler, chancelier, chancelier v.
canciel.
Chanceler, chanceler v. cheance.
Chanche II, 173, lisière, extrasillon,
espace de terre que la charrue ne
saurait atteindre au bord des champs
et qu'il faut travailler à la pioche
ou à la bêche. Ce mot doit se rap-
porter à la famille de *cancer, can-*
cellus, borne, limite, barrière.
Chanchon v. chanter.
Chançon, chançonete v. chanter.

Chandelabre v. chandele.
Chandele, chandelle, candelle, chandoile
I, 342. II, 79. 201. 341, chandelle;
candela; d'où **chandelier** II, 201,
chandelier; **chandelabre, candelabre**
II, 118, chandelier; *candelabrum.*
Chandelier v. chandele.
Chandoile v. chandele.
Change v. changier.
Changier, chaingier, canger, cangier
II, 313, changer; de *cambire*, qui
devint de bonne heure *cambiare*;
change, cange, change, échange;
chaigement I, 152, changement; le *n*
a disparu ici par suite de la diphthongaison bourguignonne *ai*.
Chans v. champ.
Chanson v. chanter.
Chant, chanteis v. chanter.
Chantel, cantel II, 348, coin, quartier,
morceau, chanteau; *tenir en chantel,*
tenir de côté, porter de côté, sur
le côté; vb. comp. **eschanteler,** tailler, dépecer; **enchanteler,** mettre en
chantel. Dans le R. d. l. V. p. 78
on lit *jantel* pour chantel. Notre
canton, qui se trouve encore dans
Marot avec le sens de coin, angle,
est de la même famille. On n'a
pu encore fixer d'où nous vient
cette racine *cant*; l'allem. *kante*,
coin, bord, ahal. *chanz*, anc. norois *kantr*, est, dit-on, emprunté
au roman. Sur *cant* celtique voy.
Dief. Celt. I, 112. Grec κανθὸς.
Chanteor v. chanter.
Chanter, canter I, 51. II, 133, chanter; *je chanterai à tun num* II, 132,
nomini tuo cantabo; **chant, cant,**
s. s. et p. r. **chanz, canz** II, 241. 300,
chant; de *cantare, cantus;* **chan-**
teres, canteres, chanteor, canteor,
chantur I, 366, chanteur; fém. **chan-**
teresse I, 366, chanteuse; *cantator;*
chançon, cançon, chanson, chanchon
I, 162. 194. 343, R. d. l. V. 114,
chanson; *cantio;* dim. **chançonete,**

cançonnete I, 99, chansonnette; dér.

chanteis I, 241, chant, ramage, chant confus; comp. enchanter, encanter I, 272. II, 254, enchanter; *incantare;* enchantement, encantement, enchantement; *incantamentum;* enchanteres, encanteres, enchanteor, enchanteeur, enchantur, encanteor I, 56. 77. 151, enchanteur, escamoteur; *incantator;* rechanter, chanter à son tour, répéter, faire écho.

Chanteres, chanteresse v. chanter.

Chantur v. chanter.

Chanut, canut, chanu I, 265, quenu R. d. l. V. 39, chenu, blanc; *canutus;* prov. canut, ital. canuto.

Chaoir v. chaor.

Chaor, chaoir, cheoir, caoir, caer, caeir, chaer, chaeir, chaair, keir, keoir, cair, chair, cheir II, 18 et suiv., choir, tomber, abaisser, baisser; de là **chaiement** I, 220, chute; **cas, quas, quaz** II, 384, et incorrectement **quat** II, 13, chute, culbute; cas; *casus; tout à un cas,* à une chute, en un cas, avec l'idée de pesanteur et d'affaissement; comp. **decheoir** II, 25, déchoir, rabaisser; **dechoiement**, chute, ruine, revers; **encheoir** II, 25, d'où **rencheoir**; dans Ruteb. I, 15 on trouve **echeus** pour *encheus;* **escheoir**, échoir, tomber en partage, arriver, convenir II, 25; subst. **eschet**, redevance annuelle; butin II, 26 (où on lit la variante **eschac** dans l'original); **escance**, ce qui échoit, tombe en partage II, 18; **mescheoir** II, 25; **meschaance, mescheance, meskeance** I, 241. II, 19, malheur, calamité, contre-temps; **recheoir** II, 25. Cfr. cheance.

Chape v. cape.

Chapel v. cape.

Chapelain v. cape.

Chapele v. cape.

Chapeler v. chapler.

Chapelet v. cape.

Chaperon v. cap.

Chaple v. chapler.

Chapleis, chapleison v. chapler.

Chaplement v. chapler.

Chapler, chapeler, capler, chaploier I, 337, frapper avec l'épée, combattre; subst. **chaple, caple** II, 70. 142. 286; dér. **chapleis**, prov. chapladis, action de frapper, massacre, carnage; **chapleison, chaplison**, prov. chaplatio, massacre, carnage; **chaplement**, ib. De *capulus*, poignée (de l'épée). Cfr. DC. capulare, couper et ci-dessous chapuser.

Chaplison v. chapler.

Chaploier v. chapler.

Chapuiser v. chapuser.

Chapuser, chapuiser, abattre, tailler, hacher; subst. **chapuis, chapuiseur**, charpentier, ouvrier en bois (DC. s. v. chapuisare). De *capus* (capo), chapon, formé d'après menuiser (v. menut). La forme correspondante prov. est *capuzar*, que Rayn. II, 392 range dans la même famille que *chapler*. Cela est possible; alors chapler devrait être rapporté à capus. Ménage rapproche aussi chapuiser et chapeler.

Char pour car, conj.

I. **Char, car, care** II, 226. 319, char, chariot; de *carrus;* de là **caree, charee** II, 70, un char plein, une charrée, charretée; **charete, carete, caretil, charetil,** charrette; **careton, chareton,** charretier; **carier, charier, caroier, charoier,** charrier, transporter en voiture; d'où **acharoier, acharier,** charier, traîner, placer sur un char; **cariere, charire, chariere, charriere** II, 252, chemin (par lequel peut passer un char), route, voie (aujourd'hui dans d'autres significations); **charrue, carrue** II, 173, charrette, charrue; *carruca,* prov. carruga. De *carrus,* on avait formé de bonne heure le verbe *carricare,*

v. DC., d'où **cargier, chargier, charchier, charcher, charger**, confier; subst. **carge, charge, charche, carche**, charge; imposition, redevance; comp. **descargier, descharcher**, etc., décharger, délivrer (discarricare dans Ven. Fort., discargare d. la L. Sal.); **descarge, descharge**, etc., décharge, délivrance; **enchargier, enchairgier** II, 320, engager, charger qqu. de qqch., recommander, ordonner, commander; **rechargier** II, 197, recharger.

II. **Char, car, charn, carn** II, 234. 261. 269. 374, chair; de *caro* (nominatif *carnis,* Liv. Androu. dans Priscien). On disait *ma char, la char*, etc., pour mon corps, ma personne, ton corps, ta personne, etc. De là **carnel, charnel, carneil**, s. s. et p. r. **carneus, charneus**, charnel; d'où **charnelment, charneument, carnelment, charneilment, carneument** I, 348. II, 210, charnellement. *Charnel ami* (I, 335) signifiait parent, qui est de la même race, de la même famille; ami intime. *Homme charnel*, propr. homme de chair, un mortel. **Charnier, carnier**, saloir, vaisseau où l'on conservait les viandes salées. **Carnel, carner, charnier**, charnier, cimetière. **Carnail**, le gras de la chair, chair. Directement du nominatif *caro*, on avait formé **charoigne, caroigne, carongne** II, 181. 385, charogne, cadavre, le corps humain (Q. L. d. R. 373). **Incarnation** I, 57, incarnation; *incarnatio*. Rangez ici *incarner, décharner*.

III. **Char, chere, chiere**, visage, tête, significations que ce mot conserva jusqu'au XVIe siècle; mais alors il avait déjà celle de mine, accueil, d'où se développèrent les divers sens que nous donnons aujourd'hui exclusivement à *chère*. On dérive *chere* de κάρη; mais, sans pouvoir proposer une autre étymologie, je doute que cela soit juste, parce que l'italien, celle de toutes les langues romanes qui a le plus de mots grecs, ne connaît pas *cara*. De *char* dér. **acharier, acarier, achierer**, mettre tête à tête, confronter. Notre *acariâtre* est de la même famille.

Charbon II, 282, charbon; *carbo*.

Charche, charcher v. char I.

Chardenal v. cardinal.

Chardon, cardon, chardon; dér. de *carduus*; comp. **escharde, écharde**; d'où **escharder**, carder; **eschardeor**, cardeur.

Charee v. char I.

Charete v. char I.

Charetil v. char I.

Chareton v. char I.

Charge, chargier v. char I.

Charier, chariere v. char I.

Charire v. char I.

Charitet v. cher.

Charme II, 64. 285, paroles ou chanson magique, enchantement, sortilége; **charmer**, charmer; de là **charmeresse**, femme qui fait des charmes, sorcière. De *carmen*; lmâ. *carminare*. Au lieu de charmeresse, ou trouve **charroieresse** (Roq. s. v.), qui répond aux formes **caraie, charraie, charroie** R. d. l. V. 204, sorcellerie, sortilége, billet écrit en caractères magiques (DC. s. v. caraula); d'où **encharrauder**, ensorceler. Ces formes sont pour *charmeraie*, etc., d'où *charm'raie*, puis *charraie*, etc.

Charmeresse v. charme.

Charn v. char II.

Charneil, charneilment v. char II.

Charnel, charnelment v. char II.

Charneument v. char II.

Charneus v. char II.

Charnier v. char II.

Charniere v. carniere.

Charoier v. char I.

Charoigne v. char II.

Charpent, charpenter v. charpentier.

Charpentier, carpentier, charpentier, ouvrier en bois; de *carpentarius*, carrossier; mais, dans le moyen-âge, carpentarius se disait de tout ouvrier en bois. Cfr. l'ital. *carpentiere*, charpentier et carrossier. De *carpentum*, voiture à deux roues, on avait dérivé charpent, carpent, charpente (propre et figuré), carcasse. Charpenter, carpenter, frapper comme le charpentier, frapper à tour de bras.

Charraie v. charme.

Charriere v. char I.

Charroie v. charme.

Charroieresse v. charme.

Charrue v. char I.

Chartre, cartre I, 401. II, 249, prison; *lever de chartre* I, 51; chartrier, cartrier, chartré I, 302, prisonnier; geôlier; de *carcer*, carcerarius; de là enchartrer, encartrer, incarcérer.

Chartre, cartre I, 146. II, 274, chartre, charte; de *charta*.

Chartrier v. chartre.

Chaschun v. chascun.

Chascier v. chacier.

Chascon v. chascun.

Chascun, cascun, chescun, chaschun, cescun, chaucun, chascon, chescon I, 173, de *quisque unus, quisc'unus*; ital. *ciascuno*; prov. *cascun*. Quant à chasque, chesque, kaske I, 173, chaque, *quisque*, la forme en *a* doit s'être produite sous l'influence de chascun, parce que l'*i* accentué ne devient pas *a*; chesque répond exactement au prov. *quec* = quesc par euphonie. (Rayn. L. R. V, 16.)

Chasement v. case.

Chaser v. case.

Chasey v. case.

Chaskejornal I, 78, quotidien. Cette forme composée de deux éléments de la langue vulgaire, *chaske* et *jornal*, v. jor, est fort expressive, et ce n'est sans doute pas sans raison que l'auteur des S. d. S. B. l'a préférée au mot latin synonyme.

Chaslaingier v. chalonge.

Chasque v. chascun.

Chasse v. casse.

Chasseres v. chacier.

Chasseure v. chacier.

Chassoire v. chacier.

Chastaigne, castaigne, castenge, châtaigne; *castanea*.

Chaste, caste I, 145, pur, chaste; *castus*; adv. chastement, castement, chastement; chasteit I, 156, chasteté; pour chasteteit, de *castitas*, comme s'il était formé sur chaste. Cfr. sainteit.

Chasteaus, chasteiaus v. chastel.

Chasteax v. chastel.

Chasteit v. caste.

Chastel, chastiel, chastial, castel, castial, casteal, chasteaus, chasteiaus, chastiaus, casteaus, castiaus, chastiax, chasteax, castiax I, 88. 89. 92, château; de *castellum*; dim. chastelet, castelet I, 99, petit château, châtelet; de là chastelain, castelain I, 103. II, 271, châtelain.

Chastelain v. chastel.

Chastelet v. chastel.

Chastement v. chaste.

Chasti v. chastier.

Chastial v. chastel.

Chastiaus v. chastel.

Chastiax v. chastel.

Chastiel v. chastel.

Chastiement v. chastier.

Chastier, chastoier, castier, castoier I, 210. 285. II, 292. 385, remontrer, reprendre, corriger, donner des avis, instruire, faire des reproches; de *castigare*; subst. chasti, chastoi, correction, leçon, avis; de là chastiement, chastoiement II, 16, avis, avertissement, enseignement, correction.

Chastoiement v. chastier.

Chastoier v. chastier.

Chat v. cat.

Chataigne v. chevetaine.

Chataine v. chevetaine.

Chatal v. chatel.

Chatel, catel, chatal, chatiel, cateus, catex I, 88 note, biens, surtout biens mobiliers, revenus en denrées; *capitalis*. Le provençal avait *cabdal*, *cabal* qui s'employait aussi adverbialement dans le sens de principalement, d'une manière excellente. Rabelais (III, 15) s'est servi de *cabal* pour capital, bien, et l'on trouve aussi *chapial* dans le même sens, d'où notre *cheptel*.

Chauc v. cauch.

Chauce v. cauche.

Chauchier, chaucier, tasser, entasser; de *calcare*.

Chauchier, chausser v. cauche.

Chaucie v. cauch.

Chaucier, chausser v. cauche.

Chaucier, tasser v. chauchier.

Chaucun v. chascun.

Chaud v. chald.

Chaudel v. chald.

Chaudiere, caudiere, chaudière; lmâ. caldaria; de *caldarium* (Vitruve 5, 10), chaudière remplie d'eau chaude. Notre *chaudron* est un diminutif de caldaria; l'italien *calderone* est un augmentatif. *Chaudiere* appartient, par sa racine (calid), à la même famille que *chaud*. V. chald.

Chaufer, caufer R. d. l. V. 33, chauffer; *calefacere* (calfacere); comp. eschaufer, eschaufier, (eschausfer?) I, 142. II, 121, échauffer; *excalfacere*; de là eschaufeté, colère, emportement; adv. eschaufement, en colère, avec chaleur. Cfr. chald.

Chauls I, 157.

Chaum v. cadhun.

Chaume II, 344, chaume; de *calamus*; d'où *chaumière*. C'est aussi de calamus que dér. *calamite*, boussole; prov. caramida; esp., port., ital. calamita; parce qu'on la mettait dans une paille ou un liége. Covarruvias a déjà indiqué cette étymologie de calamite, tout en se trompant sur la raison qui lui a fait donner ce nom. Cfr. Mén. s. v. Chaus I, 150 équivalent picard de ceas, ceus.

Chaut v. chald.

Chauz v. chald.

Chaveir, chaver v. cave.

Chavelu v. chevel.

Chavol v. chevel.

Chavox v. chevel.

Che v. iceo.

Cheance, chance; de *cheoir*, cadere par rapport au dé à jouer; dér. chanceler, canceler, canchieler II, 18. 25. 388, chanceler. V. chaor.

Cheauls I, 157.

Cheaus I, 150 équivalent picard de cealz, ceas.

Chef, chief, cief, chefs, chies, cies I, 85. 86. 155. etc., tête, chef, sommet, bout, extrémité (commencement et fin); de *caput; venir à chef* II, 358, venir à bout, venir à son but; *de chef en chef*, d'un bout à l'autre; *de chef en autre*, de point en point; *à chef*, à l'extrémité, au bord, à la fin; cfr. l'esp. cabe (cabo) pour a cabe; comp. rechef, rechief, rechef, i. e. propr. re-commencement; *de rechef* I, 348. II, 312. De *chef* dér. chevir I, 321, venir à bout de qqch., sortir d'une affaire, se tirer d'embarras, accomplir; maîtriser, conduire, gouverner, dompter; se comporter; assurer à qqn. son bien; d'où chevance, utilité, faculté, bien, héritage, possession, bonne fortune; ruse; achever, achiever I, 104. II, 390, achever; chevage I, 229, tribut imposé par tête, capitation; lmâ. cavagium. Cfr. chevetaine.

Chei v. iceo.

Cheir v. chaor.

Chel, chels, d'où cheus, chele, cheles I, 150, équivalents picards de cel, cels, celz, cele, celes.

Cheler v. celer.

Cheli I, 150, comme celi, celie; pour chelui I, 155.

Chelui I, 150 équivalent picard de celui.

Chemin v. chamin.

Cheminee, chimenee, ceminee II, 281, cheminée; dérivé immédiatement du lmâ. *caminata*, chambre pourvue d'un poêle, *caminus*, du grec χά-μινος; de là *caminata*, salle, en italien. Quelques auteurs ont pensé que *cheminee* désignait le *chemin* de la fumée, et ils ont cru que *chemin* et *cheminée* étaient iden-tiques; mais la signification de *caminata* ne permet pas cette ex-plication. On admet avec plus de raison que l'idée de *chambre* a été la primitive, et M Diefenbach ra-mène *caminata* à la racine simple *kam*, courbure, incurvation.

Cheminer v. chamin.

Chemise, camise II, 318, tunique, che-mise; lmâ. *camisia*, qui se montre pour la première fois dans saint Jérome. V. Ducange. On dérive ordinairement *chemise* de l'ahal. *hemithi, hemidi, hamidi,* indusium, aujourd'hui *hemd.* Il faut alors ad-mettre avant tout que le *ch* franc, = *h*, a passé au *c* dur, car, comme le fait fort judicieusement observer M. Diefenbach (II, 526), les formes latines n'ont jamais ou, du moins, fort rarement *ch.* Ensuite d'où vient la terminaison *isia*? On ne saurait admettre la permutation de *th* en *s*? On a en outre une forme plus simple, qui ne peut être un rac-courcissement de *camisia: chainse, cainse,* toile de lin ou de chanvre, puis vêtement de cette étoffe; d'où chainsil, cainsil, cansil, ib. *Chainse* se retrouve bien dans le gallois *caimis,* camisia, kymri (rare) *camse,* longue robe, breton *kamps,* aube, ornement du prêtre, signification qu'avait déjà *camisia;* mais *caimis* n'a aucune racine dans le celtique, et il est sans doute emprunté au roman. Isidore dérive *camisia* de *cama,* petit lit à terre: camisias vocamus, quod in his dormimus in camis. D'abord comment expliquer *isia* avec *cama*? Il faut absolument une racine *camis.* Isidore, pour se tirer d'affaire, a supposé une chose qui n'existait pas, car il est prouvé que la coutume de porter des che-mises ne remonte pas plus haut que les croisades, et, à l'époque où fut écrit le Roman de la Violette, on avait encore l'habitude d'ôter sa chemise avant de se coucher. Voy. p. 31. 2 de ce roman. L'usage des chemises et le nom de ce vêtement nous viennent de l'Orient, et plus spécialement de l'Inde par l'inter-médiaire des Arabes. Ces derniers appellent la chemise *kamis,* qui dé-rive sans doute du sanscrit *kschumâ* (kschaumî), lin, *kschaumas,* fait de lin; et l'on a donné au vêtement le nom de la matière dont on le fabriquait. M. le Dr. M. Sachs prouve dans ses Beiträge zur Sprach- und Alterthumsforschung, H. 2, p. 38, que l'hébreu *ktonet* a également signifié lin, étoffe de lin, puis vête-ment fait de lin, chemise. C'est cette savante déduction, je dois le dire, qui m'a mis sur la voie que j'ai suivie. *Camisole* est encore un dé-rivé de camisia.

Chen v. chien.

Chenau = *chenal,* fém. I, 49, canal, puis gouttière; aujourd'hui encore, dans quelques provinces, chemin étroit et resserré entre deux collines (espèce de canal); de *canalis*, fém. dans Cat. et Varr., comme le chenau de notre exemple, genre qui lui est resté parmi le peuple, p. ex. dans les environs de Montbéliard.

Cheoir v. chaor.

Cher, chier, cier I, 48. 123. 404. II, 80. 369, cher, chéri, de haut prix; *avoir cher* I, 278. II, 3. 109; *tenir cher* I, 278. II, 3; cherisme, superlatif, très-cher; *carus, carissimus*; adv. cherement, chierement, cierement I, 90. 234. II, 93, avec amitié, avec tendresse, avec instance, fortement; chertie I, 103, cherté, rareté, disette; chariteit, cariteit I, 46. 84. II, 240, charité, une des vertus théologales; chertie et chariteit de *caritas* (caritát); *avoir qqn. en cherte, cierte* I, 278, avoir cher; vb. cherir, chierir I, 279. II, 316, chérir.

Cherche v. cercher.

Cherchier v. cercher.

Chere v. char III.

Cherement v. cher.

Cherir v. cher.

Cherque v. cercher.

Cherquer, cherquier v. cercher.

Chertainement v. cert.

Chertes v. cert.

Chertie v. cher.

Ches I, 150 équivalent picard de cez, ces.

Chescon v. chascun.

Chesne, quesne, chaidne (*d* pour *s*, cfr. adne pour asne), chaigne I, 187. 244. II, 188. 24, chêne; prov. casser; lmâ. casnus; ital. quercia de querceus, a. De *quercinus* (quernus), avec syncope du *r* devant la sifflante, d'où queçnus, quesne, chesne. V. Diez I, 28. II, 275.

Chesque v. chascun.

Chest, cheste, chestes I, 150 équivalents picards de cest, ceste, cez.

Chesti I, 150, qui s'explique comme cesti.

Chestui I, 150 équivalent picard de cestui.

Chetif v. chaitif.

Cheun v. cadhun.

Cheus v. chel.

Chevacher v. cheval.

Chevage v. chef.

Cheval, ceval, s. s. et p. r. **chevaus, cevaus, chevax, cevax** I, 92. 93, cheval; de *caballus* (καβάλλης); de là chevalcher, chevalchier, chivaucher, chevachier, cevalcher, cevalchier, cevalcer, cevaucer I, 79. 188. 192. 194. 281. 363. II, 266. 279, R. d. l. V. 216, aller à cheval, marcher; lmâ. *caballicare; chevaucher un chemin* II, 356; d'où chevauchie, chevauchee, etc. I, 54. 163, voyage, trajet, course faite à cheval; obligation de monter à cheval pour servir son seigneur; entreprise militaire; — chevalier, cavalier, chevalier; cfr. Roquefort s. v.; chevalerie, profession de chevalier, faits ou sentiments chevaleresques.

Chevalcher, chevalchier v. cheval.

Chevalerie v. cheval.

Chevalier v. cheval.

Chevance v. chef.

Chevauchee v. cheval.

Chevauchie, chevauchier v. cheval.

Chevaus v. cheval.

Chevax v. cheval.

Chevece, chevesce, chevesse, ceveche II, 309, chaperon, collet, la partie de l'habit qui entoure le cou; ouverture supérieure de la jupe d'une femme; de *capitium. Chevesce* était aussi le nom d'une partie du harnachement du cheval.

Cheveil v. chevel.

Chevel, cheveil, chevol, chevoil, chevoel, cevel, chavol, kavel, cavel, chevous, cheveus, caviaus, caveus, chavox, chevex, cavex, caviax I, 90. 92, cheveu; *capillus;* chevelu, chavelu II, 22, chevelu; propr. *capillutus;* cheveleure II, 252, chevelure; vb. comp. escheveler, escaveler, etc., écheveler.

Cheveleure v. chevel.

Chevelu v. chevel.

Cheverol v. chevre.

Chevesce v. chevece.

Chevesse v. chevece.

Chevestre II, 244, chevêtre; *capistrum*.

Chevetaigne v. chevetaine.

Chevetaine, chevetaigne, chataigne, cataigne, cataine, chadaine II, 397,
chef, capitaine, celui qui est chargé
en chef de qqch.; de *caput*, dérivé
capitaneus, capitanus. De capitalis (caput), on avait formé chadel,
chef, capitaine (cfr. le provençal
capdal, capdel); d'où chadeler, et,
par syncope du *d*, chaeler, conduire, mener, guider, commander.
Captal pour *chadel*, se trouve dans
Monstrelet. C'est encore de caput,
par l'intermédiaire d'un diminutif
roman, *capitetum*, que dér. cadet,
ainsi propr. petit chef, jeune chef.
Voy. Mén. s. v. et DC. Cfr. chef.

Cheveus v. chevel.

Chevex v. chevel.

Cheville II, 391, cheville; de *clavicula*, par dissimilation *caricla*, pour
éviter la réduplication de *cl*; ital.
caviglia, caviglio, prov. cavilha.
Cfr. clef.

Chevir v. chef.

Chevoel v. chevel.

Chevoil v. chevel.

Chevrax v. chevrel.

Chevre, chievre, kievre II, 299. 344,
chèvre; *capra*; dim. chevral, chevrel, chevrax II, 344, chevreau;
propr. caprellus; cheverol, chevroil
II, 354, chevreuil; *capreolus*.

Chevrel v. chevre.

Chevroil v. chevre.

Chi v. ça et II, 278.

Chials, chiaus I, 150 équivalents picards de cealz, ceolz, etc.

Chiauls I, 157.

Chiaus v. chials.

Chiche II, 244, chiche. Le mot de *chiche*,

dans *pois chiche*, venant de *cicer*,
prov. cezer, sezer, esp. chicharo,
ital. cece, Robert Estienne avait
pensé que *chiche*, avare, avait la
même origine; mais, comme le dit
Ménage, cette étymologie ne vaut
rien. Ce dernier admet la dér. de
ciccum, membrane d'un grain de
grenade, bagatelle, d'où les Espagnols ont fait aussi leur chico,
petit, cat. chic; v. Mén. s. v. C'est
à la même racine que se rapporte
chiquet, chicot, vb. *chichoter*, autrefois aussi *chicoter*, et très-probable-
ment *chicane*, qui, dit-on, a signifié
dans le principe miette de pain,
d'où les significations vaine subtilité, querelle pour rien. Si le mot
chic, petit morceau, parcelle; finesse,
subtilité, chicane, que donne Roquefort sans preuve, est vraiment fondé,
il ne resterait aucun doute sur cette
origine de chicane.

Chief v. chef.

Chiel v. ciel.

Chien, chen, cien, kien I, 67. 74. II,
117. 269, chien; *canis*; dim. chaiel,
chael II, 229, petit chien; *catulus*,
prov. cadel, ital. catello; de là le
collectif chienaille, kienaille I, 70.
284, comme qui dirait bande de
chiens, canaille, épithète souvent
donnée aux païens.

Chienaille v. chien.

Chier v. cher.

Chiere v. char III.

Chierement v. cher.

Chierge v. cire.

Chierir v. cher.

Chies, tête v. chef.

Chies, chiez, chez v. case.

Chieus v. chil.

Chievre v. chevre.

Chil, chis, d'où chius, chieus I, 150,
ce dernier peut-être par suite de
l'influence de la forme r. plur. cheus;
équivalents picards de cil, cis, ciz.

Chile pour chele I, 156.

Chimenee v. cheminee.

Chimetiere v. cimetiere.

Chimin v. chamin.

Chinq v. cinc.

Chinquer v. eschancer.

Chinquime v. cinc.

Chirf v. cerf.

Chis v. chil.

Chist I, 150 équivalent picard de cist.

Chiteain v. citeit.

Chites v. citeit.

Chitét v. citeit.

Chiunck v. cinc.

Chius v. chil.

Chivaucher v. cheval.

Chlaz II, 375. Mr. F. Michel traduit ce mot par ouragan, tempête. Je ne conçois pas comment cet érudit, d'ordinaire si pénétrant et si circonspect, a pu se tromper à ce point; il est formellement dit dans le passage que le temps se remet au beau après une tempête de cinq jours. Mais alors que signifie chlaz? La nef de Tristan et d'Isolde est assez près de la terre (Devant eus pres veient la terre) pour que l'on puisse supposer qu'ils entendent le son des cloches; et, un peu plus loin, il est dit que, croyant Isolde morte, on criait et sonnait les cloches dans la ville. Chlaz serait donc pour glas v. s. v, prov. clas, cri, ital. chiasso. Toutefois cette explication n'est pas très-certaine, car dans les vers où se trouve chlaz il n'est question que de l'état de la mer et du temps.

Cho, chou v. iceo.

Chois v. choisir.

Choisir, coisir I, 105. 125. 225. II, 317. 381, apercevoir de loin, découvrir, voir, discerner, choisir; prov. causir; subst. chois, cois I, 214. 294. II, 49, choix; aler à chois, cois, avoir la faculté de

choisir; du goth. kausjan, examiner, scruter.

Chol, col, s. s. et p. r. chous, chou; de caulis, cōlis.

Chose v. cause.

Choser v. cause.

Chous v. chol.

Chrestienner v. Christ.

Chrestientet v. Christ.

Christ, crist, Christ; de Christus, Χριστός, oint, traduction d'un mot hébreu signifiant messie; de là christien, cristiain, cristien, crestien, crestiain, crestiien I, 100. 185. 217. 380. II, 51, chrétien; christianus; d'où chrestienner, crestiienner, crestiener II, 140. 162, baptiser, faire chrétien, convertir au christianisme; cristientet, chrestientet, crestiante, crestiiente I, 84. 269. II, 60. 88, baptême, cérémonies du baptême; christianisme, religion chrétienne; chrétienté; comp. antecrist I, 251, antechrist.

Christien v. Christ.

Chuinc v. cinc.

Ci v. ça.

Cials forme picarde sans h pour chials.

Cians, ciel v. ciel.

Ciaus de cials.

Ciax I, 156 forme contracte de chials, cials.

Cief v. chef.

Ciel, chiel, cel, ceil, ciez, ceus, ciaus, cious, cius, ciex, cix I, 90. 92, ciel, firmament; coelum; celeste et, avec r intercalaire, celestre I, 230. 267, céleste; coelestis; celestial, celestiel II, 188, céleste; celestien II, 138, du ciel, de la vie à venir, par opposition à terrestre, dans l'ancienne langue terien, v. terre.

Cien v. chien.

Cier v. cher.

Cierement v. cher.

Cierge v. cire.

Ciers v. cerf.

Cierte v. cher.

Cies, tête v. chef.

Cies, chez v. case.

Cieus I, 155, comme chieus, cis, ciz.

Cieus, cius, ciuz II, 392, aveugle; *caecus*.

Ciex, ciel v. ciel.

Ciex I, 156 forme contracte de cils, avec diphthongaison picarde.

Ciez, ciel v. ciel.

Ciez, chez v. case.

Cigne, cisne, s intercalaire, cygne; de *cygnus*, *cycnus*. Si le *s* n'est pas intercalaire, il vaut mieux dér. du lmâ. *cecinus*, ancien ital. cecino, dans les gloses cico, de cicer, à cause dn renflement du bec de l'oiseau, ital. cece. Cfr. chiche.

Cil, cil; *cilium*; sorcil, sorciux I, 107. II, 230, sourcil; *supercilium*.

Cil s. sing. et plur. masc. I, 149, ce, cet, celui, celui-ci; ces, ceux, ceux-ci; *ecce ille*.

Cilee II, 299.

Cimetiere, chimetiere, cimetière, l'enceinte devant une église; de *coemeterium*, du grec κοιμητήριον, lieu pour dormir (κεῖμαι, jacere).

Cinc, chinc, chuinc, chiunck, cink, cinque I, 108. 109, cinq; *quinque*; de là cinquime, chinquime, cinquième; quint, quinz, quinte I, 114, cinquième, quint; *quintus*; quinse, quinze, kuinse I, 108. 109, quinze; *quindecim*; de là quinzime I, 115, quinzième; quinzaine, quinsaine, qinsaine I, 117, quinzaine; cinquante, chuinquante, cinquaunte I, 109, cinquante; *quinquaginta*; de là cinquantime I, 115, cinquantième.

Cink v. cinc.

Cinquante, cinquantime v. cinc.

Cinquaunte v. cinc.

Cinquime v. cinc.

Cinture v. ceindre.

Cious v. ciel.

Cire, cire, cachet II, 197, bougie Ben. I, p. 57; de *cera*; cierge, cirge, sierge,

chierge II, 201. 241, bougie; *cereus*. Cierge, dit Roquefort (M. d. F. I, 63), était l'expression consacrée pour désigner des bougies. Ce dernier mot se trouve employé pour la première fois dans une ordonnance de Philippe-le-Bel, en 1312, concernant les épiciers; il leur défend de mêler du suif dans les bougies.

Cirge v. cire.

Cis v. citeit.

Cist s. plur. m. I, 149, ce, cet, celui, celui-là; ces, ceux, ceux-là; *ecce iste*.

Ciste pour ceste I, 156.

Cisterne II, 355, citerne; *cisterna*.

Cit v. citeit.

Citaain, citáin v. citeit.

Citare, prov. cidra, ital. cetera, du latin *cithara*, instrument semblable à la harpe, avec 6, 9, 12 et même 24 cordes. Il y avait des cithares triangulaires, ce qui les a fait confondre avec le psaltérion, v. s. e. v. Cfr. citole.

Cite v. citeit.

Citeain v. citeit.

Cited v. citeit.

Citeein v. citeit.

Citeit, citet, cited, chitet, cite, s. s. et p. r. citeiz, citez, chites, cites, et une forme probablement abrégée de citet, quand le *t* eut disparu, cit, s. s. cis, cité, ville; de *civitas*; de là citeain, citaain, citeein, chiteain, citáin, citien adj. et subst. II, 227. 240, citoyen, bourgeois, *citadin*.

Citeiz v. citeit.

Citer, citer; *citare*; comp. enciter I, 239, exciter, provoquer; *incitare*.

Cites v. citeit.

Citet v. citeit.

Citez v. citeit.

Citien v. citeit.

Citole, prov. cithola, dér. du latin *cithara*; c'était un instrument plus allongé que la guitare, se rapprochant du cistre par les contours du corps sonore qui ne sont pas aussi accusés que dans la guitare proprement dite. V. guitare et citare.

Cius I, 155, comme chius, ciz, cis.

Cius, **ciuz**, aveugle v. cieus.

Cius, ciel v. ciel.

Cix, ciel v, ciel.

Cix de cil I, 156.

Claciele v. clef.

Claim v. clamer.

Claimer v. clamer.

Claimor v. clamer.

Clain v. clamer.

Clair, **cler**, **cleir** I, 88. 118. II, 373, clair, pur, brillant, gai; *clarus;* dim. **claret**; **clairet** I, 357, clair, serein; subst. m. I, 171. II, 124, sorte de boisson, composée de vin et de miel, selon Le Grand d'Aussay; adv. **clairement, clerement,** clair, clairement, distinctement; **clartet, clarte** I, 57, II, 355, clarté, lumière, éclat; *claritas* (claritat); **esclairier, esclairer** I, 49. II, 115. 230, rendre clair, briller, éclaircir, examiner, dévoiler, dissiper, soulager, réjouir, venger; *exclarare;* **esclairier** I, 347 inf. pris subst., lueur, point du jour, matin; **esclarcir, esclarzir** II, 116, éclaircir, éclairer, faire jour; simple prov. **clarzir,** *clarescere;* **esclarci** s. m., l'aube du jour; **réclarzir** II, 200, éclairer, blanchir; I, 231 on trouve le futur *esclarcistrat,* qui est irrégulier. **Clarifier** I, 67, éclaircir, manifester, glorifier, *clarificare.*

Clairement v. clair.

Clairet v. clair.

Clam v. clamer.

Clamer, **claimer**, **cleimer** II, 252, nommer, appeler, proclamer, crier, réclamer, prétendre, accuser, se plaindre; de *clamare;* de là **clam, claim, clain,** demande juridique pour réclamer qqch., réclamation, cri, poursuite; **clamor, clamur, claimor,**

cri, plainte, réclamation; de *clamor;* comp. **reclamer, reclaimer, recleimer,** appeler, implorer, déclarer, réclamer, accuser; de là **reclam, reclaim,** réclamation, accusation. — **Esclamasse,** cri, bruit; de *exclamare.*

Clamor, **clamur** v. clamer.

Claret v. clair.

Clarifier v. clair.

Clarte, **clartet** v. clair.

Clau v. clo.

Claufichier v. clofichier.

Clavete v. clef.

Clavier v. clef.

Clef, **cles**, **cleis** I, 86, clef; *clavis;* dim. **claciele** II, 57, petite clef; le *c* transposé pour remplacer le *v* latin de clavicula? **clavete** ds. Ben. 12492; dér. **clavier,** porte-clefs, portier, trésorier; *claviger.*

Cleie v. cloie.

Cleimer v. clamer.

Cleir v. clair.

Cleis v. clef.

Clenque, **clinche** (loquet d'une porte, mot fort usité, quoique l'Académie ne le mentionne pas); anc. norois, suéd. *klinka,* loquet; holl. *klink,* loquet et soufflet; allmod. *klinke.*

Cler, clair v. clair.

Cler, clerc v. clerc.

Clerc, **cler**, clerc, lettré, savant; de *clercus* pour *clericus;* dim. **clerjon, clerzun, clerçon** I, 99. II, 62, petit clerc, enfant de choeur; **clergie, clergé,** science, littérature; et aussi clerc, lettré, ecclésiastique; propr. *clericia.*

Clerçon v. clerc.

Clerement v. clair.

Clergie v. clerc.

Clerjon v. clerc.

Cles v. clef.

Clin v. cliner.

Cliner, **clinner**, incliner, courber, baisser, saluer; aujourd'hui cligner; subst. **clin**, dans l'expression *faire* *clin*, s'incliner; de *clinare;* **clingier**, ib., de *clinicare;* comp. **aclin** II, 94, soumis, attaché, partisan; *acclinis;* **acliner** II, 366, incliner, rendre hommage, s'attacher; *acclinare;* **decliner**, raconter d'un bout à l'autre, achever, incliner, baisser, abaisser; *declinare;* **declin** I, 88, déclin; **enclin**, **anclin** II, 370, courbé, soumis, incliné, abattu, triste; *inclinis;* **encliner** I, 298. II, 268, saluer respectueusement, courber, baisser; *inclinare;* subst. **enclin**, dans l'expression *faire enclin* II, 287, saluer.

Clingier v. cliner.

Cliquet, cliquette, assemblage de plusieurs petites plaques mobiles, tenant par leur extrémité inférieure à un manche, à l'aide duquel on leur imprimait une secousse, qui leur faisait produire, en s'entre-choquant, un certain cliquetis. *Cliquet, cliquer*, onomatopées.

Clo, clou, clau, clox I, 94. 333. II, 403, clou; de *clavus;* vb. **cloer, clouer**, clouer; comp. **encloer**, attacher ou fermer avec des clous, se blesser avec des clous; d'où **encloeure** II, 130, chose louche, mauvaise difficulté, empêchement, obstacle, restriction. Cfr. aujourd'hui anicroche.

Cloce, clocette v. cloche.

Clocer v. cloche.

Cloche, cloce, cloque II, 277. 324, cloche; prov. cloca, clocha; dim. **clochette, clocette, cloquette** Aubry p. 183, clochette; **clocher**, sonner la cloche. A cause de sa ressemblance avec une cloche, on avait donné le nom de *cloche* à un manteau; v. DC. s. v. Cloca, cololium; et l'on trouve le dim. dans le même sens R. d. C. d. C. v. 690. Le lmâ. disait *clocca, cloca;* l'anglo-saxon a *cluege*, l'islandais *klucka, klukka*, l'ahal. *clocca, glocca*, l'allmod. *glocke*, l'irlandais *clog*. Dans quelle langue ce mot est-il primitif? On a dérivé tour à tour cloche, de *clocher*, boiter, en Picardie *cloquer*, prov. clopchar, de *cloppicare*, de *cloppus*, v. clop, ou de *claudicare*, par rapport à son mouvement; — de l'anglo-saxon *cloccan*, glocire, bas-saxon *klukken*, anglais *cluck;* mais de glousser au son de la cloche, il y a loin; — de l'ahal. *klochôn, chlochôn*, battre, pour lequel on dit dans l'allem. mod. *klopfen*, bas-saxon *kloppen*, d'où l'on aurait *cloppicare*. Cette dernière étymologie s'appuie sur ce que le battant, que les Allemands nomment aujourd'hui *kloeppel*, s'appelait autrefois *clechel*, et que les Valaques disent *clopot*, cloche.

Clocher v. cloche.

Cloer v. clo.

Clofichier, claufichier II, 214, clouer, attacher avec des clous, crucifier; de *clo*, clou, et du fréquentatif hypothétique *figicare* pour *figere*. Cfr. ficher.

Cloie, cleie II, 365, claie; lmâ. cleta, cleda, cleia; de l'ancien irlandais *cliath*, crates, gallois *clwyd* (gallois *wy* = irl. *ia* = *ē*), cornouaillais *cluid, cluit*, breton *kloued*.

Cloison v. clore.

Cloistre v. clore.

Clop I, 112, boiteux; subst. **clopin, clopinel**, ib.; lmâ. cloppus, de fort bonne heure. Selon Ménage, de χωλόπους. On a proposé la composition *claudipes* pour racine, mais la première étymologie me paraît préférable, parce que claudipes est un mot inconnu. Les verbes sont cloper, clopiner, écloper. Cfr. cloche.

Clopin, clopinel v. clop.

Cloque, cloquette v. cloche.

Clore II, 126, fermer, enfermer, environner, cacher; comp. **aclore** II, 127; d'où **raclore**; **desclore** II, 127; **enclore** II, 127, enclore, enfermer,

fermer; enclus II, 129; et avec la même signification reclus I, 299; esclore II, 128; forsclore II, 128; reclore II, 127; reclus II, 327, moine, hermite; et enclos, hermitage; *reclusus*, *reclusum*; dér. (clos) cloison II, 248, enceinte d'une ville ou d'un château; cloison; — cloistre I, 223, cloître; *claustrum*; encloistre, barrière, lien, frein, enclos; *inclaustrum*.

Clou v. clo.

Clouer v. clo.

Clox v. clo.

Cnivet, canivet, kenivet, ganivet, dim. de *canif*, couteau à lame droite; de l'anc. norois *knifr*, anglo-saxon *cnif*, suéd. *knif*, dan. *kniv*, bas-saxon *knief*, allem. mod. *kneif*, couteau court.

Ço, cou v. iceo.

Coard v. coe.

Coarder v. coe.

Coardie v. coe.

Coardise v. coe.

Coars, coarz v. coe.

Coart v. coe.

Cobrer v. recovrer.

Coc, s. s. et p. r. cos Ph. M. 10746, M. d. F. fab. p. 241, dans le principe cocs Marb. 130, Ren. 20007, coq; onomatopée prise du chant de l'oiseau. M. Chevalet a l'habileté de retrouver *voc* dans l'irl. *coileach*, gall. *ceiliawg*, écoss. *coileach;* mots celtiques auxquels il adjoint en même ligne le breton *kok!* De là cocart, quoquart, vain, et nos mots coquet, cocarde. Cfr. gal. Je profite de cette occasion pour réfuter ceux qui font de *coquelicot* un mot celtique. Selon M. Grimm (Marcell. Burg. c. 20 et p. 436), *coquelicot* se retrouve dans l'irland. *codlainean*, pavot, et celui-ci représente le *calocatanos* de Marcellus, qu'il faut changer en *catocalanos*. Mais, comme l'a déjà fait observer M. Monc, G.

S. p. 92, il est question d'une autre plante dans le passage indiqué, et *codlainean* n'a rien de commun avec *calocatanos. Coquelicot* enfin ne se rapporte ni à l'un ni à l'autre de ces mots; c'est également une onomatopée du cri du coq. On entend souvent, dans nos provinces, donner au coq le nom de *coqueicoc, coquericot, coquelicot*, et la fleur appelée *coquelicot* rappelant par sa forme et sa couleur la crête du *coquelicot*, on lui a donné le nom de l'oiseau. Cfr. le prov. cacaraca, chant du coq et un des noms du coquelicot; Honnorat s. v. cacaraca.

Cochier v. colchier.

Code, coude, coute II, 371, coude; de *cubitus*; ital. cubito, esp. cobdo, codo, port. covado, coto; acoder, acouter II, 356, se mettre, se placer, accouder; *accubitare* dans Sedul.

Coe, queue, qeue I, 159. 327. II, 338. 332. 356, qneue; de *cauda*; de là escoer, escouer, écourter, en parlant d'un animal. Du même mot *cauda* pris au sens dérivé de partie de derrière d'une chose, d'où queue, arrière-garde, etc, on forma coart, coard, cuard, couart, s. s. et p. r. coarz, coars, fém. coarde, couarde II, 232, lâche, poltron, parce que le couart reste en arrière; d'où coardise, cuardise, coardie, couardie, cuardie II, 250. 382, couardise; coarder, cuarder, couarder, agir en lâche, en poltron; *se coarder, cuarder*, se conduire poltronnement, se cacher, trembler; acoardi, acouardi I, 266, lâche, timide, sans coeur, sans courage. *Coart* est le nom du lièvre dans les anciennes fables.

Coens v. cuens.

Coer v. cuer.

Coeu v. cuire.

Cofe, cofre, coffre; cofin, panier, corbeille; de *cophinus* (κόφινος).

Cofin v. cofe.

Cofre v. cofe.

Cognitinn v. conostre.

Cognoistre v. conostre.

Coi, paisible v. coit.

Coi pron. rel. v. qui.

Coie v. coit.

Coiement v. coit.

Coignie v. coin.

Coillir v. cueillir.

Coin, coin; de *cuneus*; wallon couniè; de là coignie, coignee, cognee II, 228. 365, cognée.

Cointe: *a*) instruit, cultivé, gracieux, agréable, aimable, affable; *b*) ajusté, paré; de *comptus, comtus,* selon DC.; de *cultus,* selon Ménage. L'opinion de Ménage me semble tout à fait fausse; celle de DC. n'est vraie qu'en partie. Il faut distinguer deux *cointe. Cointe* dans la signification *a*) dérive de *cognitus;* dans la signification *b*) de *comptus.* Adv. cointement I, 405, agréablement, gracieusement, prudemment; — proprement. De là *a*) cointise, discernement, politesse, courtoisie, ruse; *b*) cointise, immédiatement du substantif *comptus,* ajustement, parure — *b*) cointoier, orner, parer, ajuster; se *cointoier,* se complaire à ce qu'on fait, s'écouter, être affecté; — *a*) acointer, acointier, avertir, donner avis, faire connaissance, rencontrer, aborder, traiter; *s'acointer à qqn.* II, 288, se lier avec lui (lmâ. *adcognitare*); *s'acointer de qqch.* II, 316, s'arranger de qqch., s'en contenter; acointance, familiarité, alliance, arrangement, promesse; acointement, rencontre; acointe subst., familier.

Cointement v. cointe.

Cointise v. cointe.

Cointoier v. cointe.

Coire v. cuire.

Coirie v. cuir.

Cois v. choisir.

Coiser, coisier v. coit.

Coisir v. choisir.

Coispel v. colp.

Coit, coi, quoit, quei, f. coie, queie II, 233. 352. 386, paisible, tranquille; de *quietus;* adv. coiement, quoiement, queiement I, 76. 328. II, 23. 355, paisiblement, tranquillement; de là recoi, repos, tranquillité, cachette; *en, à recoi,* en secret, en cachette, tranquillement; on trouve aussi *à quoi* dans le même sens; coiser, coisier, quiser (se) II, 287, apaiser, se taire; cfr. hausser de altus; comp. acoiser, acoisier, aquiser, aquoiser, apaiser, rendre coi. *Coiser* est encore en usage dans plusieurs patois. Du subst. *quies,* on avait formé quiete, repos, qui n'est pas fort commun. A la même racine *quietus,* dans la signification de *libre,* qu'il avait prise au moyen-âge, on doit rapporter cuite, quite, quitte, exempt, absous, absolu, entier; pour ainsi dire quitus; adv. quitement, cuitement I, 130. 295, entièrement, librement; quiter, quitier, cuitier, donner quittance, renvoyer quitte, tenir quitte, exempter, céder, donner, abandonner, se désister, délivrer, délaisser, rendre; quitee, cuitee, tranquillité, repos; quitement, ib.; quitance, abandon, don, cession, concession; *en quitance,* sans retour, sans condition, en pur don; comp. aquit, acuit I, 358, acquit; aquiter, aquitier, acuiter, acquitter, s'acquitter, remplir, donner, céder, abandonner, délivrer, purger; aquitance, comme quitance. Tous ces mots en *qu* s'écrivaient aussi sans *u.* Cfr. Rayn. L. R. V, 22 et suiv.

Coite v. coiter.

Coiter, coitier, cuiter, presser, pousser, hâter, dépêcher, exciter, aiguillonner.

On a proposé de dériver *coiter* de *perculere*, *coexcitare*, *coactare*, mais on s'aperçoit de prime abord qu'aucun de ces verbes n'aurait pu produire la forme *coiter*. Le latin *coquere* avait entre autres sens celui d'inquiéter (brûler, pour ainsi dire), et, en partant de cette signification, on a formé avec le participe un verbe *coctare*, d'où notre *coiter*; cfr. *coisier* de *quietus*. Adjectif *coitus*, agile, rapide, bouillant; — *coite*, *cuite* (cuinte), dans l'expression *à coite d'esperons* II, 324, répondant à notre à toute bride.

Coitier v. coiter.

Coitrart v. cotre.

Coitre v. cotre.

Coitus v. coiter.

Col I, 86, **cox** I, 92, cou; de *collum*; vb. comp. **acoler** I, 133. 288. II, 332, embrasser, enfermer; contenir; prov. *acolar*, simple *colar*; d'où s'entra-**coler** I, 112, s'entre-embrasser; de-**coler** I, 195, décoller; dér. colee II, 369, coup sur le cou, accolade qui se donnait au nouveau chevalier; coup, gourmade.

Col, chou v. chol.

Col, coup v. colp.

Colche v. colcher.

Colcher, **colchier**, **couchier**, **culcher**, **culchier**, **cuchier**, **cochier**, **coucer**, **couker**, indifféremment avec et sans se II, 357, coucher, se coucher; **colche**, **culche**, **conche**, couche; de *collocare*, mettre, placer, poser, étendre; comp. **acolcher**, **aculchier**, **acoucer** (s') II, 289, se coucher, s'aliter.

Colchier v. colcher.

Colee v. col.

Coler, **couler** II, 279. 369, couler, glisser, s'écouler; de *colare* employé factitivement. De là nos mots coulis, coulisse.

Colire f. I, 252, collyre; *collyrium*: prov. colliri m.

Collecte v. cueillir.

Colombin v. colons.

Colons I, 397, colombe, pigeon; *columbus*; colombin, de pigeon, de colombe; *columbinus*.

Color, **colur**, **colour** II, 240, couleur; colorer, colorier I, 89, colorer; *color*, *colorare*; part. passé qui a de belles couleurs, embelli.

Colorer, **colorier** v. color.

Colour v. color.

Colp, **colps** I, 85, col, **cols** I, 86, **cop**, **cops** I, 86, **cos** I, 86, **coup**, **cous**, caup, caus I, 91, cox I, 93, coup; colper, coper, copeir, couper II, 397, couper, abattre; comp. **decoper** I, 380, blesser avec une arme tranchante, couper, déchirer. De l'adj. *beau* et de *coup*, on forma l'adv. beaucoup, c.-à-d. que beau a été pris dans le sens de grand; du reste, on trouve dans l'ancienne langue *grant colp* pour multum. M. Chevalet dér. *colp*, *colper*, de l'allemand *klopfen*; c'est un de ces tours d'adresse qui n'a d'autre fondement qu'une ressemblance de signification entre colper et klopfen. L'ancien allemand *cholpo*, *kolpo*, *kolbo*, aujourd'hui *kolben*, ou le kymri *colp*, désignant des instruments propres à percer ou à frapper, pourraient seuls servir de racine à notre mot; mais je préfère l'étymologie indiquée par DC., c.-à-d. *colaphus*, coup de poing. On sait que le *ph* se change souvent en *p*, et de très-bonne heure on confondit en latin *ph* et *p*. De *colper*, *couper* dér. colpe, coupe, action de couper, d'où notre *copeau*, qui, par son manque de *s*, s'il est fondé, se distingue de cospel, coispel, dans l'ancienne langue, épine, copeau, partie de la gaîne d'un couteau, dérivé du latin *cuspis*. Copeau, dans la langue d'oïl, avait le sens de rigole, coupure, portion d'eau tirée d'une rivière.

Colpable v. colpe.

Colpe, culpe I, 125. 129, et avec changement de la liquide, corpe R. d.
Ren. I, 327. III, 39, faute, délit,
coulpe; *culpa*; colper, accuser, inculper, blâmer; *culpare*; comp. encolper, accuser, inculper, se plaindre;
descolper, disculper; colpable, culpable I, 296, coupable; *culpabilis*.

Colpe v. colp.

Colper, couper v. colp.

Colper, accuser v. colpe.

Colps v. colp.

Cols, coup v. colp.

Cols s. s. et p. r. de col

Coltel, cultel, coutel, cutel, avec s intercalaire coustel II, 79, s. s. et p. r.
cuteaus, coutiaus, cutiax II, 41. Charl.
180. Ben. 7846. 7838. R. d. Ren. I, 149.
R. d. R. 7571, couteau; *cultellus*.

Colui pour celui, se trouve dans des
textes mélangés du sud-ouest; de
eccu illuic, ital. colui.

Columpne I, 66, colonne; *columna*;
prov. colompna, colonna; *p* intercalaire, pour renforcer la combinaison *mn*, comme en prov.; cfr.
dampneir.

Colur v. color.

Com, cum, con, come, comme, conme,
coume, cun II, 281; d'où coment,
cument, conment, comment, coument
II, 281; *com que*, *coment que* II,
378; comp. combien, i. e. com bien,
combien que, conj. II, 378.

Comanablement I, 147. Si l'on pen-
sait que cette forme est pour *co-
munalment*, on ne saurait absolument pas comment expliquer les
irrégularités qu'elle présente. La
phrase complète est: (Deus) Ciel
et terre, et ewe et vent, | Trestuz
comanablement, | Sunt al tou co-
mandement, | Et toutes choses ense-
ment, | Fors sul en terre male gent.
Oserait-on songer à *comandable-
ment*, avec syncope du *d*?

Comandant v. mander.

Comandement v. mander.

Comander v. mander.

Comanderes v. mander.

Combatement v. batre.

Combateor v. batre.

Combateres v. batre.

Combateur v. batre.

Combatre v. batre.

Combe, cumbe Ch. d. S. I, 193, vallée
enfermée entre deux montagnes,
dénomination encore fort usitée en
France, quoique l'Académie n'en
fasse pas mention dans son Dictionnaire. Ce mot se retrouve dans le
nom d'un grand nombre de villes,
p. ex.: *Coms*, autrefois, *Comum*,
Combres, *Combs-la-ville* (Guer. 2,
131), *Cumba locus* (Bréq. I, 136).
Combe est d'origine celtique: *com*,
comb = vallée à penchants concaves;
gallois *cwm* = chaque chose arron-
die; vallée, etc.; breton *kombant* =
vallée. *Comb* manque à l'irlandais,
ce qui a fait douter de la justesse
de l'interprétation proposée; et beaucoup de lexicographes ont préféré
la dérivation de DC.: cymba (κύμβη),
barque; mais le passage de l'idée
de barque à celle de notre mot n'est
pas admissible.

Combien v. com.

Comble, cumble, tas, excédent, surcroît; de *cumulus*; à *comble* I, 293,
comble; combler I, 268, combler;
cumulare; comp. acombler, combler,
augmenter; d'où acomblement I, 373,
augmentation, surcroît. Dans la
signification de faîte, sommet, *comble*
rappelle le latin *culmen*. De *cumulus*, par le changement de *l* en
r, lmâ. *combrus*, on dér. combrer,
empoigner, prendre avec force, c.-à-d.
mettre empêchement, arrêter; comp.
encombrer, encombrier, encumbrer I,
178. II, 280, embarrasser, mettre
obstacle, empêcher, souiller; d'où

encombrement, enscombrement, embarras, empêchement, encombrement; — encombrier, encombrer, ancombrier, encombre II, 297, difficulté, embarras, empêchement, encombrement; adj. encombros, encombreus, embarrassant, escarpé, impraticable. T. II, p. 402 on lit escunbrier avec la signification de encombrier, quoique, d'après la préfixe, il dût signifier le contraire, et il faut sans doute orthographier enscunbrier. Notre décombres appartient à cette famille.

Combler v. comble.

Combrer v. comble.

Combriser v. briser.

Combruiser v. briser.

Come, chevelure, crinière; coma; comé R. d. l. V. 279, chevelu, à longue crinière; comatus; prov. comat, ital. comato.

Come, comme, coment, comment v. com et II, 281.

Comencer, comencier, cumencer, cumencher, comenchier, conmenchier, counmenchier, coumancier, commencer, naître; de com — initiare; comp. encomencer, encomencier, etc., commencer; d'où encomencement, commencement; recomencer, recomencier II, 86, recommencer. Toutes ces formes avec un double m.

Comenchier v. comencer.

Comencier v. comencer.

Comforter v. fort.

Commanc, commanch 1. p. s. prés. ind. de commander I, 216.

Commandeires v. mander.

Commandeor v. mander.

Commander v. mander.

Commant v. mander.

Commotion v. movoir.

Commovoir v. movoir.

Commun I, 19. II, 269, commun en général, de la communauté; communis; empl. subst. I, 157, com-

munauté, commune; commune; adv. communement I, 148. 196, également, en commun, ensemble; de là comunal, conmunal, communal, cumunel I, 388. II, 198, commun, public, ouvert à tous, égal, ordinaire, d'un même accord, en commun; empl. subst. I, 157, communauté, commune; adv. communalment, communaument I, 388. II, 86, communalment, également, en commun, ensemble; communiteit II, 81, communauté; communitas; communion, communion; communio; communier I, 322, communier; communicare; comp. escommunion, excommunication; escommenier, escomenier, escumenier, escuminier I, 189. 227. II, 149. 204, excommunier, réprouver; excommunicare; part. pas. empl. subst. escommeniet II, 204, l'excommunié; de là escommuniement, escommeniement, escumengement, excommunication.

Communal, communalx v. commun.

Communalment v. commun.

Communaument v. commun.

Communement v. commun.

Communier v. commun.

Communion v. commun.

Compagner v. pain.

Compaigne v. pain.

Compaigner v. pain.

Compaignesse v. pain.

Compaignie, compaignieie v. pain.

Compaignon v. pain.

Compain, compaing v. pain.

Compainnie v. pain.

Compainon v. pain.

Companage v. pain.

Compangne v. pain.

Companion v. pain.

Comparer, comparer v. par, adj.

Comparer, comperer, cumperer I, 173. 194. 232. 362, acheter, payer, être puni de qqch.; de comparare.

Compas v. pas.

Compasser v. pas.
Compasseres v. pas.
Compassion v. patience.
Compeignie v. pain.
Comperer v. comparer.
Complaignement v. plaindre.
Complaindre v. plaindre.
Complaint, complainte v. plaindre.
Complie I, 232, complies, soir; prov. completa; du part. *completus*, a. Cfr. acomplir.
Comprendable v. prendre.
Comprendre v. prendre.
Comprins, compris v. prendre.
Comprometre v. metre.
Compromis v. metre.
Comsachable v. savoir.
Comunal v. commun.
Con v. com et II, 281.
Conbatre v. batre.
Conception v. concevoir.
Concevable v. concevoir.
Conceveir, concever v. concevoir.
Concevement v. concevoir.
Concevoir, concever, conceveir, concheveir, conzoivre, conchoivre, concivoir II, 12 et suiv., concevoir; *concipere*; de là concevement, concivement, conception; concevable, concevable; — conception, idée, projet; de *conceptio*.
Conchevoir v. concevoir.
Conchoivre v. concevoir.
Concile, concille, et avec changement de la liquide concire I, 49. 146, conseil, assemblée; concile; de *concilium*.
Concire v. concile.
Concivement v. concevoir.
Concivoir v. concevoir.
Concorde v. concorder.
Concorder II, 52. 293, accorder, concorder; concorde I, 279, concorde; *concordare* (concors, cor) Cfr. acorder, discorder.
Concorre v. corre.
Concroire v. croire.

Concueillir v. cueillir.
Condamner v. damage.
Condemner v. damage.
Conduire v. duire.
Conduit v. duire.
Conestable, cunestable I, 54, 309, connétable; *comes stabuli*. Cfr. Rayn. L. R. III, 212, DC. s. v. Comes.
Confanon v. gonfanon.
Confarmeir v. ferm.
Confenoier v. gonfanon.
Confenon v. gonfanon.
Confermer v. ferm.
Confes I, 235, confès, avoué; *confessus* (confiteor); *se faire confes*, coufesser; de là confesse, confiesse I, 387. 395, confessé; II, 100. 265, confession; d'où confesser, confesser, avouer; confession I, 283, confession; *confessio*; confessor, confesseur; *confessor*; comp. desconfes, non-confessé.
Confesse v. confes.
Confesser v. confes.
Confession v. confes.
Confessor v. confes.
Confiesse v. confes.
Confire I, 185, confire, apprêter, confectionner; de *conficere*; le part. pas. est souvent employé adj. et subst. pour mets, ragoût; au fig. dans G. Guiart I, p. 162; comp. desconfire, descunfire I, 125. 134. II, 31, déconfire, détruire, ruiner; desconfiture I, 54, déconfiture.
Confondre v. fondre.
Confors v. fort.
Confort v. fort.
Confortement v. fort.
Conforter v. fort.
Confremer v. ferm.
Confundre v. fondre.
Confusion v. fondre.
Congeer v. congiet.
Congeier v. congiet.
Congie v. congiet.
Congier v. congiet.

Congiet, congie, cunge I, 188, congé, permission; *avoir congiet* I, 56. 142; *prendre congiet à qqn.* II, 196; *à Dieu congie* II, 342; vb. congier, congeer, congeier, cungeer II, 326, congédier, renvoyer, chasser, bannir; de *commeatus*. Notre *congédier* vient de l'ital. *congedo*, qui dérive lui-même de l'ancien français *congiet; conget*.

Congnoistre v. conostre.

Congoïr v. joïr.

Congregation I, 302, congrégation; *congregatio*.

Conixance v. conostre.

Conjoindre II, 238.

Conjoïr v. joïr.

Conjuraison v. jurer.

Conjurer v. jurer.

Conmandement v. mander.

Conmenchier v. comencer.

Conment v. com et II, 281.

Conmunal v. commun.

Connoissance, conoisance v. conostre.

Conoistre v. conostre.

Conostre, cunustre, conoistre, cunuistre, conuistre, conustre, cognoistre, congnoistre, cougnoistre, quenoistre II, 129 et suiv., connaître, prendre connaissance, reconnaître, avouer, communiquer, faire connaître; *faire conaissant* II, 134; de là conixance, counissanche, connoissance, cunuissance I, 46. II, 86. 35. 353, connaissance, savoir, avis, personnes attachées (connues); connoissance, cunoisance I, 181, bannière, pennon, armoiries, v. DC. *cognitiones;* cognitiun II, 130, connaissance; *cognitio;* comp. reconoistre, reconnaître, payer de retour; reconoissement, reconnaissance; desconoistre II, 134; desconneue, mauvais traitement; desconoissance, ingratitude, ignorance, et comme *connoissance;* mesconoistre, méconnaître II, 134.

Conpassion I, 220 v. compassion s. v. patience.

Conquerement v. querre.

Conquerre v. querre.

Conquest, conqueste v. querre.

Conquester v. querre.

Conquister v. querre.

Conraer v. roi II.

Conrai v. roi II.

Conrei v. roi II.

Conreier v. roi II.

Conroi v. roi II.

Conroier v. roi II.

Cons v. cuens.

Consachaule v. savoir.

Consail v. consoil.

Consal v. consoil.

Consaus, consax v. consoil.

Consaut subj. de conseiller I, 245.

Conscience v. scient.

Conseal v. consoil.

Conseil v. consoil.

Conseillement v. consoil.

Conseilleor v. consoil.

Conseiller v. consoil.

Conseilleres v. consoil.

Consel v. consoil.

Conseller v. consoil.

Consentement v. sens.

Consentir v. sens.

Consentu II, 149 part. pas. de consentir.

Conseus v. consoil.

Conseut subj. de conseiller I, 245.

Consevre v. sevre.

Consillier v. consoil.

Consiree v. consirer.

Consirer I, 340. II, 46, considérer; *se consirer*, se consoler, se passer de qqch., être séparé de qqch., se consoler de l'absence, désirer; *considerare;* de là consiree, désir, souci, pensée.

Consoil, conseil, consél, consol, conséal, consal, consail, consous, conseus, consaus, consox, consax I, 88. 92. II, 221, conseil, projet, dessein, permission, assemblée délibérante, secret; *con-*

silium; à conseil, à part, en secret; **consillier, conseller, conseiller**
I, 99. 162. 163. 305, conseiller,
consulter, faire confidence; *consi-*
liare; de là **conseilleres, conseilleor**
I, 77, conseiller; **conseillement,** conseil, avis; comp. **aconseiller,** conseiller, aviser; **desconseiller,** mal
conseiller, décourager; part. pas.
empl. subst. II, 98, qui ne sait à
qui avoir recours, abandonné, qui
ne sait à qui demander conseil,
infortuné.

Consol v. consoil.

Consous v. consoil.

Consout subj. de conseiller I, 245.

Consox v. consoil.

Constance v. steir.

Construire v. enstruire.

Contans part. de conter.

Contans v. contendre.

Conte, comte v. cuens.

Conte, conte et compte v. conter.

Contee v. cuens.

Conteie v. cuens.

Conteit v. cuens.

Contemplatif v. temple I.

Contemplation v. temple I.

Contemple v. tens.

Contenance v. tenir.

Contençon v. contendre.

Contendre I, 170, contester, disputer,
quereller, combattre; *contendere;*
subst. **content,** s. s. et p. r. **contans,**
contenz I, 400. II, 195. 350, contestation, dispute, querelle, procès,
guerre; **contençon** I, 221. II, 31. 123,
contestation, dispute, querelle; *con-*
tentio. Cfr. tendre.

Contenement v. tenir.

Contenir v. tenir.

Content v. contendre.

Contenz v. contendre.

Conter, cunter I, 65. 212. II, 405,
compter et conter; *estre contans* I,
96; de *computare,* aujourd'hui formant deux mots pour l'orthographe;

de là **conteres,** **conteor** I, 75. 77,
conteur; comp. **aconter, acunter** I,
173. II, 46. 55, compter et raconter, narrer; d'où **raconter, racunter,**
recunter, reconter I, 49. 167. 251.
II, 96. 252, recompter et raconter,
dire une histoire, un fait, exposer
les motifs; **reconteres, reconteor,**
conteur, raconteur, historien; **mes-**
conter II, 52, méconter, tromper,
diminuer par fraude; oublier de
compter, ne pas compter; subst.
conte, cunte I, 69. II, 313, compte
et conte; *computus.* Cfr. l'ahal.
zeljan, compter et narrer.

Contesse v. cuens.

Contet v. cuens.

Contiengue II, 5, contigu; de *contiguus.*

Continent II, 60, continent; *continens.*

Continue, suivant; fièvre continue; *con-*
tinuus; continueil, continuel, continuel; propr. continualis; adv. **con-**
tinuellement II, 104, d'une manière
continue, sans cesse, continuellement; vb. **continuer,** continuer; *con-*
tinuare; au part. passé continu,
continuel.

Continuel, continuellement v. continue.

Continuer v. continu.

Contraire adj. et subst. v. contre.

Contraire, contracter v. traire.

Contrait v. traire.

Contralie v. contre.

Contralier v. contre.

Contralios, contralius v. contre.

Contralision v. contre.

Contre, cuntre II, 346; d'où avec la
suffixe *ata,* **contreie, cuntree,** contrée; prov. contrada; cfr. l'allemand
gegend, contrée, de gegen, contre;
vb. comp. **entrecontrer** R. d. C. d. C.
2562, rencontrer; comp. **encontre,**
encuntre II, 346, subst. I, 329; d'où
encontrer I, 216. 222. II, 38. 93,
rencontrer, attaquer; encontree, rencontre, combat; encontrement, rencontre, choc; — contraire II, 2,

contraire: *avoir cuer contraire à*
I, 305, avoir des sentiments opposés,
n'être pas disposé à; de *contrarius;*
empl. subst. 1, 225. II, 342. 397.
contrariété, ennui, adversité — et
adversaire, ennemi; — également
de *contrarius,* avec changement de
la liquide, **contralios, contralius** II,
242, contraire, contrariant, adversaire; vb. **contralier** I, 135. II, 293,
contrarier, ne pas être du même
avis; d'où **contralie, contralision,**
contradiction.

Contredire v. dire.

Contredisement v. dire.

Contredit v. dire.

Contrefaire v. faire.

Contreie v. contre.

Contremont 11, 270 et gloss. mont.

Contreparler v. parole.

Contrester v. steir.

Contret v. traire.

Contretenail I, 298. Cette expression
qu'il m'est impossible de rendre dans
toute sa force, est composée de
contre et *tenail.* Tenail est dérivé
de *tenaculum* = forceps, dans Te-
rentius Maurus, de *tenax,* et par
conséquent le même mot que notre
tenaille, du pl. *tenacula.* D'après
cela, on pourra se faire une idée
de la signification de contretenail.

Contretenir v. tenir.

Contreval v. val.

Contrevaloir v. valoir.

Contrevoloir v. voloir.

Contrieblet de contribler s. v. tribler.

Conuistre v. conostre.

Conustre v. conostre.

Convei v. voie.

Conveier v. voie.

Convenable v. venir.

Convenance v. venir.

Convenancier v. venir.

Convenant v. venir.

Convenaule v. venir.

Convenir v. venir.

Convent v. venir.

Conventer v. venir.

Convers v. converser.

Conversation v. converser.

Converser I, 297. II, 13. 61, demeurer,
habiter, séjourner, fréquenter, avoir
commerce avec, se trouver ordinairement; *conversari;* subst. **convers,** lieu habité, partie habitée d'un
pays; repaire, retraite des bêtes
féroces; de là **conversion,** fréquentation, habitude, liaison, familiarité; — **conversation** I, 231. II, 2
demeure, séjour, habitation, fréquentation, vie, société; *conversatio.*

Conversion, liaison v. converser.

Conversion, conversion v. vertir.

Convertir v. vertir.

Convi v. convivie.

Convier v. convivie.

Conviertir v. vertir.

Convif v. convivie.

Convive v. convivie.

Convivie, convivie, convive I, 189. II,
15. 78, festin, repas, banquet, société de table; de *convivium.* Quant
à la forme convi, repas, festin, in-
vitation, prov. *convit, covit,* c'est
un dérivé du verbe convier II, 305,
prov., esp., port. convidar, ital. con-
vitare, formé sur *invitare* avec
changement de la préfixe et sous
l'influence de *convivium.* La forme
convif, qu'on trouve dans Amyot,
représente *convi,* rapproché de *convivium,* d'où le *f* final.

Convoi v. voie.

Convoiant (*en*) v. voie.

Convoiement v. voie.

Convoier v. voie.

Convoitise v. covoitous.

Cop v. colp.

Cope, coupe, cupe, coupe; de *cuppa,
cūpa;* de là **coupier,** grande coupe,
coupe. De *cupa* dérivent aussi les
formes où la voyelle latine est conservée: cuve, ib.; d'où cuvier, ib.;

cuvaige, cellier; cuvel, cuveau; cuvellier, faiseur de cuves, tonnelier; cuvelette, petite cuve; et notre *gobelet*, lmâ. gubellus. En se représentant une *coupe* renversée, on a rapporté à la même racine : cope, cupe, coupe, copel, signifiant la cime d'une montagne, cime en général; d'où nos mots *coupole*, *coupeau*.

Copeau v. colp.

Copeir v. colp.

Copel v. cope.

Coper v. colp.

Cople, couple; *copula;* vb. comp. de copulare, descopler II, 329, découpler, désaccoupler. Notre *couplet*, propr. accouplement de vers, est de la même source.

Cops v. colp.

Coque, espèce de bateau ou vaisseau; notre *coche* (bateau); d'où coquet, caque, petit baril, et petit bateau en forme de coquille; de *concha,* ital. cocca, esp. coca. Notre mot *coque* (d'œuf, de noix) a la même origine. J'ai donné *coche* (bateau), parce que *coche*, espèce de carrosse, nous vient de l'ital. *cocchio*, qui peut avoir la même origine, c.-à-d. de *conchula*, quoique l'opinion générale soit de le dériver du hongrois *kotczy*, valaque *cocie*.

Coquemar, coquemar; de *cucuma*, ital. cogoma. V. Ménage.

Coquet v. coque.

Cor, coeur v. cuer.

Cor, cor v. corn.

Corage v. cuer.

Coragos v. cuer.

Coraige v. cuer.

Coraille v. cuer.

Corant v. corre.

Corb M. d. F. II, 105. R. d. S. S. 4848, corbeau; fém. corbe, courbe R. d. S. S. 4835. 8, femelle du corbeau; de *corvus;* de là corbel, corbiel, corbeal, s. s. et p. r. corbiaus, corbeax, corbeau.

Corbe v. corb.

Corbe, courbe; *curvus;* corber, curver I, 239, courber, plier, prosterner; *curvare;* comp. acorber, courber, baisser.

Corbeal v. corb.

Corbeax v. corb.

Corbel, corbiel v. corb.

Corber v. corbe.

Corbiaus v. corb.

Corde II, 202, corde; *chorda;* d'où cordelle, cordon, cordelette; cordeis, treillis de cordes, de sangles.

Cordeis v. corde.

Cordelle v. corde.

Cordoan, corduan II, 107, espèce de cuir qui vient de Cordoue, cordouan; de là notre *cordonnier*, autrefois cordoanier, celui qui prépare ou emploie ce cuir.

Cordoanier v. cordoan.

Corduan v. cordoan.

Corecier v. corros.

Coree v. cuer.

Corine v. corros.

Corn, corne, cor II, 277, corne; extrémité de quelque chose qui finit en pointe, angle; cor, espèce de trompette; de *cornu;* dim. cornet, petite corne; espèce de cor; cornu I, 106, cornu, anguleux; *cornutus,* prov. cornut; ital. cornuto; vb. corner, sonner de la trompette; corner, en parlant des oreilles. I, 267.

Corne, cornet v. corn.

Corner v. corn.

Cornu v. corn.

Corocus v. corros.

Corone, couronne; tonsure, ornement de tête; *corona;* coroner I, 153. 212, couronner, tonsurer; *coronare;* part. pas. empl. subst. clerc, tonsuré; d'où coronement, couronnement. Cfr. DC. corona.

Coronement v. corone.

Coroner v. corone.

Corous v. corros.

Corpe v. colpe.

Corporel, corporelement v. cors.

Corporiien v. cors.

Corps v. cors.

Corre, courre, curre, cure I, 324 et suiv.,
courir, se mouvoir, poursuivre ; *currere* ; cors, curs, cours I, 387, cours,
course ; *cursus* ; corant part. prés.
empl. subst. II, 29, courant ; dér.
correres, correor I, 77, coureur,
éclaireur ; corse, course ; corsor adj.
dans l'expression *laz corsor*, coulant ; *cursorius* ; corsier, coureur,
coursier ; corsiere, galerie, chemin
couvert, chemin de ronde ; corsable,
qui a cours ; adv. corsablement, communément, ·ordinairement ; comp.
acorre, accorre, accourir, secourir ;
concorre, concourir ; *concurrere* ; decorre I, 129. 327, couler, découler,
passer, ruisseler ; *decurrere* ; decors
I, 141, décroissance, décours ; discorre I, 327, *discurrere* ; encorre,
confisquer, encourir ; *incurrere* ; d'où
encorrement, confiscation ; recorre I,
327, *recurrere* ; recors II, 141, recours, refuge ; *recursus* ; secorre,
soscorre, sucurre, soucourre, etc. I,
153. 231. 242. 256 et les exemples
sur *corre*, secourir, porter secours ;
succurrere ; secors, socors, sucurs,
etc. I, 270. 331. II, 305, secours,
aide ; trescorre I, 153, parcourir,
passer, passer rapidement ; *trans-
currere* ; entrecorre(s') II, 245, courir
l'un sur l'autre, l'un contre l'autre.

Correcer v. corros.

Correchier, correcier v. corros.

Correor v. corre.

Correres v. corre.

Corroie v. cuir.

Corrompable v. rompre.

Corrompement v. rompre.

Corrompre v. rompre.

Corrompu v. rompre.

Corros, corrous, corous, courous, courouc, curus I, 327. II, 209, chagrin,
courroux ; de *cholera*, bile. *Corros,
courous* sont pour *coleros, colerous*,
d'où *colros*, *colrous*, puis, dans le
premier, par assimilation de *l*, corros, dans le second, par affaiblissement de cette même lettre, *courous*.
De là corogus, curugus, courroucé ;
correcer, correcier, corecier, courecier, couroucier, correchier, courechier
I, 80, attrister, courroucer, irriter,
A la racine *cholera* se rapporte
aussi corine, cuerine = propr. chole-
rine, mauvaise humeur, dépit, colère, pique, ressentiment vif et
tenace. Notre *colère* et ses dérivés
sont de la même famille.

Corrous v. corros.

Corruption v. rompre.

Cors I, 95, invariable, dans Eul. seulement corps, corps, de *corpus* ; *mon
cors, ton cors*, etc, pour moi-même,
toi-même, etc. I, 136 ; adj. corporiien I, 56, corporel, du corps,
matériel, charnel ; formé comme
terrien, celestien, etc. ; corporel, corporel ; *corporalis* ; adv. corporelement
II, 70, corporellement ; de là corsage,
taille du corps d'un homme ; adj.
corsus, robuste ; et le dim. corselet,
corset II, 243, petit corps, aujour-
d'hui dans un tout autre sens.

Cors, cours v. corre.

Corsable v. corre.

Corsablement v. corre.

Corsage v. cors.

Corse v. corre.

Corset v. cors.

Corsier, corsiere v. corre.

Corsor v. corre.

Corsus v. cors.

Cort, curt, cur, cour, cour, tribunal,
juridiction ; de *chors, chortis*, basse-
cour. De *cort*, dans le sens de cour
principière, on dériva : cortois, curteis, courtois II, 309, 332, courtois,
galant, affable, gracieux, agréable,
courtisan ; d'où cortoisement, cur-

teisement, courtoisement I, 383, gracieusement, honnêtement, d'une manière affable; cortoisie, curteisie,
courtesie (curteisse?), courtoisie,
galanterie, affabilité, faveur, don;
et notre *courtisan, courtiser;* —
cortoier, curteier, courtoier, tenir
cour, courtiser, faire la cour, se
montrer galant. — Rangez enfin
ici notre *cortége.*

Cort, court, curt, corte, court, bref;
curtus; de là p. ainsi dire *ad-, ex-
curtiare,* acorcier, acorchier, accourcir, abréger; escorcier, escourcier,
escorchier, écourter, retrousser, relever; le subst. escorz S. d. S. B.
550, escors, giron, sein, est de la
même racine; v. Roquefort; s'encorcer Ben. 36470, se raccourcir,
devenir court.

Cortine, curtine, courtine II, 369, lmâ.
cortina = petite cour, mur entre les
bastions, rideau d'autel, etc., signifiait ordinairement rideau, tapisserie, draperie; du latin classique
cortina, cercle, rondeur; de là cortiner, curtiner, courtiner, dont la
signification est la même que celle
du comp. encortiner, encurtiner, encourtiner, tapisser, couvrir de tapis,
tendre des draperies.

Cortiner v. cortine.

Cortoier v. cort.

Cortois, cortoisement v. cort.

Cortoisie v. cort.

Corvee, corvée, travail et service dû
gratuitement au seigneur; lmâ cor-
vada, corrogata, prov. courvada,
courroc. Selon Ménage de *curva-
tus,* parce que c'est avec le corps
courbé qu'on travaille aux corvées,
interprétation ridicule. *Corvee* dérive de *corrogata,* avec syncope de
l'*o* radical, qui se maintint dans le
prov. courroc. *Corvee* a donc signifié
primitivement appel, ordre. Cfr.
rover.

Cos v. colp.

Cose v. cause.

Coser v. cause.

Cosin, cousin, cusin, cousin, parent;
contracté de *consobrinus*, lmâ. co-
sinus; v. DC. s. v.; esp. sobrino;
cosin fraireur, cousin germain; mais
aussi déjà cette dernière expression;
cosin en autre ou *secont,* cousin
issu de germain; *cosin' en tiers,*
cousin au troisième degré; dériv.
cosinage, cusinage, acte de cousin,
de parent.

Cosinage v. cosin.

Cospel v. colp.

Cost v. coster.

Cost I, 150; de *eccu iste.*

Coste, épice v. coster.

Coste, côte v. costeit.

Costed v. costeit.

Costeer v. costeit.

Costeit, costet, costed, coste, s. s. et
p. r. costeiz, costez, costes, côté,
dérivé de coste, de *costa,* côté, p.
ainsi dire costata. De là même
racine: costeer, qui est du même
sang, de la même famille; côtoyer,
être au long de qqch.; acoster, arranger, placer côte à côté, tenir par
le côté, approcher, accointer; côtoyer; subst. acost I, 163, accointe-
ment, voisinage, hospitalité; encoste
prép. II, 356; dencoste II, 357;
costeré, costiere, côté, côte. Notre
mot *coteau* se range encore ici et
proprement on devrait l'écrire *cô-
teau;* l'ancienne langue se servait,
entre autres, de costiz, dans ce sens.

Costeiz v. costeit.

Costenge v. coster.

Coster, couster I, 303. II, 325, coûter;
de *constare;* de là coste, espèce
d'épice, parce que les épices étaient
coûteuses, propr. dépense; costenge,
dépense, frais, coût, luxe. Pour la
suffixe cfr. laidenge, losenge, etc.
Estre à cost, cust Q. L. d. R. II, 195,

causer de la dépense, des frais; *à grand* cost R. d. R. 11249, à grand, frais, à grande dépense.

Costere v. costeit.

Costes, costez v. costeit.

Costet v. costeit.

Costiere v. costeit.

Costiz v. costeit.

Costume, coustume, custume, custome II, 246, coutume, moeurs, usage, droit, redevance; mot dont le primitif est *consuetudo, inis,* v. ume; *c'est de costume,* il est de coutume, telle est la coutume; de là costumier II, 284, coutumier, qui a la coutume, l'habitude de, qui est sujet au droit de *costume;* cfr. encore DC. s. v. consuetudo; costumet, costumé II, 338, qui est dans l'usage commun; d'où costumeement, selon la coutume et l'usage; comp. acostume *(estre),* avoir coutume, être dans les habitudes; acostumeement, de coutume, d'ordinaire; acostumement, coutume, usage, façon d'agir.

Costumeement v. costume.

Costumet, costumé v. costume.

Costumier v. costume.

Cote, cotte II, 225, long habit de dessus, tunique; mot qui aujourd'hui a une signification fort différente; *cote à armer* (II, 135); de là cotele, cotelet, petite cotte, et notre *cotillon;* sorcot, sourcot, surcot, sorquot, surcot. On a dérivé *cote* de l'ahal. *chozza, chozo,* aujourd'hui *kotze,* couverture, couverture velue; — ou de l'anglo-saxon *cote,* anglais *cot,* cabane, d'où enveloppe. Les formes que nous avons ici se rencontrent encore dans d'autres langues, p. ex. en bohémien, *kozig* est un habit fourré, *huze, koza,* la peau (cutis). Prenant encore pour terme de comparaison l'anglais *coat,* habit, poil, fourrure, peau; on serait tenté de dériver *cote* directement du latin *cutis,* parce que la *cote,* comme la peau, enveloppe le corps. De *cutis* on aurait fait *cota.* Il y a cependant une forte objection contre cette dérivation, c'est que *cota* aurait régulièrement fait *coe.*

Cotre, coitre, matelas, lit de plume; de *culcitra.* C'est à la même racine que se rapporte notre *coite* qu'on orthographie ordinairement *couette,* dans l'ancienne langue coute, kiente, kiute, keute, quieute, queute II, 367, matelas, lit de plume; de *culcita. Coute, kieute,* etc., se joignaient au mot *pointe,* d'où coutepointe, kieutepointe, etc., grande couverture, espèce de tapisserie. Du diminutif *culcitinum* (culcita) dér. *coussin.* — De *coitre* on a formé, comme dénomination injurieuse, coitrart, bâtard. V. bastart. Il ne faut pas confondre *coitrart* et *coestron,* bâtard, DC. quaestuarius.

Cotte v. cote.

Çou v. iceo.

Couarder v. coe.

Couardie v. coe.

Couart v. coe.

Couche v. colcher.

Couchier v. colcher.

Coudre, keudre II, 134. 5; de là couture, couture; d'où, soit dit en passant, notre *accoutrer;* comp. acoudre II, 135, descoudre II, 135.

Cougnoistre v. conostre.

Couire, cuevre, cuivre, carquois; de l'ahal. *kohhar,* ib.

Couker v. colcher.

Couler v. coler.

Coumancier v. comencer.

Coume, coument v. com et II, 281.

Coumenchier v. comencer.

Counissanche v. conostre.

Coup v. colp.

Coupe, coupe v. cope.

Coupe, action de couper v. colp.

Coupe, faute v. colpe.

Coupier v. cope.

Cour v. cort.

Courage v. cuer.

Courbe v. corb.

Courechier, courecier v. corros.

Courouc v. corros.

Couroucier v. corros.

Courous v. corros.

Courre v. corre.

Cours v. corre.

Court, e v. cort adj.

Courtesie v. cort.

Courtine v. cortine.

Courtiner v. cortine.

Courtoier v. cort.

Courtois v. cort.

Courtoisement v. cort.

Cous, ceux I, 156.

Cous, coup v. colp.

Cous, cou v. col.

Cousin v. cosin.

Coustel v. coltel.

Couster v. coster.

Coustume v. costume.

Coute, coude v. code.

Coute, matelas v. cotre.

Coutel v. coltel.

Coutiaus v. coltel.

Couture v. coudre.

Couvaine v. venir.

Couvenir v. venir.

Couvent v. venir.

Couver v. cover.

Couvignable v. venir.

Covaine v. venir.

Coveiter v. covoitous.

Coveitise v. covoitous.

Coveitos v. covoitous.

Covenable v. venir.

Covenir v. venir.

Covent v. venir.

Cover, couver, cuver, couver; de *cubare* avec le sens de *incubare*, prov. coar; ital. covare.

Covert, coverte v. covrir.

Covertement v. covrir.

Covertoir v. covrir.

Coverture v. covrir.

Covine v. venir.

Covoiter v. covoitous.

Covoitise v. covoitous.

Covoitous, coveitos, cuveitus II, 165, convoiteux, qui désire ardemment; covoitise, et déjà avec *n* irrégulier, convoitise, coveitise, cuveitise, convoitise, désir ardent; covoiter, coveiter, cuveiter I, 221, convoiter, désirer. *Covoitous*, de *cupidus*. De la même racine latine *cupere*, dérive le verbe *cuvir*, inconnu dans la langue d'oïl, mais conservé en provençal sous la forme *cobir*, auquel se rapporte le subst. cuvise I, 263, convoitise, désir; comp. encovir, encuvir II, 161, convoiter, désirer.

Covri v. covrir.

Covrir, couvrir, cuvrir I, 407. 149, de *cooperire*, part. pas. covert, cuvert, à la rime I, 79 covri, couvrir, cacher, garantir; subst. I, 363 lieu couvert, secret, toit; *en covert, en coverte*, en cachette, en secret; adv. covertement II, 282, en cachette, secrètement; de là coverte, couverture; coverture, lieu secret, couverture; — covertoir, couverture, de *coopertorium*; comp. descovrir, descouverir I, 361. II, 90, découvrir, faire connaître, déceler; d'où descovreor, déceleur; descoverture, découverte; encovrir I, 361, mettre à couvert, à l'abri; recovrir, recouvrir. Cfr. aovrir.

Cox, coup v. colp.

Cox, cou v. col.

Cox, ceux I, 156.

Coyser v. coit.

Coze v. cause.

Craanter v. creanter.

Cramme, cresme, creisme, chrême; juridiction ecclésiastique, son district; de *chrisma* (χρίσμα), unctio; de là cresmeler, oindre de chrême, confirmer; cresmal, espèce de bonnet qu'on mettait sur la tête des catéchumènes après leur baptême; cresmier, vase où l'on conserve le chrême.

Crampi, cranpi, recourbé, replié; part. passé d'un verbe crampir, qui s'est conservé dans plusieurs provinces pour cramponner; de l'ahal. cramph, recourbé, d'où l'allmod. krampf. A la même racine appartiennent nos mots crampe, ahal. crampfo, chrampfo; crampon, d'où cramponner.

Cranequin, instrument dont on se servait pour bander les arbalètes; du néerlandais kraeneke, grue, à cause de la forme de l'instrument. Voy. DC. Crenkinarii.

Cranter v. creanter.

Crape v. agrappeir.

Cras, gras II, 354, gras; crassus; empl. subst. II, 244; dim. craset, grasset, grasset, grassouillet; de là graisse, gresse, graisse, embonpoint; vb. engraisser, engraissier, engresser II, 126. 236, engraisser, oindre de graisse.

Craset v. cras.

Crastre v. croistre.

Cravanter v. crever.

Craventer v. crever.

Craveure v. crever.

Creance v. croire.

Creant part. prés. de croire et subst.

Creant v. creanter.

Creanter, creanteir I, 14,3, craanter, et monosyllabe cranter, cautionner; d'où le subst. creant, promesse, garantie, cautionnement; du part. prés. creant, credens, p. ainsi dire credentare. Au lieu du c initial, on trouve g: graanter, graantier, granteir, granter, graunter I, 172. 221. 171. 235. 358. 362. II, 349; comp. acreanter R. d. l. V. 292, agraanter I, 88, promettre, assurer: d'où

acreantement, promesse, assurance. Cfr. croire.

Creation v. creer.

Creator, creatour v. creer.

Creature v. creer.

Creaule v. croire.

Crebe, DC. graccia, greche, creche, crèche; étable; de l'ahal. chrippa, krippa, krippea, allmã. et mod. krippe, anglo-saxon crybb, ancien-saxon cribbia.

Creche v. crebe.

Creer v. croire.

Creer, créer: creare; creeres, crierres, creator, criator, creatour I, 75, créateur; creator; creature I, 169. 362, créature; creatura; creation II, 42, création; creatio.

Creeres v. creer.

Creindre, cremir, cremer, cremeir, cremmoir, criembre, crimbre, crindre, crendre, criendre II, 345 et suiv., de tremere, qui s'employait activement, à cause du cr, plutôt que de timere, qu'on a aussi proposé: craindre, redouter, appréhender; part. cremu, crient (tremitus); d'où criente I, 74, crainte, appréhension, inquiétude; crimor, cremor I, 240. II, 381, crainte, appréhension, inquiétude; tremor; la forme crieme I, 85 est faite sur le radical crem; comp. soscreindre, soupçonner, craindre.

Creire v. croire.

Creis v. croistre.

Creisme v. cramme.

Creissant v. croistre.

Creistre v. croistre.

Cremer, cremeir v. creindre.

Cremir v. creindre.

Cremmoir v. creindre.

Cremor v. creindre.

Crendre v. creindre.

Crenel, kernel II, 392, r. p. kerneals Q. L. d. R. II, 199, kerneaus Ben. 18698, creniaus I, 71, créneau; prov.

et aussi langue d'oïl **carnel**; dérivé de *cran*. D'où vient *cran*? On trouve dans Pline *crena*=cran, qui a sans doute la même origine; mais ce mot ne se rencontre que là. Cfr. Dief. Celt. I, 105.

Creniaus v. crenel.

Crenu v. crin.

Crepon v. croupe.

· **Crequet**, criquet (insecte); onomatopée.

Crere v. croire.

Cresmal v. cramme.

Cresme, chrême v. cramme.

Cresme, crème; lmâ. crema, de *cremor*, suc solide extrait de matières végétales. Ne confondez pas ce mot avec *cresme*, *creisme* sous *cramme*; dans *cresme*=cremor, le *s* est intercalaire. *Cresme* expliqué ici se trouve entre autres I, 327 dans un exemple extrait de Fl. et Bl. Quelques vers plus haut, il est question d'un arbre appelé **cresmier**; néanmoins je ne fais aucune difficulté d'admettre *cresme* = *crème*, parce que ce prétendu arbre dont la „cresmes caoit" n'est qu'une invention du poète, pour avoir un pendant à *balsamier*, dont le „basmes decouroit".

Cresmeler v. cramme.

Cresmier v. cramme et cfr. cresme.

Crestiain v. Christ.

Crestiante v. Christ.

Crestien v. Christ.

Crestiener v. Christ.

Crestientet v. Christ.

Crestiien v. Christ.

Crestiienner v. Christ.

Crestiiente v. Christ.

Crestre v. croistre.

Crevanter v. crever.

Crever II, 369, crever, percer; de *crepare*. On disait: *l'aube est crevec,* pour le jour point, le jour a commencé. De *crever,* on forma le comp. **escrever**, crever, se rompre:

d'où **rescrever** R. d. l. V. 146, se recrever, se rouvrir. Le subst. **craveure**, répondant à l'ital. *crepatura* et au prov. *crebadura,* crevasse, ouverture, est employé au figuré II, 55, et on pourrait peut-être lui donner le sens de obscurité douteuse (=latin *creper*), si l'on ne préfère conserver le sens primitif pour faire image. De *craveure,* on avait le comp. **escraveure**. Le participe présent *crepans* servit à former: **cravanter**, **craventer**, **crevanter**, d'où **acravanter**, **acravanter**, **acrevanter** I, 344, briser, renverser, abattre, accabler, et **escravanter**, **escreventer**, abattre, renverser, briser.

Criator v. creer.

Criee v. crier.

Criembre v. creindre.

Crieme v. creindre.

Criendre v. creindre.

Criente v. creindre.

Crier, crier, ital. gridare; esp., port. gritar; comp. **escrier**, écrier, crier, appeler, attaquer, poursuivre avec des cris; *escrier à qqn.* I, 299; *vers qqn.* I, 380; *escrier à vois* I, 251; subst. **crit**, s. s. et p. r. **criz**, cris, cri, exclamation; adj. **crious**, criard, bruyant; **criee**, **criée**, publication; **crieres**, **crieor**, crieur public; **crierie**, criaillerie, tintamarre. Vossius, Raynouard, M. Diez, etc., revendiquent avec raison une origine latine pour cette famille de mots, et la racine *quiritare* qu'ils proposent, convient à tous égards. Rien de plus facile que les permutations suivantes: *kritare* (l'*i* de la syllabe *qui* étant bref), *critare,* puis pour les autres idiomes romans changement de *c* en *g*, et pour l'italien adoucissement du *t* en *d.* Ni le gothique *gretan, greitan,* pleurer, ni le hollandais *krijten,* plorare, ejulare, crepare, ni le bas-allemand *kriten*, clamare (rixantes infantes), qu'on a eus en vue pour l'étymologie de notre mot, ne satisfont à toutes les formes des langues romanes. Le composé *escrier* a fait penser aussi à l'ahal. *scrian*, mais cette étymologie est encore plus fautive que les autres.

Crieor v. crier.

Crieres v. crier.

Crierie v. crier.

Crierres v. crier.

Criet 3. p. s. prés. subj. de *crever*.

Crigne, crignel v. crin.

Crignete v. crin.

Crimbre v. creindre.

Crimor v. creindre.

Crin I, 386, cheveu, chevelure, crin, crinière; *crinis;* de là **crine, crigne** II, 22, crinière, chevelure; d'où **crignete**, crinière; — **crignel**, cheveux, crins; — **crenu** I, 72, à crinière, chevelu; *crinitus;* prov. crinut, ital., esp. crinito.

Crindre v. creindre.

Crine v. crin.

Crious, e v. crier.

Cris v. crier.

Crist v. Christ.

Cristal II, 116, cristal, verre; de *crystallum*.

Cristiain v. Christ.

Cristiante v. Christ.

Cristien v. Christ.

Cristientet v. Christ.

Crit v. crier.

Criz v. crier.

Croc, croc, crochet; de là *crochet, crochu, accrocher;* dans l'ancienne langue **encroer, encrouer** I, 212, pendre au croc, accrocher; lmâ. incrocare v. DC.; mot qui se retrouve dans les langues allemandes et celtiques: ancien norois *krôkr;* hollandais *kroke, krooke;* suédois *krok;* kymri *crôg*, etc.

Croire, crere, creire, creer II, 135 et suiv.

261, croire, II, 139 R. d. l. V. 121 vendre ou donner à crédit, **prêter**; part. prés. **creant** I, 268, empl. subst. II, 191, croyant; d'où **creanter** v. s v.; **creance** I, 331. II, 349, croyance, créance, crédit, emprunt, qu'on rapporta plus tard au latin en lui donnant la forme *crédence;* adj. **creaule** I, 386, croyable; comp. **acroire** II, 139; **concroire** II, 139; **descroire** II, 140; **mescroire** II, 139; part. prés. empl. subst. **mescreant** I, 253, mécréant; d'où **mescreance** II, 364, mécréance, incrédulité; part. passé empl. subst. **mescreü** I, 406. II, 140, mécréant; **recroire** II, 140, dont il est difficile de s'expliquer le développement des significations: être rebuté, cesser, abandonner, se regarder comme vaincu (v. DC. se recredere); d'où le part. prés. **recreant** a reçu les significations de homme lâche, sans courage; d'ici **recreantise, recreandise**, action de s'avouer vaincu dans un combat; **recreantie**, renonciation, cessation, etc.

Crois, cruix, cruiz, cruz, crouiz, croiz I, 52. 269. 305. R. d. Ren. IV, 183. Ben. III, 481. H. d. M. 197. Ruteb. I, 316, croix, signe de la croix, croisade; marque de monnaie; espèce de poignée en forme de croix; *crux;* **crucier** I, 152, tourmenter, torturer, mortifier; *cruciare;* d'où **cruciement** I, 129, tourment, mortification; de *crois* dér. **croisille**, petite croix; d'où **croisiller**, semer de croisettes, R. d. l. V. 42 — **croiser** II, 279. I, 235, croiser, se croiser; d'où **croisement**, croisade, i. e. action de se croiser pour faire le voyage de la terre sainte et combattre les infidèles; **croisee**, croisade; prov. crozada, esp. cruzada, ital. crociata. *Croisée* = fenêtre, *croisette*, sont de la même racine. — **Crucifier, crucefier** I, 252. II, 52, crucifier; de *crucifigere;* part. pass. empl. subst. crucified, le crucifié II, 58; de là crucifiement, crucifiement.

Crois, crue v. croistre.

Crois, craquement v. croissir.

Croisee v. crois.

Croisement v. crois.

Croiser v. crois.

Croisille v. crois.

Croisiller v. crois.

Croisir v. croissir.

Croissance v. croistre.

Croissant v. croistre.

Croisseis v. croissir.

Croissement v. croistre.

Croissir, croisir, cruisir, craquer, faire du bruit, casser, rompre, briser. DC. s. v. cruscire, cite une forme qui rapporte ce verbe à la 4me conj.: *croistre;* en italien son correspondant est de la 1re: *crosciare.* Dérivé du gothique *kriustan,* τρί-ξειν. De là crois, croisseis, craquement, bris; vent qui sort du corps par derrière avec bruit; cfr. gothique *krusts,* βρυγμός; comp. escrois, fracas, bruit éclatant.

Croist v. croistre.

Croistre, creistre, crestre, crastre II, 141-3, croître, accroître, augmenter; part. prés. empl. subst. croissant, creissant, croissant; du vb. le subst. crois, croist, creis, crue, croissance, augmentation (de prix); et croissement, accroissement, croissance, amélioration; croissance, croissance, augmentation; de *crescentia;* comp. acroistre II, 142; d'où acroissement, accreissement II, 111, accroissement, augmentation; acrois, acreis, accroissement, augmentation; d'acrois, de plus, en outre; decroistre II, 142, décroître, diminuer, abaisser; decrois, *donner au decrois,* donner au rabais; encroistre, accroître, augmenter; employé comme verbe impersonnel: Artur les voit, mult li

encroist Brut. 13329, c.-à-d. il lui fâche beaucoup, proprem. la chose dépasse les bornes pour ..., devient désagréable, etc.; de là encroissement, augmentation; escroistre II, 142; parcroistre II, 143; sorcroistre, augmenter sans mesure, accroître au-delà des bornes: Par grant estude doit l'om trenchier fors les *sorcreissanz* penses. M. s. J. 484; sorcrois, surcroît.

Croiz v. crois.

Croler v. roe.

Crolle v. roe.

Crolleis v. roe.

Croller v. roe.

Crosler v. roe.

Crote, crute, grotte, caverne, souterrain, cave, primitif de notre *grotte;* de *crypta* (κρύπτη). Plusieurs patois ont conservé un verbe composé, dérivé de ce mot: *encrouter,* dans la Franche-Comté, *encroter,* en Bourgogne, etc., c.-à-d. mettre en terre, enfouir, enterrer. DC. s. v. crotum, cite *crot* = creux, fossé.

Crouiz v. crois.

Crouler v. roe.

Croupe, crupe (crope) II, 366, croupe; croupir (cropir), être accroupi; aujourd'hui dans un autre sens. De là *croupion, accroupir.* Au lieu de la forme en *o,* on en trouve une dégénérée, crepon, crespon II, 356, croupion. La racine de ce mot a dû exprimer quelque chose d'aggloméré, de relevé; on la retrouve dans l'ahal. *kropf,* bulle, l'islandais *kryppa,* bosse, le suédois *kroppog,* ib.; ahal. *crupel,* aujourd'hui *krüppel,* homme estropié, rabougri; mais aussi dans le celtique: *crupl* = allem. krüppel; gallois *crup,* rétrécir, contracter; kymri *cropa* = allem. *kropf,* élévation arroudie, gésier, bosse. A quoi se décider? D'après ce qu'on vient de lire, on supposera facilement une identité d'origine entre *croupe* et notre mot *groupe*, supposition appuyée par les formes italiennes *groppo* = groupe, *groppa* = croupe.

Croupir v. croupe.

Crucefiier v. crois.

Cruciement v. crois.

Crucier v. crois.

Crucifier v. crois.

Crud, **cru**, **crus** II, 256, cru; *crudus.*

Cruel, **crueux** I, 231. II, 161, cruel, féroce, dur; de *crudelis;* et avec diphthongaison après la syncope du *d* (v. la dérivation) et changement de la liquide **cruyer**, **cruyere** II, 160; employé subst. I, 216; **cruelte**, cruauté; *crudelitas.*

Cruelte v. cruel.

Crueux v. cruel.

Cruisir v. croissir.

Cruix v. crois.

Cruix v. crois.

Crupe v. croupe.

Crute v. crote.

Cruyer, **cruyere** v. cruel.

Cruz, **cru** v. crud.

Cruz, **croix** v. crois.

Cuard v. coe.

Cuarder v. coe.

Cuardie v. coe.

Cuardise v. coe.

Cuchier v. colchier.

Cue I, 51, espèce de tonneau ou de cuve à mettre du vin; que Monnet écrit *cueue*, aujourd'hui *queue;* ce qui rend très probable son identité avec le mot *coe*, queue; prov. coa, catalan coa, cua.

Cueillir, **cuellir**, **quellir**, **cuillir**, **coillir** I, 327, cueillir, recueillir, ramasser, récolter, rassembler, plier, enlever, prendre la résolution, entreprendre, toucher, recevoir, admettre; *cueillir en haine, en he, en haür* I, 329, *cueillir en ire, en quor* I, 329, *cueillir volonte* I, 329, entrer dans la disposition, *cueillir corros* I, 329,

se mettre en colère, etc.; part. pas. empl. subst. **cuillie**, **cuellie**, **cuilleite**, etc., récolte, moisson, collecte; **collecte** I, 119, collecte; de *collecta;* comp. **acueillir**, accueillir, rassembler, amasser; accepter, acquiescer; engager des domestiques, des gens de métier; associer à qqch.; se mettre à la poursuite, poursuivre; entreprendre, exciter, susciter; *accueillir la voie, l'erre, le sentier, la jornee, la fuite, le voiage,* etc., se mettre en chemin, prendre un chemin, prendre la fuite, etc.; gagner un endroit; subst. **acuel**, **acueil**, **acquill**, etc. II, 161, accueil, réception; **concueillir** I, 328; **escueillir** I, 328, cfr. II, 153. 154, recueillir; apercevoir, remarquer; prendre son élan, donner l'élan, l'essor, brandir; subst. **escueil**, **escuel**, **esquel**, etc., accueil, intention, manière; **recueillir**, recueillir, récolter, accueillir, donner l'hospitalité, recevoir; **recueil**, accueil, réception.

Cuellie v. cueillir.

Cuellir v. cueillir.

Cuens, **quens**, **cons**, **quons**, **coens**, **conte**, **cumte**, **cunte** I, 68. 69, comte; de *comes*, compagnon du prince, puis employé supérieur, magistrat, juge d'une province, etc. De là **contesse**, **cuntesse**, comtesse; **contor**, **cuntur**, comte; en ce sens, ce mot ne se trouve qu'à la rime, comme le fait observer Roquefort. Raynouard, Lex. Rom. II, 453, qui compare *contor* avec le provençal *comtor*, dit de ce dernier, qualité après celle de vicomte; ce qui correspond à l'explication de DC. s. v. *contorneriae*, conseiller, assemblée de conseillers ou juges. **Conteit**, **contet**, **conteie**, **cuntet**, **contee**, comté, autrefois féminin.

Cuer, **coer**, **cor**, **quor**, **quer** I, 66. 145. 193. 352. II, 234. 368, coeur, volonté, courage; *cor de roi*, expression de tendresse; *de cuer*, volontairement; *sor cuer*, en souci, inquiet; *tenir cuer*, soutenir; de *cor, cordis*, avec rejet du *d*; de là adj. **coral**, cordial, sincère; **corage, coraige, curage, couraige** I, 188. 193. 223. II, 77. 319, coeur, sentiment, volonté, intention, dessein; d'où **acoragier**, enhardir, rendre favorable; et d'ici le comp. **desacoragier**, rendre contraire, faire perdre l'affection, ainsi que du part. pass. l'adv. **acoragiement**, hardiment; adj. **coragos**, qui a du coeur, de la volonté; — **corée, curee**, poitrine, intestins, entrailles, ventre; d'où **coraille, curaille** I, 95, intestins, entrailles, boyaux, ventre; — vb. **acorer**, ôter le coeur, percer le coeur, affliger, fâcher. Cfr. acorder, concorder, recorder.

Cuerine v. corros.

Cuevre, carquois v. couire.

Cuevre, cuevrent, de covrir.

Cuevrechief I, 327, tout ce qui sert à couvrir la tête, bonnet, voile, chapeau, etc.; de *covrir* I, 407 et *chef*.

Cueuvrefeu II, 195, plus exactement **cuevrefeu**, couvre-feu, signal de la retraite; cloche qui sonnait pour avertir les habitants de se retirer chez eux et de couvrir leurs feux; de *covrir* I, 407 et *feu*.

Cui v. cui.

Cuic 1re pers. sing. prés. ind. de *cuider*.

Cuider, cuidier, quider, kuidier II, 393, penser, croire, présumer; de *cogitare*; *au mien cuidier*, selon moi, selon mon avis; comp. **oltrecuider, outrecuidier, outrequidier, ultrequider** O. d. D. 1508, avoir de la présomption, de l'arrogance, faire l'avantageux, être téméraire, insolent, sortir des bornes de la modération; d'où **oltrecuidance**, présomption, arrogance, témérité; — **porcuidier**, songer, préparer, faire des préparatifs; (**sorcuider, sorcuidant**), d'où **sorcuidance** II, 276, présomption, arrogance, témérité.

Cuidier v. cuider.

Cuilleite v. cueillir.

Cuillie v. cueillir.

Cuillir v. cueillir.

Cuilvert v. culvert.

Cuinte v. coiter.

Cuir, quir I, 177, cuir, peau; *corium*; de là **cuirie, coirie, quiree** I, 407, sorte d'habillement militaire fait du cuir d'un buffle; collet de cuir, pourpoint sans manches; — **corroie**, courroie, cordon, ceinture; *corrigia*. **Cuirasse** est encore un dérivé de cuir, propr. coriacea.

Cuire, quire, coire II, 256, cuire, brûler, causer une douleur piquante; prov. cozer, ital. cuocere; **coeu, queu, keu, qeu**, s. s. et. p. r. **kex** I, 93. 94, cuisinier; *coquus*; **cuisine, quesine** II, 353, cuisine; de *coquina* pour culina; ital. cucina, esp. cocina; d'ici **quisinier** II, 261, cuisinier; du vb., par l'intermédiaire d'un hypothétique *cusence*, prov. cosenza, propr. coquentia; dér. **cusenzon** I, 105. 238, cuisson, douleur, peine; — *cuisson*, cuisson; de *coctio*, **quistron, cuistron** L. d'H. 332, marmiton; prov. coguastrô, lmâ. cocistro; propr. coquastro, coquistro, comme *cuistre* de coquaster pour ainsi dire; cfr. mitron. Outre le comp. **recuire**, recuire; on a **decuire**, absorber par la cuisson, consumer, ronger, dévorer: Estre dequit de grief dolor del cuer (Dial. de S. Grég. I.); *decuire* de *decoquere*, dont il ne faut pas confondre le part. passé avec **descuit**, signifiant non cuit, cru.

Cuirie v. cuir.

Cuisse, quisse II, 350, cuisse; *coxa*; prov. cueissa, port. coxa, ital. coscia; la signification du mot latin a été changée, comme on voit; de là cuissot, cuissard, armure des cuisses; aujourd'hui dans une autre signification; esp. quixote.

Cuite, quitte v. coit.

Cuite v. coiter.

Cuitee v. coit.

Cuitement v. coit.

Cuiter, presser v. coiter.

Cuitier, donner quittance v. coit.

Cuivert v. culvert.

Cuivre v. couire.

Cuivre, coivre R. d. l. V. 25, cuivre; prov. coire, esp. cobre; de *cuprum*. Dans l'anglo-normand on trouve *quiver*, avec transposition ordinaire du *r*; mais la forme *quivee* I, 337 est certainement fautive, à moins qu'elle ne signifie autre chose.

Culche v. colcher.

Culcher, culchier v. colcher.

Culpable v. colpe.

Culpe v. colpe.

Cultel v. coltel.

Cultivage v. cultiver.

Cultivement v. cultiver.

Cultiver, custiver, où le *l* a été remplacé par *s*, comme dans ascons pour alcons, I, 207. II, 97. 383, cultiver, vénérer, honorer, adorer; de *cultus*; de là **cultivor, cultivur**, cultivateur; colon qui était serf de la glèbe — adorateur; **cultivage**, labourage, culture; **cultivement**, culte rendu à Dieu, aux saints. **Culture**, culture; de *cultura*.

Cultivor, cultivur v. cultiver.

Culture v. cultiver.

Culvert, cuilvert, cuivert, ouvert I, 128. 256. 326, serviteur (esclave); infâme, perfide, pervers, traître, vilain, lâche; or *cuvert* par opposition à or *masseiz* Q. L. d. R. 250; de là **culvertage** II, 230, asservissement, esclavage; **culvertise**, servage, asservissement. Selon Ménage, de *collibertus*, nom donné en France

à un serviteur qui se rapprochait plus de l'esclave que de l'homme libre, et qui pouvait être vendu ou donné par son maître. V. DC. s. v. culverta. De là le verbe **acuivertir**, asservir: Mors fait de franc home cuivert, Mors acuivertist roi et pape. V. s. l. M. XXX. On voit ici *cuivert* dans sa signification primitive.

Culvertage v. culvert.

Culvertise v. culvert.

Cum v. com et II, 281.

Cumandement v. mander.

Cumander v. mander.

Cumbatre v. batre.

Cumbe v. combe.

Cumble v. comble.

Cumencer v. comencer.

Cumencher v. comencer.

Cument v. com et II, 281.

Cumpagner v. pain.

Cumpaigne v. pain.

Cumpain v. pain.

Cumpainie v. pain.

Cumpaniun v. pain.

Cumperer v. comparer.

Cumte v. cuens.

Cumunel v. commun.

Cun v. com et II, 281.

Cune II, 231, berceau, naissance, enfance; de *cunae*. L'art. del de notre exemple est picard, et ne doit pas induire à penser que ce mot soit masculin.

Cunestable v. conestable.

Cunfanun v. gonfanon.

Cunfort v. fort.

Cunforter v. fort.

Cunfusiun v. fondre.

Cunge v. congiet.

Cungeer v. congiet.

Cunjureisun v. jurer.

Cunoisance v. conostre.

Cunreer v. roi II.

Cunrei v. roi II.

Cunte v. cuens.

Cuntemple v. tens.

Cunter v conter.

Cuntesse v. cuens.

Cuntet v. cuens.

Cuntree v. contre.

Cuntremunt II, 270 et gloss. mont.

Cuntreval v. val.

Cuntur v. cuens.

Cunuissance v. conostre.

Cunuistre v. conostre.

Cunustre v. conostre.

Cunvivie v. convivie.

Cupe v. cope.

Cur v. cort.

Curage v. cuer.

Curaille v. cuer.

Cure I, 163. 251. 300. 397. II, 3, soin, sollicitude, souci; charge; cure, médicament; *cura;* curer, soucier, soigner, avoir soin de qqch.; guérir; prov. curar, aussi nettoyer; comp. escurer = *excurare,* assurer, ôter de défiance; — nettoyer, dégraisser; et non pas de l'allemand *scheuern,* comme le dit M. Diez I, 298; — curios, curius Q. L. d. R. I, 29, soigneux, soucieux, inquiet, triste; *curiosus;* adv. curiosement, soigneusement, avec inquiétude; — procurer, prendre soin, recevoir qqn. chez soi et le traiter; *procurare;* procureres, procureor, procureur II, 53, procureur, procurateur; *procurator.* Nos mots *curé,* ital. curato, i. e. chargé du soin des âmes, *courtier,* pour coratier = curatarius, de curatus, se rapportent encore à la racine cura.

Cure, curre v. corre.

Curee v. cuer.

Curer v. cure.

Curios, curius v. cure.

Curiosement v. cure.

Curre I, 228. 390. II, 75, chariot; *currus.* V. corre.

Curs v. corre.

Curt, cour v. cort.

Curt, e, v. cort adj.

Curteier v. cort.

Curteis v. cort.

Curteisement v. cort.

Curteisse? v. cort.

Curteisie v. cort.

Curtine v. cortine.

Curtiner v. cortine.

Curuçus v. corros.

Curus v. corros.

Curver v. corbe.

Cusenzon v. cuire.

Cusin v. cosin.

Cusinage v. cosin.

Custiver v. cultiver.

Custome, custume v. costume.

Cuteaus v. coltel.

Cutel v. coltel.

Cutiax v. coltel.

Cuvaige v. cope.

Cuve v. cope.

Cuveiter v. covoitous.

Cuveitise v. covoitous.

Cuveitus v. covoitous.

Cuvel v. cope.

Cuvelette v. cope.

Cuvellier v. cope.

Cuvenir v. venir.

Cuver v. cover.

Cuverez I, 149 fut. de covrir, cuvrir, v. I, 245.

Cuvert v. culvert.

Cuvertage v. culvert.

Cuvertise v. culvert.

Cuvier v. cope.

Cuvise v. covoitous.

Cuvrir v. covrir.

Cuy v. qui.

Cykevos II, 286.

Cyrografe II, 172, signature, acte sous seing privé, obligation par écrit; *chirographum, chirographus,* χειρόγραφον.

D.

Daarain, daarainement v. rier.

Daiere v. rier.

Daigner v. digne.

Dail, faux, fer de la faux; de là dailler, frapper, escrimer; — s'entre-dailler, s'entredalier, débattre, se disputer. Racine? Cfr. Dief. G. W. II, 610. 11.

Dailler v. dail.

Daim II, 39, daim; de damus, formé sur dama.

Dais v. dois.

Dairien v. rier.

Dales v. lez et II, 356.

Dam v. damage.

Damage, damaige, domage I, 145. 103. tort, dommage, dégât, action de nuire, perte; de damnum; adj. damagos, damajos, nuisible; damagier, domagier II, 53. 91. 349, faire tort, causer du dommage, endommager; adv. domagement II, 99, d'une manière dommageable, nuisible; comp. adomagier I, 49, faire souffrir du dommage, endommager. Le dér. simple de damnum, dam, dommage, détriment, prov. dam, dau, a été aussi en usage dans l'ancien français. Damner, et, avec p intercalaire, dampneir I, 207. II, 204, damner, condamner; damnare; prov. dampnar; cfr. columpne; dampnation I, 49, damnation, condamnation; dampnatio; comp. condamner, condampner, condemner II, 365, condamner; condemnare; et, avec une signification déterminée par damnum, endommager, gâter, blesser, qu'a le simple esp. dañar, et qu'on trouve dans la Loi salique: Si quis terram alienam condemnaverit. Ex Super lis piez ne poth ester, Qui toz los at il condemnets (Leod. 28, éd. Diez). — Cfr. danger.

Damagier v. damage.

Damagos v. damage.

Damajos v. damage.

Dame v. danz.

Dameiseaus v. danz.

Dameiseils v. danz.

Dameisele, dameiseler v. danz.

Dameseaus v. danz.

Damiseas, damiseaus v. danz.

Damisel, damisele v. danz.

Damle v. danz.

Damner v. damage.

Damnes v. danz.

Damoiseaus v. danz.

Damoisel, damoisele, damoiseler v. danz.

Damoisiaus v. danz.

Damoisiel v. danz

Dampnation v. damage.

Dampne v. danz.

Dampner v. damage.

Dance, dancer v. danser.

Dancele v. danz.

Danger v. dangier.

Dangier, danger. Droit absolu et obligatoire du suzerain par rapport aux possessions de ses vassaux; droit de confiscation sur les biens dont les charges ne sont point acquittées; terre en défens, terre domaniale. P. ex. fief de danger, fief soumis à de nombreuses conditions, qui pouvait être retiré ou confisqué facilement; être en dangier de qqn., être son redevable ou obligé. Dangier prit les significations de bon plaisir, violence, puissance, possession, opposition, contestation, difficulté, retard, manque, défaut, absence. Se mettre en dangier de qqn., se soumettre au bon plaisir de qqn.; faire dangier, retarder, refuser; sans dangier, sans retard, immédiatement, volontiers. Dangier dérive de damnum, par l'intermédiaire de damniarium, d'où damnier, prononcé danier, danjer, enfin danjier.

V. DC. s. v. dangerium, domige-
rium, damnum, et ci-dessus damage.

Dannes v. danz.

Danre v. danz.

Dans, dans v. ens et II, 352.

Dans, seigneur v. danz.

Danse v. danser.

Danser, dancer II, 354, danser; subst.
dance, danse II, 20, danse. L'allemand moderne *tanz*, danse, bas-
saxon *danz*, ainsi que le gallois
danns, dahms, kymri *dawns*, breton
dans, dér. des langues romanes,
qui avaient emprunté leurs formes
de l'ahal. *dansôn, dinsan*, trabere,
goth. *thinsan*; de sorte que *danse*
signifierait une chaîne, une file qui
se tire, ou simplement mouvement;
cfr. allmà. *ge – denze*, mouvement.
Pour les noms des différentes danses
en usage autrefois, v. DC. s. v. chorea.

Dant, seigneur v. danz.

Dant, dent v. dent.

Danz, dans, dant I, 79. 80, dom,
seigneur, maître, chef, homme élevé
au-dessus des autres par son mérite, ou par son pouvoir et par ses
richesses; — **damnes, dannes, dame,
damle, dampne, danre,** etc., altéra-
tions de *dame*, pour *dame le* I, 80,
en composition avec le mot *Dieu*,
seigneur Dieu; dame, femme mariée,
mais de distinction; la femme du
chevalier portait encore ce titre;
celle du bachelier, quoique noble,
avait celui de *damoiselle* — ; de
dominus, domina, qui se trouvent
déjà contractés en *domnus, domna*,
sur les inscriptions, d'où, dès les
premiers temps du moyen-âge, *don-
nus, donna*. Mais à quelle influence
est dû le *a* pour *o*, qui s'est maintenu dans les autres langues romanes et dans plusieurs dérivés de
la langue d'oïl? Cfr. *danter* de
domitare. Diminutifs: s. s. et p. r.
donzels, damoiselz, dameiseils, damoi-

seaus, damiseaus, damoisiaus, dameiseaus, dameseaus, danziaus, danzeaus,
danzeas, damiseas, r. s. et s. p. damoisel, damoisiel, damisel, danzel,
dauncel, etc. I, 90, jeune gentilhomme, jeune homme de noble extraction qui n'était pas encore reçu
chevalier; écuyer. Ce nom, dit
Roquefort, à qui j'emprunte ces
détails, ce nom se donnait même à
l'héritier présomptif de la couronne;
— dameisele, damoisele, damiselé,
danzele, dancele, etc., fille de noble
extraction, gentilfemme qui, n'ayant
pas le titre de *dame*, était épouse
d'un *damoisel* ou d'un écuyer; de
là damoiseler, dameiseler, etc., faire
la damoiselle, fréquenter les damoi-
selles, traiter une personne de damoiselle. A la même famille appartiennent encore: donoier, dosnoier,
caresser une femme, courtiser, faire
l'amour, galantiser, s'ébattre; subst.
donoi, dosnoi, daunoi, amour, plaisir,
flatterie, galanterie, faveur; d'où
donoiement, dosnoiement, courtoisie,
manière de faire l'amour. Cfr. le
provençal domneíar, domnei, dom-
neyamen, Raynouard Lex. rom.
III, 69.

Danz, dans v. ens et II, 352.

Danzeas, danzeaus v. danz.

Danzel, danzele v. danz.

Danziaus v. danz.

Dar, dart dans l'expression *en dar*,
en dart, pour signifier en vain,
d'une manière gratuite; répondant
à l'italien *indarno*, que M. J. Grimm
III, 107 à la note, dérive du slave
darmo, darom = dono, gratis. Comme
nous n'avons rien emprunté au slave,
nous devons avoir reçu *en dar* de
l'italien, si toutefois il y a quelque
liaison entre *indarno* et *en dar*.

Dard v. dart.

Dardeiaus v. dart.

Darraien v. rier.

Darrain, darrainement v. rier.

Darrainetet, darraynete v. rier.

Darrein v. rier.

Darrenier v. rier.

Darrien v. rier.

Dart, dard, dar, dard, javelot; de l'anglo - saxon *darodh*, ahal. *tart*, ancien norois *darradthr*, même signification; v. Dief. G. W. II, 681. De là dardeiaus, dard.

Dart (en) v. dar.

Dau, daus art., v. I, 49.

Dauncel v. danz.

Daunoi v. danz.

Davant, devant II, 346, cfr. ans, avant; comp. dedavant, dedevant II, 346; *devant que, devant ce que, par devant ce que* conj. II, 380; — de là devantir, devancer, précéder, devancer; vb. comp. adevancer II, 396, devancer, prévenir; devantrain, devantrien, deventrien I, 50. 116. 160 = de ab ante anus, ancien, précédent, passé, antérieur, supérieur; dans le style mystique ce mot est employé par rapport aux choses de la vie future, et l'on en forma, avec ce dernier sens, le subst. deventraineteit, devantraineteit. *Devantrain* empl. subst. signifiait devancier. Devantrier I, 224 = de ab ante arius, devancier. Le *r* des formes *devantrain, devantrien*, etc., est intercalaire; il a peut-être sa cause dans l'imitation des dérivés de *de retro*. Cfr. rier.

De altération de la forme *dex*, voy. Deus.

De prép., du latin *de*, avait le sens exact ou approximatif des prépositions à, avec, à cause de, à l'effet de, contre, depuis, durant, pendant, en, dans, entre, parmi, par, pour, afin de, sur, touchant; — de pour que, après le comparatif I, 107 — deci, desi à, en, que prép. II, 370; de ce, de ce est que conj. II, 379;

deci que, deci adont que, deci atant que conj. II, 379.

Deable v. diable.

Debat v. batre

Debateis v. batre.

Debatre v. batre.

Deboinairement v. air

Debonaire, debonairement v. air.

Debonairete v. air.

Debonere v. air.

Deboter v. boter.

Deboutement v. boter.

Debouter v. boter.

Debriser v. briser.

Debruiser v. briser.

Debruseiz v. briser.

Debruser v. briser.

Debuscher v. bois.

Decacher v. chacier.

Deçaindre v. ceindre.

Deceindre v. ceindre.

Decembre v. dix.

Deces, dechies I, 57. 360, décès; *decessus.*

Deceu part. de decevoir.

Decevable v. decevoir.

Decever, deceveir v. decevoir.

Deceveres, deceveor v. decevoir.

Decevoir, decever, deceveir, dechevoir, dezoivre, dechoivre, decivoir II, 12 et suiv., décevoir, tromper, séduire; *decipere*; de là deceveres, deceveor, trompeur; decivement II, 163, tromperie, perfidie, séduction; adj. decevable I, 395, trompeur, perfide.

Dechacer, dechacher v. chacier.

Decheoir v. chaor.

Dechevoir v. decevoir.

Dechies v. deces.

Dechoiement v. chaor.

Dechoivre v. decevoir.

Deci v. de.

Decieme v. dix.

Deciple v. disciple.

Decipline v. disciple.

Decivement v. decevoir.

Decivoir v. decevoir.

Declin v. cliner.

Decliner v. cliner.

Decoler v. col.

Decoper v. colp.

Decorre v. corre.

Decors v. corre.

Decret II, 203, décret, ordonnance, principe; *decretum.*

Decrois v. croistre.

Decroistre v. croistre.

Dedans, dedanz v. ens et II, 352.

Dedavant v. davant.

Dedelez v. lez et II, 356.

Dedens, dedenz v. ens et II, 352.

Dederain v. rier.

Dedesus v. sus.

Dedesuz v. soz et cfr. II, 367.

Dedevant v. davant.

Dedevers v. vers.

Dedier I, 321. II, 33, dédier, consacrer; *dedicare.*

Dedire v. dire.

Deduire v. duire.

Deduit v. duire.

Deerrain v. rier.

Defaute v. faute.

Defeis v. defendre.

Defendement v. defendre.

Defendeor, defenderes v. defendre.

Defendre, deffendre, desfendre I, 150. 163. 170. 398. II, 51, défendre, garantir, faire défense, interdire, se refuser; *defendere*; de là **defenderes, defendeor** I, 77, défenseur, protecteur; **defendement** II, 51, défense, secours, protection; **defens, desfens, deffense, desfense** I, 185. 192. 398, et **defois, defeis,** lieu en défens, d'où défense, interdiction; lmâ. defensa, defensum; *mettre en defois,* défendre, interdire, proscrire; *sans defois,* sans retard, sans refus; — **defension** II, 95. 266, défense, résistance, forteresse, protection, prohibition; de *defensio.*

Defens v. defendre.

Defension v. defendre.

Deffaire v. faire.

Deffaute v. faute.

Deffendre v. defendre.

Deffense v. defendre.

Deffremer v. ferm.

Defier, deffier v. foit.

Defigurer, deffigurer v. figure.

Defin v. fin.

Definement v. fin.

Definer v. fin.

Defois v. defendre.

Defoler v. afoler.

Deforain, deforaineteit v. fors.

Deforien v. fors.

Defors v. fors.

Defroi v. froisser.

Defroisser v. froisser.

Defuir v. fuir.

Defuler v. afoler.

Degaster v. gaster.

Degerpir v. guerpir.

Degeter v. geter.

Degeuner v. geuner.

Degieter v. geter.

Degiter v. geter.

Degner v. digne.

Degoler v. gole.

Degot v. gote.

Degoter v. gote.

Degras II, 87, *Faire ses degras* signifiait se décharger le ventre, et la basse latinité rendait cette expression par *degravare. Degras,* de degravare, a donc propr. le sens de décharge, d'où fig. crapule, bombance, comme dans notre exemple. Dans le R. d. Ren. III, 30 on lit *avoir ses desgraz* avec la signification primitive, c.-à-d. avoir sa décharge, sa charge, le ventre plein. Laissant degravare de côté, on pourrait dér. *degras* de *crassus,* gras, et l'on aurait l'idée primitive de dégrossir, degraisser, enlever l'ordure.

Degret, degre I, 177, degré; pour *gret* = gradus, formé de *degradare,*

afin de le distinguer de *gret* = gra-
tum, v. gre.

Deguaster v. gaster.

Deguiser v. guise.

Dehaigner v. mahain.

Dehait v. hait.

Dehaiter, dehaitier v. hait.

Deheit, deheiter v. hait.

Dehuns I, 76. L'éditeur des V. s. l. M.
pense que ce mot est mis pour la
rime au lieu de *dehait*. Je crois
aussi la forme incorrecte; mais le
passage de dehuns à dehait est trop
fort, et *dehuns* s'explique très-bien
comme dér. de *honte*, c.-à-d. qu'il
signifie humiliation. V. honir.

Dehurter v. hurter.

Dei, deux v. doi.

Deigner v. digne.

Deis v. dois.

Deit v. doit.

Deité v. Deus.

Deix v. doit.

Dejeter v. jeter.

Dejoindre II, 238.

Dejoste v. joste.

Dejouste v. joste.

Dejugier v. juger.

Dejus (au) v. jus et II, 302.

Dejuste v. joste.

Del rég. ind. de l'art. I, 46. 47; d'où
deu I, 48; *de illo*; plur. **dels**, des
I, 54.

Delai I, 289, délai, retard; de *dila-
tum*; de là **delaier**, différer, causer
ou donner du délai, retarder; *sans
delaier* I, 391, sans différer, sans
tarder; **delaiement**, délai, retardement.

Delaiement v. delai.

Delaier v. delai.

Delecher, delechier v. lecher.

Daled v. lez et II, 356.

Deleit v. deleiter.

Deleitance v. deleiter.

Deleitaule v. deleiter.

Deleitement v. deleiter.

Deleiter, deliter I, 214. 221. 240. 366.
II, 193, charmer, avoir du plaisir,
de la joie, se divertir, se délecter;
delectare; part. prés. empl. adj. **deli-
tant** II, 128, charmant, délicieux;
subst. **deleit, deleyt, delit** I, 82. 126.
169, joie, délice, plaisir, volupté;
deleitaule, delitable I, 69. II, 52,
agréable, délicieux, charmant, plaisant, joyeux; *delectabilis*; **deleitos
delitus** I, 268, délicieux, joyeux,
agréable; formé d'après le subst.;
adv. **delitosement, delitousement** II,
69, avec charmes, avec délices, agréablement; du verbe dér. **deleitement**,
joie, plaisir, volupté; par le part.
prés. **deleitance**, volupté, délices,
plaisir. Au lieu de *deleiter*, *deliter*, on trouve **delecher** *(se)*, se
délecter, se réjouir, qui est également dér. de *delectare*; mais ici on
a syncopé le *t* et conservé le son
guttural, tandis que dans *deleiter*,
le *c* a été syncopé et il y a eu
diphthongaison de l'*e*: *ei*.

Deleitos v. deleiter.

Deleyt v. deleiter.

Delez v. lez et II, 356.

Delge v. delié.

Delgie v. delié.

Delié, delge, delgie, deugie I, 106,
délié, fin, menu, délicat; de *deli-
catus*. Cfr. deleiter.

Delire v. lire.

Delit v. deleiter.

Delitable v. deleiter.

Deliter v. deleiter.

Delitosement v. deleiter.

Delitousement v. deleiter.

Delitus v. deleiter.

Deliverer v. livrer.

Delivrance v. livrer.

Delivre, delivrement v. livrer.

Delivrer v. livrer.

Delreier, delrier v. rier.

Dels, deux v. doi.

Dels, des v. del.

Demain, demein v. main II.

Demaine, demenie, demeine, demoine, domainè, domaine, propriété, état, pouvoir, possession; de *dominium*. Demaine, etc. II, 100 signifiait en outre seigneur de fief, grand vassal. Il se prenait adject. dans les deux acceptions, propre, appartenant en propre, sujet; souverain, principal, fils aîné; v. I, 357. 399. II, 343. *En demaine*, même, en personne; adv. demeinement, demainement, dommeinement II, 114, même, en propre; souverainement.

Demainement v. demaine.

Demanbrer v. membre.

Demandement v. mander.

Demander v. mander.

Demaneis v. manes et II, 304.

Demanger v. manger.

Demanois v. manes et II, 304.

Demeine, demeinement v. demaine.

Demembrer v. membre.

Demener v. mener.

Demenie v. demaine.

Dementer v. menter.

Dementiers II, 283 et dementre.

Dementre, dementres, demettres, endèmentre — dementiers, endementiers II, 283, pendant ce temps-là, dans l'intervalle, sur ces entrefaites; *dementresque*, etc. II, 380.

Demetre v. metre.

Demettres II, 283 et dementre.

Demoine v. demaine.

Demor v. demorer.

Demorance v. demorer.

Demore, demoree v. demorer.

Demorer, demurer, demourer I, 53. 56. 128. 180. 194. 207, verbe fort dans le principe, mais qui prit de bonne heure le renversement de *ue* en *eu*, d'où la forme moderne; demeurer, séjourner, rester, durer, tarder, retarder; *demorari; demorer desous qqn.* I, 236, être sous sa juridiction; inf. empl. subst. dans le sens de repos; *ne demorer rien* I, 289, ne demeurer pas longtemps, ne tarder pas; subst. demor, demore, demeure, séjour, délai, retard; *sans demore* I, 326, sans demeure, sans délai; *faire demore* II, 4, faire séjour, faire une pause; de là demoree, demuree II, 304, demeure, séjour, délai, retard; du part. prés.: demorance, demouranche I, 135. II, 304. 365, séjour, délai, retard, retardement; résidence; bien vacant par mort.

Demorge I, 224 forme subj. de demorer.

Demostrance v. mostrer.

Demostrement v. mostrer.

Demostrer v. mostrer.

Demouranche v. demorer.

Demourer v. demorer.

Demoustranche v. mostrer.

Demuer, demuerent, demuert, de demorer.

Demuree v. demorer.

Demustrement v. mostrer.

Demustrer v. mostrer.

Dencoste v. costeit et II, 357.

Deneier v. non.

Dengner v. digne.

Denier I, 119. II, 111, denier; argent monnayé, espèces; de *denarium*, monnaie romaine d'argent, dont la valeur varia beaucoup au moyenâge, v. DC. moneta. *Li deniers saint Piere* II, 284. De là denree, denrée, dans le principe ce qu'on achetait pour un denier, somme ou valeur d'un denier; prov. *denairada;* cfr. Rayn. L. R. III, 24, DC. *denariata;* adenerer, réaliser, convertir en espèces.

Denoier v. non.

Dens, denz v. ens et II, 352.

Dent, dant I, 128. II, 30, dent; de *dens* (dent); d'où adenz, adens, asdenz I, 347, propr. *à dents*, sur les dents, la face contre terre, prosterné; souvent réuni à envers II, 20; de là adenter I, 110, appuyer le visage contre qqch., renverser, coucher. On trouve **endenter** dans le même sens, R. d. C. d. C. 8090.

Denuer v. nud.

Deol v. doloir.

Depaner v. pan.

Departie v. part.

Departiment v. part.

Departir v. part.

Depecier v. piece.

Deperti I, 255 pour departi.

Depeschement v. depescher.

Depescher, détacher, dégager; II, 9, avec la signification de briser, casser, confregit dans la version latine; DC. connaît le dérivé depeschement dans le sens de division, partage, (s. v. feudum); **empescher, empeescher** II, 30, embarrasser, mettre obstacle, arrêter, déférer en justice, accuser; d'où **empeschement**, obstacle, accusation; prov., esp., port. empachar; prov. encore empaytar, subst. empaig; ital. impacciare. On dérive ordinairement empêcher de *impedicare;* mais il n'existe pas de forme *empequer, empeker, empesker*, ce qui prouve contre cette étymologie. En admettant un changement de préfixe pour *depescher*, on trouverait l'étymologie de *empescher et depescher* dans le fréquentatif hypothétique *impactiare, impactare*, de *impingere*, pousser, lancer vers, contre, heurter, — imputer qqch. à qqn., l'importuner, le gêner. Significations et formes de tous les idiomes romans servent d'appui à cette supposition.

Depondre v. espondre.

Deport, deporter v. porter.

Deposer v. pause.

Depreindre v. preindre.

Depriement de depreindre.

Depriendre v. preindre.

Deprienst, deprient de depreindre.

Deprier v. prier.

Deprisier v. preis.

Deproier v. prier.

Dequire v. cuire.

Deraine v. raison.

Derainer v. raison.

Deraisnement v. raison.

Deraisnier v. raison.

Deresne v. raison.

Deresnier v. raison.

Deriere v. rier.

Deriver v. riu.

Derompre v. rompre.

Derrain, derrainement v. rier.

Derreain v. rier.

Derreineteit v. rier.

Derrenier v. rier.

Derroi v. roi II.

Derroier v. roi II.

Derube v. desrube.

Derver v. desver.

Derverie v. desver.

Des rég. ind. plur. de l'art. v. del.

Des, dois prép. II, 348; desci, deschi à, en, que prép. II, 370; des que conj. II, 380; dessi que, desci que conj. II, 379.

Desacher, dessécher v. sec.

Desacher, tirer v. sac.

Desacoragier v. cuer.

Desaerdre v. aherdre.

Desafubler v. afubler.

Desafautrer v. feltre.

Desagreer v. gre.

Desaherdre v. aherdre.

Desaise v. aise.

Desaisir v. saisir.

Desamonester v. amonester.

Desaprendre v. prendre.

Desariteir v. hoir.

Desarmer v. arme.

Desartir v. dessartir.

Desavancer v. avant.

Desavancir v. avant.

Desavenant v. venir.

Desavenir v. venir.

Desbarateison v. barat.

Desbarateiz v. barat.

Desbarater, desbareter v. barat.

Desbat v. batre.

Desbatre v. batre.

Descacier v. chacier.

Descalcer v. cauche.

Descalchier v. enchalcer.

Descarge v. char I.

Descargier v. char I.

Descauchier v. cauche.

Descaucier v. cauche.

Descaus v. cauche.

Descendement v. descendre.

Descendre I, 136. 316, descendre, abaisser; absol. pour descendre de cheval; inf. empl. subst. 1, 326; *descendere*; de là descendement, descente, succession, héritage en ligne directe; descendue I, 48 comme descendement, et adversité, traverse; propr. part. passé.

Descendue v. descendre.

Deschacier v. chacier.

Descharcher v. char I.

Descharge v. char I.

Deschauchier, deschaucier v. cauche.

Deschaus v. cauche.

Deschi v. des prép.

Deschirer v. eschirer.

Desci v. des prép.

Desclore v. clore.

Descolper v. colp.

Desconfes v. confes.

Desconfire v. confire.

Desconfiture v. confire.

Desconfort, desconforter v. fort.

Desconneue v. conostre.

Desconnoissance v. conostre.

Desconnoistre v. conostre.

Desconseille, desconseiller v. consoil.

Desconvenable v. venir.

Desconvenant v. venir.

Desconvenue v. venir.

Descopler v. cople.

Descordable v. discorder.

Descorde v. discorder.

Descorder v. discorder.

Descort v. discorder.

Descoudre v. coudre.

Descouverir, descoverir v. covrir.

Descoverture v. covrir.

Descovreor v. covrir.

Descrire v. escrire.

Descrivre v. escrire.

Descroire v. croire.

Descuit v. cuire.

Descunfire v. confire.

Desdaigner v. digne.

Desdaing v. digne.

Desdegnance v. digne.

Desdegner, desdeigner v. digne.

Desdeig v. digne.

Desdeignance v. digne.

Desdein v. digne.

Desdire v. dire.

Desdit v. dire.

Desduire v. duire.

Desduit v. duire.

Desecher v. sec.

Deseier v. desier.

Desencuser v. encuser.

Desenseigner v. signe.

Deseritance v. hoir.

Deseritement v. hoir.

Deseriter v. hoir.

Desert, dezert I, 48. 54, désert; *desertum;* desert, abandonné, dépourvu, dépouillé, ruiné, frustré de ses biens; de *desertus,* d'où encore deserter = desertáre II, 97, détruire, ruiner, gâter, ravager; de là desertation, abandonnement, délaissement; desertine II, 143, désert, solitude. Massillon s'est encore servi de *deserter* dans l'acception active: La force de ses discours (de saint Bernard), qui pensa déserter la France et l'Allemagne, en inspirant aux peuples le désir de se croiser, passa pour indiscrétion et faux zèle.

Desertation v. desert.

Deserte v. servir.

Deserter v. desert.

Desertine v. desert.

Deservance v. serf.

Deservir v. serf.

Désesperance v. esperer.

Desestriver v. estref.

Deseuree v. sevrer.

Desevrer, deseverer v. sevrer.

Desfaciun, desfactiun v. faire.

Desfaire v. faire.

Desfendre v. defendre.

Desfens, desfense v. defendre.

Desfermer v. ferm.

Desfiancer v. fiance.

Desfier v. foit.

Desfremer v. ferm.

Desfubler v. afubler.

Desgeuner v. geuner.

Desguiser v. guise.

Deshait, deshaiter v. hait.

Deshaubergier v. halberc.

Desheit, desheter v. hait.

Desheritement v. hoir.

Deshireter v. hoir.

Deshoneur v. honor.

Deshonnourer v. honor.

Deshonor v. honor.

Deshonorance v. honor.

Deshonorer v. honor.

Deshounourer v. honor.

Desi v. de.

Desier, desir I, 148. 311, désir, volonté; de *desiderium*, avec syncope de *d* dans la 1re forme, de *de* dans la 2e; prov. et ital. desire; prov. dezir; desirer, desirrer, desirier I, 188. 189. 238. 240. 316. II, 262. 267, désirer; inf. empl. subst. I, 271. 333; deseier I, 53. II, 269, désir, amour; du part. prés. dér. desirance II, 161, désir, amour; — adj. desiros, désireux, ambitieux.

Desigal v. ewer.

Desigance v. ewer.

Desir v. desier.

Desirance v. desier.

Desirer, déchirer v. eschirer.

Desirer, desirier, désirer v. desier.

Desiros v. desier.

Desjeuner v. geuner.

Desjoindre v. joindre et II, 238.

Desjugier v. juger.

Deslacer, deslacier v. lac.

Deslai v. loi.

Desleal v. loial.

Deslealted v. loial.

Desleaument v. loial.

Desleaus, desleaute v. loial.

Desleel v. loial.

Deslei v. loi.

Desleial v. loial.

Desleiaute v. loial.

Desleie, desleier v. loi.

Deslier v. lier.

Desloer v. loer.

Desloger v. loge.

Desloi v. loi.

Desloial, desloialment v. loial.

Desloialteit v. loial.

Desloiaument v. loial.

Desloiaus, desloiaute v. loial.

Desloie v. loi.

Desloier, sortir de la loi v. loi.

Desloier, délier v. lier.

Deslojer v. loge.

Deslouer v. loer.

Desloz v. loer.

Desmaeler, desmaelier v. maille I.

Desmailer, desmailler, desmaillier voy. maille I.

Desmembrer v. membre.

Desmentement v. mentir.

Desmenter v. menter.

Desmentir v. mentir.

Desmesure, desmesurer v. mesure.

Desmonder v. monde I.

Desonor v. honor.

Desonorance v. honor.

Desordineement v. ordene.

Desnuer v. nud.

Desoscher v. oscher.

Desoz v. soz.

Despartir v. part.

Despeitaule v. despire.

Despeiter v. despire.

Despeitiet v. despire.

Despencier v. despendre.

Despendere, despenderes v. despendre.

Despendre I, 172. II, 17. 83, dépenser, distribuer; despens II, 198, dépense, coût; despense I, 332, dépense, ce qui est nécessaire pour la dépense, pour l'entretien; de *dispendere, dispensus*; de là despenderes II, 139, dépensier, dissipateur; despensier, despencier I, 152. II, 56, dépensier, maître d'hôtel; dépensier, dissipateur; et le verbe *dépenser*; — dispensation II, 53, administration, économie, conduite, permission, licence; *dispensatio*. Cfr. pois.

Despenge I, 243 forme subjonctive de despendre.

Despens, despense v. despendre.

Despensier v despendre.

Desperacion v. esperer.

Desperance v. esperer.

Desperer v. esperer.

Despicier v. piece.

Despire, mépriser, dédaigner; de *despicere*; despit I, 215, dédain, mépris, mauvaise humeur, méchanceté; de *despectus*, mépris; *avoir qqch. en despit* I, 178. 358; adj. despit II, 76, dédaigneux, méprisable; du part. *despectus*. Despiter, despeiter, part. despeitiet, despitiet I, 152. 3. II, 360, mépriser, faire peu de cas, honnir; de *despectare*; despeitaule I, 213, méprisable, de peu de valeur.

Despit v. despire.

Despiter v. despire.

Despitiet v. despire.

Desplaindre v. plaindre.

Desplaisance v. plaisir.

Desplaisir v. plaisir.

Desploier v. plier.

Despoille, despuille, dépouille, butin; vêtements; simple lmâ. *spolia*, de *spolium*; vb. despoiller, despuiller, dépouiller.

Despoiller v. despoille.

Despondre I, 326, exposer, expliquer, signaler; de *disponere* avec *d* intercalaire, cfr. pondre; espondre I, 78, exposer, expliquer; exposer, laisser, abandonner, renoncer; *exponere*, également avec *d* intercalaire. Cfr. rebondre.

Despondre, promettre v. espondre.

Desporvoir v. veoir.

Desposseir v. posseir.

Desprendre v. prendre.

Desprisement v. preis.

Desprisier v. preis.

Despuille, despuiller v. despoille.

Desputeir II, 114, disputer, discuter; *disputare*; desputeison I, 368, dispute, discussion; *disputatio*.

Desputeison v. desputeir.

Desque v. dusque.

Desquirer v. eschirer.

Desraer v. roi II.

Desrai, desraier v. roi II.

Desrainement v. raison.

Desraison v. raison.

Desramer v. raim.

Desrei, desreier v. roi II.

Desrenger, desrengier v. renc.

Desresnier v. raison.

Desreson v. raison.

Desrocher v. roche.

Desroi, desroier v. roi II.

Desrompre v. rompre.

Desrot, desrout p. pas. de desrompre.

Desrubant v. desrube.

Desrube, derube, desrubant II, 285. 309. 339, ravin, précipice; de *rupes*. Cfr. le verbe italien *dirupare*, tomber d'un rocher.

Desrunt 3e p. s. prés. ind. de desrompre, desrumpre.

Dessaisir v. saisir.

Dessaisoner v. saison.

Dessartir, desartir I, 137. II, 18. G. d. V. 1615. G. I. L. 173, défaire, enlever les morceaux, les pièces; comp. de *sarcire*, avec influence de *sartum* pour le *t*. Le simple se trouve dans le passage suivant du R. d. Ren. III, 109 : Toz est ses visages *sartiz*, Et la bouche ot lede et mau fete; c.-à-d. tout son visage est recousu, p. ainsi dire resarci.

Desseir v. seoir et II, 79.

Desseoir v. seoir et II, 79.

Desserrer v. serrer.

Desserte v. serf.

Desservir v. serf.

Desseu v. savoir.

Dessevrance v. sevrer.

Dessevreé v. sevrer.

Dessevreison v. sevrer.

Dessevrer v. sevrer.

Dessi v. des prép.

Dessière de desserrer.

Dessiet v. desseoir.

Dessirer v. eschirer.

Destamprér, destemprer v. temprer.

Desteindre v. esteindre et II, 237.

Desteler v. atteler.

Destendiller v. tendre.

Destendre v. tendre.

Destenir v. tenir.

Destin (je) de destiner.

Destinee v. destiner.

Destiner I, 82, destiner, prédire, conseiller; *destinare*; **destinee** I, 264. II, 317, destinée, malheur, mauvaise action; forme participiale de destiner, prov. destinada, ital. destinata.

Destolir v. toldre et II, 222.

Destoper v. estope.

Destorbement v. torbe.

Destorber, destorbier v. torbe.

Destordre v. tordre.

Destorser v. torser.

Destortre v. tordre.

Destourbier v. torbe.

Destraignement v. straindre.

Destraindre v. straindre.

Destraint v. straindre.

Destraver, libérer, rendre libre, dé-

livrer, s'éloigner; verbe composé d'un simple hypothétique *traver*, prov. travar, de *trabs*, poutre. De là aussi notre composé *entraver* et le substantif *entraves*. Cfr. tref.

Destre, diestre I, 49, droite (main); *à destre, à diestre*, à droite; de *dextera, dextra*. A la même racine appartient **destrer, destrier**, cheval de distinction, cheval de bataille, lmâ. *dextrarius*, parce que l'écuyer menait ce cheval à la droite du sien avant que le chevalier le montât. V. DC. *dextrarii*. De là aussi **adestrer**, être à la droite, accompagner, guider.

Destreche v. destroit.

Destreit v. destroit.

Destreitement v. destroit.

Destreiz v. destroit.

Destrenchement v. trencher.

Destrencher, destrenchier v. trencher.

Destrent I, 101 sans diphthongaison, dé destraindre.

Destrenzon v. straindre.

Destrer v. destre.

Destresse v. destroit.

Destrier v. destre.

Destroit, destreit, s. s. et p. r. **destroiz, destreiz**, formé directement du latin *destrictus*, tandis que la forme de la langue d'oïl est **destraint**, de destraindre, destringere (v. s. v.). *Destroit* signifiait resserré, oppressé, contraint, inquiet, chagrin, abattu, tourmenté, maltraité; *à destroit*, étroitement; *estre destroit* I, 145; adv. **destroitement, destreitement** II, 114, étroitement, exactement; d'une manière accablante, violente, embarrassante, malheureuse. Subst. **destroit** II, 254 signifiait contrainte, violence, nécessité, force, embarras, trouble, malheur, angoisse, détresse; *soffrir destroiz* I, 177. Dans le sens de défilé, détroit, c'est le même mot. Quant à **destrece, destreche**, destresse II, 377, contrainte, misère, tourment, angoisse, pour l'expli-quer, il faut supposer un verbe *destrecier*, d'où sa forme. Cfr. *estrecier, estrece* sous *estroit*.

Destroiz v. destroit.

Destroitement v. destroit.

Destruction v. enstruire.

Destruiement v. enstruire.

Destruire v. enstruire.

Desturber, desturbier v. torbe.

Desus v. sus.

Desuz v. soz et II, 364; cfr. 367.

Desveier v. voie.

Desver, et avec changement de liquide, **derver** II, 137. 237, mettre en mouve-ment, en désordre, agiter, chagriner, fâcher, rendre fou; **desvet** part. pas. empl. subst. II, 60, fou, chagrin; *se desver*, perdre sa raison, extra-vaguer, s'égarer, se fâcher, se cha-griner; subst. **desverie, derverie** II, 345, folie, extravagance, chagrin, jalousie. *Desver* de *dissipare*. Notre verbe *endéver* a pour simple *desver*, dont le *s* a été syncopé.

Desvergoigner v. vergogne.

Desvergonder v. vergogne.

Desverie v. desver.

Desvet part. pas. de desver empl. subst.

Desvider v. vuit.

Desvoiement v. voie.

Desvoier v. voie.

Desvoloir v. voloir.

Desvuidier v. vuit.

Det, dé (à jouer); prov. dat; comme le dit Ménage, de *dare*, dans le sens de jeter, pousser. V. DC. s. v. decius, d'autres étymologies qui n'ont rien de solide.

Dete v. devoir.

Detenir v. tenir.

Determiner v. terminer.

Deteur v. devoir.

Detraction v. traire.

Detraior v. traire.

Detraire v. traire.

Detraieres v. traire

Detres, detries v. tres et II, 370.

Detrier, detriier II, 166, différer, pro-longer, retarder, empêcher, refuser; prov. *destrigar*, comp. de *trigar*; de *tricari*, faire des difficultés. Ici se range notre trigaud.

Deu de del, du I, 46 et suiv.

Deu v. Deus

Deudroient II, 326 cond. de doloir.

Deugie v. delie.

Deux, deux v. doi.

Deus, deu, dieus, dieu, diu, dex, diex, dix I, 94, *deo* I, 19, Dieu; *Deus*; li *de*, les dieux I, 271; *à Dieu soyez* II, 342; **deite** I, 351, déité, divi-nité; *deitas*; **divin, devin, e** I, 220. 306, divin; subst. théologien; *divi-nus*; divinite R. d. l. V. 296. Ruth. I, 174, divinité; théologie; *divini-tas*. Cfr. DC. divinus.

Deus, deux v. doi.

Devaler v. val.

Devancer v. davant.

Devant v. davant.

Devantir v. davant.

Devantrain, devantrainetet v. davant.

Devantrien, deventrien v. davant.

Devantrier v. davant.

Deveer v. veer.

Deveir, dever v. devoir.

Devenir v. venir.

Devenres v. venredi et di.

Devers v. vers.

Devestir v. vestir.

Devier, deviier v. vivre.

Deviers v. vers.

Devin, e v. Deus.

Devin, devin, conteur, historien; de *divinus*; cfr. prov. *devin*, devin, qui a développé la signification de ca-lomniateur; **deviner** II, 74, deviner, faire connaître, dire, parler, racon-ter; *divinare*; **devineres, devineor**, **devinur** I, 56. 77, devineur, devin, sorcier; *divinator*; du verbe, **de-vinement** I, 377, prophétie, divination, chose annoncée par un devin; **devinaille**, explication, action de deviner, mot d'une énigme; comp. **adeviner** II, 324, deviner, conjecturer, soupçonner; **adevinement**, chose obscure, prophétie, chose annoncée par un devin, médisance; **adevinaille**, **adevinal**, comme adevinement. Cfr. DC. divinus.

Devinaille v. devin.

Devinement v. devin.

Devineor v. devin.

Deviner, devineres v. devin.

Devins *(à)* v. devis.

Devinur v. devin.

Devis II, 253, marqué, divisé, stipulé, établi; subst. avis, volonté, gré, plaisir, souhait; *à... devis* II, 89. I, 232, avec *n*, *à... devins* I, 94; cfr. ami, amin; **devise** I, 260. 364. II, 172, division, partage, exception, borne, limite, projet, délibération, décision, entretien; ordre, perfection, condition; volonté, gré, plaisir, service; *à devise*, à ordre, à gré, compte fait; *par devise* I, 321, par décision; *faire sa devise*, faire son testament, propr. la division de ses biens; vb. **deviser**, **devisier** I, 96. 181. 239. 263. II, 63, partager, séparer, ranger, discerner, distinguer; stipuler, convenir par écrit, disposer par testament, proposer, dicter; s'entretenir, converser, discourir, parler, causer; d'où **devisement**, division, partage. Dér. de *dividere*, prov. *devire*, fréquentatif *devisar*, ital. *divisare*. — **Devision**, stipulation, traité; *divisio*.

Devise, devisement v. devis.

Deviser, devisier v. devis.

Devision v. devis.

Devoir, dovoir, dever, deveir II, 1 et suiv., devoir; *que ce doit*, ce que cela signifie; inf. empl. subst. devoir, obligation, justice, redevance; comp. **redevoir** II, 11; dete, dette; du plur.

debita; prov. deute, depte; de là **s'endeter** II, 205, s'endetter; **deteur**, débiteur; plus tard, en remontant au latin, debteur; *debitor*.

Devorer, devurer I, 54. II, 299, dévorer, ronger, manger; au fig. insulter, maudire, P. d. B. 9771. R. d. l. V. 64; *devorare*.

Devot, devotement v. vo.

Devotion v. vo.

Devurer v. devorer.

Dewerpir v. guerpir.

Dex, Dieu v. Deus.

Dex, deux v. doi.

Dex, dix v. dix.

Dezert v. desert.

Dezime v. dix.

Dezoivre v. decevoir.

Di v. dis.

Diable, deable, diaule I, 55. 353. 366, diable, démon; *diabolus*; de là **diablie** I, 409, diablerie, oeuvre diabolique; **diabler**, décrier qqn., dire le diable de lui.

Diabler v. diable.

Diablie v. diable.

Dial v. doloir.

Diapre v. diaspre.

Diaspre, diapre I, 291, jaspe; sorte d'étoffe précieuse à couleurs variées; de *jaspis* (di = j); lmâ. *diasprus* et *diaspra*. De là notre adjectif *diapré*.

Diaule v. diable.

Diaus, deuil v. doloir.

Diaus, deux v. doi.

Diax v. doloir.

Dibler v. doble.

Dictie, dictier v. ditier.

Die v. dis.

Diegner v. digne.

Diel v. doloir.

Diemence v. diemenche.

Diemenche (di-e-men-che), diemence, diemenge II, 253, A. et A. 2797 (prov. dimenge), diemoine, dimoinge, etc, dimanche; de *dies dominicus*. Le patois de Montbéliard a conservé la forme *diemoine*, prononcée aussi *duèmoine*, probablement par rapport au mot Dieu, qu'on prononce Due. Cfr. dis.

Diemenge v. diemenche.

Diemoine v. diemenche.

Diesme v. dix.

Diestre v. destre.

Dieu, dieus v. Deus.

Diex v. Deus.

Dignation v. digne.

Digne I, 52. II, 15, digue; *dignus;* adv. dignement I, 291, dignement; degner, dengner, deigner, daigner, diegner, doigner I, 153. 225. 226. 229. 281. II, 259, daigner, approuver, accueillir; *dignari;* digniteit, dignite I, 376. II, 205, dignité, mérite; *dignitas;* dignation I, 83. 376, action de juger digne, estime, honneur; *dignatio;* comp. desdegner, desdaigner, desdeigner, desdeigner II, 326. 388, dédaigner, mépriser, repousser, rejeter; *se desdoigner* II, 60. 145, s'indigner, être irrité; *dedignari;* subst. desdaing, desdein, desdeig I, 82. II, 239, dédain; dér. desdeignance, desdegnance II, 9, dédain, mépris.

Dignement v. digne.

Digner, disner, disgner II, 124. 362. avec et sans *se*, dîner, repaître; lmâ. disnare; prov. disnar, dirnar, dinar, ital. desinare, disinare. On a dér. *digner* de δειπνεῖν. faire le repas principal; mais, pour que cette dérivation fût admissible, il faudrait reconnaître que les Provençaux nous ont transmis le mot, et cela n'est guère probable. Selon d'autres, *digner* vient de *dignare domine*, qui est le commencement d'une prière. M. Pott enfin propose *coenare* comme racine de *digner*, c'est-à-dire *decoenare* avec reculement de l'accent sur la première syllabe; et cette dérivation paraît

d'autant plus juste, qu'on a le vb. reciner, goûter, faire collation. Cfr. DC. reticinium, et Mén s. v. dîner. Ces étymologies restent cependant douteuses, à cause du *s* des formes *disner*, desinare, disnar: s'il est intercalaire, il n'y a aucune objection à élever; mais s'il est primitif, elles sont tout à fait fautives. Cette question est difficile à décider; les plus anciens monuments du lmâ. orthographient *disnare*, tandis que notre vieille traduction des livres des Rois donne *digner*, comme on le voit par les exemples cités.

Dignete v. digne.

Digniteit v. digne.

Diliantrement v. diligent.

Diligence v. diligent.

Diligent, soigneux, diligent, prompt; *diligens;* adv. diligentement, et d'après *diligenter,* diliantrement II, 279, avec soin, diligence, promptement; diligence I, 375, soin, diligence, promptitude; *diligentia.*

Diligentement v. diligent.

Dimoinge v. diemenche.

Dioes v. joesdi.

Diol v. doloir.

Dious v. doloir.

Dire II, 143 et suiv.; subst. dit I, 59. 162, mot, parole, discours, le dire; *dictum. Dire et dit,* à l'égard de la poésie, s'employaient tantôt dans le sens simple de dire, c.-à-d. raconter, réciter, tantôt dans celui de chanter et dire en même temps; voy. Wolff, Ueber die Lais, 234. *A dire, être, avoir à dire* II, 147; *dire* joint à *que* et à un *nom* II, 168; *ne dire ne ço ne quoi* I, 159; *dire devant* Q. L. d. R. II, 144, prédire. De là disierres, diseor, diseur I, 77, diseur, raconteur, chanteur. Comp. benir v. s. v.; contredire II, 149; part empl. adj. *la* *contredite gent* II, 149; subst. contredit I, 48, contradiction; *contradictum;* de là contredisement, contradiction; desdire II, 149, dedire II, 84, dédire, contredire, contester; subst. desdit, dédit, contradiction, contestation; entredire II, 149; entredit, interdit; *interdicere, interdictum;* s'entredire II, 149; esdire II, 149; indire II, 149; maldire II, 149, maleir, malir I, 322, 323; *maledicere;* maledicence, médisance; *maledicentia;* mesdire II, 149; part. prés. empl. subst. I, 170; redire, redire; pardire II, 151; sordire II, 151.

Dis, die, di II, 31. Ben. 19232, jour; *dies;* cfr. Rayn. L. R. III, 41, s. v. dia, et ci-dessous jor. *Tos dis* II, 328; cfr. tandis II, 328. Ce mot *di* nous est resté dans les noms des différents jours de la semaine. Ainsi qu'en provençal, le *di* se plaça d'abord, dans l'ancienne langue, à la tête de la composition, où il est resté dans *dimanche;* on disait donc *dilun, dimars, demars* J. y. H. 537, *dimercre, dijous, divenres, devenres;* mais de très-bonne heure on renversa la composition. V. Roq. Suppl. Kalendier. *Di* s'est encore conservé dans meidi, miedi I, 120, midi, *medius dies*, meridies. Cfr. meie I.

Dis, dix v. dix.

Disain v. dix.

Disciple, deciple I, 188, 220, disciple, qui est attaché à qqn.; *discipulus;* de là discipulage, école, noviciat; — discipline, decipline, enseignement, punition, peine; *disciplina.*

Discipline v. disciple.

Discipulage v. disciple.

Discorde v. discorder.

Discorder, descorder II, 305, n'être point d'accord, être d'un autre avis, disputer, quereller; *discordare* (dis-

cors, cor); discort, descort I, 169. 224. II, 196, querelle, différend, démêlé, contrariété de sentiments; *discors, discordis;* discorde, descorde II, 104, désunion, mésintelligence, querelle, dispute; *discordia;* descordable, en désaccord, discordant; *discordabilis.* Cfr. acorder, concorder.

Discorre v. corre.

Discort v. discorder.

Discret, discret; *discretus;* discretion I, 53. 153, discernement, jugement, bon sens, équité; *discretio;* comp. indiscretion II, 346, indiscrétion, manque d'équité, de jugement.

Discretion v. discret.

Discussion II, 383, discussion; *discussio.*

Diseor, diseur v. dire.

Disete, disetté; de *desecta,* chose coupée, retranchée, état où tout est coupé; selon Ménage de *desita,* mais ce mot aurait produit desoite, desite, ou deste; disetel, pauvre, indigent, qui est dans la disette.

Disetel v. disete.

Disgner v. digner.

Disierres v. dire.

Disiemes v. dix.

Disme, dismer v. dix.

Disner v. digner.

Disparoir v. paroir.

Dispensation v. despendre.

Disposer v. pause.

Disposition v. pause.

Dissemblant v. sembler.

Dissolu v. soldre.

Dit v. dire.

Dite, ditie v. ditier.

Ditier (dictier), composer un ouvrage, composer, dire, prononcer; de *dictare;* ditie (dictie), dite, composition, écrit, oeuvre d'imagination (en vers), espèce de poésie; de *dictatum;* d'où enditier II, 255, indiquer, informer, instruire; de là enditement, indication, conseil. Cfr. Rayn. L. R. III, 45 s. v. dictar.

Diu v. Deus.

Diva interj. II, 400.

Divers, changeant, inconstant, bizarre, désagréable, contraire, fâcheux, dur, cruel, rude; *diversus;* adv. diversement II, 87, d'une manière différente, changeante, variable; verbe diverser, varier, changer; contrarier, maltraiter, injurier; propr. *diversare;* diversite, intempérie de l'air, mauvais temps; diversifier, diviser, partager, séparer. Cfr. verser, vers, avers, vertir.

Diversement v. divers.

Diverser v. divers.

Diversifier v. divers.

Diversite v. divers.

Divin, e v. Deus.

Divinite v. Deus.

Diwes v. joesdi.

Dix, dis, dex, deix, deis, diz, dez I, 108. 109, dix; *decem;* disme, dixme, diesme, dizeime, disimes, dezime, decieme I, 115, dixième; *decimus;* empl. subst. m., et f. du lat. decima, dîme; d'où dismer, dîmer, décimer; *decimare;* comp. redisme, le dixième du dixième; redismer, lever ce droit. V. I, 119; — disain I, 116; — decembre, décembre; *december;* — doyen, doyen, huissier, sergent; *decanus;* ital. decano, prov. dega.

Dix, Dieu v. Deus.

Dixme v. dix.

Dizeime v. dix.

Do, dou rég. ind. de l'art. I, 46. J'ai dit I, 48 que ces formes sont composées de de lo, de lou; c'est une erreur, car jamais de lo, de lou n'auraient produit do, dou. *Dou* est pour *dol,* et l'*o* a sa source dans l'ancienne forme *olle* ou *ollus* du pron. dém. *ille.* C'est un des restes de l'ancien latin qui, avec tant d'autres, s'était conservé dans les Gaules. *Do* n'est qu'une variante de *dou.* L'*o* s'expliquerait aussi

sans ollus, on le trouve pour *i, a, e;* et *de illo* pourrait aussi bien fournir *dol* que *del.* Néanmoins je préfère la première explication.

Doaire v. doer.

Doairiere v. doer.

Dober, douber, armer; comp. adober, aduber, adouber, et avec *bb* II, 324, armer chevalier, garnir, orner Q. L. d. R. 250; adobe, adube, chevalier adoubé; adob, adou, adol, adoul, ados (avec syncope de la consonne), armes, armure, harnois, équipage; adobement, adubement, armure, ornement. *Dober, adober,* dér. de l'anglo-saxon *dubban,* ancien norois et suéd. *dubba,* donner un coup. Il s'est d'abord dit du coup dont on frappait le nouveau chevalier, puis il a signifié la cérémonie qui accompagnait l'armement, et enfin l'armement même. V. DC. adobare.

Doble, double, dovule I, 117, double; *duplex;* de là doblier, doublier, dibler I, 329, serviette, petite nappe; assiette; sorte de vêtement; besace, sac, bissac; adject. p. ex. haubert *doublier,* double, doublé; cfr. DC. duplarium, doublerium, dibler; — dobler, doubler I, 86, doubler, redoubler; jeter par terre; DC. doblare; *duplicare.*

Dobler, doblier v. doble.

Doce, docement v. dols.

Doctrine I, 339, science, instruction, enseignement, châtiment, correction; *doctrina;* vb. doctriner II, 135, instruire, enseigner, châtier, corriger; comp. endoctriner II, 7, enseigner, endoctriner; d'où endoctrinement, enseignement, éducation, doctrine.

Doctriner v. doctrine.

Dodeliner v. dormir.

Doel v. doloir.

Doer, douer, douer, récompenser, doter; de *dotare;* d'où doaire, donaire, douaire, récompense, dot, dotation, don; lmâ. dotarium; doairiere, douairière.

Does v. doi.

Doi, doigt v. doit.

Doi, dui, dou, dous, does, deus, dus, dei, diaus, deuls, duez, doux, dels, dex I, 108. 109. 110, deux; *duo;* doze, douze, duze, duzze I, 108. 109, douze; *duodecim;* douzime, dudzime, duzime, dousieme, douzième; *duodecimus;* de là dozaine, douzaine.

Doigner v. digne.

Doignon v. donjon.

Dois, conduit v. duit.

Dois, doigt v. doit.

Dois prép. v. dès.

Dois, deis I, 300, daïs Trist. II, 101, table à manger, de *discus.* La forme *dais* nous est restée dans *dais,* espèce de baldaquin, etc. Nos pères avaient l'habitude de tendre un drap au-dessus de leurs tables à manger, afin que rien n'y tombât du plafond, de là la signification moderne. Il ne faut pas confondre *dois,* toujours invariable, avec le s. s. et p. r. *dois* de la forme picarde de *doit,* digitus, ni *deis* avec *deiz = deits,* s. s. et p. r. de *deit,* également de digitus. V. des exemples de *dois* P. d. B. 1602. G. d. V. 977. Q. L. d. R. III, 228. 315; de *doit* Ch. d. S. II, 86. R. d. l. M. 1615. Ch. d. S. II, 16. Q. L. d. R. II, 204. Ben. I, 2095.

Doit, deit, doi, s. s. et p. r. doiz, deiz, dois I, 128. 283, doigt; *digitus.* Cfr. dois.

Doiz v. doit.

Dol v. doloir.

Dolant v. doloir.

Dolce, dolcement v. dols.

Dolçor v. dols.

Doleir v. doloir.

Dolente, dolentet v. doloir.

Doleros, dolerosement v. doloir.

Doleur v. doloir.

Doleure II, 71, copeaux, propr. faits avec une doloire, celui-ci, pour ainsi dire *doloria,* de dolare.

Doloir, doleir, douloir II, 112, souffrir, faire souffrir, éprouver de la douleur, plaindre, gémir, attrister, se lamenter; part. prés. empl. subst. dolant, dolent II, 306, misérable, malheureux; d'où dolentet, dolenté, misère, chose misérable, souffrance; — dolor, dolur, doleur I, 55. 106. 162, douleur, peine, souffrance; *dolor;* doloros, doleros, dolouros, douloureux, affligé, souffrant, infirme; *dolorosus;* adv. dolorosement, dolerosement II, 59. 265, douloureusement; — duel, doel, diol, diel, dial, dol, dul, duil, deol, dues, dious, diaus, dous, diax I, 87. 90. 91. 144, deuil, douleur, peine, affliction, souffrance; de *dolium,* qu'on a en composé dans *cordolium;* — vb. dér. doloser, doluser, dolouser I, 220. II, 265. 346, se plaindre, souffrir, s'affliger, lamenter; prov. *doloirar,* pour ainsi dire *dolorare,* avec permutation de la liquide; d'où doloison, douleur, souffrance; dolousement, douleur, affliction, souffrance.

Doloison v. doloir.

Dolor v. doloir.

Doloros, dolorosement v. doloir.

Doloser v. doloir.

Dolousement v. doloir.

Dolouser v. doloir.

Dols, dous, douz, doz, douc I, 162. II, 241. 341, fém. dolce, dulce, duce, douce II, 57. I, 351, etc, doux; de *dulcis;* adv. dolcement, dulcement, doucement, donchement, docement, ducement I, 52. 130. 174. 330. II, 166, doucement; subst. dolçor, dulçor, douçor I, 352, douceur; *dulcor;* de là adolcier, adulcier, adocier, aducier, et d'après la 2e conj. adolcir, adulcir, adoucir I, 135, adoucir, soulager, tempérer, calmer.

Dolur v. doloir.

Doluser v. doloir.

Domage v. damage.

Domagement v. damage.

Domagier v. damage.

Domaine v. demaine.

Dommeinement v. demaine.

Don, dun I, 48. 58. 378, don, présent; sorte de tribut; *donum;* du plur. *dona,* donne II, 271; vb. doner, duner, dunner, donier, douner I, 290 et suiv., donner, accorder, livrer, céder, frapper; *donare;* comp. s'entredoner I, 295. Poit. 51; redoner, donner à son tour; pardon I, 218, pardon, rémission, indulgence, absolution; *en pardon,* gratuitement; pardoner, pardoneir, parduner I, 128. 207, pardonner, gracier, remettre, épargner; de là pardonance, pardon, indulgence, absolution; pardonement, pardon; pardonneres, qui pardonne, indulgent; pardonable, miséricordieux. *Pardoner,* propr. *perdonare,* formé comme condonare.

Don adv. et pron. rel. II, 285. I, 162, glos. ont.

Donc, d'où, adv. et pron. rel. II, 285. I, 162, glos. ont.

Donc, donkes, donques, dons, dont, dunc, dunkes, dunches, dun, dum adv. II, 283; *dès donc* II, 284; *donc — donc, donc — ore* II, 284; comp. adonc, adunc, adonques, adunques, adont; idonc, idonques II, 283.

Doner v. don.

Dongun v. donjon.

Donier v. don.

Donjon, dongun, doignon I, 67. II, 69. 266, donjon, forteresse, tour, l'endroit le plus élevé d'une ville ou d'une maison. Du celtique *dún,* firmus, fortis; irlandais *dún,* lieu fortifié. *Donjon* = dun-ion. On a dérivé *donjon* de *domnus,* qui ne convient pas au sens; de *domicilium, domus Caesaris, domus jugi;*

toutes suppositions plus absurdes l'une que l'autre.

Donkes, donques v. donc et II, 283.

Donne v. don.

Donoi, donoiement v. danz.

Donoier v. danz.

Dons adv. v. donc et II, 283.

Dont, d'où, adv. et pron. rel. II, 285. I, 162, glos. ont.

Dont, alors, donc, adv. II, 283 et glos. donc.

Donzels v. danz.

Dorc II, 123, 1. p. s. prés. ind. de dormir.

Dormant v. dormir.

Dormeor v. dormir.

Dormicion v. dormir.

Dormieres v. dormir.

Dormiller v. dormir.

Dormir I, 101. 215 avec ou sans le pron. se, dormir; *dormire;* part. prés. dormant empl. subst. pour sommeil II, 72; dormeur II, 218; de là dormiller, sommeiller; dormoir, dortoir; — dormieres, dormeor I, 77, dormeur; de *dormitor;* dormicion, envie de dormir, sommeil; de *dormitio;* comp. endormir I, 85. II, 42, endormir, engourdir. Le mot enfantin *dodo* est une réduplication de la 1re syllabe de dormir, et, comme l'indique déjà Roquefort, c'est de ce *dodo* qu'on a fait *dodeliner,* bercer pour endormir, remuer doucement, branler, aujourd'hui *dodiner.*

Dormoir v. dormir.

Dorrai, dorroie fut. et cond. de doner I, 245.

Dos I, 407. II, 279, dos; de *dorsum; metre arrière dos* II, 248, se défaire, mettre de côté; de là dossal II, 369, dossier; manteau très-riche d'ornements qui n'était porté que par les gens de haute condition; *dorsalis* pour dorsualis; adosser, adoser, mettre derrière le dos; mépriser, laisser, abandonner; ados II, 80, appui, soutien, protection.

Dosnoi, dosnoiement v. danz.

Dosnoier v. danz.

Doster v. oster.

Dotance v. doter.

Dote v. doter.

Doter, duter, douter I., 66. 102. 160. 356. II, 10. 139; douter, avoir peur, craindre, redouter; dans le sens de avoir peur, souvent avec le pron. se; *dubitare*; subst. dote, dute II, 134, doute; crainte, peur; *senz dute* II, 212, absque dubio, dans le texte latin; de là par le part. prés. dotance, dutance I, 53. 229. 265, doute, crainte, peur; adject. dotos, dotus, douteux, incertain, craintif, peureux; adv. dotosement, avec frayeur, crainte; adj. dotif II, 307, dans le doute, dans la crainte; comp. redoter, redouter I, 72. 137, redouter. Plus tard on introduisit *b* ou *p* dans tous ces mots.

Dotif, dotis v. doter.

Dotos, dotus v. doter.

Dotosement v. doter.

Dou, du v. do.

Dou, deux v. doi.

Douaire v. doer.

Douber v. dober.

Double, doubler v. doble.

Doublier v. doble.

Douc, douce v. dols.

Douçor v. dols.

Douelle v. dove.

Douhe v. dove.

Douloir v. doloir.

Douner v. don.

Dous, doux v. dols.

Dous, deuil v. doloir.

Dous, deux v. doi.

Dousieme v. doi.

Douter v. doter.

Douve v. dove.

Douz v. dols.

Douze, douzime v. doi.

Dove, douve II, 239, réservoir, puis fossé, bord ou parement d'un fossé, bord d'un vaisseau quelconque ou douve; telles sont les significations successives de ce mot. Lmâ. *doga*, *doa*, *dova*, *douva*. Le *v* de la forme *dove* est intercalaire: *doe* après la syncope du *g*, d'où *dove*. Ceux qui, comme M. Chevalet, ont dérivé *dove* de l'allemand *daube* = douve, ahal. *duba*, hollandais *duige*, bas-saxon *deue*, ont méconnu la signification primitive de ce mot; sans compter que *daube* paraît dérivé du roman, car il n'a pas de racine dans les idiomes allemands. DC. a trouvé la véritable origine de *dove* dans le latin *doga*, vaisseau, vase, du grec *δοχή*, réservoir. La forme douelle = douve, est un dérivé de *dove*; DC. s. v. doëla; s. v. doa, doha, il donne douhe = canal.

Dovoir v. devoir.

Dovule v. doble.

Doyen v. dix.

Doz v. dolz.

Dozaine v. doi.

Doze v. doi.

Dragon, dragun I, 112, dragon, et espèce de bannière; de *draco*. Voy. DC. s. v. draco. C'est également à *draco*, avec le sens de *dracunculus*, que se rapporte *targon*, *tarchon*, ancien nom de l'*estragon*.

Drague, drasche, marc de l'orge qui a été employée pour faire de la bière; de l'anc. norois *dregg*, suéd. *drägg*, anglais *dreg*, faex. Cfr. Dief. G. W. II, 645. Les habitants de l'Ile-de-France appelaient, par dérision, draschiers, ceux du duché de Normandie (R. d. R. v. 9940).

Dragun v. dragon.

Drap, s. s. et p. r. dras II, 303, habit, linge, étoffe; *être aux dras* ou *des dras de qqn.*, être à son service; — de là drapel, drapeau, chiffon, morceau de linge; d'où drapelet, haillon. Les Espagnols et les Portugais écrivent ce mot avec un *t* initial: *trapo.* Quelle est l'origine de *drap*? M. Diez pense à l'ancien norois *drabba*, lacerare, de sorte que la signification primitive serait morceau, lambeau, etc.; mais il est plus probable que *drap* a désigné d'abord une étoffe. Partant de ce point de vue, Frisch a dér. *drap* de l'allemand *trappen*, marcher lourdement, c'est-à-dire que *drap* signifierait étoffe tissue d'une manière très-serrée. Cette supposition me paraît sans fondement.

Drapel, drapelet v. drap.

Dras v. drap.

Drasche v. drague.

Drasche, gousse, coque qui enveloppe le grain; de l'ahal. *drescan*, battre le grain; ainsi ce qu'on rejette en battant?

Draschier v. drague.

Dreceoir v. drescer.

Drechier v. drescer.

Drecie, drecier v. drescer.

Dreit, dreitement v. droit.

Dreiture, dreiturier v. droit.

Dreiz v. droit.

Drescer, drezcer, dresser, drecier, drechier II, 348, dresser, élever, diriger, redresser, lever; de *directus*, d'où l'on fit *directiare*; *se drescier en piez*, se mettre debout, se lever; *dressier en la crois*, en parlant de J.-C., pendre à la croix; de là **drecie**, voie, chemin, direction; **dreceoir** II, 261, dressoir; comp. **adrescer, adresser, adrecier, adrechier**, faire droit, rendre justice, rendre droit, remettre en son état, rétablir, faire réussir, disposer, mettre en ordre, diriger; **esdresser**, dresser, relever, tirer; **redrescer, redrecier, rederchier** I, 50. 304. II, 25. 160, redresser, relever, rendre droit. Cfr. droit.

Dresser v. drescer.

Dreturier v. droit.

Drezcer v. drescer.

Drincant v. drinquer.

Drinker, drinkerie v. drinquer.

Drinquer, drinker, part. prés. **drincant, drinkant,** etc., boire ensemble; de là notre *trinquer*; **drinkerie,** bacchanale, partie de débauche; de l'allemand *trinken*, goth. *drigkan*, ahal., anglo-saxon *drincan*, etc., boire.

Drois v. droit.

Droit, dreit, s. s. et p. r. **droiz, drois, dreiz,** droit, direct, bon, juste, équitable, vrai, et adverbialement; substantif droit, justice, équité; de *directus*; *directum* pour *jus. Avoir droit* opposé à *avoir tort* I, 70. 136; mais aussi déjà *avoir tort ou raison* I, 277; *sera* (ert) *le tort et le droit* I, 176; *à droit*, justement, à droit; *faire droit et justice* I, 182; *faire droit à qqn.* I, 288; *tenir droit à qqn.*, respecter ses droits, les maintenir. Adv. **droitement, dreitement** I, 322, droitement, justement, équitablement. De là **droiture, dreiture,** droit, justice; ce qui est dû à qqn., redevance; **droiturier, dreiturier, dreturier** II, 338. 350, équitable, juste, droit, sincère; *seigneur droiturier*, vrai et légitime. Comp. **endroit, endreit** prép. et adv. II, 350; de là le substantif **endroit.** Cfr. drescer.

Droitement v. droit.

Droiture, droiturier v. droit.

Droiz v. droit.

Dru, drud v. drut.

Drue, druerie v. drut.

Drugun v. drut.

Druion, druiun v. drut.

Drurie v. drut.

Drut, drud, dru, s. s. et p. r. **druz, drus,** ami, homme de confiance, amant; subst. fém. **drue** II, 232, amie, amante, maîtresse; de là **druion, druiun, drugun,** confident; **druerie, drurie,** amitié, attachement, amour, passion. De l'abal. *trût, drût,* aujourd'hui *traut*, dilectus; subst. amicus; servus. Cette racine se retrouve aussi dans le celtique, p. ex. gallois *druth*, meretrix; mais comme *drut*, etc. n'exprimait d'abord que l'idée d'amitié pure et fidèle, qui était une des plus belles qualités de la nation germanique, je crois être tout à fait autorisé à m'en tenir à l'allemand. Outre ce mot, on trouve l'adjectif homonyme **dru**, qui nous est resté, fort, robuste, vigoureux, serré, luxuriant, — et voluptueux; d'où **endruir**, devenir fort et robuste, serrer, rendre compacte, dense. Les significations de cet adjectif nous reportent au celtique: gallois *druth*, gaillard, fringant; kymri *drud*, robuste, brave, courageux. Cfr. Dief. Celt. 246, G. W. II, 679.

Duc, **duch**, **ducs**, **dus**, **dux** I, 85. 86. 95, duc; de *dux*; de là **ducesse**, **ducoise**, **duchoise**, **duceise**, **ducheise**, **duchesse**; **ducheit**, **duchiet**, **ducee** (fém.), duché; **duchete** (fém.), duché; lmâ. ducatus, prov. ducat, ital. ducato; **ducheaume** II, 4, **ducheame**, duché, forme rare composée sur le modèle de *roialme*, *roiaume*=*regalimen*, de *regalis*.

Duce v. dols.
Ducee v. duc.
Duceise v. duc.
Ducement v. dols.
Ducesse v. duc.
Duch v. duc.
Ducheame, **ducheaume** v. duc.
Ducheise v. duc.
Ducheit v. duc.
Duchete v. duc.
Duchiet v. duc.
Duchoise v. duc.
Ducoise v. duc.
Ducs v. duc.
Dudzime v. doi.
Duel v. doloir.

Dues v. doloir.
Duez, deux v. doi.
Dui v. doi.
Duire II, 252; part. duit, habile, exercé, expérimenté; comp. **aduire** II, 252, *adducere*; **conduire** II, 252, *conducere*, d'où **aconduire** II, 253; conduit I, 308. II, 213, conduite, direction, sauf-conduit; *conductus*; **deduire**, **desduire** II, 253, *deducere*, qui, dans la basse latinité, prit le sens de s'amuser; **deduit**, **desduit** I, 252. 366, plaisir, déduit; *deductus*; **enduire** II, 253; **entreduire**, **entroduire** II, 253. R. d. S. G. 22. 36, *introducere*; **esduire** II, 253; **sosduire**, **souduire** II, 253. I, 272; **surduire** II, 253; **reduire** II, 253.
Duit, habile v. duire.
Duit subst. masc., conduit, trad. par *aquaeductus* Q. L. d. R. IV, 408; de *ductus*; **dois** subst. fém., conduit, canal: Quant les poissons fait en la dois mucier (G. l. L. I, 264); de *ductio*. Cfr. duire.
Dul v. doloir.
Dulce, **dulcement** v. dols.
Dulçor v. dols.
Duluve II, 130, déluge; *diluvium*. La forme déluge s'est formée comme sage, etc.
Dum, s. s. **duns**, duvet; (cfr. aleiion;) dumet dans Rabelais I, 13, dans le patois normand *deumet*; lmâ. *duma*; de l'anc. norois *dûn*, duvet. *Duvet* est-il le même mot que *dumet*, et d'où vient le *v*?
Dum v. donc et II, 285.
Dun 1. p. s. prés. ind. de duner.
Dun, don v. don.
Dun, **dunc**, **dund**, d'où, adv. et pron. rel. II, 285. I, 162, glos. ont.
Dun v. donc et II, 283.
Dunches v. donc et II, 283.
Duner, **dunner** v. don.
Dunkes v. donc et II, 283.
Duns v. dum.

Duns adv. v. donc et II, 283.

Dunt adv. et pron. rel. II, 285. I, 162, glos. ont.

Dur, dure II, 55. 259, dur; de *durus;* adv. durement I, 90. 173. 210. 215. II, 71, fortement, extrêmement, beaucoup, avec excès; durtet, durte II, 202. 221, dureté, peine, affliction; *duritas;* duresce I, 220, dureté; endurement I, 152, endurcissement. Verbe prov. endurar, indurare, endurcir, devenir dur. Cfr. durer.

Durable, durablement v. durer.

Durablete v. durer.

Durement v. dur.

Durer II, 27. 53. 118, durer, s'étendre, supporter, vivre; de *durare;* comp. endurer, endurer, souffrir, supporter; adurer, ordinairement au part. passé adureie, adure I, 373. 79. II, 283, supporter, endurer, endurcir; de *obdurare,* avec changement de la préfixe. *Aduré* est une épithète fréquente des héros: l'endurci, l'infatigable, le brave. Durable, durable, éternel; *durabilis;* adv. du-

rablement, éternellement; durablete, durée; *durabilitas;* comp. perdurable, pardurable I, 232, éternel; perdurablement, pardurablement, éternellement; perdurablete, longue durée, éternité. Cfr. dur.

Duresce v. dur.

Durfeuz II, 142, malheureux, misérable, pauvre, besogneux; mot d'origine allemande: ancien norois *thurfi,* besogneux; allmod. *dürftig;* vb. goth. *thaurban,* être nécessiteux, dans le besoin; ahal. *durfun, durfen;* allmod. *dürfen.*

Durte, durtet v. dur.

Dus, duc v. duc.

Dus, deux v. doi.

Dusc' pour dusque.

Dusque, desque, juske, jusque, jeske, jesque, gesque, josque, jusche prép. II, 371; comp. enjoske II, 372; conj. II, 380; enjosk'atant que II, 381.

Dutance v. doter.

Dute, duter v. doter.

Dux v. duc.

Duzime v. doi.

E.

E conj. II, 382.

Eage v. edage.

Eame v. healme.

Eas de als I, 132.

Eaue v. aigue.

Eauls, eaus, eaux de als I, 132.

Eave v. aigue.

Eax de als I, 132.

Ebaubir v. baube.

Ecclesial v. eglise.

Eche, esche, mèche, amorce; de *esca.*

Edage, eage; aage, aaige, aige; eded, eët, eë, aëit (aëiz), aë II, 10. I, 106. 407. 203. 263. 266. 240. 312, etc., la durée de la vie, vie, âge; de *aetas.* La suffixe age s'explique par une forme latine *aetaticus; aëit, eded,* etc. dérivent directement de

aetas (aetat). Dans la forme moderne, il n'est resté que la terminaison: a - age; le circonflexe tient ici lieu du radical. La forme *aige* prouve que la contraction s'est faite de bonne heure.

Eded v. edage.

Edefiement, edifiement v. edifier.

Edifier I, 225. 366, bâtir, construire, édifier; *aedificare;* de là edifiement, edefiement, édifice, bâtisse.

Eë, eët v edage.

Efface II, 131. C'est le seul exemple que j'aie de ce mot inconnu à tous les Glossaires. Il paraît signifier vestiges indiqués par des dégâts, des ravages, et alors il pourrait être rapporté à face, effacer, v. s. e. v.

Effanche v. enfant.

Effant v. enfant.

Effonder v. fond.

Effondrer, effundrer v. fond.

Effraer v. froior.

Effraier v. froior.

Effraindre v. fraindre.

Effreer v. froior.

Effrei v. froior.

Effreison v. froior.

Effroi v. froior.

Effronteiement v. front.

Effronteit v. front.

Egal v. ewer.

Eglise, iglise, par aphérèse glise, forme rhinitique englise, eynglise I, 56. 126. 166. 233. II, 172, église; ecclesia: prov. gleiza, glieyza, esp. iglesia, ital. chiesa; ecclesial II, 191, d'église, ecclésiastique.

Egre, egrement v. aigre.

Eide v. ajude.

Eie v. ajude.

Eigre v. aigre.

Eikevos II, 286.

Eile, eille pour elle I, 128.

Einc v. anc.

Eincor II, 287 et Gloss. ore II.

Eins, einz, avant v. ans.

Einsi, einsinc v. ensi et II, 273.

Eir v. hoir.

Eis, es, mot qui entre dans la composition de beaucoup d'autres, surtout des adverbes; de ipse, ipsum, prov. eps, eis; esement, essiment, ensement, ansement, ansiment II, 277.

Eissi v. ensi et II, 274.

Eissil, essil, exil, exill I, 62. 126 183. 286. 327. II, 307, exil; ruine, ravage, destruction, dévastation; exilium; vb. eissillier, essiler, escillier I, 88. 287. 303. 309. II, 338, exiler, bannir, détruire, ravager, extirper, maltraiter, tourmenter, accabler de maux; d'où eissillor, dissipateur.

Eissiller, eissillier v. eissil.

Eissillor v. eissil.

Eissir v. issir.

Eissis, ainsi les I, 135.

Eisvos II, 286.

Eit v. hait.

Eiz v. es, abeille.

Ekevos II, 286.

El pour al I, 50; contraction de en le I, 50; eu pour el I, 51; plur. els, elz, d'où es I, 54. 55; ens pour en les I, 55.

El pron. indét. v. al III.

El pour ele I, 127.

Ele II, 178. 302, aile; ala.

Ele, eles, el, els pron. pers. fém. 3e pers. elle, elles; illa.

Election v. lire.

Eleecer v. liet.

Element I, 75. 82, élément; elementum.

Elin, de naissance distinguée, noble, gentilhomme; lmâ. adelingus, edelingus. Elin est une contraction de l'ahal. adalinc, ediling, même signification.

Elle, elle I, 128.

Ellever v. lever.

Ellevos II, 286.

Ellieut v. lire.

Ellieve de ellever v. lever.

Ellire v. lire.

Ellit v. lire.

Elme v. healme.

Eloquence, eloquenche I, 367. II, 216, éloquence; eloquentia.

Els, eux v. als.

Els pour eles I, 127.

Els, elz article v. el.

Eluec v. lieu et II, 200.

Em v. en pron. et prép., et I, 175. II, 349.

Embarnir v. baron.

Embatre v. batre.

Embasmer v. bausme.

Embedeus, embedui I, 112.

Embler, ambler, enbler I, 73. 172. II, 51, ôter, enlever, prendre, voler, dérober; s'embler II, 187, s'échapper, s'esquiver, se soustraire, fuir,

éviter; *s'en embler*, ib. Part. pas.
empl. subst. dans l'expression adv.
en emblee, clandestinement. *Embler*
vient, comme le dit Ménage, de
involare = volàtu rapere, lmâ. *im-*
bulare, imbolare. Cfr. voler. M. Chevalet dérive le part. pas. *emblét* L.
d. G. 25 de *ablátus*, avec *m* intercalaire. Tout cela est bel et bon,
mais l'infinitif embler, que M. Chevalet passe sagement sous silence,
ne peut venir de ablatus; et admettant même une nouvelle formation
ablatare, toujours avec *m* intercalaire, on n'aurait jamais obtenu
qu'ambleter, dont le part. serait
ambleté et non emblé.

Emboivre v. boivre.

Embracer, embracier v. bras.

Embrasement v. brase.

Embraser v. brase.

Embrasser v. bras.

Embron v. embronc.

Embronc, embron, embrunc, embrun,
et avec *n* enbronc, etc., II, 254,
baissé, en bas, la tête basse; puis
pensif, soucieux, chagrin, colère;
vb. embroncher, embruncher, anbrunchier, baisser, plier, s'affaisser,
devenir sombre. Racine? Ce qu'on
a dit jusqu'ici de l'origine de ces
mots ne vaut pas la peine qu'on y
songe; v. Le Duchat et Noëls bour-
guignons s. v. ambruncher. Embronc
signifiait aussi couvert, affublé, en-
veloppé, comme embroncher, couvrir,
cacher, envelopper, affubler. Est-
ce le même mot dans cette signification?

Embroncher v. embronc.

Embrun, embrunc v. embronc.

Embruncher v. embronc.

Embuissier v. bois.

Embuschement v. bois.

Embuscher v. bois.

Emende v. amender.

Eminage v. mine II.

Emine v. mine II.

Empaluer v. palu.

Emparcher, emparchier v. parc.

Emparement v. parer.

Emparenter v. parent.

Emparer v. parer.

Emparler, emparlier v. parole.

Empeescher v. depescher.

Empeirer v. pis.

Empereis v. empire.

Empereor, empereour v. empire.

Empereres v. empire.

Empereris v. empire.

Emperial v. empire.

Empeschement v. depescher.

Empescher v. depescher.

Empestrer v. paistre.

Empirance v. pis.

Empire, empire, pouvoir, commandement, juridiction; *imperium;* empereres, empereor, empereour I, 73.
174. 5, chef, commandant, empe-
reur; *imperator;* empereris, empereis
I, 394, impératrice; *imperatrix;*
emperial, impérial; *imperialis; drap*
emperial, drap qui servait de
pavesade.

Empirement v. pis.

Empirer, empirier v. pis.

Emplastre II, 118, emplâtre; *emplas-*
trum (ἔμπλαστον). Emplastre, em-
plaistre signifiaient aussi emplacement, lieu vide; que l'on aphérésa
en plastre, plaistre, emplacement,
sol aplani, plancher, d'où plastron.
Dans ces significations ces mots
ont la même origine: écusson, d'où
les significations plaque, plancher.
Notre *plâtre* est égal à plastre.
V. DC. amplastrum, plastrum.

Empleite v. plier.

Emploier v. plier.

Emploite, emploiter v. plier.

Emplovoir v. plovoir.

Emporter v. porter.

Emprains v. prains.

Empreingner v. prains.

Emprendre v. prendre.

Empres, empries v. pres et II, 362.

Empresser v. presse.

Emprinse v. prendre.

Emprise v. prendre.

Emprunter, emprunter I, 172. II, 139, emprunter; part. passé déjà aussi embarrassé; sbst emprunt, emprunt; ital. improntare, qui, dit-on, a été pris du français, valaque inprumuta, prêter et emprunter. On dérive ordinairement emprunter de *promere* ou plutôt de *promptare*, v. Mén. s. v.; mais cette étymologie aura toujours quelque chose de forcé dans la signification de recevoir de l'argent, et le valaque inprumuta s'oppose pour la forme. Denina a pensé à *petere mutuum*; en effet *mutuum* est en jeu, dans la composition *promutuum*. Quiconque a voyagé dans nos provinces, a entendu plus d'une fois *prunter* au lieu de prêter, et, si toutefois ce n'est pas une formation postérieure sur emprunter, elle servira d'appui à l'étymologie de *promutuus*, avancé, ou *promutuum*, prêt, d'où *promutuare*, *inpromutuare*, étymologie pour laquelle la forme valaque est une preuve irréfragable. Il y a cependant une chose à remarquer dans la forme française, c'est la voyelle *u*, tandis qu'on aurait dû avoir *o*, comme dans l'ancien béarnais *empront*. Dans Agolant, G. d. V. p. 193, c. 2 et 172, c. 1, on lit emprunté pour *emprunté*; le trait ordinaire d'abréviation du *n* a-t-il échappé à l'éditeur?

En, on v. hons.

En, an, em, am prép. II, 349; comp. enmmi, enmi II, 359; en ce que conj. II, 375.

En, ent, end, int, an, em pron. I, 175. 176, en, de là, d'ici.

Enaises v. anaises.

Enamorer v. amer.

Enardoir v. ardoir.

Enarmer v. arme.

Enarmes v. arme.

Enartos v. art.

Enasprie v. aspre.

Enbatre v. batre.

Enbler, aller l'amble v. ambler.

Enbler, òter v. embler.

Enboeir v. boe.

Enbronc v. embronc.

Enbuier v. buie.

Encaïnner v. chaaine.

Encalcer v. enchalcer.

Encantement v. chanter.

Encanteor v. chanter.

Encanter, mettre à l'enchère v. quant I.

Encanter v. chanter.

Encanteres v. chanter.

Encartrer v. chartre.

Ençaucer v. enchalcer.

Encaucher v. enchalcer.

Encaus v. enchalcer.

Encaynner v. chaaine.

Enceinte v. ceindre.

Enceis v. ans.

Encembeler v. cembel.

Encens I, 56, encens; prov. encens, ences; ital. incenso; de *incensum* pour thus; d'où vb. encenser, encenser; encensier, encensoir.

Encenser v. encens.

Encensier v. encens.

Encerchaule v. cercher.

Encercher v. cercher.

Encercheur v. cercher.

Encerchier v. cercher.

Encercier, encerquier v. cercher.

Enchacier v. chacier.

Enchaïner v. chaaine.

Enchalceanment v. enchalcer.

Enchalcer, enchaucer, enchaucher, encaucher, encalcer, encaucer, enchaucier, etc. I, 135. 336. II, 212. 244, poursuivre, pourchasser, propr. être aux talons de qqn.; de *calx*; sbst. enchalz, enchauz, encaus I, 256, poursuite, chasse; prov. encaussar, encaus; ital. incalzare, incalciare; anc. esp. encalzo; adv. enchalcean- ment I, 342, avec poursuite, d'une manière poursuivie, avec feu. Rayn. L. R. III, 351 confond encaussar et encassar = enchaucer et enchacier, et il rapporte à tort le premier à cassa, chasse; Roquefort commet la même faute, tout en dérivant, je ne sais comment, de quassare. Cfr. cauche. Et avec la préfixe es: eschaucier, escauchier I, 149, être hors d'haleine, s'amatir, être à bout, n'en pouvoir plus; propr. être dé- talonné; avec des: descalchier II, 362, chasser, poursuivre. De foris calcare, vient forschaucher, for- chaucher I, 54, fouler aux pieds, abaisser, opprimer, écraser, dés- honorer, outrager. Du simple cau- cher, caucer, cauquer, presser, de calcare, et de l'allemand mar, mahr, anglo-saxon, islandais mara, in- cube, cauchemar, bas-saxon maar, moor, nous avons fait cauchemar. Un verbe qui tient à la même ra- cine est eschalcirer II, 268, ruer, regimber, se montrer récalicitrant; propr. ex-calcitrare. Quelque lourde que paraisse cette forme infinitive, elle est exacte; on ne saurait ob- tenir la forme eschalcirrouent d'autre façon. Les M. s. J. ont, pour ce verbe, scancelhier, v. s. v.

Enchalz v. enchalcer.

Enchanteeur v. chanter.

Enchanteler v. chantel.

Enchantement v. chanter.

Enchanteor v. chanter.

Enchanter, enchanteres v. chanter.

Enchanter, mettre à l'enchère v. quant I.

Enchantur v. chanter.

Enchapt II, 254, v. eschaper ad fin.

Encharger, enchairgier v. char I.

Encharrauder v. charme.

Enchartrer v. chartre.

Enchasser v. chacier.

Enchaucer, enchaucier v. enchalcer.

Enchaucher v. enchalcer.

Enchauz v. enchalcer.

Enche, enque, encre; abrégé de en- caustum, encre de couleur pourpre à l'usage des empereurs d'Orient; ital. inchiostro, anglais ink.

Encheoir v. chaor.

Encherchier v. cercher.

Encherquer, encherquier v. cercher.

Enciter v. citer.

Enclin, encliner v. cliner.

Encloer v. clo.

Encloeure v. clo.

Encloistre v. clore.

Enclore v. clore.

Enclume, englume II, 385, enclume; prov. encluget, enclutge; ital. in- cudine, incude; esp. yunque, cat. enclusa; de incus, incudis, comme l'a dit Ménage.

Enclus v. clore.

Encoi v. hui et II, 297.

Encois v. ans.

Encolper v. colpe.

Encombre, encombrement v. comble.

Encombrer v. comble.

Encombreus v. comble.

Encombrier v. comble.

Encombros v. comble.

Encomencement v. comencer.

Encomencer, encomencier v. comencer.

Encontre, encontree v. contre.

Encontrement v. contre.

Encontrer v. contre.

Encontrester v. steir.

Enconvent pour en convent v. venir.

Enconvertir v. vertir.

Encorcer v. cort.

Encorre, encorrement v. corre.

Encortiner v. cortine.

Encoste v. costeit et II, 356.

Encourtiner v. cortine.

Encovir v. covoitous.

Encovrir v. covrir.

Encroer v. croc.

Encroissement v. croistre.

Encroistre v. croistre.

Encrouer v. croc.

Encrouter v. engrot.

Encumbrer v. comble.

Encuntre v. contre.

Encurtiner v. cortine.

Encusement v. encuser.

Encuser II, 341, accuser; d'où encusement II, 98, accusation; de incusare (incausa); comp. desencuser, disculper; escuser, eschuser I, 364. 389. 402, excuser, dispenser, absoudre; de excusare; d'où escus, excuse. Cfr. cause, acuser.

Encuvir v. covoitous.

Encuvis II, 161. C'est ainsi que porte le texte édité par M. Le Roux de Lincy, mais il faut lire ou encuviez ou encuveiz, 2e p. pl. imp. ou prés. ind. de encuvir.

End v. en et I, 175.

Endemain v. main II.

Endementiers II, 283 et dementre.

Endementres II, 283 et dementre.

Endemetre v. metre.

Endenter v. dent.

Endeter (s') v. devoir.

Enditement v. ditier.

Enditier v. ditier.

Endoctrinement v. doctrine.

Endoctriner v. doctrine.

Endormir v. dormir.

Endreit v droit.

Endroit v. droit.

Endruir v. drut.

Endui I, 112.

Enduire v. duire.

Endurement v. dur.

Endurer v. durer.

Enemi v. amer.

Eneslepas, lis. en es le pas, v. II, 298.

Enfance v. enfant.

Enfancegnon v. enfant.

Enfançon v. enfant.

Enfançunet v. enfant.

Enfant, anfant, et par assimilation

effant, s. s. enfes, anfes I, 71. 72. II, 30, enfant; noble; titre d'honneur qu'on a donné aux fils des rois, princes et grands seigneurs; esp. infante; de infans; dim. enfanton, enfançon, enfancegnon, enfançunet I, 99. II, 184, petit enfant; vb. enfanter, anfanter I, 106, enfanter; d'où enfantement I, 190, enfantement; enfanture, naissance; — enfance, effanche I, 85. 251, enfance, enfantillage, folie; infantia; enfantil I, 230, enfantin; infantilis.

Enfantement v. enfant.

Enfanter v. enfant.

Enfantil v. enfant.

Enfantosmer v. fantosme.

Enfarmeteit v. infermete.

Enfer, enfern, infier I, 230. II, 65. 300. 312, enfer; infernum; infernal, enfernal I, 69. II, 23, infernaus gen. com. I, 102, infernal; infernalis. Le prov. et l'esp. ont formé le vb. infernar, enfernar, damner.

Enfermer v. ferm.

Enfermete, enfermetet v. infermete.

Enfern v. enfer.

Enfernal v. enfer.

Enferte v. infermete.

Enfes v. enfant.

Enfiler v. fil II.

Enflamber v. flame.

Enflamer, enflammer v. flame.

Enfler I, 129. 361, enfler, grossir, enorgueillir; inflare.

Enfoïr, enfouir v. foïr.

Enforcer, enforcier v. fort.

Enforcis v. fort.

Enfouoi, enfouoit part. de enfoïr.

Enfraindre v. fraindre.

Enfrener v. frein.

Enfrum, enfrun V. s. l. M. 38, gourmand, insatiable, avare, dur, rude; de in et frumen, gorge, ainsi dans la gorge, propr. en frum.

Enfrun v. enfrum.

Engager v. gage.

Enganer, enganner II, 202. L. d'I. p. 23. L. d. M. p. 54, tromper, abuser; ital. ingannare, prov. enganar, esp. engañar; langues qui ont en outre le subst. qui semble manquer en français, prov. engan, ital. inganno, esp. engaño; lmâ. *gannum*. La lettre radicale *a* ne permet pas de dériver ces formes de *ingenium* (cfr. engien), comme on le fait ordinairement; ni, avéc M. Diez, de l'ahal. *geinôn*, ouvrir la bouche, bâiller, sans compter qu'ici la signification ne correspond pas. On a songé au celtique: le gallois et l'irlandais *gang* - aid signifie en effet tromperie, perfidie, mais *gang* n'aurait pas produit les formes citées. Il existe dans l'allemand un radical *gam, gom,* signifiant delectatio, ludus, dont l'on a entre autres: ancien norois *gums*=gams, delusio, anglo-saxon *gamen,* badinage, dérision, moquerie, et d'ici par contraction *gamn,* d'où *gann, gan,* radical de nos formes. Le nom du fameux traître *Ganes, Ganelon,* appartient à cette famille.

Enganner v. enganer.

Engarde v. ansgarde.

Engeignier v. engien.

Engendreor v. genre.

Engendrer, engendreres v. genre.

Engendreure v. genre.

Engenier v. engien.

Engenoiller v. genol.

Engenrer v. genre.

Engenreure v. genre.

Engenui v. genre.

Enger, emplanter, d'où multiplier, pulluler, remplir, embarrasser. Les significations de ce verbe se sont développées dans l'ordre que j'indique, et, au XVIe siècle, il n'exprimait encore aucune idée péjorative. Nicot, parlant de la nicotiane,

dit dans son Trésor: „espèce d'herbe, de vertu admirable", qu'il (Nicot) „envoya en France en 1560, dont toutes les provinces ont été *engées* et peuplées". Il est probable que l'herbe miraculeuse de Nicot a été pour qqch. dans la signification qu'on attribua plus tard exclusivement à enger. Ménage dér. *enger,* d'où engeance, d'*ingignere,* et, quoique la contraction soit un peu forte, il ne se trouve aucune étymologie plus convenable. Le port. a *engar,* tourmenter, presser, qui, pour la forme, peut être comparé à notre *enger,* mais non pour le sens primitif, à moins toutefois que *engar* n'ait suivi la même marche que *enger* pour en venir à sa signification actuelle. Si, dès le principe, *engar* a signifié tourmenter, on peut le dér. de *enecare,* martyriser, et il n'a rien de commun avec *enger.* Dans le pays de Bray, *anger* signifie encore procurer, fournir, et *ange,* espèce, graine; p. ex.: donnez-moi de l'ange de vos pois.

Engien, engin, engieng, enging I, 84. 162. 169. 279. II, 99. 251. 361 R. d. S. G. 2127, esprit, esprit inventif, invention, art, industrie; machine de guerre; ruse, finesse, subtilité, fourberie, machinerie, tromperie; de *ingenium;* d'où engignier, engingner, engigner, enginner, engenier, engeignier I, 293. II, 15. 74. 336. Brut. 9790. Ben. I, 1633, inventer, imaginer, trouver quelque moyen, machiner, tromper, duper, surprendre, séduire. La Fontaine (fab. IV, 11) s'est encore servi de ce verbe très-expressif et son exemple aurait dû engager nos écrivains modernes à le faire revivre. Engigneres, engigneor, angigneor, engigneur I, 77. 110, ingénieur; machiniste, amorceur, allécheur;

engignos, engingnos II, 33, ingénieux,
industrieux, adroit, habile, rusé,
trompeur; *ingeniosus;* et par aphérèse, comme le provençal *ginhos,*
gignos P. d. B. 5434, avec la même
signification. Notre verbe *s'ingé-*
nier, le subst. *ingénieur,* se rangent
ici; *génie* vient de *genius.*

Engieng v. engien.

Engigneor v. engien.

Engigner v. engien.

Engigneres v. engien.

Engigneur v. engien.

Engignier v. engien.

Engignos v. engien.

Engin, enging v. engien.

Engingner v. engien.

Engingnos v. engien.

Enginner v. engien.

Engint 3e p. s. prés. subj. de enginner.

Englise v. eglise.

Englume v. enclume.

Engoint I, 255 pour enjoint v. joindre.

Engoler v. gole.

Engraigner v. grant.

Engrainer v. grant.

Engrais v. engres.

Engraisser v. cras.

Engrande v. engrant.

Engrant, engrande, désireux, acharné,
avide. Racine? car ce mot n'a
aucune communauté avec *grams,*
grains, comme l'admet Raynouard
I. R. III, 494, ni avec *engres,* ainsi
que d'autres étymologistes l'ont
avancé.

Engregier v. grief.

Engres, engries II, 213. 347, engrois,
engrais, f. engresse II, 100. 293,
empl. aussi subst., violent, impétueux, passionné, opiniâtre, entêté,
désireux, acharné; adv. engressement
M. s. J. 472; engreste, angreste, violence, impétuosité, courage, féro-
cité; engresser (s'), s'opiniâtrer,
s'acharner, se passionner; engresserie M. s. J. 472. Selon M. Ville-

marqué, *engres* viendrait du breton
enkrez, inkrez, chagrin, agitation;
mais je préfère une autre étymologie, sur la voie de laquelle
met M. Le Roux de Lincy en pro-
posant, quoique bien à tort, de
lire *agreste* pour *angreste* Brut,
II, 198. D'après cela, *engres* dériverait de *agrestis,* grossier, sauvage,
féroce. Cfr. engrot, de aegrotus.

Engresse v. engres.

Engresser, engraisser v. cras.

Engresser, s'opiniâtrer v. engres.

Engresserie v. engres.

Engreste v. engres.

Engries v. engres.

Engrois v. engres.

Engrot, malade; engrotier, engroter
II, 15, engruter R. d. R. I, 371,
encrouter P. d. B. 1087, tomber
malade, être malade; part. pas. employé subst.; de *aegrotus; aegro-*
tare, avec *n* intercalaire. Cfr.
heingre.

Engroter v. engrot.

Engruter v. engrot.

Enguardes v ansgarde.

Enhalcer v. halt.

Enhaner v. ahan.

Enhanter v. hante.

Enhardir v. hardir.

Enhaucer v. halt.

Enhel (curs) II, 299 et glos. anheler.

Enhelder v. helt.

Enheldir v. helt.

Enhelement II, 299 et glos. anheler.

Enherber v herbe.

Enherdir, hérisser, dresser: si enher-
dirent li poil de ma char, M. s. J.
483; de *hirtus.*

Enhermi, ie, tranquille, solitaire; part.
pas. d'un verbe *enhermir,* qui m'est inconnu; de l'ahal. *hirmjan,* quiescere.

Enheuder v. helt.

Enheudeure, enheudure v. helt.

Enhort v. enhorter.

Enhortement v. enhorter.

Enhorter, exhorter, engager, exciter; *inhortari*; d'où subst. enhort, enort R. d. l. V. 242, exhortation, conseil, suggestion; **enhortement** II, 13, exhortation, instance, instigation, incitation.

Enhouder v. helt.

Enivrer v. ivre.

Enjoindre II, 238 v. joindre.

Enjoske v. dusque.

Enki v. anqui et II, 271.

Enlacer v. lac.

Enlaceure v. lac.

Enlacier v. lac.

Enleecier v. liet.

Enlever v. lever.

Enlire v. lire.

Enlumineiet de enluminer.

Enluminer v. lumière.

Enmaladir v. malade.

Enmanantir v. manoir.

Enmei, enmi v. en prép. et II, 359.

Enmener v. mener.

Enmeu part. pas. de enmovoir.

Enmovoir v. movoir.

Enne II, 287.

Ennement II, 288.

Enoindre v. oindre.

Enoint v. oindre.

Enombrer v. ombre.

Enor v. honor.

Enorer v. honor.

Enorguellir v. orgoil.

Enort v. enhorter.

Enpenser v. pois I.

Enplaider v. plait.

Enporter v. porter.

Enprendre v. prendre.

Enpres v. pres et II, 362.

Enpries v. pres et II, 362.

Enpruef v. prop et II, 361.

Enprunter v. emprunter.

Enquant, enquanter v. quant I.

Enque v. enche.

Enquerement v. querre.

Enquerrer v. querre.

Enqui v. hui et II, 297.

Enqui v. anqui et II, 271.

Enquoi v. hui et II, 297.

Enraciner v. raïs.

Enragier v. rage.

Enrichir v. riche.

Enroer v. roe.

Ens, en les v. el et I, 55.

Ens, enz, ans, anz adv. et prép. II, 288. 351; comp. dens, denz, danz, dans II, 352; d'où dedenz, dedans, etc. II, 352.

Ensaigne, ensaigner v. signe.

Ensaignier v. signe.

Ensainte v. ceindre.

Ensanble II, 352.

Ensanglanter v. sang

Ensanle II, 352.

Enscombrement v. comble.

Enseigne v. signe.

Enseigner, enseignier v. signe.

Enseignorir v. sendra.

Enseiner v. signe.

Enseir v. seoir et II, 80.

Enseller v. selle.

Ensemble, ensemle, ensenle, ensanle, ensanble II, 352, d'où ensemblement II, 352.

Ensemblement II, 352.

Ensement v. eis.

Ensemle II, 352.

Ensenge, ensenger v. signe.

Ensengne, ensengner v. signe.

Ensenle II, 352.

Enseoir v. seoir et II, 80.

Ensepouturer v. sevelir.

Ensepulturer v. sevelir.

Enserrer v. serrer.

Enseure, ensevre v. sevre.

Ensevelir pour lequel on trouve aussi ensepelir, v. sevelir.

Ensi, ansi, einsi, ainsi, insi, ensinc, ensinques, ansinc, einsinc, ainsinc, ainsint, einsint — eissi, issi, isi, issiques, issinc, issint II, 273. 274, ensi que, eissi que, conj. II, 377.

Ensiet II, 80.

Ensigner v. signe.

Ensinc, ensinques v. ensi et II, 273.

Ensoignier v. soin.

Ensongement v. songe.

Ensongier v. songe.

Ensonier v. soin.

Ensorquetot, ensorquetout II, 228.

Ensounier v. soin.

Ensprendre v. prendre.

Ensseingnier v. signe.

Enstruire, estruire II, 253. I, 169; de *instruere; estrument* I, 181. 401, instrument, outil; instrument de musique; de *instrumentum; estruire* II, 253, édifier; *exstruere;* construire II, 253; *construere;* destruire *destruere;* de là destruiemant II, 14. 102, destruction, ruine; — destruction II, 199, destruction, ruine, de *destructio;* — par destruire II, 253.

Ensurchetut II, 288.

Ensurketut II, 288.

Ent v. en et I, 175.

Entaille v. taille.

Entailler v. taille.

Entalmascher, entalemaschier v. mascher.

Entalenter v. talent.

Entamer I, 69, entamer, trancher, blesser, léser, enlever l'intégrité; prov. *entamenar.* Selon M. Dief. Celt. I, 142 de *in* et du celtique: kymri *tam,* morceau, gall. *taman,* souche, etc.; selon d'autres du grec *ἐντέμνειν;* enfin selon M. Diez I, 39 de *attaminare,* avec changement de préfixe, ce qui n'est pas sans exemple. Je préfère cette dernière étymologie, et pour la forme et pour le sens.

Entan v. an et II, 275.

Ente II, 142, greffe, plante, arbre à fruit; enter, anter, greffer, enter, réduire en état de culture; du grec *ἔμφυτον, ἐμφυτεύειν.* On trouve déjà dans la Loi salique *impôtus,* greffe, composé selon quelques-uns de *in* et néerlandais *poot,* patte, et sujet (à greffer), d'où l'ahal. *im-*

pitôn, etc., *enter* pour *empter.* Cfr. Dief. G. W. I, 415. II, 472 (add.). Le déplacement de l'accent sur la particule rend cette dérivation très-peu probable. M. Pott (Hall. Ltz. N. 207. 1845.) rapporte *enter* à *imputare,* inciser, entailler, qui conviendrait parfaitement, si ces significations pouvaient être prouvées d'une manière certaine. Cfr. Mén. s. v.

Entechier v. taiche.

Entechier, exciter v. euticher.

Entecier v. taiche.

Entencion v. entendre.

Entendable v. entendre.

Entendant v. entendre.

Entendement v. entendre.

Entendible v. entendre.

Entendre I, 185. II, 170, entendre, écouter, comprendre; *entendre envers qqn.* I, 71; avoir à coeur, prétendre, s'appliquer, s'affectionner, donner son attention, s'occuper, viser (v. II, 170, s'entendre à faire qqch., I, 281, entendre à qqch., I, 66. 386. etc.); de *intendere; faire entendant,* faire entendre, donner à entendre; *être entendant,* être attentif, regarder; de là **entendable** I, 207, qui mérite d'être entendu, digne de confiance, de foi; intelligent; facile à entendre, compréhensible; **entendible,** facile à entendre, intelligible; **entendement** I, 88. 117. 128, entendement, intelligence, explication, interprétation; intention; **entente** I, 388. II, 4. 143, attention, intention, attente, but, dessein; *livrer entente,* donner de la besogne; **ententif, ve** I, 160. **ententius** I, 195, attentif, affectionné; *être ententis à qqch.* II, 53, y appliquer son esprit, y mettre ses soins; adv. **ententivement, ententiement** II, 174, attentivement, avec application d'esprit, soigneusement, instamment, avec instance; — **en-**

9*

tencion, entention I, 83. 180. 240,
intention, affection, attention, dessein, application; *intentio.*

Entente v. entendre.

Ententiement v. entendre.

Ententif, ve v. entendre.

Entention v. entendre.

Ententius v. entendre.

Ententivement v. entendre.

Enter v. ente.

Entercier, entercer II, 301, reconnaître;
du lat. moy.-à. *intertiare*, mettre
en main tierce, en séquestre. Voy.
dans DC. s. v. intertiare l'origine
de ce mot, par laquelle on verra
pourquoi mettre en séquestre devint
synonyme de reconnaître.

Enterin v. entier.

Enterinance v. entier.

Enterment v. terre.

Enterrai, enterroie fut. et cond. d'entrer I, 244.

Enterrement v. terre.

Enterrer v. terre.

Enterver v. rover.

Enticer v. enticher.

Enticher, enticer, enticier, entechier
R. d. l. V. 25, exciter, susciter, suggérer, pousser à; de l'anglo-saxon
stician, stican, piquer, poindre,
stimuler; ahal. *stehhan, stecchan,* ib.
C'est à la même racine que se rapporte notre *enticher,* en parlant d'un
fruit qui commence à se gâter, allm.
anstecken. Il ne faut pas confondre
enticher avec *entechier.* s. v. taiche.

Enticier v. enticher.

Entier, antier, entir, à la rime, intègre,
irréprochable, sincère; de *integer;*
adv. entierement, anterement I, 48.
345; intègrement, entièrement; de
là enterin, comme entier; adv. en-
terinement, entièrement, parfaitement; enteriner, accomplir, exécuter,
achever, cautionner; mot qui s'est
conservé au palais; d'où enterinance,
caution, sûreté.

Entierement v. entier.

Entierer v. terre.

Entir v. entier.

Entocher, entochier v. tocher.

Entoier v. toie.

Entor, entour v. tor I et II, 290. 353.

Entornèrent (s') II, 38, lis. s'en tor-
nèrent v. tor I.

Entort v. tort II.

Entosche v. toxiche.

Entoscher v. toxiche.

Entracoler v. col.

Entrafier v. foit.

Entraherdre v. aherdre.

Entraidier v. ajude.

Entraire v. traire.

Entrait v. traire.

Entraiter, entraitier v. traiter.

Entraler v. aler.

Entramer v. amer.

Entrant v. entrer.

Entraprocier v. proche.

Entrasalir v. saillir.

Entraseurer v. segur.

Entratirer v. tirer.

Entre, antre II, 352. 3; conjointement,
ensemble, à la fois; *inter;* comp.
entremi, au milieu de; cfr. parmi;
entre ci que, entre si que, entresque,
antresque II, 372 et suiv.; antre ci
à I, 235, d'ici à; entrues adv. II,
289; entruesque, entreusque conj.
II, 382.

Entreamer v. amer.

Entreasenbler v. sembler.

Entrebaisier v. baisier.

Entreconsentir v. sens.

Entrecontrer v. contre.

Entrecorre v. corre.

Entredailler, entredaillier v. dail.

Entredire v. dire.

Entredit v. dire.

Entredoner v. doner.

Entreduire v. duire.

Entree v. entrer.

Entrefaillir v. faillir.

Entreferir v. ferir.

Entrelachier v. lac.

Entrelaissier v. laissier.

Entreluire, entreluisir v. luire.

Entremeller v. mesler.

Entrement v. entrer.

Entremente II, 283.

Entrementiers II, 283.

Entremetre, entremestre v. metre.

Entremi v. entre.

Entreocire v. occire.

Entroil v. oil.

Entreorgiller v. orguel.

Entreoscher v. oscher.

Entreovrir v. aovrir.

Entrepooir v. pooir.

Entreprendre v. prendre.

Entreprinse v. prendre.

Entreprise v. prendre.

Entrer I, 60. 179, entrer, commencer; intrare; inf. empl. subst. entrée, commencement; part. prés. empl. subst. entrant I, 342, entrée; ingrédient, ce qui entre dans la préparation d'une médecine; — de là entree I, 48, entrée, action d'entrer, commencement; prov. intrada, ital. entrata; entrement II, 49, action d'entrer, entrée, amenage, arrivage; comp. rentrer, rentrer, recommencer; rentrement I, 257 même signification que le simple.

Entresait, entressait II, 288. 289.

Entreseit, entreset II, 288. 289.

Entresque v. entre et II, 372.

Entretant v. tant et II, 325.

Entretenir v. tenir.

Entretolir v. tolir.

Entretrover v. trover.

Entreus que v. entre et II, 382.

Entrevenir v. venir.

Entreveoir v. veoir.

Entrues, entruesque v. entre et II, 289. 382.

Entur v. tor 1, et II, 290. 353.

Enui, enuier v. anoi.

Enuingndre v. oindre.

Enuint v. oindre.

Ennius v. anoi.

Enur, enurer v. honor.

Envaer v. voie.

Envaïe v. euvaïr.

Envaïr II, 281, assaillir, attaquer, charger, entamer; notre *envahir*; subst. envaïe, attaque, choc, assaut; prov. envazir; envaïda. Du latin *invadere*, avec syncope de *d*, et, dans la langue moderne, intercalation de *h*.

Envei v. voie.

Enveier v. voie.

Enveillir v. viel.

Enveise, enveisement v. vice.

Enveiser v. vice.

Enveisie, enveisiet v. vice.

Enveisure v. vice.

Envelimer v. venim.

Envenimer v. venim.

Envermeillir v. verm.

Envermillir v. verm.

Envers v. verser.

Envers prép. v. vers.

Enverser v. verser.

Enviaille v. voie.

Envial v. voie.

Enviaus v. voie.

Envie I, 107. II, 387, envie, désir; de *invidia*; envios, envieux, désireux, jaloux; *invidiosus*; envier I, 304, envier, désirer; *invidere*. Notre locution adverbiale *à l'envi* s'écrivait autrefois *à l'envie*, à l'envie de qqn.; on en a retranché l'*e* final après le XVIe siècle.

Enviellir v. viel.

Envier v. envie.

Enviers v. vers et verser.

Enviezier v. vice.

Envilanir v. vile.

Envillenir v. vile.

Envios v. envie.

Environ v. II, 290 et virer.

Environner v. virer.

Envirun v. II, 290 et virer.

Enviruner v. virer.

Envis, enviz, à envis II, 289.

Envoi v. voie.

Envoier v. voie.

Envoisement v. vice.

Envoiser, envoiserie v. vice.

Envoiseure, envoisure v. vice.

Envoisie v. vice.

Envoleper v. envoluper.

Envoler v. voler.

Envoluper II, 85. Ch. d. R. p. 17, envoleper I, 407, envelopper, couvrir;
desvoleper, ôter l'enveloppe, découvrir, débarrasser; comp de *voluper,
voleper;* prov. envolopar, volopar,
revolopir Rayn. L. R. On a dérivé
voluper de *volvere, volutare;* mais
ni l'un ni l'autre de ces verbes ne
convient pour la forme. Je ne
connais qu'un seul mot latin qui,
pour la forme, puisse servir de racine, c'est *volup, volupe,* et il s'agirait de prouver que l'idée primitive
de *voluper* a été celle de commodité,
de confort, d'où se tenir chaudement.

Enyvrer v. ivre.

Enz, avant v. ans.

Enz, dans v. ens.

Eo Serm. je, v. I, 123.

Epars v. esparcir.

Er v. hier et II, 269.

Erbe v. herbe.

Erboie v. herbe.

Erbu v. herbe.

Ereiner, éreinter; de *ren.* Le *t* de la
forme actuelle est intercalaire.

Eriçon v. heriçon.

Erier, eriere v. rier.

Eriter v. hoir.

Eritet v. hoir.

Erme v. herme.

Ermenie v. ermine.

Ermin v. ermine.

Ermine, hermine II, 25, hermine; de
armenius, parce que la peau de cet
animal, qui habite le nord de l'Asie,
était tirée de l'Arménie, Ermenie,
en langue d'oïl.

Ermite v. herme.

Ermoise I, 55, armoise, appelée vul-
gairement herbe de la St. Jean;
corruption de *artemisia,* prov. arte-
mezia, arsemisa, ital. artemisia;
de là ermoisié, V. s. l. M., préparé
avec de l'armoise.

Erramment v. erre.

Errannment v. erre.

Errant v. erre.

Erraument v. erre.

Erre, oire I, 306. II, 212. 368, voyage,
chemin, marche, tout ce qui est
nécessaire pour un voyage; dessein,
projet, entreprise; errér, oirer, oirrer
I, 154. 172. 196. II, 93; errer I,
303, marcher, voyager, agir, se
conduire; d'où errement, voyage,
conduite, ordre, manière; comp.
meserrer, mal agir, se conduire mal;
adv. errant, errannment, erramment,
erraument, erroment I, 146. 226. II,
211, incontinent, sur-le-champ. Dans
la vie de St. Léger, on trouve *edrar*
(Strop. 12 edrat, que M. E. Du Méril
prend pour erat, avec *d* intercalaire!),
qui nous reporte au latin *iter, ite-
rare,* ainsi que l'avait déjà pensé
Ménage, et non pas de errare. En
suivant cette dérivation, on traduira
chevalier, juif *errant,* par chevalier,
juif marchant, voyageant; ce qui
est plus plausible et plus en accord
avec l'idée qu'on attribuait à ces
expressions, que si l'on songeait à
allant çà et là, à l'aventure.

Errement v. erre.

Errer v. erre.

Erroment v. erre.

Error, errur I, 255. 265, erreur, faute,
trouble, peine; *error.*

Erseir v. hier et II, 269.

Ersoir v. hier et II, 269.

Es adv. II, 287.

Es de ipse, v. eis.

Es, en les v. el.

Es, eiz I, 191. M. d. F. fal. p. 243,

abeille; pour *eps*, de *apis* ou *apes*; cfr. *es* de *ipsum*; dim. **ewette** Ben. v. 335, où le *p* syncopé dans *es*, reparaît sous la forme *v*, *w*, normand *avette*. La forme moderne *abeille* vient directement du latin *apicula*. **Achier**, ruche, apier; de *apiarium*.

Esbahiement v. baïf.

Esbahir, esbaïr v. baïf.

Esbaldir v. bald.

Esbalsi II, 281, lis. esbahi.

Esbancier v. bande.

Esbaneis v. bande.

Esbanier v. bande.

Esbanir v. ban.

Esbanoier, esbanoiier v. bande.

Esbanois v. bande.

Esbatant v. batre.

Esbatement v. batre.

Esbatre v. batre.

Esbaudir v. bald.

Esbaudré v. baldret.

Esbloir II, 338, éblouir; selon M. Grandgagnage, et avec raison, de l'allemand: ahal. *blôdi*, *plôdi*, hebes, infirmus, timidus; ancien norois *blaudhr*; vb. *plôdan* (transitif), debilitare, infirmare, goth. *gaplauthian*, forme qui explique le prov. (es, em) *blauzir*. Cfr. l'allemand moderne *blôdsichtig*, oculis hebes.

Esboeler v. boel.

Esbollir v. bolir.

Esbouler v. boule.

Esboulir v. bolir.

Esbrander v. brant.

Esbraoner v. braon.

Esbraser v. brase.

Esbuiller v. boel.

Escachier v. catir.

Escafaut, eschafaut II, 25, échafaud. La forme primitive de ce mot a été *escadafalt* (DC. s. v. escadafault), italien *catafalco*, prov. *cadafalc*. *Escafaut* est une forme hybride, composée de *cata*, *cada* et de *falco*,

falc. Le *c* final s'est permuté en *t* dans la langue d'oïl. *Cata* dérive de *catar*, voir, de *captare*, épier, (Rayn. Lex. R. III, 416), verbe que la langue d'oïl n'a pas admis, à ce qu'il semble; *falc* est l'ahal. *palko*, *palho*, poutre. Le *p* a passé au *ph*, puis au *f*. *Escafaut* signifie donc proprement poutre d'où l'on voit. Nous n'aurions pas eu besoin d'emprunter notre *catafalque* à l'italien *catafalco*, qui n'a pas d'autre signification que *escafaut*.

Escaile v. escale.

Escailiere v. escale.

Escale, escaile, écaille; dim. **escalete**. Nous avons conservé les deux formes *écale* et *écaille*, dans un sens différent. *Escale* dérive de l'allemand *schale*, tout ce qui est en lames; abal. *scala*, tegimen, gluma, testa, concha, etc. Le gothique *skalja* se trouve avec la signification tuile; mais M. Diefenbach, G. W. II, 233, prétend que ce n'était pas la seule. **Escaile** signifiait encore ardoise; **escailliere**, ardoisière. Cfr. le hollandais *schalie*, ardoise.

Escalete v. escale.

Escalguaite v. eschargaite.

Escame, escamel, eschame, eschamel II, 342, escabelle, petit banc de bois; de *scamellum*. **Escabeau, escabelle**, vient de scabellum. Cfr. M. Grandgagnage, Dict. wal. s. v. *hamai*.

Escamel v. escame.

Escamp, escampee v. champ.

Escamper v. champ.

Escance v. chaor.

Escancer v. eschancer.

Escançon v. eschancer.

Escandele v. scandele.

Escandelisier v. scandele.

Escandle v. scandele.

Escandre v. scandele.

Escanle v. scandele.

Escap, escapement v. eschaper.

Escaper v. eschaper.

Escapin v. escarpin.

Escar v. escharnir.

Escarir v. eschele.

Escarlate. Dans l'ancienne langue, ce mot désignait une étoffe et non une couleur. Il y avait des escarlates blanches, sanguines, vermeilles, etc. V. R. d. l. V. p. 169, note 2 et Ben. III, p. 801 s. v. escarlate. *Escarlate* dérive, dit-on, du persan *scarlat*; turc *iskerlet*.

Escarn v. escharnir.

Escarnir v. escharnir.

Escarnissement v. escharnir.

Escarpin, escapin, eschapin, espèce de soulier, escarpin, pantoufle. Dérivés dont le simple se trouve dans l'italien *scarpa*, soulier (à talon pointu). Nos mots *escarpe*, *escarper* paraissent être de la même famille; italien *scarpa*. Quelle est l'origine de ces mots? L'ancien norois *skarpr*, ahal. *scarf*, aujourd'hui *scharf?* V. Schwenk D. W. s. v. *scharf.*

Escars v. eschars.

Escarteler v. quart.

Escarter, écarter; de *carta* (charta), comme le dit Nicot, mot d'abord employé au jeu de cartes, puis par métaphore dans le sens général de mettre de côté. Les cartes remontent au moins au XIVe siècle.

Escauchier v. enchalcer.

Escaveler v. chevel.

Escavi, eschevi I, 216, svelte (de corps), élancé, dégagé; de l'ahal. *scafjan*, former, ordonner. Il faut sous-entendre bien, comme on disait formé pour bien formé v. former, molé pour bien molé, p. ex.: Aubris fu biaus, eschevis e moles (G. l L. I, 85). *Eschewid*, Ch. d. R. str. 279, que M. F. Michel ne comprend pas, est notre mot. Prov. escafit, mal traduit par Raynouard L. R. III, 143.

Escercher v. cercher.

Escerpe v. escharpe.

I. Eschac, eschec, eskiec Fl. et Bl. v. 131, s. s. et p. r. eschas, esches, eskies, butin; de l'ahal. *schâh*, butin.

II. Eschac, eschec, eskiec, s. s. et p. r. eschas, esches, eskies, jeu des échecs. On dérive *eschac* du persan *schach*, roi, parce que le roi est la pièce principale. De *eschac*, on forma eschakier, eschequier, eskiekier R. d. l. V. 77, etc., échiquier; nom par lequel on désignait aussi une cour de justice de la Normandie et de l'Angleterre, ainsi que le trésor royal (Q. L. d. R. p. 238); — eschaquer, eschequer, eschekier, répartir également; — eschaquete, eskiekete, etc., notre *échiqueté.* V. DC. scacci, scacarium; et cfr. M. Sachs, Beiträge zur Sprach- und Alterthumsforschung, 1ste Liefer., S. 98.

Eschacer, eschacier v. chacer.

Eschafaut v. escafaut.

Eschakier v. eschac II.

Eschalcirer v. enchalcer, vers la fin.

Eschame, eschamel v. escame.

Eschampe, eschampee, même signification que escamp, escampee.

Eschamper, fuir en toute hâte v. champ.

Eschancer, escancer, verser à boire; eschançon, escançon, échanson; de l'ahal. *scenhan*, *scancjan*, anglosaxon *scencan*, aujourd'hui *schenken*, verser à boire, donner; substantif *scenho, scencho, scancjo,* lmâ. scancio. *Chinquer*, boire beaucoup, boire à la santé, dérive également de *schenken*.

Eschançon v. eschancer.

Eschandele v. scandele.

Eschandre v. scandele.

Eschanteler v. chantel.

Eschap, eschapement v. eschaper.

Eschaper I, 175. 181. II, 151, etc., escaper I, 83. 137. 171, exaper I, 341, échapper, se sauver; *ne pas eschaper pied* I, 300, phrase qui signifie ne pas échapper un seul

On a souvent dérivé *eschaper* de *eschamper* (v. s. v. champ); mais, comme l'a déjà fait observer M. Grandgagnage (s. v. haper), ce sont deux mots d'origine différente, bien qu'il ne sache pas s'expliquer la racine de *eschaper*. La lettre *m* ne disparaît pas devant le *p*. *Eschaper* dérivé du roman *cappa*, manteau, ainsi *excappare*, sortir du manteau, parce qu'il gêne dans la fuite. L'étymologie hybride proposée par M. Diez I, 288. II, 349, *ex* et *champf*, ancien norois *kapp*, combat, n'a aucun fondement. M. Diez a en outre le tort, comme Casenueve et Ménage, de confondre *eschamper* et *eschaper*. De *eschaper* vient *eschap*, *escap*, échappatoire; *eschapement*, *escapement*, échappement, fuite; moyen d'échapper. T. II, p. 254 on lit enchapt, qu'il ne faut pas confondre avec l'italien *incappare*, tomber dans, de in et *cappa*; c'est le même *en* que dans *enfuir*, et l'auteur à considéré *chaper*, de *eschaper*, comme le radical d'un verbe composé. Il eût mieux valu écrire en chapt.

Eschapin v. escarpin.

Eschaquer v. eschac II.

Eschaquete v. eschac II.

Eschar v. escharnir.

Escharcer v. eschars.

Escharcete v. eschars.

Escharde, écharde v. chardon.

Escharde, brèche; échalas, pieu; vb. **escharder**, diminuer, fendre; dépouiller; de l'ahal. *scarti*, ancien norois *skard*, incisura; ahal. *skertan*, ancien norois *skarda*, faire des brèches, des coupures, diminuer.

Escharder, carder v. chardon.

Escharder, fendre v. escharde.

Eschargaite, **escalguaite**, guet, sentinelle; d'où **eschargaiter**, **eschilguaitier** II, 297, faire le guet, épier; de l'allemand *schaarwacht*, guet que chaque citoyen devait faire à son tour. Nous disons aujourd'hui *échauguette*. Cfr. gaiter pour les variantes de gaite.

Escharie v. eschele.

Escharir v. eschele.

Escharn v. escharnir.

Escharnir, escarnir, eschernir, eskernir, blâmer, railler, se moquer, honnir, mépriser, outrager; **escharn**, **eskarn**, **eschern**, **eskern**, dérision, moquerie, mépris, outrage, honte; de l'ahal. *skernón*, se moquer; *skërn*, moquerie. Le *n* final de la forme substantive se perdit de fort bonne heure et l'on eut **eschar**, **escar**, **esker** II, 290, que Roquefort confond avec *eschars*; *à eschar*, en dérision. De là **escharnissement**, **eschernissement**, **eskernissement**, **escarnissement**, raillerie, moquerie, insulte, injure, outrage; **eschernisseor**, **eschernisseur**, *(eschernisseres,)* railleur, moqueur.

Escharnissement v. escharnir.

Escharpe, escherpe, eschierpe, escerpe, écharpe, et poche suspendue au cou, comme le prouve le vers suivant: Puis mist main à l'escharpe, s'en traist le carrenon (Ch. d. S. II, p. 123). Pour retrouver l'origine de ce mot, il faudrait avant tout savoir laquelle de ces deux significations a été la primitive; mais, en tout cas, *escharpe* dérive de l'allemand. Cfr. l'ahal. *scherbe*, poche; anglo-saxon *scearfan*, couper; l'all. mod. *scharben* ou *schärben*, couper. — Voy. Roquefort, s. v. escherpe.

Eschars, escars, ménager, économe, chiche, mesquin, avare; *à eschars*, en petite quantité; du lmâ. *scarpsus*, *excarpus*, part. de *excarpere* pour *excerpere* (DC. s. v.), réduire en petit. De là **escharsement**, avec ménage, en épargnant; **escharcete**, économie, épargne, ménage; **escharcer**, diminuer, affaiblir.

Escharsement v. eschars.

Eschas v. eschac.

Eschaucier v. enchalcer.

Eschauder v. chalt.

Eschaufement v. chaufer.

Eschaufer, eschaufier v. chaufer.

Eschaufeté v. chaufer.

Eschausfer v. chaufer.

Esche v. eche.

Eschec v. eschac.

Escheiteur v. sevre.

Eschekier v. eschac II.

I. Eschele, eschiele, escadron, bataillon, rang, colonne, corps de troupes.
Au lieu de *eschiele* on trouve quelquefois *eschiere*, prov. *esqueira*; et il
s'agirait de savoir si ces deux mots
sont identiques dans leur origine,
c'est-à-dire s'il y a eu changement
de *r* en *l* ou de *l* en *r*. Dans le
premier cas, *eschiele* i. e. *eschiere*
dériverait de l'allemand *scara*, aujourd'hui *schar*, division, corps,
dans l'allmâ. aussi rang, ligne; dans
le second cas nous aurions la dérivation du latin *scala*. Cependant
le verbe qui répond à ce substantif
a toujours un *r* radical et cela
pourrait faire pencher la balance
pour la racine allemande, si l'on
n'était en droit d'admettre deux
radicaux différents: *eschiele*=*scala*
et *eschiere*=*scara*, qui fut remplacé par le premier, tandis qu'on
conserva le verbe d'origine germanique: escharir, escarir, escherir,
départir, diviser, partager, séparer,
abandonner, ordonner, désigner,
enseigner, suggérer; de là l'expression fréquente *od maisnie escharie*
I, 287, avec une troupe peu nom-
breuse (choisie?); escherie, eskerie,
sort, destinée, condition; de l'ahal.
scarjan, scerjan, ordonner, partager.

II. Eschele, eschiele I, 66, échelle;
de *scala*.

Eschelle, eschellette v. eschiele.

Escheoir v. chaor.

Eschequer v. eschac II.

Eschequier v. eschac II.

Eschercher v. cercher.

Escherie v. eschele.

Escherir v. eschele.

Eschern, eschernir v. escharnir.

Eschernissement v. escharnir.

Eschernisseor, eschernisseur v. escharnir.

Escherpe v. escharpe.

Esches v. eschac.

Eschet v. chaor.

Escheveler v. chevel.

Eschevi v. escavi.

Eschevin, eskevin, esquievin, échevin;
de l'ahal. *sceffino*, *sceffen*; ancien
saxon *scepeno*; all. mod. *schöffe*,
schöppe, *scheffen*; de *schaffen*, régler, arranger, ordonner. Lmâ.
scabinus, scabinius.

Eschewid v. escavi.

Eschi v. eschiver.

Eschiele, escadron v. eschele I.

Eschiele, échelle v. eschele II.

Eschiele, eschelle, eschille, sonnette,
clochette; dimin. eschelette, eschilette, etc.; de l'ahal. *scella, skella,
skilla*, aujourd'hui *schelle*, clochette.
Dans le latin du moyen-âge *tintinnabulum* signifiait souvent une
espèce d'instrument composé de plusieurs clochettes de divers calibres
suspendues en file à une barre de
bois ou de fer et donnant des sons
différents quand on les frappait
l'une après l'autre en cadence. Ce
tintinnabulum paraît avoir été traduit par *eschelettes*.

Eschiere v. eschele.

Eschierpe v. escharpe.

Eschif, eskip, esquif, embarcation;
eschiper, esquiper, équiper et s'em-
barquer; eschipre, eskipre, marinier,
marin, et non pas esquif, comme
le dit M. F. Michel dans ses Glossaires de Trist. et de la Ch. d. R.
Eschif du goth. *skip*, ahal. *skif*,

scef, ancien norois *skip*, vaisseau; ainsi *f* et *p* final, comme dans la langue d'oïl; pour *eschiper* cfr. ancien norois *skipa*, ordinare, constituere; *eschipre* de l'anglo-saxon *sciper*, anc. norois *skipari*, *schiffer*, dans l'allemand moderne.

Eschilguaitier v. eschargaite.

Eschille, eschilette v. eschiele.

Eschine, eschinee I, 274, échine; prov. esquina, esquena, esp. esquena, ital. schiena. On dérive ordinairement *eschine* de *spina*, mais le *p* fait quelque difficulté pour le *ch*; je préfère l'ahal. *skina*, aiguille, pointe, épine. *Spina* a également la signification de épine et échine.

Eschinee v. eschine.

Eschiper v. eschif.

Eschipre v. eschif.

Eschirer, esquirer, escirer, déchirer, écorcher, égratigner; de l'ahal. *skërran*, *scerran*, gratter, etc. De là avec la prép. *de*, le composé deschirer, desquirer, descirer, dessirer, desirer I, 142. 407. II, 38, déchirer, écorcher, faire une plaie.

Eschis v. eschiver.

Eschiu v. eschiver.

Eschiver, eskiver, escheveir I, 225, éviter, fuir, *esquiver*; de l'ahal. *sciuhan*, *skiuhan*, aujourd'hui *scheuen*, fuir, éviter. Eschiu, eskiu, esqui, eschi (altération de *eschiu*), poltron, sans coeur, farouche, dur; de l'adj. *scheu*, fuyant par crainte, par répugnance ou par peur. T. II, 321 on lit eschiwid, dans la signification primitive du mot eschiver, c'est-à-dire éviter par crainte, craindre, cavere dans le texte latin; mais ici ce verbe se rapporte à la 2e ou à la 4e conj. J'admets le dernier cas: *eschiwre = eschiure*, en Normandie, pour *eschiver* des autres dialectes. On trouve en outre eschis (en *s* final), dans la signification

de banni, exilé, proscrit, chassé, privé, séparé, étranger; et alors il faut le dériver de *excisus*. Enfin, au lieu de cet *eschis*, on a, dans le même sens, eskui, escu I, 236, qui ne peuvent guère appartenir à une des deux racines indiquées, si toutefois l'orthographe est exacte; ou bien *ui* est-il un simple renversement de *iu* et *u* représente-t-il une forme normande non-diphthonguée?

Eschiwid v. eschiver.

Eschuser v. encuser.

Eschut v. escolter.

Escient v. scient.

Escientre v. scient.

Escillier v. eissil.

Escintele v. stencele.

Escirer v. eschirer.

Esclairer, esclairier v. clair.

Esclamasse v. clamer.

Esclarcir v. clair.

Esclarcistrat v. clair.

Esclarzir v. clair.

Esclas v. esclier.

Esclat v. esclier.

Esclate R. d. C. d. P. 33, race, famille, rejetons; de l'ahal. *slahta*, ib.

Esclenche, esclenque, gauche; de l'ahal. *slinc*, gauche; holl. *slink*; allem. mod. *link*.

Esclenque v. esclenche.

Esclice, esclicer v. esclier.

Esclier, esclicer II, 241, fendre, rompre, briser, voler en éclats; de l'ahal. *slizan*, *sleizan* (sclizan), aujourd'hui schleissen, anglo-saxon *slitan*, briser, déchirer. De là esclit, esclice, éclat, et esclat (esclaz, esclas), ibid.; vb. esclater, éclater, voler en éclats.

Escliste v. esclistre.

Esclistre, escliste II, 44, éclair. Ce mot est d'origine allemande; l'ancien norois *glitta*, le suédois *glittra*, l'anglais *glister*, *glitter*, signifient briller. Cfr. Dief. G. W. II, 413. L'ancienne langue se servait aussi de *espart* pour exprimer la même idée. *Éclair* vient de éclairer, exclarare. On trouve dans nos patois: champenois *lumer*, faire des éclairs, de lumen; ancienne principauté de Montbéliard *éluzet*, éclair, de esluisir, ex lucere; Lorraine, *alaude*, éclair.

Esclit v. esclier.

Esclo, trace des pieds, vestige; prov. *esclau*, bruit du pied du cheval, et trace; de l'ahal. *slag*, *slac*, coup, transposé en *scla*, allmâ. *slac*, coup et trace. Cfr. R. d. l. V. p. 208.

Esclore v. clore.

Escoer v. coe.

Escole II, 393, école; *schola* (σχολή, loisir).

Escolre v. escorre.

Escolter, esculter, ascouter, ascuter, escuter, escoter, escouter II, 268. 317. 326, écouter, attendre; de *auscultare;* cfr. Ben. s. v. escutoent et M. d. F. II, 360; de là **escot, escut, eschut, escout**, puis avec *e*, **escoute** I, 293. II, 138, espion, guet; *faire escout, estre en escout*, écouter attentivement, épier; *donner escout*, donner audience.

Escomenier, escommenier v. commun.

Escommeniement v. commun.

Escommunion v. commun.

Escommuniement v. commun.

Escondire, escundire I, 117. 237. 292, excuser, disculper, justifier, prétexter des excuses, contester, contredire, refuser, repousser, empêcher, défendre; et avec le pronom *se;* subst. **escondit** II, 29, excuse, justification, échappatoire, refus, opposition. Du lat. m.-à. *excondicere.* V. des détails Rayn. Lex. R. III, 152. s.-v. escondire.

Escondit v. escondire.

Escondre v. esconser.

Escons v. esconser.

Esconser, escunser I, 88, cacher, se cacher; *soleil esconsant*, soleil couchant; part. pas. **esconsé,** et **escons,** à la rime; de *absconsus*, avec syncope du *b* et puis permutation de l'*a* en *e*; ital. ascondere. De même qu'en prov., on trouve à la fin du XIIIe siècle la forme **escondre,** qui dérive de l'infinitif latin; esp., port. esconder. T. I, 235 *esconser* dans le sens de *aombrer*, v. s. v. Comp. **resconser, rescunser** II, 297, cacher, se cacher, se retirer; *soleil resconsé,* soleil couché. Quant à la forme **sconser** II, 44, ce n'est que esconser avec aphérèse de la voyelle *e.*

Escopir, escupir, cracher; prov. escopir, escupir; port., esp. escupir. Raynouard dérive *escopir* de spuere, mais cette étymologie est absurde quant à la forme; il aurait fallu, au moins, admettre *exspuere* = ec-spuere, d'où, avec renversement, on aurait pu obtenir *escupere;* mais une pareille transformation est contre les usages de la langue d'oïl et du prov., l'espagnol seul la connaît. Ce mot *scupir* (Rayn. L. R. III, 155) est très-répandu; il s'est conservé dans le wallon *scuipa,* dans le valaque *scuipire;* le patois de Montbéliard a *cuper* (prononcez *c* pour ainsi dire *tiu*, en tirant le *t* vers le *q*), sbst. *cupet, cuperet,* crachat; le gallois *côp, cuip* signifie écume (de la bouche), etc., v. Dief. G. W. II, 296; de sorte qu'on a le droit de chercher une origine particulière à *scupir, cupir*, qui se trouve sans doute dans le celtique.

Escorce, escorche II, 241, écorce; prov. escorsa; de *cortex*, avec influence du verbe suivant pour le *es;* vb. **escorcer, escorchier, escourchier** II, 229, écorcer, et écorcher; de *excorticare.* Caseneuve dér. escorce de *scortum*, cuir, *scorteus, scortea*, de cuir; en effet la peau et l'écorce sont regardées comme semblables, ainsi que le prouve le verbe; néanmoins je préfère la dér. de *cortex*, parce que les langues romanes offrent encore d'autres formes de cette famille: ital. corteccia, esp. corteza, port. cortiça, qui ne peuvent venir que de l'adject. corticeus, corticea. V. Mén. s. v. écorcher.

Escorcer v. escorce.

Escorche v. escorce.

Escorchier, écorcher v. escorce.

Escorchier, écourter v. cort adj.

Escorcier, écourter v. cort adj.

Escornofle. On lit dans Ben. v. 15362: Cuit m'a li reis del *escornofle*, servi m'a d'estrange gastel. Ce mot que M. Fr. Michel ne sait s'expliquer, me semble fabriqué d'abord pour rimer avec *sofle*, qui se trouve au vers précédent, et ensuite pour maintenir la comparaison avec gastel. *Escornofle* a son radical dans *escorner*, humilier, outrager, honnir, couvrir de honte, c'est-à-dire proprement enlever les cornes à quelqu'un; de *cornu*. Cfr. de la même source écornifler.

Escorre, escurre, escoure, escolre II, 151 et suiv.; *escorre la proie* II, 152, note; escosse, escousse, ébranlement, secousse *(excussus), excussa;* comp. rescorre, rescurre, rescoure, rescoure, rescolre II, 151 et suiv.; rescosse, rescusse, rescousse, action de délivrer, de secourir, secours. Sur *escouer* et *secouer* (succutere) v. II, 154.

Escors, escxorz v. cort adj.

Escouse v. escorre.

Escot, espion v. escolter.

Escot II, 196, écot; lmâ. *scotum*, a d'abord signifié taxe, cens, redevance; DC. s. v. scot, et cfr. Ruteb. I, 448; vb. escoter, payer l'écot,

être victime. De l'allemand: ancien frison *skot*, suédois *skott*, anglais *scot*, all. mod. *schoss*, impôt. La racine de l'homonyme *écot* signifiant éclat de bois qui reste sur une branche mal coupée, est aussi allemande: ahal. *scuz*.

Escote, écoute, corde attachée au coin inférieur de la voile; du suédois *skot*, ib., all. mod. *schote*, anglais *sheat, sheet*.

Escoter v. escot.

Escouer, secouer v. escorre.

Escouer, écourter v. coe.

Escourchier v. escorce.

Escourcier v. cort adj.

Escoure v. escorre.

Escousse v. escorre.

Escout, escoute v. escolter.

Escouter v. escolter.

Escrafe v. escraper.

Escran, écran; de l'ahal. *scranna*, banc, selon les uns; de *schragen*, tréteau à pieds croisés, selon d'autres. M. Chevalet fait venir escran de *skirm*, tout ce qui protège, garantit, mais il ne dit pas comment cela est possible.

Escraper, enlever en râclant; du néerlandais *schrapen*, ib., allmâ. *schrafen*. De la même racine vient escrafe, escrefe, nageoire, encore sans e préposé dans les M. s. J., scrafe II, 114.

Escraser, écraser; de l'ancien norois *krassa*, briser, broyer.

Escraventer v. crever.

Escraveure v. crever.

Escrefe v. escraper.

Escregne v. escrin.

Escremie v. escremir.

Escremir, eskermir I, 387, escrimer, faire des armes, se battre, se défendre; escremie, eskermie, fait d'armes, jeu de l'épée, joute: de l'ahal. *scirm, skirm, skerm*, bouclier, protection; *skirman*, allmâ.

schirmen, escrimer, combattre. Nos mots *escrime*, *escrimer* sont de cette source.

Escreture v. escrire.

Escreventer v. crever.

Escrevisse, écrevisse, et sorte d'armure, cuirasse faite en façon d'écailles ; de l'ahal. *krebiz*, aujourd'hui *krebs*, écrevisse.

Escriegne v. escrin.

Escrienne v. escrin.

Escrier v. crier.

Escrignet v. escrin.

Escrin Q. L. d. R. 22, coffre, cassette, écrin ; dimin. **escrinet**, **escrignet**, de *scrinium*. Au même scrinium, par le moyen de *screuna*, chambre du bas étage, qui se trouve dans la loi Salique, on rapporte **escregne**, **escrienne**, **escriegne**, petite maison, lieu où s'assemblent les femmes pour la veillée. Dans les derniers temps, on a élevé des doutes sur cette étymologie, sans toutefois la renverser par des raisons déterminantes.

Escrinet v. escrin.

Escripture v. escrire.

Escrire, **escrivre** II, 155, écrire, inscrire, graver ; escrit I, 196. 316, écrit, ordonnance ; *scriptum* ; escriture, escreture, escripture I, 187. 251, écriture, écrit ; Ecriture sainte ; comp. **descrire**, **descrivre** II, 155, décrire, raconter, faire l'histoire de, *describere* ; **soscrire**, souscrire ; *subscribere*.

Escriture v. escrire.

Escrivre v. escrire.

Escrois v. croissir.

Escroistre v. croistre.

Escroler v. roe.

Escu v. eschiver.

Escueil, **escueillir** v. cueillir.

Escuel v. cueillir.

Escuele II, 297, écuelle ; de *scutella* ; prov. escudela, ital. scodella.

Escuier v. escut.

Esculter v. escolter.

Escume, écume ; de l'ahal. *scûm*, anglais *scum*, suédois *skumm*, bassaxon *schuum*, etc. ; de là **escumer**, écumer. Voy. DC. les mots sous Escumator.

Escumengement v. commun.

Escumenier v. commun.

Escumer v. escume.

Escuminier v. commun.

Escunbrier v. comble.

Escundire v. escondire.

Escunser v. esconser.

Escupir v. escopir.

Escurel, escureil, escuriel, escurol, escuroil, s. s. et p. r. **escureus**, **escuros**, **escurous**, écureuil ; *mantel d'escurel*, manteau fourré ou garni de peaux d'écureuil ; — de *sciurus*, diminutif *sciurulus*.

Escureil v. escurel.

Escurer v. cure.

Escureus v. escurel.

Escurie, écurie ; de l'ahal. *scûra*, allmâ. *schiure*, allmod. *scheuer*, lmâ. scuria.

Escuriel v. escurel.

Escuroil, escurol v. escurel.

Escuros v. escurel.

Escurous v. escurel.

Escurre v. escorre.

Escus v. encuser.

Escuser v. encuser.

Escusson v. escut.

Escut, espion v. escolter.

Escut, s. s. et p. r. **escuz**, **escus** I, 83. 97, bouclier ; au figuré combattant ; de *scutum* ; escu de quartier I, 182, écu posé sur le côté ; de là **escuier**, esquier I, 325. II, 328. 343, écuyer, titre que les jeunes gens prenaient à l'âge de quatorze ans, et qui leur accordait le port de l'épée (v. Roq. s. v.) ; **escusson**, écusson pour les armoiries.

Escuter v. escolter.

Escuz v. escut.

Esdemetre v. metre.

Esdevenir v. venir.

Esdire v. dire.

Esdit part. de esdire.

Esdresser v. drescer.

Esduire v. duire.

Esement v. eis et II, 277.

Esficher v. ficher.

Esfoldre v. foldre.

Esforbir v. forbir.

Esforcement v. fort.

Esforcer v. fort.

Esforchier v. fort.

Esforcier, esforcis v. fort.

Esfors, esfort v. fort.

Esforz v. fort.

Esfraindre v. fraindre.

Esfreer v. froior.

Esfrei, esfreier v. froior.

Esfreissement v. froior.

Esfreur v. froior.

Esfroi, esfroier v. froior.

Esfundrer v. fond.

Esgaiement v. gai.

Esgaier v. gai.

Esgard, esgarde, esgardement v. garder.

Esgardeor v. garder.

Esgarder, esgardeir v. garder.

Esgarderes v. garder.

Esgarer v. garer.

Esgart v. garder.

Esgoïr v. joïr.

Esgouter v. gote.

Esgrafer v. grafe.

Esgrafigner v. grafe.

Esgrugnier v. esgrumer.

Esgrumer, esgruner, esgrugnier, esgrunier, réduire en fragments, rompre par petits morceaux, enlever un morceau, réduire en poudre; du holl. kruime, allmod. krume, bas-saxon kröme, anglo-saxon crume, petit morceau produit par broyement.

Esgruner, esgrunier v. esgrumer.

Esguarder v. garder.

Esguarer v. garer.

Eshalcer, eshalcier v. halt.

Eshaucer, eshaucier v. halt.

Esinent (est) I, 48, est resté non rempli, non accompli, non acquitté, pendant. Esinent est un mot rare, qui tient à sinere, si toutefois j'en ai bien saisi la signification.

Esjoïance v. joïr.

Esjoie subj. de esjoïr.

Esjoïr v. joïr.

Esker v. escharnir.

Eskerie v. eschele.

Eskermie v. escremir.

Eskermir v. escremir.

Eskern, eskernir v. escharnir.

Eskernissement v. escharnir.

Eskevin v. eschevin.

Eskiec v. eschac.

Eskiekete v. eschac II.

Eskiekier v. eschac II.

Eskies v. eschac.

Eskip v. eschif.

Eskipre v. eschif.

Eskiu v. eschiver.

Eskiver v. eschiver.

Eskui v. eschiver.

Eslais subst. v. laier.

Eslaisser v. laier.

Eslection v. lire.

Esleecement v. liet.

Esleechier v. liet.

Esleecier v. liet.

Esleger, eslegier v. esligier.

Esleicier v. liet.

Esleire v. lire.

Esleit v. lire.

Esleue part. de esleire.

Esles subst. v. laier.

Eslesser v. laier.

Eslever v. lever.

Eslider, glisser, affleurer; de l'anglo-saxon slidan, ib.

Esliecer v. liet.

Eslier v. lier.

Esliger v. esligier.

Esligier, eslegier, esliger, esleger II, 57. Ben. I, 1462. Fl. et Bl. 1294, compenser, payer. La forme de ce mot repousse toute liaison avec lier, et le sens même ne permettrait pas de l'y réunir; il faudrait admettre l'idée d'engagement, et de là on ne saurait passer à compenser. On pourrait songer à *legier*, *ligier*, mais ici encore le sens ne concorde pas avec notre verbe. *Eslegier* a son origine dans la famille du goth. *ligan*, ahal. *liggan*, *leggen*, etc.; je prends pour point de départ la signification fixer, établir, qui se retrouve entre autres dans l'ancien frison *laga*, et, à tous égards, on y peut rapporter l'idée exprimée par notre mot. Pour la forme, il n'y a aucune difficulté.

Eslire v. lire.

Eslit v. lire.

Esliture v. lire.

Eslocher v. locher.

Eslocier v. locher.

Esmaer v. esmaier.

Esmai v. esmaier.

Esmaiable v. esmaier.

Esmaiance v. esmaier.

Esmaiement v. esmaier.

Esmaier, esmoier, esmaer II, 248. 327. 337, faire perdre courage, inquiéter, émouvoir, troubler, épouvanter; sé troubler, être en peine, en inquiétude; subst. esmai, esmei, esmoi II, 312. 337, notre *émoi*, le seul mot de cette famille qui nous est resté; esmaiance, émoi, frayeur; esmaiement, émoi, frayeur; esmaiable, propre à faire perdre le courage, qui n'est pas de nature à *s'esmaier*. Mot hybride, de *es* privatif latin et du goth. *magan*, δύνασθαι, ἰσχύειν — subst. *mahts*, δύναμις, ἰσχύς, κράτος.

Esmail v. esmal.

Esmal, esmail, s. s. et p. r. esmaus, émail; de l'ahal. *smaltjan*, *smelzan*, anglo-saxon *smeltan*, allmod. *schmelzen*, fondre; lmâ. *smaltum*, es-

malctus, encaustum, *liquati* coloraticque metalli pigmentum. La langue d'oïl a apocopé le *t* final; italien *smalto*, espagnol et portugais *esmalte*, provençal *esmaut*.

Esmance v. aesmer.

Esmarir, esmarrir v. marir.

Esmaus v. esmal.

Esme, casque v. healme.

Esme, estimation v. aesmer.

Esmee v. aesmer.

Esmei v. esmaier.

Esmer v. aesmer.

Esmeralde, esmeraude, émeraude; de *smaragdus*, avec changement de *g* en *l*, comme le prouvent les formes *maragde*, *maracda*, du provençal, *esmeracda* de l'ancien espagnol.

Esmeraude v. esmeralde.

Esmerer v. mer I.

Esmerillon, émérillon, oiseau de proie; dérivé par renforcement de *merŭlus*, *merŭla*. L'ahal. *smirl*, l'allmod. *schmerl*, *schmirl*, *merl*, *mirle*, émérillon, ont la même origine; mais *esmerillon* ne dérive pas de là, comme on l'a avancé.

Esmerveiller v. merveille.

Esmervillement v. merveille.

Esmerviller v. merveille.

Esmier v. mie.

Esmoi, esmoier v. esmaier.

Esmonder v. monde I.

Esmovement v. movoir.

Esmovoir v. movoir.

Esneke, esneque, sorte de navire; de l'anc. norois *sneckia*, ahal. *snaga*; allmâ. *snecke*, ib.; selon M. Grimm III, 437 affilié à *schnecke*, limax, concha. Cfr. Schwenk. D. W. s. v. schnake, DC. s. v. naca.

Esneque v. esneke.

Esnuer v. nud.

Esoigne v. soin.

Espace II, 205, espace, intervalle; *spatium*.

Espaenter, espoenter I, 373. II, 174.

Ch. d. R. str. 123, épouvanter, effrayer; de *expavens*, de *expavere*. Notre forme actuelle a un *v* intercalaire : *espoventer*, *espouvanter*. Quant à *espoenter*, il s'est formé par l'affaiblissement du *v* primitif en *u*: *espauenter*, *espoenter*. De là *espoentement* II, 37, *espoenteison*, crainte, épouvante; *espoentaule* I, 126, qui cause de l'épouvante, effroyable; *espoentus*, peureux, ombrageux.

Espairgne v. espargner.

Espairnable v. espargner.

Espairnance v. espargner.

Espairne v. espargne.

Espalde, espaule II, 363. 373, épaule; prov. espatla, espalla; de *spathula* (spatula), dimin. de *spatha*. Notre mot *espalier* a la même origine; c'est bien à tort et sans la moindre nécessité qu'on l'a dérivé de *palus* ou de l'italien *spalla*.

Espan, espane II, 255, empan, mesure de la main étendue; de l'ahal. *spanna*, aujourd'hui *spanne*, même signification, de *spannan*, *spannen*, étendre. Pour la forme sans e final on peut cfr. l'allmâ. *span*.

Espandre II, 366, épandre, répandre, s'étendre, se répandre, se disperser; se lancer, se hasarder; de *expandere*; d'où *respandre* I, 285, répandre, disperser. Du même radical et comme forme collatérale de *espandre*, on avait fait *espanir*, pour *espandir*, signifiant étendre, développer, épanouir. C'est de cet *espanir* que nous avons fait *épanouir*, par extension de forme.

Espane v. espan.

Espaneir v. pan.

Espanir, étendre v. espandre.

Espanir, expier v. pan.

Espanoir v. pan.

Esparcir II, 44, éclairer, faire des éclairs; de *spargere*; esp. esparcir,

port. espargir, ital. spargere, prov. esparger, esparser, dans les S. d. S. B. *esparjer* avec le sens de répandre, dissiper. **Espars, epars** II, 220. 253, épars, dispersé; de *sparsus*.

Espargner, espargnier, esparnier II, 304. 306, épargner; *s'espargnier*, se modérer, se tenir sur la réserve, se ménager; **esparn, espairgne, esperne, espairne, espairnance**, action d'épargner, quartier; **esparnable, espairnable**, qui ménage, économe; miséricordieux. Quelle est la racine de ces mots? Il est ridicule de penser au latin *parcere*, quoiqu'il y ait sans doute affinité entre espargner et parcere. M. Schwenk confronte *espargner* avec *sparen*, épargner, ahal. *sparan*, islandais *spara*; mais il est difficile de s'expliquer comment *espargner* s'est formé de *sparan*, surtout quand on a égard à l'ital. sparagnare, sparmiare, risparmiare, et au bourguignon reparmer.

Espargnier v. espargner.

Esparn v. espargner.

Esparnable v. espargner.

Esparnier v. espargnier.

Esparpeiller, éparpiller. Ce mot est un dérivé du latin *papilio*, qui devint *papalio* en catalan, *parpaglione* en italien, *parpaillo* en provençal; d'où le verbe *sparpagliare*, *esparpalhar*, en provençal moderne *esfarfalhar* de *farfalla*, papillon (v. Honorat s. v.). Je ne connais pas, il est vrai, *parpaillo* ou *parpeille* dans la langue d'oïl; mais il doit avoir existé, car plusieurs de nos patois en font usage, p. ex. en Franche-Comté, dans les environs de Montbéliard, les enfants font la chasse aux *parpaillots*. Cfr. Rabelais I, 11, Mén. s. v. parpaillaut et ci-dessous paveillon.

Espars v. esparcir.

Espartir v. part.

Espasmiz v. pasmison.

Espeaut v. espeler.

I. **Espece, espeze** I. 185. 220, espèce: *species;* especial II, 93, particulier, spécial; *specialis;* adv. **especialment, especiaument, specialement** I, 252, spécialement; *par especial* II, 375, spécialement, principalement, surtout.

II. **Espece, espesce, espisce** II, 118. P. d. B. 4585, épice; prov. especia, ital. spezie; de *species*, qui avait pris cette signification après l'âge classique. Cfr. espece I, et Mén. s. v. épices.

Espeche, épeiche; de l'ahal. *speh*, pic.

Especial, especialment v. espece I.

Especiaument v. espece I.

Espee v. spede.

Espeie, espeier v. spede.

Espeir v. esperer.

Espeis, espeisse v. espois.

Espeisser v. espois.

Espeler, 1re pers. s pr. ind. **espel**, **espeaut** 3e p. s. ib., dire, signifier, expliquer; aujourd'hui épeler; du goth. *spillôn*, raconter, annoncer; ahal. *spellôn*. La forme primitive, sans e préposé, se trouve encore dans les Q. L. d. R. II, 162: Que *spell* que tu es si dehaitez e si enmegriz? Que signifie que, etc.

Espenir v. pan.

Esperance, esperanche v. esperer.

Esperdre v. perdre.

Esperer I, 220, espérer, attendre, appréhender, craindre; de *sperare;* la 1re pers. sing. prés. ind. qui avait la diphthongaison *oi, ei*: espoir, espeir, nous a fourni le subst. homonyme II, 175 = espoir, attente, appréhension, lequel paraît s'être employé d'abord avec les pronoms mon, ton, son; cfr. voil; cette 1re pers. s'empl. aussi adv. II, 291; *d'esperer* dér. par le part. prés. **sperance, esperance, esperanche** I, 191. 374. II,

293, espérance, crainte; comp. desperer I, 122, désespérer; d'où **desperance, desesperance** II, 19. 345, désespoir, chagrin violent; **desperacion** I, 220, désespoir.

Esperir, éveiller, exciter; **s'esperir**, s'éveiller; de *expergere*, peut-être avec influence de *expergiscere*. Le *g* a été syncopé. Resperir, ranimer, réveiller.

Esperit, espirit, espir I. 47. 145. 228. 251, esprit, âme; la troisième personne de la Trinité; esprits bons ou mauvais; de *spiritus;* **espirital, esperital (espiritaus), esperitel, spirituel** I, 183. II, 133, spirituel, immatériel; *spiritualis, spiritalis;* adv. **spiritueilment, espiritelment, esperitelment** I, 122. II, 176. 211, spirituellement, en esprit; dér. **esperite** I, 117, le Saint-Esprit; **esperitable** I, 145, spirituel, céleste; comp. **espirer,** inspirer, souffler, animer; **espire,** souffle; aspirer, inspirer, animer; *aspirare;* d'où **aspirement,** souffle; — **aspiration** I, 215, aspiration, inspiration; de *aspiratio;* — **sospirer, sopirer, suspirer, souspirer** I, 134. 315. II, 10. 112, soupirer, pleurer, regretter; *suspirare;* **sospir, suspir, souspir** I, 345. II, 249, soupir; *suspirium;* **souspirement,** ib.; **sospiros,** langoureux, gémissant.

Esperitable v. esperit.

Esperital, esperitaus v. esperit.

Esperite v. esperit.

Esperitel, esperitelement v. esperit.

Espermenter I, 371, reconnaître par l'épreuve, par l'expérience; de *experimentum*, propr. *experimentare*.

Esperne v. espargner.

Esperon v. esporon.

Esperonner v. esporon.

Espert v. apert.

Espervier, esperver, esprevier II, 253. 337, épervier; lmâ. *sparvarius;* de l'ahal. *sparwâri*, aujourd'hui *sperber*, même signification. *Sparva*, en goth., signifie moineau; et *spar-wari* signifie, dit-on, *sperlingfalke* (*sperling*=moineau; *falke*=faucon). V. Schwenk D. W. s. v.

Espes v. espois.

Espece v. espece II.

Espessement v. espois.

Espeyr I, 225 pour espeir.

Espeze v. espece I.

Espice v. espece II.

Espie, espiement v. espier.

Espiel I, 182, espiol P. d. B. 2995. 3063. 2214, espiex R. d. M. 1768, épieu, sorte d'arme, lance; de *spi-culum*. On confond sans cesse ce mot avec *espiet* (v. ci-dessous), et on regarde ce dernier comme le primitif de espieu II, 194, notre *épieu*, tandis qu'il faut admettre *espieu*=*espiel*, *u*=*l*; et de *espiet* n'aurait jamais pu produire *eu* de *espieu*.

Espier I, 72. 296. II, 72, épier, découvrir; de l'ahal. *spehôn, spiohon*, allmod. *spähen*, épier. **Espie** fém. I, 212. 306. 394, *espion*; de l'ahal. *speha*. Notre forme masculine est de date bien postérieure; italien *spione*, d'où les Allemands ont tiré leur *spion*. De là **espiement** R. d. l. V. 63, action d'épier, embuscade.

Espies v. espiet.

Espiet I, 291, li espiez Ch. d. S. I, 255, del espiet Ch. d. R. 52; od les trenchanz espiez Ben. II, 504; par nos espies R. d. M. p. 66; espie I, 74, épieu, lance Il faut bien distinguer ce mot de *espiel* (v. p. h.), dont il se sépare par la finale et l'étymologie. De l'ahal. *spioz, spiez, speoz*, épieu; anglo-saxon *spitu*; allmâ. *spiez*, aujourd'hui *spiess*, pique, épieu.

Espieu v. espiel.

Espiex v. espiel.

Espiez v. espiet.

Espine II, 118. 257, épine; aubépin; *spina*; espinos, espinus I, 106, épineux; *spinosus*.

Espinoche, épinard; comme l'italien *spinace*, ce mot doit dériver d'une forme latine barbare *spinaceus*, tandis que *épinard* vient de *spina* (à cause des feuilles échancrées). Divers patois ont conservé *espinoche*, entre autres celui de Montbéliard: *épinoiche*.

Espinos, espinus v. espine.

Espiol v. espiel.

Espir v. esperit.

Espire, espirer v. esperit.

Espirit v. esperit.

Espirital, espiritaus v. esperit.

Espiritelment v. esperit.

Espisce v. espece II.

Espleit v. plier.

Espleiter v. plier.

Esploier v. plier.

Esploit v. plier.

Esploiter v. plier.

Espoentaule v. espaenter.

Espoenteison v. espaenter.

Espoentement v. espaenter.

Espoenter v. espaenter.

Espoentus v. espaenter.

Espoigne II, 113 subj. prés. du verbe espondre, s. v. despondre.

Espoir v. esperer.

Espois, espeis, espes II, 350. 373, épais; de *spissus*; de là **espessement** I, 364, d'une manière épaisse, en grande foule; **espoisser, espeisser** II, 242, devenir épais, grossir, s'épaissir; **espoisse, espoise, espeisse,** épaisseur, fourré.

Espoise v. espois.

Espoisse, espoisser v. espois.

Esponde, bois de lit, bord du lit, levée, chaussée, digue; *sponda*.

Espondre, exposer v. despondre.

Espondre, promettre; *spondere*; es-ponse, caution; *sponsus*; espos, espous II, 379, fiancé, époux; **spouse,**

10 *

espouse I, 126. 314, fiancée, épouse;
sponsus, sponsa; esposer, espuser,
espouser I, 73. 170. 296. II, 161,
épouser, marier; *sponsare;* de là
espouserie, épousailles; espousaige,
épousailles, célébration de mariage;
— despondre, depondre, promettre,
ratifier; *despondere;* respondre I, 132,
responre I, 207 avec *d* syncopé, ré-
pondre, cautionner; *respondere;*
respons, respuns I, 131, réponse;
responsum.

Esponse v. espondre.

Esporon, esperon I, 55. 83, éperon;
de l'ahal. *sporo,* ib., aujourd'hui
sporn; — *echapper par esperon* II,
215, échapper à force d'éperons,
en piquant des deux; *à esperons,*
à toute bride, bride abattue; vb.
esporonner, espouronner, esperonner I,
337. II, 43. 358, éperonner, stimuler.

Esporonner v. esporon.

Esposer v. espondre.

Espourounner v. esporon.

Espous v. espondre.

Espousaiges v. espondre.

Espouse v. espondre.

Espouser, espouserie v. espondre.

Espreker, esprequer, poindre, piquer;
du néerlandais *prikken,* ib.

Esprendre v. prendre.

Esprequer v. espreker.

Esprevier v. espervier.

Espringale v. espringer.

Espringer, espringier, espringuer, danser en sautant, en trépignant, sauter; d'où espringale, espringerie,
cette espèce de danse; de l'ahal.
springan, même signification. *Espringale* signifiait aussi machine
propre à lancer de grosses pierres,
plus tard un moyen canon, et il
est d'autant plus probable que ce
mot est identique avec l'autre, que
springan est affilié par sa racine
à *sprikan,* rompre, briser. V. R.
d. l. V. 306.

Espringerie v. espringer.

Espringier v. espringer.

Espringuer v. espringer.

Esproher, asperger; de l'ahal. *sprue-
jen, sprühen,* mouiller, asperger.

Esprohon, étourneau; de l'ahal. *spra,*
ib., oiseau qui, dans l'all. moderne,
est connu sous les différents noms
*sprehe, spreche, sprewe, sprew,
sprinne.*

Esprovance v. prover.

Esprove, esprover v. prover.

Espruver v. prover.

Espuchier v. puiz.

Espuiser v. puiz.

Espurgement v. purger.

Espurgier v. purger.

Espuser, épouser v. espondre.

Espusier, épuiser v. puiz.

Esquachier v. quat.

Esquarteler v. quart.

Esquarterer v. quart.

Esquel v. cueillir.

Esquerre v. querre.

Esquier v. escut.

Esquievin v. eschevin.

Esquiper v. eschif.

Esquirer v. eschirer.

Esracer v. raïs.

Esrachier v. raïs.

Esrager, esragier, enrager v. ragé.

Esrager, esragier, arracher v. raïs.

Esragiement cv. rage.

Esrer v. erre.

Essai II, 94. 313. R. d. Ren. IV, 249,
essai, petite portion de qqch. qui
sert à juger du reste; essaier, asaier
I, 222. 336. II, 14. 51, examiner,
juger de quelque chose, essayer.
La forme de ce mot ne permet pas
qu'on le dérive de *sapor* ou *sapere,*
comme on l'a proposé. Il vient de
exagium, l'action de peser, d'où
examen, etc. (Muratori.)

Essaier v. essai.

Essalcer v. halt.

Essalir v. saillir.

Essample v. exemple.

Essart, terre défrichée, essartement, destruction, carnage; essarter Ch. d. S. II, 114, détruire, ravager; de *ex-sarritum, exsarritare.*

Essaucement v. halt.

Essaucier v. halt.

Essaut v. saillir.

Esseketeur v. sevre.

Essemple v. exemple.

Esseuler v. seul.

Essientos v. scient.

Essil v. eissil.

Essiller v. eissil.

Essiment v. eis et II, 277.

Essir v. issir.

Essoigne, essoigner v. soin.

Essoine, essoinement v. soin.

Essoiner v. soin.

Essoinieres v. soin.

Essombre v. ombre.

Essone v. soin.

Essonier v. soin.

Essorber v. orbe.

Essoreiller v. oreille.

Essui, essuier v. suc.

Essuion v. suc.

Est II, 252, écrit quelquefois avec *h* dans les Q. L. d. R., est; de l'anglo-saxon *eást,* oriens. Cfr. Dief. G. W. I, 108. 109.

Estable, estauble I, 315, étable; *stabulum;* vb. establer, mettre à l'étable.

Estable adj. v. steir.

Establer v. estable.

Establie v. steir.

Establir v. steir.

Establissement v. steir.

Estache, estace, estaque II, 57, pieu, poteau, colonne; lmâ. *staca, stacha, estecha,* etc.; de l'anglo-saxon *staca,* pieu, etc.; suédois *staka;* ancien frison *stake.* De là estachier, estaquier, attacher à un pieu; estacheis, combat, surtout auprès des palissades d'une ville ou d'un château. Cfr. l'allemand moderne *stackel,* fermeture de palissades ou de lattes.

Estacheis v. estache.

Estachier v. estache.

Estage v. steir.

Estagier v. steir.

Estaige v. steir.

Estaindre v. esteindre.

Estal II, 99. 163, place, séjour, position, arrêt, action de s'arrêter. *Rendre, livrer estal,* s'arrêter pour combattre, pour se défendre; *prendre estal,* prendre position, se placer, s'arrêter; *à estal,* en place, en repos, fixement. De l'ahal. *stal,* station, lieu, séjour, demeure, écurie. De là estaler, s'arrêter, résister, combattre. Plusieurs de nos patois, p. ex. dans la principauté de Montbéliard, ont conservé le mot *étale* (estale), écurie; d'où estalon R. d. l. V. 28 (note), étalon (equus ad stallum). L'ancienne langue connaissait déjà les significations dérivées que nous donnons à *étal, étaler.*

Estale v. estal.

Estaler v. estal.

Estalon v. estal.

Estane v. estancher.

Estance v. steir.

Estancer v. estancher.

Estancher, estanchier, estancer, estangchier I, 354. II, 213, arrêter, *étancher,* rassasier; harasser, exténuer; se dérober, faire retraite; restancher, restainchier II, 123, étancher; de *stagnare,* arrêter, empêcher; lmâ. *stancare.* Cfr. Dief. G. W. II, 311. 324, et pour estanc, p. 325. De là estanche, vivier. De *stagnum,* estang, estanc, lent, mat, adjectif formé de la même manière que le substantif homonyme.

Estanchier v. estancher.

Estang v. estancher.

Estangchier v. estancher.

Estant v. steir.

Estaquier v. estache.

Estauble v. estable.

Estaublir v. steir.

Estaule, chaume v. esteuble.

Estaule, stable v. steir.

Estaulir v. steir.

Estavoir v. estovoir.

Este I, 51. 220, été: *aestas*; estival d'été, de là la saison d'été; *aestivalis*.

Estee v. steir.

Esteile v. estoile.

Esteindre, estaindre, estignre II, 236. 7; desteindre II, 237.

Esteir v. steir.

Estele v. astele.

Estelé v. estoile.

Estelevos II, 286.

Estendart v. tendre.

Estendeiller, estendiller v. tendre.

Estendre v. tendre.

Ester v. steir.

Esterman v. estruman.

Esterminal II, 116, pierre précieuse, mais laquelle?

Estermination v. termine.

Esterminer v. termine.

Esteslevos II, 286.

Estesvos II, 286.

Esteule, estaule, chaume; d'où esteuler, ramasser les *esteules*; de *stipula*. Cfr. estouble.

Esteuler v. esteule.

Estevoir v. estovoir.

Estevos II, 286.

Estiers v. estre II.

Estignre v. esteindre.

Estincele v. stencele.

Estival v. este.

Estivos II, 286.

Estoc, estoch, espèce d'épée qui ne servait qu'à percer; pieu, poteau, tronc d'arbre; de l'ahal. *stoch*, stoc, aujourd'hui *stock*, ib., de *stican*, percer. De là estocer, estochier, frapper de l'estoc, frapper de pointe. D'une forme augmentative de *stican*,

les Allemands ont fait *stocken*, s'arrêter, s'accrocher, se boucher, d'où estoquer, boucher, fermer, mot qui s'est conservé dans quelques patois avec le sens de étouffer. Notre mot *étau* est sans doute de la même famille: les Allemands disent *schraubstock* pour étau; dans la Picardie *étau* a la signification de arbre coupé à quelque distance de la terre, chaume qui reste quand les céréales sont sciées; *eitauque, aitauque*, en Lorraine, correspond à notre *étau*, autre orthographe de *éto* après la disparition du *c* final.

Estofe, ce qui est mis en oeuvre par les artisans, garniture, ornement — puis étoffe; estofer, estoffer I, 357, fournir ce qui est nécessaire, équiper, approvisionner, garnir, orner; de l'ancien norois *stofn*, principium, fundamentum; *stofna*, apparare; goth. *stabs*, matière première, élément; allmod. *stoff*, matière, étoffe, forme qui a éprouvé l'influence romane; *stafiren*, équiper, etc.

Estofer v. estofe.

Estoi, estoier v. estui.

Estoile, estoille, esteile I, 56. 220. 253, étoile; *stella*; cfr. jornal s. v. jor; dim. estoilete I, 154, pétite étoile; estoilé, esteilé, estelé, étoilé; *stellatus*.

Estoilete v. estoile.

Estoire, provisions de voyage; flotte, armée navale; lmâ. *storium*, de σιόλιον. Cfr. lmâ. *stolus* de σιύλος, armement, expédition militaire, flotte; provençal *estol*, flotte. Voy. DC. *stolus*. Dans le mot de la langue d'oïl il y a eu changement de *l* en *r*, cfr. navile et navirie.

Estoire v. histoire.

Estoner R. d. l. V. 302, étourdir, faire perdre connaissance, perdre connaissance; de *attonare*, changé ou plutôt renforcé en *extonare*, de *tonus*.

Estope, estoupe, estupe I, 383, étoupe ;
de *stuppa*; de là notre *étoupin*,
dans l'ancienne langue aussi estopillon, bouchon; **estoper, estuper,
estouper** I, 149. 256, étouper, rem-
bourrer, boucher, fermer, bloquer ;
d'où **destoper**, déboucher, ouvrir.
On trouve aussi quelquefois estoper
avec l'acception de *destoper;* c'est
une innovation de la fin du XIIIe
siècle.

Estoper v. estope.

Estopillon v. estope.

Estoquer v. estoc.

Estor, estour, estur I, 193. 263. II, 232,
tumulte, choc, combat, mêlée;
estormir, esturmir, estourmir I, 72,
se mettre en mouvement, s'assembler, s'attrouper, donner l'alarme,
éveiller, escarmoucher, combattre;
estormie, estourmie, comme *estor.*
Estorn en provençal, que Raynouard
ramène à tort à torner; stormo, en
italien, verbe stormire. Dérivés de
l'allemand: ahal. *sturm,* anglo-
saxon *storm;* aujourd'hui *sturm,*
agitation violente, etc.

Estordre v. tordre.

Estore v. histoire.

Estorer, créer, fonder, établir, meu-
bler, garnir; de *instaurare.*

Estormie v. estor.

Estormir v. estor.

Estors, estort de estordre.

Estorser v. torser.

Estortre v. tordre.

Estot v. estout.

Estotoier, estoteier v. estout.

Estoublage v. estouble.

Estouble, chaume; d'où **estoublage,** l'mà.
estoblagium, droit que l'on paie au
seigneur pour faire paître les chaumes
aux moutons; de l'abal. *stupfila.*
Les Italiens disent *stoppia.* Cfr.
esteule.

Estoupe, estouper v. estope.

Estour v. estor.

Estourdir I, 185, étourdir, faire perdre
connaissance; estourdissement, étour-
dissement. Roquefort après avoir
eu le courage de dériver *estor* de
exturbatio, ajoute: „d'où vient, dit
Borel, le mot *estourdir.“* Peu importe le comment. On a pensé,
pour la racine de notre mot, à
l'allemand *stürzen;* mais la forme
espagnole *aturdir* (a = ad), prouve
que le *es* est le *ex* latin et que *t*
est la lettre initiale du radical, ce
qui rend cette dérivation impossible.
Wachter propose de dériver *estourdir,* italien stordire, du kymri
twrdd, bruit, tonnerre. Cette étymologie acquiert un haut degré de
vraisemblance si l'on compare *estourdir* et estonner de tonus.

Estourdissement v. estourdir.

Estourmie v. estor.

Estourmir v. estor.

Estout, estot, fougueux, hardi, imprudent, étourdi; puis furieux, insensé, stupide, méchant; prov. estot,
estout. On a dérivé ces mots de
stolidus, stultus, mais leur signification primitive ne le permet pas;
il faut les rapporter à l'allem. *stolz,*
bas-saxon *stolt,* hollandais *stout,*
ici avec la signification de hardi,
imprudent, etc. De là estotie,
estutie, estoutie, témérité, fureur,
folie; qui se trouve écrit estultie
dans la Ch. d. R, peut-être à cause
d'un rapprochement à *stultitia;*
estoteier, estouteier, estuteier, estoutoier, estotoier, maltraiter. T. II,
220, on trouve dans un exemple de
Villeh. le subst. estot, qui se rapporte à la même racine et signifie
coup, affaire, entreprise audacieuse.

Estout de ester.

Estouteier, estoutoier v. estout.

Estouvoir v. estovoir.

Estoveir, estover v. estovoir.

Estovoir, estevoir, estover, estoveir,

estuver, estouvoir, estavoir II, 56. 57; l'infinitif s'empl. subst. I, 377. II, 148 et signifiait provisions, nécessaire, nécessité, besoin, devoir.

Estrabot, estribot, sorte de poésie; esp. estribo, refrain. Le refrain est une espèce d'appui, une chose sur laquelle on revient, et cela paraît ramener estribot à la même famille que estref. Cfr. Rayn. L. R. III, 231; F. Michel, Glos. de Ben. s. v.

Estrace v. traire.

Estracion v. traire.

Estraïer, errer, aller çà et là, extravaguer; prov. estraguar; de *extravagare*.

Estraigne, étrenne v. estrene.

Estraigne, étranger v. estre II.

Estraim, s. s estrains, puis partout estrain II, 344, paille, chaume; de *stramen*. Ce mot est resté dans la plupart des patois: étrain.

Estrain v. estraim.

Estraindre v. straindre.

Estraine v. estrene.

Estraint part. pas d'estraindre.

Estraire v. traire.

Estrait v. traire.

Estrange v. estre II.

Estranger, estrangier v. estre II.

Estrangement v. estre II.

Estraper v. estreper.

I. Estre, iestre I, 258 et suiv.; *il ne m'est gaires*, il ne me touche point, je m'en soucie peu, il m'est égal; inf. empl. subst. I, 103. 107. 117. 346, être, vie, constitution, conduite, moeurs, manière de vivre, nature, caractère; état, condition, sort, arrangement; lieu où l'on se tient, place, demeure, maison, chambre. L'on voit que *ester* a eu de l'influence dans le développement de ces significations, comme il a servi à former divers temps de estre. Cfr. steir.

II. Estre prép. II, 353. 4. I, 365 —;

estrange, estraigne I, 326, 365. II 100. L. d. T. v. 5, étranger, absent, éloigné, opposé, extraordinaire, contraire, étrange; et **estrangier**, étranger; de *extraneus*; adv. **estrangement** I, 352, singulièrement, extraordinairement, considérablement; de là **estranger**, estrangier, mettre dehors, aliéner, quitter, chasser, écarter, s'éloigner, se priver. — **Estiers** II, 144 particule signifiant propr. hors, outre, puis excepté, à la réserve. Ainsi notre exemple signifie je ne serai hors de ce, c.-à-d. je ne me refuserai pas. Estiers mon gret, hors de ma volonté, sans ma volonté, etc. *Estiers* dér. de *exterius*, avec transposition de la voyelle *i*.

Estrece v. estroit.

Estrecer v. estroit.

Estrechier, estrecier v. estroit.

Estree, dans les Q. L. d. R. II, 209 si cume la boe de la strae les defulerai: voie pavée, grand chemin, chemin public; de *strata*, chemin couvert de pierres.

Estref II, 22, estrief, d'où estren, estriu, estrier (d'où le *r* final?) I, 72, étrier (pour monter à cheval); en espagnol estribo; de l'ahal. *streban*, soutenir. L'étrier est un soutien pour le cavalier. De là **desestriver** II, 366, faire sortir des étriers, ce qui semble supposer un verbe *estriver*, dans le sens du provençal estribar; mais je n'en ai trouvé aucune trace. Ne confondez pas avec *estriver* cité plus bas.

Estreit v. estroit.

Estrene, estraine, estraigne II, 177, étrenne, présent, don, gratification; de *strena;* d'où **estrainer**, **estrener**, étrenner, gratifier.

Estrepement v. estreper.

Estreper II, 309, arracher, détruire, ravager; de *exstirpare;* d'où estre-

pement, dégât, ravage, saccagement.
A côté de cette forme, on trouve
estraper, couper le chaume; d'où
estrape, étrapé (longue serpe qui
sert à couper le chaume), qui peut-
être a une autre origine. Cfr. le
suisse strapen, strafen, tailler un
arbre; le bavarois straffen, tailler,
rogner, ébrancher.

Estret v. traire.

Estren v. estref.

Estri v. estrif.

Estribot v. estrabot.

Estrief v. estref.

Estrier v. estref.

Estrif, estri, s. s. et p. r. estris I, 193.
II, 60. 85. 350, querelle, dispute,
combat, bataille; peine, contrainte.
La forme primitive de ce mot paraît avoir été estrit: Un compte i
oth, pres en l'estrit (St. Léger. X.);
le t a été remplacé par f, par suite
de l'influence du v intercalaire du
verbe estriver. Cfr. Diez I, 321,
note 2. A estrif, à estri, à l'envi,
avec vitesse, empressement. Dérivé
de l'ahal. strit, même signification.
Estriver I, 224. II, 97. 212, quereller, disputer, débattre, s'efforcer, soutenir, lutter, combattre;
de l'ahal. stritan, ancien norois
strida; allmod. streiten, quereller,
etc. De là estrivement, querelle,
dispute.

Estrique v. trique.

Estriquet v tricoter.

Estris v. estrif.

Estriu v. estref.

Estrivement v. estrif.

Estriver v. estrif.

Estroer v. trau.

Estroit, estreit, étroit, serré; de strictus,
encore stroit dans les M. s. J. 494;
de là, par l'intermédiaire d'une
forme strictiare, estrecer, estrecier,
estrechier Q. L. d. R. II, 209, étrécir,
mettre à l'étroit, serrer, déprimer;

d'où estrece I, 183, étroitesse. Cfr.
destroit, straindre.

Estront, étron; bas-saxon strunt, ib.,
hollandais stront, ordure, fumier;
ital. stronzo, allmod. strunzen, morceau coupé, ainsi propr. copeau,
débris, rebut. Cfr. ital. stronzare,
couper, rogner.

Estros, estrus, estrous (à) II, 291; de
là estroseement, estrousement II, 291;
à la parestrusse II, 291. Cfr. estre II.

Estroseement v. estros.

Estrous v. estros.

Estrousement v. estros.

Estruire v. enstruire.

Estrumant v. esturman.

Estrument v. enstruire.

Estrus v. estros.

Estrusser v. torser.

Estude, estudie v. estudier.

Estudier I, 129. II, 155, étudier,
exercer, s'appliquer, mettre ses
soins; studere; estuide, estudie,
estude I, 153. II, 177. 216, étude,
application, soin; studium.

Estui, estoi, étui; d'après Adelung, de
l'allmâ. stûche, étui pour le bras,
espèce de moufle, et aussi voile.
De là estuier, estoier, mettre dans
l'étui, serrer, garder, réserver.

Estuide v. estudier.

Estuier v. estui.

Estultie v. estout.

Estupe, estuper v. estope.

Estur v. estor.

Esturman, esterman, estrumant (stieresman dans G. Gaimar), pilote; du
holl. stuurman, anglo-saxon steór-
man, anglais steersman, allmod.
steuermann, ib., de steuer, steor,
etc., gouvernail, et man, homme.

Esturmir v. estor.

Estuteier v. estout.

Estuver v. estovoir.

Esveiller v. veiller.

Esvertuer v. vertut.

Esveudier v. vuit.

Esvoilher v. veiller.

Esvos II, 286.

Eswardeir v. garder.

Eswart v. garder.

Et, e, conj. II, 382.

Eternaus v. eternel.

Eternel, eternaus II, 184, éternel; *aeternalis;* comp. coeternaus II, 184, coéternel; *coaeternalis*, comme le coaeternus de Tertullien.

Ethymologie I, 312, étymologie; *etymologia;* d'où ethymologier, étymologiser.

Ethymologier v. ethymologie.

Eu de el, art. v. el.

Eu pour el, pron. indét. v. al III.

Eule, eulle pour elle I, 128.

Euls, eulz, eulx I, 131, de els.

Euls v. oes.

Eür v. aür.

Eure v. ore II.

Eürer v. aür.

Eüret v. aür.

Eus, eux v. als.

Eus v. oes.

Eve, evet, terminaison de l'imparfait I, 218 et suiv.

Eve v. aigue.

Evesche v. evesque.

Eveschie v. evesque.

Eveske v. evesque.

Evesque, eveske, evesche, et, avec aphérèse, vesque, veske, vesche I, 54. 143. 271. II, 27, évêque; de *episcopus;* evesquiet, evesquie, eveschie (cette forme en *ch* nous est restée à côté d'évêque), évêché; *episcopatus;* comp. archeveske, arcevesque, arseveske I, 156. 321. II, 50, archevêque; *archiepiscopus;* archeveskiet, arcevesquie II, 336, archevêché.

Evesquie, evesquiet v. evesque.

Exempler v. exemple.

Ewal, ewalement v. ewer.

Ewer I, 56, égaler, comparer; de *aequare;* prov. equar, eguar; ewal, iwel, ivel, egal, igal, igaus I, 279. 361. II, 96. etc., égal, pareil, semblable; de *aequalis;* adv. ewalement, igaument, ivelment I, 188. 260. 383, également; de là igance, égalité; comp. desigal, inégal; desigance, inégalité; parigal, égal. Pour la forme cfr. aigue.

Ewette v. es.

Ex I, 131 de els.

Ex v. oil.

Examplaire v. exemple.

Example v. exemple.

Exaper v. eschaper.

Excellence I, 272, excellence, mérite; *excellentia.*

Executer v. sevre.

Executor, executour v. sevre.

Exemple, example, essemple, essample I, 105. 161. 307. II, 193, exemple, moralité; *exemplum;* de là s'exempler, prendre exemple; essemplaire, examplaire II, 364, exemple, modèle; *exemplarium, exemplare.*

Exempler v. exemple.

Exil, exill v. eissil.

Exiller v. eissil.

Expresseir I, 95, exprimer, énoncer, représenter; de (exprimere) *expressus.*

Extermination v. termine.

Exterminer v. termine.

Eynglise v. eglise.

Ez, ezle, ezles adv. II, 287.

Ezvos II, 286.

F.

Fable I, 75, fable, mensonge, invention; de *fabula;* diminutif fablel, fabliaus, petit récit, espèce de poésie;

vb. fabler, fabloier II, 291, conter des fables, raconter; mentir, dire, parler; en espagnol hablar, d'où notre *habler*, qui ne nous était pas nécessaire, puisque nous avions notre bon vieux mot; de *fabulari;* **fablerres**, fableor I, 75, fabuliste, conteur, hableur; — de *fabella* dérive **favele** I, 301, discours, bavardage, flatterie, cajolerie; vb. **faveler**, favieler R. d. l. V. 238, parler, s'entretenir, flatter, dire des douceurs; également de *fabulari.* La lettre *l* de *fable; fablel* est quelquefois transposée: **flabe**, **flabel**.

Fablel v. fable.

Fableor v. fable.

Fabler, fablerres v. fable.

Fabliaus v. fable.

Fabloïer v. fable.

Face I, 89, face, visage; de *facies;* vb. comp. **effacer**, propr. changer la face, rendre méconnaissable.

Faceon v. faire.

Fachon v. faire.

Fade II, 170, déplaisant, désagréable, dégoûtant; *fatuus.*

Fadestuel v. faldestuel.

Fae, feie, fee II, 147. 165, espèce de démon; femme à qui l'on attribuait un pouvoir surnaturel; de *fata*, de *fatum.* Cfr. *fatus* dans Pétrone. De là **faer**, feer, enchanter, douer, part. **faet**, feeit, fae, fee, doué de vertus surnaturelles; de là **faerie**, enchantement. V. Schwenk.

Faer v. fae.

Faerie v. fae.

Faet v. fae.

Fage v. feu II.

Fagne v. feu II.

Faihs v. fais.

Faille Ben. I, 1181, torche, flambeau; de *facüla*, de *fax;* prov. falha, falia.

Faillir, falir, fallir I, 331 et suiv., manquer, faire une faute, faire défaut, faire faute, perdre ou laisser échapper l'occasion, ne pas réussir; de là **faille** II, 111, faute, erreur, fausseté, tromperie; *sans faille* I,

170, sans faute, sûrement; *à faille,* en vain; *faire faille vers qqn.* II, 23, lui fausser qqch., lui manquer de parole; du part. prés. **faillance**, **faillanche**, faute, manquement, erreur; *sans faillance* II, 313, comme sans faille; part. pas. empl. subst. **failli**, homme sans coeur ni honneur; comp. **defaillir**, défaillir, manquer, commettre une faute, cesser, expirer; part. prés. I, 189 avec l'acception de périssable; *estre defaillans* I, 190, manquer; d'ici **défaillance**, défaillance, défaut; du vb. **defaillement** I, 332, défaillance, manque, défaut, cessation; — **entrefaillir** Ben. 20705, entrefaillir. A la fin du XIIIe siècle, on trouve l'infinitif **faudre** formé sur le futur avec *d* intercalaire. D'un réitératif roman de *fallere*, *fallitare*, que les Italiens ont dans faltare, les Espagnols et les Portugais dans faltar, on forma le subst. **falte**, **faute**, faute; manquement, lacune; d'où **deffaute**, defante II, 243 fém., omission, manquement, *défaut* (aujourd'hui masc.)

Faim, s. s. fains I, 79, fein I, 283, faim; prov. fam; de *fames;* de là **famine** II, 219, famine; **afameir**, afamer I, 265. II, 57, affamer; **fameillos**, familleus, affamé; de *famelicus;* d'où le verbe **familler** II, 174, avoir faim, être affamé.

Fain v. foen.

Faindre v. feindre.

Faine, aujourd'hui, avec *ou* radical, *fouine;* du goth. *faih*, varius; anglosaxon *fâh*, varius, pictus, discolor, rutilans, *fâg*, versicolor, variabilis. *fâgian*, variare, rutilare; ancien norois *fâ*, ornare, pingere, polire.

Faïne, faîne v. feu II.

Fains v. faim.

Faintise v. feindre.

Faire, fare, fere, feire II. 156 et suiv.

On s'est étonné qu'en parlant de ce verbe, je n'aie pas distingué *faire* signifiant *dire*, de *faire* = *facere*. C'est que je n'admets pas, comme on le fait ordinairement, un verbe *faire* dérivé de *fari*. *Faire* = dire est pour *facere verba*; et, s'il restait quelque doute à ce sujet, voici un exemple qui prouvera l'identité de faire dans toutes ses acceptations: Ceste prendra la grue au ciel, | *Fesoient* il, par ataïne. Ruteb. II, 165. Comme *fesoient* est et ne peut être que l'imparfait de *faire* = *facere*, de même *fait*, *fit*, en pareil cas, sont le présent et le parf. défini de ce verbe. — *Faire à* cum infinit. II, 167; *faire que* suivi d'un nom II, 168; si fait, com fait II, 292; eissi, issi, ensi, si faitement, com faitement, faiterement II, 292. Subst. fait, s. s. et p. r. faiz, fais I, 70. 220. II, 379, fait, action, acte; *factum*. Faciende, affaires; plur. de *faciendum*. Faiteor I, 228, créateur; *factor*. Adj. dér. faitis, faitisse, faitice, beau, bien fait, agréable. Faceon, fazon, fachon I, 153. 340. II, 378. R. d. l. V. 262, forme, figure, image, face, visage; façon; de *factio*, le faire, ce qui est fait, créé; cfr. Rayn. L. R. III, 267, faisso. Faiture, façon, tournure, ouvrage, création; *factura*. Comp. afaire, afeire I, 335. 345. 358, affaire, état, condition; composé comme avenir, pourboire, etc.; il resta masc. jusqu'au XVIIe siècle; — bienfait, bienfet, bienfait; *benefactum*; bienfetor, bienfaiteur; *benefactor*; benefice II, 360, bienfait, avantage, bénéfice; *beneficium*; — contrefaire II, 169; *(estre)* contrefait, difforme, monstrueux; dont on trouve un curieux exemple dans un commentaire sur le Talmud (Cholin fol. 77), fait par le rabbin Salomon

Ben Isaac, contemporain de Godefroy de Bouillon, et qui vivait à Troyes; desfaire, deffaire, defaire II, 170; defaire pour *deficere*, manquer, faire défaut, ne pas comparaître; v. DC. defectus; desfactiun, desfaciun, desfaçun II, 35. 178. Q. L. d. R. 262, destruction, mutilation; *metre à desfaction*, perdre, détruire; — forsfaire, forfaire II, 169, *foris facere*; forfait, excès, délit punissable, amende, peine; *forisfactum*; forfait Ben. 7309, malfaiteur, coupable; *forisfactus*; forfaiture, tort, faute, amende, saisie, confiscation; — malfaire, maufaire II, 170, *malefacere*; malfait, malfet, maufet, méfait, méchanceté; *malefactum*; malfait, malfet, maufet, maufe II, 366, diable, monstre, bête féroce: *Maufet*, dit DC., dicuntur scriptoribus vernaculis medii aevi, quasi malefici, vel potius malefacti, quod turpi et putida ut plurimum figura donentur, unde efficta postmodum etiam hodie in usu vox Mauvais, qua res quaepiam mala denotatur; — mesfaire, meffaire II, 170, méfaire, offenser, devenir ou rendre criminel; mesfait, mesfet, meffait I, 377. 379. II, 130. 208. 365, méfait, offense, crime; — parfaire II, 171; parfeit, parfit I, 58, parfait; *perfectus*; adv. parfeitement, parfitement I, 208. 263, d'une manière parfaite, accomplie, achevée, complétement; perfection I, 332, perfection; *perfectio*; imperfection II, 8, imperfection; — refaire II, 171; — sorfait, hautain, arrogant, exagéré; subst. excès, arrogance.

Fais v. faire.

Fais, faihs, fes I, 305. 313. II, 143, botte, faisceau, charge, fardeau, poids, force, embarras, travail; *se metre à fais*, prendre à tâche, se charger de qqch.; *à fais* II, 19. 23, pesamment, lourdement; *à un fais*, en un monceau, en masse. Dérivé de *fascis*. De là les mots *faisceau, fascine, affaisser.*

Faisan I, 191, faisan; *phasianus.*

Faisier v. faisser.

Faisser, faissier, faisier, bander, panser une plaie; de *fascio,* de *fascia*; prov. faissa, ital. fascia. Ce mot s'employait aussi en terme de blason, fascé, R. d. C. d. C. p. 38.

Faissier v. faisser.

Faïste, feïste, puis **feiste, faiste, feste,** faîte; *fastigium.*

Fait v. faire.

Fait (si, com) v. faire et II, 292.

Faïte v. faiste.

Faitement (si, com) v. faire et II, 292.

Faiteor v. faire.

Faiterement v. faire et II, 292.

Faitice v. faire.

Faïtis, faitisse, v. faire.

Faiture v. faire.

Faiz v. faire.

Falcheison v. faus.

Falcon, faucon, falcun I, 90. II, 253, faucon; de *falco* (Serv. ad Virg. Ae. 10, 146), de *falx,* faux, à cause des pieds fortement recourbés de l'oiseau; de là fauconier I, 396, fauconnier, etc. Aussi sous la forme **fauc** Ben. I, 2070. II, 9559. 21401, **faux** s. s. Agolant p. 61.

Falcun v. falcon.

Falde Q. L. d. R. I, 93, faude, parc ou lieu fermé de claies, principalement à l'usage des brebis, bergerie; voy. DC. s. v. falda; de l'anglo-saxon *fald,* angl. *fold,* ib.

Faldestoed v. faldestuel.

Faldestuel, faudestueil, fadestuel I, 321, **faldestoed, faudestuef** O. d. D. 4855, fauteuil; de l'ahal. *valtstuol, faltstuol,* siége pliant, fauteuil; de *faltan,* plier, et *stuol,* siége. Le fauteuil était un siége pliant, garni de sangles, et recouvert d'étoffe,

ayant un dossier composé de même et des accotoirs; ce siége était spécialement destiné aux cérémonies publiques.

Falorde, falourde R. d. Ren. III, 30, conte fait à plaisir; **falorder, falourder,** tromper, duper; **se falorder,** se moquer. *Falourde* signifie aujourd'hui gros fagot de bois à brûler, et vient, selon Nicot, de *faix lourd.* Le *falorde* ici en question est identique pour la forme; mais, supposé la vérité de l'opinion de Nicot, je doute qu'il soit identique dans son origine, parce que les anciennes orthographes de *faix* se montreraient quelque part. Le premier membre de la composition dans *balourd* et dans son synonyme *badaud* est *ba,* du verbe *baer,* et l'on pourrait dériver *falorder* de *fare* et *lord,* c'est-à-dire faire lourd, rendre sot, duper. Cfr. le breton lourder, de lourd, être idiot.

Falorder v. falorde.

Falourde v. falorde.

Falourder v. falorde.

Fals, fax, faus, false, fause I, 62. 100. II, 376, faux, trompeur; *falsus*; adv. falsement, fausement, injustement, avec fausseté; **falseteit, fausete, faussete** I, 313. 314. II, 97. 121, fausseté, perfidie; *falsitas*; **falser, fauser** I, 263. 385. II, 16, 52, tromper, manquer à sa parole, déclarer faux, appeler de qqch.; plier, rompre; de *falsare* (falsus).

False, falsement v. fals.

Falser v. fals.

Falseteit v. fals.

Falte v. faillir.

Falue I, 396, conte fait à plaisir, tromperie. Ce mot étant à la rime, il est difficile de dire si c'est là sa véritable forme; mais en tout cas il tient à *fallere,* tromper.

Fame, famme v. feme.

Fameillos v. faim.

Famete v. feme.

Familier v. famille.

Famille, famille; *familia*; familier I, 147, qui est attaché au service de qqn.; ami, conseiller; *familiaris*.

Familler v. faim.

Famine v. faim.

Fandre v. fendre.

Fanon, ornement d'autel, tapis, rideau, bandelette au bras du prêtre; DC. fano; de l'ahal. *fano*, linteum, vexillum, goth. *fana*, ῥάκος, σουδάριον.

Fantosme, chose extraordinaire, conte, fable, chimère; de *fantasma*; de là **enfantosmer**, ensorceler, enchanter.

Faön, faöner v. feön.

Faouner v. feön.

Fard, fard; **farder**, farder. Mot d'origine allemande: il tient au verbe ahal. *farwjan*, teindre, colorer, par l'intermédiaire du participe (à cause du *d* final) *gifarwit* (gi = ge de l'allmod.)

Farder v. fard.

Fare v. faire.

Farine, ferine I, 403. II, 54, farine; *farina*.

Faubourg. Je place ce mot à part et sous sa forme actuelle, parce qu'il a donné lieu à de nombreuses discussions. M. Génin, qui décide tout d'un trait de plume, prétend que faubourg est *faux*, vu qu'il n'y a rien de *faux* dans un bourg. Et pourquoi *faux-bourg* ne pourrait-il pas s'expliquer par *falsus-burgus*, c'est-à-dire le bourg impropre, ce qui n'est pas proprement la ville, comme on dit une fausse clef, du faux bois? On a dit autrefois, prétendez-vous, *fors-bourg, hors-bourg*, c.-à-d. *foris-burgus*, ce qui est situé hors du bourg, et vous en concluez de suite que notre *fau* est pour *fors*, et que „les gens qui écrivent,

abusés par leur oreille „et leur ignorance" (!), ont commis la bévue de prendre l'un pour l'autre.[d] Oui, on a écrit quelquefois *fors-borc*, et les Picards disent encore *forbourg*; mais les Wallons leurs voisins disent *fâbor, fâbour* (fâ = faux), et *fors* n'aurait jamais produit *fâ* dans leur dialecte; de plus, il n'y avait aucune raison euphonique pour changer *fors* en *fâ* ou en *fau*. Les deux explications étant fort logiques, quoi qu'en dise M. Génin, et la forme ne permettant pas d'admettre *faux = fors*, au moins pour qui n'est pas habitué à faire des tours de passe-passe dans l'étymologie, il faut en conclure que *faubourg* équivaut à *falsus burgus* et qu'on a perdu *fors bourg*.

Fauc v. falcon.

Fauchaison v. faus.

Fauchart v. faus.

Faucheor v. faus.

Fauchier, fauchierres v. faus.

Fauchon v. faus.

Faucon, fauconier v. falcon.

Faude v. falde.

Faudestuef v. faldestuel.

Faudestueil v. faldestuel.

Faukier v. faus.

Faus, fou v. fol.

Faus, fause, faux v. fals.

Faus, fauz II, 45, faux; *falx*; de là **fauchier, faukier, faucier** I, 89. II, 272, faucher; d'où **fauchierres, faucheor** I, 77, faucheur; **faleheison, fauchaison**, récolte des foins. C'est également de *falx* que dérivent **fauchon, fauchart** ou **faussart**, espèce d'épée en forme de faux; cfr. DC. falcastrum, faucho et Roq. s. v. *Faucille* de *falcula* (falcilla).

Fausement v. fals.

Fauser v. fals.

Fausete, faussete v. fals.

Faussart v. faus.

Faute v. faillir.

Fautre v. feltre.

Fauve, de couleur fauve; fauvel I, 242, ibid.; surtout en parlant des animaux. V. Roquef. s. v. fauvel; Rom. d. Ren. IV, p. 159, note. De l'ahal. *falo*, gen. *falewes*. (Les adjectifs qui, sans la désinence, se terminent par une autre voyelle que *i*, prennent un *w* devant la désinence, dans l'ahal. et l'allmâ.)

Fauvel v. fauve.

Faux v. falcon.

Faus v. faus.

Favele v. fable.

Faveler, favieler v. fable.

Favine v. feu II.

Fax, fou v. fol.

Fax, faux v. fals.

Faxon v. faire.

Féal, fealment v. fedeil.

Fealte v. fedeil.

Feaul, feaules v. fedeil.

Feaument v. fedeil.

Feaus v. fedeil.

Feaute v. fedeil.

Fedeil, feeil, feel, feil, feal, feaul, feiaul, foial, s. s. et p. r. feeus, feaus, feiaus, feus, fidèle, loyal, vrai; de *fidelis*. T. I, p. 100, on trouve le s. s. masc. feaules. Employé subst., il signifiait vassal, sujet, féal. De là feelment, feiaument, feeument, fealment, feaument, feolment I, 223. 404. II, 15, fidèlement, loyalement. Feelteit, feelte, fealte, feaute, feiaute II, 370, fidélité, loyauté, devoir du vassal envers son suzerain; de *fidelitas*. Cfr. *fiance*, *fit*, *foit*.

Fee v. fae.

Feeil v. fedeil.

Feeit v. fae.

Feel, feelment v. fedeil.

Feelte, feelteit v. fedeil.

Feer v. fae.

Feeument v. fedeil.

Feeus v. fedeil.

Fei, foi v. foit.

Fei v. t. II, p. 293.

Feiaul v. fedeil.

Feiaument v. fedeil.

Feiaus v. fedeil.

Feiaute v. fedeil.

Feid v. foit.

Feie, fée v. fae.

Feie v. t. II, p. 293 et Glos. s. v. voie.

Feiee v. t. II, p. 293 et Glos. s. v. voie.

Feignant v. feindre.

Feil v. fedeil.

Feimenti v. foit.

Fein, foin v. foen.

Fein, faim v. faim.

Feindre, faindre II, 237, hésiter, dissimuler, déguiser, feindre, tromper; avec le pron. *se*: se faire passer pour, se cacher, se ménager, travailler nonchalamment; le part. pas. s'empl. dans l'acception de se feindre, pour négligent, paresseux: Son chaceor forment somont, | Et de verge et d'esporon, | Et nel trova faint ne felon (P. d. B. 686-8); et c'est de la même source que nous vient le mot populaire *feignant* (part. prés.), homme paresseux, mais qui a encore la pudeur de ne vouloir pas laisser apercevoir son vice et qui *se feint* de travailler; autrefois faignant signifiait un homme timide, un homme qui hésite, sans toutefois être lâche. De là feinte, feintie, feinte, dissimulation, déguisement, faux-semblant, tromperie; feintise, faintise, fointise I, 101. 160. 326, dissimulation, déguisement, tromperie, ménagement, nonchalance.

Feinte v. feindre.

Feintie v. feindre.

Feintise v. feindre.

Feire, faire v. faire.

Feire, foire v. foire.

Feïste v. faïste.

Feiz, foi v. foit.

Feiz v. voie et II, 293.

Fel, s. s. feus, feul I, 67. 74. 293.
338. 352. II, 235. 273, cruel, impitoyable, pervers, perfide, furieux;
subst. scélérat, parjure, traître, rebelle. Ordinairement *fel* se déclinait de la manière suivante: s. s.
fels, s. r. et p. s. felon, p. r. felons;
cependant on se servit, mais abusivement, de *felon* au s. s. ou de
fel à tous les cas. De *fel*, *felon*,
on avait le féminin felonesse, et
plus souvent felenesse II, 19. Adv.
felonessement, felenessement I, 197.
II, 3, méchamment, cruellement,
avec trahison, avec outrance, avec
fureur, injustement; avec vigueur,
fortement. Felonie, felonnie, fellonie,
felenie, felunie, felounie I, 46. 227.
296. 355. II, 372, félonie, trahison;
colère, cruauté, vigueur. On a dérivé ce mot de l'anglo-saxon *fell*,
méchant, cruel; mais, à ma connaissance, *fell* ne se trouve nulle
part dans les anciens textes. L'ahal.
a *fillan*, écorcher, battre; il a probablement eu un substantif correspondant *fillo*, flagellateur, etc., qui
serait la racine de notre *fel*. Voy.
d'autres mots de la même famille
dans Dief. G. W. I, 377.

Felenesse v. fel.

Felenessement v. fel.

Felenie v. fel.

Fellon, fellonie v. fel.

Felon, felonie v. fel.

Felonessement v. fel.

Felounie, felunie v. fel.

Feltre, feutre, fautre, feutre, tapis,
partie de la selle; lmâ. *filtrum;*
de l'ahal. *filz*, anglo-saxon *felt*,
avec *r* additif; de là afeltrer, afeutrer, afautrer II, 324, équiper, harnacher, s'appuyer, se joindre; d'où
desafautrer II, 388, déharnacher,
mettre hors de selle, perdre la selle.

Fembrier v. femier.

Feme, femme, fame, famme I, 46. 101.
124, femme; *femina;* dim. famete
I, 99, petite femme.

Femier I, 250, fembrier, fumier; de
fimus. Dans la forme moderne l'*u*
a remplacé l'*e*, qui était plus correct. Cfr. fumelle pour femelle.

Femme v. feme.

Fendre, fandre II, 244. 266, fendre,
crever; *findere;* comp. porfendre II,
102, pourfendre.

Fenestrage v. fenestre.

Fenestre, feniestre I, 160. 329. II, 127,
ouverture, fenêtre; boutique, parce
que, dit Roq., les boutiques n'étaient
point ouvertes comme à présent,
on vendait au travers des fenêtres, et le chaland restait dans
la rue; armoire, tabernacle d'autel;
fenestra; dimin. fenestrele I, 99;
fenestrer, pourvoir de fenêtres; faire
le galant sous les fenêtres de sa
maîtresse; part. pas. souvent aussi
taillé, découpé, en parlant des habits; *fenestrare;* de là fenestrage,
droit d'étalage pour les marchandises; exposition des armes avant
les tournois, afin de connaître les
combattants et d'empêcher de tournoier ceux qui se seraient rendus
indignes de cet honneur. Cfr. DC.
fenestrare, fenestragium.

Fenestrele v. fenestre.

Fenestrer v. fenestre.

Feniestre v. fenestre.

Fenir v. fin.

Feolment v. fedeil.

Feön, par changement de l'*e* en *a*,
faön, faon, mais, dans l'ancienne
langue, on donnait ce nom à tous
les petits des animaux; feoner,
faoner, faouner, mettre bas, faire
des petits, produire, engendrer,
croître. De *fetus*, avec la terminaison dérivative *on;* dissyllabe à
cause de la syncope du *t*.

Feöner v. feon.

Feor v. fuer.

I. Fer, fier I, 106. II, 212. 308, farouche, sauvage, vigoureux, fort, cruel, féroce; *ferus;* adv. fierement I, 288. 327, d'une manière farouche, sauvage, cruelle, vigoureusement, fortement; de là ferain, farouche, dur, cruel; fere, bête sauvage, féroce; *fera;* fierte, ferte I, 255, 369, naturel farouche, humeur sauvage, cruauté, barbarie, sévérité; fierté, faste, pompe; *feritas.* Notre verbe *effarer* est dérivé d'une nouvelle formation de *ferus,* et non d'*effe-rare;* cfr. farouche de ferox pour l'*a* radical, et le prov. esferar.

II. Fer, fier I, 52. 86. II, 249, fer, arme; *ferrum;* de là ferrer, ferrer; frete, contraction de *ferete,* anneau, bande de fer; d'où freté, entouré de bandes, bardé, croisé, entrelacé, galonné. V. ferrant et vestir.

Ferain v. fer I.

Fere, bête féroce v. fer I.

Fere, foire v. foire.

Fere, faire v. faire.

Fereis v. ferir.

Ferer v. foire.

Ferine v. farine.

Ferir, ferre I, 336 et suiv., frapper, combattre; se *ferir,* s'élancer, se jeter avec impétuosité; de là ferreis, fereis, coup, l'action de frapper, choc, combat; comp. referir I, 336, frapper à son tour, de nouveau; entreferir I, 336, entrefrapper, entrechoquer; aferir, afferir I, 336; d'où raferir.

Ferm II, 160, ferme; de *firmus;* adv. fermement I, 177. 232, fermement; de là ferme, subst. ferme, fermage, demeure; fermail, fremail, boucle, agrafe, crochet qui reçoit le verrou; fermaille, fremaille II, 162, enjeu, promesse, traité, accordaille; fermetet, fermete, firmete I, 149. 372. II, 195, assurance, forteresse;

souvent contracté en ferte (cfr. infermete), lmâ. firmitas. De *firmare,* fermer, fremer II, 262. 343, promettre, assurer avec serment, conclure; affermir, fixer, attacher; fermer, fortifier une ville, un château; d'où refermer, refremer II, 32. 381, refaire, rebâtir, reconstruire; refermer; comp. afermer, afremer I, 66. 155. II, 204. 295, affermir, consolider, rendre ferme et stable, affirmer; lat. *affirmare;* confermer, confarmeir I, 191. 128. 386, confirmer, affermir, établir; lat. *confirmare;* d'où aconfermer II, 52, confirmer; — desfermer, desfremer, deffremer I, 403. R. d. l. V. 93, ouvrir, ébranler; enfermer I, 358, enfermer.

Fermail, fermaille v. ferm.

Ferme, fermer v. ferm.

Fermement v. ferm.

Fermete, fermetet v. ferm.

Fermillon v. fremir.

Ferrant, auferrant, gris (des hommes et des chevaux), gris de fer; cheval blanc ou gris; plus tard cheval de bataille. DC. dérive *ferrant* de l'arabe *faras,* equus generosus (s. v. farius, cfr. ferrandus), d'où φάρας, dans la basse grécité, et avec l'article arabe *alfaras: ferrant, auferrant;* on dériva l'adjectif de la couleur de ces chevaux. La forme repousse cette dérivation, et le sens ne s'y prête guère. Raynouard, Lex. R. VI, 24 place avec raison *ferrenc = ferrant* à l'article *fer,* ferrum (cfr. Diez II, 306. 7); mais il a eu tort d'en séparer *alferant* II, 53 = *auferrant,* où *al* est simplement une apocope de *alb = albus,* comme on trouve *blanc ferrant.*

Ferre v. ferir.

Ferreis v. ferir.

Ferrer v. fer.

Ferte, cruauté v. fer I

Ferte, assurance v. ferm.

Fertere II, 158, châsse, reliquaire; *feretrum* (φέρετρον).

Fervestir v. vestir.

Fervor I, 151, ferveur, ardeur; *fervor*.

Fes v. fais

Feste, faîte v. faïste.

Feste I, 69, cour, assemblée, festin, fête; foire, marché privilégié: *festum*; dim. festelete II, 161, jeu; vb. fester, festier I, 406, festoyer, régaler, faire fête, jouter; ne rien faire; festivetet, festivete, solennité, fête, réjouissance; *festivitas*; festif, festive, qui a rapport aux solennités, aux grands jours; — festival, festivaus I, 102. II, 196 de fête, solennel; nouvelle formation adject. sur le radical *festiv*.

Festelete v. feste.

Fester, festier v. feste.

Festif v. feste.

Festival v. feste.

Festivaus v. feste.

Festive v. feste.

Festivete v. feste.

Festu II, 147. 249, fétu, paille; de *festucus* lmâ. pour *festuca*, prov. festuc; ital. festuco; — *rompre le festu*, quitter, abandonner qqch., se brouiller, rompre une alliance.

I. Feu, fu, fou I, 25. 142. II, 34, feu, foyer; *focus*; de là feuage, fouage, droit que le seigneur levait sur chaque feu (maison); propr. *focagium*; fouier, foyer; prov. foguier, foguairo; propr. *focarium*; foace, fouace, fouace; propr. *focacia*; fouee, chauffage, fagot, bourrée; propr. *focata. Fusil*, morceau d'acier servant à faire du feu, quand on le bat avec un caillou, puis arme à feu, se rapporte également à focus, ital. focile; fuisius s. s., où le second *u = l*, P. d. B. 5066. Voy. DC. fugillus.

II. Feu, fo R. d. l. V. 55. Bert. 48,

hêtre; de *fagus*; fage, fagne, lieu planté de hêtres; de *fageus* (adj.); favine, faïne, faine; de *faginus* (adj.). Outre faine, il nous est resté de cette famille le nom vulgaire du hêtre, dérivé foyard.

III. Feu, feu, défunt. Ménage, dans ses Observations sur la Langue françoise, 2 part. 57 chap., a traité longuement de l'origine de ce mot et combattu ceux qui le dér. de *fuit*. Il prétend que feu vient de *felix*. Le Duchat a déjà prouvé que Ménage se trompait, en faisant la simple remarque que „les notaires de quelques provinces disent encore au plurier *furent*, en parlant de deux personnes conjointes et décédées". Cet usage de furent est ordinaire dans l'ancienne langue.

Feu, fief v. fieu.

Feuage v. feu.

Feuille v. fueil.

Feul v. fel.

Feur v. fuer.

Feus, cruel v. fel.

Feus, fidèle v. fedeil.

Feutre v. feltre.

Fevre, fièvre v. fievre.

Fevre, ouvrier, artisan, forgeron, taillandier, maréchal, serrurier; de *faber; fevres forjant* Q. L. d. R. I, 44, faber ferrarius. Ce mot s'est conservé dans orfèvre = aurifaber. Forge, qui signifiait fabrique, construction, dérive de *fabrica; o = av = au;* forgier, furgier II, 75, fabriquer, forger; de *fabricare*.

Fevros v. fievre.

Fi v. fit.

Fiance II, 388, serment de fidélité que le vassal doit à son seigneur, promesse de mariage, foi, confiance, gage, promesse, engagement, certitude; de *fidentia;* de là. fiancos, plein de confiance, certain; fiancer, fianchier II, 388, promettre, garantir, engager sa foi, prendre des gages; d'où **afiancer** II, 228, confirmer par sa foi, par une promesse, rassurer; **desfiancer** *(se)* II, 312, sortir de l'obéissance, cesser d'être vassal. Cfr. *foit, fit, fedeil. Fiance* est le simple de notre mot *confiance.*

Fiancer, fianchier v. fiance.

Fiancos v. fiance.

Ficher, fichier, ficier II, 278. 313, placer, fixer, arrêter, attacher, clouer, enfoncer, appliquer; *ficher en terre,* enterrer; comp. **aficher, afichier, aficier,** publier, enseigner hautement, affirmer, certifier; fixer, ficher, arrêter, poser, affermir; *s'aficher,* s'appuyer, se fixer, s'obstiner, s'efforcer; de là **afiche, afice,** boucle, agrafe, ornement; **aficheement, afichiement,** affirmativement, sans réserve; **fixement; esficher** I, 52, fixer, poser, affermir; lmâ. *fixire, affixire.* Nos mots sont des dérivés de *figere, affigere,* par l'intermédiaire d'un fréquentatif *figicare,* qu'il faut supposer pour la forme. Cfr. vellicare de vellere, et crucifier s. v. crois.

Fichier, ficier v. ficher.

Fie, fief v. fieu.

Fie v. t. II, p. 292. 3 et Glos. s. v. voie.

Fied v. fieu.

Fiede v. t. II, p. 293 et Glos. s. v. voie.

Fiee v. t. II, p. 293 et Glos. s. v. voie.

Fief, fiefe v. fieu.

Fiefer v. fieu.

Fieie v. t. II, p. 293 et Glos. s. v. voie.

Fiement v. fit.

Fien v. foen.

Fiens II, 219. 389, **feins** Q. L. d. R. 379, fiente, fumier; prov. fem; de *fimus.* A côté de ce *fiens,* on trouve **fiente** I, 357. II, 358, fiente, excrément; prov. fenta, fenda; catal. fempta; anc. esp. hienda; qui, comme cela devrait être pour la forme, ne peut guère venir de *fimitus* pour *fimetum,* car régulièrement on aurait eu *fimaie* ou *femaie.*

Fiente v. fiens.

Fier, fier v. foit.

Fier, farouche v. fer I.

Fier, fer v. fer II.

Fierce, fierge Ben. II, p. 515, à la note, dame, reine, la seconde pièce des échecs; lmâ. fercia; du persan *ferz,* général. De fierge on fit, par corruption, vierge, d'où dame, puis reine.

Fierement v. fer I.

Fierge v. fierce.

Fierte v. fer I.

Fies v. fieu.

Fieu I, 172; **feu** II, 96, **fiu** I, 231, formes dont l'*u* se permuta en *f,* d'où **fief (fies), fied (fiez)** I, 97, par l'influence de *feodum* v. plus-bas, **fie** I, 124; fief, hommage; d'où **fiever, fiefer** P. d. B. 463, donner en fief, inféoder, recevoir comme vassal; **fieve, fiefe,** possesseur d'un fief, contrat, bail d'héritage en fief; **fievet (fievez)** I, 49, feudataire. Ces mots se retrouvent exactement à l'état de composé dans le lombard *fader-fio,* bien, héritage paternel; goth. *faihu,* biens, richesses, effets, etc.; ahal. *fihu,* ib. (rare), bétail; ancien saxon *fehu,* ib.; etc. Voy. Diefenbach G. W. I, 350. Ainsi l'idée primitive de notre mot est richesse. Quant à *feodum, feudum* de la basse latinité, dont on a formé les mots *féodal, féodalité,* etc., M. Diefenbach trouve avec raison que la dérivation de *fihu-ôd* (ôd = propriété) est forcée. *Feudum* est simplement *feu* latinisé, *feuum* avec *d* intercalaire. Il est bon de remarquer que, dans la racine, l'*u* était terminaison; mais les peuples romans ne le considéraient plus comme tel.

Fieve, fiefer v. fieu.

Fievet, fievez v. fieu.

Fievre, fevre II, 116, fièvre; *febris;*
adj. febros, fievros II, 15, fiévreux.
Fievros v. fièvre.
Fiex v. fil I.
Fiez v. voie et t. II, p. 293.
Fiez v. fieu.
Fige II, 345, figue; *ficus.*
Figure I, 263, forme, aspect, visage;
figure, symbole; *figura;* figurer I,
66, figurer, représenter; *figurare;*
comp. defigurer, deffigurer II, 195.
198, défigurer, déformer, changer
de figure.
Figurer v. figure.
I. Fil, s. s. et p. r. fils, fius, fix, fiex
I, 92, fils, enfant; *filius;* dim. fillol
II, 140, filleul; *filiolus;* fille, fille;
filia; dim. fillole, fillenle; *filiola;*
fillastre P. d. B. 299, beau-fils, fils
d'un autre lit, gendre, bru; cfr.
Roq. et Diez I, 13 *filiaster.*
II. Fil II, 228, fil; *filum;* dim. filet
I, 134, petit fil, filet; vb. filer II,
135, filer; comp. afiler, se former
en fil ou filet; affiler, enfiler II,
135, enfiler; parfiler, porfiler, parfiler. Le subst. *file* f. est de la même
racine; vb. *filer,* comp. *défiler,* d'où
le subst. *défilé,* chemin étroit.
Filer v. fil II.
Filet v. fil II.
Fillastre v. fil I.
Fille v. fil I.
Fillol, fillole v. fil I.
Fils v. fil I.
Fin I, 50. 177, fin, borne, limite, conclusion, paix, accord; *finis;* finer,
fenir I, 339, le premier de *finare,*
nouvelle dérivation romane de *finis,*
l'autre de *finire,* finir, terminer,
achever, cesser, mourir; et, toujours avec la forme de la 1re conj.,
financer, payer I, 340, c.-à-d. finir,
conclure une affaire; de là finance,
fin, convention, conclusion; — paî-
ment, amende, argent; finement,
fin; — fin, e I, 130. II, 243, pur,

parfait, fidèle, sincère, sûr, fin;
abrégé de *finitus,* accompli, parfait;
et non pas de l'allem. *fein,* comme
on l'a avancé, tandis qu'il aurait
fallu dire le contraire; cfr. Schwenk
D. W. s. v. fein; le latin et le grec
perfectus, τέλειος; — comp. afiner,
afenir, approcher de la fin, achever,
terminer, mourir —; et, toujours
avec la forme de la 1re conj.; arrêter, apurer un compte — épurer,
affiner — tromper avec finesse (d'où
notre raffiner) — affinité II, 352,
affinité, et avec le sens de affinis,
pays limitrophe; *affinitas;* — definer I, 340. II, 82, d'où definement
I, 252, fin, terme, achèvement; —
defin, fin; — parfin, fin, parfin; *à
la parfin* I, 284. 300. II, 315, à
la fin, pour la conclusion.
Finance v. fin.
Finement v. fin.
Finer v. fin.
Firmete v. ferm.
Fis v. fit.
Fisicien v. fisique.
Fisique II, 60, science et art de la
médecine; *physica;* fisicien, médecin; propr. *physicianus;* cfr. Roq.
s. v. fisicien; prov. phizician; anglais physician.
Fit, fi (fiz, fis) I, 245, certain, assuré, plein de confiance, convaincu;
fiement S. d. S. B. 548, Ruteb. II,
257, avec confiance; de *fidus;* de
fit, de fi, certainement, en toute
certitude, en toute sûreté; comp.
afi II, 225, confiance, conviction.
Cfr. *foit, fedeil, fiance.*
Fiu v. fieu.
Fius v. fil I.
Fix v. fil I.
Fiz v. fit.
Flael, fiaial I, 268. 391, fouet, fléau,
tourment; de *flagellum;* II, 293 on
lit le r. p. fiaieaz; fiaéler, flageller,
fouetter, tourmenter, faire souffrir;

flagellare; de là flaielement, fléaux,
flagellation.

Flaleit II, 9 de flaeler v. flael.

Flaeler v. flael.

Flaial v. flael.

Flaieaz v. flael.

Flaielement v. flael.

Flair v. flairer.

Flairer W. A. L. p. 22, rendre une
odeur, fleurer; **flair**, odeur; dér.
flairor, odeur, parfum; de *fragrare,*
r permuté en *l,* i. e. *flagrare.* Voy.
DC. s. v. fragrare.

Flaistre, flestre, flétri, sans couleur;
de *flaccustur.* De *flaistre,* vient
flaistrir I, 392, flestrir, flétrir (prop.
et fig.).

Flaistrir v. flaistre.

Flambe v. flame.

Flamber v. flame.

Flambier, flamboier v. flame.

Flamble v. flame.

Flame, flamme I, 143. II, 116. 387,
flamme; de *flamma;* flamble, flambe
II, 116. Ben. 42084, flamme; de
flammula, avec *b* intercalaire *flamble,*
flambe; vb. **flamer,** enflammer, brûler, lancer des flammes; **enflamer,**
enflammer I, 145. II, 209, enflammer; **flamber, flambier, flamboier** II,
220, brûler, jeter des flammes;
flamboyer, étinceler, flotter; **enflamber,** enflammer. Ces deux formes
flame, flambe expliquent les dérivés
flammeche, flameron, flamiche (espèce de galette cuite à la flamme),
flambard, flambeau, etc.

Flamer, flammer v. flame.

Flamme v. flame.

Flanc, s. s. et p. r. flans II, 289, flanc;
d'où **flanchiere,** sorte d'armure qui
couvrait tout le corps. On dérive
ordinairement ce mot de l'ahal.
lancha, hlanca, flanc. Cette étymologie ne me paraît pas admissible. Sans me faire une raison
de ce que la forme aspirée *hlanca,*

qu'il faut par obtenir le *f,* est fort
douteuse, car on ne la trouve qu'une
ou deux fois, je dirai que les combinaisons *hn, hr* de l'ahal. restent
dans la langue d'oïl (l'ancien norois *hr* est devenu plus tard *fr*),
et il n'est pas probable que *hl* ait
suivi une autre loi; puis que les
fém. allem. en *a* conservent leur
genre dans les langues romanes.
Quelle est donc l'origine de *flanc,*
ital. *fianco?* Les Allemands appellent cette partie du corps *weiche,*
propr. partie molle; et ils nous ont
emprunté flanc, qu'ils font féminin,
flanke.

Flanchiere v. flanc.

Flans v. flanc.

Flat, coup, tape; **flatir,** abattre, jeter
par terre, précipiter, enfoncer,
plonger; de l'anc. norois *flat,* ahal.
flaz, plat, aplati. Ainsi *flatir* =
aplati par terre. Ce mot nous est
resté en termes de monnayeur, pour
signifier aplatir une pièce de monnaie avec le *flatoir.*

Flater, flatter, flateres I, 104, s. r. et
p. s **flateor,** flatteur; de l'anc. norois *flat,* plat, aplati. Cette dérivation s'explique très-facilement
dans les différentes significations
du mot: caresser, etc. Cfr. flat.

Flateor v. flater.

Flateres v. flater.

Flatir v. flat.

Flaüste v. flaüte.

Flaüte, flaüste, fleüste R. d. l. V. 101,
flûte; vb. **flaüter, fleüster,** jouer de
la flûte; **flaüteur,** joueur de flûte.
Selon Barbazan, *flaüte* dérive de
flatus; il eût mieux valu prendre
le verbe comme ayant précédé le
subst. et le dériver de *flatus,* souffle,
que les anciens employaient à l'égard
du jeu de la flûte; d'où *flatuer* et
avec transposition de l'*u, flaüter*
et de là *flaüte.* Dim de *flaüte,*

propr. *flautiolus*, flajol, flajel, flageol,
flagiel, et toujours avec rejet du *t*,
mais conservation de l'*u*: flavel,
d'où un nouveau dim. flajolet. Sous
la dénomination de *flajol*, on comprenait autrefois, non-seulement des
espèces de flûtes différentes, mais
des variations de la même famille,
comme on le voit par ce passage
de Guillaume de Machaut: Et de
flajos plus de x paires, c'est-à-dire
de xx manieres, tant de fortes
comme des legeres.

Fläuter v. flaüte.

Flechet I, 82, forme gallo-latine, de
flechir.

Flechir II, 361, fléchir; de *flectere*.

Flestre v. flaistre.

Flestrir v. flaistre.

Fleur v flor.

Fleüste v. flaüte.

Floc, floche, flocon, houppe; *floccus*;
dimin. flocel, flochel, flocon, petit
flocon; et d'ici floceler I, 62, friser,
être ou tomber en flocons. Le mot
froc, froc, ne diffère de floc que
par la liquide, et il a la même racine; cfr. prov. *floc*, flocon et froc;
et DC. floquetus.

Floc, troupe v. folc.

Flocel v. floc.

Floceler v. floc.

Fliche, quartier de porc salé, morceau
de lard; lmâ. fliches, flichia. *Fliche*
nous est resté sous la forme *flèche*,
dans l'expression *flèche de lard*, et
Roquefort dit que ce morceau enlevé sur l'un des côtés d'un cochon,
depuis l'épaule jusqu'à la cuisse, a
été appelé ainsi à cause de sa longueur qui le fait ressembler à un
trait, à une flèche. Cette étymologie ne serait pas tellement ridicule qu'on a bien voulu le dire;
car nous voyons *haste* signifier aussi
une pièce de chair (R. d. l. V. p. 300.
1). Toutefois l'origine du mot *fliche*

est autre; il dérive de l'ahal. *flicci*,
perna (Haupt, Zeitsch. f. D. A. p. 197,
1re col.); anglo-saxon *flicce*, anglais *flitch*, islandais *flycke*, flèche;
suéd. *flåsk*, un demi-cochon. Tous
ces mots affiliés à *fleck*, *flick*, morceau, pièce. V. Schwenk D. W.
fleisch.

Floïble M. s. J. 503, l. 11 d'en bas,
foible II, 22, débile, languissant,
faible; de *flebilis*; de là floibeteit
I, 82. 148. II, 240, foiblete, débi-
lité, langueur, faiblesse; afoiblir,
afebloier, afebleier I, 155. 297. 382,
affaiblir, diminuer de force, décourager. On voit que, par euphonie,
tantôt le premier, tantôt le second
l a été retranché.

Flor, flur, flour, fleur I, 255. 328.
329, fleur; *flos* (flor); vb. florir,
flurir I, 52. 407. 408. II, 17. 191,
fleurir, briller; en parlant des cheveux et de la barbe, il se traduit
par blanc; (II, 240, viex floris;)
florere; de là floré, fleuré, bordé
de fleurs; floron, fleuron; florin,
sorte de monnaie d'or, florin; voy.
DC. Floreni et moneta.

Floré v. flor.

Florir v. flor.

Floron v. flor.

Flot v. flote.

Flote (f.), troupe, rassemblement, réunion, foule, train, soit de personnes, soit de choses; flot (m.),
flux; de *fluctus*. D'ordinaire on
dérive notre mot *flotte* de l'allemand: ancien norois *floti*, anglo-
saxon *flota*, hollandais *vloot*, suédois *flotta*, tous = flotte, excepté
l'anglo-saxon *flota*, qui a quelquefois la signification particulière de
navire. Cependant à considérer la
signification du *flote* de la langue
d'oïl, il me semble que, quant à
la forme, il est inutile de quitter
le domaine roman; pour le sens,

au contraire, il faut admettre l'iu-
fluence germanique, mais elle est
postérieure à la première période
de la langue et ne peut remonter
qu'au suédois ou au hollandais.
Partout, dans l'ancienne langue, la
signification primitive de *flote* est
la seule admissible; p. ex.: Od le
montant *en flote* sont, | Et od le
retraiant s'en vont (P. d. B. v. 7585.
6.); *en flote* = en troupe, groupés,
rassemblés. *Flotter* dérivé de *fluc-
tuare*. MM. Diez I, 280 et Diefenbach I, 387 ont une autre opinion.

Flou v. folc.

Flour v. flor.

Fluet II, 299 signifie petit fleuve, rivière, tandis qu'en d'autres passages
des mêmes dialogues, II, 311, il
est synonyme de fluctus et signifie
flot, inondation, débordement. Il
faut donc le rapporter à *fluctus*.
V. flot.

Fluie v. flum.

Fluive v. flum.

Flum, s. s. et p. r. fluns I, 76, fleuve,
rivière; *flumen*; I, 257 on voit la
forme p. s. flume, qui est anglo-
normande; — fluie, fluive I, 78,
fleuve; de *fluvius*, la première forme
avec syncope du *v*.

Flume v. flum.

Fluns v. flum.

Flur v. flor.

Flurir v. flor.

Fo v. feu II.

Foace v. feu.

Foee v. t. II, p. 293 et Glos. s. v. voie.

Foen, fain, fein, fien I, 392. II, 311.
S. d. S. B. 540, foin; *fenum* (foenum).

Foer, foers v. fors.

Foi v. foit.

Foial v. fedeil.

Foible v. floible.

Foiblete v. floible.

Foie v. t. II, p 292. 3 et Glos. s. v.
voie.

Foie I, 118, foie; italien fegato; du
lmâ. *ficatum* sc. jecur, foie d'oie
engraissée de figues, puis foie en
général. M. Diez I, 30. 37 compare le grec moderne σικότι, foie,
de συκωτὸν ἧπαρ.

Foille v. fueil.

Foiller v. fueil.

Foilliee v. fueil.

Foillir v. fueil.

Foillus v. fueil.

Foimenti v. foit.

Fointise v. feindre.

Foir, fuir v. fuir.

Foïr, fouïr, verbe fort, qui conserva
l'*u* de la diphthongaison à certains temps dans quelques contrées,
pour le distinguer de l'orthographe
foir de *fuir* I, 342 et dont la conjugaison se troubla de bonne heure;
il signifiait fouir, fouiller, bêcher,
creuser la terre; de *fodere*; fosse
I, 347. II, 337, fosse, prison, cachot; *fossa;* fosset, fossé; *fossatum;*
fossion I, 374, action de fouir, fouille;
fossio; comp. enfoïr, enfouïr I, 342,
enfouir, enterrer.

Foire, feire, fere I, 234, foire; de
feriae, plus tard *feria*, au singulier, selon Festus. *Foire* signifie
donc proprement-jour de fête, parce
que les foires se tenaient aux jours
des fêtes de l'église. De là foiriet,
foirie, jour de fête, jour de la foire;
foirier, foirer, ferer, fêter, chômer.
Ainsi le véritable terme français
devrait être *foirié* au lieu de *férié*,
puisque nous avons conservé foire.

Foirer v. foire.

Foirie, foirier v. foire.

Foiriet v. foire.

Fois, foi v. foit.

Fois v. t. II, p. 292. 3 et Glos. s. v. voie.

Foison v. fondre.

Foisonner v. fondre.

Foit, feid, foi, fei, s. s. et p. r. foiz,
fois, feiz II, 271. 388, foi, franchise,

croyance religieuse; de *fides; metre
sur foi*, mettre sur la foi, sur la
parole; *par ma, ta*, etc., *foi*, ib.;
nonfoi, nonfei II, 378, nonfoi, incrédulité. De *foi* et du participe
passé de *mentir*, on forma **foimenti, feimenti**, qui a trahi sa foi,
parjure, déloyal; car on disait *mentir
sa foi* II, 84 pour trahir sa foi,
manquer à sa parole, se parjurer.
De *fides*, on forma encore le verbe
fier, fier, confier, promettre, engager sa foi, garantir; esp. et port.
fiar, ital. fidare, prov. fizar, fiar;
se fier en qqn. I, 162; *se fier à
qqn.* I, 222; *se fier en qqn. de qqch.*
I, 271; comp. **afier, affier** II, 313.
336, promettre, assurer, affirmer,
garantir; le participe **afie, affie**,
s'employait souvent substantivement
pour qui a fait une promesse, juré,
allié; **s'entrafier** I, 263, s'afier mutuellement; **desfier, defier, deffier**
I, 255. 349. II, 32, proprem. renier
sa foi (O. d. D. v. 3059), retirer sa
confiance, puis défier. Cfr. fedeil,
fiance, fit.

Foiz, foi v. foit.

Foiz v. t. II, p. 252. 3 et Glos s. v. voie.

Fol, fols, fous, fos, fox, faus, fax I,
93. II, 218, subst. et adj. fou; adv.
folement I, 179. 272, folement; vb.
foler, errer çà et là, marcher de
côté et d'autre (II, 62), s'écarter,
flotter (P. d. B. 5764); au figuré,
sous les formes, **foler, folier, foleier,
foloier** II, 270. 339, extravaguer,
faire des folies, agir en fou, se
tromper, s'égarer, railler, moquer,
dire des injures, errer, mener une
vie de débauche; comp. afoler (ne
confondez pas avec *afoler* = maltraiter), devenir fou, perdre l'esprit,
faire enrager quelqu'un, tromper;
s'afoler, devenir fou d'amour, se
passionner, vivre licencieusement
avec des femmes; dér. **folie**, folie,

sottise, radotage; **folage, folaige**,
folie, sottise; **folor, folur**, sottise,
folie, étourderie; **folestet, foletet** II,
313, folie, étourderie; **folet, foleit**,
badinage, moquerie; **folieuse**, femme
débauchée. Tous ces mots appartiennent à une même racine, *fol-
lere*, se remuer çà et là, *follis*,
soufflet à souffler le feu, — soufflet
de forge, c'est-à-dire quelque chose
qui se remue çà et là, signification
fondamentale qui se retrouve dans
tous les dérivés et qui s'est conservée dans notre mot *follet* (feu).
Fol dérive directement de *follis*.

Folage, folaige v. fol.

Folc, fulc, fonc, floc, flou Q. L. d. R.
I, 97, troupeau de bétail, troupe,
multitude, assemblée; de l'ahal.
volc, folc, populus, agmen, acies;
anc. norois *fôlk;* et pour *floc, flou;*
anglo-saxon *floc;* anc. norois *flockr,*
agniéu, cohors; anglais *flock,* troupe,
troupeau.

Foldre, foudre II, 24, foudre; de *ful-
gur*, avec *d* intercalaire: *folre,
foldre;* quelquefois renforcé en *esfoldre* (Que li esfoldres du ciel le
puist abatre. O. d. D. 6522); **foudroier** II, 44, faire des éclairs, fou-
droyer, épouvanter, effrayer; *ful-
gurare*.

Foleier v. fol.

Folement v. fol.

Foler v. fol.

Folestet v. fol.

Folet, foleit v. fol.

Foletet v. fol.

Folie, folier v. fol.

Folieuse v. fol.

Foloier v. fol.

Folor, folur v. fol.

Fols v. fol.

Fond, font, fons, fund II, 199, fond,
base; prov. fons; de *fundus* vb.
fonder, avoir fond, fonder, établir;
de là la **fonde**, fondement, fondation,

établissement, assurance; **fondement,** fondement; comp. **afonder,** couler à fond, enfoncer, plonger, enfoncer dans l'eau; **effonder,** enfoncer, couler à fond, précipiter, renverser, éventrer, rompre; et à côté de ces formes, une autre en *r* avec les mêmes significations: **afondrer, effondrer, effundrer** II, 122; **s'esfundrer** I, 381, s'enfoncer. D'où provient ce *r*? **Profond, parfond, parfunt** I, 257. 299. II, 199, profond, vaste; *profundus;* prov. preon, ital. profondo; subst. **profundece, parfundece, parfondesce** I, 66. 86. 226, profondeur.

Fonde, *fronde* (avec *r* intercalaire), corde qui chasse le trait; — et magasin public, bourse; de *funda.* Ménage dit: Il n'y a guère plus de 80 ans qu'on prononçait *fonde.* Le Duchat fait remarquer que le dictionnaire de Monet, imprimé en 1636, ne connaît pas encore *fronde.*

Fonde, fondement v. fond.

Fondement v. fond.

Fondre, fundre I, 193. 233 II, 97, 251, fondre, confondre, détruire, ruiner, crouler; *fundere;* **fuson, foison, fuison** I, 60. II, 126, foison, abondance, force, résistance; *fusio;* d'où **foisonner** I, 101, foisonner; comp. **confondre, confundre** I, 59. 268. 146. II, 361, confondre, détruire, ruiner; *confundere;* **confusion, cunfusiun** I, 363. II, 208. 326, confusion, désordre, honte, embarras; *confusio.*

Fons, eau v. font.

Fons, fond v. fond.

Font, funt, s. s. et p. r. **fonz, fons, funz,** eau, source, fontaine; fonts baptismaux; de *fons.* Une dérivation fort ancienne de *fons,* est *fontana,* d'où: **fontane, fontainne, funtaine** I, 68. 149. 188, fontaine, source, ruisselet; d'où le diminutif **fontenil, fontanelle, fontenelle,** etc.

Font, fond v. fond.

Fontaine v. font.

Fontane, fontanelle v. font.

Fontenelle v. font.

Fontenil v. font.

Fonz v. font.

For, forg, fourg II, 165. 182, four; prov. forn, ital. forno; de *furnus;* **fornier** II, 387, boulanger; *furnarius.* Le *g* de *forg* s'explique sans doute par une forme *forn, forng,* d'où *forg.* Cfr. venir t. I, p. 385.

Forain v. fors.

Forban v. ban.

Forbanir v. ban.

Forbeter v. beter.

Forbir, furbir I, 380. II, 145. M. s. J. 449, fourbir, polir, nettoyer, orner; comp. **esforbir,** fourbir; de l'ahal. *furban, furbjan,* même signification. Notre substantif *fourbe* dérive également de là et non du latin *fur,* comme *fripon* de *friper.*

Force, fourche v. forche.

Force II, 272, ciseau(x); de *forpex.*

Force, force v. fort.

Forcele v. forche.

Forcenerie v. sen.

Forcer v. fort.

Forceure v. forche.

Forchaucher v. enchalcer.

Forche, fourche, forque, furche, force I, 162. 166. 365, fourche, fourches patibulaires, colonne, poteau; de *furca;* de là **fourcel** (m.), **forcele, fourcelle, furcele** (f.), fourcelle, le haut fourché du sternum, poitrine; **forcheure, forceure, furcheure,** enfourchure; **furgier,** fourgonner, remuer avec une fourche, une perche; port. forcar, ital. frugare. Ajoutez ici *fourchette, fourchon, enfourcher, bifurquer,* etc.

Forche, force v. fort.

Forcher v. fort.

Forcheure v. forche.

Forchier v. fort.

Forcier, forcer v. fort.

Forcier, violateur v. laron.

Forelores v. frelore.

Forer I, 54, forer, percer; *forare;* comp. **trefforer** I, 213, percer, faire un trou, transpercer; *transforare.*

Forest, foriest, fourest (fores) I, 188. 312. 369. II, 304, forêt, bois; lmâ. *forestis, foreste, forestus, forestum, forastum, foresta, forasta,* DC. s. v. foresta, mots qui ne désignaient pas seulement un bois, mais aussi un étang, un vivier où l'on entretenait du poisson. Forestas, dit DC., vero piscium vivaria appellasse videntur nostri, quod majoribus illis sylvis adjuncta essent et vivaria. On a dérivé *forest* de l'allemand *forst,* mais aujourd'hui les philologues allemands dérivent au contraire *forst* de *forest,* tout en donnant à ce dernier une origine allemande: *forehahi,* forêt de pins, c'est-à-dire *fore* et la suffixe *est, ast.* On pourrait accorder cela, bien que la disparition complète du *h* présente quelque difficulté; mais comment expliquer de cette manière le verbe *forestare* dans le sens de bannir et l'adjectif *forasticus*=étranger (v. DC.), qui sont certainement de la même famille? Il faut chercher une autre origine, et elle se trouve dans le latin *foris, foras,* d'où les formes en *est, ast.* Cependant ce n'est pas, comme l'ont dit quelques étymologistes, quod *foris stent* (DC. s. v. foresta), que *nemus* a été appelé *forst;* la chose s'explique de la manière suivante. Dans le principe, *forest* signifiait bois soumis au droit de chasse, mais non enclos: Foresta est ubi sunt ferae non inclusae; parcus, locus ubi sunt ferae inclusae (DC.) On vient de voir que *forasticus,* i. e. *foras* et termi-naison *ticus,* signifiait de l'extérieur, étranger; de ce *forasticus* on dériva *forastis,* etc., c'est-à-dire ce qui est à l'extérieur, ce qui est hors de l'usage, ce qui est excepté, prohibé, ainsi lieu défendu. Cfr. Ménage s. v. forest et Rayn. L. R. III, 372. 3. De là **forestier** II, 368, forestier. Cfr. fors.

Forfaire v. faire.

Forfait, forfaiture v. faire.

Forg v. for.

Forge v. fevre.

Forgier v. fevre.

Forgugier pour forjugier v. juger.

Foriest v. forest.

Forjugier v. juger.

Forlignier v. lin.

Formage v. forme.

Forme, fourme, furme I, 86. 147, forme, manière, façon; *forma;* former, fourmer, furmer I, 151. 226, former, façonner, créer; part. pas. formé, pour bien formé, bien fait: Et avenant et des membres formé, Aub. p. 174; tresformer M. s. J. 493, transformer. Dér. de *forma,* propr. *formaticus,* formage, furmaige, fromache II, 268 M. d. F. II, 106, notre fromage, avec transposition postérieure du *r;* ainsi nommé parce qu'on place le lait caillé dans une *forme* pour s'égoutter et se consolider; prov. formatge, fromatge; ital. formaggio. V. Ménage s. v. fromage.

Forment, beaucoup v. fort.

Forment, froment v. froment.

Former v. forme.

Formi, formiz II, 390, fourmi; formier, fourmiller; de *formica, formicare;* (fourmiller = formiculare). Nicot dans son Trésor, Ronsard, Belleau ont fait le mot *fourmi* masculin, et le peuple de quelques provinces lui donne encore ce genre.

Formier v. formi.

Fornier v. for.

Fornir, furnir I, 104. 251. 264. 269, remplir, accomplir, satisfaire, exécuter, venir à bout, fournir; en prov. fornir, formir, frumir, fromir; de l'ahal. *frumjan, frumman*, agere, exercere, urgere, mittere, etc.; ainsi permutation de la consonne *m* en *n* et éloignement de la lettre *r* de la consonne initiale.

Forque v. forche.

Forragier v. fuerre.

Forré v. fuerre.

Forreau v. fuerre.

Forreial, forreiau v. fuer.

Forrer v. fuerre.

Forrier v. fuerre.

Fors, foers, foer, fur, hors prép. et adv. II, 354. 355; forain, étranger, qui est du dehors; possesseur d'héritage qui ne réside pas dans son bien, mais qui y laisse un fondé de pouvoir; *foranus* pour *foraneus*; comp. **defors** II, 355, *deforas* (Inscript.); **deforain**, étranger qui possède des terres ou des maisons dans une commune, et qui participe aux charges; **deforien** M. s. J. 446, extérieur, du dehors; *chose deforiene*, d'ici-bas, par opposition à céleste, éternelle; **deforaineteit** II, 376, extériorité, mondanité; **forsmis** II, 355. Cfr. forest.

Fors, fort v. fort.

Forsboivre v. boivre.

Forschaucher v. enchalcer.

Forsclore v. clore.

Forsenament, forsennement v. sen.

Forsener, forsenner v. sen.

Forsenerie, forsennerie v. sen.

Forsfaire v. faire.

Forsfait, forsfaiture v. faire.

Forsjugier v. juger.

Forsligner v. lin.

Forsloigner v. long.

Forsmis v. fors et II, 355.

Forspartir v. part.

Forstraire v. traire.

Forsveier v. voie.

Forsvoier v. voie.

Fort (forz, fors), fort; de *fortis*; de là **forment, fortment, fortement** I, 112. 151. 264. 342, fort, beaucoup, fortement. De *fortis*, par le dérivé fort ancien *forcia, fortia*, **force, forche** I, 88. 193. II, 240, force, violence, vigueur; vb. **forcer, forcier, forcher, forchier**, forcer, contraindre, prendre de force, faire violence; comp. **comforter, cumforter, conforter, cunforter** (confortare) I, 126. 154. 263. 402. II, 254. 387, conforter, encourager, consoler, rassurer, soulager, affermir; **confort (conforz, confors)** I, 360. 364, consolation, soulagement, encouragement, secours; de là **conforteres, conforteor** I, 77, consolateur, confortateur; **confortement** II, 95, soulagement, consolation, encouragement; d'où **desconforter**, décourager, ôter l'espérance, craindre, désoler, affliger; **desconfort** I, 151, découragement, tristesse, douleur, accident fâcheux; **reconforter** I, 209, encourager, rassurer, redonner de l'espérance; — **enforcer, enforcier** I, 191. 238. II, 74, renforcer, rendre plus fort, fortifier; devenir plus fort, augmenter; d'où **renforcier** II, 25, renforcer, refortifier; **s'enforcer** I, 153, s'efforcer, pour *ensforcer = esforcer;* **enforcis** I, 166, faisant effort, fort, en force; — **esforcer, esforchier** I, 52. 168. 306. II, 109, fortifier, renforcer, valoir plus, efforcer, faire effort, exciter, exhorter; **esfort (esforz, esfors)** I, 81. 356. II, 62, force, effort, troupe, nombre, armée; **esforcement**, effort; **esforcis**, avec effort, fort, en force. — Enfin, je rappellerai encore ici **fort**, château, fort; **fortelesce**, et avec *r = l*, **forteresce, fortrece** I, 60. 142.

183, fort, forteresse, château; du lmâ. *fortalitium* = munitio, arx, castrum; prov. fortalessa, fortaressa; esp. fortaleza.

Fortelesce v. fort.

Fortement v. fort.

Forteresce v. fort.

Fortment v. fort.

Fortrece v. fort.

Forveier v. voie.

Forvoier v. voie.

Forz v. fort.

Fos -v. fols.

Fosse v. foïr.

Fosset v. foïr.

Fossier v. laron.

Fossion v. foïr.

Fou v. feu.

Fouace v. feu.

Fouage v. feu.

Fouc v. folc.

Foudre v. foldre.

Foudroier v. foldre.

Fouee v. feu.

Fouir, fuir v. fuir.

Fouïr, fouir v. foïr.

Fourage v. fuerre.

Fourcel, fourcelle v. forche.

Fourche v. forche.

Foure v. fuerre.

Fourest v. forest.

Fourg v. for.

Fourjugier v. juger.

Fourme, fourmer v. forme.

Fourragier v. fuerre.

Fourrer v. fuerre.

Fourrier v. fuerre.

Foursener v. sen.

Fous v. fol.

Fox v. fol.

Frados, fradous, misérable, impie, scélérat; prov. fradel; de l'ahal. *freidac*, *frédic*, profugus, apostata. Cfr. Dief. G. W. I, 405. 7. A la même famille, de l'ahal. *freidari*, appartient frarin, frairin II, 287, misérable, indigent, infortuné.

Fradous v. frados.

Fragiliteit v. fraindre.

Frain v. frein.

Fraindre, freindre II, 237; fraite, freite I, 285, ouverture, brèche, fente; fig. sortie, éclat, esclandre; fraiture II, 357, brisure, rupture; *fractura*; comp. esfraindre, effraindre II, 237; enfraindre II, 237; *infringere*; refraindre II, 237, d'où refrain, refrain, fanfare; prov. refranh, esp. refran. Cfr. Rayn. L. R. III, 388; — fragile, fragile; *fragilis*; fragiliteit II, 386, fragilité; *fragilitas*.

Frairin v. frados.

Fraisne, fresne, frêne; de *fraxinus*. Le bois de frêne était, avec celui de pommier, celui qu'on préférait pour faire les lances; de là la signification *de bois d'une lance* qu'on donnait au mot *fraisne*.

Fraissangue v. fresanche.

Frait I, 154, dépens, aujourd'hui plur. frais; lmâ. *fredum*, mot qui désignait primitivement l'amende à laquelle était condamné le coupable pour avoir troublé la paix publique; v. DC. Fredum; Roquefort Frede. *Fredum* vient, dit-on, de l'ahal. *fridu*, aujourd'hui *friede*, paix. Verbe *defrayer*.

Fraite v. freindre.

Fraiture v. fraindre.

Franc, fém. france, franche, s. s. et p. r. frans I, 262. II, 85. 87. 231. 337, libre, noble; loyal, sincère, généreux. *Franc* dérive du nom de peuple *Francus*, qui désignait en même temps l'homme libre, ahal. *Franco*. Mais d'où ce nom? quelle était sa signification? De quel appellatif dérive-t-il? Cet appellatif est-il d'origine celtique ou allemande? se demande M. Diefenbach (I, 403). Sans préciser quel peut avoir été cet appellatif, M. Diefenbach arrive au résultat qu'il est mieux repré-

senté dans les idiomes celtiques que
dans ceux de la Germanie, quoique là
aussi il se trouve passablement isolé.
La forme rappelle au profond et
ingénieux philologue plutôt *frech*,
ahal. *freh*, avarus, avidus, que *frei*,
ancien norois *fri*, libre. D'autres
ont trouvé cet appellatif dans *franca*,
diminutif de *framea*, sorte de jave-
line; et M. J. Grimm voit dans ce
mot un adjectif primitif de la racine gothique *freis*, ἐλεύθερος, aujourd'hui *frei*, dont dériva d'abord
le nom du peuple et de ce dernier
celui de l'arme. — De *franc* ou
plutôt du lmâ. *Francia* et de l'allemand *Franco*, dérivent: françois,
francois, franchois, fém. françoise,
franchoise, francesche, français; francor, ordinairement avec le mot *geste*,
histoire des Francs; franchir, francir
II, 230, affranchir, rendre libre,
anoblir; comp. afranchir I, 218, ib.;
franchise, francise I, 300. 305. 352.
II, 231, loi des nobles, privilège,
noblesse; lieu privilégié; franchise,
sincérité; francement, franchement
I, 358. II, 50, librement, franchement, sincèrement; — et plusieurs
autres dérivés ou composés qui ne
se trouvent pas dans mes citations,
mais qu'il sera facile de classer si
on les rencontre. Les seules différences dialectales du nom de notre
patrie étaient: France, Franche.
Nos plus anciens poètes aiment à
lui donner l'épithète de *douce*.

France, franceis v. franc.

Francement v. franc.

Francesche v. franc.

Franche, franchement v. franc.

Franchir v. franc.

Franchise v. franc.

Franchois, franchoise v. franc.

Francir v. franc.

Francise v. franc.

François, françoise v. franc.

Francor v. franc.

Frange II, 226, frauge; selon Ménage
de *frimbia* pour *fimbria*, d'où *fringe*,
frenge, frange. Ce qui prouve que
la forme primitive a été fringe,
c'est que les Anglais disent fringe;
et en Sicile on a aussi frinza, dans
la Valachie frimbie.

Frarin v. frados.

Fratre v. freire.

Freid v. froit.

Freer v. froier.

Freier v. froier.

Frein, frain, froin I, 162. 388. II,
124. 309, frein, bride, mors; *fre-
num*; vb. comp. **afrener** II, 237,
note; **enfrener** I, 394, mettre un
frein ou mors, brider, dompter;
infrenare; **refrener** II, 237, note.
Je ne connais par le simple *frener*,
prov. frenar, ital. frenare.

Freindre v. fraindre.

Freir v. frire.

Freire, frere I, 49, frère; religieux,
frère d'un couvent; *frater*; I, 82
l'auteur a conservé à dessein la
forme latine fratre, parce qu'il est
question de dignitaires de l'église.

Freis v. fres.

Freit v. froit.

Freite v. fraindre.

Frelore, perdu, gâté; de l'allem. *ver-
loren*, perdu (verlieren, perdre);
forelores, perdu, inutile, vain; de
la même racine, avec la forme
anglo-saxonne *forloren*.

Fremail, fremaille v. ferm.

Fremer v. ferm.

Fremillon v. fremir.

Fremir, fremoier I, 68. 309. 323. II,
68, frémir, murmurer, bruire, retentir, ondoyer (avec l'idée de bruissement), hennir; *fremere*; **fremor,
fremur**, frémissement, bruit; *fremor*; **friente, frinte** I, 371. II, 368.
Ben. 19666, bruit, tumulte, trouble;
hennissement; *fremitus*. T. II, 41

on lit hauberc **fremillon**, dans un passage de G. d. V.; la même expression se retrouve au vers 1577, tandis que dans Aubri p. 161, c. 2 il y a **fermillon**, ce qui, au premier abord, pourrait induire à rapporter ce mot à *fer;* mais la transposition du *r* est chose trop ordinaire pour qu'on y puisse attribuer quelque importance; et puis que signifierait *fer millon?* *Fremillon* se rattache à frémir et signifie frémissant, bruissant, sc. par suite du frottement, du mouvement. Rayn. L. R. III, 394, sans s'expliquer sur l'origine de fremillo, pour fremillon, dans Gér. de Roussillon, en fait un substantif, qu'il traduit par cotte de mailles. Son erreur vient d'une fausse ponctuation : Ac vestit un ausberc, gran fremilo; il faut lire : Ac vestit un ausberc, gran, fremilo. Du reste, cette expression de hauberc fremillon peut tenir à une construction particulière des hauberts, c'est-à-dire celle à petits anneaux enchevauchés l'un dans l'autre; lorsqu'on les remuait, ils produisaient un bruissement.

Fremoier v. fremir.

Fremor, fremur v. fremir.

Freor v. froior.

Frere v. freire.

Fres, freis, plus tard incorrectement **frais**, fém. **fresche, freske** II, 118, frais, jeune, nouveau, récent, lustré; de l'ahal. *frisc*, recens, crudus; ancien norois *friskr*, novus, recens etc.

Fresanche, fresange, fraissangue, jeune porc, et droit qui était dû par les fermiers de la glandée; de l'ahal. *frisking*, *fruscinga*, victima, porcellus; allmod. *frischling*, jeune animal, marcassin; selon M. Grimm de *frisch*, frais, jeune.

Fresange v. fresanche.

Fresche v. fres.

Freske v. fres.

Fresne v. fraisne.

Freste, sommet, faîte, extrémité supérieure d'un bâtiment; de l'ahal. *first*, ib.

Frestele, et plus ordinairement **frestel**, flûte de Pan, comme le prouve le passage suivant de Philippe de Vitry : La s'assist Pan le dux des bestes Et tint un frestel de rosiaux, Si chelemoit li danziaux. On a cependant prétendu que par frestel, il fallait entendre le galoubet; cela peut être vrai aussi, car, comme flajol, pipe, etc., ce mot a sans doute servi à désigner différentes variétés du genre de la flûte. Dans les Q. L. d. R. II, 139 il est mis pour sistre; mais la manière dont les traducteurs de la Bible ont rendu les noms des instruments qui y sont cités, est si diverse, et je dirai même si peu en accord avec le texte primitif, qu'il n'y a pas le moindre fond à faire sur leurs données. Du reste I, 33 du même texte *tibia* est traduit par frestel. *Frestel* dérive de *fistella* pour *fistula*, avec *r* intercalaire; vb. **fresteler**, jouer de la frestele.

Fresteler v. fresteler.

Frete v. fer.

Friente v. fremir.

Frier v. froier.

Fringuer, santiller en dansant, danser. Selon la plupart des étymologistes du breton *fringa*, sauter, gambader, fringuer; se divertir; sans affilié rapproché dans les autres langues celtiques. Le grand développement des significations de ce mot pourrait faire croire à une origine autochthone; mais si l'on compare *fringol* (breton), fredonnement, battement de gosier, qui est de la même racine, à notre vieux dérivé **fringoter**, chanter, gazouiller : le pinson fringote au lever du matin (Belleau), ital. fringottare, on sera plutôt porté à dériver *fringuer* et le breton *fringa* d'une racine commune *fring*, qui se retrouve dans *fringutire*, *fringilla*: une personne gaie, qui fredonne, s'agite, sautille. Comparez encore kymri *freg*, ramage, babillage, à la forme *frigutire* et à *frigulare*. Le dernier éditeur du Dict. de Ménage a déjà pensé à cette famille de mots.

Frinte v. fremer.

Frire, dans Ben. v. 4398 freir, frémir, frissonner de peur; de *frigēre*. Notre *frire*, faire cuire quelque chose dans une poêle avec du beurre roux, etc., vient de *frigĕre*. Selon DC. notre *frisson* se rapporte à *frigĕre* par l'intermédiaire de *frigitio*, contracté en *frictio*, *friçon*.

Froc v. floc.

Frochier v. fruit.

Frogier v. fruit.

Froier, freier, freer, frier Aubri 154. P. d. B. 2995. R. d. R. II, p. 341, frotter, frôler; notre frayer; prov. fregar; ital. fregare; de *fricare*. De là notre *frai*, autrefois *fraye*. Par l'intermédiaire de *frictum*, on doit également rapporter ici **froter** II, 291, frotter, frôler; ital. frettare, prov. fretar, que M. Diez I, 323 dérive à tort de l'allemand: ancien frison *frotha*; l'o est pour oi. *Frôler* est une forme diminutive de froter et équivaut à frotter. Cfr. Rayn. L. R. III, 393.

Froin v. froin.

Froior, freor I, 67, frayeur, crainte; **esfroi, estrei, effroi, effrei** I, 84. 161. II, 78. 387, effroi, frayeur, crainte; **esfreur**, effroi, frayeur, et **effreison** avec la même signification; **esfreissement**, action d'effrayer; **esfreer**, **effreer, effraer, effreier, effroier,** effraier I, 118. 287. S. II, 11. 248,

effrayer; prov. esfreidar, esfreyar; de *frigidus*, à cause du frissonnement causé par la peur. Cfr. froit.

Froisseiz v. froisser.

Froisser, fruisser I, 58, écraser, froisser, briser; de *fressus*, de *frendere*; de là **froisseiz**, froissement, brisure; comp. **desfroisser, defroisser,** rompre, briser, défaire, enlever en froissant. Cfr. ancien esp. fresar, murmurer, grogner, gronder. Dans Aubri p. 159, on trouve le subst. **defroi,** querelle, rupture, qui pourrait aussi se rapporter à froier, frotter. Cfr. l'esp. refriega, dispute, de fricare.

Froit, freid, freit I, 177. 263. 364, froid; *frigidus*; vb. **froidir, freidir,** froidier, froidir, refroidir; d'où **refroidir,** refroidier I, 46. 287, refroidir. Cfr. froior.

Froment, forment, frument I, 119. 166. 251, froment; *frumentum*.

Fronc v. front.

Fronce, froncer v. front.

Froncete v. front.

Fronche v. front.

Fronchier v. front.

Front, fronc, frunt I, 323. 407. II, 167, front, aussi en termes de guerre: de *frons*; de là **frontiere,** façade, frontispice; premier rang — ornement du front; **affronter, afronter,** afrunter, aboutir par la partie supérieure, confiner; confronter; attaquer de front, affronter; assommer; d'où le subst. *affront*. **Effronteit,** effronté; de *effrons*, qui se trouve dans Vopiscus; adv. effronteiement I, 171, effrontément. Egalement de *frons*, parce que l'action principale du *front* est de faire des plis: **froncer, fronchier,** fruncher, se rider, faire ou avoir des plis; froncer, être mécontent; et I, 70 ronfler, parce qu'en ronflant les muscles du front se contractent (?); d'où **fronce, fronche,**

frunche, ride, pli ; diminutif froncete.

Frontiere v. front.

Froter v. froier.

Fructifier v. fruit.

Frui v. frui.

Fruit, frui I, 67. 83. 271. 328, fruit,
produit, rapport, jouissance ; *fructus*; de là vb. fruiter II, 304, prospérer, multiplier, croître, grandir,
se développer ; comp. afruiter, fructifier, prospérer, profiter ; propr.
adfructare; frochier, frogier, prospérer, profiter ; de *fructus* part. de
frui, p. a. dire *fructiare*, prov.
fruchar; fructifier II, 17, fructifier;
fructificare.

Fruiter v. fruit.

Frument v. froment.

Frunche v. front.

Frunchier v. front.

Frunt v. front.

Fu, feu v. feu.

Fu, fut v. estre.

Fueil, fuel, fuil (m.), feuillet, feuille;
fueille, fuelle, feuille, foille, fuile,
feuille; de *folium* et *folia* (cfr.
arme); de là foiller, foillir II, 142,
pousser des feuilles, se feuiller;
foilliee, foillie, fuillee I, 315. II, 380.
Brut. v. 3371, cabane; cfr. loge;
foillus, foillos II, 133, feuillu;
foliosus.

Fueille v. fueil.

Fuel, fuelle v. fueil.

Fuer, fuor, feor, feur II, 293. 4; de
là afuerer, afeurer, etc., mettre le
fuer à qqc., deurée, taxer.

Fuere v. fuerre.

Fuerre, fuere, forre, foure, furrer II,
fourreau, gaîne; du gothique *fodr*,
fourreau, ahal. *fôtar, foatar*, allmâ.
vuoter, *foter*, ancien norois *fôdr*,
fourrure, doublure; lmâ. *fodorus*,
futrus, *feutrum*, etc. De là forreial, forreiau, forreau I, 407, fourreau; forrer, fourrer, doubler,

fourrer (dans ses diverses significations). Les mêmes formes fuerre,
forre, plus tard foarre, aujourd'hui
feurre, signifiaient paille, fourrage;
mener en fuere I, 136; cfr. plus bas
forrer; lmâ *fodrum*, ahal. *fuotar*,
allmâ. *vuoter*, nourriture, ce qui sert
à la nourriture, ancien norois *fôdr*,
ib., goth. *fodjan*, nourrir, élever,
fodeins, nourriture. On voit que
les formes germaniques se mélangent
comme les nôtres; il en était de
même de celles du lmâ.; et peut-
être les a-t-on toutes confondues
au point de les considérer comme
identiques. Cependant, pour le sens,
il faut absolument les distinguer.
Du dernier *fuerre* dérivent: forrer,
fourrer, fourrager, aller au fourrage; forrier, fourrier I, 136. 302,
fourrageur, pillard; forragier, fourragier, fourrager, piller, et subst.
comme forrier; fourage, fourrage,
pillage.

Fuie v. fuir.

Fuil, fuile v. fueil.

Fuillie v. fueil.

Fuir, foir, fouir I, 340, fuir, éviter;
se fuir, se réfugier; subst. fuie I,
172, fuite; *fuga*; de là fuite I,
329, fuite; propr. fugita, prov. fu-
gida, ital. fuggita; fuitif II, 38. 369,
fugitif, fuyard; de *fugitivus*; comp.
afuir I, 341; defuir I, 341; refuir,
réfugier, mettre en sûreté, donner
asile, — fuir, éviter, abhorrer;
refugere; refui I, 268, refuge, asile,
appui; détour, subterfuge, subtilité;
refugium.

Fuisil, fuisius v. feu.

Fuison v. fondre.

Fuite v. fuir.

Fuitif v. fuir.

Fulc v. folc.

Fum, s. s. funs, fumée; *fumus*; fumer
I, 325, fumer; au fig. en parlant
de l'orgueil; de la colère; d'où

se *fumer*, s'irriter, se mettre en colère; *fumare;* de là fumee, fumeie II, 388, fumée, colère; fumiere, fumée, vapeur; *fumos,* fumeux; sujet à la colère; *fumosus.*

Fumee, fumeie v. fum.

Fumer v. fum.

Fumiere v. fum.

Fumos v. fum.

Fund v. fond.

Fundre v. fondre.

Funs v. fum.

Funt, eau v. font.

Funt, fond v. fond.

Funtaine v. font.

Funz v. font.

Fuor v. fuer.

Fur v. fors.

Furbir v. forbir.

Furcele v. forche.

Furche, furcheure v. forche.

Furfaire, furfait, formes normandes pour forfaire, forfait.

Furgier, fabriquer v. fevre.

Furgier, fourgonner v. forche.

Furmaige v. forme.

Furme, furmer v. forme.

Furnir v. fornir.

Furrer v. fuerre.

Fusil v. feu.

Fuson, v. fondre.

Fust, fuz I, 85. II, 32. 281, bois, arbre, bâton, fût, pallissade; de *fustis,* qui prit, dans la basse latinité, les significations arbre, bois; de là **fuste,** poutre, soliveau; et espèce de bâtiment (v. les Dictionnaires); **fuster** I, 85, fustiger; piller, voler. **Fustier,** charpentier; **fustaillier,** tonnelier, faiseur de futailles, sont de la même famille. *Affût, affûter* sont des composés de *fust.* L'ancienne langue avait affuster dans le sens de présenter un bâton ou une arme contre qqn.

Fuste v. fust.

Fuster v. fust.

Fuz v. fust.

G.

Gaagnable v. gaagnier.

Gaagnage v. gaagnier.

Gaagnier, gaaignier, gaainnier, gaegnier, guaigner, gaignier, gainner I, 88. 172. 216. II, 186. 255. 316, cultiver, labourer, faire valoir, *gagner,* profiter; de là **gaagnage, gaaignage, guaignage, guaaignerie,** etc., terre labourée et ensemencée, produit de cette terre; gain, profit, utilité; **gaignerie, guaignerie,** ferme, métairie; **gaignerres, gaaigneor, gainur** I, 173, cultivateur, laboureur, colon; qui cherche à *gagner;* **gaagnable,** terre labourable; **gaaigne, gaaing, gaain, gaaig (gaainz), guain, waing** I, 188. 216. II, 255. 271. 344. 360, travail des champs, revenu, *gain,* profit; butin, ce qu'on a gagné ou pris sur l'ennemi; **regaagnier** I, 329,

regagner, reconquérir, réparer. La signification primitive de ces mots est celle que j'indique en première ligne. Ital. guadagnare, guadagno; prov. gazanhar, gazanh; esp. (subst.) guadaña, etc. En comparant ces formes, on verra de suite que l'étymologie allemande *winnen,* vaincre, proposée dans les derniers temps, est tout à fait fausse. *Gaagnier* dérive cependant de l'allemand: *weidân, weidanjan,* chasser; ou de *weida, wida,* pâture, chasse avec la suffixe *agn, an.* De l'idée de chasse, pâture, on a passé à celle de labourage, d'où celle de revenu, puis de gain en général.

Gaaig v. gaagnier.

Gaaignage v. gaagnier.

Gaaigne v. gaagnier.

Gaaigneor v. gaagnier.

Gaaignerres v. gaagnier.

Gaaignier v. gaagnier.

Gaain, gaaing v. gaagnier.

Gaainnier v. gaagnier.

Gaainz v. gaagnier.

Gab, gas I, 58. 293. 371, plaisanterie, raillerie, moquerie, dérision, dissimulation; vb. gaber I, 113. 366. 376, railler, plaisanter, se moquer; de là gabois, gabeis II, 73. I, 370, raillerie, plaisanterie, dérision, tromperie, jactance; gaberes, gabieres, gabeor I, 77, railleur, moqueur, présomptueux; gaberie, dérision, moquerie. L'ancien norois et le suédois gabb, signifie moquerie, gabba, se moquer; mais cette racine est assez isolée dans les idiomes germaniques, tandis qu'elle a un grand nombre de réprésentants en celtique; ce qui doit faire pencher la balance vers la dernière origine. V. Diefenbach I, 169, § b.

Gabeis v. gab.

Gaber, gaberes v. gab.

Gabeor v. gab.

Gaberie v. gab.

Gabieres v. gab.

Gabois v. gab.

Gaegnier v. gaagnier.

Gage, wage II, 16, 93, gage, caution, garantie, engagement, assurance; gager, gagier, wager II, 397, gager, prendre des gages, engager sa foi, promettre, aliéner; de là gagier, gageur, garant, caution; gagiere, gagerie I, 157, engagement, gage, nantissement, promesse, aliénation, bien engagé; gageure II, 68, gage, enjeu; appeler qqn. de gageure; vb. comp. engager I, 243. II, 157, engager. Lmâ. vadia, vadium, guadium, etc., invadiare, disvadiare = dégager, désengager, etc. Dér. du goth. vadi, gage; abal. wetti, weddi, pignus, foenus, stipulatio, vadimo-

nium; ancien frison wed, caution, gage, promesse, amende en argent; goth. gavadjon, ἀρμόζειν, etc. Vadi doit dériver de vidan, lier; Graff pense que ce mot est emprunté au latin vas.

Gager, gagerie v. gage.

Gageure v. gage.

Gagier, gagiere v. gage.

Gai I, 100, gai, vif, alerte, diversicolore, bigarré; de l'abal. gâhi, prompt, vigoureux; de là gaiete, gaîté, contentement, allégresse; vb. comp. esgaier, égayer, plaisanter, réjouir; d'où esgaiement II, 251, action d'égayer, plaisanterie, réjouissance. Le nom d'oiseau geai, autrefois gai R. d. C. p. 234, est le même mot, c.-à-d. l'oiseau bigarré.

Gaiant I, 102. 401. II, 228, géant; prov. jayan; de gigas (gigant). Si l'éditeur des Remarques sur le Patois, suivies du vocabulaire Latin-Français de Guillaume Briton, eût connu notre ancienne langue, il n'aurait pas dit que le Gayan de Douai est une locution espagnole.

Gaide v. waide.

Gaignerie v. gaagnier.

Gaignier v. gaagnier.

Gaignon, waignon II, 362. Roi Guill. 99, chien, dogue: l'orthographe en w reporte à l'allemand et gaignon se rattache au verbe abal. geinôn, ouvrir, ouvrir la bouche, anglosaxon ganan.

Gaillard, gaillart v. gale.

Gaillardement v. gale.

Gaimenter v. guai.

Gaïn, waïn, simple de notre regain, dont il a la signification, puis saison du gaïn, c.-à-d. automne; en italien guaime; de l'abal. weida, nourriture, herbe, avec la suffixe ime, dont le m s'est changé en n dans la langue d'oïl. Au lieu de waïn on trouve vuin, voin; — décomposition du *w* et retranchement euphonique de l'*a*?

Gainner v. gaaignier.

Gainur v. gaagnier.

Gaiole, jaiole, gaole, jeoille I, 187. II, 224, cage, prison *(geôle)*; dimin *caveola*, lmâ. gabiola, gayola, de *cavea*, dans l'ancienne langue *caive*, cage v. s. v. C'est à la même racine qu'appartiennent nos verbes *cajoler*, — *enjôler*, traiter comme un oiseau en cage, flatter par des paroles — attirer dans la cage.

Gaires, waires, guaires, guaures, guires, guieres, geres, gueres II, 294. 5. I, 225. II, 233: *n'a gaires* II, 295, naguères; *n'estre gaires de* II, 296; *n'estre à gaires* II, 185 avec le même sens que n'estre gaires de, en latin curare; *dusqu'à ne gaires*, tantôt, peu s'en faut, presque.

Gairet v. garait.

Gaisde v. waide.

Gaite v. gaitier.

Gaiter v. gaitier.

Gaitier, gaiter, gueiter II, 284. 325. 362, guetter, veiller, prendre garde, faire attention; subst. **gaite, gueite, guaite, guete, waite** (f.) II, 167. 195. 279. 387, celui qui fait le guet, sentinelle, garde; de l'ahal. *wahtên, wahtan*, faire la garde, subst. *wahta*, allmod. *wacht*, goth. *vakan, vahtvó*. De là **agaitier, agaiter, agueiter** II, 51. 198, épier, tendre des piéges; *li aguaitant visce* II, 194; **agait, agueit** I, 196. 328. II, 329. 344, surprise, artifice, aguet, embûche; *agait porpense, appense*, guet-apens; **contregaitier** Q. L. d. R. IV, 366.

Gal, gaus O. d. D. 7605, coq; *gallus*; **geline** I, 190, poule; *gallina*; **gelinier**, poulailler; *gallinarium*. La plupart des patois ont conservé *geline*, et la langue fixée a les dim. *gelinette, gelinotte*; le masc. *gal*, se retrouve dans le champenois

gau; le lorrain et le normand *jau*. Cfr. polle.

Gale, magnificence, faste, parure, grâce, réjouissance, fête, bonne chère, banquet; vb. **galer**, faire de la dépense, être libéral, se réjouir, s'amuser, faire fête, sauter; de là **galois**, aimable, gentil, galant, gaillard, joyeux, amoureux; et notre *galon* (ornement), *galant*, qui avait autrefois une signification assez rapprochée de celle que nous donnons à gaillard. Quant à **gaillard**, gaillart Ch. d. R. str. 204. 223. 225. Fl. et Bl. v. 1929, généreux, vigoureux, hardi, gaillard; adv. **gaillardement** Ch. d. R. str. 209, richement, avec pompe; il est de la même famille; mais il se sépare de *gale* par le *l* qui est mouillé: ital. gagliardo, port. galhardo, esp. gallardo, prov. gaillart, galhart. *Gale* de l'ahal. *geil*, luxurians, petulans, effrenatus, etc.; subst. *geili*, superbia, petulantia, fastus; pour gaillard cfr. anglo-saxon *gagol, geagle, geaglisc*, petulans, lascivus; ahal. *gogel*. V. Dief. G. W. II, 380 et suiv.

Galer v. gale.

Galerie, réjouissance, divertissement — et galerie c.-à-d. soit un bâtiment mignon, soit un lieu fermé, une cour même. Frisch et bien d'autres après lui ont dérivé *galerie* de l'allem. *wallen*, mais ni la forme, ni la signification ne conviennent. Dans ses deux premiers sens *galerie* vient sans le moindre doute de *gale* (v. plus haut) et l'on pourrait, je crois, admettre que, de cette signification abstraite, on est passé à la concrète, salle de plaisir, etc. Cfr. gloriete.

Galerne I, 337, vent nord-ouest. Le breton *gwalarn*, nord-ouest, est-il la racine de ce mot? Je ne le pense pas; *erna, erne* est une suffixe, fréquente dans le provençal surtout, et *gal* est le radical qui se retrouve dans l'irlandais *gal*, souffle (de vent). Ainsi mot d'origine celtique, avec terminaison romane.

Galie II, 164, navire long à bords plats et à rames ; **galiot**, ib. ; bâtiment de pirate, — pirate, corsaire ; lmâ. *galea, galeida, galedellus*, etc. *Galion, galeasse*, sont de la même souche. Les formes romanes ont toutes été admises dans l'allemand, au lieu de dériver de ces dernières, comme on l'a dit. Dans l'ancienne langue, **jalle**, **jalaie**, signifie une espèce de vaisseau, un sceau ; le lmâ. *galida* a la même signification. *Galère* répond, pour la forme, au latin *galerum* ou *galera*. Ces comparaisons porteraient à croire que le primitif de *galie*, etc., se trouve dans le latin *galea*, casque, dimin. *galeola*, espèce de vaisseau, i. e. casque renversé ; mais il s'agirait d'expliquer les terminaisons.

Galiot v. galie.

Galois v. gale.

Galop v. galoper.

Galoper, galoper ; **galop**, s. s. et p. r. **galos** II, 164, galop ; *les galos*, au galop ; prov. galaupar, galopar ; du gothique *hlaupan*, s'élancer, avec la préfixe *ga=ge* ; ahal. *hlaufan*, ancien saxon *hlôpan*, anglo-saxon *hleapan*. M. Diefenbach G. W. I, 181 rejette cette dérivation sans s'expliquer sur le pourquoi. De la même racine dérive *galopin*, nom donné, dans la fable, au lièvre employé comme messager. Cfr. ahal. hloufo. Ce mot signifia aussi marmiton, domestique, bas valet.

Galopin v. galoper.

Galos v. galoper.

Gamache v. jambe.

Gambais, **wambais**, d'où **gambeson**, wanbison, espèce de vêtement contre-pointé, long et pendant sur les cuisses, sur lequel on endossait la cotte de mailles : de l'ahal. *wamba*, ventre, goth. *vamba*, allmod. *wamms*, espèce de vêtement, en Suisse, pance. Cfr. cependant Schmeller I, 885.

Gambe v. jambe.

Gambeson v. gambais.

Gambet v. jambe.

Ganbe v. jambe.

Ganchir, **guenchir**, **guencir** I, 393. II, 122, se détourner, esquiver, éviter avec adresse, manquer, glisser ; tourner, faire un tour pour revenir à la charge, retourner, se diriger d'un côté ; le part. prés. **guenchissant**, a souvent le sens de adroit, agile, souple ; subst. **guenche**, dans la phrase *faire guenche* ou *la guenche*, action de guenchir, abandonner. *Ganchir* de l'ahal. *wankjan*, *wenkjan*, céder, se retirer ; subst. *wank*. C'est de ce verbe *ganchir* qu'on fait ordinairement dériver notre mot *gauche*. Deux fortes raisons parlent contre cette étymologie : les adjectifs ne dérivent pas immédiatement des verbes, et puis l'euphonie ne réclamait pas du tout le changement de *an* en *au*. J'ajouterai à cela que l'ancien anglais avait *gauk* = gauche, et qu'aujourd'hui encore on trouve dans les patois anglais *gaulic*, ce qui permet sans doute de supposer un primitif français *galc*. D'après une donnée de M. Dief. Celt. I, 139 qui rappelle l'esp. *zurdo*, gauche, *zurda*, la main gauche, propr. la sourde, et en comparant l'ital. *stanca*, propr. la fatiguée, on pourrait dériver gauche de l'ahal. *welk*, la faible, par rapport à la droite, la forte. Cfr. Dief. G. W. II, 325, § *b*.

Gandiller v. gandir.

Gandir, se sauver, échapper, se réfugier, trouver refuge; d'où **gandiller**, se détourner, se sauver; du goth. *vandjan*, tourner, faire tourner, détourner; ahal. *wantjan*, *wentjan*; anglo-saxon *vendan*, vertere, ire; allmod. *wenden*.

Gangle, gangler v. jangler.

Ganivot v. cnivet.

Gant, want I, 222 242, gant, gage; lmâ. *wantus*, *guantus*, etc.; mot d'origine allemande, mais qui manque au haut-allemand et à l'anglo-saxon: ancien norois *vöttr* (m.) = *vantr*, danois *vante*. V. Grimm III, 451, haut de la page.

Gante, gaunte, oie sauvage; mot allemand comme le prouve le passage suivant de Pline 10, 22, 27: (Anseres) e Germania laudatissimi. Candidi ibi, verum minores, gantae (al. ganzae) vocantur. *Gante* dérive directement de *ganta*. Ahal. *ganazzo*, jars, allmod. *gans*, oie; bas-saxon *gante*, jars, *gaus*, oie. Ce rejet du *n* a lieu dans plusieurs dialectes. Cfr. Diefenbach Celt. 200, Schwenk s. v. Gans.

Gante I, 186, jante. Ce mot appartient sans doute à la même racine que jambe (v. s. e. v.), car la dérivation de *canthus*, que l'on indique ordinairement, ne convient ni pour le sens, ni pour la forme.

Gaole v. gaiole.

Garait, garet, gairet, guaret I, 134. II, 370, guéret, champ dépouillé de ses fruits; prov. garag, varah; de *vervactum*, avec changement du *v* initial en *g*; ital. barbecho.

Garandir v. garant.

Garant, guarant, warant, guerent I, 80. 236. II, 93. 329, garant, protecteur, chef, seigneur, maître; juge, arbitre; **garantie**, etc., garantie, protection; **garantir, garentir, garandir, guarantir, warantir** I, 197. 336. II, 102, garantir; assurer, protéger;

de là guarantisun II, 237, protection, garantie; lmâ. guarandus, warens, etc., prov. guiren = garant; de l'ahal. *werén*, exécuter, garantir. Cfr. I, 342, Diefenbach G. W. I, 202, Grimm Rechtsalterth. 603.

Garantie v. garant.

Garantir v. garant.

Garbe, jarbe, gerbe; de l'ahal. *garba*, ib.

Garce v. gars.

Garçon, garçonner v. gars.

Garçonniser v. gars.

Gardain, gardaine v. garder.

Garde, gardein v. garder.

Gardeor v. garder.

Garder, guarder, warder I, 57. 144. 147. 162. 294. 309. II, 67. 347, regarder, observer, faire le guet, garder, préserver, protéger; de l'ahal. *wartén*, ancien saxon *wardôn*, vigilare, curam habere, anglo-saxon *veardian*, tueri. **Guarde, warde** garde I, 129. 292, garde, — protecteur, tuteur, — obligation qu'a un vassal de faire le guet, de garder le château de son seigneur, — crainte; *bailler en garde* I, 54 — *prendre warde* I, 237 — ahal. *warto* (m.), custos, *warta* (f.), allmâ. *warte*, custos, goth. *varda* (f), garde. Se *prendre garde à qqn.* I, 301, l'observer, y faire attention. De là **gardein, gardain, gardeor**, garde, *gardien*; **gardaine**, garde, *gardienne*. Comp. **agarder** II, 102, regarder, chercher des yeux, choisir; **esgarder, eswardeir, esgardeir, esguarder** I, 67. 89. 163. 174. 182. 222. 232, considérer, examiner, juger après examen, conseiller, être d'avis; d'où esgardement I, 50, manière de voir, opinion, examen, décision, égard; subst. **esgard, esgart, esguard, eswart** I, 75. 217. II, 214. 329, examen, conseil, réflexion, jugement, sentence, décision, convention, arbitrage; **esgarde**, égard, attention;

esgarderes, esgardeor, juge, arbitre;
qùi regarde, spectateur; regarder,
reguarder, rewarder, ressgarder I,
129. 232. 309. II, 36. 68, regarder,
considérer, examiner, reconnaître,
choisir, fixer, juger, décider; se regarder II, 226, regarder autour de
soi, se retourner; sbst. regart, rewart,
regard, attention, défiance, crainte;
volonté, jugement, avis, accord,
traité; ronde (de gens de guerre),
inspecteur, administrateur, maître
juré d'un metier; de là regardeure,
aspect, regard; aregardeir, regarder.

Gardin v. jardin.

Garentir v. garant.

Garer, guarer, observer, prendre garde.
garantir, garder; comp. esgarer,
esguarer I, 212. II, 62. 401, perdre
de vue, égarer; part. égaré, troublé; de l'ahal. warôn, prendre soin,
protéger.

Garesun v. garir.

Garet v. garait.

Gargate, gosier, gorge. La gargate
li ont tranciee, Brut 2219; cfr. Roq.
s. v.; port. et esp. garganta, avec u
intercalaire; prov. mod. gargata et
garganta; de gurges avec la suffixe
att et sous l'influence de l'onomatopée gargarizare, γαργαρίζω. Cfr.
Honorat s. v. garg. Notre gargouille,
esp. gargola, se rapporte à la même
racine, cfr. prov. mod. gargalhol,
gargolhol; bourguignon garguillô,
gorge, gosier. La forme gargamelle,
gosier, prov. gargamela, en Lorraine
gargamelle, bouche, est un composé de la racine garg et, dit-on,
du gascon gamo, goître; cfr. Oberlin
s. v. A cette racine garg, se rapporte encore: jargon, gargon, jargun
I, 223; jargon; ital. gergo, ger-
gone; vb. jargoner, gargoner, jar-
gonner, parler du gosier, avoir l'accent étranger, parler d'une manière
désagréable et incompréhensible.

Gargon, gargoner v. gargate.

Garillant II, 162, terrain marécageux,
bourbeux? cfr. prov. mod. garilhas,
bourbier.

Gariment v. garir.

Garir, guarir, warir, gaurir, guaurir
I, 342. II, 350, préserver, racheter,
sauver, échapper, garantir, se garantir, être ou mettré en sûreté,
guérir. Quoique l'étymologie indiquée I, 342 ne soit pas fausse, en
tant qu'elle repose sur la racine
primitive var, j'ai eu tort d'admettre une double origine pour ce
verbe. C'est du gothique varjan;
ahal. werjan, warjan, anglo-saxon
varjan; allmod. wehren, défendre;
qu'il faut dériver garir. Garer dérive de warôn (v. ce mot). De là
garison, guarison, garisun, garesun,
warison I; 225. 245. 350. II, 215,
sûreté, sauveté, provision, tout ce
qui est nécessaire; guérison; gariment, salut, refuge, action de se
garantir; garite, refuge, retraite;
guérite, i. e. lieu sûr pour veiller,
défendre Pour la suffixe ite de
ce dernier mot, cfr. réussite.

Garison, guarisun v. garir.

Garite v. garir.

Garnache v. garnir.

Garnement v. garnir.

Garniment v. garnir.

Garnir, guarnir, warnir I, 125. 169.
II, 160, avertir, prémunir, instruire,
munir, garnir, fortifier; de l'ahal.
warnôn, anglo-saxon varnian, avoir
soin, garder, allmod. warnen. V. t. I,
342 à la note. Se garnir, se mettre
en sûreté. De là garnison, guarnison II, 228, vivres, provision, tout
ce qui est nécessaire (cfr. garison),
renfort; doublure, fourrure; garnement, garniment, guarnement I, 232.
407. II, 265, habit long, habit en
général, agrès, garniture, fourrure,
harnais, armure; garnache, habit

long, manteau. Tous ces mots
avec les formes en *gu*, *w*.

Garnison v. garnir.

Garol, garul, garoul, garou, garwal
dans M. d. F I, 178 (loup) garou,
homme qui a la faculté de se changer en loup. On lit dans DC. s. v.
Gerulphus: Vidimus frequenter in
Anglia per lunationes homines in
lupos mutari, quod hominum genus
Gerulphos Galli nominant, Angli
vero Werewolf dicunt (Gervasius
Tillib.). Ce *werewolf* anglo-saxon,
i. e. homo lupus, devenu dans le
latin *gerulphus*, produisit les formes
citées. Lorsqu'on eut entièrement
oublié l'origine de *garou*, on y
joignit *loup*, faisant ainsi un pléonasme.

Garou, garoul v. garol.

Garret II, 256, jarret; lmâ. garectum;
dér. du celtique: kymri *gâr*, cuisse,
bret. *gar*, os de la jambe, jambe.
Cfr. kymri *câmes gâr*, pli du jarret,
et Dief. Celt. I, 129. 130. *Garrot*
appartient à la même racine.

Gars, guars, garson, garçon I, 71,
garçon (puer); mais employé le plus
souvent dans le sens de valet, manouvrier, goujat, fripon, vaurien,
homme débauché, homme de néant;
— **garce** I, 325, jeune fille, servante, mot qui ne se prenait jamais
en mauvaise part. *Gars* (ital. gar-
zone, esp. garzon, prov. gartz,
guartz) ne peut pas dériver de
l'allemand, comme on l'a dit, parce
que l'italien ne manquerait pas
d'écrire *gu*. Cette dernière orthographe en ancien français et en
provençal est exceptionnelle et irrégulière. M. Pott II, 347 a cherché
à rapporter *gars* au breton *gwer'ch*,
virginal; mais la raison que je viens
de donner repousse également cette
étymologie. Cfr. Dief. Celt. p. 130.
193. Le gallois *garsan* dérive du
français. Quelle est donc l'origine
de ce mot? De *gars* dérive garçonner, garçonniser, appeler qqn.
garçon, c'est-à-dire fripon, débauché, vaurien.

Garson v. gars.

Garul v. garol.

Garwal v. garol.

Gas v. gab.

Gaschie v. gaschier.

Gaschier, waschier, tacher, souiller;
subst. **gaschie, waschie**, tache, souillure; **gaschis, waschis**, endroit sale,
cloaque; de l'ahal. *waskjan, waskan*,
laver; aujourd'hui *waschen*; anglo-
saxon *wäscan*, anglais *wash*, ib. et
teindre, peindre; subst. gâchis. C'est
notre *gâcher*, *gâche*. M. Grimm se
demande si *waschen* suppose un
verbe fort *wischen*, ce qui expliquerait mieux les significations modernes de nos mots. Cfr. Dief.
G. W. I, 249. Ne confondez pas
avec *gaucher*, fouler (les draps); de
l'ahal. walcban, allmod. walken, ib.

Gaschis v. gaschier.

Gaser, jaser, jaser, babiller, gazouiller;
de l'anc. norois *gassi*, jars, propr.
caqueteur; de là **gasiller, gaziller**,
babiller, s'entretenir, discourir, gazouiller; probablement le primitif
de cette dernière forme moderne.
Le mot de *jars* a peut-être la même
origine, mais sans doute avec influence du latin *garrire*, car on le
trouve écrit sans *s*; Ménage parle
en outre d'un verbe champenois
jargauder, crier comme le jars
quand il coupe l'oie. Les Picards
disent *gars*, les Bretons garz. Cfr.
le vb. anglais *jar*, qui permet de
supposer un vb. français *jarir*.

Gasiller v. gaser.

Gaspiller v. guespiller.

Gast, gaste v. gaster.

Gastel, gastial (gastiax) II, 256, gâteau;
de l'allmâ. *wastel*, genus panis,

affilié, à *wist*, dans l'ahal., substantia, cibus. Cfr. Grimm II, 26.

Gaster, guaster II, 285, 392, piller, ravager, dévaster, détruire, consommer; de *vastare*; comp. degaster, deguaster II, 189. 304, gâter, dévaster, détruire, ravager; *devastare*; adj. **gaste, guaste, gast**, inculte, solitaire, gâté, en mauvais état; *vastus*; **gast, guast**, dévastation, ravage. Les formes en *gu* (ital. guastare, anc. esp , port., prov. guastar) ont fait penser que ces mots avaient une racine allemande; mais l'adj. *gaste* et le composé *degaster* se retrouvant dans le latin, on ne peut faire remonter *gaster* à l'allemand. Le *gu* pour *v* latin a été expliqué I, 33. Cependant on trouve dans Ben. v. 4987 la forme **gastir**, qui, pour sa conjugaison, doit dériver de l'ahal. *wastjan*, dévaster (subst. wastjo); d'où **gastine** (II, 143), **guastine**, désert, solitude, terre inculte; adj. **gastin** (Ch. d. S. I, 209), désert, solitaire, dévasté.

Gastin, gastine v. gaster.

Gastir v. gaster.

Gaucher v. gaschier.

Gaufre, goffre, gaufre; lmâ *gafrum*; de l'allemand *waffel*, ib. Cfr. Dief. G. W. I, 148.

Gauge, dans l'expression *nois gauge*, noix étrangère, exotique; de l'ahal. *walah* (prononcé ensuite sans doute walc), étranger, exotique; anglosaxon *vealh*, ancien norois *val*. Les Allemands ont conservé *wallnuss* (nuss = noix); ancien norois *walhnot*, islandais *walhnit*, bassaxon *wallnut*.

Gaunte v. gante.

Gaurir v. garir.

Gaus v. gal.

Gaut, gualt, bois, forêt, bocage, terre couverte de broussailles; de l'alle-

mand *wald*, bois, forêt; de la gaudine, bois, etc. Cfr. Dief. G. W. I, 186.

Gavelot, javelot; ce mot ne peut dériver de *jaculum*, à cause de son *g* initial. Selon M. Grimm III, 443 il a son origine dans l'ancien anglais *gaflók*, anglo-saxon *gaflâc*, composé hypothétiquement de *gaf* et *lâc*, jeu. M. Pott le rapporte à l'irland. *gabhla*, lancea, jaculum. Cfr. Dief. Celt. I, 137. G. W. II, 402. On lit dans Brut v. 6412 : Envoier *gaverlos* et dars; où le *r* ne paraîtra pas peut-être d'une grande importance; cependant le Dict. de Lille portant la contraction *garlot*, je crois que ces formes ont droit à être prises en considération.

Ge, je v. ju et I, 122.

Ge terminaison du subjonctif I, 243.

Gehir, jehir I, 345, avouer, confesser; de l'ahal. *iehan, gehan*, dicere, affirmare, fateri; goth. *aikan*. Cfr. Dief. G. W. I, 18. Le prov. gequir, laisser, abandonner, que Rayn. L. R. III, 463 dérive de vacuare, est le même mot, car celui qui accorde, abandonne. La forme **jeichir** rappelle l'ital. aggecchirsi, se soumettre, composé de gecchire (inconnu), qui est de la même source. Comp. **regehir, rejehir** II, 345, avouer, reconnaître, confesser; d'où **regehissement**, aveu, confession.

Geindre v. gemir et II, 250.

Gelde, geude, gueude II, 328, société; troupe, compagnie, particulièrement d'infanterie; lmâ *gelda, gilda*; anglosaxon *gild*, allmod. *gilde*, dérivé de *gelden*, payer. De là **geldon**, geudon, compagnon, porte-lance.

Geldon v. gelde.

Gelee v. geler.

Geler, geler; *gelare*; **galee** I, 62, gelée, froid; propr. gelata, prov. gelada, ital. gelata; — le prov. gel, ital.

gelo, esp., port. yelo, de gelu; comp. franç. dégel.

Geline v. gal.

Gelinier v. gal.

Gemer v. gemir et II, 250.

Gemir, gemer, geindre II, 250. 376, gémir, plaindre, déplorer.

Gencer v. gent.

Generation v. genre.

Gengleour v. jangler.

Genice I, 278; génisse; de junix (junic). L'u inaccentué s'est affaibli en e.

Genillons (à) v. genol.

Genoil, genoiller v. genol.

Genoillons (à) v. genol.

Genol, genoil, genuil, genoul, genou; de genuculum pour geniculum, diminutifs de genu. (DC. s. v. genuculum.) De là la locution adverbiale à genoillons, etc., à genoux II, p. 268, cfr. p. 263; genolliere, genouillère, armure des genoux; vb. genoiller, genoler, etc., se mettre à genoux; comp. agenoiller, agenoiller I, 146. 325, s'agenouiller; engenoiller I, 400, s'agenouiller.

Genoler v. genol.

Genolliere v. genol.

Genoul v. genol.

Genre, genre; genus; engendrer, engenrer I, 232. 264, engendrer, procréer, produire; ingenerare; simple prov. generar, ital. generare; de là engendreres, engendreor, créateur, procréateur, producteur, père; engendreure, engenreure, progéniture, production, naissance; generation I, 56. 167, génération, production, généalogie, extraction, race; regenerer I, 72. 212, régénérer; regenerare. Cfr. gent. Je rappellerai ici le latinisme engenui, engendra, entre autres dans les S. d. S. B. 528.

Gens, giens, point v. II, 334, 7mo.

Genser v. gent.

Gent, gente v. gent.

Gent I, 105, gent, nation, peuple,

famille, homme, personne; gent clergie et gent laie I, 244; de gens, gent(is); gent, gente II, 328, poli, gracieux, beau; de façon gentille, bien; de genitus, i. e. homo genitus, homme de naissance, un noble, d'où les significations indiquées; adv. gentement I, 153. 194. 321, joliment, agréablement, poliment, gracieusement; de là le vb. genser, gencer, orner, parer, embellir; comp. agenser, agencer, embellir, plaire; — gentil I, 101. (gentis, jantis) 269, noble, poli, gracieux, qui a les manières nobles; de gentilis (gentem habere); de là gentillece, gentilise, et avec changement de l en r, genterise II, 161. 204. 231, gentillesse, noblesse, douceur, privilége, titre des nobles, foi de gentilhomme. — Gentilhomme, gentilfemme. Cfr. Rayn. L. R. III, 460.

Gentelise v. gent.

Genterise v. gent.

Gentil, gentilise v. gent.

Gentillece v. gent.

Gentis v. gent.

Genuil v. genol.

Geredon, geredonier v. guerredon.

Geres v. gaires et II, 295.

Germain I, 144, germain; germanus. Cfr. cosin.

Gernier v. grain.

Geron, geroner v. giron.

Gerpir v. guerpir.

Gerre v. guerre.

Gerredon, gerredoner v. guerredon.

Gerrier verb. et subst. v. guerre.

Gerriere v. guerre.

Gerrive v. guerre.

Gesine v. gesir.

Gesir, jesir, gisir, giesir, gire I, 345 et suiv., être couché, reposer, être enterré; connaître charnellement; être en couches, accoucher; prov. jazer, jacer; ital. giacere; esp. yacer; port. jazer; de là gesine I, 349, couches, accouchement; comp. **agesir** I, 349. II, 30; **porgesir** I, 349; re-**gesir** I, 349; — **sosgeit, sozgeit** I, 49. II, 193, sujet, subordonné; *subjectus;* **subjection** I, 83, sujétion, soumission; *subjectio.*

Gesque v. dusque.

Geste s. f., de *gesta*, s'employa au singulier, dans le moyen-âge, pour désigner les actions d'une famille illustre, les exploits chevaleresques, ensuite le récit de ces actions, la chronique, l'histoire, enfin les personnes elles-mêmes, la lignée, la race. V. DC. s. v. *gesta. Chanson de geste* II, 33, poème qui rappelait les exploits chevaleresques; *traire à la geste* II, 228.

Get v. geter.

Geter, gieter, giter, jeter I, 173. 365. 125, jeter, lancer, pousser, tirer, chasser; **get, giet,** jet; lien, attache, courroie avec laquelle on jette l'oiseau après le gibier; v. DC. *jactus;* de *jactare;* cfr. ejectare; — comp. **degeter, degieter, degiter, dejeter,** rejeter, renverser, renvoyer, chasser; agiter, tourmenter: *se dejeter* II, 21, faire des contorsions; de *dejectare* (Mettius dans Gellius 20, 9); **tres-geter, tresgieter, tresjeter** (le plus souvent au part. passé), barioler, entremêler; dans Brut v. 15082 on pourrait lui donner le sens de mouler; **tresgiteor,** charlatan, jongleur.

Geu v. jeu.

Geude v. gelde.

Geudon v. gelde.

Geun, geune v. geuner.

Geuner, jeuner, juner I, 70. 153. 361. 220. II, 239, jeûner, faire abstinence; port. jejuar, ital. giunare; prov. jeonar, junar; *le geuner* I, 210; de *jejunare;* geune, jeune I, 62. II, 271. 336, jenne, abstinence; mot dont le genre fém. est assez remarquable, ainsi proprem. *jejuna*

pour *jejunium*, prov. dejuni, de-jun; geun, jeun S. d. S. B. 560, (qui est à) jeun; *jejunus;* prov. dejun. Comp. **desgeuner, degeuner,** cesser de jeûner, se nourrir, dé-jeûner; cfr. anglais breakfast; différant ainsi du prov. dejunar, jeûner, ital. digiunare, ib.

Geurle, jarle, espèce de corbeille ou vaisseau en bois à deux oreilles trouées servant à transporter qqch.; de *gerulus,* porteur, qui porte, portant.

Gibier, giber, dans l'expression *aller en gibier,* chasser aux oiseaux, chasser en général; vb. **gibeer, gi-boier,** ib.; **gibelet,** gibier. Racine? Notre *gibecière* se range encore ici.

Gie v. ju et I, 122.

Giens v. gens.

Gieres II, 383.

Gierre v. guerre.

Giers II, 383.

Gieser, dard, pique; mot qui paraît dérivé de *gèse*, bas latin *gesa*, du primitif *gaesum*, espèce de javelot, de lance, dont l'usage était particulier aux Gaulois. Ancien gallois *gais.* Cfr. guisarme.

Giesir v. gesir.

Giet, gieter v. geter.

Gieu v. jeu.

Gige v. gigue.

Gignos v. engien.

Gigue, gige, sorte d'instrument à vent, selon Roquefort, qui prétend que le Dante en fait mention dans sa Divine comédie. Cette dernière assertion est vraie, mais il paraît que Roquefort n'a point lu le passage dont il parle, sinon il aurait vu que l'instrument cité par le Dante était un instrument à cordes (Par. cant. XIV). La gigue en effet était un instrument à cordes de la famille des vielles (violes). *Gigue* dér. de l'allmâ. *gige*, allmod. *geige;* vb.

gigen, *geigen*; **giguer**, jouer de la gigue. A cause de la forme de cet instrument, on avait donné à la cuisse le nom de *gigue*, d'où *giguer*, jouer des gigues, sauter, courir; dim. *gigot*, gigót. Cfr. rote, viéle, rebec.

Gimple, gimpler v. guimple.

Gippon v. jupe.

Gire v. gesir.

Girer v. gires.

Gires (plur.), douleurs de l'enfantement; cfr. l'allemand *kreissen*, être en douleurs d'enfantement, et Schwenk D. W. s. e. v.; (sing.) prov. gir, ital. giro, tournoiement, cercle; de *gyrus*; vb. **girer**, tourner, virer: *gyrare*. *Girande*, *girandole*, *girouette* (pour giroette, girotette?) sont de cette famille.

Giron, **geron**, contracté en **gron** dans l'ex. suiv.: Trancha .i. pan del gron devant R. d. C. d. P. 14, partie de l'habillement qui est à la ceinture, côté, sein, pan d'habit ou de robe, coin ou triangle, en termes de blason; de l'ahal. *géro*, allmâ. *gére*, ib., selon M. Grimm de *gér*, épieu, lance, à cause de la forme du pan d'habit ou du chanteau qui était à la ceinture; ital. gherone; esp. giron; de là **gironer**, **geroner** II, 224 seulement au part. pas., à larges pans; **gironné**, en termes de blason.

Gironer v. giron.

Gisarme v. guisarme.

Gisir v. gesir.

Giter v. geter.

Giu v. jeu.

Givre v. voivre.

Glace II, 287, glace; *glacies*, *glacia* dans les gloses anciennes; de là **glacer**, **glacier**, **glachier**, **glaicier** S. d. S. B. 568. II, 363, glisser, faire un faux pas, détourner un coup; *se glacier*, s'élancer; ainsi propr.

courir comme la glace. On a pensé que de *glaicier* nous avions formé *glisser*, autrefois aussi *glinser* (DC. s. v. clidare), par changement de *ai* en *i*, comme de chaignon on a fait chignon, etc.; mais on ne rencontre guère ce changement de *ai* en *i* que devant *gn* et *l*, et l'on doit préférer pour glisser la dér. de l'allemand *glitsen*, *glitschen*, déjà indiquée dans Ménage.

Glacer v. glace.

Glachier v. glace.

Glacier v. glace.

Glai, glaie, glaïeul, plante; de *gladius*; cfr. glaive.

Glaicier v. glace.

Glaive, glave, gleive II, 16. 342, glaive, lance, demi-pique; et homme d'armes, cavalier armé de lance; de *gladius*, avec transposition de l'i, et *v* pour *d* syncopé; prov. glavi; dans St. Léger encore gladi (Et a gladi es percutan. Str. 23, éd. Diez). Ce mot signifie en outre une grande frayeur, douleur, carnage. On a regardé la frayeur comme un glaive perçant, et pris l'effet pour la cause dans les deux autres significations. Cfr. le provençal glai, glay = glaive, frayeur; Rayn. L. R. s. v.

Glas, glaz, sonnerie des cloches, volée de cloches; de *classicum*, signal de trompette, mais de fort bonne heure avec la signification romane. Aujourd'hui ce mot a une signification restreinte.

Glat v. glatir.

Glatir, aboyer, crier confusément, notre clatir; sbst. **glat**, aboiement, cris confus; dér. **glatissement**, aboiement, cri; onomatopée. Cfr. χλά-ζειν, γλάζειν; allemand: bavarois klattern, jaser, klittern, raconter; haut-allemand klatschen, produire un son bruyant, jaser.

Glatissement v. glatir.

Gleive v. glaive.

Glene, glane, glane; glener, glaner, glaner; selon Leibnitz du celtique: kymri *glain*, *glán*, propre; *glan-han*, nettoyer.

Gleton, gletteron, gloutcron, bardane; de l'allemand *klette*, ib., proprem. quelque chose qui s'accroche.

Gletteron v. gleton.

Glinser v. glace.

Glise v. eglise.

Glisser v. glace.

Gloire, glorie, glore I, 75. 193. 250, gloire, le ciel; *gloria*; glorios, glorios, glorious, glorieus, gloriex I, 123. 145. 402, glorieux; *gloriosus*; adv. gloriosement, glorieusement; glorier, glorifier; *gloriari*; glorifier I, 123, glorifier; *glorificare*. Un diminutif de gloire, est gloriete P. d. B. v. 6910, petite chambre fort ornée, qui prit peu à peu la signification de belvédère, petit bâtiment, loge de verdure. Cfr. DC. gloricta et Ménage s. v.

Glore v. gloire.

Glorie, glorier v. gloire.

Gloriete v. gloire.

Glorieus v. gloire.

Glorifier v. gloire.

Glorios, gloriosement v. gloire.

Glorious v. gloire.

Gloton v. gloz,

Glous v. gloz.

Gloute, gloutement v. gloz.

Glouton v. gloz.

Gloz, glous, gluz, gloton, glouton, glutun; adj. f. et subst. gloute I. 69. 70, glouton, gourmand; vicieux, débauché; avide, pillard, brigand; de *glúto* ou plutôt *glutto*; de là gloutement, goulument. De la même source, c.-à-d. de *gluttire*, vient le verbe engloutir.

Glut, s. s. et p. r. gluz S. d. S. B. 562, glu; provençal glut; comme le dit Ménage de *glus*, *glutis*, qu'on

trouve dans Ausoue, et non de *gluten*.

Glutun v. gloz.

Gluz, glu v. glut.

Gluz, glouton v. gloz.

Gnuns v. I, 183.

Gnus v. I, 183.

Goffre v. gaufre.

Goie v. joïr.

Goïr v. joïr.

Goitron, gorge, gosier, *(goître)*; de *gutter* pour *guttur*, avec renversement de *er*.

Gole, goule I, 286 notre gueule, gorge, gosier, bouche; *gula*; de là vb. comp. engoler, engloutir, avaler; degoler, couper la gorge, décoller.

Gonc v. jonc.

Gone, gune, robe, robe de moine; dim. gonelle, gunele, robe, casaque, tunique, cotillon; ital. gonna, robe de femme ou plutôt jupe, anc. esp. gona; prov. gona. Le latin n'offre aucune étymologie pour ce mot, et le grec moyen-âge γοῦνα, qu'on a proposé comme racine, est emprunté au roman. Il ne reste donc que le kymri *gwn*, anglais *gown*, à indiquer comme l'origine de ce mot; mais il faudrait prouver que gwn est bien celtique.

Gonelle v. gone.

Gonfanon, gunfanun, gunfanon, confanon, confenon, cunfanun II, 344. 351, étendard, bannière à trois ou quatre pendants; banderolle ou flamme, qui se mettait au-dessous du fer de la lance, différente du *pennon*; de là gonfanoier, gunfanuner, gonfanonier, confenoier, celui qui porte le *gonfanon*. De l'ahal. *gund-*, *kund-* ou *chund-fano*= *gund*, *kund*, combat, et *fano*, drap, drapeau. On voit que les deux orthographes en *g* et en *c* initial ont leur source dans l'allemand. Ancien norois *gunnfani*, labarum, vexillum.

Gonfanoier v. gonfanon.

Gonfanonier v. gonfanon.

Gore, gort, gour, gouffre; gorge II, 243, gorge; canal, conduit d'eau; de *gurges;* dimin. gorgete II, 373, petite ou belle gorge; vb. gorger, gorgoier, gorgeier, railler, se moquer, insulter. Le prov. gorgolh, dér. de *gurgulio,* d'où plusieurs patois ont aussi *gorgoillot,* gorge, entre autres celui de Montbéliard. Vb. ancien français gorgoler, murmurer, parler entre ses dents; ital. gorgoliare, etc. Cfr. gargate.

Gorge v. gorc.

Gorgeier v. gorc.

Gorger v. gorc.

Gorgete v. gorc.

Gorgoier v. gorc.

Gorle, gourle II, 25, bourse ou sac de cuir, de *culleus* avec permutation de la liquide. Il faut rapporter ici gorlet, cité par Roquefort, et l'ancien français-wallon gorreau, gorriau, collier de cheval, gorlier, gourlier, bourrelier.

Gorlet v. gorle.

Gorlier v. gorle.

Gorpil v. goupil.

Goupiller v. goupil.

Gorre, truie; gorron, cochon; gorreau, petit cochon, aujourd'hui *goret;* en Franche-Comté *gouri,* signifie en général cochon, et en qqes. endroits porc mâle, esp. gorrin. Aurait-on tiré le nom de cet animal de ses habitudes sales? la racine *gor* se retrouve dans l'ahal. et le celtique avec l'idée de limon, boue, fumier, saleté, pus. Soit dit en passant, c'est sans doute à cette même racine *gor* que se rapportent nos mots *gourme* et *gourmand;* cfr. ancien norois *gormr,* limon, de gor, kymri gorm, quantité, surplus.

Gorreau, gorriau v. gorle.

Gort v. gorc.

Goster, guster II, 114. 124, goûter; *gustare.*

Gote, gute, goute, gouste, goutte; *gutta;* empl. pour renforcer la négation II, 334. 338. 64. I, 233. etc.; — la maladie appelée goute I, 348, a la même origine, parce qu'on l'attribuait à certaines gouttes tombant du cerveau. V. DC. s. v. et R. d. l. V. p. 3. De là goter, couler goutte à goutte, être dégouttant; comp. degoter, dégoutter, d'où degot I, 348, gouttière; esgoter, esgouter I, 278, s'égoutter, se dessécher.

Goter v. gote.

Goule v. gole.

Goupil, gorpil, gourpil, et quelquefois fém. goupille, gourpille, renard; dim. gourpillon I, 99; vb. dér. goupiller, gorpiller, se cacher comme le renard, se montrer lâche. Du latin *vulpecula (vulpes).* Pour le changement du *v* en *g* voy. I, 33. Notre mot *goupillon* est un dérivé de la même racine. Aussi *goupille?* qui ne peut dér., comme on l'admet ordinairement, de cuspicula, dim. de cuspis.

Goupille, goupiller v. goupil.

Gourle v. gorle.

Gourpil, gourpille v. goupil.

Gourpillon v. goupil.

Gouste v. gote.

Goute v. gote.

Governe v. governeir.

Governeir, guverner I, 220. II, 55, gouverner, guider, diriger; *gubernare;* de là governe, governement II, 42, gouvernement, administration, direction; — governeres, governeor, gouverneur; de *gubernator.*

Governement v. governer.

Governeor v. governer.

Governeres v. governer.

Graal, greal, grasal (graax, greas, greaux), vase, plat, bassin, large et un peu profond, de bois, de terre

ou de métal; lmâ. *gradalis, gra-
dale, grasala;* prov. grazal; *saint
graal*, vase fameux dans la chevalerie. (Pour la légende du St. Graal,
voy. Roquefort Gloss. s. v. graal;
Fr. Michel, Notice du Roman du
Saint-Graal.) La légende du *saint
graal* a donné lieu à l'étymologie
sang royal, mais la forme prov.
grazal prouve sa fausseté, en ce
que le *z* y est organique, puisque
le bas latin le rend régulièrement
par *d*: gradalis. Borel dérive *graal*
de *grais*, parce que „ces vaisseaux
sont faits de grès cuit;" mais la
forme repousse cette interprétation,
car le *s* radical n'aurait pas disparu. Prenant la forme mystique
pour la primitive, ce qui n'est pas,
quelques auteurs ont songé à *gra-
tialis*, de *gratia*, sainte scène, dans
le bas latin; ici encore la forme
graal s'oppose à la dérivation.
Roquefort me paraît avoir trouvé
juste en dérivant *graal* de *crater*,
lmâ. *cratus* quelquefois, d'où *cra-
talis, grazal, graal*.

Graanter v. creanter.

Graantier v. creanter.

Graax v. graal.

Grace, graice, grasce I, 50. 120. 178,
grâce, remercîment, faveur, indulgence, pardon; *gratia*.

Graelier v. graïle.

Graer v. gre.

Grafe, graffe, graife, grefe II, 96.
155. 113, burin, stylet à écrire;
de *graphium* (γραφίον); grafier,
graffier, écritoire, étui où l'on mettait les stylets pour écrire; *gra-
phiarium;* esgrafer, esgraffer, gratter,
ratisser, égratigner; esgrafigner, lire
peu lisiblement, égratigner (égraf-
figner). Aujourd'hui, nous avons
deux mots *greffe*: 1) lieu d'un tribunal où l'on conserve les minutes
des jugements, etc.; 2) petit bout

de branche inséré dans une autre.
Le premier est une extension de
signification donnée à *grafe*, comme
bureau, p. ex., espèce d'étoffe, puis
meuble couvert de cette étoffe. Le
second peut être aussi le même
mot, car le *grafe* est quelque chose
de pointu et de l'idée de pointe à
celle de scion, etc., il n'y a pas loin.
Quant au genre différent, cela ne
fait rien, les neutres produisent
souvent des féminins, et, dans l'ancienne langue, *grafe* était masculin
et féminin. (D'une grafe Fl. et Bl.
v. 1050) Cfr. Dief. G. W. II, 422.

Graffe v. grafe.

Graffier v. grafe.

Gragan I, 361 paraît signifier restes
mesquins, débris, bribes.

Graice v. grace.

Graidre v. grant.

Graife v. grafe.

Graigne v. gram.

Graignor, graignur v. grant.

Graïl v. graïle.

Graïle, graïl, grille, gril; de *craticula;*
vb. graaillier, graelier I, 311, griller,
propr. rôtir sur le gril.

Graile, corneille noire; lmâ. gracula;
de *graculus*; de là grailer, crier
comme la corneille.

**Graile, graille, graisle, greille, grelle,
gresle** I, 400, mince, menu, svelte,
délicat; de *gracilis*; de là subst.,
instrument de musique qui produi-
sait un son aigu, comme de clair
nous avons fait clairon.

Graim v. gram.

Grain, grain, aspérité de la peau,
morceau, fragment; de *granum;*
ital., esp. grano, prov. gran, port.
grão; de là aussi **graine** I, 330,
graine; et écarlate, garance; cfr.
κόκκος, grain, graine, kermès, écarlate; dér. **grenier, gernier** II, 182,
granarium; prov. granier, esp. gra-
nero, ital. granaio; **grange**, grange,

propr. lieu à serrer les grains; de l'adj. *granea*; l'ancien franç. disait aussi **grance, granche** v. Roq. s. v. qui vient d'une autre forme lmâ. *granica*. Ajoutez ici *grener*, prov. *granar*, ital. *granare*, et composés. C'est encore de granum que dér. *graigne, greigne*, dont on fit plus tard *grigne*, d'où *graignon, greignon*, aujourd'hui *grignon*, vb. *grignoter*.

Graindes v. grant.

Graindre, graindres v. grant.

Graine v. grain.

Grains v. gram.

Graisle v. graile.

Graisse v. cras.

Gram, graim, s. s. et p. r. **grains, greins** II, 65, fâché, triste, chagrin, morne, peiné; **graigne**, colère, souci, chagrin, affliction; **gramoier, gremoier, gremier**, affliger, attrister, gémir; de l'ahal. *gram*, fâché, mécontent; *gramjam*, irritare, exacerbare; *gremen*.

Gramaire, gramere, grammairien; de *grammaticarius* pour grammaticus. Le mot moderne est une dérivation postérieure de l'anc. franç.

Gramenter v. guai.

Gramment v. grant.

Gramoier v. gram.

Grance v. grain.

Granche v. grain.

Grandece v. grant.

Grandeime v. grant.

Grandesce v. grant.

Grandime v. grant.

Grandir v. grant.

Grandite v. grant.

Grandor, grandur v. grant.

Grandres v. grant.

Grange v. grain.

Granment v. grant.

Grans, granz de grant.

Grant I, 101, grand, graude; *grandis;* empl. adv. II, 315; comparatif s. s. **grandres, graindres, graindre,** graidre, graindes; r. graignor, grignour, greignor, greingneur, grigneur, graignur, greignur, greinur I, 102. 103, plus grand, plus âgé; **graindre** I, 103 avec signification superlative; superlatif **grandimes, grandime, grandeime** I, 106. Q. L. d. R. 360, très grand, très gros; *grant* employé adverb. II, 315 pour beaucoup; *grant* empl. subst. pour grandeur; adv. **grantment, granment, gramment,** graument R. d. l. V. 169, grandement, longtemps, beaucoup; — **grandite** I, 187, grandeur; *granditas;* — de là **grandor, grandur** II, 63, grandeur; **grandesce, grandece** II, 246, grandeur, étendue, énormité, puissance, arrogance; vb. **grandir,** augmenter, croître, grandir; *grandire;* engraigner, engrainer I, 102, note, II, 207. croître, augmenter, grandir, agrandir.

Grantment v. grant.

Granteir, granter v. creanter.

Grape v. agrapeir.

Gras, grasset v. cras.

Grasal v. graal.

Grasce v. grace.

Grater, gratter, gratter, égratigner; de l'ahal. *chrazôn*, suéd. *kratta*, holland. *kratsen, krassen*, etc. De là nos mots *gratin*, *égratigner*, et, dans l'ancienne langue, **gratuser,** râper, gratter. Cfr. le subst. dauphinois *gratusi*, râpe.

Gratuser v. grater.

Graument v. grant.

Graunter v. creanter.

Graveir, grever v. grief.

Gravele v. greve.

Graver, graver; de l'allemand *graben*, goth., ahal. *graban*, σκάπτειν, holl. *grâven*, anglo-saxon *grafan;* tandis que le bas latin *grafare*, scribere, pingere vient de γράφειν. Si, comme on le dit d'ordinaire, γράφειν était la racine de notre

mot, on aurait eu *graffer*. Cfr.
grafe.

Graverens v. grief

Gravier v. greve.

Gravir, monter, gravir; ital. gradire;
de *gradus*: gradire, graïr, puis avec
v intercalaire, gravir, selon Ménage.

Gravoi v. greve.

Gre, greit, gret, gred I, 84, vouloir,
volonté, grâce, récompense; de *gra-
tum*, chose dont on a de l'obligation. *A gre*, à volonté, selon volonté; *rendre gre*, remercier, rendre
grâces; *savoir gre*. Comp. malgre,
maugre, blâme, reproche, mauvais
gré; prép. II, 357; *malgre mien,
tien, sien*, etc. II, 357; *malgre en
aie je, en aies tu*, etc. II, 357.
Verbe greer, graer, agréer, convenir, plaire, avoir pour agréable,
approuver, gratifier, remercier;
comp. agreer, agreeir, agréer (de
à gre), d'où desagreer II, 167, être
désagréable, déplaire, causer du
désagrément, de la peine.

Greal v. graal.

Greas v. graal.

Greaux v. graal.

Greche v. crebe.

Gred v. gre.

Greer v. gre.

Gref v. grief.

Grefe v. grafe.

Grefment v. grief.

Grege v. grief.

Greger, gregier v. grief.

Gregos v. grief.

Greignor, greignur v. grant.

Greille v. graile.

Greingneur v. grant.

Greins v. gram.

Greinur v. grant.

Greit v. gre.

Grejance v. grief.

Grejer v. grief.

Grejos v. grief.

Grelle v. graile.

Gremier v. gram.

Gremoier v. gram.

Grenat II, 345, grenade; *granatum*.

Grenier v. grain.

Grenon, guernon, grignon II, 254.
R. d. l. V. p. 73, moustache et barbe
au menton; lmâ. (granus) grani,
granones, grenones, etc.; ahâl. (pl.)
grani, barbe; allmâ. *gran*, ancien
norois *grön*, allmod. *granne*. Voy.
Dief. G. W. I, 317. 18. II, 427.
Par mes grenons II, 149, manière
de jurer.

Gres, pénible v. grief.

Gres, grès v. gresle.

Gresil v. gresle.

Gresle, mince v. graile.

Gresle II, 257, grêle; *gresler*, grêler;
prov. greza; de *grès*, pierre dure
et grise, qui se réduit aisément en
poudre; et *gres* de l'ahâl. *grioz,
griez*, anglo-saxon *greot*, allmod.
gries, ce qui a la forme de dragées, ce
qui est brisé, écrasé; gravier, gruau.
Un diminutif de *gresle*, est gresil
Ch. d. R. str. 109, verbe gresiller.
Cfr. le suisse *grusel*, gravier et débris de pierres. *Gres* ne peut venir
du celtique *crag*, comme le prétend
M. Chevalet, à cause de son *s*
organique. Cfr. groe.

Gresler v. gresle.

Gresse v. cras.

Gret v. gre.

Grevance v. grief.

Greve R. d. l. V. 138, gravier, sable;
grève; prov. grava; gravier I, 328.
II, 73, rivage, gravier, sable; gravoi
II, 355, grève, gravier, sable; gravele R. d. l. V. 15, gravier, sable.
L'origine de ce mot n'a pas encore
été découverte, car il ne peut guère
dériver du celtique *craig*, *crau*.
Cfr. groe, dont les bretons ont
peut-être emprunté leur krae, krôa.

Greve, grever v. grief.

Grevos, grevus, grevous v. grief.

Grief, gref, s. s. et p. r. **gries, gres**, féminin **grieve, greve** II, 295, pénible, difficile, sérieux, dangereux, grave; de *gravis*. De là se sont développés trois groupes de formes: *a*) **graveir, grever** (gravare) II, 268. 385, grever, peiner, fatiguer, être hostile, faire du tort; **agrever**, accabler, abattre, faire tort ou de la peine; **grevus, grevos, grevous**, pénible, désagréable, grief, grave; **grevance** II, 353. 384, peine, chagrin, difficulté, tort; **graverens**, charges; **agrevance**, peine, chagrin qui aggrave et accable; — *b*) **greger, gregier, grejer**, faire tort, causer du dommage ou de la peine, maltraiter, devenir plus grave, plus meurtrier; **agregier**, s'appesantir sur qqch., accabler, attaquer vivement; **engregier**, faire tort, dommage, agraver, d'où notre *rengréger;* **gregos, grejos, grege** II, 328, difficile, pénible, qui fait du tort; **grejance**, peine; — *c*) adv. **griefment, griement, grefment** I, 122, grièvement, difficilement, péniblement, dangereusement; **grieste, griete**, difficulté, peine, chagrin, grief, dommage, ou en parlant d'une grieve et dangereuse maladie. — *Grief* nous est resté dans le substantif homonyme.

Griefment v. grief et II, 264.

Griement v. grief et II, 264.

Gries v. grief.

Grieve v. gref.

Grifaigne v. grifon.

Grife, griffe, griffe; **grifer**, griffer; de l'ahal. *grîfan*, allmâ. *grîfen*, allmod. *greifen*, saisir, prendre; allmâ. *grif*, serre. Notre verbe *gripper* est de la même famille, il se rapporte au gothique *greipan*, ancien saxon *grîpan* = ahal. *grîfan*. Cfr. Dief. G. W. II, 430. Langue d'oïl subst. **grippe**, rapine, injustice.

Griffaine v. grifon.

Grifon, griffon, griffon; de *gryphus*. A la même racine appartient **griffaine, grifaigne** I, 113, qui a un aspect, un regard sauvage, méchant, un air menaçant, rébarbatif; rude, escarpé.

Grigneur v. grant.

Grignon v. grenon.

Grincer, grincher, grincer; de l'ahal. *gremizón, grimizón*, stridere dentibus. M. Chevalet s. v. *grincer* range dans la même famille grimizón et knirschen!!

Grippe v. grife.

Gris II, 360 adj., gris; subst., sorte de fourrure; lmâ. griseus. V. DC. Griseum. De l'ancien saxon *gris*, gris; allmâ. *grîs*, aujourd'hui *greis*.

Grocer P. d. B. 8418, **groucer** ib. 8251, **groucher, groucier, grouchier** (*grouz* I, 278, 1re pers. s. prés. ind.), murmurer, se plaindre, parler entre ses dents, gronder; **groucement**, plainte; de l'ahal. *grunzen*, avec syncope du *n*.

Groe, groi, pierre dure, roc; du celtique *crag*, rocher; irlandais et gallois *creig, craig*. Cfr. greve.

Grogner, groigner, murmurer, se plaindre, gronder; de *grunnire*, prov. gronhir, ital. grugnire et grugnare. De là **grcing, groin**, groin. De la forme *grundire* pour *grunnire* (voy. Freund L. W.), l'ancien français avait **grondre, grondir**, murmurer, grogner, résonner, d'où notre *gronder;* dér. **grondiller**, gronder, murmurer, criailler.

Groi v. groe.

Groigner v. grogner.

Groin, groing v. grogner.

Gron v. giron.

Grondiller v. grogner.

Grondir v. grogner.

Grondre v. grogner.

Groucement v. grocer.

Groucer v. grocer.

Groncher, grouchier v. grocer.

Groucier v. grocer.

Gruel, gruau; lmâ. grutum, grutellum, gruellum; ainsi *gruel* pour grutel; de l'anglo-saxon *grut*, bas-saxon *grutt*, ahal. *gruzi*, allmod. *grütze*, gruau. La forme moderne est contractée de *grueal*, *grueau*.

Guaaignerie v. gaagnier.

Guai, wai interj. II, 401, malheur!; de *guai* et de *menter*, pris de *lamenter*, on forma guaimenter, gaimenter, waimenter *(se)* II, 227. 391, se plaindre, se lamenter, s'affliger, gémir, se donner des soins. Outre ces formes, on trouve, absolument avec la même signification, **guermenter** et gramenter, qui, dans leur première syllabe, rappellent le celtique: gallois *gairm*, breton *garmi*, pousser des cris; et l'allemand *gram*, chagrin. Du reste, vu la facile transposition du *r*, il est difficile de décider si *guermenter* et *gramenter* n'ont pas une origine commune. Cfr. gram.

Guaignage v. gaagnier.

Guaigner, guaignerie v. gaagnier.

Guain v. gaagnier.

Guaite, guaiter v. gaiter.

Guarant v. garant.

Guarantir v. garant.

Guarantisun v. garant.

Guarde, guarder v. garder.

Guarer v. garer.

Guaret v. garait.

Guarir v. garir.

Guarison v. garir.

Guarnement v. garnir.

Guarnir v. garnir.

Guarnison v. garnir.

Guars v. gars.

Guast, guaste, guaster v. gaster.

Guastine v. gaster.

Guaures v. gaires et II, 295.

Gnaurir v. garir.

Gueer v. guet.

Gueiseillier v. wessail.

Gueite, gueiter v. gaiter.

Guenche v. ganchir.

Guenchir v. ganchir.

Guencir v. ganchir.

Gueredon, gueredoner, gueredun voy. guerredon.

Guerent v. garant.

Gueres v. gaires et II, 295.

Guermenter v. guai.

Guernon v. grenon.

Guerpir, gerpir, werpir I, 208. 89. 125. II, 377, céder, abandonner, quitter, laisser, délaisser; comp. **deguerpir**, dewerpir I, 228. II, 49, céder, abandonner, lâcher, quitter, délaisser; du goth. *vairpan*, jeter; ahal. *werphan*, *werfan*, ancien saxon *werpan*. Cfr. Grimm, Rechtsalt. 123.

Guerre, werre, gerre, gierre I, 48, guerre; de l'ahal. *werra*, rixe, dissension, dispute; guerrer, guerreer, guerreier II, 90, guerroier I, 131, gerrier, werreier, faire la guerre; ahal. *werran*, almâ. *werren*, mêler, mettre en désordre, etc. Cfr. Schwenk D. W. s. v. wirren. Dér. guerrier, gerrier, gerriere, guerrière, a d'abord signifié ennemi (e), adversaire, puis guerrier, combattant. Cfr. Rayn. L. R. III, 517. On trouve encore gerrire, guerrière, et guerreiur, guerreur, homme de guerre.

Guerredon, gueredon, gueredun, gerredon, geredon, werdon, werredon II, 282. 303. 376, récompense, salaire; vb. guerredoner, gueredoner, gerredoner, geredoner, geredonier II, 313, récompenser, rémunérer; d'où reguerredoner, rewerdoner, récompenser, rémunérer; et d'ici rewerdoneres II, 113, rémunérateur; prov. guazardon, guazardoner; ital. guida(e)rdone, guida(e)rdonare; esp. galardon, galardonar; port. galardâo, galardoar; lmâ. *widerdonum. Widerdonum*

dérive de l'ahal. *widarlón* (= *widar*
= *wider*, prép. et *lôn*), récompense.
La dernière partie de la composition a sans doute été corrompue
dans sa vocalisation par suite de
l'influence du latin *donum*.

Guerredoner v. guerredon.

Guerreer, guerreier v. guerre.

Guerreiur v. guerre.

Guerrer v. guerre.

Guerreur v. guerre.

Guerrier, guerriere v. guerre.

Guerroier v. guerre.

Guersai v. wessail.

Guersoi v. wessail.

Gues v guet.

Guesde v. waide.

Guespe, wespe II, 181, guêpe; de *vespa*;
ahal. wesfa. Pour *gu*, *w*, v. I, 33.

Guespiller, gaspiller, gaspiller; de l'anglo-saxon *gespillan*, ahal. *gaspil-*
dan, consommer, dépenser.

Guet, *weit*, **gue**, s. s. et p. r **guez**,
weiz, gues, gué; de l'ahal. *wat*,
gué; ancien norois *vadr*, *vad*; **gueer,**
weier, guéer, laver (d'un fleuve);
de l'ahal. *watan*, aujourd'hui *waten*.

Guete v. gaitier.

Guetier v. gaitier.

Guende v. gelde.

Guez v. guet.

Guiche, guige, lien, courroie, anse de
l'écu, courroie par laquelle on sus-
pendait l'écu autour du cou; de
l'ahal. *wicka*, allmâ. *wicke*, lien.
Mais comment expliquer la forme
guige? existe-t-il une forme allemande *wickja*, ou est-ce simplement une permutation dialectale du
g en *ch*?

Guieor v. guier.

Guier, guider, conduire, mener, gouverner; sbst. s. s. **guierres**, r. **guieor**,
guide, conducteur, chef, général;
du gothique *vitan*, observer, garder, avec syncope du *t*. (Cfr. haïr.)
Ital. guidare, prov. guidar, avec

changement du *t* en *d*, que le français moderne a admis. C'est à la
même racine qu'il faut rapporter
guidon, *guidonner*, etc.

Guieres v. gaires et II, 295.

Guierres v. guier.

Guige v. guiche.

Guigner I, 90, faire signe, observer
de côté, regarder, lorguer, épier;
ital. ghignare, sourire; esp. guiñar,
prov. guinbar, comme en français;
de l'ahal. *kinan*, adridere, peut-
être avec mélange de l'ahal. *ginôn*,
geinôn, anglo-saxon *ginan*, béer,
d'où observer. Cfr. encore ancien
norois *gôna*, intentus spectare. On
dérive ordinairement guigner de
l'ahal. *winkjan*, mais la forme italienne ne peut comporter *gh* pour
w et de plus il faudrait admettre
la syncope du *k*. Cfr. du reste dans
M. Duméril le normand *guincher*,
lancer des oeillades, de *winkjan*,
et non guigner; puis *guenchir*, de
wenkjan, qui prouvent que la forme
française ne peut absolument pas
se rapporter à *winkjan*.

Guile, guille, supercherie, mensonge,
moquerie; fourberie; **guiler, guiller,**
tromper, attraper, fourber, se moquer; prov. guil, guila, guilar; de
l'anglo-saxon *vile*, astutia.

Guimple, gimple R. d. l. V. 216, guimpe,
morceau d'étoffe dont les femmes
surtout se couvraient la tête, et
dont elles se servaient quelquefois
comme aujourd'hui des voiles (Roi
Guillaume p. 140); on le trouve
aussi employé pour les hommes et
M. P. Pàris le traduit par turban
(Ch. d'Antioche 34), sans s'expliquer
davantage; enfin cornette d'étoffe
attachée à la lance; **guimpler, gimpler,**
orner sa tête d'une guimple, orner
sa tête; de l'ahal. *wimpal*, theris-
trum; allmâ. *wimpel*, ib.; peplum;
allmod. *wimpel*.

13 *

Guimpler v. guimple.

Guires v. gaires et II, 295.

Guisarme, gisarme, jusarme, wisarme, visarme I, 193, espèce d'arme tranchante, mais dont il est difficile de préciser la forme; selon les uns glaive, selon les autres hache, hache à deux tranchants (v. DC. gisarma). On a confondu guisarme avec gese (v. gieser); mais sans dire comment on s'y est pris. Pour rapprocher ces deux mots, il faudrait admettre une composition de gaesum et arma, ce qui est bien lourd, et il n'y a aucun précédent d'un pareil emploi de arma. Quelle est donc l'origine de guisarme, prov. gasarma? car il n'est non plus possible de le rapporter, avec DC., à guisare.

Guiscart, guischart, sagace, fin, rusé, adroit, prudent; de l'ancien norois visk-r, sagax. Cfr. Dief. G. W. I, 219. De là aussi, comme en prov., guiscos II, 312, avec la même signification que guiscart.

Guischart v guiscart.

Guischet v. wiket.

Guiscos v. guiscart.

Guise II, 292. 350. 398, guise, manière, façon, sorte; de l'ahal. wisa, marche de qqch., mode, manière, etc., de wisan, montrer, etc.; cfr. Dief. G. W. I, 220; à guise de, à (la) manière de. L'espagnol a le verbe guisar; nous n'avons que le composé deguiser, desguiser; se desguiser de armure Q. L. d. R. III, 338, mutare habitum suum; se deguiser de sa vesture I, 127, commutare habitum; ainsi propr. changer de manière, de façon, sortir de la guise, transformer.

Guitare, dans les plus anciens textes guiterre ou guiterne, du grec κιθάρα. Le corps sonore de la guitare était plat et uni en dessus et en dessous, ce qui la différenciait du luth. La guitare avait en outre des échancrures, que n'a pas le luth, et son manche était presque toujours droit ou bien légèrement recourbé en dedans à l'endroit où sont fixées les chevilles. Les cordes de la guitare étaient d'abord ordinairement de quatre ou moins. Les rangs des cordes étaient presque toujours doubles à l'exception du premier, commençant par en haut. Cfr. liut.

Guivere v voivre.

Guivre v. voivre.

Gune, gunele v. gone.

Gunfanon v. gonfanon.

Gunfanun, gunfanuner v. gonfanon.

Guster v. goster.

Gute v. gote.

Guverner v. governeir.

H.

Habert v. halberc.

Habitacle v. habiter.

Habiteor, habiteur v. habiter.

Habiter, abiter I, 95. 223, habiter, demeurer; habitare; esp., port., prov. habitar, ital. abitare; habiteor, habiteur, habitant; habitator; habitacle II, 379, maison, logement, habitation; le corps comme demeure de l'âme; habitaculum.

Hable v. hafne.

Habondance v. onde.

Habondeir, habonder v. onde.

Hache I, 193, hache; allmod. hacke, mot qui ne se trouve pas dans l'ancienne langue; mais on a le verbe anglo-saxon haccan et le subst. hacco (m.), crochet. Cfr. l'anglais to hack et le suédois hacka. — Hache de Crequi, Danoise, Norroise,

sortes d'armes. DC. hacheta, hos-
tis(?), secures danicae, norrissa.

Hachie v. haschiere.

Hacie v. haschiere.

Hafne, havene, havle, hable, havre,
port; de l'anglo-saxon *häfen*, dan.
havn, ancien norois *höfn*, port.

Hai interj. II, 402.

Haie, clôture en général, haie; lmâ.
haga, haia; **haier,** enclore, chasser
dans un enclos; lmâ. *haiare;* du
bas-allemand *haeghe*, enclos; ahal.
hag, ville; ahal. *hagan*, allmod.
hägen ou *hegen*, enclore, bavarois
haigen, *haien*.

Haier v. haie.

Hailas interj. v. las et II, 401.

Haim Dol. p. 182, **aim, ain,** hameçon;
de *hamus*.

Haimi interj. II, 402.

Haïne v. haïr.

Haingre v. heingre.

Haïnos v. haïr.

Haïor v. haïr.

Haïr I, 349. Je me suis mal expliqué
en donnant la dérivation de ce
verbe; il faut faire remonter *haïr*
directement à *hatan, hatjan,* et non
pas à la forme de l'ahal. *hasôn;*
anglo-saxon *hatian,* ancien saxon
hetian; comme le prouvent les formes
hadit Ch. d. S. A., *hedz* Q. L. d. R.
II, p. 191 (t. I, p. 278). Subst. **hé,**
haine; du goth. *hatis,* ancien saxon
heti, ancien norois *haïr;* d'où **haïor,
haor,** haine, et **haïne** I, 156, ib.,
haïnos I, 131, odieux, fâcheux,
haineux.

Haire, häire, rendant *saccus* dans le
manuscrit de Valenciennes; de l'ahal.
hara, tapis de crin, de poil.

Hairon, héron; de l'ahal. *heigro, hei-
gir;* prov. aigron, ital. aghirone;
— de là notre *aigrette,* diminutif
avec rejet de la lettre *h.*

Hait, eit II, 398. I, 153; vb. **haiter,
haitier, aitier** II, 398. 51; de là

haitement II, 398; comp **dehait, deheit, deshait, deshet** II, 398. 148.
I, 70. 295. 304; **dehaiter, dehaitier,
deshaiter, desheiter** II, 398. I, 167.
271, affliger, chagriner, rendre
triste, abattre; part. passé: chagrin,
triste, abattu, découragé, malade,
défait, peiné; **rehaiter, rehaitier,
reheiter** II, 398. 53, ranimer, réjouir, refaire; **soshaitier, sohaidier,
soushaidier** II, 65. 73, désirer, souhaiter.

Haitement v. hait et II, 398.

Haiter, haitier v. hait et II, 398.

Halaigre v. alaigre.

Halas interj. v. las et II, 401.

**Halberc, hauberc, hoberc, haubert, au-
bert, hobert,** et, par corruption, **habert** — **osberc** I, 85. 86. 97. 407,
cotte de mailles. Lmâ. *halsberga,*
de l'ahal. *halsberc* (=*hals,* cou, *berc*
de *bergen,* couvrir, protéger, défendre). Les formes les plus ordi-
naires ne contiennent pas le *s* du
radical allemand; il est devenu
muet, puis on l'a retranché. On le
voit dans *osberc* (cfr. ital. usbergo);
mais alors le *l* manque. Dér **hauberger,** mettre le haubert; comp.
deshauberger, ôter le haubert; **haubergon, hauberjon,** petit haubert;
haubergier, celui qui fait les hauberts.

Halberos s. s. et p. r. de halberc.

Hale v. halle II.

1. **Halle,** hâle, air chaud; du hollandais *hael,* sec. DC. donne aussi
harle, dans le même sens, où le *r*
est une permutation du *l?*

II. **Halle, hale,** hôtel de ville, grande
salle où l'on met les marchandises;
marché, halle; de l'ahal. *halla,*
temple; ancien saxon *halla,* anglo-
saxon *heall, heal;* ancien norois
höll, etc. Cfr. Dief. G. W. II, 520.

Halme v. healme.

I. **Halt,** haut, sans l'aspirée alt I, 62.
66. 347, haut, élevé, solennel; com-

paratif **haltor, haltur, hautor, hauçor**, plus haut, pris ordinairement comme superlatif: très-haut; superlatif al- **tisme, hautisme** I, 106, employé substantivement, le Très-haut I, 79. II, 77; *haut et bas*, tout à fait, absolument, sans exception; *haute ore, haute vespre*, tard; cfr. bas; empl. subst. II, 384; adv. **haltement, hautement** I, 396. II, 65, en lieu haut, hautement, grandement, noble- ment; — du latin *altus*; prov. alt, aut; — vb. **haucier, hauchier, haucer** I, 48. 127, hausser, exhausser; propr. *altiare*; subst. **haltece, hau- tece**, hauteur, élévation, lieu haut I, 65. 55. II, 21; comp. **enhalcer, enhaucier**, élever, rehausser; es- **halcer, eshaucier, essalcer, essaucier, assaucier** I, 128. 215. 367. II, 46. 351, élever, exhausser, faire grandir, rendre plus fort; exalter, louer; d'où **essaucement**, exhaussement, augmentation, prospérité. Les deux formes *eshaucier* et *essaucier* sont restées dans la langue moderne avec des significations différentes: *ex- hausser* et *exaucer*; car *exaucer une prière*, p. ex., ne signifie rien autre chose qu'élever, exhausser une prière, la favoriser, la rendre pros- père. Le prov. *esalsar, eissausar* signifie également exhausser et exaucer. C'est donc à tort qu'on a recherché l'origine de *exaucer* dans le latin *exaudire*, qui, d'ail- leurs, ne conviendrait pas pour la forme; il faudrait admettre *exau- sare*.

II. **Halt** (m.), séjour, demeure; de l'allemand *halt*, fermeté, stabilité, appui assuré. Nous avons de la même racine (haldan) la *halte*.

Haltece v. halt I.

Haltement v. halt I.

Haltor, haltur v, halt I.

Ham, d'où *hameau*, hameau; du goth.

haims, village, hameau, abal. *heim*, demeure. Cfr. hanter.

Hanap, henap, s. s. et p. r. **hanas, henas** I, 82, coupe, vase avec anses et pied; de l'ahal. *hnapf*, anglo- saxon *hnap, hnäpp*, ib., allmod. *napf*, islandais, bas-saxon *nap*. Cfr. Roq. s. v.

Hanas v. hanap.

Hanche II, 351, hanche; port., ital., esp. anca; selon Ménage, de *ἄγκη*; selon Wachter, de l'ahal. *ancha*, aujourd'hui *anke*, la nuque, dont la signification primitive a été celle de courbure. Cfr. Dief. G. W. I, 3. Quant à notre *anche*, il dérive sans aucun doute de l'ahal. *ancha*, dans sa signification de *tibia*. Cfr. DC. ancus, et le port. anco, coude, de *ἄγκος*, l'esp. ancon, baie, rade, de *ἄγκων*.

Haner, labourer v. ahan.

Hanir v. hennir.

Hansacs, couteau, coutelas; de l'anglo- saxon *hand-seax*, propr. couteau (seax) de main (hand), ahal. *sahs*, couteau.

Hanste v. hante.

Hant, hante v. hanter

Hante, hanste, anste I, 212. II, 357, bois de lance; de *ames, itis*, selon Ménage, et non de hasta, qui a produit haste (v. s. v.); vb. comp. **enhanter**, pourvoir d'une hante; d'où **renhanter**.

Hanter, l'idée primitive de ce verbe a été celle d'avoir une grande in- clination, un penchant bien déter- miné pour qqch.; intransitif habiter, demeurer, fréquenter; subst. **hant, hante**, habitude, fréquentation, com- merce intime; de l'ancien norois *heimta*, attrahere, recuperare; exi- gere; suéd. *hämta*, dan. *hente*, ar- cessere, colligere, chercher; tous de *heim*, demeure. Cfr. ci-dessus ham et Dief. II, 500. La signifi-

cation primitive de ce mot n'ayant
pas encore été bien fixée, voici des
exemples qui prouveront la justesse
de ce que j'avance: E ti peres ad
mult guerre *hantee*, e ne demurrad
pas od ses cumpaignuns: sed et
pater tuus vir bellator est, nec
morabitur cum populo. Q. L. d. R.
II, 182. E *hantad* les ordeez que
sis peres out *hantez:* servivitque
immunditiis, quibus servierat pater
ejus. Ib. IV, 422. On voit ici *servire* rendu par *hanter*, ce qui ne
permet pas de prendre *hanter* dans
sa signification moderne. Après
avoir fait la description des sirènes,
Wace ajoute: Vers ocident en la
mer *hantent* R. d. Brut v. 739, c.-à-d.
demeurent, comme le prouve le vers
733: Les seraines ont trespassees.

Haor v. haïr.

Hape, espèce de hache? DC.; **haper**
I, 187, saisir, attraper, rafler,
happer; de l'ahal. *happa*, faucille,
allmod. *happen*, happer.

Haper v. hape.

Hardel v. hart.

Hardement v. hardir.

Hardi v. hardir.

Hardiement v. hardir.

Hardier v. hardir.

Hardir, verbe que je suppose d'après
le composé enhardir, prov. *ardir*,
enhardir, dont le part. passé s'est
conservé dans hardi II, 64. 232,
courageux, audacieux; adv. hardiement I, 148. II, 24. 53, courageusement, avec audace; de l'ahal. *hart-
jan*, indunare, firmare. Cfr. Dief.
G. W. II, 541. Subst. hardement
I, 371, hardiesse, courage, audace;
prov. ardimen. A la même racine
se rapporte hardier, provoquer, harceler, escarmoucher. Dans Ben.
v. 28336 on trouve, à la rime, le
subst. *ardiz*, hardiesse, prov. ardit.

Harele, hareler v. haro.

Harer, harier v. haro.

Hareu v. haro.

Harigoter v. harligoter.

Harle v. halle I.

Harligote, pièce, morceau; **harligoter,**
harigoter, mettre en pièces, en
morceaux, déchirer. Racine?

Harligoter v. harligote.

Harnas, harnois, hernois II, 73, armure,
habillement d'un homme de guerre,
équipage de guerre, de tournoi, de
chasse, puis vêtement en général;
pour une citation de la Ch. d. S.,
I, 391, où *hernois* signifierait troupe,
suite, gens de guerre, il y a les
variantes: à lor..., à molt riches
conrois; — vb. harnascher, harnacher, garnir, équiper; — prov.
arnas, arnassar, arnescar; ital. ar-
nese; esp. arnes. Ce mot ne dérive pas de l'allemand *harnisch*,
ainsi que le prétend M Chevalet;
c'est le contraire qu'il eût fallu admettre. Comme le dit M. Diefenbach Celt. I, 25, *harnas* dér. du
celtique: kymri *haiarn*, anc. breton
hoiarn, irlandais *iaran*, fer. M. Diez
admet la dérivation de l'ancien norois *iârn*, *jârn*, fer, mais ce mot
aurait produit une autre forme dans
la langue d'oïl. Peut-être notre
mot est-il, du reste, un dérivé qui
a son représentant complet dans le
celtique; cfr. kymri haiarnacz, ustensile de fer, haiarnaidd, ferreus, etc.;
v. encore Dief. G. W. I, 15, *B. b. c.*

Harnois v. harnas.

Haro, harou, hareu, hari interj. II, 400;
haroder II, 400, crier haro; —
harer, harier II, 400, agacer, harceler, défier, provoquer au combat;
encore de la même source, ou directement de *haro*, harele, cri, pro-
clamation, sédition; d'où hareler,
tourmenter, tirailler.

Haroder v. haro.

Harou v. haro.

Harpe I, 401, harpe; vb. harper II, 301, jouer de la harpe; de là harperes, harpeor I, 77, joueur de harpe; — de l'ahal. *harpha*, ancien norois *harpa*, allmod. *harfe*, islandais *haurpa;* car cet instrument était spécialement en usage chez les peuples du Nord. Venance Fortunat dit: Romanusque lyra, plaudat tibi barbarus harpa (Carm. VII.). — Sola saepe bombicans barbaros leudos harpa relidebat (Epist. I.). Le nombre des cordes de la harpe variait de six à vingt-cinq. Dans les textes des XIIe et XIIIe siècles, surtout dans les traductions de la Bible, *harpe* répond ordinairement à *cithara*, et *harper* à *psallere.* Le *cithara* des versions latines est le plus souvent mis pour *psaltérion*, *kinnor* ou *cynira*, exprimés en hébreu aux endroits correspondants. Ce mot interprété ainsi dans le sens le plus moderne de *cithara* fit donner à tous les instruments à cordes auxquels on l'appliquait le caractère de la cithare du Nord ou harpe. Il en résulta peu à peu la conviction que l'instrument favori de David n'était autre que celui-là, et on substitua, dans les mains du chantre sacré, la *harpe* au *psaltérion*, ou *kinnor.* — C'est par suite de la forme de la *harpe*, qu'on donna à *harpon*, *harpin*, *harpeau*, et à *harper*, *harpigner*, *harpiller*, la signification qu'on leur connaît; *harpe* est leur primitif. On a proposé, à la vérité, de les dériver du grec ἅρπη, faucille, ou du latin *harpago;* mais la première étymologie ne s'appuie sur rien, et la seconde ne serait admissible que si l'on pouvait prouver une forme *harpaon* ou *harpeon.* Cfr. Schwenk D. W. s. v. harfe, harpun.

Harpeor v. harpe.

Harper, harperes v. harpe.

Hart f. et m., hart, lien; d'où hardel, hart, lien; botte, paquet. Racine? M. Dief. G. W. II, 536 serait tenté de le rapporter à la même racine que horde (v. s. v.).

Haschee v. haschiere.

Haschie v. haschiere.

Haschiere, espèce de punition ou supplice, toute espèce de peine; de là, selon DC., par abréviation, haschie, haschee, haskie, hachie, hacie II, 259, peine, supplice, tourment, souffrance; v. DC. harmiscara, hascaria; de l'ahal. *harmscara*, même signification.

Haskie v. haschiere.

I. Haste, lance, pique; broche, et, par extension, pièce cuite à la broche; de *hasta.* Cfr. fliche.

II. Haste, hâte, promptitude; *en haste* I, 372; haster, aster I, 124. 339. 390, hâter, dépêcher, presser, avancer; adject. hastif, hastiu II, 194, hâtif, prompt, vite; prov. astiu; adv. de hasté: hasteement, avec hâte, promptement, vivement; précipitamment; adv. de hastif: hastivement, hastiument I, 132. 241, avec même signification; de hastif vient hastivel, espèce de poire très-hâtive. De l'allemand: anc. frison *hâst*, allmod. *hast*, anc. norois *hastr*, festinatio; anc. norois *hasta*, allmâ. *hasten*, incitare, festinare.

Hasteement v. haste II.

Haster v. haste II.

Hasterel, haterel, hasterol, le derrière du cou, la nuque; de l'ahal. *halsadara*, allmâ. *halsader.*

Hasterol v. hasterel.

Hastif v. haste II.

Hastiu, hastiument v. haste II.

Hastivel v. haste II.

Hastivement v. haste II.

Haterel v. hasterel.

Hauberc v. halberc.

Hauberge v. helberc.
Hauberger v. halberc.
Haubergier, héberger v. helberc.
Haubergier v. halberc.
Haubergon v. halberc.
Hauberjon v. halberc.
Haubert v. halberc.
Haucer v. halt I.
Hauchier v. halt I.
Haucier v. halt I.
Hauçor v. halt I.
Haume v. healme.
Haut v. halt I.
Hautece v. halt I.
Hautement v. halt I.
Hautor v. halt I.
Havene v. hafne.
Havet, croc, crochet; de l'allem. *haft*, crochet, agrafe; l'e est venu d'une imitation de la suffixe *et*.
Havle v. hafne.
Hé v. haïr.
Healme, heaume, hiaume, halme, haume, eame, elme, esme II, 363. 373, heaume, casque; ahal. *helm*, goth. *hilms*, ancien norois *hialmr*, islandais *hialmur*. *Helm* vient de *helen*, protéger, couvrir.
Heaume v. healme.
Heberge, hebergement v. helberc.
Hebergerie v. helberc.
Hebergier v. helberc.
Hebregier v. helberc.
Heingre, haingre, amaigri, décharné, exténué, grêle; de *aeger*, avec *n* intercalaire; de là le composé *malingre*. Cfr. engrot. Quant à la dérivation de l'ahal. *hungar*, fames, donnée par M. Chevalet, on voit au premier coup d'oeil ce qu'elle vaut: hungar — heingre!
Heir v. hoir.
Helberc, herbert (m.) et herberge, heberge, hauberge (f.) I, 383, tente, baraque, campement, demeure, logis, maison, (uotre *auberge*); vb. herbergier, hierbergier, hebregier, he-

bergier, haubergier I, 76. 154. 391. II, 99. 362. 387, héberger, loger, habiter; hebergerie, herbergerie II, 195, campement, demeure; droit de gîte; herbergement, hebergement, maison, logement, campement; ital. albergo, albergare; prov. alberc (m.), alberga (f.), alberguar; port. albergue (m.), albergar; esp. albergue (m.), albergar; de l'ahal. *heriberga* (f.) et ancien norois *kerbergi* (neutre), d'où le double genre dans le roman; vb. *heribergôn*, comp. de l'ahal. *heri*, anc. norois *her*, multitudo, agmen, et *bergan*, cavere, servare. Le genre du mot *heri* est aussi variable dans les différents dialectes.
Helt, heut, s. s. et p. r. heuz, puis sans t, par corruption, heu, heus, heux II, 244, garde de l'épée, et nou pas le haut, comme l'explique M. Le roux de Lincy (Brut 4219). DC. a eu tort aussi de dire que ce mot est pour *hent*. Helt dérive de l'ahal. *helza*, poignée de l'épée. De là enheldir, enhelder, enheuder, enhouder II, 240. R. d. S. S. 2417, munir d'une poignée, emmancher; enheudure, enheudeure, poignée d'épée.
Hemi interj. II, 402.
Henap, henas v. hanap.
Hendé v. hendeure.
Hendeure, hendure, poignée de l'épée; hendé, muni d'une poignée; de l'ancien norois *henda*, prehendere, apprehendere. Cfr. Dief. G. W. II, 553.
Henir v. hennir.
Hennir, henir, hanir I, 328. 367. 369, hennir; *hinnire*.
Henor, henorer v. honor.
Her v. hier.
Heralt, heraut, hiraut II, 270, héraut; lmâ. *heraldus, haraldus*; ital. araldo; mot d'origine allemande, mais qui n'a pas de correspondant dans l'ancienne langue; selon M. Schwenk

D. W. s. v. Herold, il aurait pour
origine *haren*, clamare (cfr. haro);
mais je crois qu'il vaut mieux le
rapporter à *hari*, *héri*, armée, de
sorte que *heraut* signifierait employé de l'armée, *heriwalt*. Cfr.
les noms propres: ancien norois
Haraldr, ancien saxon *Hariolt*.

Heraut v. heralt.

Herbe, ierbe, erbe, herbe; de *herba*;
d'où **herbu, erbu,** herbeux, garni
d'herbes (herbosus); **herboie, erboie,**
lieu herbeux, prairie. La signification du mot *herbe* était dégénérée
au point qu'il avait pris la signification de *poison*, et c'est dans ce
sens qu'on trouve **herbé,** philtre fait
avec du jus d'herbes, d'où **herber,**
préparer avec du jus d'herbes; **enherber,** empoisonner. Cfr. poison.

Herbé v. herbe.

Herber v. herbe.

Herberge, herbergement v. helberc.

Herbergerie v. helberc.

Herbargier v. helberc.

Herbert v. helberc.

Herboie v. herbe.

Herbu v. herbe.

Herde, herte II, 377; harde, troupe
de bêtes fauves; troupeau, en général; d'où **herdier,** berger; **herdeier,**
chasser aux bêtes fauves; de l'ahal.
herta, herda, troupeau, goth. *hairda,*
allmod. *heerde.*

Herdeier v. herde.

Hereditable v. hoir.

Hereditaublement v. hoir.

Herege v. yrezie.

Herese v. yrezie.

Heretier v. hoir.

Heriçon, eriçon, ireçon, hérisson; de
ericius; prov. erisson, ital. riccio,
esp. erizo; — par extension, ce
mot avait pris, dans la langue militaire, la signification de défense
qu'on mettait aux passages pour
servir de barrières, cheval de Frise;

cfr. César Bel. C. 3, 67. 5; — de
là **heriçoner** II, 303, hérisser.

Heriçoner v. heriçon.

Heritable, heritablement v. hoir.

Heritage, heritaige v. hoir.

Heritaulement v. hoir.

Herite, heriter v. hoir.

Heritier v. hoir.

Herme, erme, (adj.) solitaire; (subst.)
solitude, désert; de ἔρημος, lmâ.
hermus, ermus. A la même racine,
de ἐρημίτης, ermite, iermite, hermite, hermite.

Hermine v. ermine.

Hermite v. herme.

Hernois v. harnas.

Herseir v. hier et II, 269.

Hersoir v. hier et II, 269.

Herte v. herde.

Herupe v. hurepe.

Hesser, agacer, exciter, stimuler, encourager, surtout en parlant des
chiens; correspondant à l'allemand
hetzen, hollandais *hitsen,* ibid. Cfr.
Schwenk D. W. hetzen, Dief. G. W.
II, 511. 547.

Hest v. est.

Heu v. helt.

Heu interj. II, 402.

Heuneur v. honor.

Heür, heürer v. aür.

Heus v. helt.

Heut v. helt.

Heux, heuz v. helt.

Hiaume v. healme.

Hide, hisde II, 402, frayeur, épouvante, effroi; **hidor, hisdor, hisdur**
II, 374, ib.; **hidos, hisdos, hidus** II,
23, **hideus** I, 234, effrayant, épou-
vantable, hideux. La lettre *s* de
ces mots paraissant être une intercalation postérieure, on ne peut les
dériver, comme on l'a fait, de
hispidus, hispidosus. D'ailleurs il
est assez rare de voir un substantif
(*hide*) se former par accourcisse-
ment d'un adjectif. Racine?

Hideus v. hide.

Hidor v. hide.

Hidos, hidus v. hide.

Hie, force, énergie, vigueur; du hollandais *hijgen*, s'efforcer, être hors d'haleine; anglo-saxon *hyge*, ardeur.

Hier, her, ier, er adv. II, 269; adv. comp. altrier, autrier, altrer, autrer II, 269; hersoir, ersoir, herseir, iersoir, erseir II, 269.

Hierre, ierre, yerre, lierre; de *hedera*; dans la forme moderne, l'article s'est agglutiné au mot; prov. edra, esp. yedra, port. era, ital. edera.

Hiraut v. heralt.

Hirete v. hoir.

Hisde v. hide.

Hisdor v. hide.

Hisdos v. hide.

Hisdur v. hide.

Histoire, hystoire, estoire, estore I, 72. 104. 283. II, 211, histoire; *historia*; de là **historier**, raconter, composer une histoire.

Historier v. histoire.

Hober v. obier.

Hoberc v. halberc.

Hobert v. halberc.

Hocer v. oscher.

Hocher v. oscher.

Hoese, hoeser v. hose.

Hoge, hogue, colline, tertre (sur une fosse); de l'ancien norois *haugr*, collis, acervus, tumulus mortuorum; allmâ. *houc* (génitif houges); suédois *hög*, collis, acervus, *höga*, mettre en monceau, amonceler.

Hogue v. hoge.

Hoi v. hui et II, 296.

Hoir, oir, heir, eir I, 48. 107. 131. 335, hoir, héritier, successeur au fief; *heres*; hirete, herite, eritet, arite I, 144. 333. II, 221. 232, héritage, succession, bien propre, possession; *hereditas*, avec syncope de *d* et de *e* ou *i*; heriter, eriter, ireter, recevoir un héritage, faire

héritier, mettre en possession, faire jouir; prendre domicile, s'établir; sur le radical *hered*; d'où heritier, heretier, iretier I, 292. II, 161, héritier, successeur; heritage, heritaige, eritage, eritaige, iretaige I, 106. 293. 118. 147. 177. II, 219, succession, héritage, patrimoine, fief; adj. heritable, hereditable, héréditaire; nouvelle formation pour hereditarius; adv. hereditaublement, heritablement, heritaulement I, 254, héréditairement, par droit d'héritage et de succession; comp. qui suppose un verbe *aheriter*, ahyretement I, 154, héritance, héritage; deseriter, deshireter, desariteir I, 190. 210. 352. II, 288, déshériter, déposséder, dépouiller d'un héritage; d'où deseritance, exhérédation; deseritement, desheritement, dépouillement, exhérédation.

Hole, houle, maison de débauche; holier, houlier, débauché, libertin; holerie, libertinage; de l'abal. *holi*, ancien norois *hola*, anglo-saxon *hole*, *hale*, dan. *hule*, allmod. *höhle*, caverne, etc. M. Chevalet, sans s'inquiéter de *hole*, et prenant bravement un dérivé pour un primitif, dérive *holier* de *huorari*, libertin!

Holerie v. hole.

Holier v. hole.

Hom v. hons.

Homage, homaige v. hons.

Home v. hons.

Homece v. hons.

Homenage v. hons.

Hommanage v. hons.

Homme v. hons.

Hon v. hons.

Honeison v. honir.

Honeste, honestement v. honor.

Honestre v. honor.

Honeur v. honor.

Honir, honnir, honnir, hunir II, 244. 401, honnir, déshonorer, couvrir de honte; du goth. *haunjan*, ahal. *hôn-*

jan, allmod. *höhnen*, tourner en dérision, bafouer; comp. ahonir, déshonorer, faire honte, couvrir de honte; dér. honeison, huneisun, honte, humiliation. Subst. honte, hunte, honte; de l'ahal. *hônida*, ancien saxon *hônda*, allmâ. *hoende*, opprobre; d'où hontoier, hunteier, déshonorer, couvrir de honte; pronominalement, avoir honte; ahonter, ahontir, ahunter II, 402. Fl. et Bl. 299, déshonorer, couvrir de honte, avilir; hontage, hontaige, huntage, honte; — hontos, huntos, hontous, honteus, honteux, déshonorant; timide, modeste; souvent employé substantivement; dehonte, dehunte, honteux, confus, embarrassé, humilié.

Honnieste v. honor.

Honnir v. honir.

Honor, henor, hounor, hounour, honeur, hunur, honur, heuneur, onor, onnor, ounor, ounour, enor, annor, enur I, 50. 80. 106. 117. 132. 143. 155. 163. 174. 179. 196. 221. 307. 352. 358, honneur, avantage, domaine, fief, dignité, bénéfice, droits honorifiques; *honor;* honorer, henorer, honurer, hunurer, hounourer, honourer, onorer, enorer, enurer, etc. I, 135. 181. 227. 265. II, 10, honorer, gratifier, payer; *honorare;* de là par le part. pas. adv. honoreement, unureement I, 388. II, 35, d'une manière honorable, avec honneur, noblement; honorement I, 67, action d'honorer; honrage, seigneurie, grand fief; — honraule I, 67, honorable; de *honorabilis;* adv. honorablement, honurablement I, 239, honorablement; — comp. deshonor, deshoneur, etc. I, 242. 352, déshonneur, opprobre; deshonorer, deshonnourer, deshounourer, etc. I, 265. II, 32, déshonorer, outrager; d'où deshonorance, desonorance, déshonneur, opprobre; — honeste, honnieste, ho-

nestre, onniestre I, 394. II, 7, convenable, respectable, vertueux, poli; *honestus;* adv. honestement II, 188, convenablement, respectablement, vertueusement, poliment.

Honorablement v. honor.

Honoreement v. honor.

Honorement v. honor.

Honorer v. honor.

Honourer v. honor.

Honrage v. honor.

Honraule v. honor.

Hons, huns, huens s. s.; home, homme, hume I, 79, homme; du latin *homo*. De la forme s. s. vient le pronom hom, hons, om, hon, on, en, an, hum, huns, huem, huen, um, un I, 176, on. Dér. homage, homaige, houmage, omage, homenage, hommanage, hommage, engagement que l'on prend envers son seigneur de le servir en chaque occasion, de combattre pour lui, de le défendre de son propre corps, etc.; fief. La racine *homo* est prise ici dans son sens de la basse latinité, *vassal*, qui se retrouve souvent dans l'ancien français. Un autre dérivé de *home*, est homece, virilité, courage. — Humain, umain I, 210. II, 22, humain; *humanus;* humaniteit I, 213, humanité, charité, douceur; *humanitas; avoir humanite*, être en vie. *Humanité* signifiait aussi le sexe.

Hontage, hontaige v. honir.

Honte, honteus v. honir.

Hontoier v. honir.

Hontos, hontous v. honir.

Honur, honurer v. honor.

Hoper II, 22, sauter, action de sauter vite en haut; de l'anglo-saxon *hoppan*, anglais *hop*, bas-saxon *huppen*, allmod. *hüpfen*, ib.

Horde, hourde, hordeis, hourdeis, hordois, palissade, barrière. *Hordeis*, comme le lmâ. *hourdum*, qui se montre dans la langue d'oïl sous la forme **hourt**, signifiait en outre échafaud, siége, signification qui explique le nom donné au jeu dont il va être question. (Voy. R. d. C. d. C. v. 1288. 96. 1341.) De là **horder, hourder**, fortifier, garnir de palissades, renforcer; comp. **rehorder, rehourder** I; 160. II, 328, fortifier de nouveau, rétablir les fortifications d'un lieu. Racine ahal. *hurt, hurd*, ancien norois *hurd*, allmâ. *hürde*, claie, toute espèce de clôture. Dér. **bohordeïs, bohourdeïs, bohort, bohourt, boort, behort, behourt** II, 273, jouté, combat simulé, course de lances, et l'arme propre à ce jeu; d'où **behorder, behourder, bohorder, bohourder**, faire cet exercice, et, par extension, s'amuser, folâtrer. Par contraction, *bohorder* donna naissance à **border, bourder** II, 41, plaisanter, s'amuser dire des sornettes, des contes, mentir; subst. **bourde**, plaisanterie, raillerie, moquerie, farce, sornette. C'est également de *bohort* que les Anglais ont fait leur *boord*, gallois *bûrd*, breton *bourd*. Cfr. Rayn. Lex. r. II, 211, c. 2, DC. s. v. quintana. Resterait à expliquer la préfixe *bo*, ce qui ne serait pas difficile si l'on savait quelle a été la signification primitive de *bohordeïs*: le jeu ou l'arme. Dans le dernier cas, nous aurions *bot, bo*, de *boter* (v. ce mot), et *bohordeïs* aurait d'abord signifié arme à frapper. On a cherché à dériver *bohorder*, de l'allemand *hurten*, heurter, mais cela est impossible, car *hurten* a produit *hurter* et non *horder*, malgré que la loi salique porte *hortare, ortare ≃ hurter*.

Hordeïs v. horde.
Horder v. horde.
Hordois v. horde.
Hore v. ore II.
Horloge v. ore II.

Horrible, horriblete v. horror.

Horror, horreur, horreur, effroi; *horror*; horrible, **orible** I, 252. 227. II, 102, horrible, affreux, qui fait horreur, qui répugne; *horribilis*; de là adv. **oriblement** II, 21, horriblement, affreusement; **horriblete**, chose horrible, qui fait horreur, qui répugne. Cfr. ord.

Hors v. fors.

Hose, huese, hoese, house, d'où **housel, housiaus** I, 142. 325, guêtre, botte, brodequin; de là **hoser, hueser, hoeser**, botter; prov. osa, ital. uosa; lmâ. hosa, osa; de l'ahal. *hosa*, caliga, allmod. *hose*.

Hoser v. hose.
Hospital v. hoste
Host v. ost.
Hostage, hospitalité v. hoste.
Hostage, caution v. ostage.
Hostager v. ostage.

Hoste, oste, hôte (celui qui reçoit et celui qui est reçu), hôtelier; de *hospes* [hos(pi)t]; d'où **hostage, ostage**, écot, hospitalité, mot qu'il ne faut pas confondre avec son homonyme signifiant caution. De *hoste* dérive encore **hostel, ostel**, s. s. et p. r. **osteus, hosteus**, hôtel, logis, demeure, maison, famille; *prendre hostel*, se loger, et, en parlant de J.-C., s'incarner dans le sein de la Vierge; *avoir hostel*, être logé; d'où **hostelain, ostelain, ostolain**, hôtelier, aubergiste (v. DC. hostolenses) et étranger, puis ennemi, peut-être avec influence de *ost*, quoique l'on s'explique fort bien ces dernières significations sans l'admettre; **hosteler, osteler**, héberger, loger, demeurer; **hostelage, ostelage**, loyer de quelque logis, frais de logement pour chevaux. Directement de *hospitalis*, vient hospital, **ospital**, hôpital, sans contraction du radical.

Hostel v. hoste.

Hostelage v. hoste.
Hosteler v. hoste.
Hosteus v. hoste.
Houche v. housse.
Houle v. hole.
Houlier v. hole.
Houmage v. hons.
Hounir v. honir.
Hounor v. honor.
Hounour, hounourer v. honor.
Hourde v. horde.
Hourdeis v. horde.
Hourder v. horde.
Houre v. ore II.
Hourt v. horde.
House, housel, houser v. hose.
Housiaux v. hose.
Housse, houche, couverture dont on se servait en guise de manteau, sorte de casaque; lmâ. *hulcia, hulcitum;* de l'ahal. *hulst, hulft,* housse.
Hu interj. II, 402. 3; hu, s. s. huz II, 132, huée, cri pour se moquer ou épouvanter; huer I, 252. II, 77, huer, crier; d'où huee II, 280, huée, cri. Racine v. II, p. 403. M. Dief. G. W. II, 535 a tort de rapporter cette famille de mots à l'ahal. *huah,* etc., irrisio.
Huche, huge, coffre, armoire, caisse à différents usages; aujourd'hui restreint au sens de coffre à pétrir et à renfermer le pain; lmâ. *hutica, hucha.* Racine dans l'allemand *hütte,* petite demeure, se rapportant à *hut,* ce qui couvre, protége. Cfr. l'anglo-saxon *huäcca,* coffre, anglais *hutch.*
Hucher, huchier, hucier I, 210. II, 27. 308, appeler à haute voix, crier; prov. ucar; subst. *uc;* dérivé du latin *huc;* comp. ahucher, appeler. Cfr. DC. hucciare.
Hue II, 297.
Huee v. hu.
Huem v. hons.
Huemais II, 297.
Huen v. hons.

Huens v. hons.
Hues v. huis.
Huese, hueser v. hose.
Huge v. huche.
Hui, hoi, hue, ui, oi II, 296; *cest jor de hui, al jor de hui* II, 296; *en hui* II, 296; *hui matin* II, 297; comp. huimais, maishui, uimes, meshui, huemais II, 297; ancui, encui, ancoi, encoi, anqui, enquoi, ancue II, 297.
Huimais, huimes II, 297.
Huis, uis, ois, hues, huix, hus, us, wuis I, 72. 193. 223. 298. 396, porte, entrée; de *ostium;* dim. uisset I, 99, petite porte; — huissier, uissier, oissier, hussier, ussier, gardien d'une porte, portier; de *ostiarius. Huissier,* etc. signifiait en outre un navire propre à transporter les chevaux, et alors il dérive directement de *huis* (v. DC. s. v. *huissarius).* Dans ce dernier sens, on lui trouve encore les formes vuissier, vissier II, 272. De *huis* vient encore huisserie, oisserie, uisserie, l'ouverture de la porte, entrée, la garniture de la porte.
Huisserie v. huis.
Huissier v. huis.
Huit v. oit.
Huitante v. oit.
Huitisme v. oit.
Huler v. hurler.
Hulotte v. hurler.
Hum, hume v. hons.
Humain v. hons.
Humaniteit v. hons.
Humele v. humle.
Humeliance v. humle.
Humelier v. humle.
Humer I, 162, humer. Racine? Onomatopée?
Humilement v. humle.
Humiliance v. humle.
Humilier v. humle.
Humiliment v. humle.

Humiliteit v. humle.

Humle, humele I, 143. 161. Ch. d. R. str. 89, soumis, modeste, doux, affable, indulgent; plus tard avec *b* intercalaire; de *humilis*; adv. humlement, humiliment, humilement I, 161. 220. II, 142. 246, humblement, avec douceur, indulgence; — **humiliteit** I, 53. 129, soumission, modestie, indulgence, bonté, clémence, pitié; *humilitas*; humilier, humelier, umelier I, 107. 129, abaisser, être modeste, soumis, obéir; *s'humilier* signifie aussi incliner la tète et le corps en signe de respect; *humiliare*; d'où humiliance, humeliance II, 358, humiliation.

Humlement v. humle.

Huneisun v. honir.

Hunir v. honir.

Huns v. hons.

Huntage v. honir.

Hunte v. honir.

Hunteier v. honir.

Huntos v. honir.

Hunur, hunurer v. honor.

Hure, partie chevelue, chevelure, cheveux ou poils hérissés; tète d'un loup, d'un lion, etc.; de là **ahuri**, chevelu, au poil hérissé, effroyable. Racine?

Hurepe, herupe, qui a les cheveux hérissés; velu. Racine? M. Diez I, 314 dérive *hurepe* de *rupfen*, tirer, plumer, ahal. *hroupôn*, rapere. La forme *hroupôn* n'aurait pas produit notre mot. On a dérivé *hurepe* de *horripilare* (v. DC. s. v.), mais cela est tout aussi impossible. *Hurepe* aurait-il quelque affinité avec *hure*, v. s. e. v.

Hurleis v. hurler.

Hurler, husler, huler, usler, hurler; ital. urlare; de *ululare*; d'où **hurleis,** hurlement, et de la forme sans *r* (huler), hulotte (oiseau). *Huler* pour hurler représente-t-il la forme *husler* avec syncope du *s*, ou bien y a-t-il eu influence de l'allemand *heulen*, crier, hurler?

Hurt, hurtee v. hurter.

Hurteis, hurteiz v. hurter.

Hurter II, 92, heurter, frapper, battre, renverser l'ennemi, le mettre en déroute; comp. **ahurter** II, 50, choquer, blesser; **dehurter** M. s. J. 487. I, 101, heurter, pousser rudement, renverser; subst. **hurt,** choc, coup; **hurteiz, hurteis, hurtee,** action de heurter, coup, choc, batterie. Ces mots se retrouvent dans l'allmâ. *hurten, horten, hurt,* anglais *hurt;* mais comme ceux-ci sont inconnus à tous les anciens dialectes allemands, il faut admettre qu'ils sont empruntés au roman, comme termes des tournois. *Hurt* est celtique et se retrouve dans le kymri *hurdh,* coup, choc, bélier; *hyrdhu,* frapper, heurter.

Hus v. huis.

Husler v. hurler.

Hussier v. huis.

Huvet, ornement de tète ou coiffure de femme; houppe; de l'ahal. *hûba,* ib., mitra, tiara; ancien norois *hûfa,* ancien frison *houwe.*

Huz v. hu.

Hystoire v. histoire.

I.

Iauls, iaux de als I, 132.

Iave v. aigue.

Iax de als I, 132.

Icel, icele, icels, iceles, comme cel, cele, cels, celes, ou le dit; de *ecce* ille, l'*i* est égal à *e* et le premier *c* a été syncopé. Le prov. a *aicel,* c.-à-d. que l'*e* a été changé en *a* et que, par suite de la syncope du *c*, on a diphthongué avec *i*; il

paraît que fort anciennement on a
eu la même forme dans la langue
d'oïl, c'est ce que semble prouver
aezo, dans Eul., pour *iço*.

Icelei, icelui, icheli, ichelui comme
celei, celui, cheli, chelui; v. icel, iceo.

**Iceo, iço, ceo, céou, ço, çou, chou, ce,
che, iche, ichou, icho, iceou** I, 149.
150. 157, ce; *ecce hoc*. Les formes
en *ou* s'expliquent par un assourdissement de celles en *o* pur; mais
il y en a encore une en Bourgogne:
ceu I, 149. etc., qui est fort ancienne et ne peut par conséquent
s'expliquer par le moyen de *ce*.
Elle dér. cependant de la même
source que les autres, mais d'autre
façon, c.-à-d. que l'*o* de *hoc* a été
diphthongué en *eu: ecc'hoc*, *ceu*.
Cfr. I, 25. II, 319, note 1, et icel.

Iceou v. iceo.

Icest, iceste, icez, ices comme cest,
ceste, cez, ces; *ecce iste*; v. icel, iceo.

Icestei, icestui, ichesti, ichestui comme
cestei, cestui, chesti, chestui; v. icel,
iceo.

Iceus comme ceus.

Iche v. iceo.

Ichel, ichels, icheus, ichele, icheles
comme chel, chels, cheus, chele,
cheles; v. icel, iceo.

Ichest, icheste, iches, ichestes comme
chest, cheste, ches; v. icel, iceo.

Ichi v. ça et II, 278.

Ichil, ichis, ichius, ichieus comme chil,
chis, chius, chiens; v. icel, iceo.

Ichist comme chist; v. icel, iceo.

Icho, ichou v. iceo.

Ici v. ça et II, 278.

Icil, iciz, icis comme cil, ciz, cis;
v. icel, iceo.

Icist comme cist; v. icel, iceo.

Iço v. iceo.

Idonc, idonques v. donc et II, 283.

Idunc, idunkes v. donc et II, 283.

Ier v. hier et II, 269.

Ierbe v. herbe.

Iermite v. herme.

Ierre v. hierre.

Iersoir v. hier et II, 269.

Iestre v. estre I.

Ieve v. aigue.

Iex v. oil.

Igal v. ewer.

Igance v. ewer.

Igaument v ewer.

Iglise v. eglise.

Ignel, ignele v. isnel.

Ignelement v. isnel.

Iki adv. de lieu v. anqui et II, 271.

Il (ils) pr. pers. I, 121. 127, il, ils;
il - le.

Il, ile pour el, ele I, 128.

Ila v. la II. et II, 279.

Ilau II, 299.

Ilec, ileques II, 299.

Ille v. isle.

Illier Ben. III, 515. R. d. Ren. IV, 71,
côté, flanc; dér. de *ilia*, ibid.

Iloc, iloques II, 299.

Iloec, iloeques II, 299.

Iluc, iluques II, 299.

Iluec, ilueques II, 299.

Image, ymage et imagene, ymagene I,
152. 284. II, 158, image, tableau,
figure, statue; de *imago*, et *ima-
gin*(is), d'après la première décli-
naison; prov. image et ymagena,
emagena.

Imagene v. image.

Ime, isme, notre terminaison *ième*
dans les noms de nombre. On admet ordinairement que ce *ième* vient
de *esimus*; mais, dans le principe,
la forme *ième* a eu une double
origine: *imus* = *ime* et *esimus* = *isme*;
plus tard on a, il est vrai, admis
partout *iesme*, d'où *ième*, par analogie. Voy. I, 114. 115 septime,
onzime, trezime. etc.

Impascience v. patience.

Impatience v. patience.

Imperfection v. faire.

Incarnation v. char II.

Inde adj. II, 243, bleu sombre, violet;
prov. subst.. indi, endi, indigo, adj.
violet; de *indicum*, indigo; de là
indoier, indeier; verbe intraduisible
sans une périphrase qui en affaiblirait la signification; il attribue
à la chose *indoyante* une inde gracieuse qui fait image, qui ondule,
qui semble se balancer, se mouvoir
de ci et de là pour le plaisir de
la vue.

Indeier v. inde.

Indire v. dire.

Indiscretion v. discret.

Indoier v. inde.

Inel, inele v. isnel.

Infermete, enfermetet, enfermete, enfarmeteit, contracté **enferte** II, 142.
227. 378. II, 22. 369, infirmité,
maladie; de *infirmitas*. Cfr. ferm.

Infernal v. enfer.

Infernaus v. enfer.

Infier v. enfer.

Ingremance, magie, nigromancie; corruption de *nigremance,* prov. nigromancia; *niger, μαντεία*.

Iniquiteit, iniquited I, 355, iniquité,
injustice; *iniquitas.* Cfr. ewal.

Ihnocence v. nuire.

Innocent v. nuire.

Inobedient v. obeir.

Inquant, inquanter v. quant I.

Insi v. ensi et II, 273.

Int v. en et I, 175.

Io Serm., je v. I. 123.

Iqui v. anqui et II, 271.

Iraistre II, 184, prov. irascer, iraisser;
subst. **irance,** colère, emportement,
chagrin; prov. iraissensa. Cfr. irer.

Irance v. iraistre.

Ire, iret v. irer.

Ireçon v. heriçon.

Ireement v. irer.

Irer, irier II, 185. I, 40, irriter, fâcher;
s'*irer, s'en irer,* s'irriter, se fâcher;
iret, ire, iriet, irie, fâché, irrité,
chagriné; adv. **ireement, iriement**

II, 268, avec colère, furieusement,
tristement; **ire** I, 68, colère, fureur,
tristesse, chagrin; de *ira;* dér.
iror, irur I, 151, rancune, fureur,
emportement, tristesse, chagrin;
iros, irous, ireus, furieux, courroucé,
colère, fâché, triste; *li irous* I, 104,
l'homme colérique; adv. **irosement,
irousement, ireusement,** avec colère,
furieusement, tristement; comp. **aïrer,
aïrier,** ord. pronom. II, 96, se courroucer, se fâcher; prov. azirar, latin
adirare; **aïret, aïre, aïriet, aïrie,**
colère, emporté, ardent, acharné;
subst. **aïr** I, 369, violence, impétuosité, force, haine; *d'aïr,* violemment, avec force; *par aïr* II, 215;
prov. azirc, azir; dér. **aïrison,** colère; **aïrement,** acharnement, dépit,
chagrin; **aïros,** colère, emporté, ardent, violent; prov. aziros; adv.
aïreement, avec impétuosité, vigueur,
courageusement. Cfr. iraistre.

Iretage, iretaige v. hoir.

Ireter v. hoir.

Iretier v. hoir.

Ireusement v. irer.

Irie, irier v. irer.

Iriet v. irer.

Iror v. irer.

Iros, irosement v. irer.

Irous, irousement v. irer.

Irur v. irer.

Isi v. ensi et II, 274.

Isle, ille I, 255. II, 35, île; *insula;*
prov. isla, illa, port ilha, esp. isla,
ital. isola.

Isnel, ismiel II, 298. I, 315 — adverbial. I, 273; — isnelement, isnielement, ignelement II, 298; — *isnel,
inel ou ignel le pas, isnele pas,
inele pas, ignele pas, isnel pas*
II, 298.

Isnelement v. isnel.

Isniel, isnielement v. isnel.

Isser v. issir.

Issi, issinc, issint v. ensi et II, 274.

Issiques v. ensi et II, 274.

Issir, essir, eissir, isser, istre, ussir, oissir I, 353-9, sortir, se retirer, s'en aller, partir; comp. rissir, reissir, ressir, sortir à son tour, se retirer; sorissir, sorussir, sortir, jaillir en abondance; subst. issue, oissue, issue, sortie qu'on fait d'une place assiégée. *Issir* dérive de *exire*, comme je l'ai dit t. I, 353; mais les formes *ussir, oissir* ne peuvent avoir la même origine, elles indiquent un mélange du subst. *us, ois* (v. huis), de même que l'italien *uscire*, à côté de *escire*, reporte au subst *uscio*. Ce mélange s'explique, du reste, facilement: la porte est avant tout considérée comme moyen de sortie. Notre verbe *réussir* est un composé de *ussir*, il signifie sortir bien, heureusement, réussir. *Eissir fors* I, 302, *issir contre* II, 86, etc.

Issue v. issir.

Ist Serm. I, 19, ce, cet, celui-ci; de *iste*; prov. est, ital. esto. Cfr. cist.

Istre v. issir.

Itant v. tant et I, 192. II, 325.

Itel v. tel et I, 195.

Ivel, ivelment v. ewer.

Iver, yver I, 235, hiver; *il est yrers entres*, l'hiver a commencé; et ainsi des autres saisons; de *hibernus;* prov. ivern, ital., port. inverno, esp. invierno.

Ivoire I, 72, ivoire; prov. evori, avori; ital. avorio; de *eboreus*, à cause de la forme, et non, comme on l'admet, de *ebur* ou d'un cas quelconque de ce substantif.

Ivre, yvre II, 123. 126, rassasié, rempli, ivre; *ebrius;* ivrer, yvrer, enivrer, se prendre de liqueurs fermentées; *ebriare;* enivrer, enyvrer I, 69. II, 123. 126, enivrer; *inebriare.* Le latin *ebriācus*, qu'on trouve dans Nonnius, a donné au prov. *ebriac*, dans le Berry *ebria, ebriat*=ivre; c'est de là que vient aussi *ivraie*, prov. *abriaga*, parce que cette plante a une vertu enivrante. Robert Estienne a déjà songé à *ebrietas*, qui ne convient pas pour la forme.

Ivrer v. ivre.

Iwel v. ewer.

Ix v. oil.

J.

Ja, jai II, 300; comp. jadis II, 300; jamais II, 300; ja soit ce que, ja soit que conj. II, 383.

Jade v. joe.

Jadeau v. joe.

Jadis v. ja.

Jai v. ja et II, 300.

Jaiole v. gaiole.

Jalaie v. galie.

Jalle v. galie.

Jalne, jaune, jaune; de *galbinus*.

Jalous I, 107, jaloux; *zelosus, ζῆλος;* ital. geloso; prov. gelos, gilos; jalousie I, 348, jalousie; propr. *zelosia.* Cfr. pour la forme ζύγειν et jun-

gere. De là comp. engelos, angeleus II, 244, jaloux, soupçonneux.

Jalousie v. jalous.

Jamais v. ja et II, 300.

Jambe, gambe, jame II, 270. 342. 371, jambe; ancien esp. cama, camba, prov. camba. Selon M. Diez I, 31, ce mot dériverait de l'allemand *hamma*, jarret, cuisse; mais il se trompe. La forme primitive est celle en *c* initial, et la signification primitive a été courbure, (pli du) jarret. *Camba, gambe* est-il une forme où le *b* a été intercalé, ou bien le *b* est-il tombé dans *cama*, *jame?* Je me décide pour la dernière alternative, parce que je rapporte *gambe* à la racine celtique *cam, camm,* curvus, qui a un primitif *camb.* La racine *cam* se montre aussi en latin, p. ex. *camera,* voûte; *camerare,* voûter, *cambrer;* mais les mots de ce genre sont en partie rares, en partie non-classiques, tandis que la racine *cam* est très-étendue dans le celtique. De *jambe,* dérive **jambet, gambet,** croc en jambe; **jambeer,** donner le *jambet,* donner le croc en jambe; tromper adroitement; **jamboier,** marcher, se demener; **gamache,** sorte de chaussure; et nos mots *jambon, gambade,* etc. Cfr. Dief. Celt. I, 108.

Jambeer v. jambe.

Jambet v. jambe.

Jamboier v. jambe.

Jame v. jambe.

Jangle v. jangler.

Jangleor v. jangler

Jangler, gangler I, 76; bavarder, babiller, railler, moquer; **jangle, gangle** I, 76; **janglerres, ganglerres, jangleor, gengleour.** T. I, 76 j'ai dérivé trop à la légère de *cauculator:* la forme ne se prête pas à cette étymologie, et, si l'on voulait admettre une analogie, il vaudrait mieux remonter à *ganniculare,* de *gannire;* cependant *ganniculare* aurait régulièrement produit *janiller, ganiller.* Il faut donc chercher une autre origine à *jangler,* et elle se trouve sans doute dans le hollandais *jangelen, janken,* criailler, piailler, glapir, crier comme un chien que l'on bat. Cette dernière signification se retrouve dans le prov. moderne *janglar,* et l'on dit aussi *janglar de fred,* grelotter, à cause du bruit que l'on fait avec la bouche quand on a froid.

Janglerres v. jangler.

Jantis v. gent.

Jarbe v. garbe.

Jardin, gardin II, 279, jardin, verger; lm. *gardinum, gardinus,* etc., dérivé de l'ahal. *gart* (gard, kart), cyclus, orbis, septum, etc.; goth. *gards,* demeure, maison. Cette racine se retrouve aussi dans le celtique: kymri *gardd* f., hortus; gallois *gart.*

Jargon, jargun v. gargate.

Jargoner v. gargate.

Jarle v. geurle.

Jaser v. gaser.

Jaserant, jazerant, jazerenc, jaserois, rime I, 407, cotte de petites mailles. Ce mot fut d'abord adjectif, p. ex. *un haubert jaserant* I, 194, puis on l'employa comme substantif. Le Duchat dérive *jazerant* de l'allem. *ganz-rinc,* sans s'inquiéter que ce mot n'existe pas; le baron de Reiffenberg (Chev. au Cygne 71), de *jaque acerin,* qui ne convient pas pour la forme, et puis *jazerant* est plus ancien que *jaque. Jazarino,* en espagnol, signifie d'Alger, algérien, de l'arabe *gazâir,* Alger. Ce mot serait-il contenu dans le nôtre, ou bien *Jazerant* serait-il le nom d'une autre ville arabe, ce qui conviendrait parfaitement à sa signification?

Jaserois v. jaserant.

Jate v. joe.

Jaune v. jalne.

Jazerant v. jaserant.

Jazerenc v. jaserant.

Je v. ju.

Jehir v. gehir.

Jeichir v. gehir.

Jel, je le I, 134.

Jenz II, 331 pour genz v. gent.

Jeo v. ju.

Jeoille v. gaiole.

Jes, je les I, 134.

Jesir v. gesir.

Jeske v. dusque.

14 *

Jesque v. dusque.

Jeter v. geter.

Jeu, je v. ju I, 122.

Jeu, je le I, 135.

Jeu, geu, gieu, giu, ju I, 298. II, 281. 315. N. R. F. et C. II, 286. Ch. d. S. II, 20. P. d. B. 87. Brut 4444. 53. 10804. R. d. C. 64, jeu: *jocus;* prov. joc, juec; esp. juego; ital. gioco; *jeu parti,* alternative; v. DC. jocus partitus; *aller à jeu,* errer çà et là, être en liberté; — joer, juer, jeuer I, 181. II, 281, jouer, folâtrer, s'amuser; *jocare;* jogleres, jugleres, jongleres, jogleor, jugleor, jougleor, jongleor I, 75, jongleur; *joculator;* jogler, jugler, jongler, tromper adroitement; *joculari;* de là joglerie, troupe de jongleurs; tromperie; jogleis, jugleis, forfanterie, vanité.

Jeudi v. joesdi.

Jeuer v. jeu.

Jeune, jeuner v. geuner.

Jo v. ju.

Joe, joue; prov. gauta, ital. gota; d'où joee, soufflet; prov. gautada. La forme provençale en *au* radical, qui est sans aucun doute la primitive, rend très probable la dér. du latin *gabata,* écuelle, proposée par M. Diez I, 148, note; on a d'autres exemples d'une conception semblable des parties du corps. Le breton *gaved, javed,* maxilla, mala, vient aussi à l'appui de cette étymologie, si toutefois il a la même origine que *joe,* ce qui semble assez certain, les autres langues celtiques ne possédant pas de forme analogue. Cfr. encore anglais *jaw,* wallon *jaiwe,* bouche, face. Ainsi *joe* dérive de la même source que *jatte,* autrefois jade, jate, d'où jadeau, plat, jatte, écuelle, sébille de bois; cfr. Roquef. jadau; normand gade, esp. gabata, ital. gavetta. Pour *joe,* on

a les transformations: gabata, gavata, gauta, gaue, goe, joe; pour *jade,* syncope de *ba.*

Joel v. joïr.

Joer v. jeu.

Joesdi, juesdi, jeudi II, 312. 358, jeudi; *Jovis dies;* cfr. dis. On trouve dans J. v. H. p. 476 diwes, dioes, que M. Willems traduit faussement par mercredi.

Jofne v. juefne.

Jogleis v. jeu.

Jogleor v. jeu.

Jogler, jogleres v. jeu.

Joians, joiant v. joïr.

Joiaus v. joïr.

Joiax v. joïr.

Joie, joiel v. joïr.

Joieus v. joïr.

Joindre, juindre II, 237; comp. ajoindre II, 238. I, 145. 153 (lisez ainsi au lieu de adjoindre), joindre, unir, réunir, adjoindre; *ajointes ensemble* I, 152; conjoindre, desjoindre, enjoindre II, 238. 52; — jog, jug I, 159, joug, esclavage, asservissement; *jugum* (ζυγόν); prov. jo, esp. yugo, port. jugo, ital. giogo. Le même mot est juf II, 163, où *f* remplace *g* final.

Joios, joiosement v. joïr.

Joious v. joïr.

Joïr, goïr, jouïr, jouir, se réjouir, s'amuser, faire fête; de *gaudere;* prov. gauzir, jauzir, ital. gaudire, godere, gioire; comp. esjoïr, esgoïr I, 147. 192. 366, réjouir, amuser; féliciter, applaudir; d'où esjoiance, joie; et resjoïr, réjouir, amuser; conjoïr, congoïr I, 279, fêter, affectionner; subst. joie, goie, joie; de *gaudium;* dér. joiel, joel, jouel, s. s. et p. r. joieus, joiaus, jouiaus, joiax II, 264, bijou, joyau; adj. joios, joious, joius, gai, enjoué, joyeux, amusant, content; joiant (gaudens) II, 311. 317, joyeux, plein de joie;

adv. **joiosement** I, 331, joyeusement.

Joius v. joïr.

Jol pour je le I, 134.

Joli, jouli, pour *jolif*, par suite de la
disparition de la finale *f*, fém. jolive, **joulive,** joyeux, content, satisfait, galant; dér. **joliver** *(jolier)*,
s'amuser, aimer le plaisir, s'abandonner à la joie, à la débauche;
jolivete, joie, plaisir, agrément;
amour des plaisirs. De l'ancien
norois *jol* (ou *jôl?*), convivium so-
lenne; suédois *jul*, *juldag*, danois
juledag, Noël; suéd. *jula*, fêter Noël.

Jolier v. joli.

Jolive, joliver v. joli.

Jolivete v. joli.

Jonc, gonc, junc, jonc; *juncus*; de là
jonchier, joncier, jonquier, juncher,
joncher, répandre des joncs ou des
herbes, des fleurs, etc.; **jonchiere**
II, 278, lieu marécageux où il croit
du jonc; puis lieu couvert de broussailles. Le mot de *jonc,* dit Ménage, s'appliquant à une grande
famille de plantes, fut employé pour
désigner les fleurs et les feuilles
qu'on semait sur le passage des
personnes qu'on voulait honorer;
et *jonchier* signifia d'abord jeter
du jonc, des herbes; puis, par extension, joncher de fleurs, et figuré-
ment joncher de morts.

Jonchier v. jonc.

Jonchiere v. jonc.

Joncier v. jonc.

Jone v. juefne.

Jonet, jonete v. juefne.

Jongleor v. jeu.

Jongleres v. jeu.

Jonquier v. jonc.

Jor, jur, jour, jour, clarté, lumière; de
diurnus; plus jor I, 352, plus
longuement, plus longtemps; *en si
peu de jour* II, 314; *par jor*, tout
le jour; **jornal** I, 253, journal, du

jour, du matin, absol. dans **W. A.
L.** p. 70 étoile du jour; *diurnalis;*
jornal, jornaus, jour, journée, bataille, combat, travail, peine; de
là **jornee, jurnee,** journée, l'espace
du matin au soir, espace de chemin
parcouru dans un jour; prov. jor-
nada; de *jornee* dér. **jorneer, jor-
noier,** voyager, faire de grandes
journées; travailler à la journée;
comp. **ajorner, ajurner** I, 100, commencer à faire jour; infinitif empl.
subst. pour la pointe du jour; participe prés. empl. subst. **ajornant**
I, 315, point du jour; **ajornee,
ajurnee** I, 120, commencement de la
journée, point du jour; **sejor, sejur,**
séjour, retard, délai, repos, délasse-
ment; *avoir sejor*, avoir du repos;
à sejor, en repos, en sûreté; *sans
sejor* I, 377, aussitôt, incontinent,
sans cesse; **sejorner, sejurner, sujorner, sojorner, soujourner, surjurner,**
sejourner I, 60. 154. 270. 293. 355.
II, 33. 100. 381, séjourner, reposer,
délasser; faire reposer, soulager;
cheval sejorné, cheval reposé, frais.

Jornal v. jor.

Jornaus v. jor.

Jornee v. jor.

Jos, je les I, 134.

Josne v. juefne.

Josque v. dusque.

Joste, jouste, juste, proche de, près
de, le long de; comp. **dejoste, dejuste, dejouste** II, 355. 6. — De là:
verbe **joster, juster, jouster** I, 66.
II, 267. 284, ajuster, assembler,
rassembler, réunir, s'assembler,
jouter, combattre, livrer combat;
se joster à qqn. I, 270; subst. **joste,
juste, jouste,** joute, assaut; d'où
**josteor, josteur, jousteor, justeur
(josteres, justeres),** jouteur, combattant, adversaire; comp. **ajoster,
ajuster, ajouster** I, 306, assembler,
unir, ranger, joindre, ajouter, se

rejoindre, rejoindre pour combattre (notre *ajouter* et *ajuster*); subst. **ajostee, ajoustee, ajustee**, assemblée, rencontre; **ajostement, ajustement**, ajustement, union, assemblage, compagnie.

Josteor v. joste.

Joster, josteres v. joste.

Josteur v. joste.

Jou v. ju.

Jouel v. joïr.

Jouene v. juefne.

Jougleor v. jeu.

Jougleres v. jeu.

Jouiaus v. joïr.

Jonïr v. joïr.

Jouli v. joli.

Joulive v. joli.

Jour v. jor.

Jous, je v. I, 122.

Jouste v. joste, prép. et subst.

Jousteor v. joste.

Jouster v. joste.

Jovant, jovent v. juefne.

Jovante, jovente v. juefne.

Jovencel, jovencelle v. juefne.

Jovene v. juefne.

Ju, jeu v. jeu.

Ju, jo, jou, jeu, jeo, je, ge, gie I, 121 et suiv., pron. pers. 1. p. s. m. et f. je, moi; *ego*; prov. eu, ieu, port. eu, esp. yo, ital. io.

Judnez v. voisin.

Juefne, juene, juesne, jofne, jovene, jouene, jone, josne I, 52. 60. 196. 226. 265. II, 100. 279. etc., jeune; aimable, gracieux; *juvenis*; ital. giovine, giovane, prov. jove, esp. joven; comparatif **juvenor, juvenur** I, 103, plus jeune; puîné, cadet; dimin. **jonet** II, 280, jeunet; d'où **juvenerie, juveignerie**, partage du puîné; — **jovencel, jovencelle** II, 61, jouvenceau, jouvencelle; *juvenculus, juvencula*, dimin. de *juvencus*; — **jovent, jovant** m. II, 95, jeunesse; amabilité, grâce; *juventus*; **jovente**,

jovante I, 331, jeunesse; jeunes gens; *juventa*; vb. comp. rajovenir, rajoenir, rajouenir, rajeunir. La forme **jonete** II, 219, jeunesse, est une création nouvelle de la langue d'oïl d'après l'adjectif *jone*.

Juene v. juefne.

Juer v. jeu.

Juesdi v. joesdi.

Juesne v. juefne.

Juf v. joindre.

Jug v. joindre.

Juge v. juger.

Jugement v. juger.

Jugeor v. juger.

Juger, jugier, juger, condamner; *judicare*; dér. **jugierres, jugerres**, jugeor, **jugeur** I, 75, juge; **jugement** I, 82, jugement, le jugement dernier; comp. **desjugier, dejugier** I, 173. II, 144, juger, terminer un différend; mal juger; **forsjugier, forjugier, fourjugier, forgugier** I, 268. 351. II, 168, dénier justice à qqn., mal juger, juger à tort, renvoyer sans jugement. **Juise** II, 209, jugement, épreuve par le feu; prov. judizi, juzizi, juzi; dér. de *judicium*. Quant à **juge** I, 358, juge, il dérive immédiatement de *juger*, car *judex* aurait produit *juis*, ital. giudice, forme qu'on a sans doute voulu éviter à cause de *juis*, juif.

Jugerres v. juger.

Jugeur v. juger.

Jugier v. juger.

Jugierres v. juger.

Jugleis v. jeu.

Jugleor v. jeu.

Jugler, jugleres v. jeu.

Jugnet v. juinet.

Juignet v. jugnet.

Juindre v. joindre.

Juinet, juignet, jugnet, juingnet Rutcb. I, 30, le 7e mois de l'année, juillet. Ce mois portait aussi le nom de julle, *julius*, et c'est pourquoi l'on

changea plus tard *juinet* en *juillet*,
pour le rapprocher du nom latin.
Juinet est un dérivé de *juin*, avec
terminaison diminutive *et*. Mais
d'où vient cette forme diminutive?
Serait-ce une imitation de l'allemand? M. Grimm II, 360 fait remarquer que les Allemands donnaient le même nom à deux mois
qui se suivaient, et les distinguaient
par un adjectif préposé, p. ex. en
anglo-saxon aerra lîdha=juin, äftera
lîdha=juillet (le 1er et le 2e mois
doux). D'après cela, *juinet* serait
le petit, le jeune, le second juin,
et il faudrait admettre que cette
forme nous est venue des Anglo-
Normands. Je me souviens d'avoir
entendu quelques villageois prononcer encore *juignet*.

Juint, juinte part. pas. de joindre.

Junc v. jouc.

Junchèr v. jonc.

Juner v. genner.

Jupe, casaque, pourpoint, souquenille;
d'où **jupel**, ib.; **jupon, gippon**, ib.
Cette dernière forme en **i** pur radical, qui s'est conservée dans certains patois, p. ex. dans celui de
Montbéliard, se retrouve dans le
milanais *gippa*, et le dialecte de
Crémone *ghibba*. Les correspondants
des autres langues romanes sont:
ital. *giubba, giuppa*, prov. *jupa*,
esp. *al-juba*, prov. *jupello*, ital.
giubbone, prov. *jupon, jupio*, esp.
jubon, port. *jubão, gibão*. L'esp.
al-juba montre que l'origine de
ce mot est arabe, et elle se retrouve dans *al-gubbah*, habit de
dessous d'étoffe de coton. On a
souvent dérivé *jupe* de l'allemaud
jope (juppe, gippe, gibe), mais
c'est le contraire qu'il fallait dire;
schaube, espèce de manteau, autrefois *schuba*, est le mot allemand
qui a, en ligne directe, la même

origine que le français *jupe*, etc.
Cfr. Schwenk D. W. s. v. schaube;
Schmeller III, 307.

Jupel v. jupe.

Jur v. jor.

Juré v. jurer.

Jurer, jurer, promettre, fiancer, prêter
serment; part. passé empl. subst.
juré, lié par serment, feudataire,
vassal; confédéré, allié; échevin et
bourgeois d'une ville; de *jurare*;
jurer sor sains I, 148, *sur un escrit*
I, 196, *sur l'ame* II, 65, *jurer qqn.*
I, 357. etc.; comp. **conjurer** II, 85.
144, conjurer, supplier; **cunjureisun**
II, 44. 285, conjuration; formule
cabalistique; **perjurer, parjurer** I,
272. II, 35. 106, parjurer; *per-
jurare*; **parjur**, parjure; *perjurus*.

Jurnee v. jor.

Jus II, 347, jus, suc; *jus, juris* (ζύος).

Jus adv. II, 301; comp. là jus, ça jus
II, 302; au dejus II, 302.

Jusarme v. guisarme.

Jusche v. dusque.

Juske v. dusque.

Jusque v. dusque.

Just, s. s. et p. r. **jusz** I, 100, juste,
équitable; empl. subst. juste II, 9;
justus; **justice, justiche, justise** II,
197, justice; juge, chef de la justice,
justicier; *justitia*; d'où **justicier,
justisier, justiser** I, 80. 82 II, 78,
rendre la justice, punir, gouverner,
administrer, conduire; égaliser, accorder; rendre justice, traiter une
chose comme elle doit l'être; et
d'ici **justicieres**, justicier, juge.

Juste v. joste prép. et subst.

Juster, justeres v. joste.

Justeur v. joste.

Justice, justiche v. just.

Justicier, justicieres v. just.

Justise, justiser, justisier v. just.

Jusz v. just.

Juvenerie v. juefne.

Juvenor, juvenur v. juefne.

K.

Kai v. qui.
Kaillo v. caillou.
Kanke v. quant I.
Kanon v. canon.
Kanone v. canon.
Kanques v. quant I.
Kar v. car, conj.
Kardenal v. cardinal.
Karole, karoler v. carole.
Kaske v. chascun.
Katorse v. quatre.
Katre v. quatre.
Kauf v. cauf.
Kavel v. chevel.
Ke v. qui.
Kei v. qui.
Keir v. chaor.
Kel v. quel et I, 165 et suiv.
Kenivet v. cnivet.
Keoir v. chaor.

Kerneals v. crenel.
Kerneaus v. crenel.
Kernel v. crenel.
Ketif v. chaitif.
Keu v. cuire.
Keudre v. coudre.
Keute v. cotre.
Kex v. cuire.
Ki v. qui.
Kien v. chien.
Kienaille v. chien.
Kieute v. cotre.
Kieutepointe v. cotre.
Kievre v. chevre.
Kil, qui le I, 135.
Ki onkes, ki unkes, kiki onkes I, 190.
Kiute v. cotre.
Koi v. qui.
Kuidier v. cuider.
Kuinse v. cinc.

L.

I. La, lai art. I, 53; pron. pers. I, 128; pron. dém. I, 58; il - la.

II. La, lai adv. II, 278; ila II, 279; adv. comp. lau II, 279; laiens, laenz, laians, leanz, leenz, leienz, leinz II, 280.

Labor, labour, labur I, 184. II, 155. 195, labeur, travail, peine, fatigue; labor; laborer, laburer, labourer I, 152. II, 113, travailler, se peiner, faire; cultiver; se dit en outre de tout ce qui peut chagriner et faire de la peine; laborare; de là laboreres, laboreor, travailleur, laboureur; laborage, toute espèce de travail, labourage.

Laborage v. labor.
Laboreor v. labor.
Laborer, laboreres v. labor.
Labour, labourer v. labor.
Labur, laburer v. labor.
I. Lac, las, lais, laz I, 55. II, 346,

lacet, cordon, lien; de laqueus; vb. lacer, lacier, lachier I, 407. II, 227, lacer, lier, serrer; se lacer, se lier par serment; comp. deslacer, deslacier II, 240, délacer, délier, détacher; enlacer, enlacier I, 152. II, 87. 336, enlacer, entrelacer, lier, embrasser; d'où enlaceure, enlacement, entrelacement, treillis; entrelachier I, 401, entrelacer.

II. Lac, s. s. lais II, 24, lac; lacus.
Lacer v. lac I.
Lachier v. lac I.
Lacier v. lac I.
Ladre, ladre; ital. lazzaro, mendiant; dont la forme primitive a sans doute été lazer, lazre; du nom Lazare, dans la parabole du mauvais riche et de Lazare, Evang s. S. Luc 16, 19. V. Roquef. s. e. v. et s. v. ladrerie.
Laenz v. la II. et II, 280.
Lai art., pron., adv. v. la I. II.

Lai v. loi.

Lai, laie I, 244, lai, laïque; au figuré ignorant; prov. laic, ital. laico; *laicus* (λαικός).

Laians v. la II. et II, 280.

Laid, leid, led, lait, s. s. et p. r. lais, laiz, leiz, fém. laide, leide, lede II, 247. 384, préjudiciable, nuisible, désastreux, funeste, fatal, outrageant, injurieux; maltraité, outragé, injurié, conspué; de l'ahal. *leid*, haï, ancien norois *leidhr*, anglosaxon *ladh*, etc. Cfr. Dief. G. W. II, 132. *Laid, lait* était aussi substantif et signifiait mal, tort, préjudice, offense, outrage, injure, affront; *faire laid* II, 7; cfr. l'ahal. leit tuon; *faire par lait*, malgré soi, à contre-coeur. Adv. **laidement** II, 10. 22. 70. 371, d'une manière funeste, outrageante, fatalement, d'une manière préjudiciable, nuisible; laidement. Vb. **laider**, d'où **laidoier, laideier**, blesser, injurier, honnir, humilier, faire tort, faire dommage, outrager, maltraiter; de l'ahal. *leidôn;* laidir II, 37, leidir II, 92, outrager, injurier, faire tort, faire dommage, maltraiter, blâmer; de l'ahal. *leidjan*. Dér. **laidange, laidenge**, injure, outrage, mépris, opprobre, affront; cfr. ahal. leidunga, accusation; vb. **laidanger** I, 71. 112, **laidengier** I, 306, comme laider et laidir; — **laidure** I, 216, injure, outrage, mauvais traitement, blessure; — **laidesce** II, 70, chose honteuse, avilissante, déshonorante.

Laidange, laidanger v. laid.

Laide, laideier v. laid.

Laidement v. laid.

Laidenge, laidengier v. laid.

Laider v. laid.

Laidesce v. laid.

Laidir v. laid.

Laidoier v. laid.

Laidure v. laid.

Laie, laïque v. lai.

Laie, large chemin au milieu d'un bois; lmâ. *lada, leda;* de l'anglosaxon *lâd,* iter, ancien norois *leid,* suéd. *lêd,* iter, via. Cfr. Dief. G. W. II, 132. (St. Germain en) *laye.*

Laiens, laienz v. la II. et II, 280.

Laier, leier, lazsier, laissier, laisier, lesser, lessier, leisseir I, 303 et suiv., laisser, délaisser, quitter, transmettre, léguer, permettre, consentir, cesser, s'abstenir. Les explications que j'ai données l. c. ne sont pas exemptes de reproche, car les formes en *ss*, ne peuvent être identiques, dans leur origine, avec *laier, leier.* *Laier* peut dériver de l'allemand: ancien saxon *lâtan,* goth. *letan, leitan,* ἀφιέναι, etc., ancien norois *lâta,* sinere, relinquere, permittere, etc., par la syncope du *t;* ou bien du latin *legare.* J'admets la première dérivation, parce que la signification de *legare* est exclusive eu égard à celle du primitif germanique et du mot de la langue d'oïl, et que le radical a passé de l'*a* à l'*e*, non pas de l'*e* à l'*a*. Cfr. M. Grandgagnage s. v. leii. De *laisser* dér. lais, laisse I, 360, legs, testament; *faire lais*, accorder, abandonner; — laissor II, 328, faculté, moyen, liberté, loisir; que je range ici à cause de sa vocalisation, malgré le prov. *lezor*. Comp. **entrelaissier** I, 401, interrompre, mettre de côté, oublier; **eslaissier *(se)*, eslesser,** etc. II, 238. 356, se précipiter, s'élancer, se laisser aller, lâcher la bride, s'étendre; **eslais, esles,** élan, saut, action se se précipiter, choc; *à eslais,* de toutes ses forces, avec précipitation, rapidement; **relaisser,** remettre, faire grâce; **relais, reles** II, 332, relâche, discontinuation, relâchement; *faire à qqn. reles de qqch.* P. d. B. 8217, faire abandonner,

faire perdre; — rémission, indulgence dont on use envers une personne en se relâchant du droit que
l'on a sur quelque chose qu'elle doit.
A la même racine, de *laxus* (i. e.
lascus): **lasche, lasque,** lâche, large,
mou, négligent; d'où **lascheement,
laschetement, lascheitement,** d'une manière lâche, négligemment; **lascher,
lasquer** II, 237, lâcher, relâcher. —
On rangera facilement autour de
ces mots les composés et dérivés
qui ne se trouvent pas dans mes
citations. On a déjà beaucoup dis-
cuté l'origine de notre *relayer, relais.* DC. le dérive de *laie* (v. plus
haut), *lee, releer,* canes venaticos
in planiciem reducere, e alios su-
mere. Cette dérivation est tout à
fait arbitraire. Frisch pense, sans
plus de raison, à l'anglais *lay,*
mettre, poser. D'autres ont songé
à *religare,* attacher et détacher;
mais il faudrait alors admettre
changement de *i* en *a,* et prouver
les termes intermédiaires *loier, leier*
(v. lier), puis que le *s* de *relais*
est paragogique. *Relayer* est simplement la forme *laier* avec la particule *re,* et il signifie relâcher, faire
relâche, tandis que le subst. *relais*
est absolument celui que l'on a vu
plus haut. On a cherché bien loin
ce qu'on avait sous la main.

Laigne, lauge v. lange.

Laigne, bois v. leigne.

Laigner, se plaindre, murmurer, gronder; prov. lanhar, ital. lagnarsi;
subst. prov. lanha, ital. lagna; de
laniare se prae dolore, selon Muratori. De *laniarius* (a laniandis
avibus), on a fait **lanier, lenier** I,
195, dans le principe, espèce de
faucon, faucon-lanier, et par allusion, lâche, poltron, couard, paresseux, lent. Cfr. R. d. C. d. P. p. 15,
note.

Laine II, 61, laine; *lana.*

Laingne v. leigne.

Lairechin v. laron.

Lairme v. larme.

Lairon v. laron.

Lais, préjudiciable v. laid.

Lais, legs v. laier.

Lais, lac v. lac II.

Lais, lacet v. lac I.

Laisier v. laier.

Laisse subst. v. laier.

Laissier v. laier.

Laissor v. laier.

Lait v. laid.

Lait II, 226, lait; de *lac* (lact); laitant I, 227, enfant à la mamelle,
nourrisson; *lactans;* verbe comp.
alaiter I, 114. II, 354, téter, savourer; alaiter; **allaitant,** comme
laitant.

Laitant v. lait.

Laiz v. laid.

Lame, tombe; de *lamina;* de là alemele, de *l'alemele,* pour *la lemele,*
mot dont nous avons fait, par corruption, *alumelle;* mais la forme
primitive *alemele* s'est conservée dans
les patois. *Alemele* signifiait tout
instrument de fer qui est tranchant.

Lance, lanche I, 182. II, 313, lance;
combattant avec la lance; du latin
lancea, mot espagnol selon les uns,
germain ou gaulois selon les autres.
V. DC. s. v. lancea, Dief. Celt. I,
62. Verbe **lancer, lanchier** II, 62.
248, jouter, frapper avec une lance,
darder; lancer; **lanceis,** action de
lancer. De là viennent nos composés *élancer, élan* pour *eslans;*
prov. lans, jet, élan.

Lancer v. lance.

Lanche v. lance.

Lanchier v. lance.

Lande, s. f., qui aujourd'hui ne sert
qu'à désigner une terre inculte, une
plaine, s'employait aussi autrefois
pour le latin *saltus,* p. ex. Q. L. d. R.

I, 48. 86; de là l'expression ordinaire *lande fueillie.*' On a l'habitude de dériver *lande* du gothique
land (n.), χώρα, πατρίς, ἀγρός;
mais la signification de notre mot
le rapproche davantage du breton
lann, arbre épineux, au plur. *lan-
nou,* landes; *lann* reposant sur une
ancienne forme *land.* Il faut prendre
en outre en considération le genre
neutre du gothique *land.*

Langage v. langue.

Langager, langagier v. langue.

Lange, laigne, notre *lange,* autrefois
étoffe, habit de laine; chemise (?)
Rutb. I, 7; de *laneus.*

Lange, langue v. langue.

Langor v. languir.

Langue, lange I, 48. 309, langue,
parole, langage, idiome, peuple,
nation; banderole en forme de
langue; *lingua*; de là **langage** II,
66, langage, langue; peuple, nation; propr. *langagium,* ital. lin-
guaggio, esp. lenguaje; et d'ici
langager, parler, haranguer; d'où
langagier, babillard, grand parleur.

Languir I, 345, languir, gémir, souffrir;
languere; **langor, langur** I, 265.
345, peine, souffrance; *languor.*

Langur v. languir.

Lanier v. laigner.

Lant v. lent.'

Lanterne I, 151, lanterne, lampe;
lat. *lanterna* ou *laterna;* ital., esp.,
prov., port. lanterna.

Lapider II, 229, lapider; *lapidare.*

Larcin v. laron.

Larencin v. laron.

Large I, 105. 305, large; généreux,
libéral; *largus;* adv. **largement,
larghement** I, 291. 294. 323. II, 21,
241, largement, généreusement, libé-
ralement; **largir** I, 308, donner,
accorder; faire des largesses; élargir, étendre; *largire;* de là **largesse, larguesce** I, 360, largeur;

libéralité, abondance; propr. *lar-
gitia;* **largor,** largeur; propr. *largor;* esp., prov. largor.

Largement v. large.

Largesse v. large.

Larghement v. large.

Largir v. large.

Largor v. large.

Larguesce v. large.

Larme, lairme, lerme II, 326, larme;
de *lacrima;* **larmier,** verser des
larmes; *lacrimare.*

Larmier v. larme.

Laron, larun, lairon, larron, s. s. **leres,
lerres, lieres** I, 73. 4, larron; de
latro; à **larron,** clandestinement,
à la dérobée; *larron fossier, forcier,* violateur de tombeaux, violateur; cfr. lafron qui enble par
fosse II, 11 et Rayn. L. R III, 375
forsaire; **larcin, larencin, lairechin**
I, 169. 240. 262. II, 202, larcin;
de *latrocinium; en larcin,* comme
à larron; adv. **larrecenousement** M.
s. J. 469, larrocineusement, en larron, en voleur.

Larrecenousement v. laron.

Larris II, 370, lmâ. *larricium, lar-
riscum,* etc, terre qui n'est pas
cultivée, terrain inégal. Kiliaen rapporte *larris* au hollandais *laer,* ib.;
M. Dief. G. W. II, 129 dit *laridus
= aridus?* en rappelant *aridium,*
terra arida, sabulum.

Larrocineusement v. laron.

Larron v. laron.

Las v. lac I.

Las, là les I, 136.

Las, lasse II, 401. I, 177. II, 80. 202;
empl. subst. II, 282; d'où **lasser,**
lasser, fatiguer; comp. **hailas, halas,
alas,** hélas; **alasser,** tomber de lassitude, tomber en défaillance : E cest
vin, que ces en beivent, ki se *alas-
serunt* (traduisant deficere), par
aventure, al desert (Q. L. d. R II,
178). T. II, 213 on lit *alasse,* que

M. F. Michel traduit par malheureux; il faudrait alors admettre que ce mot est fait féminin à cause de la rime. Je préfère y voir le participe d'*alasser*, comme plus expressif et plus convenable à la signification du vers suivant; mais en ce cas aussi il faut reconnaître une licence poétique pour la rime avec *aclasse*. De *las* dérive encore le subst. **laste**, lassitude, chagrin.

Lasche v. laier.

Lascheement v. laier.

Lascheitement v. laier.

Lascher v. laier.

Lasque, lasquer v. laier.

Lasse, lasser v. las.

Laste v. las.

Latin I, 225, latin, langage, langue étrangère; *latinus*. Jusqu'à la Renaissance le latin demeura la langue par excellence. De là **latinier**, savant; interprète.

Latinier v. latin.

Lau v. la II. et II, 279.

Laür v. let adj.

Laver I, 85. 153. 226. II, 10, laver; *lavare*.

Laz v. lac I.

Lazzier v. laier.

Le v. lo.

Le picard pour la I, 56.

Lé, joyeux v. liet.

Lé, large v. let adj.

Leal, lealment v. loial.

Lealted v. loial.

Leanz v. la II. et II, 280.

Leaument v. loial.

Leaus v. loial.

Leaute v. loial.

Lecheor v. lecher.

Lecher, lechier, lichier, lécher, faire lippée; de l'ahal. *lecchôn, lechôn*, ancien saxon *leccôn, liccôn*, anglo-saxon *liccian*, allmod. *lecken*, bas-saxon *licken*; de là lecherie, licherie I, 173. gourmandise, friandise, dé-

bauche, libertinage, licence, luxure, tromperie, bouffonnerie; **lechierres, lichierres, lecieres, lecheor, licheor, leceor** I, 73, gourmand, glouton, qui aime la bonne chère, celui qui s'adonne aux plaisirs de la table ou de l'amour, galant, galant d'une femme mariée, libertin, débauché, parasite; comp. **delechier** R. d. Ren. I, 37, lécher. Le peuple de certaines provinces emploie encore *lécheur* dans le sens de friand.

Lecherie v. lecher.

Lechierres v. lecher.

Led v. lez.

Lèd, lede v. laid.

Lee, large v. let adj.

Leece v. liet.

Leel v. loial.

Leelted v. loial.

Leenz v. la II. et II, 280.

Leeus v. loial.

Leger v. legier.

Legerement v. legier.

Legerie v. legier.

Legier, ligier, leger II, 230, léger, prompt, alerte, facile, aisé; dérivé de *levis* par l'intermédiaire d'une forme *leviarius*; cfr. italien lieve, de *levis*, et leggiero: prov leu et leugier; adv. **legierement, ligierement** I, 217. II, 14. 49, aisément, facilement, sans peine; *de legier* I, 333, légèrement, facilement; sans peine, à la légère. C'est sous l'influence de *legier*, qu'on a formé *lege*, terme de marine, à vide, sans charge, au lieu du simple *lief* qui aurait été le dérivé direct de *levis*. Dérivé **legerie**, légèreté, frivolité, folie; *de legerie*, comme *de legier*. Vb. comp. **alegier** I, 127. II, 151, alléger, soulager, décharger d'accusation; simple prov. leujar = leviare pour levare; **aligement** I, 297, allégement, soulagement; — **soulegier, suzlegier** Ben. 1873, soulager, alléger; propr. subleviare; **soulege,** allége; ainsi dans la forme moderne l'*e* est passé à l'*a*, ce qui est rare.

Legierement v. legier.

Legun, par syncope **leüm, leün** II, 189, graine, légume; *legumen.*

Lei v. loi.

Lei I, 121. 128, elle; de *il-lae* ou *il-laec* pour *illi.*

Leial, leialment v. loial.

Leialted v. loial.

Leias v. loial.

Leiaument v. loial.

Leiaus v. loial.

Leiaute v. loial.

Leid, leide v. laid.

Leidir v. laid.

Leiens v. la II. et II, 280.

Leier, laisser v. laier.

Leier, lier v. lier.

Leigne, leingne, leine, laigne, laingne I, 289, bois; prov. legna, leigna, lenha, esp. leña, lenha, ital. legna; *ligna;* à côté de **lin,** espèce de navire; prov. ling, lenh, bois, espèce de navire; esp. leño, port. lenho, ital. legno, de *lignum.*

Leine v. leigne.

Leingne v. leigne.

Leinz v. la II. et II, 280.

Leire, être permis v. loire II.

Leïre, lire v. lire.

Leis v. lez.

Leisir v. loire II.

Leisse, lice, chienne; de *lycisce (lycisca).*

Leissier v. laier.

Leitre v. letre.

Leix, nuisible v. laid.

Leiz, côté, et prép. v. lez.

Lend, lent R. d. R. IV, 72, lente; prov. lende, port. lendea; *lens, lendis.* On se sert encore de cette forme *lent* (m.) dans plusieurs provinces.

Lendemain pour l'endemain v. main II.

Lenier v. laigner.

Lent, lant, lent, paresseux; *lentus;*

de là adv. **lentement** I, 384, lentement; **alentir** II, 250. 300, ralentir, retarder. Molière s'est encore servi d'*alentir* dans l'Etourdi III, 4.

Lentement v. lent.

Lentille, lentille; *lenticula;* **lentillos,** marqué de taches, couvert de rousseurs.

Lentillos v. lentille.

Leon, lion, liun I, 49. 50. 118, lion; *leo* (leon); dim. **leuncel** I, 99, lionceau; *leonculus.*

Leopart, leupart, liupart, lupart II, 328. 390, léopard; *leopardus.*

Lepe, lippe, lippe; grosse lèvre, lèvre avancée;du basallemand*lippe,* lèvre.

Lepre, liepre I, 228, lèpre; *lepra (λέπρα);* **lepros, leprus, lepreus** II, 392, lépreux; *leprosus.*

Lepreus v. lepre.

Lepros, leprus v. lepre.

Lere v. loire II.

Leres v. laron.

Lerme v. larme.

Lerres v. laron.

Les, large v. let adj.

Les, côté, et prép. v. lez.

Les art. rég. dir. pl. m. et f., suj. pl. f. I, 46. 53, les. Le prov. et l'esp. ont pour le plur. m. *los,* de *il-los,* et pour le plur. f. *las,* de *il-las;* et ce *los* prov. s'affaiblit en *les,* comme *lo* du prov. et de la langue d'oïl s'affaiblirent en *le;* ce qui pourrait donner lieu à supposer que notre *les* r. pl m., vient de *il-los,* tandis que le fém. a son origine dans *il-las;* cependant cette distinction est tout à fait inutile; — *les* pron. pers. rég. dir. I, 121. 131.

Lesir v. loire II.

Lesser, lessaier v. laier.

Leste, habile; ital. lesto, habile, adroit, prudent, rusé; port. lesto, esp. listo; du goth. *listeigs,* ahal. *listic,* ingénieux, avec rejet de la suffixe, comme le dit M. Diez I, 276, et

non pas, ainsi que le prétend M. Chevalet, de *liht,* d'où n'auraient jamais pu se développer les formes
indiquées.

Let, le, fém. lee, s. s. et pl. r. lez, les
I, 146. 191 324. 391, large, plat,
qui n'est pas pointu, étendu; *latus.*
C'est ici que je rapporte le subst.
laür II, 63, largeur, formé de *latus,*
propr. *lator,* avec syncope du *t,*
comme largor de largus. On pourrait le faire dériver de *largor* avec
syncope de *rg;* mais je crois que
cette transformation est contre les
usages de la langue d'oïl.

Let v. lez.

Leteril, literil, letri, letrin II, 135,
tribune où on lisait les psaumes,
jubé où l'on faisait les harangues,
lutrin, pupître à l'usage des églises
pour poser les livres qui servent à
chanter les offices; pour ainsi dire
lectorile. Cfr. DC. lectorinum.

Letre, leitre, lettre, caractère de l'alphabet; littérature; épître, missive,
ordre; *littera;* letré, écrit, couvert
de lettres; — lettré; *litteratus;*
letreüre, littérature, connaissance des
belles-lettres; *litteratura.*

Letreüre v. letre.

Letri, letrin v. leteril.

Leu; loup v. lou.

Leu, lieu v. lieu.

Leude, droit sur les marchandises,
droit de péage, et toute espèce de
droits; selon DC. de l'allem. *leudis,*
amende payée pour un homme tué;
mais le sens et la forme repoussent
cette étymologie. Il vient de (le-
vitus) *levita,* participe des bas temps,
de *levare,* comme on a vocitus pour
vocatus, et autres. *Leude,* prov.
leuda, ledda, leida, lesda, ancien
esp. lezda, signifie donc simplement
levée. Cfr. lever.

Leüm, leün v. legun.

Leuncel v. leon.

Leur v. lor.

Lever, liever, lever, relever, faire
lever, se lever, se relever; paraître,
apparaître, en parlant des astres,
d'une maladie cutanée II, 131; soulever, enlever, emporter, emmener;
s'élever; *lever bruit,* faire parler
de soi, pousser des cris; *lever un
tesmoin,* le récuser; *liever fors* I,
151, tirer, retirer; *faire halt lever*
I, 153, faire mettre debout; *lever
sus* I, 240, se lever, se mettre en
marche; comp. alever I, 272, élever,
placer dans un haut rang; commencer, établir; eslever, ellever I,
62. 65. 82, élever, exalter, lever;
part. empl. subst. I, 54, les grands;
enlever, enlever, emporter; relever,
rétablir; exempter, délivrer; *se relever,* ib., se soulager, se consoler;
subst. relief I, 362, relief, reste;
propr. *relevium,* prov. releu.

Levre II, 30, lèvre; du plur. *labra*
(labrum). Cfr. arme.

Levrer v. levrier.

Levrier, levrer I, 400, s. m. lévrier;
levriere II, 188, s. f. levrette; de
leporarius.

Levriere v. levrier.

Ley v. lez.

Lez, large v. let adj.

Lez (let, led), ley, les, leiz, leis I, 216.
365, côté, flanc, le plat d'une arme
blanche; *latus;* prép. lez, les, leis,
leiz II, 356; — adv. *lez à les* ou
lez et les II, 356; — prép. comp.
deled, delez, dales, dedelez, par delez I, 288. II, 356.

Li, pron. pers. rég. ind. I, 121. 128,
lui, à lui; de *il-li.*

Li, lis, l' art. I, 46. 53. 54, le, la,
les; *il-lic* pour ille, et non de illi,
à cause du singulier.

Liarde v. liart.

Liart, liarde, gris, gris-pommelé; ital.
leardo, prov. lear, liar; du celtique:
kymri *llái,* gris foncé, avec la suf-

fixe *ard*. Cette étymologie paraîtra fausse à ceux qui font de *ard* une suffixe exclusivement allemande, dér. de l'adjectif *hart*, goth. *hardus*, dur. Mais *ard* appartient au celtique aussi bien qu'aux idiomes germaniques, et M. Mone a prouvé que, pour l'allemand même, la raison de l'emploi de la suffixe *ard* doit souvent être recherchée dans le celtique. La signification de *ard* celtique se fixe d'après le gallois *hardd*, aimable; irlandais *art*, noble, grand, *ard*, puissant, auguste. Cfr. Mone, Die Gallische Sprache, § 99 et p. 176 s. v. ard.

Librairie v. livre I.

Lice, liche s. f., barrière, retranchement, clôture, palissade, palissade extérieure; lieu où l'on combattait; joute, course, combat simulé, qui se fait dans un champ clos de pieux; du latin *licium*, dont on fit un féminin, bien que la signification *ceinture* dans une acception toute particulière (per lancem et licium furta concipere) s'accorde assez difficilement avec celle de *lice*, ital. liccia, esp. liza, prov. lissa.

Liche v. lice.

Licheor v. lecher.

Licherie v. lecher.

Licherres v. lecher.

Lichier v. lecher.

Lie I, 121. 128, elle; comme lei, mais avec diphthongaison picarde, de *il-lae* ou *il-laec* pour illi.

Lie, liement v. liet.

Lie subst. f., lmâ. „*liam* i. e. faeces vini" Jo. de Garl. ap. DC.; de *levare*. Cfr. Dief. Celt. I, 63; et *levain*, lmâ. *levanum* également de levare; l'allemand *hefe* de *heben*, lever.

Liëmier, loiemier II, 78, limier; de *ligamen*, corde avec laquelle on attachait les chiens, en les condui-

sant après les chasseurs. La forme repousse les étymologies *limarius*, pour rimarius, de limari = rimari, scrutari, investigare; et *liminarius*, parce que le limier ouvre la chasse. Cfr. prov. liamar, lier, attacher.

Lief 1. pers. s. prés. ind. de lever.

Liepre v. lepre.

Lier, leier, loier I, 155. 297. II, 53, lier, attacher; refuser de remettre les péchés; de *ligare*; **liien, loien** II, 177, lien; de *ligamen;* **liaz** Q. L. d. R. I, 115, botte, ligature; de *ligatus*? — comp. **alier, allier**; *alligare;* part. empl. subst. **alie, aloie** II, 394, allié; d'où **aliance,** alliance, union, société; *aliance Deu* I, 81; **ralier** II, 240, rallier; — **obliger,** obliger, engager, lier; *obligare;* d'où **obligance,** obligation, engagement; — **eslier,** délier, détacher; d'où **deslier** I, 46. II, 161, délier, délacer, détacher; remettre les péchés. Cfr. **liëmier.**

Lieres v. laron.

Liesse v. liet.

Liet, lie, le, s. s. **liez** I, 66. 186. 313. II, 285, gai, joyeux, content; de *laetus;* **liement** I, 315. II, 312, gaîment, joyeusement. *Lie* s'est conservé dans *faire chère lie.* **Liesse,** leece II, 38. 381, joie, gaîté, plaisir, allégresse; *laetitia;* vb. comp. enleecer M. s. J. 493, se réjouir; esleecier, esleechier, eslecer, esleicier, eleecier I, 98. II, 350. 387, réjouir, rendre content; se réjouir, être bienaise; de *laetiscere*, ou plutôt d'une nouvelle formation *laetitiare;* d'où esleecement, joie, contentement; se resleecier, R. d. C. d. C. 251, se réjouir.

Lieu, leu, liu, lou I, 151. 153. 179. 187. 268, lieu, place, endroit, occasion, moment opportun, situation; *locus; nul lieu*, nulle part; **luec, aloc, aluec, eluec** II, 300; — **lues** II, 302; —

lues que II, 384; — de *meie, mi* et de *lieu,* on forma le subst. milieu; cfr. meie.

Lieue, lue, lieue; dim. **lieuete, liuete** II, 53; de *leuca,* mille, chez les Gaulois, renversé en *legua* avec diphthongaison de l'*e.* Mensuras viarum nos millaria dicimus, Graeci stadia, Galli leucas (Isidore XVI). Λεύγη μέτρον τι Γαλάταις (Hesychius). Cfr. Dief. Celt. I, 65; Ammien Marcellin XV, etc. *Lieue* signifiait aussi l'espace d'une lieue, surtout par rapport au temps que l'on employait à le parcourir; mais d'ordinaire, dans cette acception, il paraît sous les formes *liuee* I, 163, *loue* P. d. B. 10089, *louee* I, 242.

Lieuete v. lieue.

Liever v. lever.

Liez v. liet.

Ligance v. lige. ·

Lige I, 124. 147. L'homme lige était celui qui s'était obligé, par serment, d'aider et de servir son seigneur envers et contre tous. Le seigneur jurait, de son côté, de protéger et de défendre son vassal contre quiconque l'attaquerait, et il était appelé seigneur lige. *Lige* signifiait encore ce qui est à qqn. sans réserve; continu, sans interruption. Adv. **ligement** I, 142, sans réserve, sans exception; subst. **ligee** II, 3, serment de fidélité qui lie le vassal à son seigneur; **ligance** II, 232, hommage lige, engagement. On dérive ordinairement *lige* de *ligatus,* mais on voit de prime abord que cette étymologie ne convient ni pour la forme ital. *ligio,* lmà. *ligius,* ni pour le sens; car, comme le fait fort bien observer M. Grandgagnage (s. v. lige), l'hommage lige signifiait un hommage dégagé de toute restriction au profit d'un tiers et par là absolu. *Lige,* de l'alle-

mand *ledig,* libre, dégagé (Grandgagnage)?

Ligee v. lige.

Ligement v. lige.

Ligier v. legier.

Ligierement v. legier.

Lign, lignage v. lin.

Lignee v. lin.

Lignie v. lin.

Liien v. lier.

Lin, lign I, 79, lignée, race, descendance; de *linum,* fil, tresse; **lignee** I, 225, **lignie** I, 143. 184, lignée, race, descendance; de *linea;* vb. comp. **forsligner, forlignier** I, 183, dégénérer de la valeur de ses ancêtres, démentir sa race, son origine; sortir de la droite ligne; propr. *foris lineare;* dér. **linage** I, 265, **lignage** I, 77, famille, parents, lignée, race. De la signification propre *suite,* dérive facilement la figurée.

Linage v. lin..

Linge adj., de lin, Q. L. d. R. II, 141, aujourd'hui subst.; de *lineus.*

Lion v. leon.

Lippe v. lepe.

Liqeur II, 14, liquide; *liquor.*

Lire, leire II, 171 et suiv., lire, étudier; comp. **delire, deslire** G. Guiart II, 115, compter, faire l'appel; **eslire, esleire, ellire, enlire** II, 171. 2, élire, choisir, distinguer; entendre, concevoir; de *eligere;* **esleit, ellit, eslit, ellieut** I, 212. II, 213. 360, élu; qui mérite d'être distingué; *electus;* de là **esliture** II, 104, élection; — **eslection, election** I, 52. II, 104. 132, élection, choix; de *electio.*

Lire, lyre, du latin *lyra,* instrument qui ne rappelait nullement la lyre antique: il avait, dans le principe, une forme conique à peu près semblable à celle de la mandoline, et était monté d'une seule corde que l'on faisait vibrer avec un archet; plus tard on lui donna plusieurs cordes. Il paraît cependant que, dans une certaine période du moyen-âge, le mot de lyre désigna tantôt des instruments à cordes pincés avec les doigts ou mis en jeu avec le plectre, tantôt des instruments à cordes dont on tirait le son avec un archet; et, dans ce dernier cas, il devenait synonyme d'un autre terme collectif: *vielle*, v. s. e. v. Vb. **lirer**, jouer de la lyre.

Lis, lit v. lit.

Lis v. l'art. li.

Lis II, 118. 348, lis; d'une forme hypothétique *lilius* pour *lilium;* prov. lili de lilium, et avec changement de la seconde liquide liri, enfin, comme en franç. lis; en ital. giglio, avec changement du premier *l* en *g;* esp., port. lirio.

Liste, bande, bord, bordure; de là **listeit, listet, listed, liste** *(listeiz, listez, listes)* I, 212. II, 63, bordé, qui a une lisière, veiné; de l'ahal. *lista*, bande, allmod. *leiste*, bordure. Le subst. *lisière* est de la même famille, il est pour *listiere*.

Listed v. liste.

Listeit, listeiz v. liste.

Listes, listet v. liste.

Listez v. liste.

Lit, s. s. et p. r. **liz, lis** I, 84, lit; *lectum;* prov. leit, leich, ital. letto, esp. lecho, port. leito.

Literil v. leteril.

Liu v. lieu.

Liue, liuee v. lieue.

Liuete v. lieue.

Liun v. leon.

Liút, leút, lut, luc, luth; ital. liuto, leuto, esp. laud, port. alaude, prov. laut, allemaud laute, turc el-'oud ou e'oud. Cet instrument tire son origine et son nom de l'Orient, arabe 'ûd, ustensile de terre, et

avec l'article al' ûd. Une des formes turques et le port. ont conservé l'article complet. Le luth était convexe du côté du dos, où il était façonné à pans ou à côtes. Au milieu de la table de résonnance il y avait une ouïe qui s'appelait rose ou rosette. Les cordes étaient de boyau et distribuées sur plusieurs rangs, les unes simples, c.-à-d. composées d'une seule corde, les autres doubles, c.-à-d. comprenant deux cordes accordées à l'unisson. Le nombre des cordes a varié suivant les dimensions des luths et les perfectionnements que ces instruments subirent. On ne jouait pas toujours du luth en pinçant les cordes; on se servait quelquefois du plectre.

Livraison v. livre II.

I. **Livre** I, 182, livre; *liber;* prov. libre, ital., esp. libro, port. livro; librairie, bibliothèque; *libraria;* ital. librería, port. livraria, prov. libraria.

II. **Livre** II, 220, livre, poids et sorte de monnaie de compte; *libra;* prov. libra, liura, esp., port. libra, ital. libbra, lira; de là **livree** I, 111, terre qui rapporte une livre de rente, espèce de mesure d'étendue; — livraison, livreison, livreisun, livroison, livrison, paiement en nature que recevaient les officiers des grandes maisons, fourniture, don en argent, habits ou autres choses, ration; *libratio.*

Livree, don d'habits v. livrer.

Livree, espèce de mesure v. livre II.

Livreison, livreisun v. livre II.

Livrer, livrer, délivrer, accorder; de .*liberare*, délivrer, d'où mettre en main de qqn. C'est de là que vient **livree**, lmâ. liberata, liberatio, don d'habits que le maître fait à ses domestiques, propr. chose livrée; autrefois ce mot s'appliquait aussi

Burguy, langue d'oïl, Glossaire.

15

à la nourriture. Comp. de *liber*, libre, prov., port. livre, **delivre**, délivré, libre, privé; prompt, diligent, alerte; *à delivre*, librement, promptement; adv. **delivrement** I, 375. II, 279, librement, sans empêchement, promptement. Comp. de *livrer*, **delivrer**, **deliverer** II, 98. 126. délivrer, rendre, remettre; *se delivrer d'un enfant* II, 157, accoucher; de là **delivrance**, relèvement, délivrance; **delivrement** II, 227, délivrance, libération.

Livrison v. livre II.

Livroison v. livre II.

Liz v. lit.

Lo 1. p. s. prés. ind. de loer.

Lo, lou, lu, le art. m. s., r. dir. I, 46. 52, le. La forme *lo* qui, dans la langue d'oïl, ne sert que pour le rég. dir., se trouve employée comme sujet dans l'ital., le prov.; elle dér. de *il-lo* ou *illum*, de là, avec assourdissement de l'*o*, *lou*; *lu* en Normandie; enfin, par affaiblissement de l'*o* en *e*, on eut *le*; — pron. pers. rég. dir. m. I, 121. 128; — *le* pron. dém. I, 57. 58.

Lobe, discours flatteur, artificieux; séduction, tromperie, supercherie, perfidie, mensonge; lober, séduire par des paroles flatteuses et artificieuses, tromper, duper; **loberres**, **lobeor**, trompeur, séducteur; de l'ahal. *lob*, faveur, éloge; allmod. *lob*, ib., verbe *loben*.

Lobeor v. lobe.

Lober, loberres v. lobe.

Loc, d'où notre mot *loquet*, loquet, fermoir, serrure; de l'anglo-saxon *loc*, verrou; goth. *ga-lukan*, *us-lukan*, fermer, ouvrir (à clef).

Locher, locier, branler, ébranler, secouer; **eslocher, eslocier**, ébranler, déplacer, arracher en secouant; réfléchi: s'ébranler, se mettre en mouvement, se déplacer; de l'ahal.

loc, boucle (des cheveux), islandais *lockr*, allmod. *locke*, par analogie au mouvement que font les boucles. Cfr. Grandgagnage s. v.

Locier v. locher.

Loee v. lieue.

Loemant v. loer.

Loemement v. loer.

Loement v. loer.

Loenge v. loer.

Loer, louer (prés. ind. 1. p. je *lo*, je *lou*) II, 371. 382, conseiller, approuver, persuader, vanter; de *laudare*. De cette même racine, avec la signification indiquée, on forma *laudimia*, *laudemia*, l'achat du *los* (v. ce mot), d'où **loenge**, louenge II, 364, consentement, permission, approbation, d'abord terme de jurisprudence, puis employé généralement. *Louange* a formé dès dérivés: louanger, louangeur, etc., et il faut bien se garder de confondre ces mots avec *losange*, *losangier*, etc., ce qui pourrait arriver, si l'on supposait une syncope du *s*. A la même branche appartient encore **loement** (laudamentum) I, 144, **loemant** II, 138, conseil, avis, insinuation, suggestion, prière, louange. T. II, p. 162 on lit **loemement** pour *loement*. Comp. **desloer, deslouer,** dissuader, déconseiller, blâmer, déprécier; **desloz**, blâme, désapprobation.

Loer, prendre en location v. loier.

Lof, côté que le navire présente au vent; de l'ancien anglais *loof* (plur. looves), vola manus, metacarpus interior; ancien norois *lôfi*, dan. *lue*, goth. *lofa*, la main étendue.

Loge I, 266, **loige** II, 162. 368. 380, tente, cabane, loge; lmâ. *laubia*, de l'ahal. *laube*, *laubja*, allmod. *laube*, de *laub*, feuillage. Cfr. foillie. Dér. **loger, logier** I, 51. 2, loger, demeurer, établir; **logis**, demeure;

logement, ib.; comp. alogier (s') II, 362. 392, s'établir, se loger; deslogier, deslojer II, 117, déloger, changer de place.

Logement v. loge.

Loger, logier v. loge.

Logis v. loge.

Logne, longe (p. ex. de veau); de *lumbea,* de *lumbus.*

Loi, lei, lai, loi, justice, droit; loi sainte; de *lex; à loi,* comme à guise de; de là **aloier, aleier,** gouverner selon la loi et la justice; **desloi, deslei, deslai** (= dis - lex) II, 287. 378, tort, injustice, excès, crime; d'où **desloier, desleier,** (et quelquefois incorrectement **deslier**), sortir de la loi, c.-à-d. ne pas tenir sa foi, sortir de la loyauté; d'où **desleie, desloie,** homme hors loi, c.-à-d. sans foi, déloyal. Au lieu de la préfixe *des,* on trouve *bes:* **besloi, beslei,** et, par assimilation, **belloi** II, 110, proprement loi injuste, fausse, perverse; tort, injustice; *metre à besloi,* écarter de la loi, de ce qui est juste. La préfixe *bes,* qui paraît encore sous les formes *ber, bre, bar, bis, bi* (bi-ais, bi-seau), donne au mot la signification de quelque chose d'inconvenant, de défectueux, de faux, d'interverti, de pervers, de déraisonnable, d'injuste. Quelle est l'origine de *bes?* Le latin *bis?* Cfr. loial.

Loial, leal, leial, leel, s. s. et p. r. **loiaus, leaus, leias, leiaus, leeus,** loyal, qui agit conformément à la loi, à sa parole, à ses engagements; de *legalis;* de là **loialment, loiaument, lealment, leaument, leialment, leiaument** I, 154. 270. 272. 279. 327. II, 93, loyalement, avec vérité; **loialteit, loiaute, lealted, leialted, leelted, leiaute, leaute,** loyauté; comp. **desloial, desleal, desleial, desleel** (*desloiaus, desleaus,* etc.), dé-

loyal, qui agit contre la loi, contre sa parole; d'où **desloialment, desloiaument, desleaument,** etc., déloyalement; **desloialteit, desloiaute, deslealted, desleaute** II, 233. 348, déloyauté. Cfr. loi.

Loialment v. loial.

Loialteit v. loial.

Loiaument v. loial.

Loiaus v. loial.

Loiaute v. loial.

Loier, salaire v. loier.

Loier, lier v. lier.

Loier, luer, loer, louer, louier I, 148, louer, donner ou prendre en location, à gages; *locare;* prov. logar, anc. ital. locare; **loier, luer, louer** I, 49. 103. 291. II, 365, prix, salaire, payement, récompense, présent; *locarium* dans Varron LL. 5, 2, § 15; prov. loguier; vb. comp. **aloier, aloer, aluer,** prendre à gages, allouer, assigner, placer; prov. alogar.

Loig v. long.

Loige v. loge.

Loignier v. long.

Loin, loing v. long.

Loingtain v. long.

Loinx v. los.

Loinz v. long.

I. **Loire, loirre,** leurre, appât, terme de fauconnerie (morceau de cuir ou de viande pour faire retourner le faucon); prov. loire, anglais lure; vb. **loirer, loirier,** leurrer, dresser ou attirer au leurre: Li aucuns faucons vont loirier, R. d. C. d. C. 481; de l'allmâ. *luoder, ludir,* même signification.

II. **Loire, lere, leire, loisir, leair, leisir** II, 173-4, être permis, être licite; inf. empl. subst. **loisir, leisir** I, 132. II, 53. 233, permission, loisir; *loist à savoir* II, 174.

Loirier v. loire I.

Loisir v. loire II.

Lombart adj., usuraire; du nom de

peuple Lombart, nom sous lequel on comprenait en général les Italiens commerçant en France.

Lonc v. long et II, 364.

Long, loing, lung, longe, lunge, longue I, 281. II, 4. 101, long, pour l'étendue et la durée; différé; *longus;* longes, longues, longhes II, 55. 57. 62. 64, longtemps, de longtemps; prov. longas; adv. long, lonc, loing, loig, lons, lonz, loinz, luing, luinz, luign, loin, loin; *longum; en loinz* II, 74, au loin; *de lonc en lonc* I, 254, d'un bout à l'autre, en entier; pour ces différentes formes voy. I, 152. 298. 387. 327. 328. II, 51. 74. 275. etc.; le *s* (z) est le *s* paragogique si commun dans les adverbes; adv. longement, longhement, longuement I, 88. 142. 220. 316. 348, longuement, longtemps; prép. long, lonc, lunc II, 364, d'où le comp. selonc, selunc, solonc, solunc, sulunc, solum, solom, sulon, sulun, selum, selume, som, son, sun II, 364; loc. conj. *selon que* I, 130; — dér. loignier, longier I, 333, éloigner, renvoyer, écarter, s'éloigner, séparer; longor I, 102, longueur; longement, longuement, longueur, délai, retardement; lointain II, 191, lointain; propr. *longitanus;* empl. subst. II, 249 par opposition à voisin; comp. aloignier II, 78, éloigner, allonger, retarder; alonger, alongier I, 187. 341, allonger, prolonger, retarder, différer, éloigner; d'où ralonger II, 48, rallonger, prolonger, retarder; alonge, alongement, allongement, délai, retardement; *faire alonge,* chercher des délais (notre *longe* (corde) est le subst. *alonge, l'alonge,* puis l'a passé à l'article *la longe*); eslongier I, 127. II, 10. 99, éloigner, écarter, prolonger, allonger, étendre; *sans eslongier, eslonge,* sans aucun délai; esloignier,

éloigner; *esloigner qqn.* I, 405, s'éloigner de qqn., le fuir; forsloigner, éloigner; porloignier, purloignier II, 253, retarder, apporter du délai; d'où porloignement II, 346, retard, délai.

Longe, longes v. long.

Longement v. long.

Longhement v. long.

Longhes v. long.

Longier v. long.

Longor v. long.

Longue, longues v. long.

Longuement v. long.

Lons, lonz v. long.

Lor, lur, lour, leur I, 121. 131. 142, leur; de *il – lorum; lor* rég. des prépos. I, 133 pour eux.

Lores, lors II, 312 et Gloss. ore II.

Lorier II, 313, laurier; propr. laurarius; de *laurus.*

I. **Los** II, 296 indéclinable, **lox** (Ch. d. S. II, 8), loux au nord de la Bourgogne et en Franche-Comté, quelquefois même lou, et encore incorrectement loinx, du latin *laus,* signifiait consentement, approbation, louange, mérite, renommée, gloire, conseil, avis. *Los* s'employait dans le style judiciaire pour signifier le droit du seigneur dans les mutations des biens, et il nous est resté dans la formule los (lods) et ventes (DC. s. v. laudes, sous laudare). De *los,* en partant de l'idée absolue que laudes (hymne) avait dans l'église, on forma aloser (*loser* dans le patois breton, v. Duméril), louer, vanter; être loué. Le participe alosé II, 285 se trouve souvent comme épithète des héros, loué, vanté, fameux. Cfr. loer, losenge.

II. **Los** M. d. F. I, 418, part, lot, sort; *jeter los,* tirer au sort; de l'allemand: goth. *hlauts,* κλῆρος, ancien norois *hlutr, lutr,* sors, ahal. *hlut, hluz, hlôz,* allmod. *loos,* ancien saxon *hlôt*, ancien norois *hlut, hluti*, pars, portio. Cfr. Dief. G. W. II, 563 et DC. sors.

Losange, **losenge**, louange, flatterie, perfidie, intrigue, tromperie, raillerie; **losengerie** II, 137, même signification; **losanger, losangier, losengier**, flatter, louer, enjôler, tromper, railler; **losangier, losangieres, losangeor, losengeor**, flatteur, enjôleur, qui abuse par des paroles. *Losange* appartient à la famille latine *laus* (laudare), qui avait pris dans la langue d'oïl la forme invariable *los*, auquel on ajouta la suffixe *ange*, *enge;* cfr. laid-ange. V. Los et loenge.

Losangeor v. losange.

Losanger v. losange.

Losangier, losangieres v. losange.

Losenge, losengeor v. losange.

Losengerie v. losange.

Losengier v. losange.

Lou, louange v. los.

Lou, leu, _ s. s. et p. r., contr. lox I, 49. 270, loup; *lupus;* prov. lup, lop, ital. lupo, esp., port. lobo.

Lou, lieu v. lieu.

Lou v. lo.

Lou 1. p. s. prés. ind. de louer.

Louee v. lieue.

Louenge v. loer.

Louer, louer v. loer.

Louer, prendre à gages et salaire v. loier.

Louier v. loier.

Lour v. lor.

Louseignol v. rosegniol.

Lousignol v. rosegniol.

Loux v. los.

Lox, loup v. lou.

Lox, approbation v. los.

Lu v. lo.

Luec v. lieu et II, 300.

Luer, prendre à gages et salaire v. loier.

Lues v. lieu et II, 302, **luesque** II, 384.

Lueus pour lues II, 303.

Lui I, 121. 128, lui; de *illujus* ou de *illuic*.

Luign v. long.

Luing v. long.

Luinz v. long.

Luire, **luisir** II, 252; subst. **luor** II, 240, clarté, lumière, éclat; prov. lugor; comp. **entreluire** II, 252, **tresluire** II, 252, **reluire** II, 252. Cfr. esclistre.

Luisir v. luire.

Luite, **lute**, **loite** I, 295. II, 381, lutte, effort; *lucta;* **luiter, luitier, loitier**, lutter, résister, s'efforcer; *luctari;* **luiteres, luiteor** I, 77, adversaire, lutteur; *luctator;* prov. lucha, loita, luchar, loitar, luchador, loitador; ital. lutta, lotta, lottare, lottatore; esp. lucha, luchar, luchador; port. luta, lutar, lutador.

Lum, s s. et p. r. **luns** II, 278, boue, fange, limon; de *limus?* mais alors pourquoi *u* pour *i?* Il faut sans doute se reporter à l'influence du grec λύμη, λῦμα.

Lumiere I, 50, lumière; prov. lumneira, lumeira; dér. de *lumen*, prov. lum; **luminaire**, lumière; luminaire; **luminos**, lumineux; *luminosus;* **alumer** II, 365. 386, allumer, enflammer, passionner; éclairer; recouvrer la lumière; s'allumer; propr. *alumenare*, prov. alumenar, alumnar; **enluminer** I, 66. 220. 227, éclairer, illuminer, enluminer; prov. enlumenar.

Luminaire v. lumiere.

Luminos v. lumiere.

Lunaison v. lune.

Lunc v. long.

Lundi v. lune.

Lune I, 86, lune; *luna;* **lunaison, lunoison** I, 118, lunaison; propr. *lunatio;* **lundi** I, 179, lundi; *lunae dies;* cfr. dis I.

Lung, lunge v. long.

Lunoison v. lune.

Luns v. lum.

Luor v. luire.

Lupart v. leopart.

Lur v. lor.

Lusel, luseau, cercueil, tombeau; de

locellus, cassette, boîte. DC. lucellus.

Lute v. luite.

Lutes I, 226 part. pas. de lire.

Luxure I, 152. 226, luxure; *luxuria*.

M.

Maaille v. maille II.

Mace, mache II, 40, masse, sorte d'arme dont le bout était fort gros; de *matea*, simple inconnu de *mateola* Plin. 17, 18, 19, qui se retrouve dans le provençal massola; de là maque, machue, massue I, 242. 337. II, 45, massue.

Mach. 1. pers. s. prés. ind. de metre, matre I, 216.

Mache v. mace.

Machue v. mace.

Maçon, maçun, maçon; lmâ. *macio*, *mattio*, *machio*. Selon M. Diez I, 318 de l'ahal. *mëzzo*, *meizzo*, de *meizan*, *meizzan*, scindere, goth. *maitan*, κόπτειν, ce qui permet de supposer un subst. *maita*, tailleur (de pierres, etc.). Ni *maita*, ni *meizo*, n'auraient produit le bas latin *machio*. La dérivation de *marcus*, indiquée dans DC., me paraît la meilleure : de *marcus* est venu *marcio*, celui qui gouverne le marteau, un ouvrier en pierres, puis par syncope du r: *macio*, *maçon*, etc.

Maque v. mace.

Maçun v. maçon.

Madelin v. madre.

Maderin v. madre.

Madre II, 100, mazre Trist. II, 24, espèce de bois, qu'on n'a pu spécifier jusqu'ici; adj. mazelin (Trist. Glos. mazre); madelin, maderin, vaisseau à boire; de l'ahal. *mazar*, noend (dans le bois), allmod. *waser*, bois veiné, suéd. *masur*. Notre madre est de la même source.

Maement v. magne et II, 305.

Magnan, maignen, maignier, etc, chaudronnier; aujourd'hui, en Franche-Comté, *magnin*, chaudronnier ambulant, en Normandie, *magnan*, dans le Berry, *mignan*; ital. magnane, serrurier; de *machina* (mach'na)? Mais certainement pas du breton mañouner, comme le dit M. Chevalet, car ce mot est emprunté au français, et encore moins de l'écossais umbadan qui ne va guère de pair avec mañouner. Ménage et Ferrari dér. de *aeramen*, acraminianus, minianus.

Magne, magnes, maine, mainne I, 179. II, 158, grand; *magnus*; maire, maires, major, majour, majeur, maior, maiour, maieur, maür I, 103, plus grand, plus considérable, principal; *major*; sbst. encore avec les formes meour, maour, mahour I, 71. 133, chef, chef d'un corps d'artisans ou de confrérie, administrateur, régisseur; aujourd'hui premier fonctionnaire municipal d'une ville. Selon M. J. Grimm II, 463 *magne*, dans le nom propre *Charlemagne*, ne dérive pas de *magnus*, mais de l'allem. man, et ce n'est que tard qu'on rapporta *magne* à magnus; *Charlemagne*, dans la langue franque, *Karolo-man*. Maismement II, 305, dont la diphthongue *ai* s'affaiblit aussi en *ei*, meismement I, 161. II, 21, ce que j'ai omis de rappeler en disant qu'il ne fallait pas confondre ce *maismement* avec *meismement* de *meisme*, signifiant pareillement, également. Les Mor. s. J. fournissent la forme contracte maement II, 305.

Magnifier I, 144. 160, glorifier, honorer, exalter, louer, vanter; *magnificare*.

Magre, maigre I, 177. II, 243, maigre; *macer;* de là maigresse, megrece, maigreur; prov., esp., port. magreza, ital. magrezza.

Mahaigner v. mahain.

Mahain, mehain, mehaing, imperfection, défaut corporel, blessure, tourment; ital. *magagna;* vb. mahaigner, mehaigner, mehaingner, blesser, mutiler, estropier, tourmenter, détruire, perdre; ital. magagnare, prov. maganhar. Muratori dér. *magagna* de *manganum,* mangonneau, ce qui est contre le sens, et l'opinion de D.C., que notre mot est emprunté à l'italien n'a aucune valeur Les autres étymologies indiquées par ce dernier s. v. mahanium sont aussi peu soutenables. Il faut en outre remarquer dehaigner II, 386, maltraiter, ravaler, qui, s'il est primitif, et non une création nouvelle faite sur *mehaigner,* donnerait une tout autre direction à l'étymologie de *mahain.* Je ne saurais rien proposer.

Mahour v. magne.

Mai, moi v. me.

Mai, pétrin v. maie.

Mai I, 48, mai; de *majus;* prov. mai, may, esp. mayo, ital. maggio.

Maidnee v. mansion.

Maie, mai, mait, met, pétrin; ital. madia; aujourd'hui dans le Jura *maid,* en Picardie *maie,* en Normandie *met,* en Franche-Comté *meû;* de *magis, magidis.*

Maieur v. magne.

Maignee v. manoir.

Maigre v. magre.

Maigresse v. magre.

Mail, mail; dim. maillet v. Roq. s. e. v.;

de *malleus;* mailler, frapper d'un maillet ou d'une massue, marteler, battre; de *malleare* (part. seul connu); de là maille, massue, masse d'armes, signification qu'a aussi *mail;* mailleis, action de frapper avec des *mails* ou *mailles.*

I. **Maille,** maille, tissu; de *macula;* de là mailler, maillier, mailler, ouvrer, garnir de mailles; comp. **desmailler, desmailer, desmaillier, desmaeler, desmaelier,** démailler, rompre les mailles.

II. **Maille, maaille,** maille, sorte de petite monnaie qui valait la moitié d'un denier, et qui équivalait à l'obole; lmâ. *maillia,* contracté de *medallia,* DC. s. v. Cfr. Roquef. s. v. maille.

Maille, massue v. mail.

Maillege v. malade.

Mailleis v. mail.

Mailler, marteler v. mail.

Mailler, mailler v. maille 1.

Maillet v. mail.

Maillier v. maille I.

I **Main,** main; de *manus; prendre en main* II, 193, prendre en main, se faire fort de qqch., se charger de qqch.; *main à main,* aussitôt, à l'instant; de là manier I, 93, manier, préparer, arranger; maniable, exercé; — manier, manoier, ce qu'on porte à la main, ce qui se manie, habituel, habitué à, prompt; de *manarius* pour *manuarius,* et de ce même adject. latin le subst. maniere, meniere II, 132. 204. 208, manière, façon, guise, coutume, sorte, espèce.

II. **Main** II, 296, matin; prov. man, ital. mane; de *mane;* de là demain, demein subst. et adv. II, 7. 296, demain; comp. lendemain, lendemain, pour *le en demain,* aujourd'hui l'article est redoublé; — matin, matin; prov. mati, ital. mattino,

dér. de *matutinum, par matin* I,403,
tout au matin; de là **matinee** I, 300,
matinée; **matines, matinnes** I, 281,
dimin. **matinet, matinnet** I, 401. II,
106, petit matin, point du jour,
aurore.

Mainbornie v. mainbour.

Mainbornir v. mainbour.

Mainbour, mainbourg, mambourg, protecteur, administrateur, tuteur; **mainbornir, mainburnir, mainbournir,** protéger, gouverner, administrer; d'où **mainbornie, mainbournie, mainburnie,**
protection, garde, tutelle; lmâ.
mundiburdus, munburdus, etc., de
l'ahal. *muntboro,* anglo-saxon *mundbora,* allmod. (vieilli) *montbar,* tutor,
patronus; selon M. Grimm de *munt,*
main, et *beran,* porter. Cfr. ahal.
munt, munda, palma, cubitus; anglo-saxon *mund, mun,* manus, palma,
etc., et Dief. G. W. II, 87. 766,
No. 64. *Main* est une interprétation romane de *munt.*

Mainbourg v. mainbour.

Mainbournie v. mainbour.

Mainbournir v. mainbour.

Mainburnie v. mainbour.

Mainburnir v. mainbour.

Maindre v. manoir.

Maine, mainne v. magne.

Maingier v. mangier.

Mains v. menre.

Mainsneit v. naistre.

Maint I, 178. J'ai admis avec M. Diez
et la plupart des étymologistes la
dérivation du goth. *manags;* mais
la forme ne se prête pas, il faudrait avoir un neutre abal. *managat.*
L'ahal. a le substantif *managoti,
menigoti,* multitude, qu'on pourrait
rappeler ici, cependant ces mots
auraient difficilement produit la
forme *maint,* et je crois devoir
adopter l'opinion de M. Diefenbach,
G. W. II, 34. 5, qui recherche l'origine de *maint* dans le celtique.

Le kymri *maint,* multitude, quantité, extension, ne laisse rien à désirer pour la forme, et l'on a des
exemples d'un subst. employé adjectivement, p. ex. troppo, en italien, de troppus. Comp. **tamaint**
I, 179.

Maint v. mener.

Maintenance v. tenir.

Maintenant II, 304, *de maintenant,
tot maintenant* II, 305. I, 338. 355.
J'ai dit et je maintiens que *maintenant* était une composition à part
de *in manu tenens,* et non pas le
participe présent de maintenir, dont
l'idée ne concorde pas avec celle de
l'adverbe; ital. immantinenta.

Maintenement v. tenir.

Maintenir v. tenir.

Maior, maiour v. magne.

Maire, navre v. marer.

Maire, maires, plus grand, chef v. magne.

Mairien v. matiere.

Mais, mes adv. II, 303; *ne mais —
que* II, 303; *n'en poor mais* II,
304; *mais, meis, mes, mex* conj.
II, 384; *mais que* II, 384.

Maisgnee v. manoir.

Maishui II, 297.

Maisiele v. maissele.

Maisnee v. manoir.

Maisnie, maisniee v. manoir.

Maisoan, maisouan v. an et II, 275.

Maison, maisonete v. manoir.

Maissaige v. manoir.

Maissele, massele, maisiele I, 227. 315.
R. d. l. V. 98, joue, mâchoire; de
maxilla.

Maïsteit v. majesteit.

Maïstre II, 269 qui, par suite du fréquent emploi, devint de bonne heure
maistre, d'où les orthographes **meistre,**
mestre, maître, savant, expert dans
un art, docteur, chef, seigneur, titre
attaché à certaines dignités, à certains emplois; du latin *magister.*

Maistre ou **maistresse** signifiait aussi gouvernante, nourrice, femme âgée chargée de la surveillance des jeunes filles; v. P. d, B. v. 334., R. l. d. V. p. 21. *Maistre* s'employait comme adjectif au sens de principal, premier, grand, supérieur, suprême. De là **maistrie, meistrie, mestrie, maîtrise,** suprématie, doctrine, science; l'art de guérir les plaies, les maladies; habileté, artifice; arrogance, hauteur, fierté; **maistriement,** tutelle, autorité d'un maître; **maistrise, mestrise,** arrogance, hauteur, supériorité qu'on a ou qu'on s'arroge; art, industrie; **maistrisié,** expert, habile; vb. **maistrer** (magistrare), **maistrier, maistroier, maistreier, mestroier, mestreier, mastrier** I, 241. II, 354, dominer, gouverner, conduire, maîtriser, travailler en maître, exceller; être maître de qqn. — Notre nom de vent, *mistral,* est aussi un dérivé de cette racine. Rabelais (IV, 18) écrit encore *maistral,* en italien maestrale, prov. maestre.

Maistre, maistreier v. maïstre.

Maistrer v. maïstre.

Maistrie, maistriement v. maïstre.

Maistrier v. maïstre.

Maistrise v. maïstre.

Maistrisié v. maïstre.

Maistroier v. maïstre.

Maisun v. manoir.

Mait v. maie.

Maitie v. meie.

Maitre v. metre.

Majeste v. majesteit.

Majesteit, majestet, majeste, contracté **maïsteit,** s. s. et p. r. **majesteiz, majestes** I, 68. 83. 394, majesté, puissance, autorité; *majestas.* Cfr. maïstre, magne.

Majestes, majesteiz v. majesteit.

Majeur v. magne.

Major, majour v. magne.

Mal, mau, male adj., empl. subst. II, 388, mal, méchant, pernicieux, mauvais, malin; *malus;* adv. **mal** I, 122, mal; *male; mal soit de l'eure* I, 394; **malement** I, 74. 251. 263. II, 74, mal, malicieusement, à mauvais dessein, méchamment; de là **mauté** II, 237. 378, méchanceté; — **mal, mau** I, 227. II, 60. 72. 360, mal, douleur, souffrance; *malum.*

Malade, malaide, malade, infirme; **maladie, malaidie,** maladie, infirmité; de *male aptus;* en prov. malaptia, malautia Rayn. (L. R. II, 107); dans la passion de J.-C., sobre *malabdes* (str. 116), avec adoucissement des deux consonnes, dont une seule nous est restée. De là **malader, maladier,** être malade; comp. **amaladir,** devenir malade, souffrir; **enmaladir** II, 270, devenir malade, rendre malade; **malage.** R. d. l. V. p. 166, **maillege,** mauvaise santé, langueur, souffrance, maladie.

Malader v. malade.

Maladie, maladier v. malade.

Malage v. malade.

Malaide, malaidie v. malade.

Mailaisse, malaisse v. aise.

Malartos, malartous v. art.

Malaür v. aür.

Malaürous, malaürousement v. aür.

Malbaillir v. bail.

Maldire v. dire.

Male fém. de mal.

Male A. et A. 2655, **malle,** caisse; ital., esp., prov., port. mala; gallois *mála,* bag, purse; ahal. *malaha, malha;* cfr. Dief. G. W. I, 271, §.

Maledicence v. dire.

Maleir v. dire.

Malement v. mal.

Maletolte v. tollir.

Maleür v. aür.

Maleüros, maleürous I, 381 v. aür.

Maleürosement v. aür.

Malevoillance v. voloir.

Malfaire v. faire.

Malfait v. faire.

Malfet v. faire.

Malgre v. gre et II, 357

Malice, malisce m. et f. I, 86. 220. 227. II, 51. 157, méchanceté, malignité, tromperie, fraude; de *malitia*; malicios, méchant, malin, trompeur; *malitiosus*; adv. maliciosement II, 224, méchamment, malignement, frauduleusement. Cfr. mal.

Malicios v. malice.

Maliciosement v. malice.

Maliciousement v. malice.

Maligne m. et f. I, 47. 228, malicieux, pervers, perfide, malfaisant; *malignus*. Cfr. mal.

Malir v. dire.

Malisce v. malice.

Malle v. mascle.

Malmener v. mener.

Malmetre v. metre.

Malostru v. astre.

Maltalent, maltalenti v. talent.

Maltolu v. toldre.

Maltraire v. traire.

Maltraiter v. traiter.

Malvais, mauvais, malveis, mauves II, 296. 388, mauvais, méchant, dangereux, enclin à faire le mal; au figuré, le diable; malvaiseteit I, 373, malvaistiet, malvaistie I, 144. 207. 368, malvestiet I, 358, malice, méchanceté. MM. Grimm et Diez font de *malvais* un mot hybride, en le rapportant à un adjectif gothique *balvavesis*, supposé d'après le substantif *balvavesei*, méchanceté, ϰαϰία, d'où *balvais*, qui aurait été interprété en *mal*(= male) *vais*, ou simplement traduit. Cfr. Dief. G. W. I, 272.

Malvaiseteit v. malvais.

Malvaistie, malvaisetiet v. malvais.

Malveis v. malvais.

Malvestiet v. malvais.

Malvoillant v. voloir.

Malvoisdie v. vice.

Malvoisin v. voisin.

Mambourg v. mainbour.

Mamele, mamiele II, 371, mamelle; *mamilla*; prov. mamilla, mamella, esp. mamila, ital. mammilla, mammella, port. mama, mamma.

Mamiele v. mamele.

Manacer v. menace.

Manacher v. menace.

Manage v. manoir.

Manaide v. manaider.

Manaider, manaier, manoier, manier, protéger, ménager, épargner; avoir en son pouvoir; subst. manaide, menaide, manaie II, 175, menaie, manoie, protection, ménagement, merci, miséricorde, grâce, pouvoir, discrétion; de *manu adjutare*.

Manaie v. manaider.

Manaier v. manaider.

Manaige v. manoir.

Manais v. manes et II, 304.

Manandie v. manoir.

Manant v. manoir.

Manantie v. manoir.

Manbré, manbrer v. membrer.

Mance, mancele v. manche.

Mancelon v. manche.

Manche, mance f. II, 135, manche (f.); de *manica*; de là mancele, manchele, manchon; mancelon, manchelon, manchette. Le mot manche m. II, 371 est de la même racine.

Manchele v. manche.

Manchelon v. manche.

Mandement v. mander.

Mander I, 65. II, 54, mander, commander, recommander, faire savoir, instruire par message; *mandare*; subst. mant, ordre, message, commandement; de là mandement, mandement, ordre, commandement; district, ressort, territoire, domaine; appartement principal du château; R. d. l. V. p. 151 et DC. mandamentum; comp. remander II, 164, remander, mander à son tour;

commander I, 162, commander,
ordonner; confier, recommander,
mettre sous la garde et protection
d'un autre; *commendare;* part. prés.
empl. subst. comandant I, 122, com-
manditaire; d'où commandeires, comanderes, commandeor I, 49. 77,
commandant, qui commande, com-
mandeur; conmandement, cumandement, comandement I, 59. II, 82. 137,
commandement, ordre, recomman-
dation; — commant I, 69, commandement, ordre; — demander,
demander, réclamer, blâmer, accuser, reprocher; d'où demandement,
demande, réclamation; redemander
II, 106, redemander.

Maneir, maner v. manoir.

Maneis v. manes et II, 304.

Manes, manois, maneis, manais, menois, demanois, demaneis II, 304;
conj. *manes que* II, 384. Cfr. main II.

Manger, maingier, mangier, mengier,
menjier, meingier I, 187. II, 236,
manger, dévorer; de *manducare,*
qui s'employa de bonne heure dans
le sens roman; et, avec rejet du *c,*
manuer, répondant à l'ital. manu-
care, manicare; puis avec renversement de manducare en mandcuare,
manjuer, prov. manjuiar. Inf. employé subst. I, 96, etc. *Démanger*
est un composé de manger.

Mangon, mangun II, 9. 144. Sorte
de monnaie; il faillait deux be-
sants pour faire un mangon. Voy.
DC. mancusa.

Mangoneal v. mangonne.

Mangoneaus v. mangonne.

Mangoniaus v. mangonne.

Mangonne II, 107, sans doute pour
mangonnel, comme le demande la
rime, et c'est aussi la forme ordinaire, mangoneal, mangoneaus, mangoniaus, machine à lancer des pierres;
dér. de μάγγανον, ib.; ital. man-
gano, fronde, d'où manganello.

arbalète; prov. manganel. Cfr. DC.
manganum. L'allemand a aussi
adopté ce mot: mange, mangel,
calandre; ahal. mango, allmâ. mang,
machine.

Mangonnel v. mangonne.

Manie v. manoir.

Manier, protéger v. manaider.

Manier, manier v. main I.

Maniere v. main I.

Manifeste, manifeste, évident; *mani-
festus;* manifester, découvrir, montrer, publier; *manifestare.*

Manifester v. manifeste.

Manir v. manoir.

Manjuer v. manger.

Manne I, 156, manne; *manna.*

Mannier v. molin.

Manoie v. manaider.

Manoier, protéger v. manaider.

Manoier, ce qui se manie, v. main I.

Manoir, maner, maneir, mennoir, manir,
maindre, meindre II, 34 et suiv.,
demeurer, rester; comp. remanoir
II, 34, demeurer, rester, cesser,
laisser, en rester là, n'en pouvoir
plus; *remanere;* — permanoir, parmaindre II, 40; *permanere;* en per-
manant I, 234, sans discontinuité,
à jamais, éternellement, sans variation; permanable, parmanable II,
243, éternel, durable, permanent;
adv. permanablement, permanaulement
I, 95. 256, à perpétuité, à jamais,
éternellement, sans variation; permanableteit, permanauleteit II, 284,
éternité, demeure continuelle. —
Également de *manere,* dérivent manoir, maneir, maner II, 339, maison,
habitation, village, hameau; manage,
manaige, maison, habitation, demeure; manant (habitant, vilain),
adj., riche, qui est à son aise, puissant, et pris subst., propr. part. prés.
lmâ. *manens,* colonus, prov. manent,
manen; et d'ici manantie, menantie
manandie, menandie, richesse, bien

revenu, meubles précieux; cfr. DC. managium; d'où **enmanantir** I, 268, enrichir; — de même propr. part. prés. du comp. *remanoir*, **remanant, remainant** I, 343, restant, reste, surplus; *à remanant, de remanant, de remennant* I, 309, de reste, dont il reste quelque chose, qui dure; et d'ici **remanance, remanence,** demeure, résidence. — De *mansio,* dér. **mansion, mansiun, mantion** I, 218. II, 351. 363, demeure, habitation, séjour; **maison, maisun, meison** II, 232. 395, maison, habitation; *maison Dieu,* hôpital; dimin. **maisonete, mesonete,** maisonnette; dér. **maisnee, maisnie, meisnie, meisnee, maisniee, maisgnee, mesgnee, maignee, meignee, mesne,** dans les Q. L. d. R. avec *d* normand pour *s*, **maidnee,** dans G. d. V. **manie** I, 196. 214. 299. 372. II, 21, etc., famille, maison, tous ceux qui la composent, suite, troupe; propr. *mansionata,* d'où l'on dériva à son tour **mastin** I, 348, dogue, gros et grand chien, dans le principe, membre de la maison ou domestique, cfr. G. l. L. I, 154, *mastin de la cuisine.* — De *mansus* ou *mansum,* formes subst. du lmâ. dérivées de *manere,* on forma **mas, mes, mez, mex, meix,** pièce de terre, métairie, héritage des personnes de basse condition, des paysans, hutte, habitation; cfr. manoir part. pas. II, 40, Roq. s. v. mas, et le latin de la Loi salique *in cujus pago manet* (parce que les colons habitaient la propriété); **mase,** métairie; lmâ. mansa; dér. **maissaige, masage, massaige,** hameau.

Manois v. manes et II, 304.

Manre v. menre

Mansion, mansiun v. manoir.

Mansuetudine II, 240, douceur, mansuétude; *mansuetudo, inis;* **mansuetume** II, 241, ib. Cfr. ume, terminaison.

Mansuetume v. mansuetudine.

Mant v. mander.

Mantel II, 299. 360, manteau; de *mantellum.* **Mante** est une apocope du même mot.

Mantion v. manoir.

Manuer v. manger.

Maour v. magne.

Maqueriau, maquereau, homme qui fait le métier de débaucher les filles; du bas-saxon *maker,* négociateur, de *maken,* négocier, allmod. *mäkeln;* cfr. abal. *mahhari* de *mahhôn,* machinari, *huor-mahhari, huormachari,* maquereau; suéd. *maka,* concerter une chose. Selon R. Estienne, le mot *maquereau* dérive du latin *macula,* tache, parce que les maquereaux des comédies romaines avaient un manteau tacheté, bariolé. Pour soutenir cette étymologie, il faudrait avant tout prouver que les peuples de la Gaule avaient conservé le souvenir de ces maquereaux romains, ce qui n'est pas trop probable. L'opinion de R. Estienne ramènerait à la même source le *maquereau* dont il vient d'être question, et son homonyme désignant un poisson, car on dérive ce dernier de *macula,* d'où *maclereau,* puis *maquereau,* à cause des taches qu'il a sur le dos. Les Allemands ont fait de *maquereau,* lmâ. maquerellus, leur *makrele,* norvégien, hollandais *makreel,* anglais *mackerel,* dan. *makrel.* M. Chevalet se trompe en prétendant le contraire.

Mar, mare II, 276 et Gloss. ore II.

Marastre v. mere.

Marbre I, 313. II, 288, marbre; *marmor;* prov. marme, ital. marmo, esp. marmol, port. marmore; **marbrin, marbrine** I, 69. 177, de marbre; propr. marmorinus.

Marbrin, marbrine v. marbre.

Marc, marce v. marche.

Marce v. marche.

Marceant v. marchet.

March v. mars.

Marchaandie v. marchet.

Marchander v. marchet.

Marchandise v. marchet.

Marchant v. marchet.

Marche, marce I, 369, limite, frontière, confins; province frontière; pays, contrée entre deux états ou deux provinces; lisière d'un bois; lmâ. marca, marcha, marchia; marc, merc, merch (mers) m., signe, trace; marc (mars) II, 353, marc, poids; lmâ. marca, marcus; marchir, marcir, confiner, être sur les frontières d'un pays, limitrophe; marchis, marcis, markis I, 232. II, 242, marquis, primitivement gouverneur d'un pays frontière; voisin; proche; lmâ. marchio, marcheus, etc.; fém. marchise II, 202; marcher (DC.), marker, merker, merchier, merquier, marquer, désigner. Tous ces mots dérivent du goth. marka, ahal. marcha, anglo-saxon mearc, märc, frontière, allmâ. mark (neutre), signe, ahal. marchon, markon, limiter, désigner, etc. Cfr. Dief. G. W. II, 52 et suiv. A la même famille appartient notre verbe marcher, d'où l'on fit plus tard le subst. marche. On a cherché à dériver marcher de l'allem. marah, cheval, ou du celtique march, ib.; mais marcher n'est pas un de nos plus vieux mots, et il ne peut par conséquent être rapporté ni à l'allemand ni au celtique. Il y a deux manières de s'expliquer marcher: 1) il a signifié, dans le principe, aller de marche en marche (Ruteb. I, 433), c.-à-d. voyager d'un pays à l'autre, ou aller dans la marche (v. plus haut marche), ou quelque chose de semblable; 2) il peut se rapporter à marc, signe,

trace, d'où l'on aurait la signification faire des pas. Cette supposition est soutenue par l'imp. marcoit (P. d. B. v. 10833), qui suppose un verbe marcer, si, comme il le paraît, marcoit signifie fouler. Marcer est une forme de l'Ile-de-France pour marcher. M. Chevalet dérive marcher de l'ancien allemand marchieren. Les savants philologues de l'Allemagne lui seront sans doute très-reconnaissants de la découverte de ce primitif allemand, car il avait jusqu'ici échappé à toutes leurs recherches.

Marcheander v. marchet.

Marcheant v. marchet.

Marcher v. marche.

Marchet, markiet, marchie, marcie I, 124. 235. 294. II, 57, marché, convention de prix d'une chose, commerce, marchandises, vivres; faire grant marche de qqc., la donner en abondance; de mercatus; marcheant, marceant I, 64 et contracté marchant, markant, marchand; part. prés. de mercatare; marcheandise, marchaandie, marchandise I, 148. II, 88, marchandise; marcheander, marchander II, 299, commercer, faire marché, conclure un marché.

Marchie v. marchet.

Marchir v. marche.

Marchis, marchise v. marche.

Marcie v. marchet.

Marcir v. marche.

Marcis v. marche.

Mardi v. mars.

Mare, amas d'eau, étang; en concordance avec le néerlandais maar, dont la signification est la même. Dér. de maar, marasch, maersche, mersche, anglo-saxon mersc, danois marsk, d'où notre ancien français maresqs, marais, dimin. maresquel, petit marais. Quant à marois I, 290, mareis II, 127, marais, il peut également être formé de *marasch,* quoique la dérivation du latin *mare,* dans sa signification du moyen-âge (v. DC. s. v.), soit aussi possible. Cfr. Dief. G. W. II, 44. 45. **Marescage,** marécage; **mareschat, marescat** marais, lieu marécageux, appartiennent à la même racine.

Mareis v. mare.

Marelle v. matras.

Marement v. marrir.

Marenne v. mer II.

Marer. Je statue cet infinitif sur les 3. pers. s. prés. ind. **maire** (avec diphthongaison), **merre** R. d. C. d. C. 2544. Ben. v. 30186, les seules à ma connaissance. La racine de ce verbe se trouve dans le latin *mas,* mâle. Selon Isidore (12, 1, 11), *mas* se disait, en Espagne, du bélier ou du bouc; de là les mots, esp. *marron,* cat. *marra,* occitanien *marra* ou *marmouton,* bélier; d'où port. *marrar,* frapper avec les cornes (en parlant des boucs). *Marra,* en esp. et en port., signifie également marteau, et, dans ce sens, il a la même origine. Cfr. esp. *macho,* homme et marteau. En partant de ces points de vue, on s'expliquera facilement les significations qu'a développées notre *marer:* navrer, attrister, égarer, troubler, tourmenter — maîtriser, dominer, réprimer. Ainsi dans l'exemple: Qant plus me *maire* s'amours et point (Romv. 299), on voit deux manières dont l'amour fait sentir sa peine : il *maire,* c.-à-d. frappe comme avec un marteau, fait une large et forte (mâle) blessure, et il *point,* c.-à-d. il pique, il enfonce profondément son aiguillon.

Marescal v. mareschal.

Marescauchie v. mareschal.

Mareschal, marescal, maréchal, mot avec deux significations usuelles,

mais n'ayant qu'une seule signification étymologique, celle de serviteur des chevaux. En effet, le *mareschal* ne fut d'abord qu'un simple domestique de la maison de nos premiers rois, auquel était confié le soin d'un certain nombre de chevaux; plus tard il fut chargé de ranger la cavalerie en bataille sous les ordres du *conestable.* Depuis, l'office de maréchal a toujours été en augmentant d'importance (v. DC. Marescalcus). *Mareschal* dérive de l'ahal *marah,* cheval, *scalc* (goth. skalks), serviteur. De là **mareschauchie, marescauchie,** écurie, forge à ferrer les chevaux.

Mareschauchie v. mareschal.

Maresqs v. mare.

Maresquel v. mare.

Mari, marid v. marit.

Mariage, mariaige v. marit.

Marien v. matiere.

Marier v. marit.

Mariment v. marrir.

Marin, marine v. mer II.

Marineaus v. mer II.

Marinel v. mer II.

Marir v. marrir.

Marit, marid, mari I, 46. II, 198. 319, mari, homme marié; *maritus;* marier I, 107, marier; *maritare;* de là **mariage, mariaige** I, 152. 153, mariage; *rompre mariage,* manquer à la foi conjugale.

Markant v. marchet.

Marker v. marche.

Markiet v. marchet.

Markis v. marche.

Marois v. mare.

Maronier, maronnier v. mer II.

Marrement v. marrir.

Marriment v. marrir.

Marrir, marir II, 347, s'égarer, s'abuser, se méprendre; attrister, faire de la peine, maltraiter, se chagriner, s'affliger, se fâcher, se brouiller, être abattu; du goth. *marzjan*, fâcher, se tromper, tromper; ahal. *marrjan*, impedire, scandalizare, irritum facere. Dér. mariment I, 381, marriment, marement II, 209. 343, tristesse, affliction, douleur, chagrin. Quoique le passage de l'*i* à l'*e* n'ait rien que de fort naturel, je demanderai s'il ne serait pas plus convenable de rapporter *marement* à marer. Comp. esmarrir, esmarir, affliger, attrister, troubler, gémir; pronom. s'étonner, être surpris, appréhender, s'égarer.

Mars s. s. et p. r. de marc, poids, v. marche.

Mars, march I, 111, mars (mois); *Mars*, *tis*; mardi I, 119, mardi; *Martis dies*. Cfr. dis.

Martel II, 385, marteau; de *martulus*.

Martir, martire v. martyr.

Martirie, martirier v. martyr.

Martre I, 83, marte, martre; de *martes* Martial 10, 37, 18; esp., port. marta, prov. mart, ital., se réunissant à la forme française avec *r*, martora, allemand marder.

Martre, martyr v. martyr.

Martresse v. martyr.

Martre, martir, martre I, 190. 212. 265, martyr; *martyr* (μάρτυρ); fém. martresse Enf. Haymon 808; martyre, martire, martirie I, 169. 216. 409, martyre, tourment, supplice, carnage; *martyrium* (μαρτύριον); de là martyrer, martirier, faire mourir, condamner au supplice, martyriser.

Martyre v. martyr.

Mas v. manoir.

Masage v. manoir.

Mascher, masquer II, 123, mâcher; de *masticare*. La forme *masquer* rappelle celle de notre substantif *masque*, lmâ. masca, sorcière et masque; que M. J. Grimm, Mythologie p. 1036, rapporte également

à *masticare*, parce que les sorcières mangent les enfants. Cfr. *manducus*, grand mangeur, dans Plaute, masque hideux. On a dérivé aussi *masque* de l'ahal. *mascá*, réseau, allmod. *masche*, maille, et ce masca vient, dit-on, de *mâsa*, tache, marque. Quoiqu'on ait pour soutenir cette dérivation le passage de Pline XII, 24: persona adjicitur capiti desusve reticulus; elle me paraît bien moins significative que la première. Un composé de masca, est *talamasca: delusio imaginaria talemasca Vetus Gloss. MS.;* nec larvas daemonum, quas vulgo talamascas dicunt; talamascae litterae, pro occultis; v. DC. s. v. On regarde ce composé comme étant d'origine allemande; alors le premier membre de la composition doit être *dal*, *tal*, enfoncement, creux; mais le celtique a aussi un *tal*, qui signifie front, et je ne sais si l'on ne doit pas donner la préférence à ce dernier. La preuve qu'on fournit de l'origine allemande de talamasca, c.-à-d. qu'il se montre d'abord en Allemagne, n'est pas une raison péremptoire, puisque, même dans les mots allemands, *tal* n'est pas toujours allemand. Cfr. Mone, gallische Sprache p. 104, s. v. N'importe, de talamasca dér. l'ancien français talemasche, talmasche, masque, déguisement; vb. entalemaschier, entalmascher, défigurer, altérer. — A considérer les formes ital. maschera, esp., port. mascara, piemontais mascra, masque (de *masca*, avec *r* intercalaire pour renforcer la forme, mascra, puis, par extension, intercalation de *a* ou *e*; cfr. ital. tartaruga de tartuga), et port. mascara, tache noire, vb. mascarar, noircir, tacher, souiller, prov. mascarar; on devra, avec Raynouard, rapporter à la même racine ces dernières formes et notre *mâchurer*, autrefois maschurer, mascurer, tacher, souiller: Car il estoit d'une herbe noircis et mascures (Ch. d'Antioche I, 42, v. 570). — *Talamasca* a donné lieu à M. Sachs (Beiträge zur Sprach- und Alterthumsforschung I, 64) de dériver, en rejetant le radical, *masca* de *telesma*, par l'intermédiaire d'une nouvelle formation *talasmica* ou *τιλεσμιχά*; puis pour les formes ital., esp., port., piem., il admet une extension des *masca*, *μασχα-ρέματα*. Quel que soit mon respect pour les profondes recherches de ce savant, je ne saurais admettre deux procédés si différents, je dirai même si violents, que ceux indiqués, pour la formation d'un seul et même mot. Mais M. Sachs a raison de rejeter l'origine que donne Saumaise à *masca*, c.-à-d. *βάσχα*.

Maschurer v. mascher.

Mascle, masle, et, par assimilation, malle I, 354, mâle; masculin; *masculus;* meslin II, 27, mâle, viril, courageux, brave, vaillant, intrépide; *masculinus.* Pour la forme cfr. mesler. De *mâle*, dér. *malart,* mâle des canes sauvages.

Mascurer v. mascher.

Mase v. manoir.

Masle v. mascle.

Masque v. mascher.

Masquer v. mascher.

Massaige v. manoir.

Masse I, 290. II, 228, masse, quantité; de *massa;* de là amasser I, 327, amasser, ramasser, rassembler, réunir; amassee I, 240, rassemblement; amasseiz, amas; amasseres, amasseor, celui qui amasse des richesses, avare; comp. ramasser.

Massele v maissele.

Mast, maz, mât; de l'ahal. *mast*, ancien norois *mastr*, anglo-saxon

mäst, anglais, suédois, danois, *mast.*

Mastin v. manoir.

Mastrier v. maïstre.

Mat, triste, abattu, faible; abréviation de la formule du jeu des échecs: *echec et mat*, du persan *schach mat*, le roi est mort. De là mater, matir, affaiblir, fatiguer, abattre, vaincre, dompter, réduire à l'extrémité, tuer, humilier, causer du chagrin; être mat, aux échecs, etc., port, esp. matar, ital. mattare; amatir, mêmes significations que *mater;* mais je ne connais pas d'exemples où *amatir* se rapporte à la première conjugaison.

Mater v. mat.

Materas v. matras.

Matere v. matiere.

Matiere, matere, matire I, 250. II, 173. 390, matière, sujet; matériaux pour bâtir; *materia;* mairien, marien Q. L. d. R. IV, 366, merrain, bois de charpente; *materiamen*, lat. materia, v. DC. s. v., prov. mairam.

Matin, matinee v. main II.

Matines, matinnes v. main II.

Matinet, matinnet v. main II.

Matir v. mat.

Matire v. matiere.

Matras, materas, trait, javelot; matrasser, écraser, meurtrir, assommer; du latin des Gaules *matara*, *mataris* ou *materis*, qui, d'après tous les rapports, sont d'origine celtique, mais dont on n'a pu jusqu'ici retrouver la racine. Cette racine exprimait l'idée de lancer (cfr. l'ancien gallois methred, jaculator), et c'est avec raison qu'on lui rapporte le jeu de marelle, merelle Ch. d. S. II, 141, dans la basse latinité *madrellum, madrella*, pour *materulum, materula, materella*; quoique l'on n'ait pas appuyé cette liaison sur l'idée de lancer, mais sur des hypothèses sans fond. V. Ménage s. v.

merelle. Une nouvelle preuve de
la justesse de cette dérivation, c'est
que *merelle,* aussi **mereale,** signifiait
en même temps coup de poing. Le
merel, d'où **merians, mereaus** II, 230,
est l'espèce de pion ou jeton dont
on se sert au jeu de la marelle.
La *marelle* des enfants, où ils
marchent à cloche-pied, et poussent,
lancent une espèce de palet avec
le pied, donne encore de la con-
sistance à ce que je viens de dire
et prouve l'ancienneté de la marelle; car l'origine de presque tous
les jeux de l'enfance se perd dans
la nuit des temps. M. Dief. Celt.
I, 76 admet l'idée primitive de
tranchant, blessure.

Matrasser v. matras.
Mattre v. metre.
Mau v. mal.
Maubaillir v. bail.
Maubien v. bien.
Maudire v. dire.
Maudre v. moldre.
Maufaire v. faire.
Maufe, maufet v. faire.
Maugre v. gre et II, 357.
Maumener v. mener.
Maumetre v. metre.
Maür, plus grand v. magne.
Maür, meür, mûr; sage, prudent, con-
sommé; *maturus;* **maürteit, maürted,
meürtet** I, 392, maturité; réflexion,
sagesse; *maturitas.*
Maure, maurre v. moldre.
Maürted, maürteit v. maür.
Mautalent, mautalenti v. talent.
Mauté v. mal.
Mautelant v. talent.
Mautolu v. toldre.
Mautraiter v. traiter.
Mauvais, mauves v. malvais.
Mauveisin v. voisin.
Mauvoillant v. voloir.
Maz v. mast.
Mazelin v. madre.

Mazre v. madre.
Me pron. poss. fém. picard pour ma,
v. mes III.
Me pron. pers. rég. I, 121. 123, me,
moi; de *me;* d'où encore, avec
diphthongaison, **moi, mei, mai** I,
121. 123-5, moi.
Meaudres v. mialdres.
Meaus v. mialdres.
Meax v. mialdres.
Mec 1. p. s. prés. ind. de metre I, 216.
Mechine v. meie II.
Medeciner v. meie II.
Medicine, mediciner v. meie II.
Meditation I, 142, méditation; *me-
ditatio.*
Medlee v. mesler.
Medler v. mesler.
Medniee v. manoir.
Meesme v. meisme.
Megrece v. magre.
Mehaigner v. mahain.
Mehain, mehaing v. mahain.
Mehaingner v. mahain.
Mei, moi v. me.
Mei pron. pos. pl. s. m., v. mes III.
Meidi v. dis et cfr. meie I.
Meidnee v. manoir.
Meidre v. mialdres.
I. **Meie, mie, mi** (v. I, 118. II, 359 en
composition avec *par* et *en,* où il
faut lire l'adjectif *mei, mi,* au lieu
de: le substantif mei, mi), mi, demi,
au milieu, mitoyen; de *medius.*
Dér. **moien, moyen, meien,** moyen,
mitoyen, médiateur, entremetteur;
de *medianus;* d'où **moienneres,
moienneor, moyenneur,** médiateur;
moitiet, meited, moitie, maitie, moitié;
de *medietas;* vb. **moitier,** partager
par moitié; d'où **moitoier, meiteier,
moitaier,** notre métayer, c.-à-d. qui
partage les fruits à moitié avec le
possesseur; associé; de là notre
métairie. Selon M. Génin, mi „est
par abréviation, ou, comme parlent
les gens doctes, par apocope pour

16

milieu". Je puis donner à M. Génin
la pleine certitude qu'il se trompe;
les gens doctes disent: *milieu* est
un composé de *mi* = *medius* et de
lieu = *locus.*

II. **Meie, mie** I, 49. 269, médecin;
de *medicus.* A côté de ces formes,
on trouve **mire** I, 345. II, 312 dans
le même sens, d'où le verbe **mirer**,
traiter, donner des remèdes, guérir.
Mire dérive de *medicarius*, extension de medicus: *meire*, puis *mire*,
comme le prouve la forme suivante:
Mais nèis en la grant enfermeted
ne volt nostre Seignur requerre,
mais as *miries* se tint e en els out·
fiance (Q. L. d. R. III, 304). **Medicine, mezine, mechine, miecine** I,
163. 167. 378. II, 383, médecine,
remède; art de la médecine; *medi-
cina;* d'où **mediciner, medeciner** I,
234. II, 378, médeciner, médica-
menter, panser, traiter, guérir.

III. **Meie, moie, moe, mieue, miue** I,
139. 140, mienne. La forme *mieue*
s'explique très-facilement comme
formée du masc. latin *meus*, avec
diphthongaison régulière de l'*e* [prov.
mieus (m.), mieua (f.)], et *miue*
n'en est qu'une variante. La différence qu'il y a entre (mieus) *mieue*
et *mes, ma* (prov. mieus, mia, et
mos, ma), repose sur la place de
l'accent: dans le premier cas *méus,
méa;* dans le second *meús, meá.*
Mais il n'est pas aussi aisé de se
rendre compte de *meie, moie.* En
admettant *moie* = *mia* = *méa*, il s'expliquerait. Cependant *meie*, qu'on
ne peut séparer de *moie*, ne saurait avoir la même origine, à moins
d'admettre une incorrection. Il y
a une dérivation plus sûre de *meie,
moie*, c'est de les rapporter aux
masc. **mei, mi** plur. suj. Dans les
subst. et les adj., le sujet plur. représente toujours le radical pur;

le *s* de *mes, mis* faisant obstacle
pour former un fém., on regarda
en ce cas le plur. sujet comme représentant aussi le radical. *Meie*
bourguignon est exactement le fém.
de *mei;* quant au picard *moie*, l'*i*
picard passant facilement à l'*oi*, et
l'analogie de *mi, moi* pron. pers.
aidant, on forma le fém. *moie* d'un
masc. hypothétique *moi.*

Meie, meule v. moie.

Meien v. meie I.

Meienuit v. nuit et cfr. meie I.

Meignee v. manoir.

Meilhor v. mialdres.

Meillee v. mesler.

Meiller v. mesler.

Meilleur v. mialdres.

Meillor, meillur v. mialdres.

Meillorer v. mialdres.

Meilz v. mialdres.

Meime v. meïsme.

Meindre, demeurer v. manoir.

Meindre, moindre v. menre.

Meingier v. manger.

Meins v. menre.

Meinsnet v. naistre.

Meint I, 178 et s. v. maint.

Meintenir v. tenir.

Meir v. mer II.

Meire v. mere.

Meis v. mois.

Meis conj. v. mais.

**Meïsme, misme, mime, moieme, meime,
meesme, memme** I, 179 et suiv.,
même. Suivant M. Génin (Var. p.103),
meisme vient de l'ital. *medesimo.*
C'est une manière fort commode
de se tirer d'affaire, parce qu'un
philologue français n'est pas obligé
à rechercher les origines des mots
d'une autre langue. Par malheur
meisme ne vient pas plus de *medesimo*, que *medesimo* de *meisme;*
mais tous deux ont une origine
commune indiquée I, 179.

Meismement v. magne.

Meisnee v. manoir.

Meisnie v. manoir.

Meison v. manoir.

Meistre v. maïstre.

Meistrie v. maïstre.

Meited v. meie.

Meiteier v. meie.

Meix v. manoir.

Mel v. miel.

Meliorer v. mialdres.

Mellee v. meslee.

Meller v. mesler.

Mellesme v. mialdres.

Mellour v. mialdres.

Melx, melz v. mialdres.

Membre I, 190, membre; *membrum*; vb. comp. demenbrer, demembrer, desmenbrer, desmembrer I, 107. 180, démembrer, écarteler, mettre en pièces, démolir; d'où par le part. prés. desmembrance, démembrement, action de démembrer, écarteler, couper.

Membré v. membrer.

Membreit v. membrer.

Membrer, menbrer, manbrer, rappeler à sa mémoire, se ressouvenir; de *memorare*; de là aussi l'adjectif membreit, membré, menbré, manbré I, 166. 333, prudent, bien avisé, renommé; subst. membrance, souvenir, souvenance; remembrer, remenbrer, ramembrer I, 124. 181, remémorer, se rappeler, se souvenir, se ressouvenir; remembrance II, 2, ramembrance I, 75, mémoire, souvenance, commémoration, ressouvenir; remembrament, remembrement, ressouvenir. Memorie, memoire, memore, mimoire I, 104. II, 155. 173, mémoire (propr. et fig.); sentiment, sens, esprit; de *memoria*.

Memme v. meisme.

Memoire v. membrer.

Memore v. membrer.

Memorie v. membrer.

Men r. s. du pron. pos. mis, v. mes III.

Men (le), mien; forme men, mon, employée avec l'article. V. mes III. et mien.

Menace, menache, manache, menace; de *minaciae* (dans Plaute) pour *minae*; de là menacer, menasier I, 232, menachier, manacer I, 344, manacher II, 262, menacer, gourmander.

Menacer v. menace.

Menache v. menace.

Menachier v. menace.

Menaide v. manaider.

Menaie v. manaider.

Menandie v. manoir.

Menantie v. manoir.

Menasier v. menace.

Menbré, menbrer v. membrer.

Menc 1. p. s. prés. ind. de mentir, I, 216.

Mençonge v. mentir.

Mendic, d'abord s. s. et p. r. mendis, puis forme constante: mendiant, pauvre, misérable, vil, trompeur, fourbe; prov. mendic, ital. mendico, esp., port. mendigo; de *mendicus*; mendistiet, mendisted I, 191, mendicité; *mendicitas*.

Mendis v. mendic.

Mendisted v. mendic.

Mendistiet v. mendic.

Mendre v. menre.

Meneor v. mener.

Mener I, 70, 3. pers. s. prés. ind. maint 135, moinet I, 183, puis maine II, 371, 3. pers. pl. mainent, moinent I, 366, prés. subj. moigne I, 284, maine II, 339, conduire, mener, emmener; régir, gouverner; de *minare*, stimuler par des menaces ou d'autres moyens, puis avec le sens de ducere, deducere, au lieu du latin classique minari (DC. s. v. minare). *N'estre pas mene à qqc.* II, 93, n'être pas réduit au point de ...; *mener à pis, mener son engin, mener joie, dolor,* etc. Subst. meneres, meneor, meneur, conducteur. Cfr.

Rayn. L. R. menaire. Comp. amener, amenier I, 176. 135, amener, guider, conduire (formes *amaint*, *amaine*, *amoine*, *ameinnent* I, 175. 177. II, 54. 106; *amoneie* part. pas. II, 71); subst. amenee, action de conduire, entrée solennelle; de là amenage, voiture, action d'amener, sorte de service dû au seigneur par le vassal; ramener, remener I, 160. II, 84. 304, ramener, remener, reconduire; — enmener II, 288; mais il se trouve le plus souvent séparé: *en...mener* I, 268, *en*, conservant sa signification adverbiale primitive; — demener I, 309. II, 316, mener, conduire, guider, agiter, secouer, produire, manifester, faire éclater, tenir, traiter, en user, tourmenter; *se demener* II, 22; — malmener, maumener, maltraiter, tourmenter, conduire mal, insulter, injurier; permener I, 332, mener, conduire. Notre substantif *mine*, air, manière, est de la même racine, et il s'est sans doute dit d'abord de la tenue extérieure. Cfr. prov. mena, manière, façon, qualité; vb. menar.

Meneres v. mener.

Menestier v. mestier.

Menestrales v. mestier.

Menestrel v. mestier.

Menestreus v. mestier.

Menestrier v. mestier.

Meneur v. menre.

Mengier v. manger.

Menjier v. manger.

Menjust de menjuer, manger.

Menniere v. main.

Mennoir v. manoir.

Menoie v. monoie.

Menois v. manes et II, 304.

Menor, menour v. menre.

Menre, manre, mendre, meindre, menor, menour, meneur, menur I, 104 et suiv., moindre, plus petit, inférieur; *minor*; *meindre d'aage*, mineur; de là amanrir, amenrir I, 53; amoindrir, diminuer; cfr. dans le Dig. *minoro*; moens, meins, mains, moins II, 306; *à tot le mains* II, 306, tout au moins; merme I, 106, petit, moindre; pour la forme cfr. arme de anima; de là mermer I, 106, diminuer, décroître, amoindrir; comp. amermer, diminuer, affaiblir. Cfr. Rayn. L. R. IV, 198. 9 et ajoutez aux formes citées l'esp. merma, diminution, ital. marmaglia, gens de rien, français marmaille; dans le patois de Côme marmêl, petit doigt.

Mensonge v. mentir.

Menteires v. mentir.

Menteivre v. menter.

Menteor v. mentir.

Menter, faire ressouvenir; de *mens*. On trouve t. II, p. 15, l. 5 un exemple de ce verbe. C'est par erreur qu'il a été placé là; je prie le lecteur de vouloir bien le retrancher. Comp. dementer, desmenter, plaindre, lamenter, gémir, se démener comme un insensé, tourmenter; il s'employait ordinairement comme verbe réfléchi. De *mente habere*, *ad mentem habere*, on forma mentevoir, mentoivre, menteivre, amentevoir, amentiveir, amenteivre, amentoivre, d'où ramentevoir, etc., t. II, p. 12 et suiv., rappeler à la mémoire, faire ressouvenir; de là ramenterres, ramenteor, celui qui donne un avis, qui fait ressouvenir. Cfr. Rayn. L. R. IV, 203 mentaure.

Mentevoir v. menter.

Mentierres v. mentir.

Mention I, 48, mention; *mentio*. Cfr. menter.

Mentir, mentir, faillir, manquer; subst. mentierres, menteires, menteor I, 77, menteur; de *mentiri*. *Ne mentir de mot* II, 146. Menzonge I, 390, mensonge, mencunge, mençonge, men-

çongne II, 269. 286. 382, mensonge;
de *mentitio* (en prov. mentizo Rayn.
L. R. IV, 205), avec une terminaison
formée d'après le synonyme *chalonge*, comme le dit M. Diez 2, 245.
Ce mot était antrefois fém., v. Dol.
p. 273. 274, Chast III, 145, M. d.
F. fabl. p. 262 , etc. Comp. **desmentir**, démentir, donner un démenti, contredire, fausser; **desmentement**, démenti.

Mentoivre v. menter.

Menton,.mentun I, 128. 194. II, 121,
menton; prov. menton, mento, ital.
mento; de *mentum*.

Menu v. menut.

Menuement v. menut.

Menuisier v. menut.

Menuit v. menut.

Menur v. menre.

Menusier v. menut.

Menut, menuit, menu II, 230. 366,
menu, petit, mince, fin; souvent
employé dans la locution *menut et
souvent* I, 387 pour ajouter à l'idée
de quantité, rapidité, fréquence; du
reste, *menut* à lui seul a quelquefois cette signification; menuement,
en menu, souvent. *Menut* de *mi-
nutus*, d'où **menusier, menuisier**
(=minutiare), amoindrir, diminuer,
subdiviser, couper; comp. **amenuiser,
amenuisier** II, 361, amoindrir, diminuer, morceler, réduire; *s'amenuiser*, se faire petit, s'amoindrir,
se rabaisser; d'où amenuissement II,
360, diminution, réduction, amoin-
drissement. Notre subst. *menuisier*
vient de *menuisier*, amoindrir.

Menzonge v. mentir.

Meour v. magne.

I. **Mer, mier** II, 240, pur, vrai, fin;
ordinairement en composition avec
or: ormier, ormer I, 291, i. e. or
pur. Dér. de *merus*. De là es-
merer (= exmerare), affiner, épurer,
polir.

II. **Mer, meir, mier** I, 263. II, 142.
382, mer; *mare*; **marine,** mer, bord
de la mer, plage; v. DC marina;
marin, de mer, marin; *marinus;*
d'où **marinel,** s. s. et p. r. **marineaus,**
marin, marinier; — **maronier, maronnier** II, 387. A. et A. 2625. 7,
marinfier, matelot, batelier; pirate,
corsaire; pour *marinier* avec le
changement fréquent de l'*i* en *o*?
prov. marinier, ital. mariniero; ou
bien dér. directement de *mare* par
l'intermédiaire du subst. *maron*?
qui doit avoir eu une signification
autre que celle indiquée par Roquefort sans preuve aucune. **Marenne,**
terre sur le bord de la mer; de
maritima. Comp. oltremer I, 153,
outre-mer; **oltremarin,** outre-marin,
d'outre-mer. Variantes d'oltre v. s. v.

Merc v. marche.

Merch v. marche.

Merchi v. mercit.

Merchiable, merchiablement v. mercit.

Merchier, marquer v. marche.

Merchier, crier merci v. mercit.

Merci v. mercit.

Merciable, merciablement v. mercit.

Merciaule v. mercit.

Mercier v. mercit

Mercit, merci, merchi II, 234. 345. 355,
merci, grâce, miséricorde, pardon,
pitié, compassion; de *merces*, qui
dès les premiers temps du moyen-
âge avait pris la signification indiquée; *rendre merci*, remercier,
rendre grâces; *crier, prier merci*,
demander grâce, pardon, implorer
miséricorde, s'avouer vaincu, coupable; *trouver merci*, trouver grâce;
la vostre merci, sauf votre grâce
ou votre respect, révérence parler.
De là **mercier, merchier,** crier merci,
supplier, rendre grâces, remercier,
recevoir à merci, faire grâce; de
là **remercier;** amercier, remercier,
rendre grâces. **Merciable, merchiable,**

merciaule, bon, miséricordieux, com- patissant; **merciablement, merchiable- ment** I, 292, avec pitié, compas- sion, sensibilité, en suppliant.

Mere, meire, miere II, 167, mère; prov. maire, ital., esp., port. madre; *mater;* marastre II, 239, marâtre, belle-mère; *matraster.* Les mots avec cette terminaison *aster: pa- rastre, filiastre, frerastre, sorastre,* qui, dans le principe, ne désignaient que la parenté, l'alliance, prirent peu à peu une signification péjora- tive, et par opposition à la *méchante marâtre,* on donna hypocoristique- ment à la *bonne marâtre* le nom de *belle mère,* c.-à-d. dans le sens primitif de *bellus,* cher, chère mère, et ainsi des autres.

Mereau, mereaus v. matras.

Merel, merelle v. matras.

Meresle v. matras.

Meriaus v. matras.

Merir I, 74, reconnaître, payer, ré- compenser de, rendre la pareille; de *mereri, merere* (v. DC. s. v.). *Dieus le vos mire,* Dieu vous le rende, vous en récompense. Propre- ment il faudrait *miere,* dans cette formule (cfr. subj. fiere I, 337), mais l'usage fréquent qu'on en faisait aura occasionné la suppression de la diphthongue. *Merir,* comme de très- bonne heure dans le latin, gou- verne le datif de la personne et l'accusatif de la chose: Si lor mi- rerai cest travail, Ben. v. 9713. Gentilz Dame, Dieux le vos mire, R. d. C. d. C. v 6749. **Merite** I, 103. 124. II, 131. 205. 365, mérite, ré- compense, bienfait, bonté, grâce; *meritum. Merite,* prov. merit, me- rite, esp., ital., port. merito, était plus souvent du genre féminin que masculin. De *meritare,* vient me- riter, mériter, récompenser, rendre un bienfait.

Merite, meriter v. merir.

Merker v. marche.

Merme, mermer v. menre.

Merquier v. marche.

Merre v. marer.

Mers s. s. et p. r. de merc, v. marche.

Mervaument v. merveille.

Merveillable v. merveille.

Merveillance v. merveille.

Merveille, **merveille**, **merville**, **merveille**; du pluriel *mirabilia,* choses mer- veilleuses. *Merveille* s'employait ab- solument dans le sens de à merveille, d'une manière merveilleuse I, 331. 59. 83, quoiqu'on trouve aussi *à merveille* I, 265. II, 71; et, dans les deux cas, *merveille* est, pour l'ordinaire, au pluriel. *Se donner* ou *avoir merveilles,* s'étonner, être surpris; *estre merveille* I, 155. 215, ib.; *faire merveilles* I, 59, ib. De là merveiller, mervoiller, merveilher, merviller II, 337. 388, surprendre, étonner, être surpris; admirer, émer- veiller, éblouir; comp. **esmerveiller,** **esmerviller** I, 193. 196. 366, émer- veiller, être surpris, admirer; d'où esmervillement I, 213. M. s. J. 478, action de s'émerveiller, admiration; **merveillos**, **mervilhos**, **mervillous**, **mer- veillus**, **mervoillos**, **mervoillos**, **mer- veilleus** II, 319, étonné, surpris, merveilleux; hautain, fier, insolent; *estre mervillous de qqch.* I, 267; adv. mervillosement, **merveillosement,** **mervaument,** merveilleusement, d'une manière merveilleuse; — **merveil- lable, mervoillable,** étonnant, sur- prenant, admirable. Cfr. mirer.

Merveiller, merveilher v. merveille.

Merveilleus v. merveille.

Merveillos, merveillosement v. merveille.

Merveillous v. merveille.

Merveillus v. merveille.

Mervilhos v. merveille.

Merviller v. merveille.

Mervillous v. merveille.

Mervoillable v. merveille.

Mervoille, mervoiller v. merveille.

Mervoillos v. merveille.

I. Mes I, 96. II, 303, forme invariable, mets, plat; ital. *messo*; de *missum*; comp. entremes I, 163, entremets. L'orthographe constante *mes*, très-rarement *mas* à la rime, et plus encore l'italien *messo*, prouvent que M. Diez et ceux qui l'ont imité, ont eu tort de rapporter *mes* au goth. *mats*, ahal. *maz*, aliment Le *t* de la forme moderne a été introduit plus tard, sans doute pour rapprocher *mes* du verbe *mettre*, lorsque l'on ne comprit plus l'ancienne orthographe fort correcte. Cfr. metre part. passé.

II. Mes, messager; de *missus* (mittere); d'où mesage, message, mesaige, message et messager G. d. V. 76. 1283. 1155. 3411. O. d. D. 3548; et d'ici messagier, mesaigier, mesagier, messager, qui, dès le milieu du XIIIe siècle, avait fini par remplacer presque exclusivement *mesage* dans sa 2e signification; messagerie, message, mission, commission. Cfr. metre part. passé.

III. Mes I, 139 pron. pos. 1. pers. suj. s., rég. pl. m., s. et r. f. pl. mon, mes; ainsi de *meus* et pour *meos*, *meas*; mon r. s. m., mon; *meum*; ma, *mai* s. et r. f. s., ma; *mea*; mei s. pl. m., mes; *mei*; quant à mui, c'est sans doute une forme faite d'après le latin *tui*, *sui*: *mei* ne permettant aucune autre forme que *mei* en Bourgogne, et *sui*, *tui* y étant en usage. L'*e* muet picard valant l'*a* primitif bourguignon et non pas notre *e* muet, partout où *e* est primitif en Bourgogne, il est remplacé, dans le picard, par *i* (I, 123); de là les formes picardes mis, me, équivalentes de *mes*, *ma*; et *mi* pour *mei*, avec une forte

contraction, men de *meum* avec rejet de l'*u*; *u* pour *o* en Normandie, d'où mun pour mon, anglo-normand moun.

Mes adv. et conj., v. venir.

Mes v. manoir.

Mes, me les I, 134.

Mesage, mesagier v. mes II.

Mesaige, mesaigier v. mes II.

Mesaise v. aise.

Mesaisie v. aise.

Mesaler v. aler.

Mesavenir v. venir.

Mesaventure v. venir.

Mescaver v. meschief.

Meschaance v. chaor.

Mescheance v. chaor.

Mescheoir v. chaor.

Meschever v. meschief.

Meschief, mescief, s. s. et p. r. meschies, mescies, de la particule *mes* et de *chief* = *caput*, ainsi proprement issue malheureuse: malheur, mésaventure; vb. meschever, mescaver, essuyer un malheur, échouer dans un projet, perdre, avoir de la mauvaise fortune: Mais no crestientes durement *mescava* (Ch. d'Ant. I, p. 40). Dans une note sur ce vers, M. P. Päris confond, comme cela est arrivé le plus souvent, *mescheoir* et *meschaver*, qu'il rapporte bien fautivement avec DC. à la 3e conj. *meschavoir*, *meschevoir*. DC. s. v. mescadere.

Meschies v. meschief.

Meschin, meskin, mescin (mesquin), pauvre, misérable, chétif; faible, délicat; de l'arabe *meskin*, pauvre, misérable, comme l'indique Raynouard, qui écrit *mesquin*, au lieu de *meskin*. De la signification faible, délicat, on dériva le substantif meschin, mescin, meskin, jeune homme; meschine, mescine, meskine II, 191, 352. 369, jeune fille, demoiselle. *Meschin* et *meschine* développèrent aussi les significations valet, servante, domestique, maîtresse, concubine; *meschine de mestier*, comme *femme de mestier*, fille publique. Enfin *meschine* se prit pour enfant du sexe féminin. De là **mescinage**, **meschinage**, service, condition de celui qui sert.

Meschinage v. meschin.

Meschine v. meschin.

Mescief, mescies v. meschief.

Mescin, mescinage v. meschin.

Mescine v. meschin.

Mesconoistre v. conostre.

Mesconter v. conter.

Mescreance v. croire.

Mescreant part. prés. de mescroire.

Mescreu, mescreuz v. croire.

Mescroire v. croire.

Mesdire v. dire.

Mesdisant v. dire.

Meseaus v. mesel.

Mesel (meseaus, mesiaus) II, 170, fém. mesele, lépreux, ladre; mesellerie, léproserie et lèpre (v. Roq. s. v.); de *misellus*. DC. miselli.

Mesele v. mesel.

Mesellerie v. mesel.

Meserrer v. erre.

Mesestance v. steir.

Mesfait, mesfet v. faire.

Mesgnee v. manoir.

Meshui II, 297.

Mesiaus v. mesel.

Mesire v. sendra.

Meskeance v. chaor.

Meskin, meskine v. meschin.

Meslee v. mesler.

Mesler, medler, metler, meiller, meller I, 264. 286. II, 61. 319, mêler, brouiller, mettre en confusion, mettre mal ensemble, se disputer, en venir aux mains; lmâ. *misculare*, de miscere; *tot mesle mesle* II, 257, tout pêle-mêle; dans Ben. II, 4433 on on lit *mesle pesle*; subst. meslee, medlee, meillee, mellee I, 79. 136.

II, 242, foule, troupe, multitude, querelle, dispute, combat; dér. **meslieus**, querelleur, brouillon; et entre autres encore notre *mélange*, qui resta longtemps féminin, avec la même suffixe que *louange*, etc.; comp. entremeller II, 384, entremêler.

Meslieus v. mesler.

Meslin v. mascle.

Mesne v. manoir.

Mesoan, mesouan v. an et II, 275.

Mesonete v. manoir.

Mesparler v. parole.

Mesprendre v. prendre.

Mesprisement v. preis.

Mesprisier v. preis.

Mesprison v. prendre.

Mesprisure v. prendre.

Mesproison v. prendre.

Message v. mes II.

Messagerie v. mes II.

Messagier v. mes II.

Messe, messe; de *missa* est sc. concio. V. DC. s. v. missa.

Messervir v. serf.

Messire v. sendra.

Mestier, menestier, mestir II, 59. 335, métier, office, emploi, ministère, besoin, service, usage, utilité; prov. menestier, mestier; de *ministerium*, v. DC. s. v.; *estre et avoir mestier* I, 258, b. et d'autres exemples I, 112. 195. 215. 232. 238. 242. 250. 253. 258. 263. 271. 286. 327. 380. 397, etc.; *n'i a mestier*, il est inutile, il ne sert de rien; *le mestier Dieu* ou *le saint mestier* I, 375, service de Dieu, saint ministère, messe, cérémonie; — de là **menestrel**, menestreus II, 108, plus tard **menestrier**, lmâ. ministerialis, homme attaché au service de qqn., serviteur de la maison, puis ouvrier, artisan, chanteur, joueur d'instruments: Dous demeiseles **menestrales** vindrent devant le rei Salomun,

Q. L. d. R. III, 235 (tunc vene-
runt duae mulieres *meretrices* ad
regem ...):
Mestir v. mestier.
Mestraire v. traire.
Mestre, mettre v. metre.
Mestre, maître v. maïstre.
Mestreier v. maïstre.
Mestrie v. maïstre.
Mestrise v. maïstre.
Mestroier v. maïstre.
Mesure I, 73. 194. 293, mesure, modération, raison, sagesse, règle; de
mensura; mesurer, mesurier I, 293,
II, 42, mesurer, régler; comp. amesurer II, 268, régler avec mesure,
proportionner, être plein de mesure,
être prudent, adoucir; du part. passé
l'adv. amesureement, · raisonnablement, modérément, convenablement;
— desmesure, excès, désordre, outrance, injustice; desmesurer II, 117,
désordonner, excéder, dérégler, débaucher; part. passé peu sage, inconsidéré, excessif, outré, prodigue,
libertin; — moison, mesure, forme;
de *mensio.*
Mesurer, mesurier v. mesure.
Mesvoir v. veoir.
Met v. maie.
Metre, mattre, maitre, mestre II, 174
et suiv., mettre, poser, placer, déposer, établir, employer; traduire;
mettre jus II, 178. R. d. l. V. 78,
mettre bas de cheval; *mettre jus
l'oreille* II, 178; *mettre sus ou sur*
II, 178. 175. 130. I, 109; *metre
en ne* II, 179; *metre à un* II, 179;
comp. demetre II, 179. I, 117, d'où
ademetre II, 179; subst. ademise
R. d. l. V. 139, exception, délai,
retard; esdemetre II, 180; enmetre
II, 180; entremetre II, 180; malmetre, maumetre II, 180; prometre,
prametre II, 181; subst. promesse,
pramesse II, 132, promesse; *pro-
mittere, promissus;* promission (terre

de) II, 380, terre promise; *pro-
missio;* comprometre, compromettre,
engager; compromis I, 241, com-
promis; *compromittere, compromis-
sum;* trametre I, 289. II, 129. 140,
transmettre, envoyer; ménager; au
part. passé souvent affaiblissement
de l'*a* en *e*, d'où la forme tremis;
transmittere; remission I, 125, ré-
mission; *remissio.*
Meudre v. mialdres.
Meür v. maür.
Meure v. more.
Meurier v. more.
Meürtet v. maür.
Meus, meuz v. mialdres.
Meute v. movoir.
Meuture v. moldre.
Mex, mieux v. mialdres.
Mex, métairie v. manoir.
Mex conj. v. mais et II, 384.
Mez v. manoir.
Mezine v. meie II.
Mi, demi v. meie I.
Mi pron. pers. rég. ind. et des prép.
I, 121. 123, moi; de *mi* pour *mihi;*
rég. dir. en Picardie I, 123. 124,
me, moi.
Mi s. pl. m. du pron. pos. mis, v. mes III.
Miadres v. mialdres.
Mialdres, mioldres, mieldres, mildre,
miaudres, miadres, mioudres, mieudres, meidre, meaudres, meudre,
meillor, meilhor, meilleur, millor,
milleur, meillur, mellour I, 103. 104.
107 adj. comparatif, meilleur; *me-
lior; avoir du meilleur,* avoir le
dessus, être le plus fort; de là vb.
comp. amieldrir I, 104, rendre meilleur, améliorer; — de *meliorare*
dér. meliorer, meillorer, améliorer,
rendre meilleur; comp. amelliorer;
— adv. miels, mielz, miez, mieus,
mieuz, miex *(mielx);* melz, meuz,
meus, mex *(melx);* meilz; mils, mius,
mis, mix *(milx);* miols, mious, mios,
miox; mials, miaz, miaus, miauz,

miax; **muelz, muez; meaus,** meax
II, 305. 6, mieux; *melius;* — superlatif **mellesme** I, 106.

Mials v. mialdres.

Miaudres v. mialdres.

Miaus, miauz v. mialdres.

Miax, miaz v. mialdres.

Miche v. mie.

Mie, mi v. meie I.

Mie, médecin v. meie II.

Mie I, 286, mie, miette; *mica;* ital.,
prov. mica, miga; servant à renforcer la négation II, 333, 3⁰; vb.
dér. comp. esmier Q. L. d. R. 388.
406, mettre en miettes, briser,
écraser. De *mica* dér. aussi miche,
miche, v. DC. s. v.

Miecine v. meie II.

Miedi v. dis et cfr. meie I.

Miel, mel I, 149, miel; *mel;* esp.
miel, prov., port. mel, ital. mele.
Cfr. miez.

Mieldres v. mialdres.

Miels v. mialdres.

Mielx, mielz v. mialdres.

Mien I, 139. 140. Ce pronom dér.
de *meum* avec une diphthongaison
fort régulière, ou mieux l'on a
d'abord eu **men** dont l'on a diphthongué l'*e* avec *i*, ce qui permettrait de supposer que *mien* a été
créé en Picarde. La forme picarde
men (v. mes), et l'emploi de *men*,
mun avec l'article, pour *le mien*,
donnent la plus grande vraisemblance à cette opinion. On pourrait aussi dér. *mien* de *mi* avec la
suffixe *en = anus*, et comparer ancien, devantrain, etc. Cependant
je rejette cette dernière étymologie,
parce que: 1) avec un *adjectif* en
anus, on aurait eu, comme partout, une forme féminine, et le
manque de féminin est bien constant dans le principe: le souvenir
de l'origine de *mien* fit sans doute
rejeter ce féminin; 2) *mi* et *anus*

n'auraient jamais pu produire le
normand *men*, correspondant du
mien. picard-bourguignon; 3) *tuen,*
suen, dérivent sans aucun doute et
fort régulièrement de *tuum, suum,*
et cette analogie parle en faveur
de *mien = men* diphthongué. Cfr.
en outre meie III., seie, teie, où
l'on voit des procédés semblables
à celui que je viens d'expliquer.

Mienuit v. nuit et cfr. meie I.

Mier, pur v. mer I.

Mier, mer v. mer II.

Miere v. mere.

Mieudres v. mialdres.

Mieue v. meie III.

Mieurre v. moldre.

Mieus, mieuz v. mialdres.

Miex v. mialdres.

Miez, mies, hydromel; lmâ. *mezium,*
traduit par DC. hypocras et sorte
de bière; ahal. *medo, meto, metu;*
holl. *mede, mêe;* anglo-saxon *medo,*
meodo. V. Dief. G. W. II, 72, § 6.
Cfr. miel.

Miez v. mialdres.

Mignot R. d. l. V. I, 130, mignon, joli,
délicat, agréable; adv. **mignotement**
II, 201, mignonnement, joliment,
agréablement; de là **mignoter;** même
famille que *mignon, mignard,* etc.;
du gallois *min,* petit, joli, ou de
l'ahal. *minnia,* amour; suéd. *minna,*
aimer? *Gn* semble parler en faveur de la seconde étymologie.

Mil, mile, mille I, 111, mille, mil;
mille; millesme, millième; subst.
millésime; *millesimus;* **milliaire** I,
120, millésime; millième année;
milliarius.

Mildre v. mialdres.

Mile v. mil.

Mille v. mil.

Millesme v. mil.

Milleur v. mialdres.

Milliaire v. mil.

Millor v. mialdres.

Mils v. mialdres.

Milsodor, milsoudor, missoudor, misodor, coursier de prix, cheval de bataille; prov. milsoldor; de *mille solidorum*, sc. caballus.

Milsoudor v. milsodor.

Milx v. mialdres.

Mime v. meisme.

Mimoire v. membrer.

I. **Mine,** mine, minière; en prov. mina et mena; en ital., esp. et port. mina; miner, miner, creuser; de là mineur II, 177, mineur; *minière*, *minéral*, *minerai*. On a fait remonter cette famille de mots au latin *minare* (DC.), en roman *menare*; mais pour établir cette dérivation, il faut partir du sens figuré. Ainsi *minare consilium*, dans la basse latinité, signifiait préparer un coup, d'où l'on aurait *mine* = dessein secret, complot, conduit secret pour miner les murailles d'un lieu fort, mine (excavation souterraine pour tirer le minéral). Cela serait très-artificiel et la conservation de l'*i* radical, au lieu de l'*e* roman, ne s'explique guère plus plausiblement, c'est-à-dire que l'*i* aurait été maintenu pour différencier *miner* de *mener*. M. Dief. Celt. I, 71, c., après avoir fait observer que les Celtes ont connu de bonne heure l'exploitation des mines, dérive *mina* du celtique. De toutes les formes celtiques qu'on peut citer pour appuyer cette dérivation, il n'y a que le gallois *méin* qui soit admissible; mais, afin d'arriver à une certitude, il faudrait fixer en quel rapport *méin* se trouve avec l'anglais et le roman *mine, mina*.

II. **Mine,** mine, mesure de capacité; *mina*; emine, hémine, mesure de capacité et de superficie; cfr. DC. hemina; *hemina* ($\dot{\eta}\mu\iota\nu\alpha$); d'où eminage, aminage, amenage I, 222,

droit sur les grains mesurés à l'hémine, et par extension lieu où l'on mesurait les grains, halle aux grains, signification qui s'est conservée dans quelques provinces.

Miner v. mine.

Mineur v. mine.

Ministre v. ministrer

Ministrer, administrer, servir, secourir; ministre II, 93, ministre, serviteur; de *ministrare, minister*; comp. aministrer II, 69, administrer, aider, fournir; aministration I, 180, administration, gestion. Cfr. mestier.

Mioldres v. mialdres.

Miols v. mialdres.

Mios v. mialdres.

Mioudres y. mialdres.

Mious v. mialdres.

Miox v. mialdres.

Mirabilous v. mirer.

Mirable v. mirer.

Miracle v. mirer.

Mire v. merir.

Mire, médecin v. meie II.

Mireor v. mirer.

Mirer, guérir v. meie II.

Mirer II, 390, prov. mirar, contempler, admirer, voir, mirer; *mirari*; comp. remirer II, 381, regarder, admirer, contempler; subst. remire II, 145, relâche, répit; mirable Ben. 14958, admirable, merveilleux; *mirabilis*; comp. remirable, admirable; mirabilous II, 356, merveilleux; cfr. merveille; mireor, miroir, propr. miratorium, a verbo mirari, quia in eo miramur nostram effigiem; — miracle II, 42, miracle, merveille; *miraculum*.

Mirie v. meie II.

Mis pron. pos. picard v. mes III.

Mis v. mialdres.

Mise I, 104. II, 147, arbitrage, sentence d'arbitres; enjeu, gageure; lmâ. misa v. DC. s. v.; misieres, miseres, miseor I, 77, celui qu'on a chargé de suivre et exécuter une affaire, arbitre, juge, expert. Cfr. metre, mes.

Miseor v. mise.

Miseration v. misere. ●

Misere I, 106, misère, malheur; *miseria;* miserin I, 177, malheureux, misérable; propr. *miserinus;* misération I, 83. 278, commisération; *miseratio;* **misericors**, miséricordieux; *misericors* (misereo-cor); **misericorde** I, 125, miséricorde, pitié, compassion; sorte de poignard; *misericordia*, v. DC. s. v. et Roq.

Miseres v. mise.

Misericorde v. misere.

Misericors v. misere.

Miserin v. misere.

Misieres v. mise.

Misme v. meisme.

Misodor, missoudor v. milsodor.

Mitan, moitié, milieu; mot qui existe encore dans presque tous les patois, en Franche-Comté moitan, wallon mitan, etc. M. Grandgagnage s. v. dérive mitan de l'ahal. *mittamo* (medius). De là **mitanier**, métayer, fermier. Cfr. moitoier s. v. meie. Notre *mitaine* appartiendrait-il à cette famille? *Mitaine* est un gant où il n'y a qu'une séparation, pour ainsi dire gant séparé en deux moitiés.

Mitanier v. mitan.

Mite, chat; onomatopée; d'où les dér. *mitou, matou;* et le comp. *chattemite;* cfr. ital. micio, micia, esp. micho, miza, allem. miez, mutz. Remarquez l'ancien proverbe: Se l'une est chate, l'autre est *mite*, R. d. Ren. I, 6 v. 144, pour exprimer une égalité de sentiments, de caractère.

Miue v. meie III.

Mius v. mialdres.

Mix v. mialdres.

Modre v. moldre.

Moe v. meie III.

Moens v. menre.

Moensnet v. naistre.

Moi, muid v. mui.

Moi pron. v. me.

Moie, mienne v. meie III.

Moie, meie, meule, monceau; de *meta;* moilon, muillon Ben. 22064, meule (de foin); dér. de *metula.* Mais outre ce *moilon*, encore en usage dans plusieurs provinces, on trouve *mulon* II, 311, lat. moyen-âge *mullo* (Ordéric Vital), et quelques patois ont conservé *mule* et *mulon.* Ce *mule* = à notre *meule*, d'où *mulon*, n'est qu'une autre dérivation de *metula:* **meule**, comme **seule**, **reule** et **rule**, **neule**, de *saeculum, regula, nebula;* et les dialectes qui aimaient les formes grêles, comme le normand, ont employé *mule* pour *meule.* C'est précisément en Normandie et sur les confins de cette province qu'on rencontre *mullo, mule, mulon, mulot. Meule* ne saurait dériver, pour l'idée, ni de *moles* ni de *mola*, comme on l'a proposé.

Moieme v. meisme.

Moien v. meie I.

Moienneor v. meie I.

Moienneres v. meie I.

Moieu, moyeu; de *modiolus*, dim. de *modius*, prov. muiol.

Moigne, moine v. monstier.

Moigne v. mener.

Moignon I, 183, main ou bras mutilé, ce qui reste d'un membre coupé. Ce mot est probablement celtique, on le trouve sous la forme simple *moñ, mouñ*, dans le breton; toutefois les autres langues celtiques ne le connaissent pas.

Moilier, moillier, muillier, muller, moullier I, 130. 214. 254. 264. 369, femme, épouse; *mulier.*

Moillier, mouiller v. mol.

Moillier, femme v. moilier.

Moilon, meule v. moie.

Moilon II, 226, moellon; dér. de *mutilus;* répondant à l'esp. mojon, sard. mullone, borne, amas, 'prov. molon, amas, tas. On trouve *mu-tuli* dans la Loi des Rip. pour signifier les monceaux de terre servant de bornes. Saumaise dér. *moilon* de *moelle, medulla,* parce que, dit-il, le *moellon* sert de remplissage dans un mur, comme la *moelle* au milieu des os. Tout cela est bel et bon, mais autrefois *moellon* répondait à peu près à ce que nous appelons pierre de taille (brute), et aujourd'hui encore il a ce sens en certains endroits. Ainsi *moellon* a d'abord signifié pierre coupée, sans façon, mutilée, tronquée, d'où l'idée de borne en espagnol. Cfr. l'allem. bruchstein.

Moinaus v. moisson I.

Moine, moine v. monstier.

Moinent v. mener.

Moinet v. mener.

Moins v. menre.

Mois, meis I, 48, mois; *mensis; des mois*, de longtemps.

Moisnel v. moisson I.

Moison v. mesure.

I. **Moisson** I, 306, moissun, moisnel, moinaus, moineau; dérivé, selon les uns, de *moine*, c.-à-d. petit moine, parce qu'il est appelé *solitarius* dans la Bible; selon les autres, de l'ahal. *mez*, moineau; mais ces étymologies ne satisfont pas à la forme. Cfr. le vallon mohon. *Moisson,* d'où *moissonel* et contracté *moisnel,* dérive du latin *musca.* Cfr. l'allem. musch, musche, muschel, noms de plusieurs petits oiseaux, affiliés à moucheron. Cfr. encore dans Roq. les formes mousson, muskeron, Grand-gagnage mohon, et Grimm III, 362.

II. **Moisson**, moisson; **moissoner** I, 329, moissonner; de *messio.*

Moissoner v. moisson II.

Moissun v. moisson I.

Moitaier v. meie I.

Moitie, moitiet v. meie I.

Moitoier v. meie I.

Mol, mou I, 129, f. mole II, 44, mou, tendre, souple; subst. le gras de la jambe, d'où notre *mollet; de mollis;* d'ici moillier, moller, mollier, muiller, moullier I, 397, mouiller; proprem. *molliare;* comp. amolier, amoloier, amoleier II, 268, adoucir, amollir; ital. mollare, céder; amollare, mouiller; moliere; terrain marécageux; — molece I, 82, mollesse, souplesse; de *mollitia.*

Moldre, molre, morre, more, maurre, maure, modre, maudre, mourre, mieurre II, 181 et suiv., moudre, émoudre, aiguiser, broyer, briser; *molere;* prov. molre, esp. moler; comp. **es-moldre** II, 182, émoudre, affiler, aiguiser; **molture, meuture** I, 253, propr. *molitura;* **molin** I; 51, moulin; de *molina* pour *mola,* v. DC. s. v. et les Dict. lat.; de là molnier, molinier, mannier I, 298. II, 272, meunier; vb. moliner, tournoyer; comp. **remoliner**, se tourner en cercle, tournoyer.

Mole v. mol.

Mole, moule; prov. molle, ital. modano, esp., port., avec renversement du *l,* molde; de *modulus;* vb. **moler**, moller Fl. et Bl. v. 574, mouler, former, cfr. escavi; *estre molé à ...,* être fait pour ...

Molece v. mol.

Moler v. mole.

Moleste I, 409. II, 162, embarras, empêchement, opposition, tourment, inquiétude; *molestia.*

Moliere v. mol.

Molin v. moldre.

Moliner v. moldre.

Molinier v. moldre.

Moller, mouler v. mole.

Moller, mouiller v. mol.

Molnier v. moldre.

Molre v. moldre.

Molt v. mult.

Molteploier v. mult.

Molton, multun, mouton, muton, mutun, moton I, 174. II, 299, mouton; en picard monton, ital. montone, à Venise moltone, cat. molto, prov. molto, mouto, moto. Toutes les langues romanes donnent à ces mots la signification que nous donnons à *mouton*, et les gloses de Schelestadt disent déjà *multones et verveces. Wideri* (moutons) p.358,34. Cependant les Q. L. d. R. traduisent souvent *aries* par *multun;* p. ex. dans l'exemple cité I, 174, le texte latin porte b*ovem suum et arietem;* au livre III, p. 141 l'um sacrifioit un buef e un *multun,* immolabat bovem et *arietem.* Les langues celtiques ont *mols* dans un dictionnaire cornouaillais du XIIe siècle conservé au Musée britannique; anc. irlandais *molt,* gallois *mult,* breton *maout;* mais on ne trouve dans le celtique aucune racine probable à ces mots. Le latin du moyen-âge *multo* date du VIIIe ou IXe siècle. De toutes les étymologies proposées jusqu'ici, et malgré la traduction des Q. L. d. R., celle que Caseneuve indique d'une manière douteuse me paraît la plus juste: il dérive *molton* de *mutilus.* Il faut alors admettre transposition du *l* et permutation de cette lettre en *n* dans le picard et l'italien; cfr. le nouveau provençal *mout,* mutilé. Ainsi *molt* aurait été, dans le principe, un adjectif dont on aurait dérivé le substantif *molton.* Cfr. l'allemand hammel, mouton, de hammeln, mutiler. — *Molton* était une machine de guerre qui a été appelée depuis bélier.

Molture v. moldre.

Mon pron. pos. rég. s. v. mes III.

Mon adv. II, 306 et suiv.

Moncœaus v. mont.

Moncel v. mont.

Monciaus v. mont.

I. Monde, munde I, 264, pur, net, propre; *mundus;* monder, munder II, 33, purifier, nettoyer; *mundare;* mondifier, purifier, nettoyer; desmonder, salir, souiller, contaminer; esmonder, purifier, purger; *emundare;* remonder, repurifier.

II. Monde, munde, mont, mund, munt, s. s. et p. r. monz, mons, munz I, 72. 73, monde, univers, terre, nature; le siècle; *mundus;* mondain, mundain I, 291, mondain, du monde; *mundanus; justice mondaine,* juridiction laïque; *oevre mondaine,* oeuvre mercenaire, travail d'artisan. Cfr. DC. s. v. mundalis.

Monder v. monde I.

Mondifier v. monde I.

Moneer v. monoie.

Moneie v. monoie.

Moniage v. monstier.

Monial v. monstier.

Moniaus v. monstier.

Monjoie, monjoi, petite montagne, colline; — sommet, perfection; — cri de guerre des rois de France. V. DC. Mons gaudii, 2e diss. sur Joinville; Rayn.Gram.comp. p.XIII; Ch. d. R. s. v.

Monneste v. amonester.

Monoie, moneie, menoie II, 318, monnaie; de *moneta;* ital. moneta, prov., esp. moneda; d'où moneer II, 177, monnayer, fabriquer, frapper monnaie; propr. *monetare.*

Mons, monde v. monde II.

Mons, mont v. mont.

Monsigneur v. sendra.

Monstier, mostier, mustier, monster, muster I, 50. 196. 221. 290. 304. II, église, cloître; de *monasterium;*

môtie encore aujourd'hui fort en usage dans le patois de Montbéliard, *môté* en Lorraine; prov. monestier; moine, moigne 51. 292. II; 102, moine; prov., esp., port. monge, μόνιος, ital. monacho, lat. monachus; monial, monians adj. c. g. I, 101, monastique; moniage II, 57, 221, vie monastique, profession monastique.

Monstre II, 66, monstre; *monstrum.*

Monstrer v. mostrer.

Mont, monde v. monde II.

Mont, munt, s. s. et p. r. monz, mons, munz I, 82, cfr. I, 73, mont, montagne; amas, monceau; *mons* (mont); monter, munter I, 82. 180. 190. 282. II, 110. 262. 398, monter, s'élever; saillir, sauter; absolument monter à cheval; se porter, s'avancer; concerner, toucher, appartenir, avoir de l'importance, importer; propr. *montare;* dér. montaigne, montagne, muntaine I, 55. II, 70. 73, montagne; propr. *montanea;* montance, valeur, prix, estimation; monte, munte I, 210, montant, somme, valeur, prix, importance, estimation, augmentation, accroissement, quantité; intérêt, usure; montee, muntee, ascendance; augmentation de prix; cfr. DC. montare; monteor, montoir, escalier, embarcadère; vb. comp. amonter, rehausser, accroître; remonter I, 84, remonter; sormonter, sormunter I, 53. 187, surmonter, surpasser, dominer, vaincre; subst. sormonte, dans l'expression *par sormonte* II, 384, par surcroît; — dimin. moncel, monciaus, monceaus, amas, tas, monceau, assemblage, troupe; de *monticellus;* — adv. amont, amunt II, 270; contremont II, 270.

Montance v. mont.

Monte, montee v. mont.

Monteor v. mont.

Monter v. mont.

Monument I, 226. II, 380, monument, témoignage, tombeau; *monumentum.*

Monz, monde v. monde II.

Monz, mont v. mont.

Moquer II, 259, se moquer de qqn., railler; prov. mochar; du grec μωκᾶν, ib. Selon M. Dief. Celt. I, 81 du celtique: kymri *mociaw.*

Mor, noir, noir-brun; de *mōrus;* de là moral, morians, noir; et notre *morelle,* espèce de plante.

Mor v. mur.

Morant v. mort.

Morcel v. mors I.

Morchel v. mors I.

Mordre, mordre; de *mordere;* part. passé mors; comp. amordre, mordre, goûter; amorcer, attacher; part. passé amors, adonné, acharné; remordre I, 355. II, 166, martyriser, déchirer, bourreler; part. remors, aujourd'hui substantif.

Mordre, murdre, murtre, meurtre; mordrir, murdrir I, 60. II, 100. 371, commettre un meurtre, assassiner; murdrissur I, 264, meurtrier; de l'anglo-saxon *mordhor,* homicidium, goth. *maurthr,* allmod. *mord;* vb. goth. *maurthrjan,* φονεύειν, ahal. *murdrjan.* Notre verbe *meurtrir* appartient à cette famille.

Mordrir v. mordre.

Moral v. mors II.

Moralite v. mors II.

More, moudre v. moldre.

More, moure, meure, mûre; *morum, mora;* sorte de boisson composée de raisins et de mûres fermentées, lmâ. moratum, v. R. d. l. V. 168; morier, morer, mourier, meurier, mûrier; *morus.*

Morel v. mor.

Morer v. more.

Moriaus v. mor.

Morier v. more.

Morir v. mort.

Morne II, 284, morne; prov. morn; d'un adj. gothique ou ahal. inconnu, de la famille du vb. goth. *maurnan*, être soucieux, ahal. *mornên*, moerere, anglo-saxon *murnan*, anglais *morn*, lugere.

Morre v. moldre.

I. **Mors**, morsure; de *morsus*; de là morsel, morcel, morchel, morsiaus I, 286. II, 112, morceau. Le *s* a été tout à fait remplacé par *c*. Comp. *amorce*, d'où *amorcer*.

II. **Mors, murs, mours** II, 204. 268. 362, pl. moeurs, naturel, humeur; *mores*; moral, moral; *moralis*; moralite II, 155, moralité; *moralitas*.

Mors, mort v. mort.

Mors, part. de mordre, v. mordre.

Morsel v. mors I.

Morsiaus v. mors I.

Mort, mors, morz, mort, trépas; *mors* (mort); morir, murir, murrir I, 359 et suiv., mourir, tuer, faire mourir, détruire; inf. empl. subst. II, 248; part passé empl. subst. I, 181 le mort; part. prés. empl. subst. I, 209. 348 al muriant, al morant, à la mort; comp. remorir R. d. S. S. 502, mourir à son tour; — mortal, mortel, morteil, s. s. et p. r. morteis, mortes, mortaus I, 92. 101. 235, adj. gen. com. mortel, qui a mérité la mort, condamné à mort; *mortalis*; mortalment, mortelment, morteument II, 370, mortellement; mortalite, mortalité, massacre; *mortalitas*; mortifier, mortifier, faire mourir; *mortificare;* mortification I, 374, mortification, mort; *mortificatio;* vb. dér. comp. amortir, et d'après la 1. conj. amorter, amortir, éteindre, étouffer, abattre.

Mortal v. mort.

Mortalite v. mort.

Mortalment v. mort.

Mortaus v. mort.

Morteil v. mort.

Morteis v. mort.

Mortel, mortelment v. mort.

Mortes v. mort.

Morteument v. mort.

Mortification v. mort.

Mortifier v. mort.

Morz v. mort.

Mos v. mot.

Mosche, mousche, mouske, mousque, mouche; de là moschet; mousket, mouské, émouchet (à cause des points qui couvrent la poitrine de cet oiseau); moschete, mouschete, mouskete, lmâ. *muscheta*, espèce de trait lancé par les machines de guerre; espèce d'arbalète; notre *mousquet*. G. Guiart II, 333 emploie mouche dans le même sens que moschete. A *mosche* se rapporte encore notre *moucheter*. Guyet avait déjà pensé à la dérivation indiquée ici, Ménage l'adopta, puis la rejeta à tort.

Moschet, moschete v. mosche.

Mostier v. monstier.

Mostrance v. mostrer.

Mostrement v. mostrer.

Mostrer, mustrer, moustrer, monstrer I, 105. 125. 143. 177, montrer, indiquer, faire voir, enseigner, apprendre; de *monstrare*, avec syncope du *n*, rétabli plus tard; subst. mostre, plus tard *monstre*, apparence, exposition; de là mostrement, montre, remontrance, preuve; du part. présent mostrance I, 288, démonstration, action de montrer, remontrance; comp. demostrer, demustrer I, 53. II, 123. 147, montrer, démontrer, désigner, représenter, enseigner; demostrement I, 191, preuve, démonstration, présentation, manifestation; demostrance, demustrance, demoustranche I, 237. II, 137. 319, représentation, démonstration, indication, exhibition.

Mot (mos, moz I, 82), mot; de *mutire, muttire*, d'où le lmâ. *muttum;* mot de *prise* II, 78, son, accord; *ne parler mot* II, 217; *ne soner mot* I, 118; *ne tinter mot* II, 860; *mot à* ou *et mot*, avec tous les détails, sans omettre une seule circonstance; de là **motir**, déclarer, avertir, indiquer., spécifier.

Mote II, 251. 385, tertre, colline, château bâti sur une éminence — levée, digue, — motte. Avant de rechercher l'origine de ce mot, il est bon d'indiquer les significations qu'il a aujourd'hui dans les diverses langues: ital. *motta*, terre éboulée par suite des pluies, etc.; esp., port. *mota*, levée de terre; esp. *mota*, petit noeud qui reste au drap; franç. moderne *motte*, petit morceau de terre, bute, petite masse faite avec le tan. L'arramendi dér. l'esp. *mota*, noeud, du basque *motea*, petit bouton; mais on trouve aussi *moet= môt*, dans le hollandais, signifiant petite élévation, tache, faute, qui, avec le bavarois *mott*, terre marécageuse amoncelée, hollandais *mot*, débris de tourbe, et le néerlandais *mite, miijt*, tas, amas, digue, semblent nous reporter à une origine allemande. L'écossais et l'irlandais *mota*, mont, montagne, sont des mots empruntés; les formes *menit, mynidd, menez* sont les autochthones pour *mons*. On trouve dans le lmâ. *meta, mita, mota*, et, en présence des significations indiquées, l'on est en droit de se poser la question: Ne faut-il pas reconnaître une double origine à *mote* dans ses différentes acceptions? *Mote*, tertre, château fort bâti sur une éminence, se rapporte toujours, comme on peut s'en convaincre en voyageant dans nos provinces, à une hauteur en cône isolée. Ne pourrait-on pas admettre, en ce cas, *mota=meta*, avec aplatissement fort commun de l'*ē* en *o*?

Pour les autres significations, l'origine allemande satisfait mieux à l'idée primitive.

Motir v. mot.

Moton v. molton.

Mou v. mol.

Moullier, mouiller v. mol.

Moullier, femme v. moilier.

Moult v. mult.

Moure v. more.

Mourier v. more.

Mourre, moudre v. moldre.

Mourre, museau, grouin; prov. mor, morr, morre; esp. morro, tout corps rond, rocher, caillou arrondi; bouche proéminente, signification que *mourre* a conservée en Franche-Comté. Ces mots sont sans doute d'origine basque: *murua*, colline, tas, *murrutu*, accumuler, entasser, d'où l'esp. moron, colline. Cfr. *Moron*, nom propre de ville, qui vient de la même source, W. v. Humboldt, über die Urb. H. p. 49.

Mours v. mors II.

Mousche v. mosche.

Mouske, mousket, mouskete v. mosche.

Mouster v. monstier.

Moustrer v. mostrer.

Mout v. mult.

Mouteplier v. mult.

Mouton v. molton.

Mouver v. movoir.

Movable v. movoir.

Moveir, mover v. movoir.

Movement v. movoir.

Movir v. movoir.

Movoir, mouvoir, mover, moveir, mouver, movir, muevre II, 30 et suiv., mouvoir, agiter, remuer, ébranler, lever, commencer, se mettre en mouvement, en marche (pour combattre); venir, prendre naissance, causer, exciter; être mouvant; relever; de là **movement** I, 101, mouvement, impulsion; adj. **movable**, mobile, mouvable; du part. lmâ. *mŏvita*

(movitus) dér. muete, meute, sou-
lèvement, levée pour la guerre,
entreprise militaire, sédition, meute
(cfr. *émeute* d'*esmovoir*); d'où *mutin*,
mutiner, dans lesquels l'*u* représente une contraction de *ue*, *eu*; —
comp. **removoir** II, 33; **commovoir**
II, 33, **commotion** II, 127, commotion, agitation; *commotio*; enmovoir
II, 33 aussi simplement avec le sens
de emovoir II, 165; esmovoir II,
33, d'où esmovement, agitation, re-
muement; **promovoir**, promouvoir;
promovere. Comme l'a fort bien
dit Ménage, notre *trémousser* est
un verbe formé du participe *trans-*
motus de *transmovere*, propr. *trans-*
motiare; la particule indique la
grandeur, l'excès, comme dans
tressaillir.

Mox II, 268 contraction de mols, v. mol.

Moyen v. meie I.

Moyenneur v. meie I.

Mox v. mot.

Muable v. muer.

Nuance v. muer.

Muce v. mucer.

Muceement v. mucer.

Mucer, mucier, muchier, muscer, muscier
Q. L. d. R. 338, musser, mussier I,
167. II, 27. 177. 365, cacher; muce,
muche, cache, cachette, lieu secret;
muceement, en cachette, secrètement; vallon muchî. Racine l'ahal.
muzjan, dolose agere? Cfr. Grandgagnage s. v. muchî.

Muche v. mucer.

Muchier v. mucer.

Mucier v. mucer.

Muelx v. mialdres.

Muement v. muer.

Muer I, 66. 220. II, 33. 48, changer,
transformer, transporter, déplacer;
muer; de *mutare*; ne pooir muer
ne, ne pouvoir ne pas; *ne pooir*
muer que ne, ib.; mue, lieu de retraite, prison, cage; muier et muiez,

muez I, 90, qui a passé la mue;
muement et muance I, 170. II, 47,
changement, mutation; **muable** II,
274, changeant; *mutabilis*; comp.
remuer I, 56. 169. 287, remuer,
changer, bouger, éloigner, tourmenter; *se remuer* II, 32, s'éloigner,
changer de sentiment, renoncer à
qqch., reculer; *à* **remuiers** I, 292,
de rechange (mutatorius); *par re-*
muiers, tour à tour, réciproquement.

Muete v. movoir.

Muevre v. movoir.

Muez, qui a passé la mue, v. muer.

Muez, mieux v. mialdres.

Mui pron. pos. pl. s. m., v. mes III.

Mui r. I, 235, muis s. I, 51, moi, muid;
de *modius*.

Muier v. muer.

Muiez v. muer.

Muile v. mule.

Muiller v. mol.

Muillier v. moilier.

Muillon v. mule.

Muis v. mui.

Muisart v. musel.

Mul I, 71. 177, et, avec changement
de la liquide, mur, mulet; *mulus*;
mule I, 315, mule; *mula*.

Mule v. mul.

Mulger Q. L. d. R. I, 66, traire; *mulgere*.

Muller v. moilier.

Mulon v. moie.

Mult, molt, mout, mut, moult pron. I,
181, adv. II, 308. 9; multiplier,
multeplier, mouteplier, molteploier,
multepleier I, 293, augmenter, pro-
pager; multiplier; cfr. plier; d'où
multipliement II, 111, augmentation,
multiplication; — multitudine II, 60,
multitude; *multitudo* (multitudin).

Multe, amende; *multa*; multer, condamner à l'amende, la faire payer.

Multeplier v. mult.

Multer v. multe.

Multipliement v. mult.

Multiplier v. mult.

Multitudine v. mult.

Multun v. molton.

Mulz s. s. et p. r. de mult I, 181.

Mun pron. pos. rég. s., v. mes III.

Mun (le) mien, identique avec mun, mon, v. mes III. et mien.

Mund v. monde II.

Mundain v. monde II.

Munde, pur v. monde I.

Munde, monde v. monde II.

Munder v. monde I.

Munt, monde v. monde II.

Munt, mont v. mont.

Munte, muntee v. mont.

Munter v. mont.

Munz, monde v. monde II.

Munz, mont v. mont.

Mur, mor I, 66. Fl. et Bl. 454, mur, muraille; *murus;* **murail, murauz,** muraille, murs.

Mur, mulet v. mul.

Murail v. mur.

Murauz v. mur.

Murdre v. mordre.

Murdrir v. mordre.

Murdrissur v. mordre.

Mure, muire, saumure; de *muria;* qui s'est conservé comme terme technique, puis dans le comp. *saumure,* de *sal* et *muria;* cfr. ἅλμυρις, et dans plusieurs patois, où il désigne cette eaue épaissie qui se trouve dans les ruisseaux ou le découlement des fumiers.

Muriant v. mort.

Murir, murrir v. mort.

Murmurement v. murmurer.

Murmurer I, 82. II, 199, murmurer, marmotter, gronder, se plaindre; *murmurare;* d'où murmurement, murmure, plainte, bruit qui court et qui se dit à l'oreille; murmuros, grondeur, querelleur.

Murmuros v. murmurer.

Murs v. mors II.

Murtre v. mordre.

Musage v. musel.

Musarder, musarderie v. musel.

Musardie v. musel.

Musart v. musel.

Muscer v. mucer.

Muse v. musel.

Museaus v. musel.

Musel, museaus, musiaus, face, figure, museau. Les provençaux disaient mus et mursel, mursol, Rayn. L. R. IV, 294. Ces dernières formes prouvent que dans nos mots il y a eu syncope du r; ainsi le simple prov. et franç. serait *murs,* qui peut se rapporter à *morsus,* ce avec quoi on mord, ce qui mord. Verbe muser II, 284. 379, regarder fixement comme un sot, attendre vainement, s'amuser à des bagatelles; comp. amuser, retarder, amuser. De là muse, vaine attente, niaiserie, retard; d'où **musage,** vaine attente, retard, lenteur, inaction, oisiveté, sottise; — musart, muisart II, 247. 385, fainéant, paresseux, lâche, sot, nigaud; d'où **musardie,** paresse, fainéantise, sottise, imbecillité; musarder, s'amuser à des bagatelles, fainéantiser, dont l'on fit **musarderie** I, 178. II, 350, paresse, fainéantise, sottise, libertinage.

Muser v. musel.

Musguet, muguet; prov. mugue; de *muscus,* musc, parfum; *nois musguette,* muscade; de là notre *muguet,* homme parfumé.

Musiaus v. musel.

Musser, mussier v. mucer.

Muster v. monstier.

Mustier v. monstier.

Mustrer v. mostrer.

Mut, mu, s. s. et p. r. mus, muz I, 297. II, 17. 76. 160, muet; *mutus;* la forme actuelle est proprem. un diminutif *mutetus.*

Mut pron., adv. v. mult.

Muton, mutun v. molton.

Muz s. s. et p. r. de mult I, 181.

17 *

N.

Nacaire, naquaire, naquere, instrument
de percussion sémisphérique, que
nous appelons timbales; prov. ne-
cari. Notre *nacre*, ital. nácchera,
esp. nacara, nacar, est le même
mot; il a une origine orientale,
nakára, chez les Kourdes, *nacarieh*
dans d'autres provinces. Cfr. DC.
Diss. sur Joinville. M Chevalet
dérive *nacre* de l'allemand *snecco*,
auj. *schnecke*, dont le correspondant anglais est *snail*, *snag*, et
non pas *naker*, soit dit en passant;
puis il ajoute: „Il n'est pas étonnant que la langue germanique nous
ait fourni le mot *nacre*, puisque
nous lui devons également celui de
perle.“ V. ci-dessous perle. C'est
là un des plus beaux tours de force
de M. Chevalet: *s* disparaît au lieu
de se renforcer par *e* préposé, *o*
final devient *a* ou *e*, on ajoute *r*,
puis enfin la terminaison *a*, *e* en
italien, en espagnol et en français.
La permutation n'est pas plus difficile que cela.

Nache v. nage.

Nafrer, **naffrer**, **navrer** I, 197. 313.
II, 244. 353, percer, blesser, navrer;
de l'ahal. *nabager*, *nabiger*, anglo-
saxon *nefegar* (gar=ger, speer),
allmod. *näber*, perçoir; part. empl.
subst. **nafret**, **navreit** II, 142, navret I, 181, blessé; de là **navreure**,
blessure.

Nafret v. nafrer.

Nage, **nache**, fesse; lmâ. natica, de *natis*.

Nage, **nager** v. neif.

Nagier v. neif.

Naie v. non.

Naienz v. neant.

Naïf v. naistre.

Nain I, 135, nain; *nanus*; prov. nan,
ital. nano.

Naiscance v. naistre.

Naissance v. naistre.

Naissement v. naistre.

Naistre, **neistre**, **nestre** (**nastre**, **nascre**,
naxre) II, 183 et suiv., naître; d'où
naissement, neissement, naissance;
venir à naissement I, 394, naître;
— naiscance, naissance, neissance I,
83. 355, naissance; *nascentia*; —
comp. du part. passé de *naistre*:
anneit, ainsneit, ein=ned, s. s. et p. r.
ainsnes, ainsnez, aîné II, 272. 3;
mainsneit, moensnet, meinsnet II,
273; — naïf, f. naïve, natif, naturel, brut; sot, simple; *nativus*; —
naïtet I, 271, lieu de naissance,
pays natal; nativiteit I, 101, nati-
vité; *nativitas*; — nascion, nation,
naissance, origine, nation; *natio*;
natal, jour solennel; prov. nadal,
Noël, de *natalis*, d'où également
la forme Noël, ainsi pour *Naël*, par
euphonie; cfr. Ménage s. v. Nouël;
— nature II, 165, nature, penchant,
habitude, caractère, espèce, sorte;
natura; natural, naturel I, 394,
naturel, conforme à l'ordre, qui est
dans la nature, propre, légitime,
direct, vrai, véritable; *naturalis*;
naturelment, naturellement.

Naïtet v. naistre.

Naïve v. naistre.

Nam, **nan**, gage, meuble; lmâ. *na-
mium*, *nammium*; de là nantir; de
l'ancien norois *nâm*, occupatio, apprehensio; danois *nam*, commodum,
possessio; allmâ. *nâm*, praeda; de
niman, prendre, recevoir. Cfr esp.
prenda, gage, de *prender*, prendre.

Namporoc II, 386 et glos. o.

Namporquant v. quant I. et II, 385.

Nan v. nam.

Nanal v. non.

Nape I, 329. II, 339, nappe; de *mappa*,
avec changement de *m* en *n*.

Narguer, moquer, mépriser; lmâ. nari-

care, de *nares;* subst. nargue, dérision, moquerie, mépris; dér. narquois, fourbe, trompeur; et argot,
langage des gueux. Cfr. clerquois,
langage des savants, le latin.

Narquois v. narguer.

Nascion v. naistre.

Nascre v. naistre.

Nastre v. naistre.

Nat v. net.

Natal v. naistre.

Nate, natte; de *matta,* avec changement de *m* en *n.*

Nateët v. net.

Nateït v. net.

Nation v. naistre.

Nativiteit v. naistre.

Natural v. naistre.

Nature, naturel v. naistre.

Naveiz v. neif.

Navie v. neif.

Navile v. neif.

Navilie v. neif.

Naville v. neif.

Navirie v. neif.

Navreit v. nafrer.

Navrer v. nafrer.

Navret v. nafrer.

Navreure v. nafrer.

Naxre v. naistre.

Ne v. non.

Neant, neiant, neent, nent, niant, nient,
noiant, noians, naienz II, 334; de
là vb. comp. anaienter, anienter,
anoianter, etc., anéantir, rendre nul,
réduire au néant, à rien.

Necessaire, necessere, nécessaire, in-
dispensable; *necessarius;* necessiteit,
nécessited I, 215, nécessité; *necessitas.*

Necessere v. necessaire.

Necessited, necessiteit v. necessaire.

Neel v. niel.

Neeler v. niel.

Neelure v. niel.

Neent v. neant.

Nef v. neif.

Neger v. neif.

Negligence v. negligent.

Negligent, négligent, indifférent; negligence II, 176, négligence, indiffé-
rence; *negligens, negligentia.*

Negoce, negosce I, 183, affaire, né-
goce; prov. negoci, negossi, esp.,
port. negocio, ital. negozio; de
negotium.

Negun v. uns et I, 182.

Neiant v. neant.

Neier, noyer v. noier.

Neier, nier v. non.

Neif, nef, s. s. et p. r. neis, nes I, 85.
89. 134, nef, navire, vaisseau; qu'on
trouve ensuite, au XVIe siècle surtout, sous la forme *nauf, nau,*
comme en prov.; de *navis;* navie,
naveiz I, 336. II, 283, flotte; *navia;
aider qqn. par terre et par navie*
I, 399; navile, naville, navilie, navirie I, 254. II, 53, navire, flotte
de guerre ou marchande, équipe-
ment d'une flotte; de *navilis,* formé
de *navis;* nagier, nager, neger,
naviguer, conduire un vaisseau,
ramer, passer dans un bateau; *na-
vigare;* subst nage, navigation; *à
nage,* en naviguant, en navire, en
bateau; cfr. noer, qu'on employait
pour notre nager; noton I, 367,
nocher, marin; dér. de *nauta.* Quant
à notre mot *nocher,* prov. naucler,
nauchier, esp. nauclero, autrefois
naochero, ital. nocchiere, que Ménage dér. faussement de *navica-
rius,* il vient, comme l'indique
Raynouard, de *nauclerus* (ναύκλη-
ρος), qui se trouve dans Plaute
Mgl. 4, 3. 16.

Neif, neige v. noif.

Neige v. noif.

Neir, neirement v. noir.

Neis, navire v. neif.

Neis, nes, nis adv. II, 309; — nes
que conj. II, 385; — nesun, nisun
pron. I, 181. 2.

Neissance v. naistre.

Neissement v. naistre.

Neistre v. naistre.

Nekedent conj. II, 385.

Nel, ne le I, 134.

Nelui v. nul.

Nen v. non.

Nenal v. non.

Nenil v. non.

Nent v. neant.

Neporhuec II, 386 et glos. o.

Neporoc II, 386 et glos. o.

Neporquant v. quant I., et II, 385.

Nepuroc II, 386 et glos. o.

Nequedent conj. II, 385.

Ner v. noir.

Nercir v. noir.

Nerf, s. s. et p. r. ners II, 342, nerf; *nervus.*

Ners v. nerf.

Nes, ne les I, 134.

Nes adv. v. neis.

Nes, nez I, 86. 194, nez; *nasus;* de là vb. comp. esnaser, couper le nez.

Nes, navire v. neif.

Nestre v. naistre.

Nesun v. neis et I, 181.

Net, nat, f. neté, nette, net, propre, pur; de *nitidus;* nateït, nateët, netteit II, 387, pureté, propreté, netteté; de *nitiditas.*

Nete, nette v. net.

Neu, ne le I, 134.

Neu, noeud v. nod.

Neud v. nief.

Neule, nieule II, 394, brouillard épais, vapeur, brume, nuée; *nebula.*

Neuvisme v. nuef II.

Neveu v. nief.

Nevod, nevo v. nief.

Newyme v. nuef II.

Ngenoiller aphérèse pour engenoiller ou angenoiller s. v. genol.

Ni Trist. II, 105 1. pers. s. prés. ind. de nier.

Ni v. non.

Niant v. neant.

Nice v. scient.

Niceté v. scient.

Niche v. scient.

Nichier v. nigier.

Nief, neige v. noif.

Nief, nies, niez I, 86, neveu; prov. neps, nebs; de *nepos;* nevod, nevo, neveu, neud I, 136. II, 108, meveu; du rad. *nepot,* prov. nebot, ital. nepote; cfr. Mén. s. v. neveu.

Niel, neel, noel, nielle, émaille, lmâ. nigellum; ù *neel,* niellé; nieler, neeler, noeleir, noeler I, 212, nieller, peindre en noir sur l'or et sur l'argent, émailler, ciseler, lmâ. nigellare; du latin *nigellus* (niger); de là nielure, neelure II, 230, niellure, émaillure. *Nielle,* plante et maladie des grains, a la même origine. V. Ménage.

Nieler v. niel.

Nielure v. niel.

Nient v. neant.

Nier v. noier.

Nies, niez v. nief.

Nieule v. neule.

Niger v. nigier.

Nigier, niger, nichier, nicher; de *nidificare.*

Nis v. neis.

Nisun v. neis et I, 181.

No v. non.

No, ne le I, 135.

No, noeud v. nod.

No, nous, notre v. nos.

Noals, noaus, noauz, nualz II, 370, pire, moins; nueillos, mauvais, misérable, nuisible; de *nugalis.*

Noaus, noauz v. noals.

Nobile, noble II, 106, noble, illustre, distingué, renommé; *nobilis;* noblement, noblement I, 405, noblement, avec distinction; nobilitet, nobilite, noblete II, 230, noblesse, grandeur; *nobilitas;* noblece, nobleche II, 161. 306, chose qui convient à un homme noble, distinction, grandeur, magnificence; nobiliter, anoblir; *nobi-*

litare; noblier, nobloier, briller, éclater.

Nobilement v. nobile.

Nobilite, nobilitet v. nobile.

Nobiliter v. nobile.

Noble v. nobile.

Noblece, nobleche v. nobile.

Noblement v. nobile.

Noblete v. nobile.

Noblier v. nobile.

Nobloier v. nobile.

Noçailles v. noces.

Noceiement v. noces.

Noceier v. noces.

Noces, noches, nueches II, 312. R. d. l. V. 306, noces; *nuptiae;* vb. noceier, nocier, noçoier, nochoier II, 162, épouser, se marier, célébrer des noces; propr. *nuptiare,* dans Tertull. *nuptare;* noçailles, noces; propr. *nuptialia;* noceiement, noces.

Nocher v. neif.

Noches v. noces.

Nochoier v. noces.

Nocier v. noces.

Noçoier v. noces.

Nocturnal v. nuit.

Nocturneil, nocturneiz v. nuit.

Nod, no, nu, neu P. d. B. v. 2260, noeud; *nodus;* noer, nuer, nouer, attacher par des noeuds; *nodare.*

Noe v. nuit.

Noef v. nuef II.

Noel (fête de) v. naistre.

Noel v. niel.

Noeler, noeleir v. niel.

Noellé v. nois.

Noer, nouer v. nod.

Noer II, 255, nager; de *natare,* avec affaiblissement de l'*a* en *o;* v. nager, qui s'employait dans un autre sens; comp. **tresnoer** O. d. D. 8091 traverser à la nage; *transnatare.*

Noevime v. nuef II.

Nof v. nuef II.

Nofime v. nuef II.

Nofme v. nuef II.

Noi v. nos.

Noial v. nois.

Noians, noiant v. neant.

Noiel, noielé v. nois.

Noient v. neant.

Noier, nier v. nou.

Noier, neier, nier I, 308. 383. II, 276, noyer, se noyer; prov. negar; de *necare;* cfr. Mén. noier et noyer.

Noif, neif, nief I, 62. II, 226. 348, neige; de nix (nivis); prov. neu, nieu; *neige,* de niveus, nivea.

Noir, noire, neir, ner II, 121. 213, noir, sombre, obscur; *niger;* adv. noirement, neirement II, 147, noirement, méchamment; **noircir, nercir** II, 121. 362, noircir, devenir noir; *nigrescere;* prov. negrezir, esp. negrecer.

Noircir v. noir.

Noire v. nuire.

Noirement v. noir.

Nois, noix; *nux;* noial, noiel, nueil, nual I, 62, bouton, noeud, ce qui sert à attacher; notre *noyau;* de *nucalis;* prov. nogalh, cerneau; noielé, noellé, nueillos, noueux, plein de noeuds.

Noisable v. nuire.

Noisance v. nuire.

Noise, nose I, 75. 193, noise, querelle, dispute, bruit; prov. nausa, anc. esp. nosa, noxa; selon Scaliger, Ménage, Rayn. L. R. IV, 329 de *noxa, noxia,* mais la forme provençale demande *au,* et cela nous reporte à *nausea,* dégoût, malaise, d'où mauvaise humeur; de là **noiser, noser, noisier, nosier** II, 250, avoir noise, contester, quereller, faire du bruit; inf. empl. subst. I, 396; adj. **noisos, noisenx,** querelleur; prov. nauzos.

Noisement v. nuire.

Noiser, noisier v. noise.

Noiseux, noisos v. noise.

Noisir v. nuire.

Noit v. nuit.

Nolui v. nul.

Nom, num, noun, noune, nun, s. s. et
p. r. nons, nums I, 78. 50, nom;
nomen; avoir nom, avoir à nom,
avoir nom; nomer, nommer, numer,
noumer I, 57, nommer, appeler, désigner; *nomináre;* de là nommeement, nummeement II, 338, nommé-
ment, en particulier; nommee, dénombrement, déclaration faite au
seigneur dominant de tous les fiefs,
droits et héritages, qu'on reconnaît
tenir de lui; comp. renom, renom,
réputation; ronommee, renumee I,
166. 368, renommée, récit; prov.
renomada, ital. rinomata; renomer,
renumer I, 386, renommer, célébrer, réputer; sornom, seurnom, sur-
num, surnom

Nombre, nonbre, numbre I, 73, nombre;
dénombrement; tas, amas de choses
de même espèce; *numerus;* nombrer,
nonbrer, numbrer I, 72. 178, compter,
énumérer; *numerare;* comp. anombrer, anumbrer I, 81, énumérer, faire
le dénombrement; passer en revue.

Nombrer v. nombre.

Nomer, nommer v. nom.

Nommee, nommeement v. nom.

Nomporoc II, 386 et glos. o.

Non, nun, nu, no — nen — naie II,
123 — nenil, nenal, nanal — ne —
ni II, 332 et suiv.; ne que conj. II,
385 — noier, neier, nier I, 210. 400.
II, 3; naier Romv. 570, 30, nier,
contester, refuser; *negare;* la forme
naier est sans doute due à l'influence de *naie;* comp. denoier, deneier II, 51, dénier, refuser, assurer
le contraire, renier; *denegare;* renoier, reneier I, 226, nier, renier,
désavouer, renoncer; part. pas. empl.
subst. renoié, reneié I, 155, renégat,
perfide, sans foi; de là renoiement,
reneiement, action de renier, perfidie, trahison; renoit, renois I, 161,
reneit I, 307, perfide, traître, renégat; propr. adj. empl. souvent sbst.

Non, nons, nom v. nom.

Nonante v. nuef II.

Nonbre, nonbrer v. nombre.

Noncer, noncier, nonchier, nuncer, nuncier, nunzer I, 71. 134. 190. 283,
annoncer, faire savoir, apprendre,
indiquer, marquer; de *nunciáre;*
nontiation I, 106, annonciation, nouvelle; comp. annoncier, annúncier,
anonceir I, 196. II, 58, annoncer,
rapporter; *annuntiare;* de là anontion, anuntion II, 184. 196, annonciation, pour le latin *annunciatio;*
renoncer, rapporter, annoncer; renoncer; *renunciare;* prononceir, prononcier, pronontier I, 239, annoncer
d'avance, prédire, prononcer, décider, blâmer.

Nonchaloir v. chaloir.

Nonchier v. noncer.

Noncier v. noncer.

None, la 9e heure du jour, v. nuef II.

None, nonne v. nonne.

Nonfei v. foit.

Nonnain v. nonne.

Nonne, la 9e heure du jour, v. nuef II.

Nonne, none, nonne, religieuse, et
nonnain, d'abord forme de régime,
mais qui s'employa de très-bonne
heure comme sujet; de *nonna* (nonnus), expression de respect. V. DC.
s. v. nonnus et Mén. s. v. nonnain.

Nonporhuec II, 386 et glos. o.

Nonporquant v. quant et II, 385.

Nonportant v. tant et II, 385.

Nonpruec II, 386 et glos. o.

Nonques v. onkes et II, 311.

Nonsachance v. savoir.

Nonsachant v. savoir.

Nonsavoir v. savoir.

Nontiation v. noncer.

Nord, nort, north I, 252. II, 365, nord;
de l'anglo-saxon *nordh,* anglais
north, island. *nord,* ib.; cfr. Schwenk
D.W. Nord; *nord-est* II, 252. Cfr. est.

Nore, bru; de *nura*, féminin formé de *nurus*.

Noreture v. norir.

Noriçon v. norir.

Norir, norrir, nurir I, 226, etc., nourrir, alimenter, entretenir du nécessaire, élever; *nutrire*; norrit, nurrit, nourri, s. s. et p. r. norris, norriz, nurriz II, 371, familier, courtisan, domestique; *nutritus*; noriçon, norriçon, nourriture, éducation, instruction; *nutritio* pour *nutricatio*; norrissement, nourriture, aliment; noriture, norriture, norreture II, 228, nourriture, bétail qu'on nourrit et élève; maison, famille, éducation. Notre mot *nourrain* est pour *nourrin*, prov. noirim, de *nutrimen*.

Noriture v. norir.

Norois, norvégien; fier, hautain, orgueilleux, par extension, idée prise du caractère des peuples du Nord; de *Norvegr*, Norvège.

Norreture v. norir.

Norriçon v. norir.

Norrir v. norir.

Norris, norrit, norriz v. norir.

Norrissement v. norir.

Norriture v. norir.

Nort, north v. nord.

Nos I, 136, ne vous.

Nos, nus, nous s et r., en Picardie s. no noi, nou, r. nos, nous, pron. pers. 1. pers. plur. m. et f. I, 121. 125, nous; *nos*; ital. noi; nostre I, 141 pron. pos. 1. pers. m. et f, notre, nos; avec l'article le nôtre, les nôtres; *noster, nostra*; on apocopa d'abord ce pronom en *nost* (cfr. II, 405 vostre), puis en *nos*, et dans les dialectes bourguignon et normand où *ts* était représenté par *z*, on en fit autant pour le *st*, afin d'indiquer la suppression du *t*, et non pas seulement, comme je le dis I, 125, afin d'avoir un moyen de distinction entre *nos*, nous et

noz, notre. La Picardie ne connaissant pas cet usage du *z*, écrivit avec *s*; mais, par contre, elle distingua le s. s. et p. r. m. qui faisaient *nos*, d'où *nous*, du s. r. et p. s. m. qui faisaient *no*, d'où *nou*. Le sing. s. f. avait *nos* et *no*. *Noz*, *nos*, etc., avaient le même sens que *nostre*, et ils prenaient l'article, v. I, 141. La forme picarde *nos* est celle que nous avons admise dans la langue fixée.

Nosche, nusche, noche, nouche, boucle, fermoir, bracelet; lmâ. *nusca*; de l'ahal. *nusca*, boucle, d'où *nuskil*, ib., allmâ. *nüschel*, allmod. *nusch*.

Nose v. noise.

Noser, nosier v. noise.

Nostre v. nos.

Note II, 280, note, marque; air, chant; *nota*; noteir; noter I, 160, noter, dénoter, indiquer, remarquer, regarder, faire des observations; chanter, fredonner; *notare*.

Noteir, noter v. note.

Noton v. neif.

Nou I, 135, ne le.

Nou v. nos.

Noumer v. nom.

Noun, noune v. nom.

Nourrain v. norir.

Nourri v. norir.

Nous v. nos.

Novain v. nuef II.

Noveal v. nuef I.

Novel, novele v. nuef I.

Noveler v. nuef I.

Novelerie v. nuef I.

Novelier v. nuef I.

Noveliteit v. nuef I.

Noveme v. nuef II.

Novice v. nuef I.

Noviel v. nuef I.

Noviex v. nuef I.

Novime v. nuef II.

Novise v. nuef I.

Noz v. nos.

Nu, dépouillé v. nud.

Nu, noeud v. nod.

Nu v. non.

Nu I, 135, ne le.

Nual v. nois.

Nualz v. noals.

Nud, nu I, 346. II, 256. 371, nu, dépouillé; simple, sans expérience; de *nudus;* denuer, desnuer II, 139. 371, dénuder, dépouiller, dépourvoir, mettre à nu, dénuer; esnuer II, 228, dépouiller.

Nue I, 50, nue; *nubes;* anubli I, 354, couvert de nuages, sombre; dér. de *nubilus;* de *nue* vient *nuer,* d'où *nuance.*

Nueches v. noces.

I. Nuef, s. s. et p. r. nues, neuf, nouveau, qui n'a point encore servi; *novus;* novise, novice II, 319, novice; *novicius;* novel, noviel, noveal, noviex, nuvel I, 62. 100. 184, neuf, nouveau; *novellus; de novel* I, 233, de nouveau; novéle, nuvele I, 48. 50. 184, nouvelle, bruit, rumeur; *novella;* novelerie, guerre, querelle; noveliteit I, 272, nouveauté; innovation; trouble dans la possession de qqch.; *novellitas;* noveler, novelier, nuveler, entendre on apprendre des nouvelles, raconter, changer, aimer le changement; *novellare;* comp. renoveler, renuveler I, 350. 289, renouveler, recommencer, rajeunir; avertir, faire part de qqch.; novelier, noveler, nouveau, qui respire la nouveauté; inexpérimenté, timide; propr. *novellarius.*

II. Nuef, nof, noef I, 108. 109, neuf; *novem;* noveme, nuevime, noevime, nuevisme, neuvisme, nuefme, nofme, nofime, newyme, novime, nueme I, 115, neuvième; avec la terminaison *ime,* calquée sur *septime,* etc.; novain I, 116, neuvième. — None, nonne I, 119, la 9e heure du jour dans les cloîtres, ainsi trois heures

après-midi, à prendre le lever du soleil à six heures de matin; de *nona. None* signifiait aussi région, peut-être servait-il à désigner le couchant. Ce mot s'est conservé dans plusieurs patois, p. ex. en Franche-Comté *noûne,* avec le sens de l'heure du goûter, le goûter même, d'où le verbe *noûner.* — Nonante I, 109, nonante; *nonaginta.*

Nuefme v. nuef II.

Nueil v. nois.

Nueillos, mauvais v. noals.

Nueillos, noueux v. nois.

Nueme v. nuef II.

Nuer, nouer v. nod.

Nuer v. nue.

Nues s. s. et p. r. de nuef I.

Nuevime, nuevisme v. nuef II.

Nuire, nure, nuisir, noisir, noire II, 251-2, nuire, dommager, préjudicier; prov. nozer, ital. nuocere, anc. esp. nocir; de là noisement, nuisement II, 86, tort, préjudice, dommage, perte; amende pour le dommage qu'on a fait; nuiseor, nuiseur, qui nuit, ennemi, adversaire; nuisable, noisable, nuisible; — noisance, nuisance II, 239, disposition à nuire, action de nuire, préjudice; de *nocentia;* — innocent I, 262, innocent; *innocens;* innocence I, 89, innocence; *innocentia.*

Nuis v. nuit.

Nuisable v. nuire.

Nuisance v. nuire.

Nuisement v. nuire.

Nuiseor, nuiseur v. nuire.

Nuisir v. nuire.

Nuit, noit, s. s. et p. r. nuiz, nuis I, 83. 290, forme des bas temps noe, nuit; veille, le jour qui précède une fête; le couchant; prov. noit, noich, esp. noche, ital. notte, port. noite; *nox, noctis;* meie nuit, mie nuit I, 118. 120, minuit; adv. comp. anuit, annuit, ennuit II, 297; anquenuit, enquenuit II, 297; vb. nuiter, nuitier, presque toujours sous la forme de composé anuiter, anuitier II, 276, anuiter, faire nuit; ital. nottare, annottare, prov. anuchir; inf., et part. prés. anuitant I, 119, empl. subst.; anuitement R. d. l. V. 283, tombée de la nuit; nocturnal, nocturneil, s. s. et p. r. nocturneiz II, 113. 370, nocturne, de nuit; *nocturnalis* (Sid.); nuitamment, de nuit, nuitamment; de noctante mente; nuitantre, de nuit, par nuit, nuitamment; lmâ. *noctanter*, qu'on forma sur le modèle de cunctanter, sans aucun doute d'après la forme française; car *noctanter* n'est pas nécessaire pour l'étymologie de *nuitantre*; celui-ci peut fort bien dériver de l'ablatif *noctante*, comme soventre, soentre dér. de sequente.

Nuitamment v. nuit.

Nuitantre v. nuit.

Nuiter, nuitier v. nuit.

Nuiz v. nuit.

Nul, nule, s. s. et p. r. nuls, nuz, nus, gnus I, 182. 3, nul; *nullus* (*ne-ul*, *ni-ul* v. I, 183 à la note, et Fr. d. Valenciennes 55 un autre exemple); nului, nullui, nulli, nolui — nelui I, 183. 4.

Nulli v. nul.

Nului, nullui v. nul.

Num, nums v. nom.

Numbre, numbrer v. nombre.

Numer v. nom.

Nummeement v. nom.

Nun v. non.

Nun, nom v. nom.

Nuncer, nuncier v. noncer.

Nunz v. I, 182.

Nuns v. uns et I, 182.

Nunzer v. noncer.

Nure v. nuire.

Nurir v. norir.

Nurrit, nurriz v. norir.

Nus v. nos.

Nus, nul v. nul.

Nuvel, nuvele v. nuef I.

Nuveler v. nuef I.

Nuz, nul v. nul.

O.

O interj. II, 402.

O pour au, v. I, 51.

O, oc pron. Serm. et II, 318, ce, cela; comp. prép. et adv. avoc, avoec, ovoc, etc. II, 344; adv. poroc, poruec, pruec, etc. II, 318; conj. neporoc, nepuroc, namporoc, etc. II, 386; senoc, senuec, senoec, etc. II, 324.

O prép. v. od.

O adv. où, v. II, 285.

Oal v. oïl.

Oan v. an et II, 275.

Obedience v. obeir.

Obedient v. obeir.

Obeir I, 67. 222, obéir, se soumettre, s'engager; *obedire*; prov. obedir, obezir; ital. obedire, esp., port. obedecer; **obedient** I, 82. 163, obéissaut, soumis; *obediens*; obedience I, 389, obéissance, soumission; *obedientia*; comp. inobedient I, 74, désobéissant, insoumis.

Ober v. obier.

Obier, hober, ober, se mettre en mouvement, quitter sa place, s'en aller, sortir; mot celtique: kymri ob, le sortir, la sortie.

Oblation, oblatiun I, 52, oblation; *oblatio*.

Obli v. oblier.

Obliement v. oblier.

Oblier, oublier II, 330, oublier, ne plus penser, ne pas se rappeler; s'*oblier* II, 46, s'oublier; fréquentatif de *oblivisci*, *oblitus*; de là obliement II, 280, action d'oublier, oubli. Quant à la forme olblie (Et

il enprent moult grant folie, | Qui
por les chiens le roi olblie. P. d. B.
v. 619. 20), elle rappelle l'espagnol
et le portugais *olvidar*, où le *l* est
transposé; mais il est double dans
le français, et peut-être *olblier* est-
il retravaillé sur une forme où le
o s'était déjà affaibli en *ou*. Subst.
obli, oubli, **olbli** I, 392, oubli; **oblios**,
oblious, oublieux.

Oblios, oblious v. oblier.

Obscur, oscur I, 89. 220. II, 252,
obscur; *obscurus*; obscurer, obscurcir, devenir obscur; *obscurare*;
obscurteit, oscurted I, 75. 212. II,
394, obscurité; *obscuritas*.

Obscurer v. obscur.

Obscurteit v. obscur.

Obstination I, 220, obstination; *obsti-
natio*.

Oc v. o pron.

Occasion, ockeson, okison, ochoison,
achoison, achaison, acheson I, 49.
124. 163. 216. 240. 314. II, 31. 35,
occasion, cause, prétexte, motif,
faute, manquement, difficulté, accusation, querelle; de *occasio*, prov.
occasio, ocaizo, ochaizo; vb. **occisonner**, achoisonner, achaisonner, accuser, reprocher, vexer, tourmenter.

Occident I, 189, occident; *occidens*.

Occir v. occire.

Occire, ocire, ochire, ochirre, ocierre,
occir, oscire II, 186 et suiv. 293,
tuer, faire mourir; comp. **rocire** II,
188; **entreocire** II, 188; **parocire** II,
188; occise II, 390, tuerie, massacre; — occision, ocisiun, ochission
I, 59. II, 279, tuerie, massacre,
meurtre; *occisio*; occiseres, occiseor,
et avec *ch*, meurtrier, homicide;
occisor. Molière a encore fait usage
de *occiseur* dans L'Etourdi III, 5.

Occise v. occire.

Occiseor, occiseres v. occire.

Occision v. occire.

Ocean II, 76, océan; *oceanus*.

Oche, ocher v. oscher.

Ochire, ochirre v. occire.

Ochission v. occire.

Ochoison v. occasion.

Ocierre v. occire.

Ocire v. occire.

Ocisiun v. occire.

Ockeson v. occasion.

Occisonner v. occasion.

Octante v. oit.

Octobre v. oit.

Od, ot, o prép. II, 343.

Odil v. oïl.

Odor, odour I, 185. 217, odeur, sen-
teur; *odor*; odoros, odorant; *odorus*.

Odoros v. odor.

Odour v. odor.

Oe, oue, oie; prov. auca; selon Ménage de *auca*, contracté de *avica*,
dér. de *avis*. C'est dans le sens
de cette étymologie que les glos.
de Philoxène portent auca, πτηνόν.
L'oie étant l'oiseau domestique le
plus utile de cette classe, a reçu
ce nom générique, comme on a vu
plus haut les boeufs et les vaches
porter surtout le nom d'animal
(v. almaille). Dim. *oison*. Cfr. oisel.

Oef, ouef, uef, s. s. et p. r. **oes**, **ues**,
oues I, 96, oeuf; de *ovum*.

Oeil v. oil.

Oel v. oil.

Oels, besoin v. oes.

Oens, eux I, 132.

Oeor v. oïr.

Oerres v. oïr.

Oes v. oef.

Oes, ues, eus, wes, oues, us, os, euls,
oels I, 95. 96, besoin, usage, service, profit; ital. uopo, anc. esp.
huevos; de *opus*.

Oes, eux I, 133.

Oevre, oyvre, uevre, ovre I, 48. 170.
175, oeuvre, ouvrage, chose, action,
affaire; *opera*; *laisser oevre*, cesser;
ovrer, uvrer, overer, uverer I, 79.
210. II, 346. 364, faire, ouvrager,

agir., travailler; *operari*; **ovraigne,**
overaigne, uveraine I, 330. 352. II,
62, oeuvre, ouvrage; **overier, ovrier**
II, 354, ouvrier, artisan, manoeuvre;
operarius; **ovree,** oeuvre, ouvrage,
autant de vigne que peut en labourer un homme dans un jour;
lmâ. operata. Cfr. oes.

Offendu v. offendre.

Offendre, offenser, outrager, blesser;
contrevenir, pécher contre les lois
et les coutumes; *offendere*; part.
passé **offendu** empl. subst., coupable,
coupable d'offense; **offension,** offense,
outrage; *offensio*.

Offension v. offendre.

Offerende v. offrir.

Offerre v. offrir.

Office II, 34. 234, office, état, profession, emploi; cérémonie religieuse; officialité, cour ecclésiastique;
officium.

Offrande v. offrir.

Offrer v. offrir.

Offrir, offrer, **offerre** I, 408. 9, offrir,
présenter; aller à l'offrande; *offerre*;
offerende, offrande I, 387. 400, offrande; du bas-latin *offerenda*; vb.
comp. **poroffrir** Ch. d. S. II, 145.
R. d. l. V. 292; offrir, présenter.

Offrois v. orfrois.

Ofin v. alfin.

Oh, ohi interj. II, 402.

Oi v. hui et II, 296.

Oidme v. oit.

Oie v. oïl.

Oignement v. oindre.

Oignre v. oindre.

Oïl, oal, ouail, ol, odil, awil, oie II,
309. 10. 407 et suiv., oui. Qu'on
se range à mon opinion sur l'origine de cet adverbe, ou qu'on la
rejette, il n'en est pas moins vrai
que celle de Le Duchat, admise
par Raynouard et M. Diez, est tout
à fait fausse. Le manque complet
d'une forme diphthonguée est une

raison sans réplique contre la dérivation de *hoc*. Si l'on m'objectait
que, par suite de sa fréquence, cet
adverbe a pris de très-bonne heure
une forme invariable en *o* pur, je
répondrais en montrant d'autres
dérivés de *hoc* qui étaient d'un usage
tout aussi fréquent et qui néanmoins ont été diphthongués. Ensuite, je le répète, comment expliquer *awil* par hoc illud? Raynouard
et M. Diez ont tout à fait négligé
cette forme, bien qu'elle ne puisse
guère leur avoir échappé. M. Grandgagnage décompose le wallon *awoi*,
oui, en *woi*=oui et *a* préposé pour
donner de l'appui à la voix. En
comparant *awil* et *awoi*, le savant
et consciencieux auteur du dictionnaire de la langue wallone se con-
vaincra sans doute que ce n'est pas
là une explication admissible.

Oïl, oyl, oel, uel, oeil, ueil I, 89. 90,
iex, ix, ex I, 92 (pour les autres
variantes voyez les pages indiquées),
oeil; *oculus*; comp. **entroil,** entr'oeil,
espace qui sépare les yeux; **avogle,**
aveule, avule I, 126. II, 190, aveugle;
vb. **avogler, aveuler,** aveugler, **avugler**
I, 68. 178. II, 13. 69. 277; aveugler;
d'où adv. **avogleement,** aveuglément;
subst. **avoglement** I, 82, aveugle-
ment; **aveuleteit** II, 277, aveugle-
ment; de ab-oculus, ital. *avocolo,*
quoique cette dérivation soit un peu
douteuse quant au sens, puisque
aboculus signifie sans yeux.

Oile, oille, ole I, 251. 327. II, 207,
huile; *oleum*; olive I, 174. II, 366,
olivier et olive; *oliva*; oliver II,
221, dans le texte latin *olivetum*
(olivaie); ainsi, supposé la traduction littérale, lieu planté d'oli-
viers, *olivarium*; sinon olivier,
olivarius.

Oindre, oignre, uingdre II, 236; au
commencement du XIVe siècle aussi

d'après la 1re conj. ongier; de là oignement, uinnement, onghement II, 118. 241, action d'oindre, onguent, liniment, parfum; comp. enoindre, enuingdre II, 236, part. pas. enoint, enuint II, 145, empl. subst. avec le sens que nous donnons à oint; puroindre, oindre, imbiber; — onction, unction I, 215. 234, onction; *unctio*.

Oime v. oit.

Oir v. hoir.

Oïr, ouïr I, 366-72, ouïr, entendre, écouter; *audire*; prov. auzir, ital. udire; oerres, oeor I, 77, oïant, écoutant; *auditor*; comp. tresoïr, entendre distinctement. Notre mot *audience*, audientia, s'employait souvent autrefois dans le sens de assemblée qui écoute pour auditoire, et de action d'écouter. V. Molière, D. G. d. N. II, 1.

Oire v. erre.

Oirer, oirrer v. erre.

Ois v. huis.

Oiseals v. oisel.

Oiseaus v. oisel.

Oisel, oisiel, oysel, oisiaus, oiseals, oiseaus, oiseus I, 90, oiseau; ital. uccello, augello, prov. auzel; de *aucella*, aucilla contracté de *avicella*; lmâ. avec changement de genre *avicellus, aucellus*, gloses στρουθίον, v. Ménage s. v. oiseau; vb. oiseler II, 312, chasser aux oiseaux, fauconner; — sauter comme un oiseau, tressaillir de joie; plus tard siffler qqn., se moquer de lui; dim. oiselet, oiselon, oisilon I, 99, oiselet, oisillon; prov. auzelet, auzelo. Cfr. oe.

Oiseler v. oisel.

Oiselet v. oisel.

Oiselon v. oisel.

Oiseus v. oisel.

Oisevie v. oisos.

Oisiaus v. oisel.

Oisiel v. oisel.

Oisilon v. oisel.

Oisme v. oit.

Oisos, oisous, oysous I, 83. II, 352, oiseux, inutile; *otiosus*; oisosement, oysousement I, 46, oiseusement, inutilement, sans but; oisevie, paresse, lâcheté; dérivé de *otium*, comme notre oisif.

Oisosement v. oisos.

Oisous, oisousement v. oisos.

Oisserie v. huis.

Oissier v. huis.

Oissir v. issir.

Oissue v. issir.

Oist v. ost.

Oit, wict, wicht, wit, vit, huit I, 108. 109, huit; *octo*; oytisme, huitisme, witisme, uitisme, uitime, uitme, oitme, oidme, oisme, oime, uime, utime, utisme I, 114, huitième; oitain, uitain I, 116, huitième; oitauve, huitième; *octavus*; prov. octau; octobre, octobre; *october*; oitante, octante, vitante, huitante I, 109, quatre-vingts; *octoginta*.

Oitain v. oit.

Oitante v. oit.

Oitauve v. oit.

Oitme v. oit.

Okison v. occasion.

Ol v. oïl.

Olbli, olblier v. oblier.

Ole v. oile.

Olifant, oliphant II, 378, éléphant; ivoire; trompette, clairon; de *eléphantus*; mais d'où le grand changement de forme? Cfr. Dief. G. W. I, 110, Grimm, Rolandslied 233.

Oliphant v. olifant.

Olive, oliver v. oile.

Oloir II, 118, sentir, exhaler de l'odeur, odorer; *olere*; olor, olur, odeur; *olor*.

Olor, olur v. oloir.

Ols, eux v. als.

Oltrage v. oltre.

Oltre, ultre, outre, utre, otre, oultre

II, 357. 8. 48. I, 363. 387, outre, au delà, à travers; *ultra; oltre plus*, en outre, de plus; *outresment* I, 340. II, 145, sans garder de mesure, absolument, tout à fait; de là **oltrer, ultrer, outrer**, passer le but, les limites, mettre à bout, hors de combat, excéder de fatigue, achever, finir, ruiner, tailler en pièces; passer, mourir; part. passé empl. subst. mort, trépassé; pour ainsi dire *ultrare;* oltrage, outrage II, 41. 163, outrage, excès, violence, action outre mesure, prodigalité; *ultragium;* outrageus I, 400, outrageux, violent, qui passe les bornes.

Oltreboivre v. boivre.

Oltrecuidance v. cuider.

Oltrecuider v. cuider.

Oltremarin v. mer II.

Oltremer v. mer II.

Oltrer v. oltre.

Olvert part. de olvrir pour ouvrir.

Om v. hons.

Omage v. hons.

Ombrage v. ombre.

Ombre, umbre II, 225. 269, ombre, ombrage; *umbra;* vb. ombrer, umbrer, umbrier, ombreier, ombroier, donner de l'ombre, ombrager, couvrir; pronom. se mettre à l'ombre, se reposer, se cacher; de là ombrei, umbrei, obscurité, ténèbres; — ombrage, umbraige, ombragé, sombre, obscur, couvert; de *umbraticus;* — comp. sombrer, aümbrer I, 226, ombrager, couvrir de son ombre, couvrir; et pronom., en parlant de J.-C., devenir homme, sc. dans le sein de la Vierge; *adumbrare;* de là aombrement Rutb. II, 142 dans le dernier sens du verbe; enumbrier, enombrer, obscurcir, cacher; et avec le sens mystique de aombrer S. d. S. B. 530; *inumbrare.* C'est au mot *ombre* que se rapporte notre adj. *sombre,* comme le dit déjà

Ménage, mais le *s* n'est pas simplement préposé, ainsi qu'il l'admet. A considérer le prov. *sotzombrar,* l'esp. *sombra,* ombre, d'un verbe hypothétique *sombrar* pour *soombrar = subumbrare,* on pourrait supposer que le *s* de *sombre* est un reste de *sous,* orthographié souvent *sou, so;* ainsi *sombre = soombre.* Cependant ce *soombre* manque. Je crois que notre *sombre* est égal à essombre, avec aphérèse de *es.* Je ne connais pas d'exemple d'un verbe essombrer, qui devrait signifier projeter de l'ombre, mais il existe un subst. qui le suppose: essombre Rom. d. Ren. II, p. 100, signifiant ce qu'on appelle en terme de peinture, ombre portée; dans Ruteb. II, 40 le même mot a un sens concret, il veut dire lieu sombre, recoin ténébreux. Ainsi *sombre* signifierait qui projette de l'ombre. Cfr., pour la forme, dans l'ancienne langue, especial, esperitel, aujourd'hui spécial, spirituel, etc.; à côté de espèce, esprit.

Ombrei, ombreier v. ombre.

Ombrer v. ombre.

Ombroier v. ombre.

On v. hons.

Onc v. onkes.

Oncor, oncore II, 287 et glos. ore II.

Onction v. oindre.

Onde, unde I, 55. II, 54, onde, flot, vague, eau; *unda;* de là ondoier, ondeier, undeier II, 68, ondoyer; soronder I, 278, suronder, regorger, déborder; — habondeir, habonder, abonder I, 46. 220. 359, augmenter, enfler, exagérer, regorger, avoir en quantité, profiter; *habondeir en son sen* I, 50, s'opiniâtrer à sa manière de voir; de *ab-undare;* habondance, abondance II, 388, abondance, profit, avantage; *abundantia;* sorhabondeir I, 220, surabonder.

Ondeier v. onde.

Ondoier v. onde.

Onfin v. alfin.

Onghement v. oindre.

Ongier v. oindre.

Onkes, unkes, onques, unques, unches, onc, unc adv. II, 311; nonques II, 311; avisonkes II, 311.

Onniestre v. honor.

Onnor v. honor.

Onor v. honor.

Onorer v. honor.

Onqor, onquor II, 287 et glos. ore II.

Onques v. onkes.

Ont, unt adv. II, 285; comp. dont, don, donc, dund, dunt, dun, dunc adv. II, 285; pron. relatif I, 162. 3.

Onze, unze I, 108, onze; *undecim*; **onzime, unzime** I, 115, onzième; *undecimus*.

Onzime v. onze.

Or adv. II, 311 et glos. ore II.

I. **Or**, quelquefois **aur** I, 82, or; *aurum*; orer, dorer, part. passé oret, ored, oré, oriet, orié I, 208, doré, d'or; *aurare, auratus*; aurin', qui est d'or, doré. D'où nous vient le *d* dans *dorer*? On voit que l'ancienne langue disait orer, et cette circonstance a fait penser à quelques étymologistes que *d'or*, aureus, avait servi à former dorer. Cependant le prov. ayant daurar, l'esp. dorar, l'ital. dorare, le port. dourar, de *deaurare* Sen. E. 76, et bien que je ne puisse fixer l'époque où *dorer* remplaça tout à fait orer, je pense que notre *dorer* dér. aussi de *deaurare*. Quant à „la consonne euphonique *(d)* qu'on aura plus tard oublié de reprendre", dont parle M. Génin (Var. 341); cela est au-dessous de la critique.

II. **Or, ur**, bord; de *ora*, qu'on fit probablement masc. dans la langue d'oïl pour le distinguer de ore, ure=hora; dim. orle, orlle S. d. S.

B. 562, bord, ourle; esp. orla, orilla; vb. orler, ourler, border; oree, lisière, bord; propr. *orata*; oriere II, 356, lisière, bord.

Orage v. ore I.

Orains, orainz II, 313 et glos. ore II.

Orans, oranz II, 313 et glos. ore II.

Orbe, aveugle, sombre, obscur Fl. et Bl. 493, qu'on ne peut distinguer; de *orbus*, qui ne prit que tard la signification romane, prov. orb, ital. orbo; vb. comp. essorber, aveugler, ôter la lumière, perdre la vue; prov. eissorbar, simple prov. orbar, ital. orbare, du latin *orbare*.

Ord, ort, f. orde, s. s. et p. r. ors, orz I, 70. 284. II, 87, impur, immonde, sale, malpropre, plein d'ordures, déshonnête, vilain, puant; de *horridus*; de là ordoier, ordeier, profaner, salir, couvrir ou remplir d'ordure, souiller; ordoiet I, 314, subst., sale, impur, infecté d'ordure; ordure I, 253, saleté, immondice, souillure, impureté, aussi femme débauchée. Au lieu de *ord*, l'ancien français et le provençal avaient encore la forme orré Ben. v. 26027, fém. prov. orreza=orreda, qui prouve indubitablement que *ord* dérive de horridus. Cfr. Rayn. L. R. III, 543, et horror.

Orde v. ord.

Ordeier v. ord.

Ordenance v. ordene.

Ordene, ordine II, 34. 60, ordre, arrangement, commandement; rang; grades de la hiérarchie ecclésiastique; chœurs de la hiérarchie des anges; congrégation religieuse, et sa règle; de *ordo (ordin)*; du nom. *ordo* avec r intercalaire ordre, avec les mêmes significations, prov. orde; *par ordre* I, 70, ib., par rang; ordener, ordoner II, 85. 159, mettre en ordre, ordonner, régler, établir, instituer, conférer les ordres religieux; administrer les derniers sacrements; *ordinare*; **ordenance** I, 193, ordonnance, ordre, disposition, arrêté, décret; volonté, fantaisie; **ordenement**, ordre, disposition, ordonnance, règlement; **ordoneres, ordeneres, ordonator** I, 75, ordonnateur, administrateur; adv. **ordeneement**, par ordre, régulièrement; *mourir ordineement*, mourir muni des sacrements et après avoir fait son testament; comp. **desordineement** II, 34, irrégulièrement, hors de l'ordre; **aordene**, ordre, ordonnance, disposition; **aordre** (s'), se régler, se conformer, prendre pour modèle.

Ordeneement v. ordene.

Ordenement v. ordene.

Ordener v. ordene.

Ordeneres v. ordene.

Ordière, ornière; pour ainsi dire *orbitaria* de *orbita*. C'est notre mot *ornière*, avec changement fort rare du *d* en *n*. Ménage, qui rapporte aussi *ornière* à *orbita*, suppose *orbitanaria*, *orbitnaria*, puis *ornaria*, mais la forme *ordiere* repousse cette contraction. Les Wallons disent *ourbî*, *ourbire*, *orbîre*.

Ordine v. ordene.

Ordoier v. ord.

Ordoiet v. ord.

Ordonator v. ordene.

Ordoner v. ordene.

Ordoneres v. ordene.

Ordre v. ordene.

Ordure v. ord.

I, Ore f., vent doux, vent, souffle; de *aura*; ital. aura, ora, esp., prov., port. aura; dér. **ored, oret, oré** I, 100. 256. II, 297, vent, souffle; prov. aurat; **orage**, vent, air, souffle: *bel orage*, bon vent, vent favorable; *grant orage*, vent fort, tempête, etc., signification qu'a prise notre *orage* moderne. Notre *ouragan*, esp. huracan, ital. uracano,

est d'origine assez moderne et ne tient en rien aux mots cités ici; il vient, dit-on, de la langue caraïbe. V. Ménage s. v.

II. Ore, eure, ure, hore, houre I, 106. 119. 129. 187. 216. 244, heure; *hora*; *en petit* ou *en po* et *à po d'ore* II, 313; *d'ores en* ou *à altres* II, 312; *en eis l'ore* II, 299; *de* ou *en bone ore*, de ou en *male ore* I, 254. II, 55, à la bonne ou à la mauvaise heure, pour le ou par bonheur et pour le ou par malheur (cfr. aür), d'où **bor, buer, mar, mare** II, 276; — **ore, ores, or** adv. II, 311; comp. **à ore**, maintenant, actuellement, présentement, tantôt; *ad horam*; prov. aora, aoras, adoras, esp. ahora; **lores, lors** II, 312, d'où alors, *ad illam horam*; **dès ore** II, 312, **dès ore mais** II, 312, **ore mais** II, 312, d'ore en avant II, 312, **dès ore en avant** II, 312; **orains, oranz, orans, orainz** II, 313; **orendroit, orendroites**, c'est-à-dire *or en droit*, maintenant en droit (directement) II, 313; — **ancore, aincores, eincor, uncore, uncor, unquore, oncore, oncor, onquor, onqor** II, 287. — **Horloge** I, 332, horloge; *horologium* (ὡρολόγιον).

Oré, vent v. ore I.

Oré, doré v. or I.

Ored, vent v. ore I.

Ored, doré v. or I.

Oree v. or II.

Oree fém. de oret, oré v. or I.

Oreille, oroille, orille, aureille I, 267, oreille; de *auricula*; *doner oreille*, prêter l'oreille, écouter; **oreiller, oroiller, oriller, oreller**, couper les oreilles, sorte de supplice; être attentif, s'appliquer, être aux écoutes; comp. **essoreiller, essoriller**, etc. La dernière forme citée nous est restée, tandis que le mot *oreille* nous est venu d'un autre dialecte, ce qui

18

fait anomalie dans la langue moderne.

Oreiller v. oreille.

Oreison v. orer.

Oreller v. oreille.

Ore mais II, 312 et glos. ore II.

Orendroit, orendroites II, 313 et glos.
ore II.

Orer, dorer v. or I.

Orer I, 221, prier, intercéder, supplier; *orare*; oreison, oreson, orison,
ureisun I, 214. 339. 365. 374, orai-
son, discours, prière; *oratio*; vb.
comp. aorer, aourer, aürer I, 222.
232. 280. II, 338, prier, invoquer,
adorer; d'où aorement, adoration,
culte.

Ores v. ore II.

Orés v. ore I.

Oreson v. orer.

Oret, vent v. ore I.

Oret, doré v. or I.

Orfe II, 38, orphelin; ὀρφός, prov.
et cat. orfe, lat. orbus; forme remarquable à côté de orfene, orphelin, de *orphanus*, esp. huerfano,
ital. orfano; orfenin, orphenin, orfelin
I, 181, adj. et subst., privé, dépourvu, orphelin; propr. *orphaninus*
de *orphanus*, et non pas, comme
on le dit d'ordinaire, directement
de *orphanus* qui a produit *orfene*.

Orfelin v. orfe.

Orfene v. orfe.

Orfenin v. orfe.

Ormer v. mer I.

Ormier v. mer I.

Orfrais, orfrois, orfreis, offrois II, 78,
étoffe brochée d'or, broderie en or,
frange d'or; orfraser, garnir d'or-
froi; dimin. orfroisel, orfrisel, d'où
orfroiseler; lmâ. *auriphrigium*, corrompu de *aurifresium*, c'est-à-dire
frisé d'or; de *frisa, fresa*, Frison,
de *frisle*, boucle, et de *or*.

Orfreis v. orfrais.

Orfrois v. orfrais.

Orgailhous, orgailhousement v. orguel.

Organ, orgene, orgues, et même ogre,
orgue; vb. orguener, orgener, jouer
de l'orgue; du grec ὄργανον, l'instrument par excellence. Cfr. l'allemand instrument pour forte-piano.

Orge I, 251, orge; de *hordeum* (hordjum),
prov. ordi, ital. orzo.

Orgellox v. orguel.

Orgillir v. orguel.

Orgoil v. orguel.

Orgoillir v. orguel.

Orgueil, orgueillir v. orguel.

Orgueiz v. orguel.

Orguel (orguez), orgoil, orgueil (orgueiz), orguil (orguiz), orgueil, faste,
vanité, insolence, arrogance; orguelleus, orguillos, orguillous, orguilloux,
orgailhous I, 173, orgellox II, 291,
orgueilleux, fastueux, vain, insolent,
arrogant; et les adverbes en *ment*
avec les mêmes formes, I, 197, etc.;
orguellir, orgoillir, orgueillir, orguillir,
orgillir I, 229. S. d. S. B. 523, être
vain, fier, présomptueux, insolent,
enorgueillir, et pronom.; comp.
s'enorguellir I, 329, s'enorgueillir;
s'entrorgiller II, 326, s'enorgueillir
mutuellement, s'inspirer de l'orgueil
l'un à l'autre. *Orguel* dérive de
l'ahal. *urguol*, insignis, ou plutôt
d'un subst. inconnu *urguoli*, qu'on
peut supposer. V. Dief. G. W. II, 382.

Orguelleus, orguelleusement v. orguel.

Orguellir v. orguel.

Orguez v. orguel.

Orguil v. orguel.

Orguillir v. orguel.

Orguillous, orguillousement v. orguel.

Orguillos, orguillosement v. orguel.

Orguiz v. orguel.

Orible, oriblement v. horror.

Orié v. or I.

Orient, oriant I, 189, orient; *oriens*.

Oriet v. or I.

Oriere v. or II.

Oriens v. oriol.

Oriflambe II, 63, orieflambe, oriflan, oriflamme, et l'étendart principal de l'armée; de *aurum* et *flamma*. Que signifie la forme oriflor, oriflour, qu'on trouve dans le même sens, prov. auriflor?

Oriflan v. oriflambe.

Oriflor, oriflour v. oriflambe.

Orille, oriller v. oreille.

Oriol, s. s. oriotz, orieus O. d. D. 12496, loriot; de *aureolus*. Le mot moderne *loriot* s'est adjoint l'article comme lettre radicale.

Oriotz v. oriol.

Orison v. orer.

Orle, orlle, orler v. or II.

Ormer, ormier v. mer I.

Orne, ourne, dans l'expression adverbiale *à orne*, sans exception, propr. tous et chacun en particulier; de *ad ordinem* = ex ordine, v. Ben. s. v. aorne. Cfr. ordene.

Oroille, oroiller v. oreille.

Orphenin v. orfe.

Orrible v. horror.

Ors, impur v. ord.

Ors, urs, ours; *ursus*; dim. ursetel I, 99, petit ours.

Ort v. ord.

Orz v. ord.

Os, armée v. ost.

Os, besoin v. oes.

Os I, 263, os; prov. os, ital. osso, esp. hueso; *os (ossum)*; ossement I, 59, ossement.

Osberc, osbercs v. halberc.

Osche v. oscher.

Oscher, ocher, ébrécher, entailler, briser; prov. oscar; comp. entreoscher; aocher, pour traduire *opprimere* Q. L. d. R. 236; desoscher, dégager, détacher. Le substantif osche, oche, signifie coche, entaille; le picard ocher, secouer; les Provençaux disent avec *h*, housca, houesca; DC. v. occare, connaît aussi une forme hoscher; circonstances qui semblent prouver

que *oche* et notre *hoche*, *ocher* et notre *hocher* sont identiques. L'arbitraire qui régnait dans l'emploi du *h* explique cette différence, et l'aspiration moderne ne fournit aucune raison. *Oche, hoche*, seraient peut-être l'allemand *höck*, pli du jarret, jarret, d'où *ocher*, etc. Il faudrait alors séparer les composés réunis ici et rapporter p. ex. *desoscher* à hocher, hocer R. d. l. V. 36, remuer, secouer. Cependant la fréquence de l'orthographe sans *h* dans les plus anciens monuments me porte à croire que notre *hoche* et *hocher* ont pris plus tard l'aspiration (cfr. haut de altus) et qu'il faut chercher d'autres étymologies que celles indiquées ici pour *hoche* et *hocher*. Quelles sont-elles? On ne saurait admettre avec M. Grandgagnage le hollandais *hutsen* (hotsen), hocher, secouer (D. W. s. v. hosî). Cfr. Ménage.

Oscire v. occire.

Oscur, oscurted v. obscur.

Oser, osser, ouser I, 134. 151. II, 288, oser, s'enhardir; *ausare* pour *audere* (audere, ausus, ausare); *uns chevaliers osez* I, 79, chevalier hardi, courageux, entreprenant, audacieux.

Osme P. d. B. 915, odeur, objet qui exhale de l'odeur; osmer, sentir, flairer; du grec ὀσμή.

Osmer v. osme.

Ospital v. hoste.

Ossement v. os.

Osser v. oser.

Ossi v. al III. et II, 269.

Ossire, ossis pour occire, occis.

Ost, quelquefois host, s. s. et p. r. osz, oz, os, oist I, 81. 84. 154. 354, armée, expédition militaire, camp; du latin *hostis*, qui dès les premiers temps du moyen-âge prit la signification d'armée, service militaire (v. DC. s. v.). *Ost* était ordi-

18 *

nairement du genre féminin, cependant on a des exemples du masculin.
De là ostoier, osteier, osteer I, 191.
254. II, 377, faire la guerre, guer-
royer, mener ost, attaquer son
ennemi; ostoierres, ostoior, guerrier,
soldat.

Ost v. oster.

Ostage, hostage, otage, caution, garantie; lmâ. *hostagium, hostaticum*
(aussi sans *h*), italien statico (voy.
DC. s. v); *metre ostage*, donner
caution. Comme l'ont expliqué Vossius et M. Grimm, ce mot est contracté de *obsidaticum*, de *obsidatus*,
cautionnement par otage, de la racine *obses*. Verbe ostager, ostagier,
hostager, donner gage et caution,
donner en otage à la place de
qqn., délivrer.

Ostager v. ostage.

Ostagier v. ostage.

Oste v. hoste.

Osteer v. ost.

Osteier v. ost.

Ostel v. hoste.

Ostelage v. hoste.

Osteler v. hoste.

Oster I, 46. 125. 305, ôter; desservir
une table; de *haustare*, fréquent.
de *haurire*, selon Ménage; comp.
doster, ôter, enlever; dans le li-
mousin doustar (Honnorat).

Osteus v. hoste.

Ostoier, ostoierres v. ost.

Ostoior v. ost.

Ostoir v. ostor.

Ostolain v. hoste.

Ostor, ostoir, ostour II, 253, autour
(oiseau); de *acceptor* pour *accipi-
ter* (Lucil.).

Osz v. ost.

Ot prép. v. od.

Otel, ottel y. tel et I, 194.

Otre, outre v. oltre.

Otre, autre v. altre.

Otreer v. otrier.

Otrei v. otrier.

Otreiance v. otrier.

Otreiement v. otrier.

Otreier v. otrier.

Otret v. otrier.

Otriance v. otrier.

Otrier, otroier, otreer, otreier, ottreier
(1. pers sing. prés. ind. otroi, otrei)
II, 301. 305. 326. 329, *octroyer*,
accorder, donner, permettre, assurer; de *auctoricare* pour auctorare;
esp. otorgar, prov. autorgar et au-
treiar; de là otroi, otrei, otret, permission, consentement, concession,
accord, congé, chose octroyée; otroiement, otreiement, concession, permission, accord; otroiance, otriance,
otreiance, concession, accord.

Otroi v. otrier.

Otroiance v. otrier.

Otroiement v. otrier.

Otroier v. otrier.

Ottreier v. otrier.

Où, ù, ò adv. II, 285; *où que* II, 286.

Ou pour au, v. I, 51.

Ou prép. II, 343.

Ouail v. oïl.

Ouaille v. oue.

Ouan v. an et II, 275.

Oubli, oublier v. oblier.

Oue, oie v. oe.

Oue pour ove.

Oue, brebis; de *ovis*; dimin., du reste
sans signification diminutive, ouaille,
ouéille, ouvaille, ouaille, brebis;
ovicula.

Ouef v. oef.

Ouéille v. oue.

Oues, oeuf v. oef.

Oues, besoin v. oes.

Ouïr v. oïr.

Ouls de ols I, 131.

Oultre v. oltre.

Ounor, ounour v. honor.

Onrne v. orne.

Ous, eux v. als.

Ouser v. oser.

Outrage, outrageus v. oltre.
Outre, outre v. oltre.
Outre, autre v. altre.
Outrecuidier v. cuider.
Outreement v. oltre.
Outrequidier v. cuider.
Outrer v. oltre.
Ouvaille v. oue.
Ouveraigne v. oevre.
Ouvert part. de ouvrir.
Ouvrir v. aovrir.
Oux de ols I, 131.
Ove, oveoc II, 344 et glos. o.
Oveque II, 344 et glos. o.
Overaigne v. oevre.
Overer v. oevre.
Overt, overtement v. aovrir.

Overier v. oevre.
Ovoc II, 344 et glos. o.
Ovoec II, 344 et glos. o.
Ovoques II, 344 et glos. o.
Ovraigne v. oevre.
Ovre, ovree v. oevre.
Ovrier v. oevre.
Ovrir v. aovrir.
Owan v. an et II, 275.
Ox de ols I, 131.
Oyl v. oil.
Oysel v. oisel.
Oysous, oysousement v. oisus.
Oytisme v. oit.
Oyvre v. oevre.
Oz v. ost.

P.

Paële, paëele I, 287. Dol. 243, poële; de *patella*.
Paën, paënie v. païen.
Paënor v. païen.
Paer v. paier.
Paëele v. paële.
Païan v. païen.
Paie, paiement v. paier.
Païen, païan, paën II, 232, païen; de *paganus*. Cfr. païs. Depuis le règne de Constantin le Grand, on nomma ainsi les adhérents de l'ancien culte, parce qu'ils furent forcés de se retirer dans les campagnes. Cfr. Rayn. L. R. IV, 469. Dér. païenor, païenur, paënor I, 47. 151, païen, des païens; prov. payanor; paënie, païenie, pays habité par des païens, paganisme.
Païenie v. païen.
Païenor, païenur v. païen.
Paier, payer, paer, apaiser, calmer; payer, satisfaire, acquitter; de *pacare*, mettre en paix; subst. paie I, 396, paie, paiement; d'où paiement I, 163, paiement, rétribution. *Paier*, dans sa signification primi-

tive, fut remplacé de bonne heure par le composé apaier, apaer I, 145. 265. II, 349. 384, apaiser, calmer, accorder, pacifier, puis engager. Cfr. pais.
Paile, paille II, 344. 354, paille; de *palea*; paillart, paillard, c.-à-d. qui aime la couche. Cfr. prov. paillola, couche.
Paile, tenture v. palle.
Paillart v. paile.
Paille, paille v. paile.
Paille, tenture v. palle.
Pain, pein I, 60. 210. II, 85, pain; *panis*; pour les noms des différentes espèces de pain v. DC. panis, laborare, etc.; *estre au pain et au vin* ou *au sel de qqn.*, être à son service; *estre en pain*, se dit d'un fils qui est en puissance paternelle; *estre mis hors de pain*, être émancipé; vb. comp. apaner, nourrir, entretenir; prov. apanar, simple panar; d'où apanage, portion d'héritage donnée aux puînés ou aux filles; v. DC. apanare, Ménage, appanage; dér. panetier I, 67, pane-

tier, boulanger; comp. compain, cumpain, compaing, compagnon, associé,
mari; et compainon, companion, cumpaniun, compaignon II, 312, ib.; d'où
compaigne, cumpaigne et compaignie,
compaignieie, compeignie, cumpainie,
compainnie, compagnie, association;
compangne, cumpaigne I, 161. 254,
compaignesse I, 142, compagne, qui
accompagne; compaigner, compagner,
cumpagner, être en commerce ou
familiarité avec qqn., soutenir le
parti de qqn., accompagner, faire
cortége; acompaignier, associer à
qqch., faire pariage' avec qqn., être
en compagnie de, s'accompagner.
Les variantes de *com* et l'emploi
du *n, ng, ngn* étant connus, il serait
inutile de répéter ici les nombreuses
formes de ces mots. *Cum* et *panis,*
étymologie donnée par DC., Caseneuve, Ménage, etc., à *compain,*
compainon, lmâ. cumpanium, société, est la seule vraie entre toutes
celles qu'on a proposées; le mot
companage, c.-à-d. ce qu'on donne
dans un repas au delà du pain et
du vin, prov. companatge (compa-
naticum), ne laisse aucun doute
sur l'exactitude de cette dérivation.
Je ferai remarquer en passant que
panier se rattache aussi à *pain;*
il dér. de *panarium,* comme *gre-*
nier de *granarium.* Ce mot ne
s'entendait dans le principe que
des corbeilles qui servaient à porter
le pain. Cfr. Mén. s. v. panier.
Paine, painne, painnes v. poene.
Painer v. poene.
Pair, paire v. par.
Pairler v. parole.
Pais passage et négatiou, v. pas et
II, 333.
Pais, paix, paiz, pes, pax I, 57. 94. 95.
122. 232, paix, tranquillité, sûreté;
de *pax; pais à sainte iglise,* sûreté
qu'offrait l'Eglise aux coupables

qui venaient chercher un refuge aux
pieds des autels; puis immunité ac-
cordée par les rois à l'église de
donner asile aux criminels pour-
suivis par la justice; *pais le roi,*
sûreté, tranquillité résultant de la
protection exercée par l'autorité
royale, puis protection du roi, lois,
ordonnances qui maintenaient l'ordre,
la tranquillité; *pais* signifiait enfin
baiser, Aubri 159, c. 2. V. DC.
pax, pax ecclesiae, pax regis, os-
culum pacis. De là paisible, paisiule I, 293. 50. 67, paisible, tranquille, calme; adv. paisiblement,
paisiulement I, 76. II, 233. 367,
tranquillement, en paix, avec calme,
modérément; v. comp. apaisier,
apaissier I, 173. II, 195, apaiser,
calmer, pacifier, réconcilier; d'où
par le part. prés. apaisanteir II, 60,
calmer, satisfaire; d'ici rapaisanter
II, 320, calmer. Cfr. paier.
Païs, pays; de *pagus;* proprem. équivalent à pagense; ital. paese; prov.
pays, paes; *saint païs,* Palestine;
de là païsant II, 62, païssant, habitant du pays; vilain, villageois.
Païsant, païssant v. païs.
Paisible, paisiblement v. pais.
Paisiule, paisiulement v. pais.
Paistre, pastre, peistre, pestre II, 188
et suiv.; la force *paist* le pré II,
5. 289, proverbe exprimant la folie
qu'il y aurait à ne pas se soumettre
à la nécessité; comp. repaistre I,
329, repaître, donner à manger;
past, paist, pâture, nourriture;
pastus; pastres, paistres, pastor I,
245. II, 184, pasteur, berger, guide,
conducteur; *pastor;* pastore, pastoure,
bergère; dim. pastorele I, 315, bergère, pastourelle; sorte de poésie;
pasture II, 344, pâture, nourriture,
éducation; *pastura;* vb. pasturer I,
221, pâturer. Dans l'ancienne langue,
pasture signifiait encore la corde

avec laquelle on attache le cheval par le pâturon; *pasture*, de *pastorius*, lmâ. pastorium; d'où notre pâturon. De ce *pasture*, on forma aussi le vb. comp. **empasturer**, c.-à-d. attacher avec la *pasture*, fig. s'embarrasser dans un obstacle, piége, gêner, se laisser prendre, qui se trouve encore dans le patois normand *empaturer*, dont M. E. Duméril a fort bien saisi l'origine. *Empasturer* prit les orthographes empaisturer, empeisturer, empesturer, d'où, par rejet de l'*u*, empestrer, notre *empêtrer*. De même *dépêtrer*. Cfr. ital. impastojare = empêtrer de pastoja = anc. franç. pasture. En dérivant empêtrer de impetrare, c.-à-d. de in et petra, on n'a pas eu égard à la forme, qui demande un *s* médial dans la racine.

Paix v. pais.

Paiz v. pais.

Pal, **pel**, **peal**, **peel**, **piel** I, 397. II, 78. 68. Charl. 328, s. s. et p. r. peu Phil. M. 7273, Ben. 18551, paus ib. 32585, **pex** I, 106, **piex** R. d. R. 4956, **pix** G. d. V. 1736, bâton, piquet, pieu. *Pal* est la forme primitive, dérivant de *palus*; de là, avec affaiblissement de l'*a* en *e*, *pel*, d'où avec diphthongaison picarde *piel*, et enfin, avec aplatissement du *l*, notre *pieu*. Pour les autres formes voy. les subst. en *el*, *al*, etc. De là paliz, palis, pieu, palissade; palet, pieu, levier, gros bâton; escarmouche, surtout celle qui se fait aux palissades d'une ville ou d'un château; paleter I, 265, escarmoucher, combattre; paleteis, paletis, escarmouche.

Palaïn v. palais.

Palais, **paleis**, **pales** Trist. II, 29, Charl. 355, **palois** P. d. B. 1848. 4143, **paleez** R. d. R. 8242, grande salle voûtée, qui souvent formait à elle seule un bâtiment; de *palatium*. C'est parce que ces salles étaient voûtées qu'on a donné le nom de de *palais* à la partie supérieure du dedans de la bouche, car la forme *palais*, en ce sens, ne peut dériver de *palatum*; ainsi *palais* signifie proprement la voûte de la bouche. De là **palasin**, palaïn I, 400, officier du palais, paladin, grand seigneur.

Palasin v. palais.

Pale, **palle**, plus tard **pasle** II, 348, pâle, blême; *pallidus*; palor, pallor, pâleur; *pallor*.

Paleez v. palais.

Palefreid v. palefroi.

Palefroi, **palefreid** II, 4, cheval de parade, de cérémonie, cheval à l'usage des dames; lmâ. palafredus, parafredus; de *paraveredus*, cheval pour courses extraordinaires avec les postes, composé de παρά et veredus = veho-rheda. L'allemand *pferd* a la même racine. C'est de notre mot que vient *palefrenier*, lmâ. parafrenarius.

Paleis v. palais.

Pales v. palais.

Palet v. pal.

Paleteis v. pal.

Paleter v. pal.

Paletis v. pal.

Palie v. palle.

Palis, **paliz** v. pal.

Palle, **pâle** v. pale.

Palle, **paile** I, 264, **paille** I, 196, **palie** II, 76. 85, étoffe de soie ou de coton, proprem. manteau, tenture, dais; de *pallium*. Ainsi le nom d'un habillement est devenu celui de l'étoffe dont on se servait pour le faire.

Paller v. parole.

I. **Palme**, **paume** I, 107, paume, plat de la main, main; *palma; cheoir à paume*, tomber sur les mains, en pâmoison, en défaillance; de là paumer I, 347, ordinairement au part. passé, avec la même signification. Quoique le développement des significations de *paumer* soit fort naturel, ce mot n'est peut-être dans le fond qu'une orthographe fautive de *pasmer* (v. plus bas), que le peuple rapporta à l'idée plus matérielle de *paume*.

II. **Palme, paume**, palme, branche ou feuille de palmier, et, par extension, d'après le dérivé suivant, pèlerinage; dér. palmier, paumier I, 395, pèlerin, qui a fait le voyage de la terre sainte, et qui pour preuve en rapporte des palmes; de *palma*. Cfr. DC. s. v. palma, palmarii, et Mén. s. v. paumier.

Palmier v. palme II.

Palois v. palais.

Palor, pallor v. pale.

Paltonier, pautonier I, 71, homme sans profession ni demeuré fixé; homme de mauvaise vie, méchant, hautain, misérable, gueux, coquin; fém. paltoniere, pautoniere, femme méprisable, livrée à la débauche; cfr. Roq. s. v. pautonier. *Paltonier* est un dérivé, dont le simple se trouve dans l'ital. *paltone*, prov. *paltom, pautom*, qui, à ma connaissance, ne se rencontre dans aucun monument de la langue d'oïl. *Paltone, paltom* peuvent dériver de *palitari*, errer souvent çà et là, dont se sert Plaute. M. Schwenk, D. W. s. v. Lump, fait remonter *paltone, paltonier* au bas-allemand *palt*, lambeau. Le Duchat, je ne sais comment, identifie paltonier et pontonnier.

Paltonière v. paltonier.

Palu R. d. l. V. 51, marais, marc; *palus*; de là s'empaluer I, 373, se salir, s'embourber.

Pan I, 189. R. d. l. V. 292, étoffe, linge, lambeau, pièce, morceau, partie; partie de l'armure qui cou-

vrait le côté; pan; paroi; gage, nantissement; *pannus*; de là paner, paneir, saisir, prendre des gages; v. Rayn. L. R. IV, 409 panar; comp. espanir, espenir, espaneir, espanoir II, 49. 93, expier, payer, punir; depaner M. s. J. 446, déchirer, mettre en pièces, disjoindre, détruire.

Pance, panche, ventre, gros ventre; de *pantex;* panceil, en rime, avec le même sens, Ben. 37322. De *pance*, dérivé pancire, panchire, la partie de l'armure qui couvre la panse ou le ventre. Cfr. Mén. s. v.

Panceil v. pance.

Panche v. pance.

Panchire v. pance.

Pancire v. pance.

Pandre v. pendre.

Paneir, paner v. pan.

Panier v. pain.

Paure v. prendre.

Panser v. pois I.

Pansif v. pois I.

Panteiser, pantuiser, s'agiter, panteler, haleter; prov. pantaysar, pantayar, panteyar; subst. pantais, essoufflement, souci, tourment; du kymri *pantu*, presser, fouler, *pant*, pression; anglais *pant*, haleter. Nos mots *pantois, pantoiement, panteler*, sont de la même famille.

Pantuiser v. panteiser.

Paon, poon I, 191, paon; de *pavo*.

Paör, paür, paour, peor, poor, poour, pour I, 65. 79. 101. 254. II, 142. 309, peur; de *pavor*.

Paour v. paor.

Par, pair, per II, 157, peer, pair, pareil, égal, semblable, du latin *par*. L'orthographe la plus fréquente de ce mot est per. Per s'employait en parlant des seigneurs d'une noblesse égale, sorte de dignité; quelquefois il était synonyme de baron ou grand seigneur. Le nom de *per* se donnait plus particulière-

ment aux membres de la prétendue
cour instituée par Charlemagne.
Le mot de *per* avait encore les
significations de compagnon, époux
(I, 292), compagne, épouse (I, 254),
camarade, toujours avec l'idée d'é-
galité, de condition semblable. Cfr.
Mén. s. v. pairs. Enfin, il signifiait
échevin, conseiller de ville. *Vivre
per* I, 263; *bon per*, bon compagnon; *per à per*, homme à homme,
en nombre égal. **Paire, pere**, paire;
propr. paria; cfr. arme. — De là
parrie, égalité; pairie, dignité de
pair; échevinage, conseil de ville;
— **parier**, associer, joindre, unir;
d'où le comp. **aparier**, apparier,
unir, joindre, accoupler; — **comparer**, comparer, égaler; *comparare*;
d'où **acomparer**, mettre en paral-
lèle. Voy. pareil, parage. Notre
parier = gager, de *pariare* (par),
rendre égal, ainsi propr. mettre une
chose contre une autre semblable.
Par, per prép. II, 358; *par moi, toi,
soi*, etc. II, 358; *par de* II, 358;
de par II, 359; *par* adv. II, 314;
comp. **parmei, parmi** II, 359; **par
ce que** conj. II, 388; **par ce, par
quoi** II, 388.
Paradis, paraïs, pareïs I, 126. 189,
paradis; de *paradisus*. C'est de
la forme *paraïs*, qu'on fit ensuite,
avec l'intercalation ordinaire de *v*,
le mot (paravis, parevis) *parvis*;
cfr. Mén. s. e. v.
Paraemplir v. ademplir.
Parage, paraige I, 252. 65. 362. II,
319, rang, extraction, noblesse,
naissance illustre, respect dû au
rang; de *par*, ainsi proprement
égalité. Cfr. par, adj.
Paraige v. parage.
Parail, parailler v. pareil.
Paraïs v. paradis.
Paraler v. aler.
Paranteit v. parent.

Parastre v. pere.
Parax (lo) v. pares.
Parc, parc; bergerie; espace clos dans
lequel avait lieu le tournois; lmâ.
parcus, parricus, prov. parc, pargue,
ital. parco, bargo; esp., port. par-
que; vb. comp. **emparcher, emparchier**, enfermer dans un parc. De
parc, vient notre *parquet*, vb. *par-
quer*, v. Ménage. Dans les anciennes lois bavaroises, *parc* signifie
magasin à grains. *Parc*, en ahal.
pfarrich, pferrich, allm. *pferch*,
anglo-saxon *pearruc, pearroc*, en
gallois *pâirc*, breton *park*, kymri
parc, parwg. On a dérivé *parc*
de l'allemand, où la forme se rattache, dit-on, à *bergen*, prétérit
barg, v. Schmitthenner et Schwenk
D. W.; mais la consonne initiale
pf fait empêchement. D'autres ont
regardé les formes celtiques comme
les primitives, et M. Diefenbach
remonte au kymri *paráu*; v. G. W.
I, 265, Celtica I, 167.
**Parcamin, parcemin, parkemin, parche-
min, parquemin** I, 92. 99, parchemin, rôle; de *pergamenum*, perga-
mena charta, à cause de la ville
de Pergame, où il a été inventé.
V. Ménage Dict. s. v. et Origines
de la langue ital. s. v. pergamena.
Le passage du *g* au *c* qu'on re-
marque ici est fort rare.
Parcemin v. parcamin.
Parchemin v. parcamin.
Parchier v. percer.
Parcion v. part.
Parçoivre v. percevoir.
Parçonnier v. part.
Parcroistre v. croistre.
Parçunere v. part.
Pardestruire v. enstruire et II, 253.
Pardire v. dire.
Pardon v. don.
Pardonable v. don.
Pardonance v. don.

Pardoneir, pardoner v. don.

Pardonement v. don.

Pardoneres v. don.

Parduner v. don.

Pardurable, pardurablement v. durer.

Parece I, 229, perece II, 50, pereche, paresse; de *pigritia*; de là parecos, perecus, perecheus, paresseux, négligent; adv. pereceusement I, 384, paresseusement, négligemment; parecer, perecer, perecher, paresser, être paresseux; comp. aparecer, aperecer II, 150, devenir paresseux, lent, s'affaiblir.

Parecer v. parece.

Parecos v. parece.

Pareil, parel, paroil, parail, fém. pareille II, 72, etc., pareil, semblable, comparable; lmâ. *pariculus*, diminutif de *par*. Subst. pareil, prov. parelh, signifie propr. paire, comme on le voit encore dans notre composé appareiller. De *pareil* dér. pareiller, pareller, paroiller, parailler, apparier, assortir, appareiller, construire; d'où le comp. apareiller (*apareit*, subjonctif), apariller I, 143, aparailler I, 174, aparoiller I, 182, aparoillier I, 284, aparellier, appareiller, choisir, préparer, faire des préparatifs, disposer, arranger, orner, vêtir d'habits de cérémonie; — subst. apareil, aparoil, aparel, aparail, appareil, apprêt, préparatif; de là apareillement, aparellement, appareil, apprêt, ajustement; rapareiller, raparilher II, 382, rappareiller. Cfr. par, adj.

Pareille, pareiller v. pareil.

Pareir v. paroir.

Pareit v. paroit.

Pareïs v. paradis.

Parel, pareller v. pareil.

Parement v. parer.

Parent I, 263, parent, égal, pareil; *parens* (parent); parenteit, paranteit, parente I, 84. 263. 278, liaison par le sang, parenté, parent, allié; DC. et après lui Roquefort disent que ce mot était autrefois masc., c'est une erreur, il avait les deux genres, comme le prouvent nos exemples; parentele, parenté; *parentela*; vb. comp. emparenter, apparenter. V. Mén. s. v. parent.

Parente, parenteit v. parent.

Parentele v. parent.

Parer, paraître v. paroir.

Parer, préparer, disposer, orner; parement, habit armorié; — parer, défendre, garantir, qui est resté dans les composés *parapet, parasol*, etc.; parement, mur, rempart, fortification; comp. du dernier verbe emparer, remparer, fortifier; d'où emparement, rempart, fortification; et d'ici remparer, rempar, aujourd'hui avec *t* final. Notre *s'emparer* est de la même famille, prov. emparar, amparar, saisir, prendre. *Parer*, dans ses diverses significations, dérive de *parare*; Ménage l'avait déjà supposé. Pour ce qui est des premières, il n'y a aucune difficulté; quant aux autres, en partant de l'idée préparer, on a eu 1) tenir prêt, prov. parar présenter, tendre; 2) retenir, garder, protéger. Raynouard a aussi reconnu en partie cette étymologie.

Pares (lo) M. s. J. 452, avec une forme moins congruente dans les S. d. S. B. *lo* parax I, 324, mot qui ne se trouve guère que dans ces auteurs, et dont la signification était incontinent, sur-le-champ; de *per ipsum* sc. tempus. Cfr. ades, par.

Parester v. steir.

Parestrusse (à la) v. estros.

Parfaire v. faire.

Parfeit, parfeitement v. faire.

Parfiler v. fil.

Parfin v. fin.

Parfit, parfiz v. faire.

Parfitement v. faire.

Parfond v. fond.

Parfondesce v. fond.

Parfundece v. fond.

Parfunt v. fond.

Parier v. par, adj.

Parigal v. ewer.

Parir v. paroir.

Parjur v. jurer.

Parjurer v. jurer.

Parlage v. parole.

Parlement v. parole.

Parleor v. parole.

Parler v. parole.

Parleure v. parole.

Parlier v. parole.

Parlieres v. parole.

Parmaindre v. manoir.

Parmanable, parmanablement v. manoir.

Parmei v. par prép.

Parmi v. par prép.

Parocire v. occire.

Paroil, paroiller v. pareil.

Paroir, parir, parer, pareir II, 40-43, paraître, apparaître, être visible, se montrer, sembler; comp. aparoir, apparoir, apparaître, paraître, se montrer; disparoir, disparaître; reparoir, paraître à son tour, aussi, de même.

Paroit, pareit, paret, s. s. et p. r. paroiz, pareiz, parois I, 145, paroi, mur, muraille; prov. paret, ital. parete, esp. pared, port. parede; de paries, pariet(is); la langue moderne a retranché à tort le t.

Paroiz v. paroit.

Parole I, 49. 220, parole, discours; loi, ordre; prov. paraula; de parabola; cfr. Rayn. L. R. IV, 418; verbe paroler, parler, pairler, paller I, 309-10. 184, parler, dire, discourir; parler d'un et d'el I, 168; de là parlieres, parleor I, 77, parleur, avocat, bavard; adj. parlier, parliere I, 78, parleur, parleuse; employé subst., comme parlieres;

parleure, langage, manière ou faculté de parler; parlage, parlage, bavardage; parlement I, 82, entretien, conférence, pourparler, entrevue, assemblée solennelle pour délibérer sur qqch.; comp. aparler, aparoler I, 310. II, 398, ajoutez la signification traiter d'une affaire; aparlement II, 11, parole, conversation; emparler I, 310; emparlier, avocat, R. d. l. V. 38; mesparler I, 310. II, 164; porparler I, 310, comploter; porparlement, abouchement, pourparler, complot; contreparler I, 310, contredire.

Paroler v. parole.

Parost II, 377 subj. de paroler.

Parout I, 309.

Parpenser v. pois I.

Parquemin v. parcamin.

Parrie v. par, adj.

Parseure, parsevre v. sevre.

Parsomme v. som.

Parsonnier v. part.

Part, part, portion, certaine quantité d'un tout, les premiers principes d'une science, côté, direction; de pars (part); de part II, 359; de la meie part I, 401, de ma part; avoir part d'une femme I, 252, la connaître charnellement; partir I, 92. 172. 254. 256. 268. 271. 286. 311. 339. II, 9. 33. 56. 360. 384, etc., partager, départir, répartir, prendre part, séparer, diviser, éloigner, ôter, quitter, partir, s'en aller; de partiri. Dans le sens de partir, s'en aller, ce verbe se conjugua toujours, dans le principe, avec le pronom se, et cela était bien fondé: se partiri, se partager, se séparer, s'en aller; mais, au XIIIe siècle déjà, on le trouve indifféremment avec et sans ce pronom, comme le prouvent les exemples cités. S'en partir et se partir avaient la même signification. Remarquez *partissent* au prés. de l'ind. dans la Ch. d. R. str. 257. **Partie** I, 55. II, 305, part, partie, portion, séparation, partage, côté; *partitum*, *partita*. De là parcion, **parzon**, parçun II, 189, part, portion, séparation; d'où **parçonnier**, parçunere, parsonnier II, 201, copartageant, copropriétaire, participant, qui prend part à qqch.; **partissement**, partage; **partisseres**, partisseor, partageur, copartageant; **partison**, division, partage, séparation; de *partitio*; — comp. **partener** I, 268, participant, sociétaire, *partenaire*; prov. *partender*; — departir, despartir I, 48. 123. 152. 172. 304. 305. 343. 396, etc., séparer, diviser, partager, fendre, distribuer, finir, quitter, abandonner, partir; avec *se* comme le simple dans le sens de partir; inf. empl. subst. I, 210, départ, action de quitter un lieu; de là **departiment**, séparation; — **departie**, séparation, empêchement; — **espartir**, disperser, éparpiller; part. **esparti**, isolé; forspartir II, 213, séparer, excepter.

Partant v. tant et II, 325.

Partener v. part.

Partenir v. tenir.

Partir v. part.

Partison v. part.

Partissement v. part.

Partisseor, partisseres v. part.

Parvenir v. venir.

Parvertir v. vertir.

Parvoir v. veoir.

Parzoivre v. percevoir.

Parzon v. part.

Pas, pais II, 92, pas, passage dangereux et étroit, gorge de montagne, détroit, marche; de *passus*; passer, passeir, paser, parcourir à pas, passer, traverser, faire le voyage de la terre sainte, dépasser, outrepasser, surpasser, se comporter.

Aller le pas, marcher, avancer au pas; *aller plus que le pas*, aller très-vite, s'enfuir; *enmi le pas*, en avançant, en route, avant d'arriver; *passer le tens* II, 19, se sustenter, vivre. De là **passage, passaige**, passage, détroit, traversée d'un fleuve, et, dans un sens restreint, voyage d'outremer, voyage de la terre sainte; **passagier**, passager. *Pas* servant à renforcer la négation II, 333 et suiv.; adv. comp. *chalt pas* II, 298; *en es le pas* II, 298; *isnel le pas* II, 298. Comp. **compas** (cum-passus), pas égal, marche, ordre, mesure; *à compas*, avec ordre, mesure; *par compas*, par mesure, dans les règles, comme il faut: Et li Sarrasiu tout le pas, | Les encauçoient par compas, Phil. M. 6108; d'où **compasser**, aller le même pas, tenir le pas, ordonner, disposer, mesurer; et d'ici **compasseres**, **compasseor**, ordonnateur, qui dispose. Ce n'est que plus tard que le mot de *compas* a pris la signification actuelle. **Respas**, guérison; **respasseir**, **respasser**, **respaser**, guérir, revenir en santé, se remettre, redonner la santé; — **trespas** II, 384, crime, délit, violation, passage dangereux et étroit, gorge de montagne; droit de passage, tribut; trépas; **trespasser**, **trespesser** II; 345. 356. 360. 388, passer outre, à côté, dépasser, passer, surpasser, contrevenir, violer, traverser, parcourir, mourir; au part. pas. pour ce qui est passé (depuis longtemps), ce qui est terminé; de là **trespassant**, passant, voyageur; **trespassement**, ce qui passe les bornes, félonie.

Pasche v. pasque.

Pascor v. pasque.

Paser v. pas.

Paskerez v. pasque.

Pasle v. pale.

Pasmeisun v. pasmison.

Pasmer v. pasmison.

Pasmeson v. pasmison.

Pasmison, pasmeson, pasmeisun I, 72. 104. II, 391, pâmoison; vb. **pasmer**, avec et sans sé, I, 361. II, 357. 388, pâmer; de *spasmus* (σπασμός); prov. espasme, esp. espasmo, pasmo, ital. spasimo; vb. prov. plasmar, esplasmar, espalmar, esp. espasmar, pasmar, ital. spasimare. D'où vient que le *s* est tombé devant le *p*, ce qui n'est pas ordinaire? Aurait-on regardé la forme primitive en *es* initial comme un composé de *ex* et *pasmus*, et alors *pasmus* comme le simple? V. **espasmiz** Ben. 2228. 18865.

Pasque, Pasche II, 347, Pâques; de l'hébreu *pesach*, passage; dér. **pascor, paskerez**, temps de Pâques, printemps; cfr. prov. nadalor, temps de Noël, de nadal. Rayn. L. R. IV, 301.

Passage, passaige v. pas.

Passeir, passer v. pas.

Passion v. patience.

Past subj. de passer.

Patenostre v. pere.

Paterne v. pere.

Paterneil, paterneiz v. pere.

Paternite v. pere.

Paternostre v. pere.

Patibler II, 250, propr. se démener comme quelqu'un qu'on met à la potence, gesticuler avec violence; de *patibulus*.

Patience, pacience I, 126, patience, tranquillité d'âme; *patientia*; impatience, **impascience** I, 151. II, 241, impatience; *impatientia*; passion I, 162, passion, souffrance, plus particulièrement en parlant de J.-C.; mouvement charnel; *passio* de patior; **compassion**, compassion, douleur, souffrance, affliction; *compassio*.

Patriarche I, 105, patriarche; dignité ecclésiastique; *patriarcha* (πατριάρχης).

Pau v. poc.

Pauc, pouce v. polce.

Paume, palme v. palme II.

Paume, paume v. palme I.

Paumez v. palme I.

Paumier v. palme II.

Paür v. paör.

Paus v. pal.

Pause, pose, pause, repos; de *pausa*; adv. II, 317; **posat** II, 317; **pausee** pose, repos; **pauser, poser,** placer, mettre, poser, reposer, prendre du repos, fixer, convenir; de *pausare*. Les deux orthographes différentes de ce verbe ont été admises plus tard avec un sens différent. Comp. **reposer** II, 312, prendre du repos, se délasser; reposer, arrêter; subst. **repos, repaus** I, 221. 298. II, 376, repos, calme; **repausee, reposee,** lieu ou temps de repos; *à reposees,* à différentes reprises; à loisir; **deposer,** déposer; *au chief deposé* R. d. l. V. 60, la tête baissée; **disposer,** disposer, projeter, arrêter; **disposition** I, 218, disposition, projet, décision, ordre; *dispositio;* **proposer, purposer** I, 380. 267. II, 278, résoudre, prendre la résolution, proposer, se proposer; **propos** I, 390, projet, dessein, ce qu'on se propose de faire; et dér. du vb. avec la même signification **proposement.**

Pausee v. pause.

Pauser v. pause.

Pautonier, pautoniere v. paltonier.

Pauvre v. povre.

Pauvrete v. povre.

Paveillon, paveillun v. pavillon.

Pavement, pavementer v. paver.

Paver I, 344, paver, daller; de *pavire,* avec changement de conjugaison; **pavement** II, 44. 278, pavé, dallage; *pavimentum;* d'où **pave-**

menter, paver, daller. Cfr. Ménage
s. v. pavé.

Pavillon I, 58. II, 365, paveillon I,
185. II, 295, pavillon, tente; de
papilio; v. DC. et Mén. s. v. *Paveillon* se trouve encore dans la
langue d'oïl avec le sens de papillon: Des flors sali un *paveillon*,
| Des eles feri mon menton. | Del
paveillon tel paor oi, | Que m'es-
criai plus tost que poi (Fl. et Bl.
v. 2351-4).

Pax v. pais.

Payer v. paier.

Peal v. pal.

Peaus v. pel.

Pec, fém. pecque, sot, stupide, niais,
borné; de *pecus*, que le latin classique employait déjà en ce sens.
Molière emploie encore le fém.
pecque, et Le Duchat, à cette occasion, donne la dérivation indiquée, en faisant observer que *pecque*
a la même signification que pécore.

Pecchier, pechier, pecier, pekier I, 125.
194, pécher, faillir, désobéir; *pec-
care*; pechieres, pechierres, pecheor,
pecheeur I, 74. II, 107, pécheur,
délinquant, coupable; *peccator*;
pechiet, peciet I, 84. 226. II, 36,
péché, faute, désobéissance; *pec-
catum*.

Pecheeur v. pecchier.

Pecheor v. pecchier.

Pechier, pécher v. pecchier.

Pechier, espèce de vase v. pichier.

Pechieres, pechierres v. pecchier.

Pechiet v. pecchier.

Pechoier v. piece.

Pecier, pécher v. pecchier.

Pecier, briser v. piece.

Pecierres v. poisson.

Peciet v. pecchier.

Peçoier v. piece.

Pecol v. piet.

Pecque v. pec.

Pecune I, 159, argent, pécune; *pecunia*.

Ped v. piet.

Pedaille v. piet.

Peel v. pal.

Peer v. par, adj.

Peil v. poil.

Peiler v. poil.

Pein v. pain.

Peine, peiner v. poene.

Peire v. pere.

Peis, poids v. pois I.

Peis, légume v. pois II.

Peiser v. pois I.

Peisson, peisun v. poisson.

Peit v. pois I.

Peitie v. pius.

Peitrine v. piz.

Peivre v. poivre.

Peix v. pis.

Peiz v. poix.

Pejor, pejour v. pis.

Pejur v. pis.

Pekier v. pecchier.

Pel, pieu v. pal.

Pel, piel, piaul, peaus I, 290. II, 118.
255, peau, cuir; *pellis*; pelice, pellice, vêtement garni de peaux ou
de fourrures; de *pellicius, a*; d'où
peliçon, pelliçon, pelisse, robe four-
rée, vêtement de dessus; dimin.
peliçonet; à la même racine (pellis)
se rattache le vb. pelicer, tirailler,
tirer de l'argent, dépouiller, plumer; proprem. arracher la peau.

Pel, poil v. poil.

Pele, et avec s intercalaire, pesle,
pelle; *pala*; prov., ital., esp. pala.

Peler v. poil.

Pelerin II, 299, voyageur, étranger,
pèlerin; de *peregrinus*; prov. pele-
grin, ital. pellegrino, esp. peregrino;
de là pelerinage II, 345, pèlerinage.
Pour le verbe *pelegriner*, la langue
moderne a repris la forme latine
en *r: pérégriner*.

Pelerinage v. pelerin.

Pelfre, butin; pelfrer, piller, saccager; anglais *pelf*, l'avoir. Racine?

M. Duméril D. N. au mot *peuffe*,
dit qu'il dérive de l'islandais *pelf*,
dépouilles; mais ce mot islandais
n'est autre que l'anglais *pelf*, dont
on ignore l'origine.

Pelfrer v. pelfre.

Pelice, pelicer v. pel.

Peliçon, peliçonet v. pel.

Pellice, pelliçon v. pel.

Penance, penanche v. poene.

Penant v. poene.

Pencher, penchier, pencher; de *pendi-
care,* de pendere; cfr. pendre.

Penchier v. pencher.

Pendant v. pendre.

Pendre, pandre I, 112. 154, pendre,
suspendre, pencher, incliner; appendre; de *pendere;* subst. **pente,**
pente; ainsi pour *pende;* cfr. tente,
vente, tonte; **pendu** II, 19 part. passé
empl. subst. le pendu; de là **pendant,** hauteur, colline, penchant;
comp. **apendre** I, 302. II, 337, dépendre, être soumis, obéir, se rapporter, être du ressort de, de la
charge de, etc.; pendre; attacher,
appendre; **appendice, apandise** I, 166,
dépendance; **despendre, despendere**
I, 237. II, 19, dépendre, ôter ce
qui est pendu; **suspendre** I, 170,
suspendre. Cfr. pencher.

Pendu v. pendre.

Peneance v. poene.

Peneant v. poene.

Pene, plume, panne v. penne I.

Pene, crête v. penne II.

Pene, peine, pener v. poene.

Peneor v. poene.

Peneuos v. poene.

Penible v. poene.

Penitanche v. poene.

Penitence v. poene.

I. **Penne, pene,** plume; de *penna;* de
là **pennon, penon,** étendard, enseigne,
espèce de bannière à longue queue
que le chevalier attachait à sa lance
ou à son enseigne, banderole; dim.

penoncel, penonchel; cfr. Roq. s. v.
pennon, penen; DC. s. v. pennones.
Je dérive *pennon* de *penne* (penna),
et non de *pannus,* comme on le
fait ordinairement, parce que toutes
les langues romanes ont un *e* radical, ital. *pennone,* esp. *pendon* (*d*
intercalaire), prov. *peno, penon,* et
qu'elles n'avaient aucune raison
d'affaiblir l'*a* en *e,* si *pennone,
pendon,* etc., dérivaient de *pannus.*
On a comparé la banderole à l'on-
dulation d'une plume agitée par le
vent. *Penne, pene* signifie encore
panne, espèce de fourrure, et, dans
ce sens, il dérive également de *penna,*
prov. penna, pena, et non de *pannus,* ainsi qu'on l'admet; *pannus*
a produit *pan* en franç. et en prov.
Rayn. L. R. IV, 408. Mais d'où
vient ce nom de *penne* pour une
fourrure? La disposition des pièces
de la fourrure rappelait-elle, dans
le principe, les barbes de la penne?
Cfr. *pene à eschiechiers* P. d. B.
v. 4896. Ou bien était-elle flocu-
leuse? Mais alors il faudrait admettre influence de l'allemand, où
federe (allmâ.) signifiait plume et
penne. Pour *pennon,* on disait aussi
pignon, de *pinna,* v. penne II.

II. **Penne, pene** I, 382, éminence,
hauteur; bord supérieur, crête; de
pinna, le haut de la muraille, créneau. De là encore pignon, partie
la plus élevée d'un bâtiment; pennon (v. penne I.), parce que la
bannière était en haut de la lance:
Escu et lanche et pignon (R. d.
l. V. p. 130); dimin. **pignoncel,** pingnonchiel. — *Pinacle* de *pinnaculum.*

Pennon, penon v. penne I.

Penoncel, penonchel v. penne I.

Penre v. prendre.

Pens v. pois I.

Pensaige v. pois I.

Pense v. pois I.

Penseir v. pois I.
Pensement v. pois I.
Penser v. pois I.
Pensif, pensis v. pois I.
Pensiu v. pois I.
Pente v. pendre.
Pentecoste II, 349, Pentecôte; *pente-
coste*, πεντηκοστή, sous-entendu
ἡμέρα, le cinquantième jour après
la Pâque.
Pentir v. poéne.
Peon, peonier v. piet.
Peör v. paör.
Pepie, pépie; selon Mén. de *pituita*,
qui se transforma en pivita, d'où
pipita; ital. pipita, esp. pepita, port.
pevide, prov. pepida.
Pepin v. pepon.
Pepion v. pepon.
Pepon, melon, de *pepo*. On a dit
aussi pepion, qu'on trouve avec
la signification de pepin, et, selon Le Duchat, ce dernier mot
n'est qu'une corruption de *pepion*,
qu'il dérive de *pappinus*. Frisch
admet identité entre *pepon* et pepin, et dér. *pepon* de *pepo*, parce
que, selon lui, *pepon* n'a d'abord
signifié que grain du melon, de la
concombre. Cfr. encore Mén. s. v.
pepin. *Pepin*, dans l'ancienne langue,
signifiait jardinier qui cultive des
pépinières.
Per, pair v. par, adj.
Per, par v. par, prép.
Percer I, 95, perser I, 226, perchier
R. d. l. V. p. 34, parchier I, 354,
percer, déchirer; subst. perçoir,
perchoir R. d. l. V. p. 34, perçoir;
comp. trespercier I, 152. Dol. 173,
percer, transpercer. De p̃ertuiser,
v. ce mot, *pertuis* (Ménage).
Perceveir, percever v. percevoir.
Percevoir, percever, perceveir, perchevoir, perzoivre, perchoivre, percivoir,
et *par* au lieu de *per:* parzoivre, etc.
II, 12 et suiv., apercevoir, distin-

guer, remarquer, comprendre, rece-
voir; *percipere;* comp. apercevoir,
aparzoivre, etc., apercevoir, aviser,
distinguer, reconnaître; prendre,
recevoir; d'où, par le part. prés.,
apercevance, action, air de s'apercevoir.
Perche, perche; de *pertica;* d'où
perchot, perche longue et ferrée, croc.
Perchevoir v. percevoir.
Perchier v. percer.
Perchoir v. percer.
Perchoivre v. percevoir.
Perchot v. perche.
Percivoir v. percevoir.
Perçoir v. percer.
Perde v. perdre.
Perdicion v. perdre.
Perdre, pierdre I, 51. II, 93, perdre;
perdere; subst. perde, pierde et avec
t pour *d,* perte I, 252. 329. II, 16,
perte, dommage; proprem. perdita;
perdicion I, 49. II, 3, perdition;
perditio; comp. aperdre I, 306,
perdre; esperdre II, 241, égarer,
étonner, déconrager, troubler; re-
perdre I, 217, reperdre.
Perdurable, perdurablement v. durer.
Perdurabletet v. durer.
Pere, pierre v. piere.
Pere, paire v. par.
Pere, peire, piere, père; *pater;* parastre
II, 59, beau-père, mari d'une femme
qui a des enfants d'un autre lit;
patraster; cfr. marastre s. v. mere;
paterne I, 344, Père, le Créateur,
Dieu le père; *paternus, a,* v. DC.
s. e. v.; paternite I, 375, paternité;
paternitas; paternell I, 391, paternel; *paternalis* pour paternus. Notre
parrain, du lmâ. patrinus; esp. pa-
drino, prov. pairi, pairi, pairiu,
ital. patrino, s'écrirait plus correcte-
ment *parrin.* Paternostre, patenostre II, 288, patenôtre; *pater
noster.*
Perece, perecer v. parece.

Pereceus, pereceusement v. parece.

Pereche, perecher v. parece.

Perecheus v. parece.

Perellos v. peril.

Perier v. piere.

Peril I, 149, péril, danger; *periculum*; periler, periller I, 171, mettre en péril, exposer à périr, être en danger, être perdu, périr, péricliter, se gâter, se corrompre; *periculari* (Cat. d. Fest.); perillos, perillous, perellos I, 281. II, 312, périlleux, dangereux; *periculosus*.

Periler, periller v. peril.

Perillos, perillous v. peril.

Perin v. piere.

Perir I, 227. II, 147, tuer, détruire, mourir, périr; *perire*.

Peristerunt fut. de perir.

Perjurer v. jurer.

Perle, perle; ital., esp., prov. *perla*; port. *perola, perla*; lmâ. *perula, perla*. L'abal. a *perala, berala*, et l'on a dérivé *perle* de là. *Berala*, supposé qu'il soit allemand, serait pour *beer*, bacca; mais il y a plutôt lieu de croire que ce mot est emprunté, car le gothique ne connaît pas de forme *basla*, de basi, bacca, et Ulphilas traduit μαργαρίταις par *markreitum*. Cfr. Dief. G. W. II, 53. 54. Quant à une origine latine, on a songé à: 1) *pirula*, de *pira*, et comparé bacca, baie et perle, gemma, bouton et pierre précieuse; 2) *pilula*, avec permutation de *l* en *r*; 3) *perna*, espèce de coquillage, dérivation qui a pour elle le napolitain *perna* = perla; cfr. DC. s. v.; 4) enfin *perula* pour *spherula*.

Permaindre v. manoir.

Permanable, permanablement v. manoir.

Permanableteit v. manoir.

Permanant (en) v. manoir.

Permanaulement v. manoir.

Permanauleteit v. manoir.

Permanoir v. manoir.

Permener v. mener.

Perpetual v. perpetuel.

Perpetuaument v. perpetuel.

Perpetuel, perpetual, perpétuel; *perpetualis*; adv. perpetuaument I, 222, perpétuellement.

Perquerre v. querre.

Perrette v. piere.

Perrin v. piere.

Perron v. piere.

Pers, perse I, 407, bleu foncé, bleu sombre; v. DC. s. v. lmâ. persus, Color, ad caeruleum, vel ad persicae mali colorem accedens.

Persecution v. sevre.

Perser v. percer.

Persevereir I, 207, persévérer; *perseverare*; perseverance, persévérance; *perseverantia*.

Persoldre v. soldre.

Persone, personne I, 174, personne; curé; *persona*; personnement II, 74 adv., peut-être mal lu pour personnelment, personnellement, en personne, de personnel, *personalis*, quoique la formation ne soit pas impossible.

Personnel v. persone.

Personnement v. persone.

Perte v. perdre.

Pertris I, 191. R. d. l. V. p. 82; perdrix; de *perdix*, en prov. perdiz.

Pertuihs, pertuis v. pertuiser.

Pertuiser, pertuser, pertusier, percer, forer; subst. pertuis, pertus, pertuihs I, 227, trou, ouverture, porte; de *pertusiare, pertusium* de (pertundere) *pertusus*. V. percer.

Perturber I, 332, troubler, agiter, émouvoir; *perturbare*.

Pertus, pertuser, pertusier v. pertuiser.

Pervers v. vertir.

Perzoivre v. percevoir.

Pes, poids v. pois I.

Pes, paix v. pais.

Pesance v. pois I.

Pesanços v. pois 1.

Pesant v. pois I.

Pescer v. poisson.

Pescheor, pescheur v. poisson.

Pescher, peschier v. poisson.

Pescheres, peschieres v. poisson.

Peschur v. poisson.

Pescion v. poisson.

Peser v. pois I.

Pesle v. pele.

Pesme v. pis et I, 106.

Pesoier v. piece.

Pestilence I, 268. II, 254, peste, maladie épidémique et contagieuse; *pestilentia.*

Pestril v. pestrir.

Pestrin, pestrine v. pestrir.

Pestrir, pétrir; de *pistura* (pinso), d'où l'on forma *pisturire*; pestril, pestrin, pestrine, lieu où l'on pétrit le pain; *pistrilla, pistrina.*

Petit I, 100. 263. 389. II, 108. 315 et suiv., adj. petit, faible; empl. subst. I, 127; adv. peu; *par un petit* II, 314, peu s'en faut, à peu de chose près, presque; *à petit,* peu s'en faut; *estre petit de qqch.,* s'inquiéter peu de qqch.; dimin. petitet II, 315, adj. petit, tout petit, jeune; adv. un peu, fort peu, très-peu, légèrement; cfr. poc; de là apetiser, diminuer, rapetisser.

Petitet v. petit et II, 316.

Peule v. pople.

Peus v. pal.

Pex v. pal.

Pez v. piet.

Philosophe I, 220, philosophe; *philosophus.*

Piaul v. pel.

Pic, pic (oiseau); pic, pioche, lieu élevé, coup de tranchant d'un instrument; prov. pic, esp. pico, ital. picco, pointe, picchio, pic (oiseau), piccone, pioche; pique, pique, sorte d'arme; prov. piqua, esp., ital., port. pica; vb. piquer, piquer, frapper;

picot, picois, piquois, pikois, pic; vb. picoter. On dérive ordinairement pic, pioche, ses affiliés et correspondants, de l'allem. *picken, pike*; mais l'identité de forme entre ce mot et *pic,* oiseau, en esp. également pico, en prov. pic, dans les deux cas, prouve que *pic,* pioche, comme *pic,* oiseau, dér. du latin *picus:* le *pic* est un instrument avec lequel on pique, comme l'oiseau appelé *pic* fait avec son bec.

Piça v. II, 316 note 1.

Picher v. pichier.

Pichier, pechier, picher Q. L. d. R. p. 256, picier II, 124, vase à mettre des liqueurs, vase à différents usages; certaine mesure; ital. bicchiere, vase à boire et peccharo, coupe. On a proposé différentes étymologies pour ce mot, la plus plausible est celle qui dérive *pichier* de βἰχος, vase en terre. V. DC. Bicarium.

Picier v. pichier.

Picois, picot v. pic.

Pie II, 67, pie, agace; *pica*; ital. pica, prov. piga.

Pie, pied v. piet.

Pie v. pius.

Pieça v. piece.

Piece II, 316, pièce, morceau, lambeau; prov. pessa, ital. pezza, esp. pieza; port. peça; pieça, piecha II, 316; *à piece, en piece; de piece, de piça; à chef de piece* II, 317; verbe pecier, peçoier, pechoier, pesoier II, 44. 82. 342, briser, mettre en pièces, rompre, mutiler, détruire, ruiner, saccager; comp. depecier, despicier I, 105. 134. 325. II, 261, déchirer, dépecer, rompre, mettre en pièces, briser, détruire, saccager; apecier, apiecer, réunir ensemble plusieurs pièces, d'où *rapiécer.*

Piecha v. piece.

Piel, pieu v. pal.

Piel, peau v. pel.

Piement v. pius.

Pierde v. perdre.

Pierdre v. perdre.

Piere, pierre, pere I, 81. 101. II, 80, pierre; pierrerie; sorte de poids et de mesure (le poids variait de 8 à 15 livres); *petra*; dim. perrette II, 227, pierrette; dér. pierrier, joaillier, bijoutier; — pierriere, pierrier, perier, sorte de machine servant à jeter des pierres à l'ennemi; perreiz, action de lancer des pierres; pierriere, carrière; pierrin, perrin, perin II, 227. 270. 356, de pierre; subst. le gravier; perron I, 347, petits escaliers en pierre, placés aux portes des villes, des châteaux et sur les routes, de distance en distance, pour que les voyageurs pussent monter à cheval; espèce de balcon; vb. comp. empierrer, durcir, pétrifier.

Piere, père v. pere.

Pierre v. piere.

Pierrier, pierriere v. piere.

Pierrin v. piere.

Piesa v. piece et II, 316.

Piet, ped, pie, s. s. et p.4. piez, pies, pez I, 83. 49, de *pes*, pied; fig. homme, dans les expressions *n'en aller*, *n'en eschapper pas un piet*, etc. II, 220; *lever le piet*, se révolter; dér. pietaille, pedaille II, 214, infanterie; populace; peon, piéton, fantassin; pion, au jeu des échecs; propr. *pedo* (pes), prov. pezo, ital. pedone; *à peon*, à la façon des piétons, à pied; c'est de ce *peon*, notre *pion*, que dérive péonier, piéton, notre *pionnier*, ainsi dans le principe homme de pied; dim. pecol II, 101, de *pediculus*, pied de fauteuil, quenouille, colonne de lit, queue de fruit. Je ferai remarquer ici que notre mot *piéton* suppose une forme latine *pedito*

(de pedites), sur laquelle on peut consulter Mén. s. v. pion; que *peage*, c.-à-d. ce que paient les passants, et *pière*, comme l'a dit Ménage, dér. également de *pes*, de façon qu'on devrait écrire *piètre*, *pe(de)stris*; enfin, que *piège* vient de *pedica* (pes).

Pietaille v. piet.

Pieteit v. pius.

Pieur v. pis.

Piex v. pal.

Piex v. piet.

Pigment I, 78, piment, piument I, 214, liqueur faite de vin, de miel et de différentes épices; de *pigmentum* (v. DC. s. v. pigmentum). De là aussi notre *piment*.

Pignon, pignoncel v. penne II.

Pikois v. pic.

Piment v. pigment.

Pin I, 71, pin; *pinus*; dim. piniau, pineau I, 99. 394, petit pin.

Pineau v. pin.

Pingnonchiel v. penne II.

Piniau v. pin.

Pior v. pis.

Pios v. pius.

Piour v. pis.

Pique, piquer v. pic.

Piquois v. pic.

Pire v. pis.

Pis, poitrine v. piz.

Pis, peix I, 167; pis; *pejus*; adv. II, 317; *le pis* I, 233; pejor, pejur, pejour, pior; piour, pieur, puire, peor, piur, poior, pire I, 104, pire, plus mauvais, détestable; *pejor*, avoir *du pire*, *du pejor*, avoir du dessous, empl. subst. I, 195; empirer, empirier, empeirer II, 15. 24. 361, empirer, devenir plus mauvais, se détériorer, endommager, nuire, décrier, décréditer; *in-pejorare*; d'où empirance et empirement, corruption, détérioration, perte, dommage, mal qui va croissant; — pesme I, 106, très-mauvais; cruel, fâcheux; *pessimus*.

Pited v. pius.

Piteit v. pius.

Pitie, pitiet v. pius.

Pitos v. pius.

Pitusement v. pius.

Piu v. pius.

Piument v. pigment.

Piur v. pis.

Pius, pios, piu I, 130. 195. 321, f. pie I, 333, pieux, miséricordieux, bienveillant, clément; *pius;* d'où *(pie)* l'adv. piement II, 166, miséricordieusement, avec bienveillance, avec clémence; — pieteit I, 53, piété; piteit, peitie, pitiet, pited, pitie I, 132. II, 198. 199. 202, pitié, compassion, miséricorde, commisération; tous deux de *pietas;* — pitos, miséricordieux, compatissant; adv. pitosement, pitusement II, 241, d'une manière à faire pitié, pitoyablement.

Pix v. pal.

Piz, pis, poitrine, mot invariable, aujourd'hui dans le sens restreint de mamelle des vaches, etc.; de *pectus.* Un dérivé de la même racine est poitrine II, 25, peitrine, poitrine, proprem. *pectorina.*

Piza v. II, 316 note 1.

Place, plache I, 283, place; lieu où s'assemblent ceux d'une même profession pour parler de leurs affaires; *tenir place,* maintenir la place, tenir pied; vb. placer, placher, placer; de *platea (πλατεῖα).* Lampridius est le premier qui ait donné à platea la signification de large place dans la maison, cour. V. les Dict. latins.

Placer v. place.

Plache, placher v. place.

Plagne v. plain.

Plagnier v. plein.

Plaid, plaider v. plait.

Plaidier v. plait.

Plaidoier v. plait.

Plaidoieur v. plait.

Plaie I, 82. 220, plaie, blessure; de *plaga;* plaier, blesser, meurtrir; aplaier II, 28, blesser, meurtrir; calomnier, injurier.

Plaier v. plaie.

Plain, plein v. plein.

Plain, plein II, 342. 355, uni, aplani; de *planus;* empl. subst. *le plain,* *plein* II, 355, plaine, rase campagne; fém. plaine, plagne I, 303, plaine, pays plat; *plana;* planece, surface plane; *planitia;* vb. planier II, 113, aplanir, unir, polir, effacer; comp. aplanier II, 113, aplagnier, aplanir, unir, niveler, combler; caresser du plat de la main.

Plaindre II, 238; plaint m., plainte, gémissement; *planctus;* de là plainte I, 265, plainte, lamentation, gémissement; comp. complaindre I, 131. 364. II, 238; complainte II, 163, complainte, plainte; complaignement, ib.; complaint, ib.; desplaindre II, 238. M. s. J. 452.

Plaine v. plain.

Plainement v. plein.

Plaingnier v. plein.

Plainier v plein.

Plaint, plainte v. plaindre.

Plaire v. plaisir.

Plaisance v. plaisir.

Plaisier v. plaissier II.

Plaisir, plasir, pleisir, plesir, plaire, plaire, plere II, 191 et suiv., plaire, s'accorder; infin. employé subst. et qui nous est resté; *venir à plaisir* II, 102; comp. desplaisir II, 192, déplaire, ennuyer; replaisir II, 253, plaire à son tour; dér. du p. prés. plaisance, plaisir, agrément, volupté; desplaisance, déplaisance, ennui.

Plaisseiz v. plaissier I.

Plaissie v. plaissier I.

I. Plaissier, plaisier, plessier, entourer de haies, palissader; partic. empl. subst. plaissie, plessie II, 52, clos, parc fermé de haies; plaisseiz, plesseis, ib.; de *plexus*, entrelacé; cfr. prov. plais, haie, taillis.

II. **Plaissier, plessier, plassier, plaisier** I, 254. 337, plier, courber; dompter, maltraiter; de *plexus*, plectere.

Plaistre, plastre v. emplastre.

Plait, plaid, plet, ploit (*plaiz, ples*) I, 59 82. 274. II, 162, procès, différend, querelle, dispute; assemblée où l'on juge les procès et où l'on exige les droits seigneuriaux; traité, convention; demande, sollicitation; dessein, projet, résolution; affaire; *tenir plait,* parler, discourir, badiner; *trover plait,* être accueilli; *bastir un plait, faire un plait,* se proposer qqch., prendre une résolution, conclure une convention; plaider, plaidier, plaidoier, tenir les plaids; plaider, disputer, quereller, contester, tourmenter, poursuivre; s'accorder, traiter, badiner, plaisanter, s'amuser, se divertir, railler, se moquer, vouloir en faire accroire; de là plaidoieur, querelleur, chicaneur. *Plaidier* s'employait subst. dans le sens de dispute, querelle, chicane. Comp. **emplaider, enplaider** I, 125, mettre en cause, traduire en justice, poursuivre devant les tribunaux, accuser. *Plait* dérive de *placitum* (plactum). V. DC. s. v.

Plaiz v. plait.

Planche, planke II, 329, planche, soliveau; de *planca;* d'où plancher, **planchier, planker** I, 297. II, 267, saillie, avance faite de planches (tabulatum), plancher; chambre haute; **planchier,** faire toute espèce de plancher.

Plancher, planchier v. planche.

Planchon v. plante.

Plançon v. plante.

Planece v. plain.

Planier v. plain.

Planke, planker v. planche.

Plante II, 256, plante; plante des pieds; *planta;* planter, planter, arrêter, fixer, garnir, remplir; *plantare;* **planteson** I, 153, plantation; **plançon, planchon,** dim. **plançonnet,** branche, tige, rejeton, arbrisseau; — sorte de pique ou bâton de défense; **sorplanter** I, 152, arrêter, remplir, dominer. — La plante nommée *plantain* dér. de planta, pour donner à entendre que c'était la plante par excellence, à cause de sa grande vertu.

Planteis v. plein.

Planteit v. plein.

Planter v. plante.

Planteson v. plante.

Plantenouse v. plein.

Plantivement v. plein.

Plasir v. plaisir.

Plassier v. plaissier II.

Plat, plat; subst. **plat,** plat; dimin. **platel,** plat, assiette; d'où **platelet,** petit plat, etc. **Plate,** lame d'or, d'argent, de fer, etc.; d'où gant fait de lames de fer, cuirasse de fer; dér. **plataine, plateine, platine** I, 348. 404, gant ou cuirasse de fer; plaque de métal; pierre de tombeau. Ce mot se retrouve dans plusieurs langues: suéd. *platt, flat,* dan. *flad,* ahal. *flaz,* grec πλατύς, ancien latin *plautus,* pied plat, etc.

Plataine v. plat.

Plate v. plat.

Plateine v. plat.

Platel, platelet v. plat.

Platine v. plat.

Plege v. plevir.

Pleier v. plier.

Pleige v. plevir.

Plein, uni v. plain.

Plein, plain II, 247. 270, plein, rempli; *plain pie* ou *pas* I, 106, l'étendue d'un pied, d'un pas; *avoir son plein* I, 233, être satisfait, avoir ce qui revient pour égaler deux choses; adv. plainement, plainnement I, 109. 373. II, 388, pleinement, sans réserve; de *plenus*; plenier, pleinier, plainier, plagnier, plaingnier I, 101. 269. II, 113. 301, plénier, entier, accompli, grand; *plenarius*; adv. plenierement II, 82, entièrement, complétement, d'une manière accomplie, grande; de là planteit, plentet I, 50. II, 208. 390, quantité, abondance, plénitude; *à grand planteit* I, 193; pleinteif, pleinteive, plentif, plentuis, planteis II, 228. 388, plantureux, gras, fertile, abondant, regorgeant, riche; adv. plantivement I, 314, abondamment, richement; planteuouse I, 231, plentivose, plantureuse, fertile; vb. comp. dér: replenir I, 268. 368, remplir, être dans l'abondance.

Pleinier v. plein.

Pleinteif, pleinteive v. plein.

Pleisir v. plaisir.

Pleit v. plier.

Plenier, plenierement v. plein.

Plentet v. plein.

Plentivement v. plein.

Plentivose v. plein.

Plentuis v. plein.

Plere v. plaisir.

Ples v. plait.

Plesir v. plaisir.

Plesseis v. plaissier I.

Plessie v. plaissier I.

Plessier v. plaissier I. et II.

Plet, procès v. plait.

Plet, pli v. plier.

Pleur, pleurer v. plorer.

Plevine v. plevir.

Plevir I, 306. 379. II, 336, promettre avec serment ou en justice, garantir, assurer; prov. plevir, plivir; plege, pleige, répondant, caution; l'obligation de celui qui porte caution; responsabilité du répondant; cfr. DC. plegius; prov. plevi, pliu; plevine, promesse faite en justice,

garantie, serment. Ménage, et après lui M. Diez. dér. ces mots de *praes*, *praedis*, *praedium*; mais, d'un côté, le présent provençal *pliu* repousse cette étymologie, il demande un *v* ou *b* radical; de l'autre, comment accorder le sens de *praedium* avec celui de *plege*? Inutile de s'arrêter à l'étymologie *placitum*, *placere*, forme et signification s'y opposent (v. plait). On a pensé enfin à l'ahal. *pflegan*, gérer, administrer; mais non cautionner, comme on l'a dit, et cette signification ne permet pas de dériver *plevir* de là. Quelle est donc l'origine de *plevir*, *plege*?

Plier, ploier, pleier I, 52. II, 298, plier, ployer, recourber, passer, mettre; p. ex. *ploier le bras au col*, passer le bras autour du cou; *plier le gant au poing*, mettre le gant; *se plier*, s'appliquer; subst. ploit, pleit, plet, pli, espèce d'ornement; de *plicare*, *plicatum*. Les formes dialectales *plier*, *ploier*, qu'on retrouve dans tous les verbes de cette espèce, ont été admises dans la langue fixée avec une signification différente. Comp. desploier I, 226. II, 172. 284, déplier, déployer, montrer, étaler, délier; composé de *de* et *explicare*, esploier, éployer, étendre; de *explicitum* dér. esploit, espleit I, 238. II, 69, revenu, profit, produit, jouissance; force, vigueur, rapidité, hâte, presse; *à esploit*, rapidement, avec ardeur, largement; vb. esploiter, espleiter I, 280. II, 378, se servir, user, posséder, profiter, marcher, se hâter, travailler, réussir; d'où resploiter, terminer par jugement, décider une affaire; — emploier, amploier II, 95, employer, proprem. mettre en qqch., *implicare*, subst. emploi. C'est à *implicare*, avec le sens qu'on lui donnait dans la langue d'oïl, que se rapporte encore, par le part. *implicitus*, le mot emploite, ompleite, que nous écrivons aujourd'hui emplette; vb. emploiter, acheter des marchandises, ses provisions, de *implicitare*. Soplier, sopleier, soploier, souploier I, 362, supplier; plier, céder à la volonté de qqu., s'appliquer; *supplicare*. Notre vb. *plisser* est une forme dér. du part. *plicitus*, *plic'tus* (plictiare); l'adj. *souple* vient de supplex.

Ploier v. plier.

Ploit, procès v. plait.

Ploit, pli v. plier.

I. **Plom**, plum, *plombus*; plommer, plomber, garnir de plomb; plommée, petite boucle de fer ou de plomb; espèce de massue; *plumbata*. Outre *plommer*, on trouve dans le dialecte picard plonkier, plonchier, p. ex. R. d. C. d. C. v. 1181 dans le sens de plomber, souder; qui est formé au moyen de la suffixe *ic*, *plumbicare*. C'est cette forme plonchier, ploncher, qui nous est restée, avec le *g* bourguignon, dans *plonger* (cfr. venger, vindicare), à cause du plomb avec lequel on sonde la profondeur de l'eau. Pictet rapporte *plonger* à son synonyme breton *plunia*, kymri *plwng*, mais il est inutile d'aller si loin; la forme *plonchat* = plongea I, 226, l'ancien picard *plonkier* = plonger, picard moderne *plonquer*, plonger, marcher avec bruit, en appuyant fort du talon, prouvent suffisamment l'identité de *plonger* et *ploncher*. Ménage qui dér. venger de vindicare, adopte à tort, je ne sais pourquoi, *plonger* de *plumbiare*, g = j = i.

II. **Plom**, plome v. L. d'H. p. 15, vase de cuisine, espèce de grand bassin ou chauderon. Selon M. Diez I, 153 *plom* serait pour *pilon*, de *pilum* =

esp. pilon, auge à broyer. La signification qu'a ce mot dans les passages cités ne concorde pas avec cette dérivation; car il est visible qu'on se servait aussi des *ploms* pour faire bouillir de l'eau. *Plom* n'est peut être dans le principe que le nom du métal (v. plus haut) donné à un vase destiné à mettre de l'eau, puis on en étendit l'emploi à tout vase étamé.

Plommee v. plom I.

Plommer v. plom I.

Ploncher, plonchier v. plom I.

Plonger v. plom I.

Plonkier v. plom I.

Plor v. plorer.

Plorement v. plorer.

Plorer, ploreir, plurer, plourer, pleurer I, 89. 125. 170. 182. 210, pleurer, gémir, lamenter; *plorare*; plur, plor, pleur m. I, 363. II, 221, pleur, gémissement, larme; formé du radical du verbe avec la forme du présent et la signification de l'infinitif; cfr. espoir; dér. plorement I, 53. 282, affliction, désolation; ploros, pluros, pleureur.

Ploros v. plorer.

Plosor, plosour v. plus.

Plourer v. plorer.

Plouvoir v. plovoir.

Plovoir, pluver, pluveir, ploveir, plouvoir II, 43 et suiv., pleuvoir; comp. aplovoir II, 44; emplovoir II, 45; replovoir II, 44, pleuvoir à son tour, repleuvoir; — pluios II, 44, pluvieux; *pluvius*; pluie, pluie; *pluvia*.

Pluie v. plovoir.

Pluios v. plovoir.

Pluis v. plus.

Pluiseur v. plus.

Pluisor, pluisour v. plus.

Plum v. plom.

Plume, plumme I, 348. II, 302, plume; *pluma*.

Plurer v. plorer.

Pluros v. plorer.

Plus, pluis II, 318, plus, davantage; *plus;* servant à former le comp. et le sup. I, 102; comp. au lieu du sup. II, 264; *plus* sup. II, 265; *le plus* pour la plupart, la majeure partie I, 186; *plus* adv. de quant. suivi de *de* I, 107; *plus* pour *le plus* II, 318; *sans plus* II, 318; *n'i a plus ne mains* II, 32, il n'y a ni plus ni moins. Au lieu de dériver, comme je l'ai fait d'après Ménage, le pron. ind. plusor = plures, du lmâ. pluriores, je crois qu'il vaut mieux en faire, avec Raynouard, une dérivation nouvelle de *plus,* et le ranger ici. Les principales variantes de plusor étaient pluisor, pluxour, plosor, plusur, pluisour, pluiseur, pluseur, plusiour, plousour I, 184 et suiv., plusieurs, avec l'article, la plupart. Comp. sorplus, seureplus I, 334. II, 29, surplus, reste.

Pluseur v. plus.

Plusiour v. plus.

Plusor, plusur v. plus.

Pluveir, pluver v. plovoir.

Pluxour v. plus.

Po v. poc.

Poance v. pooir.

Poant v. pooir.

Poc, poie adj. II, 314; poc, pau, poi, po, pou, pouc, peu adv. II, 314; *à poi, par poi,* etc. II, 314; *en si peu de jour* II, 314; *com peu que soit* II, 315.

Poder, tailler, couper; *putare;* prov. podar; à la même racine podet, faucille, serpe; poön, poün, ib.; esp. podon. V. DC. podadoira, et Rayn. L. R. IV, 582.

Podet v. poder.

Podnee, podnei v. posnee.

Poe, patte; de l'allemand: bas-saxon *pote,* patte; holl. *poote,* allmod. *pfote.*

Poeir, poer v. pooir.

Poene, poine, peine, paine, painne, pene I, 127. 241. II, 165. 312, peine, tourment, chagrin, châtiment, amende; *poena;* adv. comp. à paine, painnes, etc., I, 84. 315, à peine, propr. avec peine; poener, peiner, painer, pener I, 168. 265. II, 281, peiner, tourmenter, chagriner, affliger, punir; se donner de la peine, s'efforcer, s'appliquer, se fatiguer à; d'où peneor, souffrant, malheureux; peneuos I, 281, pénible, douloureux; esp., ital., port. penoso, prov. penos; penible, dur à la peine, infatigable; — pentir, repentir; *poenitere;* ital. pentire, pentere, prov. pentir; penitence, penitanche I, 82. 216. II, 365, pénitence, repentir, mortification, punition, affliction; de *poenitentia;* peneant, penant I, 374, pénitent; *poenitens;* peneance, penance, penanche I, 227. II, 131 même signification que penitence; comp. repentir I, 66. 132. 135. II, 76, repentir, se repentir, expier, faire pénitence; *sans repentir,* sans changement, sans réserve; repentance I, 327. II, 138, repentement, repentement, repentir, regret; repentaille, repentailles, dédit, peine stipulée dans un marché ou un contrat, contre celui des contractants qui voudrait le rompre; *sans repentaille,* sans vouloir s'en dédire, sans changer d'avis; *od repentaille,* avec regret, malgré soi.

Poent v. puir.

Poeste, poested v. pooir.

Poesteis, poesteit v. pooir.

Poestif, poestis v. pooir.

Poi, poie v. poc.

Poi, colline v. pui.

Poier v. pui.

Poig v. poin.

Poign, poignee v. poin.

Poigneor v. poin.

Poigneres v. poin.

Poil, peil, pel, poil, cheveux; *pilus*

poiler, peiler, peler, ôter les poils ou les plumes, peler; *pilare*. A la même racine *pilus* se rattachent, par l'intermédiaire de l'ital. peluccio, notre *peluche*, et directement, comme l'a fort bien dit Ménage, *pelouse*.

Poiler v. poil.

Poin, puin, puign, puing, poign I, 80. 82. 143. 208. 288, poing; de *pugnus*; de là poignee, prov. ponhada, poignée; vb. comp. **apoigner**, apuignier R. d. l. V. 192, empoigner; — poigneres, poignieres, puinneres, poigneor, poineor I, 77, combattant, guerrier, cavalier, chevalier; *pugnator*.

Poindre II, 238, infin. pris subst. choc, attaque, galop; point, puint I, 235. II, 206. 313, point, instant, moment, limite, borne, état, position, situation; *punctum*; *estre point*, être temps, à propos, être à point, être en mesure; *garder son point*, saisir le moment; *mener à point*, achever, exécuter; *mettre à point* ou *à son point*, mettre à son aise; *point* adv. II, 333 et suiv.; comp. **apoindre** II, 238; apointer II, 371, préparer, arranger, appuyer, poser; propr. appunctare; **espoindre** G. l. L. II, 165 subst., carrière; repoindre, repoindre; — conponction, componcion I, 66. II, 30, componction; *compunctio*; — porpoint, pourpoint; lmâ. *perpunctum*, parce que le pourpoint était arrière-pointé; prov. perponh, esp. perpunte. Touchant *por* pour *per*, v. les prépositions.

Poine v. poene.

Point v. poindre.

Poior v. pis.

Poir v. pooir.

Poire II, 345, poire; *pirum*.

I. *a)* **Pois**, peis, pes, poids (la forme moderne implique confusion avec pondus); peine, chagrin, répugnance;

b) **pens**, pensée, réflexion, tristesse; de *pensum*, prov. pens, pes; *sor mon pois*, à mon déplaisir; *sor mon gret et sor mon pois*, que cela me soit agréable ou non. Verbes *a)* **peser**, peiser (*poise*, *peise* 3. p. s. pr. ind., *poist*, *peist* et irrégulièrement *peit*, *poit* 3. p. s. pr. subj.) II, 272, peser, accabler, être pénible, fâcher, chagriner, déplaire, souffrir; *b)* **penser**, panser (*pens* 1. p. s. pr. ind.) II, 297, penser, réfléchir, songer, croire; de *pensare*; *se penser de qqch.*, en avoir du souci, du chagrin; ou simplement penser; *penser de c.* inf. II, 262, être sur le point de; *se Dieus n'en pense*, si Dieu n'y pourvoit, ne s'en souvient. De là **pesance** II, 319, souci, peine, chagrin; d'où **pesançon**, triste, malheureux, chagrin; — **pense**, prov. pensa, pensée, idée; **pensement**, pensée, peine, tourment; — **pensaige**, pensée, manière de penser; adj. **pensif**, pansif (*pensis*, *pensiu*), pensif, réfléchi, triste, rêveur, inquiet. — Le participe de *peser*, *pesant* s'employait en parlant des rênes, du mors d'un cheval, pour dire flottant, tombant, sans être retenu par le cavalier; au figuré, en parlant des biens, etc., d'une grande importance, de grande valeur. L'infinitif *penser*, *penseir* I, 129 s'employait substantivement, comme aujourd'hui, le penser. — Comp. **apenser** (s'), penser, réfléchir, imaginer, rêver, préméditer; **apensement**, réflexion, méditation; II, 277 adv. **apenseement**, avec réflexion; — **enpenser**, penser, penser mûrement, réfléchir; **porpenser**, purpenser, parpenser I, 210. II, 18, pourpenser, méditer, réfléchir, penser, imaginer; **porpens**, méditation, pensée, volonté réfléchie; — **repenser** II, 339, repenser, réfléchir; **suspeis** (estre) II,

134, être en suspens, doute, peine; trespenser II, 279, s'inquiéter, être triste. — J'ajouterai ici que notre verbe *panser* n'est probablement qu'une des différences orthographiques de *penser;* car quand on *panse qqn.,* on pense, réfléchit, satisfait; cfr. dans Calp. pensare sitim. V. Rayn. L. R. IV, 404.

II. Pois, peis II, 218. 400, pois; *pisum.*

Pois, poix v. poix.

Pois, poiz adv. et conj. v. pues.

Poisant v. pooir.

Poise v. pois I.

Poison, poisson v. poisson.

Poison, puison I, 155, puision II, 124, potion, poison; de *potio.* Cfr. Ben. gloss. s. v. puison. Ce mot resta longtemps féminin, et aujourd'hui encore le peuple lui donne ce genre. De là poisonner, puisonner, donner une potion, empoisonner.

Poisonner v. poison.

Poisson, poison, pescion, peisson, peisun I, 60. 343. II, 114. 124. Fragm. de Valenciennes, poisson; dérivé de *piscis;* dimin. poissonet, petit poisson; pescher, peschier, pescer II, 297, pêcher; *piscari;* pescheres, peschierres, pecierres, pescheor, pescheur, peschur I, 76, pêcheur; *piscator.*

Poist v. pois I.

Poit v. pois I.

Poitrine v. piz.

Poivre, peivre R. d. l. V. 106, poivre; *piper.*

Poix, pois, peiz II, 181. 240, poix; *pix.*

Poixance v. pooir.

Polain v. polle.

Polce, ponz I, 102, pouce; *pollex;* ital. pollice, cat. polse, prov. polce, poze, pous. La forme pauc II, 241 est picarde-flamande.

Poldre, puldre, poudre I, 46, poudre, poussière; de *pulvis* (pulver), ainsi *polre,* puis *d* intercalé; de là poldrer, poudrer, couvrir, joncher de qqch.;

poldrier, puldrier, puldrer, porriere, purriere I, 53. 126. 250, poussière; tourbillon, nuage de poussière. Notre *poussière* est-il le même mot que ce *porriere,* par changement de la liquide *r* en *s?* Je le crois.

Poldrer v. poldre.

Poldriere v. poldre.

Polle II, 335, jeune fille; de *pullus,* jeune, et terme de flatterie à l'égard des hommes (Suét.). Ce mot ne nous a été conservé que dans le Lai de Ste. Eulalie; il a été remplacé par le diminutif pulcelle, pucele, puciele, pucelle, puchelle, puchiele II, 353, pucelle, jeune fille, jeune femme, femme de chambre; lmâ. *pulicella, pulcella;* d'où le nouveau diminutif pucelete I, 99, puchelete. Dans plusieurs patois, on a conservé le masculin *poulot* pour désigner un petit garçon ou un jeune garçon, p. ex. dans l'ancienne principauté de Montbéliard. *Poulot* y signifie aussi coq. Également de *pullus* dérive polain R. d. l. V. 28, poulain; *pullanus.* Remarquez encore poussin de *pullicenus.*

Polment II, 256, purée, bouillie; *pulmentum.*

Polmon, poumon I, 118. 197, poumon; *pulmo.*

Pom, puns r. pl. II, 345, pomme; prov. pom; de *pomum;* de *poma,* pome, pume I, 252, pomme; cfr. arme; pomier, pumier II, 322. R. d. l. V. 132, pommier, bois de pommier; *pomarius;* cfr. fraisne; pomel, pomme, boule, pommeau.

Pome v. pom.

Pomel v. pom.

Pomier v. pom.

Poncel v. pont.

Ponee v. posnee.

Pont, punt I, 59. 316, pont; plan incliné composé de planches pour monter à la salle; planche du navire

pour l'embarquement; de *pons; pont*
de *l'espee* I, 208, poignée de l'épée;
dimin. pontel, petit pont; pontage,
droit qu'on paye sur et sous les
ponts; lmâ. *pontaticum*.

Pontage v. pont.

Pontel v. pont.

**Pooir, poor, poer, puer, poeir, poir,
poueir, povoir** II, 45 et suiv., pouvoir, avoir la puissance, la force;
inf. empl. subst. I, 142. 156. 217.
345. II, 350, pouvoir, puissance,
autorité, juridiction; l'idée adverbiale que nous exprimons par *peut-
être* est une phrase raccourcie, composée, dans le principe, de la 3me
pers. sing. prés. ind. de *pouvoir*,
du pronom démonstratif *cel, ce* et
de *estre*, d'où les formes, dans
l'ancienne langue, *puet cel estre,
pot cel estre, puet c'estre* II, 178.
217. Ben. 35439, etc.; au lieu de
puet on trouve quelquefois fautivement *pues* I, 152; part. prés. poant
II, 254, puissant; *toi poant*, tout-
puissant; *non poant*, infirme, per-
clus; d'ici poance I, 282, puissance,
pouvoir; — poesteit, poested, poestet,
poeste, poosteit I, 56. 83. 134. 170.
II, 20. 367, pouvoir, puissance;
autorité, juridiction, domination,
seigneurie; *potestas*; poestif, poestis,
poesteis II, 60. 362, puissant, maître;
— poisant I, 117, puissant; *pos-
sens*; d'où poixance, puissance, poxance I, 66. 382. II, 42, puissance,
pouvoir; — vb. comp. entrepooir II,
56, toujours suivi d'un autre verbe,
auquel proprement appartient *entre*;
repooir II, 56, pouvoir à son tour,
repouvoir.

Poon, serpe v. poder.

Poon, paon v. paon.

Poor, pouvoir v. pooir.

Poor, peur v. paör.

Poosteit, poosteiz v. pooir.

Poour v. paör.

Pople, pueple, peule, pule I, 53. 119.
152. 172. 306, peuple, foule, multitude; *populus*; vb. popler, pupleer
I, 177. 273, peupler, s'établir.

Popler v. pople.

Por, pour, pur prép. II, 360; *por ce
que* conj. II, 388; *por ce, por quoi*
II, 388.

Por, puer particule qui s'employait
avec certains verbes, tels que geter,
traire, et signifiait hors, dehors,
de côté, loin; de *porro*; prov. por,
porre, Rayn. L. R. IV, 600.

Poraler v. aler.

Porc, s. s. et p. r. pors I, 331, porc;
porcus; dim. porcel, porchel, porchiel
II, 83. 84, petit porc, cochon de lait.
Notre *porc-épic* est une corruption
de *porc-espi*, provençal moderne
porc ou pouere espin; ital. porco
spino, porco spinoso; esp. puerco
espino; allemand stachelschwein.
V. Mén. s. v.

Porceindre v. ceindre.

Porcel v. porc.

Porchacer, porchacier v. chacier.

Porchaz v. chacier.

Porche v. porte.

Porchel, porchiel v. porc.

Porcuidier v. cuider.

Poreuc II, 318 et glos. o.

Porfendre v. fendre.

Porfiler v. fil.

Porfit v. profit.

Porgesir v. gesir.

Porir, porrir, purir I, 189. II, 163.
181, pourrir; *putrere*; porreture,
purreture II, 306. 336, pourriture;
prov. poirir, poiridura.

Porloignement v. long.

Porloignier v. long.

Poroc II, 318 et glos. o.

Poroffrir v. offrir.

Porparlement v. parole.

Porparler v. parole.

Porpens, porpenser v. pois.

Porprendre v. prendre.

Porpris, porprise v. prendre.

Porquant v. quant I., et II, 385.

Porquerre v. querre.

Porreture v. porir.

Porriere v. poldre.

Porrir v. porir.

Pors, port v. port.

Pors, porc v. porc.

Porseir v. seoir et II, 80.

Porseoir v. seoir et II, 80.

Porseor v. sevre.

Porseueres v. sevre.

Porseuor v. sevre.

Porseure, porsevre v. sevre.

Port I, 88, s. s. et p. r. porz, pors, port; *portus*. On donnait aussi le nom de *port* II, 348 aux gorges de montagnes, aux défilés, principalement des Pyrénées, esp. puerto.

Portal, portail v. porte.

Portant v. tant et II, 385.

Portaster v. taster.

Portaus v. porte.

Porte I, 228, porte; *porta*; portal, portail, s. s. et p. r. portaus I, 106, portail; — porche I, 266, porche; de *porticus*.

Portement v. porter.

Portendre v. tendre.

Porteor v. porter.

Porter I, 46. 60. 137. 255. II, 19. 186, porter, transporter, supporter; emporter, remporter; apporter; produire, engendrer; de *portare*; *se porter*, se comporter; de là porteres, porteor I, 77, porteur; portement, coutume, habitude, façon; porteure II, 64, enfant qu'une femme porte dans son sein (grossesse); progéniture; faculté de concevoir et de porter un enfant; vb. comp. aporter II, 55, apporter, porter, induire, exciter à; d'où raporter I, 230, rapporter; raport II, 215, rapport; cession, transport, abandon; — deporter, dissuader, empêcher, donner du délai, divertir, amuser; *se*

deporter, se divertir, se réjouir; se séparer, renoncer à qqch., I, 298. II, 10. 31. 57. 97; subst. deport I, 217. 340, amusement, passe-temps, divertissement, badinage; — emporter, enporter I, 50. 226, emporter, enlever, vaincre, surpasser; — sorporter I, 239, supporter, et emporter, entraîner P. d. B. 4833.

Porteres v. porter.

Porteure v. porter.

Portraire v. traire.

Portrait v. traire.

Portraiture v. traire.

Portret v. traire.

Poruec II, 318 et glos. o.

Porvec II, 318 et glos. o.

Porvoir v. veoir.

Porz v. port.

Posat II, 317.

Pose v. pause.

Poser v. pause.

Posnee, ponee, podnee, podnei (*d* pour pour *s*, v. ramposner), pothnei, arrogance, insolence, pompe. Racine?

Posseir M. s. J. 495. 6, 3, p. s. pr. ind. *possiet* (possi(d)et), posséder, jouir; *possidere*; prov. possedir, possezir, esp. posseer, port. possuir; plus tard on trouve un verbe formé d'après le subst. possession, possessier 1269. Th. N. An. I, 1125; possession, possession, propriété; *possessio*; *estre en possession de* I, 224, avoir le pouvoir, la faculté de; vb. comp. desposseir, déposséder, dépouiller.

Possession v. posseir.

Possiet v. posseir.

Postel v. postit.

Posterle, posterne I, 354. II, 355, poterne, fausse porte, porte de derrière, petite porte; de *posterula*, sentier de traverse.

Postis v. postits.

Postits, postis I, 337, jambage de porte, porte; de *postis*. De la même racine, postel, *poteau*, pieu, jambage de porte.

Pot cel estre v. pooir.

Pothnei v. posnee.

Pou, pouc v. poc.

Pouch déf. de pooir.

Poudre, poudrer v. poldre.

Poueir v. pooir.

Poumon v. polmon.

Poün v. poder.

Pour v. por prép.

Pour, peur v. paör.

Pourchas v. chacier.

Poure, pourement v. povre.

Pourete v. povre.

Pourfit, pourfitable v. profit.

Pouroc II, 318 et glos. o.

Pourpenser v. pois.

Pourpris v. prendre.

Pourtaster v. taster.

Pourtendre v. tendre.

Pous v. polce.

Povere v. povre.

Poverte, poverteit v. povre.

Povoir v. pooir.

Povre, poure, povere I, 61. 162. II, 203, très-rarement pauvre, pauvre, indigent, nécessiteux; de *pauper* avec transposition du *r*; prov. paubre, paure, ital. povero, esp., port. pobre; *poure homme*, homme du peuple, du commun; adv. povrement, pourement, pauvrement, misérablement; povrete, pourete, poverteit, poverte, rarement pauvrete I, 213. 257. Berte 53, pauvreté, indigence; *paupertas* (paupertat); vb. dér. comp. apovrir I, 379, appauvrir, ruiner, réduire à la misère.

Povrement v. povre.

Povrete v. povre.

Poxance v. pooir.

Prasige v. prat.

Prael v. prat.

Praer, preer, preier, proier, voler, piller, enlever, faire du butin; de *praedari*; de là praie, proie, preie

II, 344. 353, butin, proie; bétail, troupeau de bêtes; de *praeda*; predeur, ravisseur, pillard.

Praerie v. prat.

Praie v. praer.

Praiel v. prat.

Praierie v. prat.

Prains, grosse, enceinte, pleine; de *praegnas* (praegnans); prov. prenh, preing, ital. pregno, esp. prenhe; vb. comp. empreingner, part. emprains Fl. et Bl. 159, engrosser, devenir enceinte, concevoir; sans vb. latin correspondant, simple port. prenhar. Voy. encore Rayn. L. R. IV, 636.

Pramesse v. metre.

Prametre v. metre.

Prandre v. prendre.

Pranre v. prendre.

Prat, preit, pré, s. s. et p. r. preiz I, 52. 89. 233, s. m. pré; *pratum*; et à côté une forme fém. pree I, 86, 362, pré, prairie; dér. du plur. *prata*; prov. prat et prada; dim. prael, praiel, petit pré, pelouse; *préau*; *pratellum*; ital. pratello; dér. praerie, praierie II, 195. 353. R. d. l. V. 219, prairie; propr. *prataria*; prov. pradaria, ital. prateria; praaige I, 362, prairie.

Pré v. prat.

Preceps r. pl. II, 169, ordonnance, règle; de *praeceptum*, dont le *t* est tombé devant le *s* de flexion; preceptorat, commanderie, bénéfice des ordres de chevalerie; v. DC. s. v. praeceptor.

Precher, prechier, preecer I, 220. 287, prêcher, réprimander, publier, annoncer; *praedicare*; precheres, preeschierres, prechor I, 76, prédicateur, prêcheur; *praedicator*; predication II, 234, prédication; *praedicatio.*

Precheres, prechor v. precher.

Precieus v. preis.

Precios, preciosite v. preis.

Precius v. preis.

Predeur v. praer.

Predication v. precher.

Pree v. prat.

Preecer v. precher.

Preer, voler v. praer.

Preer, prier v. prier.

Preere v. prier.

Preer, voler v. praer.

Preer, prier v. prier.

Preere v. prier.

Preeschierres v. precher.

Pref v. prop et II, 361.

Preie, v. praer.

Preier, voler v. praer.

Preier, prier v. prier.

Preindre, priendre (cfr. craindre II, 245), comprimer, serrer, opprimer, accabler; de *premere*; comp. apreindre, apriendre I, 331, opprimer, comprimer, rabaisser; depreindre, depriendre II, 3, abaisser, humilier, écraser, détruire; *deprimere*.

Preis, preix, pris I, 159. 188. II, 104, prix, valeur, récompense; mérite, qualité, vertu, valeur; *pretium*; prisier, preisier, preiser, proisier I, 72. 257. 365. II, 49 (1. pers. s. prés. ind. *pris*), priser, apprécier, estimer, évaluer, avoir du prix, considérer; équivalant à *pretiare*; du part. prés. on forma prisantier II, 270, qui se prise, présomptueux; — precios, precius, precieus I, 101. 268. 402. II, 80, précieux, excellent; *pretiosus*; preciosite, valeur, grand prix, excellence; *pretiositas*; — comp. deprisier, desprisier I, 61. 293, déprécier, mépriser, bafouer; *depretiare*; d'où desprisement, dépréciation, mépris; mesprisier, mépriser, dédaigner; d'où mesprisement, mépris, dédain.

Preiser v. preis.

Preisier v. preis.

Preit v. prat.

Preix v. preis.

Preiz v. prat.

Prelat, prelait, s. s. et p. r. prelaz, prelaiz I, 82, prélat, supérieur; *prae - latus*.

Premer, premerement v. prim.

Premerain v. prim.

Premierement v. prim.

Prendre, prandre, penre, panre, prehre, pranre II, 192 et suiv.; *se prendre* I, 377, prendre une tournure; part. passé employé subst. pris et prise, prise de ville; prise de vivres sur les sujets pour l'usage du roi ou d'un seigneur dans leurs voyages; droit d'arrêter qqn.; prise du gibier; prisie I, 49 avec le second sens de *prise*. — Prison, prisun, prisune I, 227, prison; de *prenhensio, prensio. Prison, prisun* I, 54. 324. 295 signifiaient aussi prisonnier, comme l'esp. prision et l'ital. prigione. L'on trouve le part. pas. de *prendre*, pris, dans le même sens: Je me rant *pris* clameiz, G. d. V. v. 776. — Comp. aprendre II, 61, apprendre, connaître, s'instruire, éclairer; part. pas. empl. subst. apprise, apprentissage; et, dans le sens du primitif latin, entreprise, aventure; d'où désapprendre, désapprendre, oublier; — aprison, apprentissage, habitude; *apprehensio*; — comprendre, comprendre, concevoir — admettre, se soumettre; part. pas. empl. subst. comprins, compris, enceinte; comprendable I, 408, compréhensible; — desprendre II, 200; — ensprendre (ens = intus), esprendre (es = ex), emprendre (en = in), emprendra, amprandre II, 200. 1. I, 173. 238; part. pas. empl. subst. emprinse, emprise I, 179. 272. II, 24, entreprise, projet; — entreprendre II, 202; part. pas. empl. subst. entreprinse,

entreprise, entreprise; — mesprendre
II, 202; subst. mesprison, mesproison
I, 284. 351. II, 4, faute, délit, méprise, erreur; mesprisure, méprise,
erreur; — porprendre, parprendre,
purprendre II, 203. I, 182. 387,
prov. perprendre; part. pas. empl.
subst. porpris, pourpris, purpris ou
porprise, proprise I, 393, enceinte,
enclos, lieu; mot que nos poètes
modernes ont tort d'abandonner; —
reprendre II, 23, reprendre, res-
saisir; relever un fief en en rendant l'hommage, ou en en payant
le droit de relief, pour en être mis
en possession par le seigneur dominant; blâmer; part. pas. empl. subst.
reprinse, reprise, droit de relief; —
sorprendre, sosprendre, soprendre,
souprendre, sauprendre, susprendre
I, 135. 146. 153. II, 203; surpris
de maladie I, 225; part. pas. empl.
subst. sorprinse, sorprise, soprise,
surprise, soumission; et du part.
pas. l'adv. soprisement II, 164, par
surprise; — tresprendre Ch. d. R.
91, s'emparer de.
Prenre v. prendre.
Pres, pries adv. et prép. II, 361;
pres que II, 362; pres de II, 362;
comp. apres, apries adv. et prép.
II, 362; en apres II, 362; enpres,
empres, anpres adv. et prép. II, 362.
Pres, prêt v. prest.
Presence v. present.
Present, présent; praesens (praesent);
estre en present I, 294, être présent; adv. presentement I, 386, présentement; present, présant I, 221,
présent, cadeau, don; la signification de ce mot est très-ancienne
(v. dans Rayn. L. R. VI, 17 un
exemple de Rambaud d'Orange; le
synonyme lmâ. praesentia remonte
au 9me siècle), et se rattache à
celle du vb. presenter I, 60. 369,
présenter, offrir; praesentare; pre-

sentaule, présent; propr. praesenta-
bilis, dans le Cod. Just. praesen-
talis; adv. presentaulement I, 160
dans le temps présent, i. e. d'alors;
— presence, présence; praesentia.
Presentaule, presentaulement v. present.
Presentede p. pas. f. de presenter.
Presentement v. present.
Presenter v. present.
Presignier v. signe.
Presse I, 48. 193, presse, foule, op-
pression, tourment; de pressus;
presser, presser; pressare; presseor,
pressoi I, 81, pressoir; pressorius;
vb. comp. apresser I, 83. 207. II,
355, presser, comprimer, accabler,
tourmenter, serrer de près, poursuivre; d'où rapresseir I, 215, réprimer, refouler, poursuivre, reprendre; — empresser, presser,
serrer de près. Cfr. preindre.
Presseor v. presse.
Presser v. pressé.
Pressoi v. presse.
Prest, prêt subst. v. prester.
Prest I, 292, s. s. et p. r. prez I, 266,
pres I, 232, fém. preste II, 107,
prêt, disposé; de praestus, DC. s. v.;
adv. prestement II, 390, prestement; vb. comp. aprester I, 94, 181,
apprêter, préparer, disposer.
Preste v. prest.
Prestement v. prest.
Presteor v. prester.
Prester I, 62. II, 384, prêter; prest
subst. I, 358, prêt; faire prest,
prêter; presterres, presteor, prêteur.
De praestare. V. DC. s. v.
Presterres v. prester.
Prestre I, 283, prêtre; de presbyter.
Au lieu de prestre, on trouve provoire, prouvoire, pruveire I, 228,
prov. preveire, preire, à côté de
prestre, comme dans la langue d'oïl.
Ces formes dérivent immédiatement
du grec πρεσβύτερος.
Preu v. prod I. et II.

Preu, proche v. prop et II, 361.
Preudons, preudoume v. prod II.
Preuf v. prop et II, 361.
Prevarication II, 277, prévarication; praevaricatio.
Prevos v. prevost.
Prevost, provost *(provos, prevos, pro-vóz)* I, 84, préposé, prévôt; de *praepositus.*
Prez v. prest.
Priement 3. p. pl. prés. ind. de preindre.
Priendre v. preindre.
Prienst, prient de preindre.
Prier, proier, preer, preier priier I, 70. 78. 99. 177. II, 36. 303, prier, supplier, adresser des prières; *precari; prier à qqn.* I, 174. II, 27; priere, proiere, preere I, 130. 186. II, 254, prière, supplication; propr. *precaria,* prov. pregaira, preguiera, ital. pregaria, pregueria; comp. deprier, deproier I, 74. 173, prier avec instance, supplier. Cfr. plier.
Pries v. pres.
Prieu v. prod II.
Priier v. prier.
Prim, prin m., prime m. et f. I, 113, cfr. II, 405, premier; *primus;* subst. I, 119 le temps où l'on chante l'office d'église nommé prime, *prima,* c'est-à-dire six heures du matin; vb. primer, primer, dominer; adv. prime, primes, d'abord, première-ment; *dont à primes,* alors seule-ment; *dès primes que,* du premier moment que; conj. *prime que,* avant que; primier, primer, premer I, 113, premier; *primarius;* de là prime-rement, premierement, premerement I, 70. II, 62. 255, premièrement, en premier lieu, pour la première fois; primerain, premerain, premie-rain I, 113, premier; cfr. derrain, davant; et primieremes I, 113 dans le même sens, forme qui semble attester l'influence de l'adv. en *ment;* subst. ancien, devancier, prédéces-

seur; adv. primerains, d'abord, pre-mièrement; — prior, prieur; *prior;* prioraige I, 329, prieuré.
Prime v. prim.
Primer v. prim.
Primerain, primeraius v. prim.
Primerement v. prim.
Primes v. prim.
Primevere v. ver.
Primier v. prim.
Primieremes v. prim.
Primseigner v. signe.
Primsoir v. soir et cfr. prim.
Primson v. somme II. et cfr. prim.
Prin v. prim.
Prince, prinche, seigneur de la cour, premier, principal; par aphérèse de *princeps,* prov. princep; de là princee, princie, principauté, dignité de prince.
Princee v. prince.
Prinche v. prince.
Princhier v. princier.
Princie v. prince.
Princier, princhier, homme de la cour, grand seigneur; de *primicerius.*
Prinsaittier v. saillir.
Prinsault, prinsaultier v. saillir et cfr. prim.
Prinsaut, prinsautier v. saillir et cfr. prim.
Prinseigner v. signe.
Prinsoir v. soir et cfr. prim.
Prinsome v. somme II. et cfr. prim.
Prior, prioraige v. prim.
Pris v. prendre.
Pris, prix v. preis.
Prisantier v. preis.
Prisie v. prendre.
Prisier v. preis.
Prison v. prendre.
Prisun, prisune v. prendre.
Privé v. priver.
Priveement v. priver.
Priver I, 222, priver; *privare;* privé I, 144. 130, adj. secret, particulier, intime; sbst. familier, ami; *privatus;*

estre à son privé, à son particulier, avec ses amis intimes; *parler
à privé*, parler en particulier; adv.
priveement I, 99. 101, particulièrement, secrètement, sans être aperçu;
privee f. R. d. Rén. II, 279, privé,
latrine; prov. privada, ital. privata;
privetet, priveté II, 17, habitude,
familiarité.

Privet, privetet, priveté v. priver.

Privilage I, 330, privilége; *privilegium*.

Pro v. prod I.

Proaice v. prod II.

Procain v. proche.

Proce v. proche.

Prochain, prochainement v. proche.

Prochainete v. proche.

Proche, proce, proche; de *propius*;
de la prochain, proçain I, 263. 271,
proche, prochain, allié; d'où prochainete, proximité, voisinage; alliance, parenté; adv. prochainement,
procheinement I, 133. 357, ib.; vb.
comp. aprochier, aprocheir, aproichier,
aproncher, aprocier, aproscier, aprecer
I, 58. 135. 184. 227. 391. II, 127.
365, approcher, donner une marque
d'amitié, attoucher; accuser; participe, qui approche de sa conclusion; lat. *appropiare* de *propiare*;
entraprochier II, 59, entrapprocher,
reprochar, reproucher, reprochier, ré-
pliquer, s'opposer, contredire, re-
prochez; subst. reproche, reprouche
I, 356, reproche; de *repropiare*,
i. e. approcher à différentes reprises,
mettre près, mettre devant. Cfr.
reprovier s. v. prover.

Procheinement v. proche.

Procurer v. curer.

Procureur v. curer.

I. Prod, prout, pro, pru, prou, preu
II, 320 et suiv., profit, bénéfice,
avantage, gain; prod, pro, pru, prou
II, 320 et suiv., assez, suffisamment,
beaucoup, abondamment.

II. Prod, prot, prud, proz, pruz, pros,

prou, preu, prieu, f. prode, prude
II, 320 et suiv., prudent, sensé,
capable, brave, généreux, vaillant;
f. sage, vertueuse, pudique; dér.
proece, proeche, proaice, proeisse,
proesce I, 72. 162. 181. II, 14. 80.
234, prouesse, valeur; cfr. largésse;
comp. prodons, prodome, prosdnam,
pruzdum, preudons, proudoume, pren-
doume I, 79, prnd'homme, homme
de bien.

Prode v. prod II.

Prodome v. prod II.

Prodons v. prod II.

Proec II, 318 et glos. o.

Proece, proeche v. prod II.

Proef v. prop et II, 361.

Profecie v. prophete.

Profeitier v. prophete.

Profete v. prophete.

Profit, porfit, pourfit I, 381, profit;
profectus, us; prov. profieg, ital.
profitto; profitable, pourfitable I, 375,
profitable.

Profondece v. fond.

Proie v. praer.

Proier, voler v. praer.

Proier, prier v. prier.

Proiere v. prier.

Proisier v. preis.

Proisme I, 227, prochain, proche parent, allié; de *proximus; en proisme*,
prochainement; vb. comp. aproïsmer,
aproismier, aprismer I, 60, aprimer,
approcher, accuser; propr. *appro-
ximare*.

Promesse v. metre.

Prometre v. metre.

Promission v. metre.

Promovoir v. movoir.

Prononcoir, prononcier v. noncer.

Pronuntier v. noncer.

Prop, prof, proef, pruef, prouf, preuf,
pref, preu adv. et prép II, 361;
comp. aprop, apruef, apref, etc.
II, 361; enpruef II, 361.

Prophecier v. prophete.

Prophete, profete I, 65. 7, m. et f., prophète; *propheta* (προφητής); profeitier, prophetizer, prophecier I, 213. 348. 350, prophétiser, prédire; *prophetizare; profecie* I, 160, prophétie; *prophetia.*

Prophetizer v. prophete.

Propice I, 399. II, 124, propice; *propitius.*

Propos v. pause.

Proposement v. pause.

Proposer v. pause.

Propre I, 166. 250, propre; *proprius; propre* pour *même* I, 180. 1; adv. proprement, propprement I, 174. II, 96. 272, proprement, en propre.

Proprement, propprement v. propre.

Proprise v. prendre.

Pros, proz v. prod II.

Prosperiteit, prosprete I, 55. 196, prospérité, bonheur; *prosperitas;* prosprement Q. L. d. R. 336, adv. d'une manière prospère, heureusement, pour prospère.

Prosprement v. prosperiteit.

Prosprete v. prosperiteit.

Prot v. prod II.

Prou v. prod I. et II.

Proudonme v. prod II.

Prouf v. prop et II, 361.

Prout v. prod I. et II.

Prouver v. prover.

Prouvoire v. prestre.

Provance, provanche v. prover.

Prove v. prover.

Prover, pruver, prouver I, 77. 215. 253. II, 102, prouver, démontrer; éprouver, constater, convaincre; *se prover*, se montrer, être éprouvé; *probare;* de là provance, provanche, preuve; prove, preuve; *proba;* comp. esprover, espruver, esprouver I, 288. 406. II, 39. 87, éprouver, vérifier, connaître, reconnaître, affliger, avoir des épreuves; esprovance I, 126, épreuve; dans l'ancienne langue, un esprovur de triacle était un opé-

rateur, un marchand d'orviétan; esprove II, 148, épreuve; — reprover I, 262. II, 20, reprocher, blâmer; inf. empl. subst. reprover, reprovier, reproche, blâme, puis proverbe, parce que le proverbe est proprement un reproche. Cfr. resprit. Le prov. dit *reprovier* et *reprochier,* proverbe, ce qui pourrait faire penser que notre *reprover, reprovier* doit être rangé sous *proche, repropiare,* car les deux formes provençales peuvent s'expliquer par là, et elles en dérivent en effet; mais la langue d'oïl n'offrant pas *reprochier*=proverbe, à ma connaissance du moins, et la famille de reprocher ne montrant nulle part un *v,* je range *reprover, reprovier* ici, ce qui, du reste, revient au même en égard à la signification.

Provoire v. prestre.

Provos, provost v. prevost.

Provoz v. prevost.

Prozduem v. prod II.

Pru v. prod.

Prud, prude v. prod II.

Pruec, pruech II, 318 et glos. o.

Pruef v. prop et II, 361.

Prune, prune; *prunum;* prunier, prunier; propr. *prunarius;* prunelle, purnelle, prunelle, fruit du prunellier; et I, 90, prunelle des yeux, à cause de sa ressemblance à une prune sauvage; *prunella.*

Pruveire v. prestre.

Pruver v. prover.

Pruz v. prod II.

Pruzdum v. prod II.

Psalterie v. psalterion.

Psalterion, salterion, psalterie I, 401, psaltere, saltere, sautier, de *psalterium,* instrument qui, selon Isidore, diffère de la cithare, en ce que la cavité qui forme le corps sonore était à la partie supérieure, tandis que c'était tout le contraire dans la cithare. Il y avait des psaltérions carrés et des psaltérions triangulaires. Les premiers se composaient d'un cadre ou châssis, dans l'intérieur duquel étaient disposées un certain nombre de cordes tendues verticalement du sommet à la base; ces cordes se touchaient avec les doigts ou avec un plectre. Les psaltérions triangulaires étaient en forme de $\triangle$, comme une des espèces de cithare, cithara anglica, mais avec la différence que dans celle-ci le delta était renversé ∇. Cfr. salme.

Puc v. puiz.

Pucele, pucelete v. polle.

Puch v. puiz.

Puchelete v. polle.

Puchelle v. polle.

Puchiele v. polle.

Puciele v. polle.

Pueple v. pople.

Puer particule v. por.

Puer v. pooir.

Pues, puis, poiz, pois adv. II, 319; **pues que,** conj. II, 387.

Puet cel estre v. pooir.

Pui, poi *(puy)* II, 78, colline, montagne, lieu élevé, hauteur, sommet; puiot, appui, bâton, béquilles (cfr. esp. poyo, banc); de *podium;* vb. **puier, puijer, poier** I, 71, monter, élever; comp. **apui** I, 163, appui, soutien; **apuier, apoier** I, 66, appuyer, soutenir; *s'apuier à un conseil* I, 178; *n'apuier ne cor ne cuer à la luxure* II, 121.

Puier v. pui.

Puign v. poin.

Puignant de puindre, poindre.

Puijer v. pui.

Puin, puing v. poin.

Puinneres v. poin.

Puint v. poindre.

Puiot v. pui.

Puir I, 341. II, 389, puer, avoir mauvaise odeur; *putere;* prov. pudir, ital. putire; **poent** I, 335, puanteur, ordure; que je range ici, quoique l'*o* soit assez extraordinaire; **put, pute** I, 104. II, 216. 403, vil, bas, dégoûtant, repoussant, détestable; de *putidus;* les païens sont souvent appelés *pute gent;* **put,** s'est conservé dans plusieurs patois, pour dire laid, p. ex. dans celui de Metz; dans celui de Montbéliard on prononce *peut, peute.* De *put* dérive **punais,** punais, puant; prov. putnais; d'où *punaise,* cimex. Mén., qui indique cette dérivation, dit que Vergy, s'appuyant sur la signification que l'on donne aujourd'hui à *punais,* le décomposait en *puer* et *nez;* si cela est faux dans le fond, il ne serait pas impossible que l'on eût fait cette fausse décomposition, en attribuant à *punais* la signification qu'il a actuellement; toutefois il ne faut pas négliger d'observer que le son de *ai* est différent de celui de *e.* Ajoutons ici que le *putois* a aussi son nom de sa puanteur, et que, dans la fable, on l'appelait Putnais, Pusnais.

Puire v. pis.

Puis adv. et conj. v. pues.

Puis, puits v. puiz.

Puiser v. puiz.

Puision v. poison.

Puison v. poison.

Puisonner v. poison.

Puissance v. pooir.

Puiz, puis I, 193. 383. II, 23, puits; de *puteus;* de là puiser I, 68, puiser; comp. espuiser, espusier, espuchier II, 46. 385, épuiser, puiser. Au lieu de *puiz*, on trouve **puc, puch** II, 182. P. d. B. 9882, forme surtout en usage dans l'expression *puch d'infer;* ce *puc, puch* vient du lmâ. *puthcus* pour puteus; v. DC.

20 *

Pulce II, 212, puce; *pulex*; ital. pulce.
Nous avons rejeté le *l*.

Puldre, puldrer v. poldre.

Pulcele v. polle.

Pule v. pople.

Pullent, pulent I, 61, dégoûtant, puant,
infâme, abject, méprisable; de *pu-
rulentus*, avec assimilation de la
liquide *r*, pur'lentus, pullentus.

Pume v. pom.

Pumier v. pom.

Punais v. puir.

Puns v. pom.

Punt v. pont.

Pupleer v. pople.

Pur, pure I, 151. 355, pur, simple,
unique; *purus*; purteit, purte I, 75,
pureté, vérité; plus tard on remonta
au latin et écrivit *purité*; *puritas*.

Pur v. por.

Purcacer v. chacier.

Purchacier v. chacier.

Purchaz v. chacier.

Purge v. purger.

Purger, purgier, purger, purifier, nettoyer; justifier; *purum* (purum ago);
subst. purge, justification; comp.
espurgier I, 207, purger, purifier;
expurgare; d'où espurgement, action
de se purger d'une accusation.

Purir v. porir.

Purloignier v. long.

Purnelle v. prune.

Puroc II, 318 et glos. o.

Puroindre v. oindre.

Purpenser v. pois.

Purposer v. pause.

Purprendre v. prendre.

Purpris v. prendre.

Purreture v. porir.

Purriere v. poldre.

Pursoldre v. soldre.

Purteit v. pur.

Purtendre v. tendre.

Pusnais v. puir.

Put, pute v. puir.

Putage v. pute.

Putain v. pute.

Pute, vil v. puir.

Pute I, 60, fille ou femme débauchée.
DC. donne à ce mot la signification
de jeune fille, comme *putta*, en ital.,
qui signifie jeune fille et prostituée;
masculin *putto*, jeune garçon. *Pute*,
de *puta*, féminin de *putus*, jeune
garçon, dim. putillus (Plaute). Dér.
putain I, 60, putain, prostituée.
Mais pourquoi *putaine*, comme le
dit le peuple dans plusieurs provinces, et comme en ital. puttana,
anc. cat. putaña, prov. putana?
Putain aurait-il signifié, dans le
principe, homme livré à la débauche
des femmes (v. DC. puta 2), et
aurait-on donné ensuite ce nom à
la femme prostituée? **Putage**, puterie, débauche avec les femmes;
vie déréglée, prostitution. Cfr.
Ménage s. v. putain.

Puterie v. pute.

Puyxerez pour puiserez, de puiser.

Q.

Qarre v. quarre.

Qas, vain v. cas I.

Qas, brisé v. cas II.

Qant v. quant II.

Qe v. qui.

Qei v. qui.

Qeu v. cuire.

Qi v. qui.

Qinsaine v. cinc.

Qou, qui le I, 136.

Quai v. qui.

Quairtaige v. quart.

Quaitir v. catir.

Quanconques v. quant I.

Quand v. quant II.

Quanke v. quant I.

Quanque, quanques v. quant I.

I. (Quant) quanz, quantes I, 186, combien, en quel nombre; *quantus*;
dér. quantque, quanque, quanques,
quanke, kanke, kanques I, 186, tout
ce que, tout, autant que, tant que;
— quanconques I, 187 comp. de
quanque et de *oncques*, *quantus-
cumque*; — porquant conj. II, 385;
neporquant, nonporquant, namporquant conj. II, 385; — comp., de
in quantum, inquant, enquant, en-
can; vb. inquanter, enquanter, encanter, mettre à l'enchère; prov.
enquant, encant, inquantar, en-
quantar; ital. incanto, incantare;
anc. esp. encante, encantar; cfr.
Ménage s. v. et Rayn. L. R. V, 4.
On trouve quelquefois enchanter,
enchantement, au lieu de enquanter,
enquantement, c'est une simple variante orthographique du *c*, qui
s'écrivait pour *q*, *qu*.

II. Quant, qant, quand adv. II, 323,
quand; *quant* pour quóniam, quia
II, 323.

Quantes v. quant I.

Quantque v. quant I.

Quanz v. quant I.

Quar conj. v. car.

Quaramme v. quarante.

Quarante, quaraunte I, 109, quarante;
quadraginta; dér. quarantime I, 115,
quarantième; quarentaine I, 117,
quaràntaine, nombre de quarante;
— quarresme, quaramme I, 118. 217,
carême; ital. quaresima; de *qua-
dragesima*, à cause des 40 jours
de jeûne qui précèdent la fête de
Pâques. Cfr. Ménage s. v. caresme.

Quarantime v. quarante.

Quaraunte v. quarante.

Quareaus v. quarre.

Quarefor, quarefort, carrefour; composé de *quadrifurcum*, propr. qua-
druple fourche.

Quareiaus v. quarre.

Quarel v. quarre.

Quarentaine v. quarante.

Quareour v. quarre.

Quareus v. quarre.

Quariere v. quarre.

Quarre, qarre, coin, carré; de *quadrum*.
A la même racine appartiennent:
quarel, quarrel, quareaus, quariaus,
quareus II, 10. 31. 367, grosse pierre
carrée, pierre de taille; carreau;
carreau, trait d'arbalète; coussin,
matelas; quariere, quareour, carrière
(où l'on extrait des pierres); et nos
mots *carrer* (quadrare), composés
(exquadrare) *équerre, escadron, es-
cadre, escouade*, espagnol esquadra,
squadrone.

Quarrel v. quarre.

Quarresme v. quarante.

Quarriaus v. quarre.

Quart, quarte, quarz I, 114, quatrième,
quart; sorte de mesure; *quartus*;
dér. quartier I, 118, quart, quartier; terme de blason *(escu de
quartier* II, 237*)*; propr. *quarta-
rius*; quartal, quartaux I, 119, quartaut, sorte de mesure; quartage,
quairtaige I, 119, mesurage des
grains en général; mais plus souvent droit en vertu duquel les seigneurs féodaux prenaient sur leurs
emphytéotes la quatrième partie de
leurs blés, raisins ou autres fruits;
lmâ. quartagium; quartranche I, 119,
le quart du quartaut; comp. de
quart et de *tranche*; vb. comp.
dér. esquarteler, esquartieler, esquarterer R. d. l. V, 96, écarteler, briser,
faire voler en éclats.

Quartaige v. quart.

Quartal v. quart.

Quartaux v. quart.

Quarte v. quart.

Quartier v. quart.

Quartranche v. quart.

Quarz v. quart.

Quas, vain v. cas I.

Quas, brisé v. cas II.

Quas, chute v. chaor.

Quasser, casser v. cas I.

Quasser, briser v. cas II.

Quat v. chaor.

Quater v. quatre.

Quatir v. catir.

Quatorze v. quatre.

Quatorzime v. quatre.

Quatre, quater, katre I, 108. 109, quatre; *quatuor;* quatorze, katorse I, 109, quatorze; *quatuordecim;* quatorzime, quatorzième; *quatuor-decimus.*

Quau, quaus, quel, quelle, quels, quelles I, 165.

Quaz v. chaor.

Que v. qui.

Que que, pendant que II, 391.

Que — que conj. II, 390.

Queconkes, quecunques I, 190.

Quei, tranquille v. coit.

Quei, quoi v. que.

Queie, queiement v. coit.

Queil, queile I, 165 et glos. quel.

Queis v. quel et I, 165.

Quel, que le I, 135.

Quel, kel, queil, quil, quele, queile, quile, s. s. et p. r, quels, queils, quils, queus, queis, ques, quieus I, 165 et suiv. pron. relatif; I, 167 pron. interrogatif; comp. quel onques que, quel que onques, quelconque, quelcunque pron. I, 187; quel que, quelque . . . que I, 188.

Quelconque, quelcunque v. quel et I, 187.

Quellir v. cueillir.

Quenoille, quenouille; ital. conocchia; du lmâ. *conucula* pour *colucula,* de *colus,* comme l'ont dit Vossius et Ménage.

Quens v. cuens.

Quenu v. chanut.

Quer v. cuer.

Quer conj. v. car.

Querele II, 32, plainte, lamentation, grief, sujet de plainte, procès;

querela; vb. quereler, chagriner, plaindre, porter plainte; d'où que-releres, plaideur, chicaneur.

Querer v. querre.

Querir v. querre.

Querole v. carole.

Querre, quierre, quire, quirre, querer I, 372 et suiv., quérir, chercher, rechercher; faire une enquête, demander, requérir; subst. queste I, 321, quête, recherche, demande; — question I, 368, question, procès, différend; *quaestio;* — comp. aquerre I, 381, acquérir, préparer, entreprendre; part. aquis, conquis, vaincu, rendu, réduit à l'extrémité; aquest I, 386, acquit, acquisition, acquêt; *acquisitum;* conquerre I, 380, d'où conquerement, conquête; — conquest m. I, 329, conquête, acquisition; profit, avantage; *conquisitum;* fém. conqueste I, 52, ib.; de là conquester, conquister I, 380, conquérir, acquérir, gagner; — enquerre, enquérir, solliciter, demander; *inquirere;* d'où enquerement, recherche; esquerre I, 381; *exquirere;* porquerre, perquerre I, 381. G. l. L. II, 3; requerre, requérir, réclamer, attaquer; *requirere; requerre qqch. vers qqn.* II, 54; d'où requerement I, 252. II, 157, requête, action de requérir; requeste I, 155. II, 163, requête, demande; sorquerre I, 381.

Ques, quel, quels v. quel et I, 165.

Ques, qui les I, 135.

Quesine v. cuire.

Quesne v. chesne.

Queste v. querre.

Question v. querre.

Queu v. cuire.

Queue v. coe.

Queue ou mieux queux, pierre à aiguiser; de *cos, cotis* (Ménage); prov. cot.

Queus, queue v. quel et I, 165.

Queute v. cotre.

Quentepointe v. cotre.

Qui adv. de lieu v. anqui et II, 271.

Qui, ki, ke, que, qi, qe I, 159 et suiv., chi pour qui, dans le picard-flamand, et sur les frontières ouest de la langue d'oc, qui, que; prov. qui, que, ital. chi, che; cui, cuy I, 159, que, qui (avec une prép.); coi, quoi, kai II, 277. 363, koi, kei, quei, qei, quai I, 159. 163, quoi. Pour les différents emplois de ces mots v. la Gram. l. c. Qui dér. de quis; que, comme je l'ai dit II, 389, dér. probablement de quid, et, je crois devoir ajouter ici que la conj. que = quam, est identique avec que de quid; une double origine est d'autant plus invraisemblable, que le que, dans ses diverses acceptions, est soumis aux mêmes règles et a les mêmes fonctions. Quant à cui, je ne vois aucune raison pour le dér. avec M. Diez de cujus; c'est la forme latine cui transportée simplement dans le franç., le prov. et l'ital. Reste à expliquer quoi. En comparant moi, mei, mai de me, comme me, on pourrait penser que quoi est une extension de forme de que, et, de cette manière, l'on se rendrait fort bien compte des formes picarde, normande et tourangelle; mais le kai bourguignon des S. d. S. B. reste inexplicable. En effet, admettant que l'e de ke a été traité comme e long, on aurait eu koe. Supposer que l'e de ke a été diphthongué avec i, comme moyen de distinction, puis que l'e a été permuté en a pour donner plus de valeur intrinsèque à la forme; cela serait trop artificiel. L'esp. et le port. ont admis l'accusatif quem dans leur quien, quem; pourquoi le franç. n'aurait-il pas eu recours à un autre cas du relatif latin pour se créer une forme distinctive? Et

ici se présente le latin qua (peut-être, dans le principe, sc. ratione), qui répond parfaitement à toutes les exigences. De qua découle naturellement le kai bourguignon, en Picardie ki, ke ou koi, ou mieux ki, ke, d'où koi (cfr. I, 123), en Normandie d'abord ke et par l'influence des dialectes mixtes quei. Kai bourguignon fut remplacé de bonne heure par le coi picard. Cfr. le valaque ca = ut. — Qui — qui I, 164. — Qui, si l'on I, 164. — Qui retranché I, 165. — Qui, ce qui I, 164. — Que, quoi, ce que, à ce que I, 164. — Que conj. II, 389. 390. — Qui, que, quoi pron. interrogatifs I, 167. — Qui qui; qui que; que que; quoi que; qui qui oncques; qui oncques qui, quiconques, queconques, aconsques I, 188 - 89. — Que que conj. II, 391. — Coi que conj. II, 391. — De coi conj. II, 379.

Quic 1. p. s. prés. ind. de quider.

Quiconques, quicunques I, 189.

Quider v. cuider.

Quierre v. querre.

Quies, qui les 1, 136.

Quiete v. coit.

Quieus v. quel et I, 165.

Quieute v. cotre.

Quiex de quiels I, 165.

Quil, qui le I, 136.

Quil, quile I, 165 et glos. quel.

Qui'n II, 254, qui en.

Quinsaine v. cinc.

Quinse v. cinc.

Quinsime v. cinc.

Quint, quinte v. cinc.

Quintaine, quitaine I, 228, sorte de mannequin figurant un homme armé, le bouclier d'une main, l'épée de l'autre; jeu militaire consistant à frapper ce mannequin; prov., ital. quintana. L'origine de ce mot est encore inconnue; ce qu'en ont dit

Ménage, Du Cange, Ferrari, etc., n'est pas admissible.

Quinz, quinzaine, quinze v. cinc.

Quir v. cuir.

Quire, cuire v. cuire.

Quire, quérir v. querre.

Quiree v. cuir.

Quis, qui les I, 136.

Quiser v. coit.

Quistron v. cuire.

Quitaine v. quintaine.

Quitance v. coit.

Quite, quitee v. coit.

Quitement v. coit.

Quiter, quitier v. coit.

Quivee v. cuivre.

Quivrer, éveiller; de l'anglais *quiver*, alerte, actif; *quiver*, trembler.

Quoi, tranquille v. coit.

Quoi, quoi v. qui.

Quoiement v. coit.

Quons v. cuens.

Quor v. cuer.

Quos, que vous I, 136.

R.

Raançon, raianson, raenchon I, 253. 373, rançon; de *redemptio*.

Rabait 3. p. s. prés. ind. de rabatre.

Rabine v. ravir.

Rabinos v. ravir.

Rabinosement v. ravir.

Rabis, rabit v. rage.

Racater, rassembler v. acater.

Racater, racheter v. acater.

Rachatement v. acater.

Rachateor v. acater.

Rachater, racheter v. acater.

Rachater, rassembler v. acater.

Rachateres v. acater.

Racheminer v. chamin.

Racher, cracher avec bruit et avec effort; de l'ancien norois *hraekia*, cracher; *hrâki*, salive. Notre verbe *cracher* est-il le même mot avec c préposé pour renforcer la syllabe initiale?

Rachine v. raïs.

Racine v. raïs.

Raclore v. clore.

Raconter v. conter.

Racorder v. acorder.

Racunter v. conter.

Raemplir v. ademplir.

Raenchon v. raançon.

Rade II, 323 note, 271, impétueux, fougueux, ardent, vif, alerte; *rabidus*; avec une autre vocalisation que dans *rabit*; cfr. rage; de là adv. radement I, 338, impétueusement, avec violence, avec raideur; et radei, courant, fougue, impétuosité, rapidité.

Radei v. rade.

Radement v. rade.

Raer v. rait.

Raferir v. ferir.

Rage, raige I, 133. II, 37, rage; *rabies*; rager, ragier, être de mauvaise humeur, se fâcher, être furieux, faire rage; propr. *rabiare* de *rabies* et non de *rabere*; rabit, rabi II, 109, furieux, enragé; *rabidus*; comp. arager, enragier I, 174. II, 403, enrager, être furieux; esrager, esragier II, 265, enrager, être furieux; du part. pas. esragiement II, 393, comme un enragé, comme un fou furieux. Cfr. rade.

Rager, ragier, faire rage v. rage.

Ragier v. raïs.

Rai, rayon v. rait.

Rai, ordre v. roi II.

Rai, roi v. roi I.

Raianson v. raançon.

Raie v. rait.

Raier v. rait.

Raige v. rage.

Raignauble v. raison.

Raihnable v. raison.

Raiier v. rait.

Raim (*rains*) I, 78, rameau; de *ramus*; de là ramee II, 187, ramée, assemblage de rameaux; rameit, ramé I, 58. II, 133, qui a beaucoup de branches; ramu I, 162, touffu; desramer, mettre en pièces, déchirer; de *dis* et *ramus*. C'est également de ramus, que vient *ramon*, d'où *ramoner*, comme l'a fort bien dit Ménage. Le patois de Montbéliard a *ramasse*, *raimaisse*, ital. ramazza, balai, c.-à-d. faisceau de petits rameaux, qui se rapporte à la même racine. Cfr. Ben. v. 28744 rameissiaus, petit rameaux, petites branches.

Rain, bord, lisière; de l'ahal. *rain*, bord;) allmod. *rain*, *rein*, lisière d'un champ, etc.

Rain, rein v. rein.

Raïne v. roi I.

Raine, rainer v. regne.

Rains v. raim.

Raire, rere II, 224, retrancher, ôter, couper, raser, racler, effacer, tourmenter; *radere*; part. pas. res I, 296; prép. **res**, ras II, 363, rez, à fleur de terre; res à res, joignant, tout près, entièrement, tout à fait; fréquentatif de *radere*, *rasare*, d'où **raser** II, 394, raser; comp. arraser, raser, combler, niveler; **rasor**, **rasoir** II, 224, rasoir; *rasorium*; rasure, action de raser, rature; *rasura*. — Le subst. **rasche**, **raische**, gale, teigne, mot qui s'est conservé dans plusieurs patois, a pour vb. correspondant esp., prov. rascar, pour *rasicare*, de rasus, radere. **Rascler**, râcler, propr. *rasiculare*, *radiculare*, également de *radere*, ainsi que le dit Ménage. Je ferai encore observer avec ce dernier que le *ras*, espèce d'étoffe, dér. de *rasus*, rasé. Le patois de Montbéliard a *reusure* pour gratin, ou bouillie

attachée autour et au fond de la marmite; à Metz on dit *resin*; ces deux mots représentent l'un propr. *rasinus*, l'autre *rasure*, parce que, pour avoir le gratin, il faut le raser, racler.

Rais v. rait.

Raïs, raïz II, racine, de *radix*; dér. racine, rachine I, 391. II, 54. 363, racine, propr. *radicina*; vb. enraciner I, 56, enraciner; — esrager, esragier, esracer, esrachier, arracher, emporter avec effort; *exradicare*; arragier, arager, aracer, arachier, arracher, déraciner; formé sur le modèle de *exradicare* avec changement de préfixe, *abradicare*, selon Ménage; mais peut-être tout simplement de *eradicare*. Cfr. DC. s. v. racha, *ragier*, p. ex. celui qui arrache les souches des arbres abattus.

Raisdon v. randir.

Raise, reise, rese, expédition militaire, incursion sur une terre ennemie; de l'ahal. *reisa*, ib.

Raise v. rase.

Raisnable, raisnablement v. raison.

Raisner v. raison.

Raison, reson II, 49. 134, raison, sens, avis, opportunité, raisonnement, propos, parole, compte; de *ratio*; adj. raisonable, raisnable, raihnable, raignauble I, 266. II, 388, raisonnable, équitable, juste; *rationabilis*; adv. raisnablement, raisonnablement, d'une manière équitable; vb. raisner, raisonner, expliquer, parler, plaider, défendre en justice; comp. araisoner, araisnier, areisoner, aresoner, areisnier, aranier, aragnier I, 71. 281. II, 167. 305; parler à qqn., interpeller; raisonner, discourir, demander, faire rendre compte, citer en justice; s'araisoner, s'exprimer; desraison, desreson I, 314. 368, tort, injustice, insulte, mauvaise action, malice, folie; derainer, deraisnier,

deresnier, desresnier I, 207. II, 130.
348, établir une accusation contre
qqn. par des raisons et des preuves,
justifier du droit que l'on a sur
une chose contestée, prouver un fait;
subst. deraine, deresne I, 401, action,
discussion, plaidoyer, défense, preuve
d'innocence; du vb. deraisnement,
desrainement, défense, preuve de
vérité, d'innocence, combat judiciaire. Notre *ration*=portion, prov.
ratio, raxio, est le même mot que
raison.

Raisonable v. raison.

Rait, rai, s. s. et p. r. rais, raiz I, 50.
357. 186, rayon, trait de lumière;
rayon, bâton d'une roue; jet, fil,
filet; courant des ruisseaux et des
rivières; de *radius*, ainsi que notre
rayon; et le féminin raie, roie I,
48, rayon, éclat, raie. Il ne faut
pas confondre ce *roie* avec *roie*,
sillon, prov. rega; celui-ci vient de
rigare. **Raier, raiier, raer, reer,**
roiier II, 252. 355, rayonner, projeter des rayons, briller; couler;
de *radiare;* roié, rayé, qui a des
bandes de différentes couleurs;
radiatus.

Raiz v. rait.

Raïz v. raïs.

Rajoenir v. juefne.

Rajovenir v. juefne.

Rajuenir v. juefne.

Raler v. aler.

Ralier v. lier.

Ralonger v. long.

Ramé, ramee v. raim.

Rameissiaus v. raim.

Rameit v. raim.

Ramembrance v. membrer.

Ramembrer v. membrer.

Ramener v. mener.

Ramenteivre v. menter.

Ramentevoir v. menter.

Ramentoivre v. menter.

Ramoinet de ramener.

Rampodne, rampodner v. ramposner.

Rampone, ramponer v. ramposner.

Ramposne v. ramposner.

Ramposner, ramponer, rampodner (dans
les textes normands, où *d* est pour
n, p. ex. adne pour asné), et, avec
r, ramprosner, remprosner, tirailler,
blâmer, faire des reproches, railler,
se moquer de quelqu'un; subst.
ramposne, rampone, rampodne II, 385,
raillerie, mot piquant, moquerie,
dérision. Les Italiens disent *ram-
pognare*, que Muratori dérive de
rampone, croc, de *rampo*, croc.
Ces mots doivent dériver de l'allemand: bas-saxon *rapen, rappen*,
suéd. *rappa*, bavarois *rampfen*, haut-
allem. *raffen*, ahal. *reffan*, arracher,
enlever, saisir; et notre *ramposner*,
dont la signification primitive est
tirailler (v. le 2me exemple dans
Roq. s. v.), a la même origine. Il
est donc de la famille de *rafler*,
et, si l'on considère que *ramper* a
d'abord signifié grimper, on sera
tenté de le rapporter également à
rappen; car la dérivation de *repere*
est impossible.

Ramprosner v. ramposner.

Ramu v. raim.

Rancor, rancuer, rancur II, 241, haine
cachée et invétérée qu'on garde
dans le coeur; de *rancor*, ranci-
dité, rancune; de là rancuros, rancorus, rancurus II, 200, qui sent la
haine et la colère, en colère; rancure, rancore, haine, mauvais vouloir, rancune; rancune I, 300, rancune; et d'ici rancuner I, 217, rancuner, garder de la rancune.

Rancore v. rancor.

Rancorus v. rancor.

Rancuer v. rancor.

Rancune, rancuner v. rancor.

Rancure v. rancor.

Rancuros, rancurus v. rancor.

Randir II, 324, s'approcher, s'avancer

avec impétuosité, presser vivement;
racine v. II, 323; randon II, 323,
raisdon R. d. l. V. 142, force, violence, impétuosité; de et à randon
II, 324, avec force et violence, impétueusement, rapidement, soudainement; de et à grand randon II, 324;
de tel randon II, 324; de merveillous randon II, 30; randoner II,
323, courir, s'empresser, aller avec
impétuosité, prendre un violent élan
sur qqch., pousser vivement; randonee II, 30. 324, impétuosité; tot
d'une randonée, d'une volée, sans
cesser.

Randon, randonee v. randir.

Randoner v. randir.

Rangier v. renc.

Rapaisanter v. pais.

Rapareiller, raparilher v. pareil.

Rapeler v. apeler.

Raport, raporter v. porter.

Rapresser v. presse.

Rasche, raische v. raire.

Rascler v. raire.

Rase, raise, fossé, canal; de l'ancien
norois rás, ib.

Raseger v. seoir.

Raser v. raire.

Rasoager v. soef.

Rasoir, rasor v. raire.

Rasper, râper; de l'ahal. raspón, ramasser, ratisser; subst. raspe, râpe
(instrument et partie de la tige des
épis, des grappes).

Rassener v. assener.

Rasseoir v. seoir.

Rastel, râteau; de rastellus, dim. de
rastrum, ital. rastro. Cfr. Mén.
s. v. rateau.

Rastraindre v. straindre.

Rastrendement v. straindre.

Rasuagement v. soef.

Rasure v. raire.

Rate, rate; selon Frisch du néerlandais rate, rayon de miel, à cause
de la construction cellulaire de ce

viscère; autrefois on disait aussi
ratele, ratelle, d'où dire sa ratelée
de qqch., dire ce qu'on en pense,
décharger sa ratele; comp. deraté.
A la même racine se rapporte le
mot vieilli raton, pièce de pâtis-
serie faite avec du fromage mou
en forme de tarte.

Ratorner v. tor I.

Raveir, raver v. avoir.

Ravestir v. vestir.

Ravine v. ravir.

Ravir I, 167. 9. II, 59, ravir, prendre,
saisir, enlever; rapere; ravine, ardeur, rapidité, impétuosité. Nos
mots ravin, ravage se rangent encore ici. Outre cette forme en v
médial, on en trouve une en b,
p. ex. dans Ben. 390. 5271 rabine,
course, impétuosité, rapidité; adj.
rabinos, rapide, ardent, impétueux;
adv. rabinosement. Doit-on admettre
ici changement simple du p en b
(cfr. rebondre) ou bien influence
du latin rabidus? Je penche pour
la première supposition. Cfr. prov.
rabina, rabinaire, etc., que Rayn.
L. R. V, 43 range aussi sous ra-
par, ravir.

Raviser v. veolr.

Raviver v. vivre.

Ravoir v. avoir.

Re, ree, bûcher; on trouve souvent
les expressions ardoir dedans ou
en re Trist. I, 44, P. d. B. 357;
esprendre un re Fl. et Bl. 2924,
allumer un bûcher. Ardoir dedans
ou en re semblerait prouver que
le re était une construction vide à
l'intérieur, et peut-être pourrait-on
rapporter ce mot à ret (v. plus bas),
en supposant que, dans le principe,
le re était fait de claies. Cette
supposition se trouve confirmée par
l'exemple suivant, où ret désigne
un four à chaux, non pas sans
doute construit à la manière de nos

grandes tuileries, mais tel qu'on en voit encore dans les campagnes, c.-à-d. une espèce de grand tonneau fait de claies, garni de terre intérieurement: Pren donc ovriers e fai ovrer, | E les fundemenz delivrer, | E la perre taillier e traire, | E les granz rez à la chauz faire (Ben. v. 26064-7). Quant à l'anglosaxon *hreac*, bûcher, qu'on a proposé pour racine de *re*, sa forme s'oppose à la dérivation.

Real, realme v. roi.

Reaume v. roi.

Reaute v. roi.

Rebec, dans E. Deschamps et le R. de la Rose rebebe, dans G. de Machaut (Li tems pastour) rubebe, dans Jean Molinet rebelle; espèce de vielle, selon les uns, rendant un son plus grave que la vielle; selon les autres, ayant des sons aigus qui imitaient la voix de femme; ce qui a fait supposer que la *rubebe* et le *rebec* n'étaient pas, dans le principe, des instruments tout à fait identiques, mais deux variétés de l'espèce. Il est certain que le *rebec* était plus petit que la vielle; au XIIIe siècle il avait une forme trapézoïde, plus tard elle est oblongue et rectangulaire. Le nombre des cordes du *rebec* a varié de deux à quatre. Cet instrument paraît avoir joué son rôle dans les fêtes bourgeoises, populaires et champêtres; mais Roquefort a eu tort d'en faire un violon bâtard ou champêtre, puisqu'on l'employait ailleurs que dans les campagnes. Son erreur vient de ce que le *rebec* fut, à une époque récente, exclusivement attribué aux apprentis ménétriers, aux musiciens de foire, de village, de guinguette, à qui des ordonnances de police, rendues au XVIIe siècle, avaient interdit l'usage des basses, etc. dont les maîtres de corporation avaient seuls le droit de se servir. *Rebebe* dérive, dit-on, de l'arabe *rabâb*, espèce d'ustensile de terre de la même forme que l'instrument; et *rebec* serait une corruption de *rebebe*. L'expression *visage de rebec* fait allusion aux têtes sculptées à l'extrémité du manche du rebec, quoique ces figures ne fussent pas toujours ridicules et grotesques. *Etre bon joueur de rebec*, être un homme habile, entendu.

Reblandir v. blandir.

Reboct v. rebondre.

Rebois, reboihs adj., lourd, empêché, obtus, émoussé: A la fois quant li corages ki haltes choses entent, soi ellievet en orguilh, si devient pesanz et *reboihs*, es basses et es vis choses, M. s. J. 503; **reboissement** I, 128, lourdeur, empêchement, état de ce qui est émoussé, obtus, stupidité, énervement. La racine du simple de ces mots se trouve encore dans la grande famille allemande à laquelle se rapporte *bolter*, *buisser*; cfr. l'ancien norois *busalegr*, lourd, pesant, obtus, grossier; *busi*, couteau émoussé; branche secondaire des formes en *t*: basallemand *butt*, dan. *but*, lourd, pesant, obtus; hollandais *bot*, ib. et sot.

Reboissement v. rebois.

Rebondre, rebonre, repondre, reponre, repunre I, 75. 231. II, 351, cacher, mettre qqc. en lieu secret, enterrer; de *reponere*, le *d* est intercalaire; part. rebost, reboz, repost I, 266, repuns, repus I, 101. II, 14. 302, caché; *à reboct, à rebost, à et en repost*, en cachette, en secret; dér. rebostail, repostail, repostaille I, 381. II, 344, retraite, cachette. Cfr. despondre.

Rebonre v. rebondre.

Rebost, rebostail v. rebondre.

'**Rebouter** v. boter.

Reboz v. rebondre.

Recaigner v. recaner.

Reçaindre v. ceindre.

Recaner, recaigner, crier comme l'âne, braire, crier, clabauder, grincer des dents; notre *ricaner*, avec une signification restreinte; cfr. Nicot. Vergy dér. *ricaner* de *ridere* et *cachinnare; cachinnare* aurait suffi, *re-cachinnare;* mais il est possible que le changement de *re* en *ri* se soit fait sous l'influence du verbe *rire*.

Recelee v. celer.

Receler v. celer.

Recengler v. ceindre.

Recepteir v. recevoir.

Reception v. recevoir.

Recercele v. cercle.

Recercer v. cercher.

Recercher v. cercher.

Recet, receter v. recevoir.

Receveir, recever v. recevoir.

Recevement v. recevoir.

Recevoir, recever, receveir, rechevoir, rechoivre, recivoir, rezoivre II, 12 et suiv., recevoir, accepter, admettre qqn. chez soi, en sa société, souffrir, endurer; concevoir, devenir enceinte; *recipere;* de là **recevement**, réception; — **reception**, communion, action de recevoir la sainte Eucharistie; de *receptio;* **recepteir, receter** II, 65, recevoir qqn. chez soi pour le cacher, donner refuge, cacher, recéler; *receptare;* subst. **recet** II, 289, lieu de défense et de retraite, château, place forte, tour, refuge, asile.

Rechaloir v. chaloir.

Rechanter v. chanter.

Rechargier v. char.

Rechater v. acater.

Reche v. resche.

Rechef v. chef.

Recheoir v. chaor.

Rechevoir v. recevoir.

Rechief v. chef.

Rechigner v. resche.

Rechin, rechiner v. resche.

Rechoivre v. recevoir.

Recivoir v. recevoir.

Reclaim, reclaimer v. clamer.

Reclam, reclamer v. clamer.

Reclarzir v. clair.

Recleimer v. clamer.

Reclore v. clore.

Reclus v. clore.

Recoi v. coit.

Recomencer v. comencer.

Reconforter v. fort.

Reconoissement v. conostre.

Reconoistre v. conostre.

Reconst II, 297, lis. *resconst*, subj., de resconser.

Reconteor v. conter.

Reconter, reconteres v. conter.

Recordance v. recorder.

Recorder I, 82. II, 239, rappeler, se souvenir, répéter, conter, enregistrer; *recordari;* subst. **recort** I, 571, mémoire, renommée; jugement sans appel; de là **recordance**, commémoration. Cfr. DC. recordum, recordari.

Recorre v. corre.

Recors v. corre.

Recort v. recorder.

Recoumancier v. comencer.

Recouvrement v. recovrer.

Recouvrer v. recovrer.

Recovré, recovrement v. recovrer.

Recovrer, recuvrer, recouvrer I, 232. II, 55, recouvrer, trouver; revenir à soi, se relever, revenir à la charge, reprendre sa position; subst. **recovrier, recovrer, recovré** I, 191. 209, ressource, secours, action de reprendre; de *recuperare;* de là **récovrement, recouvrement** I, 52, ressource, recouvrement. L'ancienne langue avait aussi le simple **cobrer** ou plutôt un dérivé de *recuperare*, dont on avait retranché la préfixe, peut-être pour éviter l'idée de réitération; *cobrer* signifiait prendre, saisir, s'emparer, récupérer P. d. B. 8672. 7612, et Rayn. L. R. s. v. cobrar II, 422.

Recovrier v. recovrer.

Recovrir v. covrir.

Recreandise v. croire.

Recreant part. prés. de recroire.

Recreantie v. croire.

Recreantise v. croire.

Recroire v. croire.

Recueil, recueillir v. cueillir.

Recunter v. conter.

Recuvrer v. recovrer.

Redemander v. mander.

Rederchier v. drescer.

Redevoir v. devoir.

Redire *v.* dire.

Redisme, redismer v. dix.

Redois I, 149, fatigué, outré. Ce mot a été changé dans sa forme pour la rime; peut-être de *redditus.* Cfr. notre *rendu.*

Redoner v. doner.

Redoter, radoter; du néerlandais *doten*, *dutten*, radoter.

Redoter, redouter v. doter.

Redouter v. doter.

Redrecier v. drescer.

Redrescier v. drescer.

Reduire v. duire.

Ree v. re.

Reer v. rait.

Refaire v. faire.

Refermer v. ferm.

Refrain v. fraindre.

Refraindre v. fraindre.

Refremer v. ferm.

Refrener v. frein.

Refroidier v. froit.

Refui, refuir v. fuir.

Refuser, et avec *n* intercalaire renfuser I, 49. 101. 122. 177. II, 341, repousser, réprimer, refuser, dédaigner; de *recusare*, avec mélange

de *refutare*; cfr. plus bas reüser; renfuseit I, 66. II, 155, refusé, par opposition à l'élu; *recusatus.*

Regaagnier v. gaagnier.

Regarder v. garder.

Regardeure v. garder.

Regart v. garder.

Regehir v. gehir.

Regehissement v. gehir.

Regenerer v. genre.

Regesir v. gesir.

Region, royaume v. regne.

Regne, reigne, raine I, 52. 114. 179. II, 39. 140, règne, royaume, pays, contrée; *regnum;* regner, resgner, resnier, rener, rainer I, 50. 315. II, 234. 279, régner, dominer; *regnare;* regneres, regneor, celui qui règne; *regnator;* regned, regnet, regne I, 113, royaume, pays; propr. *regnatum,* prov. regnat, esp. reinado; region, roion I, 399. II, 370. 373, royaume, pays, état, région, contrée; *regio.*

Regne, rêne v. retenir s. v. tenir.

Regné, regned v. regne.

Regneor v. regne.

Regner, regneres v. regne.

Regnet v. regne

Regret v. regreter.

Regreter II, 181, invoquer, réclamer, plaindre amèrement, regretter; regret I, 371, chagrin, plainte, regret; de *queritari, requiritari.* Cfr. DC. regreta.

Reguarder v. garder.

Reguart v. garder.

Reguerredoner v. guerredon.

Rehaiter, rehaitier v. hait.

Reheiter v. hait.

Rehorder v. horde.

Rehourder v. horde.

Rei, ordre v. roi II.

Rei, roi v. roi I.

Reial, reialte v. roi I.

Reiaume v. roi I.

Reiaus v. roi I.

Reiaute v. roi I.

Reigne v. regne.

Rein, rain I, 388, rein; *ren, renis*; de
la même racine *rognon*, propr. *reno.*

Reïne v. roi I.

Reinser, rincer; de l'ancien norois
hreinsa, suéd. *rensa*, anglais *rinse*,
mundare, expiare, etc.; goth. *hrains*,
καθαρός, hrainjan, καθαρίζειν.

Reise v. raise.

Reissir v. issir.

Reit v. ret.

Rejehir v. gehir.

Relais, relaisser v. laier.

Relenquir v. relinquir.

Relever v. lever.

Relief v. lever.

Religion I, 240, religion; maison religieuse; *religio.*

Relinquir, relenquir I, 353. II, 362,
délaisser, quitter, abandonner; *relinquere*; relique I, 148, relique,
reste; *reliquiae.*

Relique v. relinquir.

Reluir, reluisir v. luire.

Remainant v. manoir.

Remaindre v. manoir.

Remaint de ramener, v. mener.

Remanance, remanence v. manoir.

Remanant v. manoir.

Remander v. mander.

Remanoir v. manoir.

Remembrament v. membrer.

Remembrance v. membrer.

Remembrement v. membrer.

Remembrer, remenbrer v. membrer.

Remennant v. manoir.

Remirable v. mirer.

Remire, remirer v. mirer.

Remission v. metre.

Remoliner v. moldre.

Remonder v. monde I.

Remonter v. mont.

Remordre v. mordre.

Remors v. mordre.

Remort v. mordre.

Removoir v. movoir.

Rempar, remparer v. parer.

Remprosner v. ramposner.

Remuer v. muer.

Remuiers v. muer.

Ren v. rien.

Renard, renard; renardie, finesse,
astuce, fausseté; de l'ahal. *Regin-
hart, Reinhart*, nom du renard dans
la fable, qui devint appellatif et
remplaça de bonne heure le mot
roman *goupil*, v. s. e v.

Renardie v. renard.

Renarmer v. arme.

Renc, s. s. et p. r. renz, rens II, 179,
rang, file; de l'ahal. *hring*, cercle,
cercle de personnes dans un but
déterminé, signification qui paraît
clairement dans l'expression *faire
renc autour soi*, faire ranger autour de soi; mais plus tard l'idée
de cercle devint secondaire; rangier, renger I, 402. II, 162, ranger,
aligner, mettre en ordre de bataille;
ahal. *hringôn.* Le mot *rang* a re-
passé dans l'allem.; le snédois; il
a pénétré en Angleterre rank, il
se retrouve dans le kymri rhengc,
le breton reñk, l'écossais ranc.
Comp. arengier, mettre en rang,
ranger, aligner; desrengier I, 288,
déranger, troubler, sortir du rang,
s'ébranler, se mettre en mouvement,
avancer, renverser, licencier. Notre
mot *harangue*, autrefois aussi harengue, dérive de la même racine,
prov. arengua, vb. arenguar, ranger
et haranguer; *hring* signifiant cercle,
assemblée, théâtre d'une action,
champ de bataille, etc., on en a
étendu la signification à ce qu'on
dit devant une assemblée. Cfr. DC.
arenga: Arenga est apta et concors
verborum sententia, quae ponitur
post salutationem in privilegiis ar-
duorum negotiorum (Breviloquus);
arengerie, lmâ. arengaria, lieu d'assemblée tumultueuse.

Rencheoir v. chaor.

Renclus v. clore

Rendre, rendre, produire, rapporter, exécuter, suppléer, accomplir, déclarer, prononcer; le part. rendu, rendue, s'empl. subst. au sens de convers, converse (frère, moine, none); *reddere*, lmâ *rendere;* rente I, 57, rente, revenu; propr. *rendita* pour *reddita;* dér. rendement, arrentement.

Reneiement v. non.

Reneier v. non.

Reneit v. non.

Rener v. regne.

Renforcier v. fort.

Renfuseit v. refuser.

Renfuser v. refuser.

Renge forme subjonctive de rendre, I, 243.

Renge, ceinture dans l'anneau de laquelle était passée l'épée; de l'abal. *hringa*, boucle, crochet, ainsi que l'a dit M. Pâris (G. l. L. II, 94).

Renhanter v. hante.

Renoiement v. non.

Renoier v. non.

Renois, renoit v. non.

Renom, renommee v. nom.

Renomer v. nom.

Renoncer v. noncer.

Renoveler v. nuef.

Rens v. renc.

Rente v. rendre.

Rentrement v. entrer.

Renumee, renumer v. nom.

Renuveler v. nuef.

Renz v. renc.

Reönd, reönde v. roönd.

Reorte v. riorte.

Repaire, repairer v. repairier

Repairier, repairer, repeirier, reperier I, 65. 124. 148. II, 204, retourner, revenir, se retirer, rentrer, demeurer; comme le soupçonne le Duchat, de *repatriare;* prov. repairar, ital. ripatriare; *rapairer ariere* II, 156;

subst. repairier, repaire, repere I, 257. II, 103. 353, retour, retraite, asyle, séjour, demeure; aujourd'hui dans un sens très-restreint; *se mettre au repaire.*

Repaistre v. paistre.

Reparoir v. paroir.

Repaus, repausee v. pause.

Repeirier v. repairier.

Repenser v. pois.

Repentaille, repentailles v. poene.

Repentance v. poene.

Repentement v. poene.

Repentir v. poene.

Reperdre v. perdre.

Repere, reperier v. repairier.

Replaire v. plaisir.

Replaisir v. plaisir.

Replenir v. plein.

Replovoir v. plovoir.

Repondre v. rebondre.

Reponre v. rebondre.

Repooir v. pooir.

Reporvoir v. veoir.

Repos, reposee v. pause.

Reposer v. pause.

Repost v. rebondre.

Repostail, repostaille v. rebondre.

Reprendre v. prendre.

Reprinse v. prendre.

Reprise v. prendre.

Reproche, reprocher v. proche.

Reprochier v. proche.

Reprouche, reproucher v. proche.

Reprovier, proverbe v. prover.

Reprover, reprovier, reprocher v. prover.

Repunre v. rebondre.

Repuns v. rebondre.

Repus v. rebondre.

Requerement, requerrement v. querre.

Requerre v. querre.

Requeste v. querre.

Rere v. raire.

Res v. raire et II, 363.

Resaillir v. saillir.

Resavoir v. savoir.

Resbaldir v. bald.

Resceure v. escorre.

Resche, reche, rude, âpre, dur; mot qui existe encore dans plusieurs patois, p. ex. à Montbéliard *rieche*, à Metz *rache*; d'où *reschin*, *rechin*, ib., rébarbatif; vb. *reschigner*, *rechigner*, *rechiner* II, 154. 362, rendre un son rude et désagréable, grogner, grincer, gronder; de l'allemand *resche*, dur, rugueux, rude, cassant.

Reschigner v. resche.

Reschin v. resche.

Rescolre v. escorre.

Resconser, **rescunser** v. esconser.

Rescorre v. escorre.

Rescosse, **rescousse** v. escorre.

Rescoure v. escorre.

Rescrever v. crever.

Rescure v. escorre.

Rescusse v. escorre.

Rese v. raise.

Reseant, **reseantise** v. seoir.

Reserver II, 217, réserver, garder, conserver; *reservare*.

Resgarder v. garder.

Resgne v. retenir s. v. tenir.

Resgner v. regne.

Resgoïr v. joïr.

Resjoïr v. joïr.

Resleecier v. liet.

Resne v. retenir s. v. tenir.

Resnier v. regne.

Resoigner, **resoignier** v. soin.

Reson v. raison.

Resongner v. soin.

Resorce v. sordre.

Resordre v. sordre.

Resort, **resortir** v. sortir.

Respandre v. espandre.

Respas, **respasser** v. pas.

Respasseir, **respasser** v. pas.

Resperir v. esperir.

Respit, proverbe v. resprit.

Respit, terme v. respiter.

Respiter, respitier I, 62. 288. II, 381, différer, donner du répit, du dé-

lai; sauver; respit, terme, délai; *sans respit* II, 117; de *respectare*, *respectus*, considération, d'où indulgence, rémission; v. DC. s. v. et Ménage respi.

Respitier v. respiter.

Resplendir v. splendor.

Resplendissance v. splendor.

Resploitier v. plier.

Respondre v. espondre.

Responent, **responez** de responre pour respondre.

Responre v. espondre.

Respons v. espondre.

Resprit I, 178, proverbe, sentence. Le *s* de ce mot est-il intercalaire? Si oui, on devrait le rattacher à *reprendre*; cfr. reprovier, en prov. aussi reprochier. Mais, outre que la forme serait inexplicable de cette façon, on a *respit* Q. L. d. R. I, 95, Agol. p. 170, qui est sans aucun doute la forme primitive; c'est le *r* qui est intercalaire dans *resprit*. *Respit* vient de *respectum*, dans l'expression respectum habere; l'on a dit d'abord *avoir respit à qqch.*, avoir égard à qqch. par la pensée et les sentiments, en le jugeant digne de son attention; puis on fit de *respit* un substantif. Cfr. respiter.

Repuns v. espondre.

Ressazier v. assez.

Ressir v. issir.

Ressuier v. suc.

Restainchier v. estancher.

Resteir v. steir.

Rester v. reter.

Restor, **restorement** v. restorer.

Restorer I, 233. II, 24. 326, restaurer, rétablir, réparer, dédommager; *restaurare*; *sans restorer* I, 267, irréparable; sb. restor, dédommagement, récompense; de là restorement, restauration, réparation.

Restraindre v. straindre.

Restrendement v. straindre.

Restrois, restroiz v. straindre.

Resuer v. suc.

Resusciter v. sus.

Resve, délire, rêve; resver, délirer, rêver; prendre ses ébats, s'ébattre. Cette forme, quoique ordinaire, ne peut être la primitive; on doit avoir dit *rave, raive*, comme le prouvent le dér. bourguignon *ravasser* = notre *rêvasser*, l'anglais *rave*, délirer, rêver; le hollandais *ravelen, reve-len, reven*, ib., et l'allmâ. *reben*, ib.; car ces formes dérivent du français et non pas au contraire, comme le prétend M. Chevalet. En partant de là, on ne pourrait que remonter au latin *rabies*, et *raive* serait une forme dialectale et collatérale de *raige, rage*; cfr. cave et cage, de cavea. La signification primitive de *rêver* se rapprochant de celle de *desver*, on aura orthographié en *es* par analogie. Périon a dérivé rêver de ῥέμβειν, Ménage de repuerare.

Resver v. resve.

Resvertuer v. vertut.

Ret, reit, rets; de *rete*; dim. reseul, réseau; proprem. *reticellum*. Cfr re, ree.

Retaconner v. taiche.

Retailler v. taille.

Retenir v. tenir.

Retentir v. tentir.

Reter I, 401. II, 51, imputer, accuser, blâmer, reprocher, appeler en justice; prov. et ancien esp. reptar; de *re-putare*, comme l'indique Raynouard (L. R. s. v. V, 87), et non, ainsi qu'on l'admet le plus souvent, de *rectare*, traduire en justice, qui n'aurait jamais produit *reptar*. On trouve quelquefois l'orthographe rester, qui est des bas temps. Cfr. apeler.

Retirer v. tirer.

Retolir v. toldre et II, 222.

Retor v. tor 1.

Retornèr v. tor I.

Retour v. tor I.

Retourner v. tor I.

Retraire v. traire.

Retrait v. traire.

Retrencher v. trencher.

Retret v. traire.

Retur v. tor I.

Returner v. tor I.

Reuber v. robe.

Reubeur v. robe.

Reule, riule, riegle I, 194. 351, règle, précepte, principe, statut d'un ordre religieux; *regula*; rueleit, riulet 1, 212, propr. part. du verbe rueleir, riuler, régler, régulariser, *regulare*, s'employait le plus ordinairement en parlant des ordres religieux avec le sens de régulier.

Reüser, reculer, céder, se retirer, être repoussé. Ce mot est sans aucun doute le même que *refuser*, dont le *f* a été syncopé, ainsi que le prouvent les formes esp. refusar, rehusar, prov. rehusar, reüsar; et ce *refusar* dérive de *recusare*, avec mélange de *refutare*, comme l'indiquent les formes collatérales ital. rifutare, prov. refudar. V. les dict. pour les points de contact entre recusare et refutare. *Reüser* se contracta de bonne heure en ruser II, 293, qui prit aussi la signification de faire des détours pour faire perdre la trace; d'où le subst. *ruse*, finesse, etc. V. refuser.

Reveaus v. reveler.

Reveit I, 256. Comme dans le texte publié par M. F. Michel, j'ai placé après ce mot un point d'interrogation. L'éditeur pense qu'il faut lire *reneit. Reveit* est exact, et la forme normande mélangée de revoit, qu'on trouve comme adjectif dans le R. d. Ren. II, 273: il signifie convaincu, avéré; subst. criminel

avéré. *Revoit* dérive de *revocatus*
(revoc'tus). DC. donne *estre revois*,
être convaincu, après un mûr examen, du crime dont on est accusé;
cette forme sans *t* est picarde, la
finale est tombé devant le *s* de
flexion. Il existe un autre *revois*
répondant à notre *revêche*, et comme
ce dernier, ainsi que *revers*, il vient
alors de *reversus*, port., esp. reves,
ital. rivescio, adj. port. revesso.

Revel v. reveler.

Revelation v. voile.

Reveler v. voile.

Reveler (se) I, 125. II, 390, (se) révolter, (se) rebeller, (se) soulever;
de *rebellare*; de là revel, reviel,
rivel, reveaus, revians I, 279, agitation, désordre, querelle; joie,
amour du plaisir, badinage, plaisanterie, réjouissance.

Revengier v. vengier.

Revenir v. venir.

Revenue v. venir.

Reverence, reverenche v. reverer.

Reverer, révérer, honorer, respecter;
reverere; reverence, reverenche I,
196. II, 9. 94, révérence, honneur,
respect; *reverentia*.

Revertir v. vertir.

Revians v. reveler.

Reviel v. reveler.

Revivre v. vivre.

Revoir v. veoir.

Revois v. revoit.

Revoloir v. voloir.

Rewarder v. garder.

Rewart v. garder.

Rewerdoner, rewerdoneres v. guerredon.

Rezoivre v. recevoir.

Ribald, ribaud, ribaut II, 387, soldat
d'avant-garde, enfant perdu de l'armée, bandit, pillard, débauché,
libertin, homme qui soutient les
femmes de mauvaise vie. En suivant les traces de ce mot dans les
textes du moyen-âge (v. DC. Ri-

baldus), on remarque que sa signification a changé, et il paraît qu'elle
a été en empirant. Cette circonstance rend assez difficile le dé-
brouillement de son étymologie.
A-t-on d'abord donné le nom de
ribauds à des soldats d'avant-garde,
hommes intrépides, mais peut-être
indisciplinés, qui se livrèrent à de
tels excès que leur nom devint une
injure? Ou bien l'idée de débauche, etc., est-elle la primitive?
Dans le premier cas, il faudrait
suivre la voie de M. J. Grimm, qui
rapporte *ribaud* à *regimbald*, homme
courageux, intrépide; seulement
regimbald n'aurait jamais pu produire *ribald*, et on aurait à trouver
une autre racine représentant la
même notion. Dans le second cas,
on est en droit de recourir avec
M. Diez (2, 309) à l'ahal. *hrîba*,
hripa, almâ. *ribe*, prostituta, d'où,
avec la terminaison *ald*, *ribald*.
Cfr. Dief. G. W. II, 588.

Ribaud, ribaut v. ribald.

Rice, ricece v. riche.

Riche, rice II, 393, noble, puissant,
fort, illustre; riche; de grand prix,
magnifique; de l'ahal. *rîhhi, rîchi*,
goth. *reiks*, ancien norois *rîkr*,
allmod. *reich*. Cfr. Rayn. L. R. I,
XXXII et suiv. V, 93. De là ricor,
ricour, puissance, noblesse, richesse;
richeteit I, 84, richete, puissance,
noblesse, richesse; ricoise, ricece
II, 32, richesce II, 63, puissance,
richesse, biens; ricies, riches II, 8,
bien, état, empire, dignité; cfr. goth.
reiki, ἀρχή. De là encore le verbe
simple prov. *riquir*, et notre composé enrichir II, 142, enrichir,
grandir, devenir puissant, enorgueillir.

Riches, richesse v. riche.

Richete v. riche.

Richeteit v. riche.

Ricies v. riche.

Ricoise v. riche.

Ricor, ricour v. riche.

Rider, froncer, plisser à petits plis; cfr. R. d. l. V. 170; signification primitive de notre rider, ride; de l'anglo-saxon *vridhan*, torquere, ligare; anglais *writhe* (ahal. *ga-ridan*, allmâ. *riden*, torquere).

Riegle v. reule.

Rien, ren II, 318, f. et m., chose, quelque chose, rien; de l'accusatif *rem*; avec la négation II, 334 et suiv., nulle chose, un peu, tant soit peu.

Rier, riere II, 363; comp. arier, ariere, ayer, aiere, erier, eriere, *ad retro*, adv. et prép. II, 277. 363; deriere, daiere, *de retro*, adv. et prép. II, 277. 363; de là derrain = *de-retro-anus*, dernier, derrière; au figuré les dernières années; avec les nombreuses formes, d'après *daiere*, darrain, darrein, darrien, dairien S. d. S. B. 556, J. v. H. 408. 441. 530, darraien Villeh. 490; et d'après *derriere*, derreain Ch. d. S. II, 144; puis des formes où les voyelles *a*, *e* sont redoublées, daarain, deerrain I, 116, qui s'expliquent peut être par la syncope du *d* dans les composés de la manière suivante: dederain Ben. 29240; cfr. dedavant, dedevers, etc.; au darrien, au daarrain II, 99. 102, à la fin, en dernier lieu. De *derrain*, etc. dér. derrenier = propr. *derrainier* = *de-retro-an(us)-arius*, darrenier R. d. l. Rose 1434, dernier; avec les variantes derrer Ben. 26221, et par permutation de la liquide delrier, delreier. *Derrer, delrier*, sont formés directement de *rier*, c.-à-d. qu'ils équivalent à *de-retro-arius*. De *derrain*, on a l'adverbe derrainement I, 70, darrainement J. v. H. 537, daarainement Brut 5896. 7; et le

subst. dérivé darrainete, darraynete, derreinetet I, 255, extrémité, fin, bout, limite, derniers moments, rang de dernier.

Riere v. rier.

Riffer, arracher; du bas-allemand *riffen = raufen*, arracher; riffler, rifler Q. L. d. R. III, 317, égratigner, écorcher; rifle, baguette; escarre; de l'ahal. *riffil, riffila*, scie; vb. *rifflon, riffeln*. Cfr. Schwenk D. W. s. v. riffe, riffel.

Rifle, rifler v. riffer.

Rigole, canal, conduit pour l'écoulement des eaux; aujourd'hui encore dans plusieurs provinces lit d'une petite rivière et la rivière elle-même; du celtique: kymri. *rhig*, entaille, coupure; *rhigol*, sillon, fossé.

Rigoler, danser; propr. danser en rond, voltiger; de l'ahal. *riga*, ligne, ligne circulaire, allmâ. *rihe*, allmod. *reihe*; *reihen, reigen*, chanson, espèce de danse; de là aussi l'ital. rigoletto = reigen. *Rigoler* développa les significations plaisanter, railler, se moquer, d'où rigoleur, plaisant, moqueur. Rigolet, repas du jour ou du lendemain de noces, se range également ici.

Rigolet v. rigoler.

Rigoleur v. rigoler.

Rihote, riote II, 267, débat, contestation, dispute, querelle; de là rihoter, rioter, contester, disputer. Ménage dér. ce mot de *rixota*, de *rixa*, mais rixota n'aurait pas produit riote. Je n'ai aucune supposition à proposer touchant l'origine de *rihote*; seulement je ferai observer que cette forme en *h* médial prouve qu'on prononçait ri-ote, et qu'il y a une consonne de syncopée. Le hollandais a un mot qui se rapproche du nôtre, c'est ravot, revot, débat.

Rime, vers, poésie rimée; puis rime;

esp., ital., port. rima; prov. rim et rima; vb. rimer, rimeier II, 155. 233. 379, faire des vers, rimer. Il serait hors de propos de faire ici une histoire de la rime, mais il sera bon de faire observer que nous ne devons la rime ni aux Arabes, ni aux Allemands, etc.; l'invention de la rime appartient à tous les peuples. V. surtout Fuchs, Die Rom. Sprach., etc., p. 238-295; Wolff, Ueber die Lais, p. 14. 15 et note 9, p. 161. Quant à l'origine du mot rime, on l'a tour à tour dérivé de *rhythmus*, de *rima*, de l'allem. *rim*. *Rhythmus* n'a jamais eu la signification de *consonnance* et, en italien surtout, *rhythmus* n'aurait pu produire *rima*. Le latin *rima*, fente, ne saurait être posé comme racine de *rime*, qu'en ayant recours à des subtilités, et puis *rima* s'est conservé avec sa signification propre dans quelques langues romanes. Reste donc l'allem. *rim*, nombre, mais la même forme se retrouve dans le celtique: ancien irlandais *rim*, nombre; kymri *rhif* =*rim*, d'où *cyfrif*, numeratio, *riuaw*, numerare, *riuedi*, numerus, etc. Il reste donc à se décider entre ces deux origines, car les Celtes ont connu la rime d'aussi bonne heure que les Allemands. — De là notre *arrimer*.

Rimeier v. rime.

Rimer v. rime.

Rin, source; du celtique: kymri *rhin*, canal; cornouaillais *rin*, ib. Cfr. goth. *rinno*, χειμάρρας. Dief. G. W. II, 174.

Riole I, 301. J'ai admis là avec l'éditeur du R. d. l. V., M. F. Michel, que *riole* était pour *riote* et avait été altéré pour la rime. C'est une erreur, *riole* et *riote* doivent être différents. D'abord *riote* ne signifie

pas bavardage, sa signification est plus forte; et *riole* a bien en notre exemple le sens de bavardage, raillerie, mauvaise plaisanterie. Ce *riole* s'est conservé, comme je le dis, dans les patois, et outre le sens que j'indique, il a encore celui du terme populaire rengaîne. *Riole*, ainsi que notre *rioler*, rayer de diverses couleurs, a la même origine que *rigoler* cité plus haut, c.-à-d l'allemand *rihe*. Ni *radiolatus*, ni *regulatus*, que Ménage et d'autres ont proposé pour la racine de *riolé*, n'auraient produit une pareille forme.

Riorte, reorte, lien de saules, de menues branches, pour attacher des gerbes, un fagot, etc., c.-à-d. quelque chose de tourné, de *retorquere*. Notre mot *retorte* a la même origine.

Rire II, 41. 6, rire sourire, badiner; *ridere*; inf. empl. subst. II, 84; ris I, 129, ris, rire, sourire; *risus*; dim. riset, petit ou léger sourire; sorire, surrire I, 130. II, 113, sourire; *surridere*.

Ris v. rire.

Riset v. rire.

Rissir v. issir.

Riu, rui, ru I, 387, ruisseau, petit bras d'une rivière; *rivus*; la 2e forme vient d'un renversement de lettres, prov. riu, esp. rio, ital. rivo, rio; dim. ruissel, ruisel, ruisseaus I, 326. II, 124. 182, ruisseau; propr. *rivicellus* pour *rivulus*; d'où ruisseler I, 273, ruisseler; — deriver II, 355, dériver, couler, déborder; *derivare*.

Riule, riulet v. reule.

Rivache v. rive.

Rivage v. rive.

Rive II, 365, rive, bord, berge; de *ripa*; d'où rivage, rivache I, 51. 301, rivage. — Riviere II, 106, d'abord rivage, bord, ou plutôt contrée (plaine) sur les bords d'une rivière; de *riparia*. Par extension, ce mot

prit la signification qu'il a encore.
On trouve souvent les expressions
*aller en bois et en riviere, savoir
de riviere*, etc., pour signifier aller
chasser en bois et en plaine, à
l'oiseau, sur les bords d'une rivière;
connaître la chasse à l'oiseau sur
les bords des rivières, dans la plaine,
etc. On forma le verbe rivoier, riveier, chasser en rivière. De *ripa*,
lmâ. *adripare*, arriver, ariver, arriver; propr. ad ripam appellere.

Riveier v. rive.

Rivel v. reveler.

Rivière v. rive.

Rivoier v. rive.

Robe II, 38. 65. 78. 391, butin, prise,
proie, dépouille; vêtement, tunique;
de là roberres, robeor, robeour, reubeur I, 74, voleur, ravisseur, larron, pillard; roberie I, 169, vol,
larcin, pillage; robement, pillage,
volerie; vb. rober, roubér, reuber
II, 231. 309, voler, dérober, piller,
dépouiller; d'où *dérober*. De l'ahal.
raub, roub, spolium, rapina; verbe
abal. *roubôn*, allmod. *rauben*, goth.
biraubon.

Robement v. robe.

Robeor, robeour v. robe.

Rober, roberie v. robe.

Roberres v. robe.

Robileu II, 376. (?)

Roc, pièce des échecs, la tour; dérivé, dit-on, du persan *rokh*, cha-
meau monté d'arbalétriers.

Roccire v. occire.

Roce v. roche.

Roche, roce II, 121. 365, rocher,
écueil; aussi tour, fortification; pierre
à lancer; de là rochier I, 135. II,
309, rocher; verbe rocher, rocier,
lancer, jeter des pierres; comp.
arocher, aroquer, briser; desrocher,
renverser, démolir, abattre, détruire.
Ce mot a sans doute une origine
celtique. *Craig*, rocher, en gall.

et irland., a une forme secondaire
grock, rock, à en juger d'après les
mots celtiques qui nous sont parvenus, et ce serait là l'origine de
notre *roc, roche*. Le kymri *rhwg*,
signifie quelque chose de préémin-
ent, et on pourrait aussi le prendre
en considération.

Rocher, rochier v. roche.

Rocier v. roche.

Rocire v. occire.

Roe, ruee I, 186. 337, roue; de *rota*;
n roe, en cercle, tout autour; de
là le vb. comp. enroer I, 213, mettre
à la roue, rouer; roele, rouele, roelle
I, 111, roue, petite roue, rond,
cercle; de *rotula*. De *rotulis* dérive *rôle*, pour lequel on se servait
aussi autrefois du mot de *roue*;
vb. roeler, roler I, 107, tourner,
précipiter du haut en bas; prov.
rotlar, rolar; ital. rotolare; subst.
roeleis, roeliz, roulis, action de
rouler. Notre mot *contrôle* est un
composé de *rôle*, pour *contrerôle*.
DC. s. v. rotulare, rappelle un verbe
roer, aller autour, rôder, tournoyer,
de *rotare*; qui est sans aucun doute
notre verbe *rôder* avec réintercala-
tion du *d*, peut-être sous l'influence
du prov. *rodar*, tourner et rôder.
Rayn. L. R. V, 60. En tout cas
le circonflexe n'est pas justifié. Roé
signifiait orné de petits ronds, de
paillettes. Comp. de *co* et *rotulare*, croler, croller, crouler, crosler,
remuer, branler, trembler, s'ébranler; d'où crolle, crolleis, secousse,
tremblement; et le comp. escroler,
écrouler. M. Diez dérive *croler*,
prov. crotlar, crollar, de l'ancien
norois *krulla*, mêler, brouiller; mais
la forme provençale crotlar, qui
rappelle rotlar, comme croler rappelle roler, prouve de prime abord la
fausseté de cette étymologie. Henri
Estienne dérivait crouler de $\varkappa\rho o\acute{\upsilon}\epsilon\iota\nu$.

Roé v. roe.

Roele, roelle v. roe.

Roeleiz v. roe.

Roeler v. roe.

Roeliz v. roe.

Roer v. roe.

Roge, rouge, rouge; de *rubeus;* ital. roggio, robbio, prov. rog; vb. **rogir, rougir** II, 251, rougir; prov. rogir.

Rogir v. roge.

I. **Roi, rei, rai** I, 66. 7, roi; de *rex;* **roïne, reïne, raïne,** reine; *regina;* **roial, reial, real** I, 50. 101 (**reiaus,** fém. I, 102), royal; de *regalis,* d'où encore *regalimen,* **roialme, roiame, realme, reaume, reiaume,** royaume (cfr. ducheaume). De *roial* vient **roialte, roiaute, reialte, reiaute, reaute** I, 395, royauté, proprem. *regalitas.*

II. **Roi, rei, rai,** ordre, arrangement; comp. **arroi, arrei, arrai,** ordre, disposition, arrangement, propreté, parure, train, bagage; plus tard on trouve **aree** dans le sens de disposition, emplacement d'un camp, formé sans doute sur le verbe *arreer;* **arroier, arreier, arreer, arraier,** préparer, mettre en ordre, ranger, équiper, munir, apprêter, appareiller, orner, parer; — **conroi, conrei, cunrei, conrai** I, 137. 266. 324. 341, équipage, préparatifs, appareil, cortége, ordre, rang, troupe rangée, suite, repas; **conroier, conreier, cunreer, conraer** I, 126. 153. 303. II, 248, équiper, fournir, appareiller, préparer, ranger, mettre en rang, arranger, parer, bien recevoir quelqu'un et le traiter, servir; — **desroi, desrei, desrai, derroi** I, 59. 375. etc, **désarroi,** désordre, défaut, faute, dommage, crime, choc, attaque; *à desroi* I, 272. 338, en désordre, avec précipitation, démesurément; **desroier, desreier, desraier, desraer, derroier,**

mettre en désordre, dérouter, déranger, sortir du bon chemin, du bon gens, exciter, irriter; *se desroier,* sortir des rangs, se dérégler. Tous ces termes sont dérivés du gothique *raidjan, garaidjan,* fixer, ordonner, préparer, anglo-saxon *ge-raedian,* allmâ. *ge-reiten,* préparer, apprêter; anglo-saxon *ge-raed,* instrument, harnais, équipage. Du même radical, et immédiatement des formes en *ga, ge* initial, on a formé **agreier,** préparer, munir, appareiller; **agret, agrei,** préparatifs, munitions, apprêts, appareil, attirail. Nous avons conservé ce dernier verbe sous la forme *gréer;* le substantif, sous la forme *agrès;* tous deux dans une signification restreinte. Les syllabes initiales de tous ces composés sont les prépositions latines *ad, cum, de.*

Roial, roialme v. roi I.

Roialte v. roi I.

Roiame v. roi I.

Roiaute v. roi I.

Roide, roidement v. roit.

Roidor, roidur v. roit.

Roie, raie; de *rigare;* prov. rega.

Roie, roier v. rait.

Roife, roiffe A. et A. 3075, escarre, croûte; de l'ahal. *hruf,* allmâ. *ruf,* néerlandais *rof,* lèpre, escarre.

Roïne v. roi I.

Roion v. regne.

Roit m., **roide** m. et f. II, 194. 350. I, 58, roide, dur; de *rigidus;* adv. **roidement** II, 363, roidement, fortement, durement; **roidor, reidur** I, 255, roideur.

Roler v. roe.

Romans, romanz (romant, roman), langage roman, langue vulgaire — ouvrage littéraire, histoire fabuleuse; de là **romancier,** traduire en roman, en langue vulgaire, écrire en roman, célébrer en roman. Ital. romanzo, esp. romance, romauzar, prov. romans, romansar. *Romans* dérive de *romanice:* loqui romanice=parler romans. L'orthographe en *s* et en *z* a été la primitive, mais ce mot a éprouvé deux transformations: *a)* on l'a confondu avec ceux en *ant, ent,* où le *s, z,* remplaçait un *t* au s. s. et au p. r., et on lui donna un *t* au s. r. et au p. s.: *romant,* d'où notre adjectif *romantique; b)* dans le dialecte picard, le *t* se perdit de nouveau et le *s* ne reparut qu'au s. s. et au p. r., d'où notre roman.

Rompre, rumpre I, 228. II, 22, rompre, déchirer, séparer, détruire, labourer une terre en friche; *rumpere;* part. pas. **rot, rote, rout, route, rut, rute,** s. s. **roz, rous, ruz** II, 18. Ph. M. 7. 443. 5. 6922. etc.; de *ruptus,* cfr. rote; de là **roture, ropture,** fracture, rupture, ouverture, morceau, terre nouvellement défrichée, et **rompure,** ib.; comp. **corrompre** I, 188. II, 254. 357, corrompre, souiller, violer; *corrumpere;* le part. pas. est *corrumpu;* de là corrompement, corruption, altération; adj. **corrompable,** corruptible, sujet à corruption; **corruption** I, 50. 190. 298, corruption, altération; de *corruptio;* **desrompre, derompre** I, 164, rompre, déchirer; *disrumpere;* part. pas. **desrout** R. d. l. V. 26.

Rompure v. rompre.

Ronce, ronce, d'où **ronceroi,** lieu rempli de ronces. Ménage et d'autres ont rapporté ce mot à *runcare;* mais, comme on l'a prouvé depuis longtemps, il dér. de *rumex,* comme pouce de pollex, ponse de pumex, prov. ronser, polzer, ponser; les formes prov. rome, romet, baslimousin roumenc, prov. mod. roumec, roumi (v. Honorat s. v.), ne laissent aucun doute sur cette origine.

Rumex était chez les Romains une espèce de dard, dont on ne connaît pas bien la forme, peut-être à pointe recourbée. Si cette dér. paraissait extraordinaire, on pourrait comparer les significations qu'a développées, en sens contraire, notre chardou.

Ronchi v. ronci.

Ronci, roncin, ronchi, roucin I, 81. II, 312, cheval entier, cheval de service. On traduit souvent ce mot par cheval de selle pour les domestiques, mauvais cheval; mais je pense que s'il a pris cette signification avec le temps, il ne l'a pas eue dans le principe; c'est ce que prouvent un grand nombre d'exemples. Pour ce qui est de la signification de cheval entier, l'Académie l'indique encore (v. roussin), et le peuple de plusieurs provinces ne connaît pas d'autre dénomination, pour cheval entier, que celle de roncin. Vossius dérive *roncin* du néerlandais *ruin,* cheval hongre, d'où ruincinus, runcinus; et, selon M. Grimm, ce ruin se rapporte à l'abal. *reineo,* cheval entier. Ce changement de signification entre *reineo* et *ruin,* n'a rien qui puisse choquer. Cependant le prov. a *rossin, rocin,* l'esp. *rocin,* la langue d'oïl *roucin,* à côté de *roncin,* ital. *ronzino.* Quelle est la forme primitive? Celle en *n* médial, ou bien le *n* a-t-il été intercalé? Dans ce dernier cas, *rossin, roucin,* serait-il un dérivé de *rosse?* Mais alors l'étymologie proposée ne saurait expliquer l'ital. *rozza, rosse.* Je pense qu'il faut séparer *roncin* et *rosse,* et admettre pour le premier la dérivation de Vossius, en regardant *roncin* comme la forme primitive. Quant à *rosse,* c'est un terme de dénigrement, et peut-être a-t-on voulu rendre le contraste frappant entre un cheval de prix et un mauvais cheval, un criquet, en fémininisant le nom que les Allemands donnaient à leurs coursiers, *hross*, aujourd'hui *ross*; c'est ce que semble indiquer le normand *harousse*=rosse, qui ne peut renier son origine allemande, et n'est rien moins qu'une corruption de *carousse*, comme le prétend M. E. Duméril (Dict. du patois normand). Le *rozza* des Italiens peut avoir été emprunté au provençal; ni les Espagnols, ni les Portugais ne le connaissent. Cfr. ros, cheval.

Ronge, épieu; de *runcare*.

Roögner v. roönd.

Roöignier v. roönd.

Roönd, roünd, reönd, reön I, 217. II, 326, rond; *à la roönde, à la reönde* I, 55. 164, à la ronde, tout autour; prov. redon, esp. redondo; de *rotundus*. De *roön* dérive roögner (pour gn v. II, 235), reöigner, roöignier I, 344. II, 240, rogner, couper, soustraire; propr. arrondir; prov. redonhar, rezonar, rogner; esp. redondear, arrondir. Ni *radere*, ni *rodere*, dont on a dérivé *rogner*, n'auraient produit nos formes. Cfr. l'esp. cercenar, tondre, propr. couper autour, en cercle, de circinare, d'ici notre cerner, subst. cerne, circinus.

Roönde v. roönd.

Ropture v. rompre.

Ros, rous, roux, bai. Ulien monte desus un cheval ros (Agol. p. 181). De *russus*. Dimin. rosset, rossete, rousselet. Cfr. ros, cheval.

Ros, rox II, 197, cheval. Ce mot dérive-t-il de *russus* ou de l'allem. *hross, ross* (cfr. rosse s. v. ronci)? Dans le premier cas, *ros* signifierait cheval bai, alezan; cependant on trouve dans le prov. *ros liar*, que Raynouard (L. R. IV, 66, s. v. liar) traduit par roussin gris-pommelé, et non pas (cheval) rouan; cfr. roncin lear. (ead.) Cela parle en faveur de l'étymologie allemande, et puis ross désignait particulièrement le cheval de bataille, le coursier des chevaliers. Dans les variantes de l'exemple cité II, 197, ros est remplacé par *destrier*. Cfr. ros, roux.

Rose, rose; de *rŏsa*, proprem. *rōsa*, puisqu'il n'y a pas eu diphthongaison de l'o.

Rosee, rusee I, 297, rosée; de *roscidus*, plein de rosée (prov. *ros*, rosée, de ros), par l'intermédiaire d'un verbe *roser*, qui manque à la langue d'oïl, mais qui se trouve dans l'espagnol *rociar* et le catalan *ruxar*, et dont on a fait le composé aroser, arroser, mouiller, d'où arrosement, arrosement.

Rosegniol P. d. B. v. 31, rossegnol II, 87, russinol Trist. II, 149, roussignol R. d. l. M. v. 2154, rossignos, rossigniaus s. s. et p. r. R. d. l. R. I, 6, rossignox s. s. Dol. p. 161, et, avec *l* initial, lousignol, louseignol L. d'I. p. 6, rossignol; de *lusciniolus* de *luscinius*, avec changement de *l* en *r*.

Rosel, roseau; dérivé d'un simple qui se retrouve dans le prov. raus, du goth. *raus*, χάλαμος, ahal. *raor*, allmod. *rohr*, roseau.

Rosse v. ronci.

Rossegnol v. rosegniol.

Rosset, rossete v. ros, adj.

Rossigniaus v. rosegniol.

Rossignos, rossignox v. rosegniol.

Rostir II, 229, rôtir, griller; part. pas. empl. subst. rosti, rôti; de l'ahal. *rôstjan*, subst. *gi-rôsti*; ou du celtique, gallois *rôist*, kymri *rhostio*, breton *rosta*.

Rot, rote v. rompre.

Rote, crout, nom dont on se sert aujourd'hui comme traduction littérale du *cruit* des Gallois, ancien irois *crot*, cithare, kymri *crwth*, qui nous fournissent l'origine de notre mot; mais, comme crote n'aurait guère pu produire *rote*, il faut supposer, avec Graff, que le celtique a d'abord été admis par les Germains, ahal. *hrota*, et que nous l'avons repris d'eux. Cfr. Dief. Celt. I, 125. La *rote* a désigné tour à tour, et parfois concurremment, deux instruments à cordes de nature différente, dont l'un était l'auxiliaire, le proche parent de la vielle ou viole, l'autre celui de la harpe ou du psaltérion, c.-à-d. que les cordes étaient pincées ou touchées avec le plectre.

Rote, rute, route (*roupte* plus tard, jusqu'au XVIe siècle), *déroute*, confusion, désordre; de *ruptus, rupta*; de là **router**, rompre, casser, briser. Le mot de *rote* II, 342. 370 a encore développé les significations: troupe de gens de guerre, compagnie, bande; d'où **arroter**, arrouter, aroter II, 267. 370, assembler, ranger, marcher, s'acheminer, prendre sa route. Il est bon de faire remarquer que l'allemand *rotte* dérive de *rote* dans cette signification, parce que souvent on a dérivé, au contraire, *rote* de *rotte*. Notre *route*=chemin est également dérivé de *rupta* sc. *via* (cfr. *brisee*). Routier, qui sait les chemins, pillard, troupes légères, enfants perdus. Pour le dire en passant, à la même famille appartiennent enfin *routine, roture*, petit bien, terre de paysan, d'où *roturier*, le possesseur d'un tel bien, homme du commun par opposition au noble. Cfr. rompre, part. pas. rot, rote.

Rotruenge, retroenge, espèce de chanson à refrain, selon M. Wackernagel une chanson pour la danse (A. L. 183. 234); de *retroientia*, prov. retroenza, retroencha.

Roture v. rompre.
Rouber v. robe.
Roucin v. ronci.
Rouele v. roe.
Rouge v. roge.
Rougir v. roge.
Roünd, roünde v. roönd.
Rous v. ros, adj.
Rous part. pas. de rompre.
Roussignol v. rosegniol.
Route, route v. rote.
Rout, e part. pas. de rompre.
Rouver v. rover.
Rover, ruver, rouver I, 122. 316, prier, demander, désirer, vouloir, ordonner; de *rogare, ro-er*, puis avec *v* intercalaire; cfr. DC. s. v.; comp. enterver, interroger, épier, explorer, regarder; de *interrogare*; prov. entervar L. R. V, 104. Cfr. corvee.
Rox v. ros, subst.
Roz v. rompre.
Ru v. riu.
Rue II, 354, rue; de *ruga* (v. DC. s. v.). *Rue foraine*, rue détournée.
Ruee v. roe.
Rueleit v. reule.
Ruer I, 82. II, 166, jeter, lancer, précipiter; de *ruere*.
Rui v. riu.
Ruisseaus v. riu.
Ruissel, ruisseler v. riu.
Ruiste v. fuste.
Ruit, rut du cerf, et non courre, comme on l'a dit; de *rugitus*, selon Ménage, à cause des cris que pousse le cerf en ce temps.
Rumpre v. rompre.
Runer II, 55, murmurer; d'où runement M. s. J. 479, murmure; de l'ahal. *rúnen*, susurrare; subst. *rúna*, susurrium; allmod. *raunen*. Cfr. sur cette fam. de mots Dief. G. W. II, 177.

Rusche, rusque, écorce d'arbre, ruche
d'abeilles, parce que les ruches primitives étaient faites d'écorce; du
celtique: ancien irois *rúsc*, écorce,
gallois *rúsg*, breton *rusk*, *rusken*.
Cfr. Dief. Celt. I, 55.

Ruse v. reüser.

Rusee v. rosee.

Ruser v. reüser.

Rusque v. rusche.

Russinol v. roseguiol.

Ruste, ruiste I, 382. II, 27. 316, fort,
impétueux, rude, grand; prov. rustic
et ruste; subst. rustié, violence,
force, grossièreté; de *rusticus*, avec
rejet de la terminaison. Notre
rustre est le même mot.

Rustié v. ruste.

Rut, rute v. rompre.

Rute v. rote.

Ruver v. rover.

Ruz, ruisseau v. ru, riu.

Ruz part. pas. de rompre.

S.

Sa, sai, sa v. ses et cfr. mes III.

Saal v. sëel.

Saas, sas, tamis, sas; lmâ. *sedatium*
(gloses de Schelestadt p. 362), sita-
cium; de *seta* (=setaceum), crin.
Le patois normand a le simple *set*;
mais ce nom n'a pas été admis,
parce que les tamis sont ordinairement de soie, comme le dit M. Duméril; c'est parce qu'ils sont faits
de crins, signification qu'a *seta*;
v. DC. s. v.

Sable, sebelin, notre (marte) zibeline,
fourrure; lmâ. sabellinus, sabellum,
prov. sebelin, sembelin, ital. zibel-
lino, allem. zobel; mot qui nous
est venu des pays du nord-est avec
la chose même, russe et polonais
sobol.

Sablon I, 51. 313, sable, grève, arène,
plaine; *sabulo*.

Sac, s. s. et p. r. sas, sac; de *saccus*;
dim. sacet, saquet, petit sac, sachet.
Sac, pillage d'une ville, vient aussi
de *saccus*; on a employé par métaphore, pour le butin même, le nom
de l'instrument ordinaire en pareille occasion pour emporter le
butin. Sacer, sacier, sacher, sachier,
saquer II, 229. 301, tirer, mettre
dehors, dégaîner, tirer l'épée; également de *saccus*, sac, poche, comme
le prouve le composé desacher, qui
a exactement la même signification,
et est peut-être le primitif du
simple, où la préposition serait
sous-entendue.

Sac, sache, sec v. sec, seche.

Sacer v. sac.

Sacet v. sac.

Sachant v. savoir.

Sacher, sachier, tirer v. sac.

Sacher, sécher v. sec, seche.

Sachor v. sec.

Sacier v. sac.

Sacre, sacré; *sacer*; sacrer I, 321. II,
4, sacrer, consacrer; *sacrare*; sacrement, saicrement I, 66. 120. 213,
sacrement, consécration, eucharistie;
de *sacramentum*, qui, dans le sens
propre de serment prêté par les
soldats (v. DC. s. v.), nous a fourni
serment, lequel se trouve toujours
avec les formes sagrament, sairement, serement, serrement, serremains
I, 52. 58. 387. II, 366; — sacrefier, sacrifier I, 56. 89. 149, sacrifier, faire offrande, immoler; *sacri-*
ficare; sacrifise, sacrifice I, 52. 89,
sacrifice, offrande; *sacrificium*;
sacrilege I, 227, sacrilége; celui qui
commet le sacrilége; *sacrilegium*,

Sacrefice v. sacre.

Sacrefier v. sacre.

Sacrement v. sacre.

Sacrer v. sacre.

Sacrifice v. sacre.

Sacrifise v. sacre.

Sacrilege v. sacre.

Sade, doux, agréable, charmant; *sapidus;* comp. *maussade,* pour malsade (Henri Estienne, Précellence du langage françois, p. 72).

Saeal v. seël.

Sael v. seël.

Saeller v. seël.

Saette, saete, saiete, seette I, 304. II, 23. 226. 363, flèche, trait; *sagitta.*

Sage, sagement v. savoir.

Sagrament v. sacre. :

Sai pron. réfl. v. se.

Sai, çà v. II, 278. .

Saial v. seël.

Saiaus v. seël.

Saicrement v. sacre.

Saie, sorte d'étoffe en laine; saie; d'où *sayon;* dim. *sayette;* de *saga,* ordin. *sagum,* qui, selon Varron, est un mot d'origine gauloise; en ancien irlandais *sai.*

Saiel v. seël.

Saiete v. saette.

Saige v. savoir.

Saigel v. seël.

Saigner v. sanc.

Saiiaus v. seël.

Saiiel v. seël.

Sailleor v. saillir.

Sailleres, sailleresse v. saillir.

Saillir, sallir I, 381 et suiv., sauter, élancer, sortir, jaillir; subst. salt, saut I, 191, saut, bond, élan; de *saltus;* de là sailleor, sailleres, fém. sailleresse, sauteur, se, danseur, se; comp. assailler, asaillir, asalir, essalir I, 125, assaillir, attaquer; d'où assaillie I, 356, assaut, attaque; — assalt, assaut, asalt, asal, essaut I, 66. 208. 330. II, 107, attaque, assaut; propr. *ad-saltus;* — s'entrasalir I, 325, s'assaillir, s'attaquer

mutuellement; — prinsault, prinsaut *(de),* de prime abord, d'abord, en premier lieu; prinsaltier, prinsautier, prinsaittier I, 368, personnage outrecuidant, présomptueux, inconsidéré, suffisant; *primus* et *saltus;* — resaillir II, 131, rejaillir, rebondir, reculer; tressaillir I, 384, sauter par dessus, outre, passer, éviter; omettre, passer sous silence; faire un écart, s'écarter; bondir; être subitement ému; — tressault, action d'enjamber, de sauter.

Saïm, saïn, graisse; de *sagimen* (voy. DC. s. v.), *sagina.* Ce mot s'est conservé dans notre composé *saindoux.*

Saïn, graisse v. saïm.

Saïn, satin v. soie.

Sain, saine, sainne, sane I, 100. 148. II, 58. 64, sain, bien portant; *sanus;* adv. sainement II, 277, d'une manière saine; saner, sainer I, 49. 123, guérir, rendre sain, panser; *sanare;* sainetet I, 134, ce qui est sain, santé; *sanitas,* qu'on contracta en sante I, 256, et avec l'i picard santie II, 15.

Saine, sainne v. sain.

Sainement v. sain.

Sainer, rendre sain v. sain.

Sainetet v. sain.

Saingler v. singler.

Sainneor v. sanc.

Sainner, sainnieres v. sanc.

Sains, sainz II, 364.

Saint, cloche v. seint.

Saint, seint I, 46. II, 297, saint; *sanctus;* précédant un nom propre de saint, il prenait l'article féminin, parce que le mot *feste* était sous-entendu; employé subst. II, 114; puis d'ici, par extension, les reliques des saints, v. DC. sancta; superlatif saintime, saintisme I, 106, très-saint; *sanctissimus;* de *saint,* on forma l'adv. saintement I, 342, saintement; et le verbe **saintir**, se sanctifier, devenir saint; — **saintetet, sainteit** I, 66. II, 360, sainteté; *sanctitas; sanctuarie, saintuaire*, **seintuarie** I, 232. 264. 358. II, 296, sanctuaire; châsse, relique des saints; *sanctuarium;* sanctifier, saintefier, **seintefier** I, 321. II, 85, sanctifier, consacrer, bénir; *sanctificare.*

Sainteit v. saint.

Saintefier v. saint.

Saintement v. saint.

Saintetet v. saint.

Saintes *(la)* II, 277. C'est ainsi que porte le texte; j'ai écrit *les*, pensant que saintet pouvait signifier les choses saintes, c'est-à-dire les objets qui servent à la célébration du culte. Cfr. l'original et ci-dessus saint.

Saintime, saintisme v. saint.

Saintir v. saint.

Saintuaire v. saint.

Sairement v. sacre.

Saisine v. saisir.

Saisir, seisir I, 147. 235. II, 4, mettre qqn. en possession de qqch., être en possession de qqch., prendre possession de qqch.; saisir; **saisine, seisine** I, 135. 184. 256, mise en possession, prise de possession, possession; lmâ. saisire, sacire, sesina, sessina; de l'ahal. *sazjan*, goth. *satjan*, allmod. *setzen*, placer, mettre; cfr. le composé *bisazjan*, all. mod. *besetzen*, prendre possession, composé qui a peut-être donné sa signification à notre simple. Comp. **desaisir, dessaisir** I, 288. 307, mettre hors de possession, abandonner, renoncer, détacher.

Saison, seison, seson II, 297, saison, temps, bel âge; vb. comp. **assaisoner**, mûrir à propos, venir à son point; au part. passé qui est dans sa maturité, dans sa saison; **dessaisoner**, sortir de saison, être hors de sai-

son, dénaturer, déranger; simple prop. sazonar, subst. sazon. DC. dérive avec raison ce mot de *satio*, tempus sationis, signification qui a été transportée à la saison même.

Saive v. savoir.

Saizime v. six.

Sal, sel, sel; *sal;* salier, saliere II, 79, salière; de l'adj. *salsus*, on fit sause, sauce, propr. ce qui est salé; de là l'expression *sause de mer*, pour l'eau salée de la mer; dér. *saucisse* (v. Mén. s. v.); — salaire II, 331, salaire; *salarium.*

Salaire v. sal.

Sale, salle, signifia d'abord une maison considérable, un palais; puis il se prit pour la principale des pièces qui composaient une habitation de ce genre; de l'ahal. *sal*, maison, demeure. *Sale entaillie*, salle sculptée, d'honneur.

Sale, sale; d'où *salir*; de l'ahal. *salo*, trouble.

Salf, sauf, salv, salz, saus, f. salve, sauve I, 74. 123. 187. 283. 391. II, 273, sauf, sauve, sauvé; I, 59. II, 138 sauf, hormis, excepté; *salvus;* adv. salvament, sauvement I, 92. 291. 293. II, 50, d'une manière sauve, salutairement, profitablement; **salver, sauver, saver** I, 123. 125. II, 35, sauver, préserver d'un péril, protéger; *salvare;* **salveires, sauverres, salvaor, salveor, sauveeur, saveor** I, 47. 74. 309, sauveur, conservateur; *salvator;* **salvament, sauvement** I, 19. 154, sauvement, salut; propr. *salvamentum;* **salveteit** I, 53. 84, sauveté, protection, sûreté; propr. *salvitas;* salvation, sauvation, sauvacion, salut; *salvatio;* salut, salud, s. s. et p. r. **saluz** I, 156. 255. 281. II, 378, salut, sauvement; salutation; *salus, utis;* **saluer** I, 52. 130. 147, saluer, faire, adresser des salutations; *salutare;* salvable, saluable

II, 160, salutaire; adj. qu'il faudrait rapporter à *salf*, *salv*, en l'écrivant avec *v*, mais il n'y a de correcte que l'orthographe en *u*, prov. saludable.

Salier, saliere v. sal.

Sallir v. saillir.

Salme f. et m., saume, seaume I, 31, II, 278, psaume; le fém. a son origine dans *psalma*, pris pour fém., le masc. dans *psalmus*; saltier, sautier I, 31, psautier; *psalterium*. V. psalterion.

Salt v. saillir.

Saltier v. salme.

Saluable v. salf.

Salud v. salf.

Saluer v. salf.

Salut, saluz v. salf.

Salv v. salf.

Salvable v. salf.

Salvage v. selve.

Salvagine v. selve.

Salvament v. salf.

Salvaor v. salf.

Salvation v. salf.

Salve, forêt v. selve.

Salve fém. de salf v. s. e. v.

Salveires v. salf.

Salveor v. salf.

Salver v. salf.

Salveteit v. salf.

Salz v. salf.

Samadi, samedi Ben. 17357, samedi; contracté de *sabbati dies*. Cfr. di.

Samblance v. sembler.

Samblant v. sembler.

Sambler v. sembler.

Sambue, paile ou housse qui recouvrait les palefrois; ahal. *samboh*, *sambuh*. On ne sait pas quelle est l'origine de ce mot, ni dans l'une ni dans l'autre langue.

Samedi v. samadi.

Samit, étoffe de soie, velours; vêtement de cette étoffe, puis vêtement, manteau; du grec des bas temps ἑξάμιτος, à six brins. Voy. DC. exametum.

Sampres v. sempres.

San v. sen.

Sanc, s. s. sancs, sans I, 85. 6, sang; race; *sanguis*; saigner, sainner, seigner, seignier, seiner I, 89. II, 112. 253, saigner, jeter du sang, tirer du sang; *sanguinare*; d'où sainnieres, sainneor I, 77, saigneur; sanglant I, 112, sanglant; *sanguilentus* pour sanguinolentus; d'où sanglanteir, ensanglanter, rendre sanglant: La comencerent cascun lur chevalz à ferir de banstes et sanglanteir des esporons (Dial. de S. Gr.); comp. ensanglanter, ansanglanter II, 243. 307, ensanglanter.

Sanctefier v. saint.

Sanctuarie v. saint.

Saner v. sain.

Sanglant, sanglanteir v. sanc.

Sangle v. ceindre.

Sangles v. singler.

Sanglier v. singler.

Sanglot, sanglot; de *singultus*; ital. singhiozzo, esp. sollozo, prov. singlot, sanglot; vb. sangloter, sougloter II, 386, sangloter; *singultare*. La forme *sougloter* est assez défigurée; mais les autres langues romanes n'ont pas mieux traité le radical latin.

Sanior, saniorie v. sendra.

Sanler v. sembler.

Sans, sang v. sanc.

Sans prép. II, 364.

Sante v. sain.

Santie v. sain.

Saol, rassasié (soûl); saoler (soûler), rassasier, faire excès; de *satullus*, *satullare*.

Saoler v. saol.

Sap Q. L. d. R. 241. 250, sapin; sapin II, 370, sapin; *sapinus*; d'où sapine, sapinois I, 81, forêt de sapins. Le mot *sap* n'a conservé que le radical pur.

Sapience v. savoir.

Sapient v. savoir.

Sapin, sapine v. sap.

Sapinois v. sap.

Saquer v. sac.

Saquet v. sac.

Sarcou v. sarcuel.

Sarcu v. sarcuel.

Sarcuel, sarquel, sarqueus I, 143, sarou I, 332, sarku II, 174, sarcou I, 348, sarkeu II, 317, cercueil; de l'ahal. sarc, cercueil, avec la suffixe el.

Sarge, serge, meuble fait de cette étoffe; lmâ. sarica; de sericus, serica, seconde écorce des arbres. Cfr. Mén. s. v.

Sarkeu v. sarcuel.

Sarku v. sarcuel.

Sarpe, serpe; de sarpere, dans le sens de purgare, dont Festus dit : nam sarpere antiqui pro purgare dicebant. Cfr. Mén. s. v. serpe.

Sarquel v. sarcuel.

Sarqueus v. sarcuel.

Sarrasin I, 105, Sarrasin; Sarracenus; v. Mén. s. v.; adj. I, 105, pour exprimer quelque chose de pire que l'idée attachée à celle de Sarrasin.

Sarties, agrès, cordages d'un vaisseau; sertus, tressé, noné.

Sartix v. dessartir.

Sarvir v. serf.

Sas, tamis v. saas.

Sas, sac v. sac.

Sat v. set.

Saudre v. soldre.

Sauf v. salf.

Saulx v. sol.

Saume v. salme.

Sauprendre v. prendre.

Saure, saurre v. soldre.

Saus v. salf.

Sause v. sal.

Saut v. saillir.

Sautier v. salme.

Sauvacion v. salf.

Sauvage v. selve.

Sauvation v. salf.

Sauvechine v. selve.

Sauveeur v. salf.

Sauvement, v. salf.

Sauver v. salf.

Sauverres v. salf.

Sauvete v. salf.

Savaige v. selve.

Savant v. savoir.

Saveer v. savoir.

Saveier v. savoir.

Saveir, saver v. savoir.

Savene, drap d'autel, espèce de nappe; de σάβανον, toile pour s'essuyer après le bain.

Saveor v. salf.

Saver v. salf.

Saveur v. savor.

Savie v. savoir.

Savir v. savoir.

Savoer v. savoir.

Savoir, savir, saver, saveir, savoer, saveier, saveer II, 57 et suiv., savoir, connaître, être savant, sentir, apprendre, être informé, vouloir, entendre, avoir le pouvoir, la force, l'habileté, l'adresse, avoir dans la mémoire; savoir de barat, de sorcerie, de consel et de lots, etc. I, 172. 377. II, 62, s'entendre à, être versé, instruit en; savoir à dire II, 64. 262; inf. empl. subst. savoir, science, esprit, raison; faire savoir I, 113, agir sagement; part. prés. sachant, savant, instruit, intelligent; savant II, 111, sage, savant; aussi de sapiens avec rejet de l'i et changement du p en v, tandis que pour sachant, le p a été syncopé et l'i est devenu consonne. Savie, saive II, 5. 65. 218, sage, saige I, 56. 130, sage, savant, prudent; prov. savi, sabi; de sapius hypothétique d'après nesapius (Pétrone 50, 5); la forme sage s'est donc développée ainsi: sapius, sabius, savius, savie ou saive, d'où enfin saje; car directe-

ment *sapius* aurait produit *sache*
(cfr. subj. du verbe). On a proposé aussi *sapidus* comme racine
de sage ; mais *sapidus* a donné *sade*.
Adv. sagement I, 172. 309, sagement, prudemment, savamment.
Sapience I, 54, sagesse ; *sapientia ;*
sapient, sage, savant ; *sapiens ;* à
côté du part. sachant et de savant.
Comp. comsachable, consachaule I,
215. II, 58, d'après les formes verbales en *ch* (-bilis : roman : ital.
vole, vile, bile ; esp., prov., franç.
ble ; port. vel, se joint à tous les
radicaux purs ou modifiés des verbes,
Diez II, 268), propr. qui a connaissance, conscience de, particulièrement d'une faute, coupable,
pour le latin *conscius.* Sur asavoir
v. II, 169 ; dans les mêmes cas on
trouve en prov. assaber, ital. as-
sapere ; ce qui ne m'empêche pas
de maintenir mon opinion, quant
à l'usage actuel. Nonsavoir, ne pas
savoir, ignorer ; subst. I, 212 ignorance, incapacité, stupidité ; part.
prés. nonsachant, ignorant, peu sage ;
d'où nonsachance I, 227, ignorance.
Resavoir I, 117, resavoir, savoir à
son tour, de son côté, savoir encore. A desseu, à l'insu.
Savor, savour, savur, saveur I, 131.
220. II, 14, goût, saveur ; de *sapor ;*
vb. savorer, savourer ; comp. assavorer, asavurer I, 217. 366, goûter,
essayer, jouir ; assaisonner, donner
du goût ; prov. sabor, saborar, as-
saborar ; it. sapore, saporare, as-
saporare.
Savorer v. savor.
Savour, savur v. savor.
Scancelhier, scancilher I, 226. M. s. J.
475, aller de côté, quitter le chemin,
chanceler ; avec une finale imitée
de celle de *chanceler* et un radical
allemand : *schwank,* flexilis, subst.
suédois *swank,* curvatio, hollandais

swanken, vibrare, titubare, allmod.
schwanken, titubare, haesitare. Le
w ne pouvait être représenté dans
la forme, et il est tombé, comme
dans l'ital. scancio, scincio, schen-
cire, qui ont la même origine, mais
il est conservé dans sguancio.
Scancilher v. scancelhier.
Scandele, plus tard avec *c* préposé
eschandele, escandele, escandle, et
avec changement de la liquide
eschandre, escandre I, 294. II, 183.
196, et même escanle II, 402, scan-
dale, insulte, déshonneur, honte,
haine, inimitié ; aujourd'hui plus
irrégulièrement *esclandre ; de scan-
dalum ;* vb. escandelizer, escandelisier
I, 227. II, 137, scandaliser ; publier,
divulguer, surtout le mal ; offenser,
blesser ; *scandalizare* (σκανδαλίζω).
Sceiler, sceller v. seël.
Science v. scient.
Scient, escient II, 290. I, 104. 364,
scientos, essientos II, 290, *à escient*
II, 290, assiantre, escientre II, 290 ;
scientement, escientement, sciemment,
avec connaissance de cause ; —
science I, 159, science, savoir ;
scientia ; conscience I, 234, conscience ; *conscientia ;* — nice, niche,
ignorant, nigaud, niais, sot, in-
sensé ; *nescius ;* d'où niceté, niai-
serie, sottise, imbécillité.
Scientement v. scient.
Scientos v. scient.
Sconser v. esconcer.
Scrafe v. escraper.
Se picard pour sa v. ses et cfr. mes III.
Se, si, soi, sei, sai pron. réfl. de la
3e pers. I, 133. 4 ; de *se,* dont
les différentes formes s'expliquent
comme me, moi, mi, etc.
Se conj. v. si, conj.
Sé, siége v. seoir.
Seal v. seël.
Seant v. seoir.
Seaume v. salme.

Seaus v. seël.

Seax v. seël.

Sebelin v. sable.

Sec, secche, sac, sache (Roq. s. v. sache)
I, 289, sec, desséché, aride; *siccus;*
secher, sacher, secchier II, 338. Q.
L. d. R. I, 115; sécher, dessécher,
tarir; *siccare;* de là sechor, sachor
II, 141, sécheresse, aridité; comp.
desecher, desacher I, 231, dessécher,
sécher; *desiccare.*

Secchier v. sec.

Secher v. sec.

Sechon I, 328. Roquefort, sans en
citer aucun exemple, donne à ce
mot la signification de broussailles.
Si cette définition est juste, *sechon*
appartient à la racine celtique: irl.
seisg, kymri *hêsg,* lmâ. *sisca,* prov.
sescha, cesca, jonc, roseau. Mais
la disparition complète du *s* dans
la langue d'oïl, qui le favorisait,
rend cette étymologie plus que sus-
pecte. Je préfère rendre *sechon*
par bois mort, et le rapporter à
sec, seche; l'expression *concueillir
des sechons,* ramasser, *recueillir*
du bois mort, semble parler en faveur de cette supposition. Si l'on
voulait accorder le changement d'un
o en *e* (cfr. secorir, socorir), on
pourrait aussi rapprocher *sechon* de
sochon, bâton, morceau de bois, de
soccus, prov. *soc,* souche, tronc
d'arbre — et socque, propr. socle,
base, appui, tronc; d'où aussi soche,
souche, prov. *soca;* car, soit dit en
passant, on ne peut dériver, avec
Ménage, *soc* de l'allemand *stock,*
c'est ce que prouve d'une manière
irréfragable le diminutif *socle* de
socculus. Ainsi *souche, soc* partie
d'une charrue, et *socque* sont de
la même famille.

Sechor v. sec.

Secle v. seule.

Seconde v. secout.

Secont, seconde, segont, secund, secunde
(seconz, secunz) I, 113, second,
deuxième; *secundus;* segont prép.
II, 364.

Seconz v. secont.

Secorre v. corre.

Secors v. corre.

Secouer v. escorre.

Secreie fém. de secret.

Secreit v. secret.

Secret, f. secreie II, 192, secret, se-
crète; *secretus;* secreit, secroi I, 208,
secret; *secretum;* le secret de la
messe, le canon, parce qu'il se dit
à voix basse; à secret, à secroi
I, 400, en secret.

Secroi v. secret.

Seculier v. seule.

Secund, secunde v. secont.

Sed v. seoir.

Sedeir v. seoir.

Sedme v. set.

Seeir, seer v. seoir.

Seël, seau v. seille.

Seël, sceau, lettre, un des mots qui
a eu le plus de variantes, dont
voici les principales soel, sael, saiel,
saiiel, seal, sieail, saigel, seaul, saial,
saeal, sciaul, sel, saal, seiel, s. s. et
p. r. seaus, saiiaus, saiaus, seax, seus
I, 122, S. d. S. B. f. 52 r., H. d. Verd.
p. 15, Th. N. A. p. 1031, H. d. M.
p. 190, H. d. C. 18, Th. N. A. 1050.
1053, M. s. P. II, 629, J. v. H. 451.
4, H. d. B. II, 39, Rym. I, 2 p. 123,
H. d. Verd. 17, M. d. B. I, 1090, R.
d. l. M. 3420, Ph. M. 25404. Th. N.
A. I, 1008, Ch. d. S. p. 38, Rym. I,
2 p. 123, etc.; de *sigillum;* vb.
seeler, saeller, sceiler, sceller I, 52.
122. 166. 348. II, 42. etc., sceller,
ficher; *sigillare.* Le *c* a été ajouté
pour renforcer la consonne initiale.

Seëler v. seël.

Seer, scier v. soier.

Seëtte v. saette.

Segne, seigne v. ceindre.

Segne, segner v. signe.

Segneur v. sendra.

Segnor, segnorage v. sendra.

Segnorement v. sendra.

Segnori, segnorie v. sendra.

Segnoril v. sendra.

Segnorir v. sendra.

Segont v. secont.

Segur, seür II, 54. 60, et avec o soür
II, 248, sûr, assuré; de *securus*;
tot à seür I, 391, en toute sûreté;
metre à segur II, 176, mettre en
sûreté; adv. segurement, seürement,
soürement II, 16. 43. 50, sûrement,
d'une manière assurée; en sûreté,
sûr; segurtet, seürteit, seürte I, 101.
295, sûreté, assurance; *securitas*;
seürtance I, 374, sûreté. De *seür*
dér. aseürer I, 136. 180, assurer,
confirmer, garantir, certifier; d'où
entraseürer I, 272, confirmer, garantir mutuellement; — aseür, as-
seür I, 297. II, 37, assuré, certain;
adv. aseürement I, 354, assurément,
avec sûreté, sécurité.

Segurement v. segur.

Segurtet v. segur.

Sei, ses v. ses et cfr. mes III.

Sei pron. réfl. v. se.

Seiaul v. seël.

Seie, soie v. soie.

Seie, soie, soe, soue, sue, seue, sieue
I, 140, sienne. *Seie, soie, soe* s'expliquent comme les correspondants
meie, moie, moe; *soue* n'est que
soe avec o assourdi; *sue* est simplement le latin *sua* avec e picard
pour *a* (cfr. l'article le=la), ce qui
est une nouvelle preuve pour l'origine que j'attribue à mien, sien,
tien; enfin *sieue* est une copie de
mieue, et *seue* est pour *sieue;* cfr.
meie III.

Seiel v. seël.

Seier, seoir v. seoir.

Seier, scier v. soier.

Seif v. soif.

Seigne v. signe.

Seigner, saigner v. sanc.

Seigner, signer v. signe.

Seigneur v. sendra.

Seigneurie, seigneurier v. sendra.

Seigneurir v. sendra.

Seignier v. sanc.

Seignorage v. sendra.

Seignorement v. sendra.

Seignori, seignorie v. sendra.

Seignorir v. sendra.

Seignour, seignourier v. sendra.

Seignourir v. sendra.

Seignur, seignurage v. sendra.

Seille, seau, baquet; de *situla*, lmâ.
sicla, par euphonie pour sitla; aussi
masc. *siclus*, prov. *selh*. Seël, seau,
lat. *sitella;* c'est la forme primitive de notre *seau*.

Seïne, rets à pêcher, contracté en
seïne; de *sagena*. Cfr. Mén. s. v.

Seiner v. sanc.

Seint, saint v. saint.

Seint, saint, cloche; prov. senh, sen;
de *signum*. L'orthographe en *t* final,
au lieu de *sein, sain*, vient sans
doute de ce qu'on donnait aux
cloches le nom d'un saint. La forme
est restée plus correcte dans le
composé *tocsin*, composé de *toquer*
=toucher, frapper et de *sin* (sein)·
Cfr. Rayn. L. R. V, 226, et Mén.
s. v. toquesin et sain.

Seinefier v. saint.

Seintuarie v. saint.

Seir v. seoir.

Seis v. six.

Seisime v. six.

Seisine v. saisir.

Seisir v. saisir.

Seison v. saison.

Seissante v. six.

Seivre, seivrer v. sevrer.

Seix v. six.

Seize v. six.

Sejor v. jor.

Sejorner v. jor.

Sejourner, sejurner v. jor.

Sel, sceau v. seël.

Sel, si le I, 134.

Selle, cele I, 191. 242. II, 182, selle; *sella*; vb. seller, seller; comp. enseller, seller, enharnacher.

Selonc, selunc v. long et II, 364.

Selous v. soleil.

Sels v. seul.

Selum, selume v. long et II, 364.

Selve, salve I, 162, forêt, bois; *silva*; salvage, sauvage, savaige I, 184. II, 66. 247. 377, sauvage, farouche, dur, grossier; de *silvaticus*, prov. salvatge, ital. selvaggio, selvatico; d'où salvagine, sauvechine R. d. l. V. 218, bête fauve, venaison.

Semaine, semainne v. set.

Semance v. semer I.

Semancier v. semer I.

Semblance, semblanche v. sembler.

Semblant v. sembler.

Sembler, sambler, sanler, sembler, paraître, penser, croire, ressembler; assembler (v. plus bas); de *simulare, similare; se faire sambler*, se faire passer pour; dér. semblant, samblant, air du visage, mine, façon, semblant, opinion, avis; ressemblance, image; semblable (subst.); *montrer semblant*, faire mine; *faire semblant*, ib.; *au mien semblant*, comme il me semble, à ce que je pense; *par semblant*, *par semblement*, d'après ce qu'il semble, selon l'apparence, évidemment; semblance, samblance, semblanche, ressemblance, image, mine, minois; *à la semblance*, à l'imitation, à l'exemple de; comp. dissemblant (faire) II, 217, dissimuler; — assembler, assambler, assanler (assimulare, avec la signification de *simul*), assembler, rapprocher, se joindre à qqn., être du côté de qqn., appartenir à qqn.; *assembler à qqn.*, engager un combat avec lui; *s'assembler en bataille*

encuntre qqn.; inf. empl. subst. II, 244; d'où assemblement, troupes assemblées et en ordre de bataille; réunion, entrevue; assemblee, choc, combat, union; à assembles, en corps; assemblaison, assemblage, union; assembleement, ensemble, de compagnie; s'entreasembler I, 170, se prendre l'un à l'autre pour se battre; — resembler, sembler à son tour, ressembler.

Seme v. set.

Semeine v. set.

Semence v. semer I.

I. Semer I, 307. 328, semer, ensemencer, répandre; *seminare*; prov. semenar, ital. seminare, esp. sembrar; semence, semance I, 231. 283, semence, graine; proprem. *sementia*; d'où vb. semancier I, 283, semer, ensemencer.

II. Semer, séparer, désunir, priver, dépouiller; de *sémis*, demi; bas-latin semus, simare (v. DC.); adj. prov. sem, diminué, dénué; vb. italien scemare, que nous avons emprunté dans notre *se chemer* (scemarsi), au lieu de conserver la forme nationale.

Semonce v. semondre.

Semondre, semundre I, 81. 135, inviter, convoquer, sommer; part. semons, semuns; d'où semonse, semunse, semonce I, 169. II, 326, sommation, convocation, appel; de *summonere*. Il y avait encore de la même racine semoner, appeler en justice, donner assignation; d'où semoneor, semoneur P. d. B. 1006, celui qui semonne, sergent.

Semoneor v. semondre.

Semoner v. semondre.

Semoneur v. semondre.

Semons, semonse v. semondre.

Sempres, sempre, sampres adv. II, 324. 20.

Semundre v. semondre.

Semuns, semunse v. semondre.

Sen pron. pos. v. ses et cfr. mes III.; sen (le), sien, même forme avec l'article; cfr. mien.

Sen, san II, 233. 290. 311, esprit, raison, conduite, prudence; de l'ahal. sin, ib., allmod. sinn. On confondit de bonne heure ce mot avec le dérivé de sensus, et on lui donna un s (z) au s. r. et p. s., tandis que la véritable orthographe est en n final, ital. senno, prov. sen. Voy. G. d. V. v. 74. 84. 311. 1727, Ch. d. S. I, 126. 260. II, 134, etc. L'ahal. même avait admis sens, sensus. Dér. senet, sene, senee (propr. partic. de sener), sensé, plein de sens; substantiv. senneit I, 56. Comp. forsener, foursener I, 47. 362. II, 63. 214. 385, mettre hors du sens, rendre, devenir forcené, ne se posséder pas, égarer, mettre en colère; part. pas. hors du sens, insensé, extravagant, fou; d'où forsenerie, forcenerie I, 210, fureur, violence, folie, frénésie; forsenement, égarement, extravagance, rage.

Sendra Serm., contracté, dans la Picardie sans doute, en sire, sires, r. senor, senhor, sanior, sennur, segnor, segneur, signor, signour, signeur, singneur, seignour, seigneur, seignur I, 70. 1, seigneur, maître, souverain, mari; Dieu; de senior, le plus vieux, le plus considéré, le plus respecté. Segnor, etc., se disait aussi des femmes. Segnor droiturier, vrai et légitime seigneur. Signeur se contracta plus tard en sieur, d'où monsieur, du composé s. r. monsigneur, s. s. messire, mesire. De là segnorir, seignorir, signourir, seignourir, seigneurier, et, à la fin du XIIIe siècle, à la 1re conjug. seignourier, seigneurier (plus tard encore seigneuriser) I, 208. II, 52, maîtriser, dominer, commander, gouverner, être grand et magnifique;

entourer de respect, d'obéissance; comp. enseignorir I, 286, devenir seigueur, régner, dominer; — segnorie, seignorie, signorie, saniorie, seigneurie, signourie, sengnerie, signerie I, 145. 182. 344. II, 203. 366. 387, domination, puissance, pouvoir, seigneurie; signorement, segnorement, seignorement I, 263. II, 367. 386, seigneurie, supériorité, commandement; signorage, signerage, seignorage, segnorage, seignurage, signourage I, 173. 328, souveraineté, puissance, suzeraineté; segnoril, segnoril, segnori, seignori, signoril, signori I, 263. 363, seigneurial, princier, supérieur, principal.

Sene, senee v. sen.

Senefiance, senefianche v. signifier.

Senefier v. signifier.

Senescal v. seneschal.

Senescaul, senescaus v. seneschal.

Senescax v. seneschal.

Seneschal, senescal, senescaul (seneschaus, senescaus, seneschax, senescax) I, 59. 92. 328, d'abord serviteur chargé de la surveillance et de la direction des esclaves, économe, maître d'hôtel; puis intendant de la maison royale (sénéchal); lmâ. sinescalcus, seniscalcus; de l'ahal. sini-scalh (sini, goth. sinista, le plus ancien, et scalh, serviteur), le plus ancien serviteur. De là seneschaucie I, 291, seneschauchie, sénéchaussée.

Seneschauchie, seneschaucie v. seneschal.

Seneschaus v. seneschal.

Seneschax v. seneschal.

Senestre I, 281, gauche; sinister; dér. senestrier II, 129, gauche, à la gauche.

Senestrier v. senestre.

Senet v. sen.

Sengler, senglier v. singler.

Sengnerie v. sendra.

Senhor v. sendra.

Senifier v. signifier.

Senneit v. sen.

Sennur v. sendra.

Senoc II, 324 et glos. o.

Senoec II, 324 et glos. o.

Senor v. sendra.

Sens, **senz**, **sans**, **seinz**, **sains**, **sainz** II, 364.

Sens II, 341, sens; de *sensus*; *faire sens*, faire qqch. de sensé; *estre sens*, être sensé; *de sens*, de dessein prémédité; comp. **assens** I, 216, accord, consentement, assentiment; vb. **sentir** I, 238, sentir; comp. **assentir** II, 88, consentir, acquiescer, accorder; *s'assentir* I, 235. II, 27; d'où **assentement** I, 82. II, 362, assentiment, acquiescement; **consentir**, consentir, approuver, souffrir, endurer; *consentire*; *consentir à qqn.*, s'attacher à, suivre l'opinion de; *consentir qqch.*, accorder, faire la grâce de; *se consentir* I, 221, s'accorder, vivre en bonne intelligence; cfr. II, 261; d'où **consentement** I, 216, consentement; **s'entreconsentir** I, 402, verbe réciproque dans le sens de se consentir; — **sentence** I, 229, sentence; *sententia*; *estre mis en sentence* II, 205. Cfr. sen.

Sente I, 284. 316, sentier, chemin; de *semita*. Ce mot est encore en usage dans plusieurs patois, p. ex. en Franche-Comté. De là **sentele** I, 335, **sentelle** Q. F. Haymon 908, petit sentier. **Sentier** I, 329. II, 396, sentier; de *semitarius*.

Sentele, sentelle v. sente.

Sentence v. sens.

Sentier v. sente.

Sentine, sentine, ordure; de *sentina*. C'est à ce mot *sentina*, qui signifie l'endroit le plus bas d'un vaisseau, que se rapporte notre *sentinelle*, qui fut d'abord employé pour la flotte, parce que la *sentine* se remplissant d'eau, devait toujours être surveillée. Vossius dér. sentinelle de l'ital. sentinella, de l'ital. sentire,

entendre; mais le *in* ne s'expliquerait pas.

Senuec II, 324 et glos. o.

Seoir, **seor**, **seir**, **sedeir**, **seer**, **seeir**, **seier**, **sooir**, **soier**, **soer**, **sir** II, 74 et suiv., seoir, asseoir, siéger, être placé, être situé, être assis, convenir; *se seoir* II, 78; part. prés. **seant**, empl. subst. II, 78; comp. **reseant**, habitant, demeurant, ayant son domicile, subst. vassal obligé à résidence II, 79; d'où **reseantise** II, 35, domicile, bourgeoisie, sorte de redevance (cfr. assenter); **session** I, 53, action d'être assis, siége, séance; *sessio*; — comp **asseoir** II, 78, asseoir, constituer, fixer, accorder; être situé; assiéger; d'où **rasseoir** II, 79; — **desseoir** II, 79, desseoir, messeoir, déplaire; **enseoir** II, 80; **porseoir** II, 80. — De *adsiderc*, on employa le part. passé **assis**, **assise** substantivement, dans le sens de assemblée de juges et le jugement prononcé par eux, puis de taxe, imposition, taille; notre *assise*, couche de pierres, est le même mot employé d'une manière concrète. — **Sed**, **sied**, **siez**, **se** I, 83. II, 40, siége, place; *maistres siez*, siége métropolitain; *sedes*; dér. **siege** I, 101, siége; vb. comp. **assieger**, **asseger**, **aseger**, **asejer** II, 79 note, assiéger; d'où **raseger** II, 79.

Seon, **seun**, son I, 146.

Seor v. seoir.

Sepouture, sepouturer v. sevelir.

Sept v. set.

Septentrion v. sept.

Sepulchre v. sevelir.

Sepulcre v. sevelir.

Sepulture, sepulturer v. sevelir.

Serail v. serrer.

Serain v. soir.

Seremains v. sacre.

Serement v. sacre.

Serener v. seri.

Sereur v. soror.

Serf 1. pers. s. prés. ind. de servir.

Serf I, 85, serf, esclave; fém. serve; de *servus*; service, servise I, 52. 119, service, cérémonie religieuse; droit de servitude; *faire le service Dieu* I, 235; *servitium;* servituit, servitut, servitude, esclavage; *servitus;* servir, sarvir I, 151, *à* ou cum acc. II, 261, servir, être soumis à une servitude, être employé, avoir en usage; *servir vers qqn.* I, 215, mériter de, gagner; *servire;* comp. desservir, deservir I, 126. 144. 187. 217, mériter, récompenser, punir; de là desservance, mérite, récompense; deserte, desserte I, 297, mérite, récompense, salaire; messervir, desservir, nuire. Dér. servage, servaige I, 265. 278. II, 274, service, obéissance; cens ou redevance que doivent les serfs à leurs seigneurs; du part. prés. *serviens,* servant I, 79. 163. II, 68, ministre, serviteur, valet, servant. A côté de cette forme en *v* médial, on en trouve une en *j, g:* serjant, serghant, sergant, siergant I, 84. 5, serviteur, valet, domestique, ouvrier, compagnon, homme de guerre; qui dér. également de *serviens,* et non pas de l'abal. *scarjo,* allmod. *scherge,* comme le dit M. Grimm, car la signification primitive de ce mot repousse cette étymologie: il s'est employé d'abord pour *famulus, minister;* l'*i* de *serviens* a pris le son de la consonne, voilà tout. Pour les différents emplois de *servant* et *serjant* v. DC. s. v. serviens. Encore au participe *serviens,* se rapporte le subst. serventois I, 68, sirvente, sorte de poésie destinée au blâme ou à la louange, par opposition au lai d'amour; cfr. Wolff, Ueber die Lais, 306. Remarquez encore le collectif servaille II, 403;

cfr. canaille. On trouve enfin le subst. servis I, 287, service (prov. servit, cfr. Rayn. L. R. V, 211), part. passé de *servir* empl. subst. avec addition d'un *s,* probablement par influence de *servise,* lorsque les finales étaient encore prononcées. C'est de ce part. empl. subst. que dér. notre *serviette,* ainsi pour *servisette* ou *servitette.* Cfr. *servir une table,* service, ustensiles de table; *desservir* une table, d'où *dessert,* ce qui vient après le table, le repas.

Sergant v. serf.

Serghant v. serf.

Seri, sieri I, 66. 100. II, 44, serein, doux, mélodieux; de *serenus,* avec changement de l'*e* en *i* après l'apocope de la consonne *n,* pour relever la finale; prov. seren, sere; *à seri,* sans bruit, en secret, clandestinement; vb. serener, être, devenir serein, faire beau; *serenare.*

Serjant v. serf.

Sermon I, 101. II, 69, langage, discours, narration, propos, remontrance, sermon; *sermo;* vb. sermoner I, 79. 292. II, 82, sermoner, prêcher, parler, narrer, avertir, remontrer; d'où sermoneres, sermoneor, sermoneur, prêcheur, narrateur.

Sermon 1. p. s. prés. ind. de sermoner.

Sermoneor v. sermon.

Sermoner, sermoneres v. sermon.

Seror, serur v. soror.

Serorge v. soror.

Serpe v. serpent.

Serpent, s. s. et p. r. serpenz I, 82, m. et f. serpent; *serpens,* qu'on trouve abrégé en serpe, prov. serp, ital. serpe. Le peuple de certaines provinces donne encore le genre fém. à serpent.

Serre, scie; de *serra.*

Serre v. serrer.

Serrement v. sacre.

Serrer II, 384, fermer, enfermer, enserrer, presser, joindre près à près, embarrasser; de *serare*, de *sera* (plus tard serra), serrure, cadenas. De là aussi **serail**, fermeture, clôture. Quant à notre *serre*, il est difficile de dire s'il faut le rapporter à l'idée de pression, ou à celle de lacération, auquel cas il serait identique avec *serre*, scie (v. ce mot). Cfr. l'italien *serra*, presse, et l'allemand *kralle*, serre, qui peut se rapporter à *krümmen*, courber, ou *kratzen*, gratter, égratigner, etc. Comp. **desserrer** (*dessiere* 3e p. s. pr. ind., en rime), détacher, défaire, déployer, jeter; **enserrer**, enfermer, enserrer, enclore, envelopper.

Servage, **servaige** v. serf.

Servaille v. serf.

Servant v. serf.

Serve v. serf.

Serventois v. serf

Service v. serf.

Servir v. serf.

Servis, **servise** v. serf.

Servituit, **servitut** v. serf.

Ses, sou, sès; son, son; sa, sai, sa; sei, sui, seu I, 139 de *suus*, *suum*, *sua*, *sui*, *suos*, *suas*, et par analogie aux dér. de *meus* (v. mes III.); de même les formes picardes **sis**, **sen**, **se**, **si**; normand **sun**, anglonormand **soun**.

Ses, si les I, 134.

Sesante v. six.

Seson v. saison.

Sessante v. six.

Session v. seoir.

Sestier v. six.

Set, **sat**, **siet**, **sete**, **sept** I, 108. 109, sept; *septem*; **septime**, **setyme**, **sedme**, **sietme**, **setme**, **sietime**, contr. **sieme**, **seme** I, 114, septième; *septimus*; **setain** I, 116, septième; **semaine**, **semeine**, semaine; *septimana*; prov. septmana, ital. settimana, semmana; **septentrion** II, 279, ib.; *septentrio*;

setembre II, 188, septembre; *september*; **setante**, **setaunte** I, 109, septante; *septuaginta*.

Setante v. set.

Setaunte v. set.

Setembre v. set.

Setme v. set.

Setyme v. set.

Seu, **ses** v. ses.

Seu, **sieu**, **siu**, suif; de *sebum*, *sevum*.

Seü R. d. l. V. 113, sureau; de *sabucus*; prov. sauc; d'où le dimin. *su-reau* (seu et arius, arellus). On trouve aussi **seür** pour seü; d'où vient le **r**?

Sene, sienne v. ses.

Seul, **sol**, **soul**, **sul**, **seus**, **sous**, **sox**, **sels**, **sex** I, 190-1, seul, unique; dimin. **seulet**, seulet; adv. **solement**, **seulement**, **sulement**, **soulement** I, 132. 151. 366. II, 47. 53, seulement; de là **aseuler** R. d. C. d. C. 2372, isoler, rester seul; **esseuler** R. d. C d. C. 5610, A. et A. 2960, être à l'écart, isolé, s'écarter; cfr. le latin *desolare*, prov. desolar; — **soliteit** II, 37, isolement, vie solitaire; *solitas* (App.); **soltain**, **e** I, 265, seul, séparé, unique; *solitaneus*.

Seule I, 238, sans contraction et avec diphthongaison, **secle**, **siecle**, **siegle** I, 178. 267. 389. II, 271, siècle, monde, climat; vie; *tos li siecles*, tout le monde; de *seculum*; **seculier** I, 183, séculier, mondain; *secularis*.

Seulement v. seul.

Seur, soeur v. soror.

Seür, sureau v. seü.

Seür, sûr v. segur.

Seure, suivre v. sevre.

Seure, sur v. sor I.

Seürement v. segur.

Seureplus v. plus.

Seurnom v. nom.

Seürtance v. segur.

Seürte, seurteit v. segur.

Seus, sceau v. sceël.

Seus, seul v. seul.

Seute v. sevre.

Sevelir, ensevelir; *sepelire;* soupouli I, 252, enseveli, forme moitié latine, moitié française; comp. ensevelir I, 257. 282, ensevelir; *insepelire;* sepulture, sepouture, soupouture I, 251. 283. II, 123, sépulture, enterrement, funérailles; sépulcre, tombeau; *sepultura;* de là sepulturer, sepouturer, donner la sépulture, enterrer; comp. ensepulturer, ensepouturer, enterrer, inhumer; sepulcre, sepulchre I, 145, sépulcre; *sepulcrum, sepulchrum.* Pour le *ch* v. Freund L. W. s. v.

Several v. sevrer.

Severalement v. sevrer.

Severiteit I, 50, sérieux, gravité, sévérité; *severitas.*

Sevre, seure, sievre, sieure, suir, suire, sivre, sivir, sievir, siure, sirre, soivre, sure, sore II, 210 et suiv., suivre, poursuivre, accompagner, continuer, imiter; part. prés. empl. subst. sivant, suiant, successeur, descendant; subst. suite, seute, siute, site, suite, poursuite, file; comp. conserve II, 215; *consequi;* d'où aconsevre II, 215; ensevre II, 215; *insequi;* — porsevre, parsevre II, 216; *persequi;* porseueres, porseor, porsenor I, 77, persécuteur; *persecutor;* persecution I, 126, persécution; *persecutio;* du part. *exsecutus* (exsequi), on forma *exsecutare,* executer, actionner, poursuivre, exécuter; executor, executour, esseketeur, escheiteur I, 148. 244, exécuteur, qui exécute; *executor.*

Sevree v. sevrer.

Sevrer, seivrer I, 364, séparer, diviser, partager; *sevrer de vie* II, 5, quitter la vie; de *separare.* Notre *sevrer* a pris une signification fort restreinte. De là, part. empl. subst.; sevree, séparation; adj. several, qui est sé-

paré; lmâ. *separale,* peut-être formé sur *separ;* adv. severalement I, 299, séparément, chacun pour soi. T. II, 124 on lit seivre, en rime, comme adj. pour, vide, nette. Comp. dessevrer, desevrer, deseverer, qu'on trouve aussi écrit avec *u,* dessenrer I, 240. 270. II, 181, diviser, séparer, détacher, discontinuer, abandonner, rompre; le *dessevrer* II, 49, la séparation, le partir; de là dessevree, deseuree, séparation; dessevrance I, 188, séparation, désunion, rupture, départ; dessevreison I, 136, abandon, délaissement, désertion.

Sex, seul v. seul.

Sex, six v. six.

Sexante v. six.

Sezante v. six.

Seze v. six.

Sezime v. six.

Sezme v. six.

Sezzime v. six.

Si pron. réfl. v. se.

Si, ses v. ses.

Si, se conj. II, 291; *sc — non* II, 395.

Si adv. et conj. II, 392; *si ke* II, 394; *par si que* II, 395.

Sibler, sifler, siffler; de *sibilare,* vieux *sifilare.* DC. s. v.

Siecle v. seule.

Sied v. seoir.

Siegle v. seule.

Sien I, 140, sien; formé de *sen,* comme de men on fit mien, v. s. é. v.

Sierain v. soir.

Siergant v. serf.

Sierge v. cire.

Sieri v. seri.

Siet v. set.

Sietime v. set.

Sieue v. seie.

Sieure v. sevre.

Sievir v. sevre.

Sievre v. sevre.

Siez v. seoir.

Sifler v. sibler.

Siglaton, sorte de vêtement arrondi par le bas; l'étoffe dont on le faisait; de *cyclas* (κύκλάς), sorte de robe traînante à l'usage des femmes. V. DC. *s.* v. cyclas.

Sigle, voile; sigler II, 375, aller à la voile, cingler, naviguer; de l'ancien norois *sigal*, voile, *sigla*, faire voile; allmod. *segel*, *segeln*. Dès le XIVe siècle, on intercala *n* à *sigler*, d'où *singler*, que nous écrivons faussement par un *c* initial; esp. singlar.

Sigler v. sigle.

Signe, seigne, singne, senne, segne II, 358, signe, marque, indice, renseignement; constellation; de *signum*; signer, singner, seigner, seignier, segner I, 322. 387, signer, marquer, mettre un *seing*; faire signe, appeler; faire le signe de la croix; *signare*; *signer en croiz* I, 143; de là assigne, estimation; assignement, assenement, assignation, indication; chose assignée, hypothèque; assigner, asinier, asenier, assener, asener, assener (v. s. v.); d'où rassigner, assigner en dédommagement; — enseigne, enseigne, ensaigne, anseigne, enseigne II, 299. 368. 369. 370, signe, renseignement, ce qui fait reconnaître, d'où l'idée de drapeau, et par extension compagnie; du latin *insignia* (insignis); *faire enseigne*, faire signe, donner un signal; d'où enseigner, mettre ses enseignes; tandis que de *insignare*, pour ainsi dire, on fit ensigner, ensaigner, ensaigner, ensaignier, enseignier, enseiner, ensenger, ensaigner, enssengner I, 95. 220. 287. 321. II, 9. 65. 82. 97. 355, 360, désigner, indiquer, enseigner, instruire; part. pas. empl. subst. enseigné, docte, savant; d'où desenseigner I, 388, désapprendre, faire oublier; renseigner, ib. C'est également à *signe*, qu'il faut rap-

porter notre *seing*. Je citerai en dernier lieu le comp. presigner, prisigner, avec toutes les variantes du simple, de *praesignare*, dans un autre sens que celui du latin classique, pour dire baptiser, parce qu'on verse l'eau sur la tête de l'enfant en faisant le signe de la croix. L'acte du baptême étant, après la naissance, le premier de la vie, on remplaça pre, pri par prim (v. s. v.), qui devint prin, et primsigner, prinseigner, prit en général la signification de faire le signe de la croix, i. e. avant ou sur qqch., et dans Ben. I, p. 27, on le voit même exprimer l'idée d'enchanter par un signe.

Signefiance v. signifier.

Signefier v. signifier.

Signer v. signe.

Signerage v. sendra.

Signerie v. sendra.

Signeur v. sendra.

Signifiement v. signifier.

Signifier, signefier, senifier, senefier I, 95. 193. 221. 266, signifier; marquer, désigner, témoigner, déclarer; *significare*, d'où signefiance, senefiance, senefianche I, 263. 374. II, 2, marque, témoignage, déclaration, signification; signifiement, signification. Cfr. signe.

Signor, signorage v. sendra.

Signorement v. sendra.

Signori, signorie v. sendra.

Signoril v. sendra.

Signour, signourage v. sendra.

Signourie v. sendra.

Signourir v. sendra.

Siis v. six.

Sil, si le I, 134.

Silence I, 306, silence; *silentium*.

Siller, siller, faire un sillon; subst. sillon; de l'ancien norois *silâ*, sillonner, couper.

Sime v. six.

Simple I, 145, simple; *simplex;* simpliciteit II, 35, simplicité; *simplicitas.*

Simpliciteit v. simple.

Sinfonie, dans plusieurs traductions de la Bible, symphans, puis par corruption chifonie, cyfonie, cifoine, de *symphonia.* La *sinfonie* et la *chifonie* n'étaient pas d'abord le même instrument, mais on les confondit souvent, et *chifonie* finit par remplacer tout à fait *sinfonie.* C'étaient des vielles à roue. La *sinfonie,* appelée en latin *organistrum,* composé, selon de M. de Coussemaker, de *organum* et *instrumentum,* avait la forme d'une guitare moderne. Elle avait plusieurs cordes que faisait vibrer une roue et des sillets mobiles rangés le long du manche, enfin une manivelle pour faire tourner la roue. La *chifonie* est ce que nous appelons vielle, tandis que dans l'ancienne langue la *vïele* était un instrument à archet nommé aujourd'hui violon.

Singe, singe; *simia;* dim. singot, singetiaus, petit singe, jeune singe.

Singetiaus v. singe.

Singler, saingler, sengler, cengler, senglier, sanglier I, 67. 107. 210. 273. II, 401, et au s. s. avec r retranché sangles I, 74, sanglier; lmâ. *singularis.* Il a reçu ce nom parce qu'il vit seul, excepté dans les deux premières années, comme le dit Ménage. V. DC. s. v. singularis.

Singne, singner v. signe.

Singneur v. sendra.

Singot v. singe.

Singulier I, 272. II, 195, singulier, seul, unique, extraordinaire, particulier; *singularis.*

Sir v. seoir.

Sire, sires v. sendra.

Sirre v. sevre.

Sis, son, ses v. ses.

Sis, six v. six.

Sis, si les I, 134.

Sisime v. six.

Sissante v. six.

Sissantisme v. six.

Site v. sevre.

Sitost v. tost.

Siu, si le I, 135.

Siure v. sevre.

Siute v. sevre.

Sivir v. sevre.

Sivre v. sevre.

Six, sex, seix, sis, seis, siis I, 108. 109, six; *sex;* de là sesime, sisime, par contr. sime I, 114, sixième; siste I, 114, sixième; *sextus;* sestier, setier; *sextarius;* seize, seze I, 108. 109, seize; *sedecim;* de là sezime, seisime, sezzime, sezme, saizime I, 115, seizième; sexante, soixante, soxante, sezante, sissante, sessante, sesante, seisante, soissante I, 109, soixante; *sexaginta;* de là sissantisme I, 115, soixantième.

Soavet v. soef.

Sobit, subit I, 137, subit, prompt, soudain; *subitus;* adv. subitement II, 353, ib.; sodain, sudain M. s. J. 505, soudain; *subitaneus;* prov. sobtan, subtan; sudeement I, 128. 349, soudainement, subitement; *subita mens;* prov. soptamen, subtamen.

Soc, sook II, 225, soc; de *soccus,* ainsi nommé à cause de sa pointe recourbée comme celle d'un soulier. V. sechou ad fin.

Socorre, socors v. corre.

Sodain v. sobit.

Sodee v. sol.

Soe v. seie.

Soef, suef, souef, sueyf (soes, soues) I, 66. 100. 78, doux, gracieux, agréable, débonaire, tranquille, suave; et adverbialement; de *suavis;* dim. soavet, suavet, souavet, suavement, agréablement, doucement, tranquillement; **suavite** II, 241, suavité; *suavitas*; **suatume** I, 298, douceur, soulagement; pour *suavitudo*. Egalement de *suavis*, par dérivation romane en *are* (suavi-are), **asoager**, **asoager, asuager, asuaiger, assuageir, assouager, assouagier** I, 145. 184. 234. 290, adoucir, apaiser, amadouer, consoler, flatter par des paroles douces et attirantes, calmer, soulager; d'où **asuagement**, adoucissement, consolation, soulagement; comp. **rasoager**, adoucir, consoler, soulager; **rasuagement** II, 220, soulagement, consolation.

Soel, seuil v. v. sole.

Soël, sceau v. seël.

Soen v. suen.

Soentre v. soventre et II, 368.

Soer, seoir v. seoir.

Soer, soeur v. soror

Soer, soir v. soir.

Soes v. soef.

Soffere, sofferre v. soffrir.

Soffire, suffire, soufire II, 16. 306, suffire, contenter, satisfaire, plaire; *sufficere*; **soffisant** I, 101, suffisant, satisfaisant; adv. **soffisanment, soffisaument, souffissanment, souffisaument** I, 241. 296. 389, suffisamment, d'une manière satisfaisante.

Soffisanment v. soffire.

Soffisant v. soffire.

Soffisaument v. soffire.

Soffer II, 239, souffler; *sufflare*.

Soffraigne de soffraindre.

Soffraindre v. soffraite.

Soffraite, soffrete, souffrete, sofreite, soufraite, suffraite I, 239. II, 228, manque, disette, pénurie, faute; adj. **soffraitos, suffraitus** II, 200, **sofreitos, sofretos**, pauvre, indigent, dénué, manquant; prov. sofraita, sofraicha; sofraitos, sofraichos. Les formes prov. en *cha, chos*, nous mettent sur la voie pour retrouver

la racine de ce mot, qu'on rapporte d'ordinaire à *souffrir*. *Soffraite* dérive de *suffractus* (suffriugere). On trouve aussi le verbe **soffraindre**, manquer, faire faute; prov. sofranher; de *suffringere*.

Soffraitos v. soffraite.

Soffrance v. soffrir.

Soffraule v. soffrir.

Soffrer v. soffrir.

Soffrete v. soffraite.

Soffrir, suffrir, soffere, sofferre, soffrer I, 408. 9, cfr. II, 407, sousfrir R. d. l. V. 216, souffrir, endurer, tolérer, supporter, consentir; *sufferre*; *se soffrir de qqch.*, le supporter, s'y soumettre; *se soffrir*, se contenir, se modérer; **soffrance** I, 331, souffrance, patience, tolérance; *sufferentia* dans Tert.; adj. **soffraule** I, 188, souffrable, supportable.

Sofreite v. soffraite.

Sofreitos v. soffraite.

Sofretos v. soffraite.

Sognentage v. soin.

Sohaidier v. hait.

Soi pron. réfl. v. se.

Soie v. seie.

Soie, seie, soie; poil de certains animaux; de *seta*, poil long et rude de certains animaux (cfr. esp. pelo, poil et soie crue). V. DC. s. v. seta, où, dans un exemple de 1118, on lit seta serica, c'est-à-dire poil de soie, écheveau de soie. Dérivé *satin*, qu'on trouve contracté en **saïn** (Plus volentiers l'estranglast d'un saïn. Aubery éd. Tarbé, p. 3). De *seta*, vient aussi notre *séton*, *saie*, espèce de brosse.

Soier, seoir v. seoir.

Soier, seer, seier II, 75, scier, couper le blé, faucher; *secare*; sbst. *scie*. L'orthographe en *sc* a été introduite plus tard en remontant de nouveau à la racine.

Soif, seif I, 153, soif; de *sitis*; prov.

set. Le *t* a été remplacé par *f*.
Cfr. Maimbeuf, Magnobodus.

Soig v. soin.

Soignante v. soin.

Soignentage v. soin.

Soigner v. soin.

Soin, soing, soig I, 168, soin, souci;
soigner, songner, avoir de l'inquiétude, aider, fournir, soigner; adj.
sonious I, 129, soigneux; adv. soniousement I, 134. 151. 3, avec soin,
soigneusement; — dér. **soignante,
suignante, suinnante**, concubine,
femme illégitime; **soignantage, sognentage** II, 369, **suignantage, suin-
nantage**, concubinage, commerce
illicite avec une femme; — comp.
**besoin, besoig, besoing, busuing,
busuin** II, 377, affaire, nécessité;
besongne, besoigne II, 280 377, affaire, besoin, travail, tâche; **besognier, besoignier, besoingnier, besongner, busuigner** II, 278, être nécessaire, faire besoin; faire des affaires,
travailler; **abesoigne** II, 249, qui a
besoin, dans le besoin, dans la
peine; **besognol, besoigneus, besoinos,
besoignos, besoignal, besoignus, besoingnos** I, 160, qui est dans le
besoin, pauvre, indigent, urgent;
besoignable, besoniable, nécessaire,
utile; qui a besoin; — **essoigne,
esoigne, essone, essoine**, nécessité,
affaire, difficulté, empêchement, embarras, danger, péril, presse, excuse, raison alléguée pour s'excuser
de n'avoir pas comparu en justice;
mettre en essoine de mort, mettre
en danger de mort; **essoigner, essoiner, essonier**, excuser, exposer
en justice la raison pour laquelle
on n'a pas comparu; **essoinement,**
excuse en justice; **essoinieres**, celui
qui donne l'excuse en justice au
nom d'un autre; — **ensoignier, ensonier, ensongner, ensounier**, donner
ses soins à quelque chose, occuper,

embarrasser; — **resoignier, resoigner,
resongner**, craindre, appréhender,
regarder à deux fois, balancer, reculer. — La basse latinité disait
sunnis, sunnia, sonia pour *soin;
soniare* pour *soigner, essonia, es-
conia* pour *essoigne*, etc. Selon
M. Grimm *sunnia* est un mot d'origine franque, qui équivaut à l'ancien norois *syn*, abnegatio, proprement = à l'ancien saxon *sunnea*,
justification, excuse, défense, empêchement; gothique *sunis* (adj.),
vrai; *sunja*, vérité; *(sih) sunjon*,
(se) justifier; *sunjons*, justification.
Besoin se réunit très-logiquement
à la racine indiquée, mais que faire
de *be*? Ce ne peut être la préfixe
bes, qui donne toujours au mot
l'idée de quelque chose de faux,
de défectueux, de travers, et le
sens de *besoin* repousse une pareille interprétation. Cependant jusqu'ici on n'a trouvé aucun mot
allemand de la même racine avec
be initial, et il faudrait peut-être
rapporter *besoin* à une autre racine
qui se montre dans l'ahal. *pisiu-
nigi, bisiunigi*, scrupulum, scrupu-
lositate (cfr. le bas allemand moderne *sünig*, laborieux, économe),
ou bien admettre l'influence d'un
pareil mot dans notre *besoin*. Quant
à l'anglo-saxon *bysig, byseg*, occupatio, proposé par M. Grimm comme
racine de *besoin*, je ne vois pas la
possibilité de le faire concorder
avec *besoin*. Du Cange enfin propose de dériver *soin* de *somnium*,
parce qu'une ancienne glose a
somnium pour φροντίς, *somnior*,
μεριμνω; mais comment développer de *somnium* les significations
des composés? Cfr. de plus *songe,
songer* de *somnium*.

Soing v. soin.

Soir, seir, soer, soir; de *serum*; vb.

comp. aserier, aserer, aserir, faire soir, devenir tard, faire tard; sbst comp. primsoir, prinsoir I, 119; dér. serain, sierain R. d. l. V. p. 42, serein, soir. L'orthographe primitive en *ain* prouve que cette terminaison est le latin *anus, ser-anus*, et que *serain* dérive de *serus*, et non pas de *serenus*, comme on l'admet ordinairement. Ici se range aussi *sérénade*.

Soissante v. six.

Soivre v. sevre.

Sojorner v. jor.

Sol, sou, monnaie dont la valeur a changé selon les pays et selon les temps; de *solidus*, d'abord monnaie d'or, puis aussi d'argent, c'est-à-dire monnaie épaisse par rapport à la monnaie bractéate. T. I, 94 on trouve la forme irrégulière saul; en confrontant l'ital. saldo de solidus, on pourrait peut-être admettre une forme sal, d'où sau, cependant je crois que *au* est ici égal à *ô*. De là soldee, soudee, sodee I, 344. 163. 257. II, 369, solde, paie d'un homme de guerre, salaire; soldoier, soudoier, soldeier, soudeer, soldier I, 148. 221. 369. II, 50, soldat, mercenaire; fém. soudeiere I, 285, fille de joie.

Sol, seul v. seul.

Solacer v. solaz.

Solachier v. solaz.

Solacier v. solaz.

Solaiz v. solaz.

Solal v. soleil.

Solas, plaisir v. solaz.

Solas, soleil v. soleil.

Solaus v. soleil.

Solax v. soleil.

Solaz II, 129, solaiz II, 194, solas, soulas (z) I, 254, soulagement, consolation, plaisir, agrément, familiarité, entretien, badinage, divertissement; de *solatium*; vb. solacier,

solacer, soulacier II, 52. 7. 254, solachier R. d. l. V. 74, consoler, récréer, réjouir, divertir, se divertir. V. DC. solatiari.

Soldee v. sol.

Soldeier v. sol.

Soldier v. sol.

Soldoier v. sol.

Soldre, soudre, sorre, saudre, saure, saurre II, 204 et suiv.; comp. assoldre, asoldre, assaudre, assaure II, 204; *terre absolue* I, 308, terre sainte; *joedi absolu* II, 206, jeudi saint; persoldre, pursoldre II, 206; resoldre; dissolu M. s. J. 505, mou, faible, déréglé, sans mesure; *dissolutus*.

Sole, plante des pieds; solive, poutre; de *solum*, fond, fondement; soel, suel, sueil I, 74, seuil; de *solea*, semelle, d'où poutre, etc.; solier II, 243, charpente, plancher, plateforme, étage, chambre haute, grenier, aujourd'hui encore en usage en ce sens dans les patois, p. ex. à Montbéliard *soulie*; de l'adj. *solarius*. C'est également de *solarius* que vient solier, soller, soulier I, 62, dans le sens de soulier. Le poisson *sole* a reçu son nom de sa forme aplatie. Cfr. Mén. s. v.

Soleil, solol, solel, soloil, solal, soloz, solas, solaus, soleus, solax, selons I, 86. 7. 92, soleil; propr. *soliculus* pour sol, prov., esp. sol, ital. sole; vb. soleiller, briller; être éclairé du soleil, être au soleil.

Soleiller v. soleil.

Solel v. soleil.

Solement v. seul.

Soleus v. soleil.

Solier v. sole.

Soliteit v. seul.

Soller v. sole.

Sollempniteit (z) I, 101, solennité; *solemnitas*.

Soloil v. soleil.

Soloir, souloir II, 112-5, souloir, avoir
coutume; *solere.*

Solol v. soleil.

Solom, solum v. long et II, 364.

Solone, solune v. long et II, 364.

Soloz v. soleil.

Soltain, e v. seul.

Som prép. II, 364.

Som, sum, son, sun, sommet, bout,
pointe, haut, hauteur; de *summum;*
à som II, 221, à bout; *en som, en
son* II, 221, en haut, au sommet;
par son, par dessus, et tout à la
pointe, au point de O. d. D. 2104.
Notre *son*, écorce des grains, des
céréales, etc., propr. ce qui reste
en haut, le dernier dans le crible,
est le même mot. C'est de ce *som*
que nous avons dér. *sommet.* L'ancienne langue avait le vb. sommer,
mettre le couronnement à un édifice; comp. assommer, propr. mettre
au sommet, transporter en haut,
dominer, montrer. Somme, some,
sume I, 148. 193. II, 70, le point
essentiel d'une chose, le principal,
la récapitulation, somme, comble;
de *summa;* de là sommer, sommeir
I, 156, additionner, réunir, faire
la somme, totaliser, récapituler;
comp. assommer, résumer, récapituler, réduire en une somme, compter,
nombrer; consommer, achever, accomplir, rendre parfait; *consum-
mare;* parsomme, fin, conclusion;
à la parsomme I, 368. II, 236, au
bout, à la fin, en somme.

Some, poids v. somme I.

Some, somme v. som.

Someil v. somme II.

Someiller v. somme II.

Someillos v. somme II.

Someller v. somme II.

Somier v. somme I.

I. Somme, some, saume, sume f., poids,
charge; du bas latin *sagma* (σάγμα),
quae corrupte salma dicitur; cfr.

DC. s. v.; de là somier, sommier,
sumer I, 71. 266. II, 229, bête de
somme, cheval; sommier, poutre,
solive; sommelier, officier de la cour
chargé de faire porter tout ce qui
est à son usage; autres officiers,
entre autres, celui auquel nous donnons encore ce nom, parce que le
vin était entré par charges dans
la cave; etc. etc.; vb. comp. assommer, charger, surcharger, faire
fléchir sous le poids, affaisser, etc.

II. Somme m. I, 215, sommeil, somme,
propr. pour *som*, afin sans doute
de le différencier de *som, son,
summus, sonus;* ou bien est-il formé
du dim. someil, sommeil; de *som-
nus;* de là someillos, endormi, en-
gourdi, assoupi; someiller, someller
II, 376, someiller, reposer; comp.
assommer, causer le sommeil; dormir, reposer; prinsome, primson I, 119.

Somme, somme v. som.

Sommeir, sommer v. som et somme
s. v. som.

Sommelier v. somme I.

Sommier v. somme I.

Son, sommet v. som.

Son prép. II, 364.

Son, suen, sun I, 95. 162. II, 280.
400, son, bruit, air, chant; *sonus;*
dim. sonet, bruit d'une petite cloche;
chansonnette, petit chant, sonnet;
soner, sonner, suner I, 118. 119. 156.
232. 369, sonner, résonner, retentir;
jouer d'un instrument de musique;
parler, dire, déclarer, crier, proclamer, célébrer; *sonare;* de là
sonement, bruit, retentissement;
soneur, crieur, prôneur.

Sonement v. son.

Soner, sonner v. son.

Sonet v. son.

Soneur v. son.

Songe m. et f. I, 173. 222. 376. II,
384, songe, rêve; souvenir, pensée,
soin; *somnium;* prov. somni, somnhe;

songier, sonjer I, 178. 221, songer, rêver; penser, réfléchir, s'occuper; *somniare;* comp. ensongier II, 20, avoir ses pensées dirigées sur qqch., s'en occuper continuellement; d'où ensongement II, pensée, soin, apensement.

Songier v. songe.

Sonious, soniousement v. soin.

Sonjer v. songe.

Sooir v. seoir.

Sook v. soc.

Sooner, ridiculiser, dédaigner, mépriser; de *subsanare?* Cfr. prov. soanar, esp. sosañar.

Sope, soupe, supe, soupe, c'est-à-dire bouillon (liquide) avec des tranches de pain, et tranche de pain trempée dans le liquide; de l'ancien norois *saup, sup,* ahal. *sauf, suf,* bouillon; vb. soper, souper, super II, 331, faire le repas du soir, et infinitif pris substant. le repas du soir; esp. sopar, verser le bouillon sur les tranches de pain.

Soper, souper v. sope.

Soper, sopper, souper, chopper, faire un faux pas; comp. assoper, assouper II, 209, chopper, heurter, tomber en faute; de l'all. *schupfen, schuppen,* mouvoir par secousses, forme secondaire de schieben. Cfr. Dief. G. W. II, 250. *Soper* et notre *chopper* sont identiques.

Sopirer v. esperit.

Sopleier v. plier.

Soplier v. plier.

Soploier v. plier.

Soprendre v. prendre.

Soprenge, soprengions, etc., subj. de soprendre.

Soprise, soprisement v. prendre.

Sor, soeur v. soror.

I. Sor, sur, sour, sovre, sore, seur, seure, sure prép. et adv., II, 366, sur, dessus, au-dessus de, par-dessus, contre; *super* et *supra;* comp.

desor II, 367; *la desor* II, 367; dér. sovrain, soverain, suverain I, 55. 69. 148. 177, supérieur, élevé, souverain, céleste; subst. élu, général d'un ordre, d'une maison religieuse; propr. *superanus;* d'où sovraineteit I, 127, hauteur, élévation, choses célestes (par opposition aux terrestres), souveraineté.

II. Sor, f. sore II, 68. 356, jaune d'or, jaune tirant sur le brun (saure); prov. saur. Nous disons *hareng saur* pour hareng fumé; *saurer,* faire sécher à la fumée, et ce verbe dérive de l'ahal. *sôren,* sécher; mais je ne connais pas d'adjectif de cette famille, auquel on pourrait rapporter *saur, sor.*

Sorboivre v. boivre.

Sorce v. sordre.

Sorcerie v. sort.

Sorcherie v. sort.

Sorchier v. sort.

Sorcier, sorciere v. sort.

Sorcil v. cil.

Sorciux v. cil.

Sorcot v. cote.

Sorcrois v. croistre.

Sorcroistre v. croistre.

Sorcuidance v. cuider.

Sorde v. sort.

Sordeilhe v. sordois.

Sordeior v. sordois.

Sordeis v. sordois.

Sordire v. dire.

Sordois, sordeis, pire, moindre; comp. sordeior I, 103; de *sordidus* dans le sens de bas, de peu de valeur, pauvre; sordeilhe I, 134, saleté, vilenie; *sordicula* (Spl.).

Sordre, surdre, sourdre II, 207-10; comp. assordre, axordre II, 207, sourdre, jaillir; *assurgere;* resordre, resourdre, rejaillir, ressusciter; latinisme resurrexi I, 344. 355, ressuscitai; *resurrexi;* du part. passé sors, surs, sorse, surse, dér. sorse,

surse, sorce, surce I, 270, source;
ainsi *c* = *s*; de même le composé
ressource, dér. du part. passé comp.
ressors.

Sore, jaune v. sor.

Sore, suivre v. sevre.

Sore, sur v. sor I.

Sorfait v. faire.

Sorhabondeir v. onde.

Sorire v. rire.

Sorissir v. issir.

Soriz, suriz II, 208, souris; de *sorex*.

Sormonter, sormunter v. mont.

Sornom v. nom.

Soronde, devenu sévéronde; de *sub-grunda*; ital. gronda; le *g* a été
élidé en français.

Soronder v. onde.

Soror, seror, serur, sereur, avec contraction soer, suer, sor, seur I, 50.
128. 143. 6. 288. II, 288, soeur;
soror; sororge, serorge I, 244, beau-
frère; *sororius*.

Sororge v. soror.

Sorplanter v. plante.

Sorplus v. plus.

Sorporter v. porter.

Sorprendre v. prendre.

Sorprinse v. prendre.

Sorquerre v. querre.

Sorquot v. cote.

Sorre v. soldre.

Sors, sorse part. pas. de sordre.

I. Sort I, 316, destin, oracle, magie;
sors (sort); *entendre de sort*, savoir
la magie; cfr. prov.: Jeu ai ja vist
home que conoys fort, | Et a *legit*
nigromansi'e *sort*, Rayn. Choix III,
193; — sorcier, sorchier, sorciere
I, 102, sorcier, sorcière; proprem.
sortiarius, sortiaria v. DC. et Mén.
s. v., ital. sortiere; sorcerie, sorcherie
I, 377, sortilége, maléfice, magie;
— sortir, essayer, éprouver, obtenir; *sortiri*; comp. assortir.

II. Sort, sorde, sourd; *surdus*; de là
asourder, rendre sourd, devenir sourd.

Sortir, essayer v. sort.

Sortir, échapper, sortir; comp. resortir
I, 368. II, 97. 237, s'enfuir, se
retirer, abandonner, se réfugier;
subst. resort, action de se retirer,
retirade, retraite; *sans resort*, sans
la possibilité de se sauver, sans
faute; *faire resort*, se retirer, abandonner. On a dérivé *sortir*, comme
son homonyme dans le sens de obtenir, de *sortiri*, mais en partant
du sens de partager, se partager,
c.-à-d. s'en aller; toutefois la signification de son correspondant prov.
sortir, bondir, sauter, faire sauter,
et esp. *surtir*, jaillir, ne permettent
guère cette dérivation; aussi doit-
on préférer l'étymologie proposée
par Ménage, *surrectire*, formé sur
surrectus (surgo). Le subst. *ressort*, rebondissement, contre-coup,
se range ici. C'est encore de la
signification qu'avait le subst. *resort*
dans l'ancienne langue, que vient
celle de juridiction qu'on lui attribue, c.-à-d. que ressort signifie
proprem. le lieu de refuge où l'on
cherche et obtient son droit. On
perdit de bonne heure la trace de
l'origine de cette signification (voy.
DC. et Mén. s. v.) et *resortir* équivalant alors à recouvrer, i. e. son
droit, on le rapprocha de *sort* et
sortir = obtenir, et on le conjugua
comme ce dernier.

Sortraire v. traire.

Sorussir v. issir.

Sorvaincre v. vaincre.

Sorvoir v. veoir.

Sos de sot.

Sos v. soz.

Soscorre v. corre.

Soscors v. corre.

Soscraindre v. creindre.

Soscrire v. escrire.

Sosduire v. duire.

Sosgeit v. gesir.

Sospeçon v. suspezion.

Sospicier v. suspezion.

Sospirer v. esperit.

Sospiros v. esperit.

Sosprendre v. prendre.

Sostance v. steir.

Sostenance v. tenir.

Sostenement v. tenir.

Sostenir v. tenir.

Sostraint I, 227, soustrait, enlevé; ce peut être le participe de *sostraindre*, *substringere*, resserrer; v. straindre II, 238; mais je ne connais pas ce verbe, et peut-être est-ce *sostrait* avec *n* intercalaire; quoique *sostraindre* soit plus expressif en ce cas.

Sostraire v. traire.

Sot, sotte *(sos)* II, 144. 284, fou, imbécille; de l'hébreu rabbinique *schoteh*, stultus; v. DC. sottus; adv. sottement I, 171, follement; de là sotie II, 336, folie, extravagance, imbécillité; asoter, assoter, rendre sot, tromper; devenir sot, imbécille, perdre le sens; d'où asotement, assotement, folie, sottise.

Sotie v. sot.

Sottement v. sot.

Sou, sou v. sol.

Sou, si le I, 134.

Souavet v. soef.

Souchi, souchier v. souci.

Souci, souchi, souci, chagrin, inquiétude; *sollicitum*, pour *sollicitum*; soucier, souchier, soussier, être inquiet, avoir des soupçons, se donner bien des soins. Cfr. Ménage.

Soucier v. souci.

Soucorre v. corre.

Soucors v. corre.

Soudant I, 66, prince mahométan; prince païen, en général; mot arabe, le même que *sultan*, signifiant domination, puissance, souverain.

Soudee, soudeer v. sol.

Soudeiere v. sol.

Soudoier v. sol.

Soudre v. soldre.

Souduire v. duire.

Souef v. soef.

Soues v. soef.

Soufera, souffrera II, 228, v. I, 245.

Soufferrai, ras, etc. v. I, 245.

Souffissanment v. soffire.

Souffisaument v. soffire.

Souffrete v. soffraite.

Soufire v. soffire.

Soufraite v. soffraite.

Sougloter v. sanglot.

Soujourner v. jor.

Soul v. seul.

Soulacier v. solaz.

Soulas (z) v. solaz.

Soulege v. legier.

Soulegier v. legier.

Soulement v. seul.

Soulier v. sole.

Souloir v. soloir.

Soun v. ses.

Soupe v. sope.

Souper, souper v. sope.

Souper, chopper v. soper.

Souploier v. plier.

Soupouli v. sevelir.

Soupouture v. sevelir.

Souprendre v. prendre.

Sour v. sor I.

Soür v. segur.

Sourcot v. cote.

Sourdre v. sordre.

Soürement v. segur.

Sous prép. v. soz.

Sous, seul v. seul.

Sousfrir v. soffrir.

Souspeçon v. suspezion.

Souspicier v. suspezion.

Souspir, souspirer v. esperit.

Souspirement v. esperit.

Sousprendre v. prendre.

Soussier v. souci.

Sousterin v. terre.

Soustiller v. sutil.

Soustraire v. traire.

Soutif v. sutil.

Soutil, soutilment v. sutil.

Soutiller v. sutil.

Soutiument v. sutil.

Soutivement v. sutil.

Soutivete v. sutil.

Souvenance v. venir.

Souvenir v. venir.

Souvin, souviner v. sovin.

Sovenance v. venir.

Sovenir v. venir.

Soventre, soentre, suentre adv. et prép. II, 368 et 369.

Soverain v. sor I.

Sovin, souvin, couché sur le dos, renversé; *supinus;* soviner, souviner, renverser; *supinare.*

Sovrain v. sor I.

Sovrainetet v. sor I.

Sovre v. sor I.

Sox v. seul.

Soxante v. six.

Sozgeit v. gesir.

Soz, sos, sous, suz prép. II, 365; comp. desoz II, 365, d'où dedesuz II, 366.

Special, specialement v. espece I.

Spede, spee, espee, espeie m. et f., épée; de *spatha* (σπάθη); de là espeier, percer de l'épée, enfiler, transpercer.

Spee v. spede.

Spelt v. espeler.

Sperance v. esperer.

Spiriteit, *la,* I, 82 lisez l'aspiriteit, v. aspre.

Spiritueilment v. esperit.

Spirituel v. esperit.

Splendor II, 128, splendeur, éclat; *splendor* de *splendere,* ital. splendere, anc. esp. esplender; vb. comp. resplendir I, 101. II, 69, resplendir, briller; *resplendere;* d'où, par le part. prés., resplendissance, splendeur, éclat, clarté.

Spor, spur I, 66, sorbier, cormier; de l'allem. *spor-baum,* l'une des nombreuses variantes du nom de cet arbre. Quant à l'origine de *spor,* elle n'est pas encore expliquée.

V. Schmeller s. v. spor, sperberbaum. Il est à remarquer que le traducteur des Q. L. d. R. qui, dans le même passage, a employé le radical pur *sap* (v. ci-dessus), conserve également le mot simple en ce cas. Du reste, on ne doit pas plus s'étonner de voir figurer le sorbier que le sapin dans une description du temple de Jérusalem; le traducteur, qui a travaillé d'après des sources inconnues, a nommé les espèces de bois dont on faisait le plus souvent usage de son temps. Les anciennes descriptions du temple ne s'accordent guère mieux que la nôtre avec les livres saints. Voy. Ewald, Gesch. d. Volkes Israel. 3. B.

Spouse v. espondre.

Spur v. spor.

Stabilite v. steir.

Stancenement v. stancener.

Stancener I, 55. II, 95, soutenir, appuyer, attacher, retenir, modérer; stancenement, soutien, appui, attache, lien. Il ne serait pas impossible de rattacher ce mot à *stare,* par le part. prés. *stans,* au moyen de *stançon,* et avec affaiblissement de l'*o* (v. ci-dessous); cependant l'âge du texte où il se trouve, pour ainsi dire uniquement, stancener, et l'influence du bas-allemand qu'on y remarque partout, me font préférer une origine allemande: bas-allem. *staken, stakken,* pieu, *stakke,* petit pieu, *stakk,* digue de pieux, défense; suéd. *stake;* allmod. *stakete;* vb. *staken, stakken,* munir de pieux, soutenir, etc. Le redoublement du *k* a produit le *n* dans *stancener,* comme p. ex. dans l'allemand *stange,* qui est de la même famille.

Station v. steir.

Steir, ster, esteir, ester I, 296 et suiv., se tenir debout, se tenir, rester, demeurer, se reposer, être, maintenir, comparaître, convenir, être séant; *il li estait bien, mal,* il lui va bien, mal; *ester, ester à droit, à jugement* I, 49. 301; esta I, 299, arrête; *laisser ester* I, 301; *s'ester,* se tenir debout, se tenir, se comporter, s'arrêter; estant, en estant, debout, en place, tout court, sur-le-champ; de là estament, aussitôt, incessamment; estement, état tranquille, séjour, situation; estee, séjour; estance (de stans), situation, condition; qui, soit dit en passant, a produit notre *étançon* et dérivés; — station II, 380, station, demeure, séjour; *statio;* — estable, estaule I, 95. 266. 305, stable; *stabilis;* establir, estaublir, estaulir I, 252. II, 159, établir, fonder, marquer, indiquer, fixer, placer, ranger; *stabilire;* d'où establie II, 248, bataillon, compagnie, armée; establissement II, 34, fondation, édit, ordonnance, règlement; · — estage, estaige I, 177. 239. 391. II, 354, état, place, lieu, séjour, demeure, habitation, partie habitée d'une maison, puis étage; temps de service ou résidence obligée pendant un certain temps dans le château de son seigneur pour le défendre; de *staticus* (stare); de là estagier, établi, domicilié en un lieu; adjéct. p. ex. *maison estagiere,* celle où l'on habite, domicile; — stabilite I, 233, stabilité; *stabilitas.* Comp. asteir I, 302; — consteir I, 302; constance I, 177, constance; *constantia;* — contresteir, encontresteir I, 302, résister, contester, s'opposer, faire obstacle, disputer, contrèdire; — bienestance, bien-être, bonne harmonie; mesestance I, 149. II, 65, déplaisir, chagrin, malheur, contre-temps, mésintelligence; — paresteir I, 302; — resteir I, 302. 207; d'où aresteir, arestier, arester,

arrester I, 302, arrêter, s'arrêter, rester en repos; *s'arester,* s'arrêter, en rester à qqch.; *restare, prendre* arest II, 304, s'arrêter, se reposer; de là arestison, retard, délai; arestemént II, 289, soutien, protection; arestuel, aresteul, manche, poignée, fût de la lance. — Substance, sustance, sostance I, 152. 188. 360. II, 126, substance; ce qui sert à la subsistance; maintien, conservation, soutien; *substantia;* ital. sostanza; peut-être avec influence de sustenance.

Stencele, estincele R. d. l. M. 412, étincelle; par renversement de *scintilla.* Cependant on trouve escintele.

Sternir II, 366, étendre, renverser, fouler; *sternere.*

Stieresman v. esturman.

Strae v. estree.

Straindre II, 238; comp. destraindre II, 238, aux significations duquel il faut ajouter presser, serrer, se chagriner, affliger, blesser, être forcé d'agir contre son gré; avec un part. passé destraint formé d'après les usages de la langue d'oïl; le latin *districtus* a produit destroit, avec les mêmes significations (v. s. v.); de là destrenzon I, 50. II, 395, tourment, contrainte, chagrin, inquiétude, affliction, peine, punition; destraignement, même signification; — estraindre II, 238, qui est plutôt *straindre* avec e préposé qu'un dérivé de *exstringere,* quoique cette dernière forme ait pu exercer quelque influence; part. passé estraint; et de *strictus,* estroit (v. s. v.); — restraindre II, 238; restroit I, 359, pressé, serré, privé, à court, abattu, oppressé, tourmenté; *restrictus,* sbst. détroit, passage étroit et serré; cfr. destroit; — astraindre II, 238, d'où rastraindre, avec les significations de *astraindre* et *restraindre;*

23 *

de là rastrendement, restrendement
M. s. J. 472, action de s'astreindre,
restreindre.

Stroit v. estroit.

Suavet v. soef.

Subitement v. sobit.

Subjection v. gesir.

Substance v. steir.

Subtilement v. sutil.

Subtilier v. sutil.

Subtiliteit v. sutil.

Subversion v. vertir.

Suc, sui, suc, jus, sève, sauce; *sucus*;
de là vb. comp. essuier, esuer, essuyer; propr. *exsucare*; simple ital.
sugare, prov. sucar; comp. ital.
asciugare, prov. eisugar; de là essuier, évier, conduit par lequel s'é-
coulent les eaux d'une cuisine; essuion, torchon, ce qui sert à essuyer;
resuer II, 242, essuyer à son tour,
ressuyer; et notre subst. *essui*, de
exsucus ou *exsuctus*. *Sucer* vient
de *suctus*, *suctiare*, ital. sncciare,
suzzare.

Succession v. ceder.

Successor, successur v. ceder.

Sucurre v. corre.

Sucurs v. corre.

Sud I, 83, sud; de l'anglo-saxon *sudh*,
islandais *sudur*, ahal. *sund*.

Sudain v. sobit.

Sudeement v. sobit.

Sue v. seie.

Suef v. soef.

Suel v. sole.

Suen, bruit v. son.

Suen, soen I, 139. 140, sien; dér.,
avec diphthongaison régulière, de
suum.

Suentre v. soventre et II, 368.

Suer v. soror.

Suer, suer, transpirer; *sudare*; suor,
suour, suur II, 42. 64, sueur, trans-
piration; *sudor*; comp. tressuer R.
d. C. 49. 92, transsuder, transpirer,
se couvrir de sueur.

Sueyf v. soef.

Suffire v. soffire.

Suffraite v. soffraite.

Suffraitus v. soffraite.

Suggestion I, 373, suggestion; *suggestio*.

Sui, ses v. ses.

Sui, suc v. suc.

Suignante v. soin.

Suignentage v. soin.

Suinnante v. soin.

Suinnentage v. soin.

Suinter, transsuer, suinter; de l'ahal.
suizan, allmod. *schwitzen*, suer,
avec *n* intercalaire; cfr. sigle, sigler.

Suir, suire v. sevre.

Suite v. sevre.

Sujorner v. jor.

Sul, sulement v. seul.

Sulon, sulunc v. long et II, 364.

Sum, sommet v. som.

Sume, poids v. somme I.

Sume, somme v. som.

Sumer v. somme I.

Sun, sommet v. som.

Sun, bruit v. son.

Sun prép. II, 364.

Sun, son v. ses; sun (le) sien, même
forme avec l'article, cfr. mun, mien.

Suner v. son.

Suor, suour v. suer.

Supe v. sope.

Super v. sope.

Sur prép. v. sor I.

Sur, aigrelet, aigre, acide; de l'ahal.
súr, acide, aigrelet; allmod. *sauer*.
Cfr. Dief. G. W. II, 189.

Surce v. sordre.

Surcot v. cote.

Surdre v. sordre.

Surduire v. duire.

Sure, suivre v. sevre.

Sure prép. v. sor I.

Surgien, chirurgien; anglais surgeon;
dér. de *chirurgia*, cirurgia, srurgia,
puis rejet du *r* initial, prov. surgia,
chirurgia.

Suscher v. suspezion.

Susciter v. sus.

Suspeis v. pois I.

Suspendre v. pendre.

Suspezion, sospeçon, suspeçon, souspeçon I, 125. 256. II, 304, soupçon, inquiétude; de *suspicio;* v.b suscher Q. L. d. R. III, 338, soupçonner; de *suspicari;* mais aussi sospicier, souspicier I, 183.

Suspir, suspirer v. esperit.

Susprendre v. prendre.

Sustance v. steir.

Sustenance v. tenir.

Sustenir v. tenir.

Sutif, sutifment v. sutil.

Sutil, soutil, dégénéré en soutif, sutif, soutis (probablement par suite de l'aplatissement de *l* en *u*, f. soutiue = soutive, d'où soutif), subtil, avisé, fin; caché, détourné, celé, secret;

subtilis; subtilement, soutilment, sutifment, sutivement, soutivement, soutiument I, 215. II, 14. 96. 155, subtilement, ingénieusement, adroitement, avec art, doucement, en silence, à voix basse; subtiliteit, subtilité; *subtilitas;* et, d'après l'adjectif, soutivete, subtilité, finesse; vb. soutiller, soustiller, subtilier, imaginer, s'efforcer, s'étudier, s'ingénier, chercher qque. moyen.

Sutivement v. sutil.

Suur v. suer.

Suvenance v. venir.

Suvenir v. venir.

Suvrain v. sor I.

Suz v. soz.

Suzlegier v. legier.

Suzprendre v. prendre.

T.

Ta v. tes.

Tabernacle v. taverne.

Table, taule I, 66. 160, table; jeu analogue à celui de trictrac ou de dames, v. DC. tabula, 9; *tabula;* de là tauliele II, 135, tablette, petite table, métier à travailler; tablier II, 79. 226, table de jeu, échiquier; nappe. Cette forme en *au,* nous a fourni *tôle,* propr. table de fer. *Tablier* (de femme) est le même que celui cité plus haut; *tabularium.*

Tablier v. table.

Tabor, tabur, tabour II, 277, tambour; vb. taborer, tambourner; taboreor, tambourneur. Nodier et d'autres prétendent que ce mot est une onomatopée; ordinairement on le dérive du persan *'tambúr,* ou de l'arabe *'tonbúr,* cithara. Le lmâ. disait entre autres *taburcium, taburlum* pour *tabor;* ces mots sont sans doute onomatopéiques et formés

simplement d'après *tabor.* Je rappelle ces formes comme termes de comparaison, parce que je pense qu'il faut attribuer la même origine à tabut, bruit, querelle, débat, contestation; vb. tabuter, tabuster, faire beaucoup de bruit en frappant sur qqch., se disputer avec chaleur; ainsi qu'à notre *tarabuster;* cfr. prov. talabust, bruit, vacarme.

Taboreor v. tabor.

Taborer v. tabor.

Tabut, tabuter v. tabor.

Tacon v. taiche.

Tafur I, 284, déloyal, trompeur, fripon, vaurien, libertin. *Tafur* est sans doute d'origine arabe; mais je ne sais à quel mot le rapporter. V. Chanson d'Antioche II, 7.

Tai v. tes.

Tai, boue, fange, bourbier; du néerlandais *tâi,* gluant; bas-saxon *taa,* ahal. *zâhi,* allmod. *zähe.*

Taiche, teche, tece, tesche, teque, teke

II, 233, qualité, disposition natu-
relle, puis mauvaise qualité, vice,
faute, défaut, tache (qui s'est ap-
pliqué enfin particulièrement à la
couleur). De là taicher, techer,
tacher, souiller; prov. tacar, ital.
tacciare; comp. entechier, entecier
II, 156, entacher, souiller; au part.
passé, qui a de bonnes ou de mau-
vaises qualités, bien ou mal disposé. Avant de rechercher quelle
peut être la racine de ce mot, je
dois faire remarquer que les formes
correspondantes ou affiliées de nos
patois et des autres langues romanes ont, entre autres significations, celles de: clou, tête de clou,
(talon de soulier), plaque, attache,
pièce, morceau, comme le dérivé
tacon (tac-on), d'où retaconner (Paris
sous Philippe le Bel p. 174, Ruteb.
II, 423). A la même famille appartiennent encore les verbes dérivés *attacher* (à Venise *tacare*,
agrafer, attacher), *attaquer* (italien
attacare, attacher et attaquer, ainsi,
au propre, s'attacher à quelqu'un).
La racine *tac* se retrouve dans le
celtique et dans l'allemand: gallois
tac, clou; cornouaillais *tach*, clou;
allemand *zacke* et hollandais *tak*,
pointe; ancien norois *taca*, saisir,
prendre. Ainsi nous aurions les
significations: quelque chose de
fixant, fixé, attaché, tacon, pièce,
tache, défaut, faute. Ou bien fau-
drait-il séparer *taiche* des autres
mots et le rapporter au gothique
taikns, signe, miracle; anglo-saxon
tâcun, *tâcn*, ancien norois *teikn*,
danois *teign*, *tekn*, signum, nota,
omen, miraculum; gothique *taiknjan*,
ustaiknjan, montrer, désigner? Je
ne crois pas que cette séparation
soit fondée.

Taïe, grand' mère; dér. taiien I, 143,
grand' mère; taiion, grand-père;

de *tata*, d'après Varron dans Nonnius 81, 5.

Taiien v. taïe.

Taiion v. taïe.

Taille, coupure, incision; impôt (v. cfr.
Rayn. L. R. III, 3); tailler, tailler,
couper, trancher; imposer une taille;
de *talea* (v. DC. s. v.); de là tailleres, tailleor, tailleur d'habits, de
pierres, coupeur; tailloir, tailloir,
bassin; comp. entaille R. d. l. V.
p. 135, entaille, créneau; entailler
ib. 43, entailler, tailler, sculpter;
retailler I, 106. 187. II, 23, retrancher, rogner, amoindrir; séparer, détacher.

Tailleor v. taille.

Tailler, tailleres v. taille.

Tailloir v. taille.

Taindre, teindre II, 238.

Taire v. taisir.

Taisamment, taisanment v. taisir.

Taisel v. tassel II.

Taisible v. taisir.

Taisieble, taisieblement v. taisir.

Taisir, teisir, taire, teire, tere, teiser
II, 216 et suiv., avec et sans *se*,
taire, apaiser; *tacere*; du part. prés.
taisant, silencieux, on forma l'adv.
taisanment, taisamment I, 371, si-
lencieusement, tacitement, paisiblement; adj. taisible, taisieble II, 18,
tacite, paisible, silencieux, taciturne; adv. taisieblement II, 191,
tacitement, d'une manière sombre,
taciturne, sans rien dire.

Taisniere v. tassel II.

Taisson v. tassel II.

Tal v. tel et I, 192.

Talemasche v. mascher.

Talent, talant, telant I, 292. II, 369.
390, talent (monnaie) — désir, envie, volonté, goût, inclination de
l'esprit, propension, disposition, résolution; de *talentum*, ταλαντον,
balance, d'où poids, trait, traction,
attraction; *venir à talent*, prendre

envie; *doner au talent de qqn.*,
s'accorder à la volonté, au désir
de qqn., consentir; *avoir son talent
sur qqn.*, haïr qqn.; de là **talenter**,
comp. **atalenter**, plaire, avoir pour
agréable, approuver, désirer, tâcher
de faire quelque chose; **entalenter**
I, 149, vouloir faire qqch. et y être
résolu, désirer faire qqch., rendre
désireux; **maltalent, mautalent, mautelant** I, 93. 293. II, 350, mauvaise
volonté, colère, haine; d'où **maltalenti**, qui a mauvaise volonté,
acharné, courroucé, irrité. La signification aptitude, habileté, qu'on
attribua plus tard à talent, se rapporte à la signification primitive
somme, trésor, qu'on a sur soi.

Talenter v. talent.

Talmasche v. mascher.

Talon, talun II, 363. 373, talon; de *talus.*

Talpe, taupe II, 385, taupe; *talpa.*

Tamaint I, 179 et s. v. maint.

Tamer, temer I, 209, craindre, inquiéter, préoccuper; de *timere;* prov.
temer, ital. temere; **temeur, timeur,**
crainte, peur; *timor.*

Tamis II, 385, tamis; prov. tamis,
ital. tamigio, esp. tamiz, lmâ. ta-
misium; selon M. Diefenbach Celt.
I, 142 du celtique *tamma*, mettre
en pièces. La suffixe *isium*, si c'en
est une, a son origine hors du domaine roman, ou bien elle est pour
itium, icium. Il est vrai qu'en ce
cas on aurait dû attendre tamitz
en provençal.

Tan, tan; tanner, tanner; mot fort
ancien, qui se trouve déjà dans les
gloses d'Erfurt. Frisch dér. *tan*
de l'allemand *tanne*, sapin, ahal.
tanna, holl. *denne*, parce qu'autrefois on préparait le *tan* avec l'écorce
du sapin. M. Diefenbach Celt. I,
142 dér. au contraire *tan* du breton
tann, chêne. Ce *tann* ne se retrouvant que dans le seul dialecte

de Léon, on s'en est fait une raison pour dire que *tann* n'était pas
celtique et pour rejeter la dér. de
M. Diefenbach. Faisons d'abord
observer que le *tanne* allemand n'est,
à ce point de vue, guère mieux
fondé dans son origine, puisque
tous les autres dialectes allemands
ne le connaissent pas. Puis ajoutons que *tann* celtique existe à l'état
de composition: breton *glastennen,
glasten, glazten,* gallois *glasdonen,*
ilex; *glas* = viridis. On trouve ce
glastannen dans un Dict. cornouaillais du IXe siècle. C'est le
7e mot parmi les nomina arborum.

Tancher v. tenser.

Tançon v. tenser.

Tandis adv. II, 328.

Tangonner, exciter, presser, pousser;
lmâ. *tanganare;* du celtique: kymri
lengyn, tenax. Cfr. tangre.

Tangre, opiniâtre, entêté: correspondant au bas-saxon *tanger,* allmâ.
zanger, ib. Ce mot a-t-il quelque
affinité avec *tangonner?* M.J.Grimm,
Rechts-Alt. 6, cherche à ramener
ce dernier à l'allemand.

Tans, temps v. tens.

Tans, tant v. tant et I, 191.

Tans dis, tanz dis v. II, 328.

Tant, tante, tanz, tans pron. I, 191,
tant, si nombreux, si grand; avec
les noms de nombre signif. fois
autant I, 191; comp. **altant, autant**
I, 192, autant; **altretant, autretant**
I, 192, autant, tout autant, aussi;
itant I, 192, autant, si nombreux,
si grand; dim. **tantel, tantet** I, 192,
tantinet; quant à la remarque qui
se retrouve l. c., qu'il faudrait
peut-être lire *tantet* pour *tantel,*
elle est inexacte; *tantel, tantillus,*
est fort juste; tant adv. II, 325;
tant que I, 49, jusqu'à; II, 395,
jusqu'à ce que; *tant cum,* tandis
que, pendant que; **tant seulement**

II, 325; loc. conj. seul tant que II, 325; **tant com plus** II, 325; **en tant de** suivi de *tens*, *ore* II, 326; **tant ne** II, 327; **tantes fois** II, 327; **tant et quant** II, 327; **ne tant ne quant**; **tant plus — quant plus** corrél. conj. II, 327; **de tant com**.... **de tant** II, 328; **atant** adv. II, 325; **itant, à itant, aitant** adv. II, 325; **de tant** adv. II, 325; **par tant** adv. II, 325; **trestant** adv. II, 325; **entretant** adv. II, 325; **altant, autant** adv. II, 325; **portant** conj. II, 385; **nonportant** II, 385; **portant, partant que** II, 386.

Tante fém. de tant v. I, 191.

Tante, tente v. tendre.

Tantel v. tant.

Tanter v. tenter.

Tantet v. tant.

Tantost v. tost et II, 330; **tantost que, com** II, 396; **tant tost** II, 330, si vite, si promptement.

Tanz v. tant et I, 191.

Tapage, désordre accompagné d'un grand bruit; de **taper**, qui avec **tape**, coup donné avec la main, dérive du bas-allemand *tappe*, patte, anglais *tap*, tape. Le patois de Montbéliard a conservé un verbe *champer* (ch presque =tsch), jeter, lancer avec la main, qui est une forme du même mot se rapprochant plus du haut-allemand, comme l'italien *zampa, ciampa*, patte, *zampare*, frapper avec la patte. Cfr. l'ahal. *zapalôn, zabalôn*, allmod. *zappeln*, et Schwenk D. W. s. e. v.

Tape, taper v. tapage.

Tapin, tapinage v. tapir.

Tapine, tapiner v. tapir.

Tapir I, 232. 48, se tenir dans une posture raccourcie, resserrée, pour n'être pas aperçu; ordinairement pronominal; composé **atapir** II, 376, cacher, couvrir, dérober à la lumière; aussi pronominal; adj. **tapin**,

caché, silencieux; **à tapin, à tapin** I, 284, secrètement, incognito; **en tapin**, affublé, déguisé, surtout en parlant des pèlerins, d'où le subst. **tapin**, pèlerin (= personne déguisée, parce que les pèlerins avaient l'habitude de se déguiser et de se *taindre* le visage quand ils revenaient de Syrie v. G. l. L. I, 269); vb. **tapiner**, cacher, déguiser; comp. **s'atapiner**, se cacher, se déguiser; de là notre *en tapinois*, dans l'ancienne langue **en tapinage**, secrètement, en cachette, en tapinois. DC. dérive cette famille de mots de *talpa*, ainsi se cacher comme la taupe. Cette figure n'aurait rien d'extraordinaire; mais la forme repousse cette étymologie, parce que le *l* latin ne se syncope pas; il serait resté, puis aurait subi son affaiblissement en *u*. La forme champenoise *taupiny* secret, montre ce *l* et doit être dérivé selon l'idée de DC. Frisch rapporte *tapir* à l'allemand; il part de l'idée de posture raccourcie et dérive du bas-allemand *tap*, haut-allemand *zupf*, morceau de bois court, coin, pelotte, etc.; suéd. *tapp*, paquet; de sorte que *se tapir* équivaudrait à se mettre en paquet, se blottir, se cacher. Nous aurions donc la même racine que pour *tapon, taper*, voy. tapage.

Tarder, tardier v. tart.

Targe, targe, espèce d'ancien bouclier; prov. tarja, targua; vb. **targer, targier** (notre *targuer*), se couvrir d'une targe, combattre avec une targe, s'en servir; targuer; de l'ahal. *zarga*, rempart, défense, etc., d'où l'ancien norois *targa*, bouclier. L'allemand moderne *tartsche*, targe, a été réemprunté au français; allmâ. *tarze*.

Targeison v. tart.

Targer, se couvrir d'une targe v. targe.

Targer, tarder v. tart.

Targier, se couvrir d'une targe, v. targe.

Targier, tarder v. tart.

Tarier, taroier I, 104, irriter, tourmenter; du bas-allemand *targen*, *tarren*, fréq. réd. *tirtarren*; hollandais *tergen*, tirailler; agacer; allmâ. *zergen*, arracher. Dans le 2e exemple I, p. 125 il faut lire: pur mei *à tarier*.

Tarir, tarir; de l'ahal. *tharran*, *tharjan*, exsiccare, torrere; allmod. *dorren*, *dürren*, sécher. M Chevalet range dans la même famille *tharran* et l'allemand moderne *trocknen*, parce qu'il a confondu *dorren* avec sa traduction *trocknen*.

Tarjance v. tart.

Tarjer v. tart.

Taroier v. tarier.

Tart, tard, tardif; de *tardus*; *être tart à qqn*. I, 274; adv. tardivement, difficilement, jamais, peu; **tarder**, tardier II, 100, tarder, différer, attarder, arrêter; avec *se* I, 309; de *tardare*, dont on forma *tardicare*, d'où **targier, tarjer, targer** I, 71. 207. 210. tarder, différer, etc.; subst. **tarjance** I, 81. II, 8, retard, délai; **targeison** I, 82, retard, retardement; comp. **atarder** et **atargier, atarjer, atarger, atarzier** I, 67. 213. II, 278. 371, retarder, tarder, arrêter, retenir; **atarjance** I, 314, retardement, retard, délai.

Tarte II, 126, pain rond, tourte; de *torta* (v. DC. s. v.). D'où vient ce changement de l'*o* en *a*? Du reste, la forme en *o* a été aussi en usage dans l'ancienne langue; on lit dans les Q. L. d. R. (III, 311) le dimin. **turtellet**, panis parvulus.

Tas, assemblage, concentration, amas; II, 48 pêle-mêle occasionné par la déroute?; prov. tatz. On dérive ordinairement *tas* de *tass*, qui en anglo-saxon et en anglais signifie tas de grain, hollandais *tas*. La signification primitive de ce mot doit avoir été autre, et on retrouvera peut-être le primitif de *tatz*, *tas*, dans le 3e membre du composé goth. *ungatass*, ἄτακτος, qui se rapporte, dit-on, à une racine ayant développé les significations prendre, saisir, déterminer, fixer, ranger, mettre en ordre.

Tasche, tâche v. tasser.

Tasche, tasque, tasse, poche, espèce de bourse que l'on portait à la ceinture; de l'ahal. *tasca*; v. Grimm, Gesch. d. deut. Spr. 558.

Tasque, tâche v. tasser.

Tasque, poche v. tasche.

Tasse v. tasche.

I. **Tassel**, tassiel, toute espèce de chose de forme carrée, pièce d'étoffe carrée dont les femmes se paraient; agrafe, attache; de *taxillus*. C'est notre tasseau.

II. **Tassel**, taisel ou **taisson**, taisson; de l'ahal. *dahs*, dans la haute Allemagne *tachs*, ib.; de là **taisniere**, tesnierne, primitivement caverne du taisson, puis, par extension, tanière; contracté de *taissoniere*.

Tasser, taxer; de *taxare*; de là **tasche**, **tasque** I, 172, tâche, ouvrage entrepris à forfait; de *taxa*, lmâ. pour taxatio, ainsi ce qu'on taxe qqn.; cfr. lasche de luxus; *ferir en tasche*, frapper au hasard et sans savoir où portent les coups. Cette dérivation de *tasche* appartient à Ménage.

Taster, tâter; selon M. Diez I, 19 réitératif de *taxare*, i. e. *taxitare*; comp. **ataster**, toucher, se rapprocher; **portaster**, pourtaster R. d. l. V. 192, tâter, manier, tâter autour, environ.

Tau v. tel et I, 193.

Taule v. table.

Tauliele v. table.

Tavan, nôtre *laon*, par contraction; de *tabanus;* esp. tabano, ital. tafano.

Taverne II, 196, cabaret, boutique; *taberna;* tabernacle I, 50. II, 272, tente, tabernacle; *tabernaculum.*

Te picard pour ta v. tes.

Te, tel v. I, 194.

Tece v. taiche.

Teche v. taiche.

Tehir, croître, accroître, faire prospérer, grandir; du gothique *theihan*, προκόπτειν, ἀναϑάλλειν, ahal. thîban, dîhan, allmâ. dîhen, allmod. gedeihen.

Tei v tes.

Teie, toie, toe, tue, toue, tieue, teue, tienne I, 140. Ces formes s'expliquent comme les correspondantes de la 1e et 3e pers.; v. meie III, seie.

Teil v. tel et I, 192.

Teil (à la rime R. d. Ren. III, 122), tilleul; tille, écorce de tilleul; de *tilia.* De là aussi notre *teiller.*

Teile, toile v. toile.

Teindre v. taindre et II, 238.

Teire v. taisir.

Teise, teiser v. tendre.

Teiser v. taisir.

Teisir v. taisir.

Teiz v. tel et I, 192.

Teke v. taiche.

Tel, teil, tiel, tal, tez, teiz, tieus, teus, tieu, teu, tiex, tex, tiez, tau, pron. I, 192 et suiv., tel, quelque; comp. altel, autel I, 194, tel, pareil, semblable; altretel, autretel I, 194, égal, pareil, semblable; itel I, 194, tel, pareil, semblable; variante picarde otel, ottel I, 194; adv. tellement, — et avec les variantes de *tel,* — tellement, ainsi, de telle manière.

Telant v. talent.

Telier v. toile.

Telle, toile v. toile.

Teltre v. tertre.

Telx v. I, 193.

Temer v. tamer.

Tempier v. tens.

I. Temple I, 50, temple; *templum;* contemplation I, 82. 148, contemplation; *contemplatio;* contemplatif II, 234, contemplatif; *contemplativus.*

II. Temple, tempe; prov. templa; de *tempŏra*, avec changement du *r* en *l.* Nous avons rejeté ce *l* probablement comme moyen de distinction. L'ancienne l'angue avait aussi tin, tempe, du singulier *tempus*, ou plutôt de la forme de la basse latinité *timpus.*

Temporal v. tens.

Temporaliteit v. tens.

Temporeil, temporeiz v. tens.

Temprance v. temprer.

Tempre v. tens et II, 330.

Tempreement, modérément v. temprer.

Temprement, promptement v. tens et II, 330.

Temprer II, 15, tempérer, au propre R. d. l. V. 33, et au figuré, adoucir, observer la juste mesure, mettre dans un juste rapport, modérer, se modérer, ménager, s'abstenir; de *temperare;* de là temprance, ordre, arrangement, disposition; tempreure, trampreure II, 144, attente, temporisation, modération, mesure; tempreement I, 82, modérément, doucement; comp. atemprer II, 11. 233. 268, modérer, tempérer, adoucir, calmer, arranger, régler; atemprance, modération, tempérance, arrangement; atemprement, modérément, d'une manière réglée; destemprer I, 252. II, 142, désordonner, troubler, mêler, mélanger. Notre *tremper* est pour *temprer,* et dér. également de *temperare.*

Tempreure v. temprer.

Temptation v. tenter.

Tempteir v. tenter.

Tempteor v. tenter.

Tempteres v. tenter.

Ten picard pour ton v. tes.

Tenance, tenanche v. tenir.

Tenanchier, tenancier v. tenir.

Tenant v. tenir.

Tence, tencer v. tenser.

Tencher v. tenser.

Tenchon v. tenser.

Tençon v. tenser.

Tendance v. tendre.

Tendre II, 31. 59, tendre, étendre; dresser des tentes, viser à, s'appliquer à, se diriger vers; li atendres I, 210; de là tendance, attente, espoir; tente, tante, tente; cfr. pente, vente, tonte; — tentorie II, 37, tente, de tentorium; — de tensus, on dér. teise, toise II, 354, toise, c.-à-d. la longueur des bras étendus; vb. teser, teiser, toiser, tendre, bander; — comp. atendre, attendre, espérer; il n'i aura plus atendu II, 160, sans plus attendre, sans autre délai; atendue I, 337, attente, espoir, halte; atendance I, 398, attente, délai, disposition; atentis, qui attend, qui espère; destendre, détendre, lancer, partir, s'élancer; réitératif destendiller Dol. 244, s'étendre à différentes reprises; estendre I, 48, étendre, répandre, déployer, épanouir, extendere, d'où le réitératif s'estendeiller, s'estendiller, s'étendre, s'étirer; et le sbst. estendart I, 341. II, 18, étendard; lmâ. standardum; mot qui „dans nos „anciens auteurs signifiait le point „central de l'armée, indiqué par un „pal ou mât quelquefois fiché en „terre, le plus souvent dressé sur „un chariot.... Au sommet du „mât se développait la forme on„doyante d'un dragon dont la gueule „était toujours tournée dans la di„rection qu'on voulait donner à la „marche des combattants". P. Pâris, G. l. L. II, 162. Portendre, purtendre, pourtendre I, 196, tendre.

Tendre, tenre adj. II, 97, tendre, délicat, attendri; de tener (d intercalé); adv. tendrement, tenrement I, 90. 271, tendrement; tendror, tendrur, tenror II, 33, tendresse, attendrissement.

Tendrement v. tendre, adj.

Tendror, tendrur v. tendre, adj.

Tenebres pl. I, 212. II, 252, ténèbres; tenebrae; ital. tenebra; prov. tenebras; tenebros, tenebrous I, 324, ténébreux, obscur, obscurci; tenebrosus; tenebror II, 184, obscurité, ténèbres. On trouve tenerge, tenegre, tenergre Ben. 5710. 19735. 39396, pour dire ténébreux, obscur; le provençal a aussi tenerc, ib.; est-ce un mélange de niger. et tenebres?

Tenebror v. tenebres.

Tenebros, tenebrous v. tenebres.

Tenegre v. tenebres.

Tenement, tenementier v. tenir.

Tenerge v. tenebres.

Tenergre v. tenebres.

Tenir I, 385 et suiv., tenir, posséder, occuper, arrêter, contenir, observer, garder, résister, entretenir, réputer, estimer, prendre, se diriger, aller; (se) tenir, empêcher, abstenir; renoncer à qqch. II, 90; se tenir pour I, 131; subst. tenor, tenur, tenour I, 399, teneur; tenor, et en remontant à l'idée de tenir, terre, héritage, condition sous laquelle on tient une terre, un fief; possession; jouissance; de là part. prés. empl. subst. tenant, vassal; tenance, tenanche I, 251. II, 337, fief, terre, héritage, possession; d'où tenancier, tenanchier, tenancier; — tenement I, 251, fief, héritage, terre, tenance, d'où tenementier, tenancier, celui qui tient à ferme ou à bail; comp. atenir I, 50. II, 107. 124, tenir, observer, importer, signifier; part. prés. empl. subst. atenant, parent, proche; **astenir, atenir,** abstenir, se contenir; *abstinere;* **contenir,** contenir; *se contenir* I, 263, se comporter, se conduire; de là **contenement** I, 326, maintien, manière de se conduire, train de maison, appareil, équipage, suite; **contenance** I, 101, contenance; **contretenir** I, 404; **detenir, destenir** I, 404. II, 114, tenir, prendre, retenir, arrêter; *detinere;* **entretenir** (s') I, 404; **maintenir** II, 73, meintenir, de *manu, manum tenere,* I, 404, où il faut ajouter les significations protéger, traiter, gouverner; de là **maintenement,** défense, protection, secours, aide; **maintenance,** ib.; **partenir** I, 405, *pertinere;* d'où **apartenir** II, 161, appartenir, convenir; tenir à, dépendre de qqn. I, 399; de là **apartenance, apurtenaunse** I, 217. II, 131, appartenance; **retenir** I, 256. II, 31. 108, retenir, garder, réserver devers soi, arrêter, prendre, conserver dans la mémoire, empêcher; *retinere;* — de retinere, comme l'a fort bien dit Ménage, vient **resne, regne** II, 365. R. d. l. V. 143. 281, rêne; ital. redina, prov. regna; — **sostenir, sustenir** I, 169. 195. 235, soutenir, supporter, protéger, secourir, souffrir, conserver; *sustinere;* de là **sostenement** II, 15, soutien, appui, entretien; **sostenance, sustenance** I, 254, soutien, appui, ce qui est nécessaire pour l'entretien de la vie.

Tenor, tenur v. tenir.

Tenre, tenrement v. tendre, adj.

Tenror v. tendre, adj.

Tens, tans I, 59. 101, temps, saison; *tempus;* **temporel, temporeil,** **temporal, s. s. et p. r. temporeiz** adj. I, 101. 180, temporel, passager, orageux; empl. subst. temps; *temporalis;* comp., avec contraction, **contemple** *(en ce)* II, 75, en ce

même temps; *contemporalis;* — **temporaliteit** I, 84. II, 284, mode, manière d'être; toute espèce de biens temporels, particulièrement ceux des églises; *temporalitas;* — **tempre** adv. II, 330; d'où **temprement** II, 330; — **tempeste** I, 256, temps, saison; tempête; *tempestas;* vb. **tempester, tempêter,** tourmenter, susciter des orages; part. **tempesté,** qui est hors de soi-même, qui ne se possède plus; *estre tempesté,* être ravagé par la tempête, par la grêle, la pluie et le vent; **tempier** I, 75, averse, mauvais temps, ouragan, orage, tempête, bruit scandaleux.

Tenser, tencer, tencher, tancher II, 9. 114. 259. 313. I, 393, défendre, protéger, disputer, quereller, chicaner; que nous écrivons *tancer;* de *tentiare,* pour ainsi dire, formé sur *tentus* (tenere), au sens de soutenir, maintenir; subst. **tence,** dispute, querelle, procès; comp. **bestencer, bestancier,** contester, disputer; prov. bistensar; dér. **tenson, tançon, tençon, tenchon** I, 168. II, 31. 380, dispute, querelle, discussion; **bestenc, bestang, bestant,** contestation, procès, trouble.

Tente v. tendre.

Tenter, tanter, tempteir I, 53. 66. 166, tenter; *tentare;* **tempteres, tempteor** I, 77, tentateur; *tentator;* **temptation** I, 101, tentation; *tentacio..*

Tentir I, 67, retentir, résonner, répéter; de *tintinnire,* nouvelle formation pour tintinare, ital. tintinire; d'où **retentir** I, 367, retentir, résonner; tandis que *tintinare* produisit tinter, tinter; *ne tinter mot* I, 256. II, 360, ne pas ouvrir la bouche, ne dire mot; cette dernière expression était déjà aussi en usage II, 50, et elle avait encore pour synonyme ne soner mot; v. mot; sbst. **tintin,** bruit; dans Agolant 204 **tenton,** à la rime.

Tenton v. tentir.

Tentorie v. tendre.

Teque v. taiche.

Ter v. tertre.

Terce, terche v. troi.

Terdre I, 82. 124. 134, purger, nettoyer, essuyer, frotter; part. ters; prov. terger, terser; part. ters; ital. tergere; de *tergere* avec syncope du *g* et intercalation de *d*, *tersus*.

Tere v. taisir.

Terente v. troi.

Terme v. termine.

Termine I, 254. II, 350, terme, temps marqué pour qqch.; *terminus*; terme, tierme I, 101. II, 30. 337, temps (espace de), terme, borne; temps préfixe, assise, audience; fin, achèvement; accouchement; *termo* ou *termen*; termineir I, 264, terminer, borner, limiter; poser des bornes; *terminare*; comp. aterminer, terminer, borner; ajourner, assigner un jour; et de *terme*, atermer, borner, entourer; ajourner, assigner un jour; determiner II, 147, déterminer, fixer, résoudre, décider, terminer, finir; *determinare*; exterminer, esterminer, bannir, chasser, exterminer; *exterminare*; extermination I, 286, action de bannir, chasser, exiler, exterminer; *exterminatio* (Digestorum libri).

Terminer v. termine.

Terne, couvert, voilé, trouble; vb ternir; de l'ahal. *tarni*, voilé; *tarnjan*, voiler, d'où assombrir, ternir. On trouve terniere pour tanière. Le changement du *s* en *r* est si ordinaire que *terniere* peut être pour *tesniere*, v. tassel II.; cependant *terniere* s'expliquerait aussi par notre radical.

Terniere v. terne.

Terois v. troi.

Terrail v. terre.

Terre, tiere, terre I, 51. 180. II, 255.

371, terre; *terra*; terrien, terien I, 225. II, 99, terrestre, de terre, temporel, indigène; *terrenus*; de là terrail I, 357, sol, rempart, retranchement; terrier, terrer II, 239, terrier, ouvrage de fortification; aterer, aterrer, ateirier, aterier I, 263, mettre à terre, amener à terre, renverser, abattre, humilier, terrasser, soutenir avec de la terre; de là ateirement II, 145, action d'abattre, de renverser, d'humilier; par le part. pas. l'adv. ateiriement, humblement; enterrer, entierer I, 50. 252. II, 365, enterrer; de là enterrement, enterment I, 46. 291, enterrement; sosterin, sousterin II, 227, souterrain; *subterraneus*; comp. terremoete II, 20, tremblement de terre; terremote Q. L. d. R. III, 321, commotio; *moete* de movere; prov. terratremol, tremol, tremblement; *tremere*; semblablement *terretremble* dans C. du Bellay, Diversités II, 6. Territoire I, 166, territoire; *territorium*.

Terrer v. terre.

Terrien, terien v. terre.

Terrier v. terre.

Ters v. terdre.

Tertre, teltre I, 55. 182. II, 300, tertre, abrégé en ter, dans les Dial. de S. Grég.; de τέρθρον, selon H. Estienne.

Tes v. troi.

Tes, ton, tes; ton, ton; ta, tai, ta; tei, teu, tes, I, 139; de *tuus, tuum, tua, tui, tuos, tuas*, et par analogie aux dér. de meus (v. mes III.); de même les formes picardes tis, ten, te, ti; normand tun, anglo-normand toun.

Tesche v. taiche.

Teser v. tendre.

Tesmognage v. testimoine.

Tesmoing, tesmoingner v. testimoine.

Tesmonger v. testimoine.

Tesniere v. tassel II.

Tesoire v. tondre.

Test v. teste.

Testament v. testimoine.

Teste, texte v. tistre.

Teste, tieste, tête; de *testa* (v. Ménage); de là testee, coup sur la tête, terme de guerre; projet, plan qu'on a en tête; testiere, armure qui couvrait la tête du cheval dans les combats. Test m. 326. 386. 395, têt; employé pour tête dans O. d. D. 3179; de *testu*, *testum*; d'où notre *tesson*, pour teston.

Testee v. teste.

Testemoine v. testimoine.

Testemonier v. testimoine.

Testiere v. teste.

Testimoine, testimonie, testemoine II, 206, témoignage, témoin; *testimonium*; contracté en tiesmoing, tesmoing I, 251; témoignage, témoin; vb. testemonier, testimonier II, 164. 249, témoigner, assurer, certifier, attester; puis tesmonger, tesmoigner I, 107; de là testimoniance, testimoniaunce I, 166, témoignage; tesmoignage, tiesmoignage, tiesmoignage, tesmognage I, 52. 117. 166, témoignage; — testament I, 226, testament (volonté dernière et terme de théologie); *testamentum*.

Testimoniance, testimoniaunce v. testimoine.

Testimonie, testimonier v. testimoine.

Teu, tes v. tes.

Teu, teus, teux v. tel et I, 192. 3.

Teue v. teie.

Tevor II, 50, tiédeur, refroidissement; de *tepor*; ainsi de la même famille que notre *tiède*, *tepidus*.

Tex, tez v. tel et I, 192. 4.

Texte v. tistre.

Ti, tes v. tes.

Tide, marée, flux et reflux; d'origine allemande: anglais *tide*, bas-allemand *tide*, néerlandais moyen-âge

tijde, temps déterminé, solennel, périodique, particulièrement flux et reflux; ahal. *zidh*, allmâ. *zît*, all. mod. *zeit*, anglo-saxon *tid*, temps, heure, opportunité, etc.

Tiegne subj. de tenir I, 389.

Tiel v. tel et I, 192.

Tiere, tierce v. troi.

Tiercelet v. troi.

Tierch, tierche v. troi.

Tiere, terre v. terre.

Tiere, rang, ordre, suite, train; de l'ahal. *ziari*, ornement, parure; bas-saxon *tier*, manière, disposition, conduite; anglo-saxon *tier*, suite, ordre; allmod. *zier*, parure.

Tierme v. termine.

Tiers, tierz v. troi.

Tiesmoignage v. testimoine.

Tiesmoing, tiesmoingnage v. testimoine.

Tieste v. teste.

Tieu, tieulx, tieus, tieux v. tel et I, 192. 3.

Tieue v. teie.

Tiex, tiez v. tel et I, 192.

Tifer, orner, parer; *attifer*; d'où tifeure, parure, attifets; du néerlandais *tippen*, couper le bout des cheveux, bavarois *zippeln*, prendre ou donner en petites portions. Le haut-allemand n'a pas de verbe *zipfen*, mais il connaît le subst. *zipf*, *zipfel*, anglais *tip*.

Tifeure v. tifer.

Tige, tige; canon; de *tibia* (Le Duchat).

Til pour cil I, 150. 156.

Tille v. teil.

Timbre, vb. timbrer, jouer du timbre; de *tympanum*, avec changement, extraordinaire après *m*, de *p* en *b* et *r* intercalaire. *Timbres*, dit un commentaire sur le verset 26 du psaume 67, qui est uns estrumenz de musique qui est couverz d'un cuir sec de bestes. Il était donc synonyme de tympan (v. s. v.) et signifiait sans doute un petit tambour que l'on tenait à la main et dont on jouait en dansant. Cfr. tabor et Mén. s. v. Il ne faut pas confondre avec ce *timbre,* celui signifiant un paquet de pelleteries attachées ensemble, lmâ. timbrium, de l'allem. *zimber, zimmer,* tas.

Timbrer v. timbre.

Timeur v. tamer.

Tin v. temple II.

Tinter v. tentir.

Tintin v. tentir.

Tir v. tirer.

Tiracer v. tirer.

Tirasser v. tirer.

Tire v. tirer.

Tirer (1. p. s. prés. ind. *tir* II, 54) II, 121. 229, tirer, traîner, entraîner; *tirer à qqch.,* tendre à qqch., y tenir; subst. tire, ennui, chagrin, fatigue; bande, suite, file, tire; *à tire,* en masse, l'un après l'autre, en entier; *tire à tire,* l'un après l'autre, peu à peu; de là tiracer, tirasser, traîner, tirailler; comp. **retirer,** retirer, enlever; atirer, attirer; **s'entratirer** II, 121, s'attirer mutuellement. *Tirer* dérive du goth. *tairan,* ahal. *zeran,* déchirer, anglosaxon *tearan, taran,* anglais *tear.*

Tison, tison; de *titio;* de là **atiser,** attiser, animer, exciter, provoquer, emflammer. V. Ménage.

Tisser v. tistre.

Tissier v. tistre.

Tissir v. tistre.

Tissu v. tistre.

Tistre, tissir, tisser II, 25, tisser, faire un tissu de fil, de laine, de soie, etc.; *texere;* part. pas. empl. subst. **tissu** II, 243, tissu, étoffe; tissier, tisseur, tisserand; *textor;* notre *tisserand* vient également de *textor,* avec la terminaison *and;* texte, teste, tissu, tissure; et texte, livre des Evangiles relié en or ou en autres matières précieuses; *textum.*

Toaille, touaille, nappe, serviette, essuie-main; de l'ahal. *duahila, tuaehella,* nappe; allmâ. *twchele, zwihel,* de *duahan, tuahan,* laver; de là toailler, tooiller, tonoiller, laver, baigner (propre et figuré), frotter. **Tooil, touil,** dans Ben. v. 19908. 37445, tonoilleis, touoillement, dans G. Guiart t. I, p. 80. II, 40, sont de la même famille, et ont signifié d'abord bain de sang, massacre, puis mêlée, presse; cfr. ancien norois *thvottr,* lavatio; *thvaga,* turba; anglo-saxon *thveal,* lavacrum, balneum.

Toailler v. toaille.

Tocer v. tocher.

Tocher, tochier, tocer, touchier, tucher I, 210. 262. II, 99. 289, toucher, manier, tâter, frapper, maltraiter, atteindre, concerner; *se toucher de qqch.,* s'arracher de, se délivrer, échapper: Lí cos qui ert touz amortez, | Quant il sentit laschier la bouche, | Bati ses eles, si s'en touche, | Et vint volant sor un pomier. R. d. Ren. I, 64. Cette dernière signification est la primitive; elle nous reporte à l'ahal. *zuchôn, zucchen,* allmod. *zucken,* tirer promptement, arracher, enlever, bas-allemand *tucken;* augmentatif de *ziehen.* Le sens primitif de l'allemand se remarque encore dans l'expression toucher de l'argent, geld einziehen. La forme *tocquer,* aujourd'hui *toquer,* vient aussi à l'appui de cette dérivation. Prov., esp., port. tocar, ital. toccare. Cfr. Dief. G. W. II, 671. De là touchement, action de toucher, attouchement; comp. **atochier, atoucer** I, 217. 215. 374. II, 60, toucher, c'est-à-dire attoucher dans le sens de attouchement, qui en dérive; par ext. être parent; **entocher** II, 7, toucher, traîner.

Toe, tienne v. teie.

Toen v. tuen.

Toffe, tuffe, touffe, assemblage de plumes, etc.; top, toupet, touffe, d'où *toupet*; toupon, bouchon; toupin, *toupie*, sabot. *Toffe*, par sa vocalisation, se rapproche du haut-allemand *zopf*, touffe de cheveux, ahal. *zoph*, *zuph*, mais je ne connais pas d'ahal. *zopfa*, *zupfa*; *top* et les mots suivants sont en parfait accord avec le bas-allemand: ancien frison *top*, touffe de cheveux, ancien norois *toppr*, néerlandais *top*, tas; bas-allemand *top*, pointe, chose conique. On doit remarquer que les langues celtiques connaissent aussi ces dernières formes: gallois et kymri *top*, touffe, en kymri aussi bouchon.

Toie, tienne v. teie.

Toie, taie; d'où entoier I, 100, recouvrir d'une taie; de *theca*. *Toie*, forme régulière pour *taie*, est encore en usage dans plusieurs provinces, et l'on entend souvent le verbe *rentoier*, p. ex. aux environs de Montbéliard.

Toile, teile, telle, toile, tissu, étoffe; *tela*; toilier, telier I, 186. O. d. D. 3896, toilier, tisserand; propr. *telarius*. C'est de *toile* que vient également *toilette*.

Toilier v. toile.

Toise, toiser v. tendre.

Toit pour *tuit*, forme des cantons près de la langue d'oc, à l'ouest: E *toit* li altre prophete apres. (Adam, drame du XIIIe siècle, dans un manuscrit de la bibliothèque de Tours.)

Toivre, atoivre, bête, bétail; selon M. J. Grimm de l'anglo-saxon *tiber*, ahal. *zepar*, victime, sacrifice. Cfr Dief. G W. I, 11. D'où le *a* de la seconde forme? Serait-ce le *a* de l'article féminin incorporé au mot?

Toivre, atoivre, se trouvent encore employés à l'égard des vaisseaux: Car nus ne voit sa bele nef, | Ne son *atoivre*, ne son tref. P. d. B. v. 4305. Qu'il puet veir tot cler le tref, | Et tot la *toivre* de la nef. Ib. 753. Serait-ce par hasard un ornement à la proue représentant, dans le principe, une tête d'animal et ayant la même destination que le joyau ou plaque métallique dont étaient surmontés les casques des chevaliers.

Toivre, Tibre (fleuve d'Italie); *Tiber*.

Tol v. toldre.

Toldre, tollir, tolir II, 218-23; comp. destolir II, 222; retolir II, 222; maltolu, mautolu II, 223; entretolir II, 187, se tolir mutuellement; sbst. tol II, 223; de là toleires, toleor, ravisseur, pillard; tolte II, 223; comp. maletolte II, 223.

Toleires v. toldre.

Toleor v. toldre.

Tolieu, tonlieu II, 223, impôt, droit seigneurial sur les marchandises; mot défiguré du latin *telonium*, du grec τελώνιον.

Tolir v. toldre.

Tolte v. toldre.

Tombe, tombe, tombeau; du latin du bas-âge *tumba*, de τύμβος, avec changement de genre; cfr. Ménage; de là tombeal, tombeaus I, 143, tombeau.

Tombeal v. tombe.

Tombeaus v. tombe.

Tomber, tumber, tomber, faire tomber, jeter par terre, culbuter; subst. tombee, tumbee, chute; et sans *b*: tumer, s'agiter, se démener, sauter, danser, bondir, faire des tours de force, gambader. De l'ancien norois *tumba*, culbuter, tomber en avant, dérive *tomber*. Quant à *tumer*, il a probablement sa racine immédiate dans l'ahal. *túmon*, *tiu-*

môn, *túmilôn*, aujourd'hui *taumeln*, sauter, danser. De *tomber* dér. notre *tombereau*, espèce de charrette qu'on renverse. Cfr. Ménage.

Ton v. tes.

Tondre, amorce, amadou; de l'ancien norois *tundr*, suédois *tunder*, anglo-saxon *tynder*, *tyndre*, ahal. *zundira*, *zuntra*, allmod. *zunder*, fomes, esca.

Tondre I, 266. 296. II, 272, tondre, couper; *tondere*; **tezoire, tesoire**, ciseaux, forces; prov. *tozoyra*; de *tonsoria*. Cfr. Rayn. L. R. V, 373. Notre *tonte* dér. de *tondere*, comme pente, tente de pendere, tendere, et le *t* est pour *d*.

Tone, tonne, tonneau; dér. **tonel, tonnel**, petit tonneau; d'où notre mot *ton-neau*. On dérive ordinairement *tone*, ital. tona, de l'ahal., ancien norois *tunna*, allmâ. *tunne*, aujourd'hui *tonne;* mais, comme le dit M. Grimm (III, 457), *tunna* paraît être d'origine étrangère, et en effet les gloses de Schlestadt (p. 362) donnent *tunna* pour un mot latin et le traduisent par *cvofa*. *Tone* a donc une origine latine et se rapporte sans doute à *tina*. Notre *tonnelle* est de même un dérivé de *tone*.

Toneire v. tonerre.

Tonel v. tone.

Toner, tonner II, 23. 44, tonner; retentir, résonner; de *tonare*.

Tonerre, tonnerre, toneire, tonnoire· II, 257. 277, tonnerre; de *tonitrus;* prov. *tonedre.*

Tonlieu v. tolieu.

Tonne, tonnel v. tone.

Tonner v. toner.

Tonnerre v. tonerre.

Tonnoire v. tonerre.

Tooil, tooiller v. toaille.

Top v. toffe.

Topaze II, 116, topaze; *topazion, topazon, τοπάζιον.*

I. **Tor, tour, tur** I, 60, tour, évolution,

circonférence, moyen, biais; de *tornus;* *à ce tor* II, 293, cette fois; *metre au tor*, faire donner dans le piège; *au chef de tor*, finalement, au bout du compte; de là adv. et prép. comp. **entor, antor, entur** II, 290. 353, entour, environ; autour de, vers. De même **torner, tourner, turner** II, 240, tonrner, faire un mouvement circulaire, changer de place, retourner, revenir, sortir, chasser, avoir une issue bonne ou mauvaise; de *tor-.nare; s'en torner*, s'en aller, partir; *se torner vers Dieu;* participe **tor-niant**, étourdi. Comp. **retor**, retour, droit de se retirer dans le château de son vassal; **retorner** I, 48. 59. II, 88. 157, retourner, revenir, ramener, reconduire, reporter, rendre un emprunt, restituer, détourner, transformer; *se retorner à qqch.*, y revenir; **trestor** II, 199, retour, détour, adresse, finesse; **trestorner** II, 51, retourner, détourner, écarter, empêcher, éviter, échapper; part. passé égaré, perverti; **ator, aturn** Q. L. d. R. p. 368, appareil, préparatif, disposition, meubles, ustensiles, *atour;* **atorner**, tourner, diriger, préparer, arranger, disposer, équiper, habiller, orner, établir, mettre en état, accommoder; d'où **ratorner** II, 191. 253, arranger, réparer, remettre en état, préparer de nouveau, ramener à l'ordre; dér. **torneis, torneiz (pont)**, tournant; **tornoi, tornei, tournoi, tournoi** (ainsi nommé des évolutions des chevaux), joute, combat, rang, ligne; *prendre tornoi*, fixer, assigner un tournoi; d'où **tornoier, torneier**, combattre dans un tournoi, jouter, combattre en guerre; et, comme aujourd'hui, tournoyer; d'ici **tornoior**, guerrier, chevalier; **tornoiement**, joute, tournoi, combat. La syllabe *tor* de

24

tous ces mots avait les variantes
tur, *tour*.

II. **Tor, tur, tour**, tour, château fort;
de *turris*.

III. **Tor**, taureau; de *taurus*; taureau de *taurellus*.

Tor impératif de torner II, 279.

Torbe, tourbe; **torber**, faire des tourbes;
comme l'a dit Ménage, de l'ahal.
zurf, anglo-saxon *turf*, ancien norois *torf*, allmod. *torf*.

Torbe, turbe II, 100, troupe, multitude, attroupement, réunion; *turba*;
torber, turber I, 89. II, 293. 338,
troubler; déranger; *turbare*; d'où
torbement, trouble, agitation, inquiétude; — **turbation**, trouble, agitation; *turbatio*; — **turbilhous** II,
240, agité, violent, tumultueux,
désordonné; comp. **destorber, des-**
torbier, desturber, destourbier, des-
turbier I, 151. 233. 326. 367. II,
51. 193. 297, détourner, troubler,
déranger, empêcher; inf. empl. sbst.
obstacle, empêchement, trouble,
contre-temps, dérangement; d'où
destorbement II, 37, trouble, désordre, distraction. Cfr. trobler.

Torbeiz de torber.

Torbement v. torbe.

Torber v. torbe.

Torce v. torteis.

Torcennerie v. torçonnerie.

Torche v. torteis.

Torcis v. torteis.

Torçonnerie, torcennerie I, 355, tort,
injustice, injure; propr. *tortionaria*;
v. tort.

Tordre, tortre, tordre, recourber; part.
tors; de *torquere* (torç're, torsre,
torsdre); comp. **bestordre**, contour-
ner, fausser; **bestors**, oblique, tor-
tueux; **estordre, estortre** I, 69. 271,
dégager, extraire, délivrer, débarrasser, échapper, se sauver; **des-**
tordre, détordre, détourner, dévier.
Cfr. torser, tort, torteis.

Torge forme subj. de torner I, 244.

Torment, tourment I, 216. 264, tourment; tourmente, tempête; de *tor-*
mentum; vb. **tormenter** I, 314, tourmenter, faire souffrir.

Tormenter v. torment.

Torneis, torneiz v. tor I.

Torner v. tor I.

Torniant v. tor I.

Tornoi, tornoiement v. tor I.

Tornoier v. tor I.

Tornoior v. tor I.

Tors de tordre.

Torser, et avec transposition du *r*,
trosser, trorser A. et A. 3295, **trusser**
II, 13, mettre en paquet, faire un
trousseau, trousser, charger; comp.
destorser Fl. et Bl 1429, détrousser,
décharger; **estorser, estrusser** II, 389.
Ch. d. R. str. 55, arracher, extor-
quer; et concerter (résoudre); **tor-**
siaus Fl. et Bl. 1429, **trossel**, dimin.
de *trosse*, trousseau, paquet, charge;
de *tortiare*, nouvelle formation de
tortus, de torquere. Cfr. tort, torteis, tordre.

Torsiaus v. torser.

I. **Tort**, tort, injustice; lmâ. tortum;
de *tortus*, par opposition à directum
(v. DC. s. v.). Cfr. tort, e, torteis,
tordre, torser.

II. **Tort**, tort, torte, tortu, courbé; *tortus*;
entort II, 275, gâté, pervers; *in-*
tortus.

Torteis, tortis, torche, flambeau, mèche;
de même que **tortis, torcis** II, 121,
adj. tordu, recourbé, frisé, tortillé;
de *tortiare*, de tortus. Torce, torche,
flambeau, appartient à la même
racine par une forme torca. Notre
torche ayant en plusieurs circonstances la signification de écheveau,
tresse (de paille), et en quelques
contrées celle de torchon (de paille),
est le même mot, d'où *torcher*.
Cfr. torser, tordre, tort.

Tortis v. torteis.

Tortre v. tordre.

Torture I, 50, torture, tourment; *tortura*. Cfr. tordre, torser, tort, tortis.

Tos, tout I, 195.

Tos pour tost II, 329.

Tose, toseaus v. tosel.

Tosel, toseaus, tousel, enfant, jeune homme; prov. tos; touse, jeune fille ou femme, maîtresse; dim. tousete; de *intonsus*, avec rejet de la préfixe, probablement par opposition à l'esclave, à qui on rasait la chevelure. Cfr. touseau, peau de brebis garnie de sa laine. DC. s. v. tousona. Cfr. tondre, et Ménage s. v. touselle.

Tost, tos adv. II, 329; comp. tantost II, 330; tantost com, que conj. II, 396; sitost com, que II, 396.

Tot, tote, tout, toute, tut, tute; s. s. et p. r. toz, tos, tous, touz, tuz; p. s. tuit, tut I, 195, tout; cfr. Rayn. L. R. V, 389 s. v. tot; comp. trestot I, 196, tout, entier; tous quans I, 192; tous tant; tos jors, tos tens, tos dis II, 328; del tot en tot II, 329; atot prép. II, 344.

Totens v. tot et II, 328.

Totevoies, totesvoies II, 293 et glos. s. v. voie.

Touaille v. toaille.

Touchement v. tocher.

Touchier v. tocher.

Toue v. teie.

Touil v. toaille.

Toumonte v. tumulte.

Toun v. tes.

Touoilleis v. toaille.

Touoillement v. toaille.

Touoiller v. toaille.

Toupin v. toffe.

Toupon v. toffe.

Tour, tour v. tor I.

Tour, château fort v. tor II.

Tourbler v. troble.

Tourment v. torment.

Tourner v. tor I.

Tournoi, tournoier v. tor I.

Tous I, 195.

Touse, tousel v. tosel.

Tousete v. tosel.

Tout, toute, toutes I, 195.

Toxiche R. d. R. 3872, dans DC. tosiche, poison; *toxicum*; de là comp. entosche I, 78 avec la même signification; entoscher P. d. B. 6251, empoisonner.

Toz I, 195.

Trabuchement v. buc.

Trabucher v. buc.

Trabuchet v. buc.

Trabuchier v. buc.

Trace, tracier v. tracier.

Trache, tracher v. tracier.

Tracier, tracer, trasser, tresser, tracher, suivre la trace; chercher avec soin; trace, trasse, trache, trace, vestige, voie, *Tracer* a, dans la langue moderne, une signification conforme à son étymologie, *tractiare*, du participe *tractus*.

Trahin Agol. 28, traïn, *train*, conduite, troupe, foule, confusion; de *trahere*; trahiner R. d. l. V. p. 305, traïner, *traîner*, faire languir.

Trahiner v. trahin.

Trahir v. traïr.

Trahist de traire I, 225.

Trahitor, trahitour v. traïr.

Trahitres v. traïr.

Traïn v. trahin.

Traïner v. trahin.

Traïr, trahir I, 77, trahir, livrer; *tradere*, *d* syncopé et remplacé par *h* euphonique; traïtor, traïteur, trahitour, traïtres, trahitres I, 77. 351, traître, perfide; *traditor*; traïson, traïsson I, 225. 351, trahison, traïtrise; *traditio*; dér. traïssement II, 165, trahison.

Traire, treire, trere II, 223 et suiv.; traire mal, paine, male vie; traire à chef, à fin II, 227. 394; traire des fils; traire avant; traire à la *geste* II, 228; **trait** I, 220, trait, dans ses différentes acceptions; *tractus;* dér. **traitor** I, 77, seau; comp. **atraire** II, 228; **atrait, atret,** préparatif; *attrahere, attractus;* — **contraire,** contracter; **contrait, contret** II, 15. 160, contrefait, difforme, estropié; *contrahere, contractus;* — **detraire** II, 229; **detraieres, detraior** I, 77, détracteur, médisant, calomniateur; *detractor;* **detraction** II, 46, médisance; *detractio;* — **entraire** II, 229; **entrait** I, 293. II, 118, astringent, bandage enduit d'un astringent, puis onguent en général; *intractus;* — **estraire** II, 229; **estrait, estret,** extrait; *extrahere, extractus;* de là **estracion,** extraction, origine, race; **estrace** I, 104, extraction, origine, race, qualité; pour ainsi dire extractia, cfr. trace; — **forstraire, fortraire** II, 118, tirer dehors, extraire, sortir, s'en aller, enlever subtilement, séduire, suborner; — **maltraire** II, 230; **mestraire** II, 230; — **portraire** II, 230, dont les significations étaient mettre au dehors, manifester, avancer, en venir à (voy. M. s. J. 449), mettre en évidence, étaler, déployer; former, représenter, dessiner, peindre; **portrait, portret,** dessin, d'où **portraiture,** portrait, dessin, effigie, image; *protrahere, protractus;* — **retraire** II, 230; sans *retraire* II, 230, sans appel, sans y manquer; **retrait, retret,** retraite, refuge, asile, maison, demeure; rapport, récit; copie d'un acte; *retrahere, retractus;* — **sortraire** II, 231; — **sostraire,** soustraire II, 231. I, 226.

Traisent de traire I, 225.

Traisistes de traire I, 225.

Traïson v. traïr.

Traïssement v. traïr.

Traïssent de traire I, 225.

Traïsson v. traïr.

Traist de traire I, 225.

Traistes de traire I, 225.

Traistrent de traire I, 225.

Trait v. traire.

Traite v. traiter.

Traiter, traitier II, 86, traiter, négocier, conférer, en user bien ou mal envers qqn., faire usage; *tractare;* **traite, traité,** accord; *tractatus;* **traitor, traiteur,** négociateur; *tractator;* comp. **entraiter, entraitier** II, 53, négocier, conférer; **maltraiter, mautraitier, maltraiter.**

Traiteur, négociateur v. traiter.

Traïteur v. traïr.

Tratier v. traiter.

Traitor, négociateur v. traiter.

Traitor, seau v. traire.

Traïtor, traître v. traïr.

Traïtres v. traïr.

Trallier II, 182 de la même source que notre *traille,* c.-à-d. de *tragula* pour traha, dans Varron LL. 5, 31, 39, propr. ici tragularius; cfr. esp. trailla, rouleau pour aplanir les chemins. *Trallier* signifiait traille, cable tendu d'un bord à l'autre d'une rivière, sur laquelle glisse la poulie ou le mât des bacs ou bateaux qui servent à passer les rivières; la traille d'un puits à roue, sorte d'enlacement qui porte des godets ou barils, qui composent avec la traille le chapelet d'un puits à roue. Ce mot appartient donc à la famille de traire.

Trambler v. tremir.

Trametre v. metre

Tramis part. passé de trametre.

Trampreure v. temprer.

Trancher v. trencher.

Transir, trépasser, mourir; notre *transir;* subst. **transe,** qui serait plus justement écrit *trance;* lmâ. *transitus,* trépas, ital. transito, ib., esp. trance, agonie, moment décisif·

Le Duchat après avoir indiqué la véritable signification et dér. de *transir, transire*, dérive *transe* de *strinœire*, comme Ménage. *Transe* a peut-être, comme l'ital. et l'esp., signifié aussi trépas, agonie, et l'on a transporté au moral ce qui s'appliquait au physique. *Etre dans des transes* signifie en effet que l'âme est saisie d'une grande peur, qui l'engourdit, émousse ses sensations ; en un mot, elle n'est plus.

Translater II, 155, translater ; de *translatus*.

Trape, trappe, trappe ; de l'ahal. *trapo*, piége, trébuchet ; d'où **atraper**, attraper.

Trape, d'où, avec la même signification, *trapu ;* avec renversement du *r*, du gallois *tarp*, masse, boule, kymri *talp*.

Trasle, grive ; de l'ahal. *throscela*, anglo-saxon *throsle*, ancien norois *thrôstr*, suédois *trast*, allemand moderne *drôssel*.

Trasse, trasser v. tracier.

Trassimes de traire I, 225.

Traste, poutre traversante ; de *transtrum*.

Trau, trou II, 314, trou ; prov. trauc ; vb. **troer** I, 257, trouer ; prov. traucar ; vb. comp. **estroer** II, 342, trouer, percer ; lmâ. traugus : Si quis in clausura aliena *traugum* ad transeundum fecerit (Loi des Ripuaires, titre 43). Cette forme *traugus*, ainsi que l'ancien français *trau* et le prov. trauc prouvent la fausseté des dérivations qu'on a proposées tour à tour pour *trou*, c.-à-d. τρύειν, gothique *thairko*, kymri *trwyd*. V. Mén. s. v. trou, Dief. Celt. I, 156. Je n'ai rien à proposer touchant l'étymologie de ce mot.

Trauler v. voler.

Travail, travaiz, tourment, chagrin, souci, peine, fatigue et enfin travail ; fém. **travaille** II, 37, tourment,

peine, tribulation ; prov. *trabalha*, à côté de trabalh ; **travaillos, traveillos**, pénible, qui fait souffrir ; adv. **travaillosement**, laborieusement, à force de peine, de travail ; **travailler, traveiller**, tourmenter, agiter, donner de la peine, des tribulations ; travailler. On a avancé beaucoup d'étymologies pour ce mot. M. Chevalet voit *tribulare* dans travailler !! Cfr. ci-dessous tribler. M. Dief. Celt. I, p. 149 (229), propose le gallois *treabh* = labourer et indique la comparaison *labeur : labor*, à laquelle on pourrait ajouter l'allemand *arbeiten*, qui se rapporte à *arjan*, arare, et l'ahal. *arapeit* signifie labor, tribulatio, adversitas, molestia. Cette dérivation serait donc admissible ; mais, comme on l'a déjà dit, il y en a une plus rapprochée dans le latin *trabs*, ou plutôt dans son dérivé roman *traver* (prov. travar), que nous n'avons que dans le composé *entraver*, et l'ancien français *destraver* (v. ce mot). Ainsi, de l'idée d'empêchement, on a passé à celle de peine, etc. Cfr. *travail*, ital. travaglio, machine à ferrer les chevaux. V. tref.

Travaille, travailler v. travail.

Travaillos, travaillosement v. travail.

Travaiz v. travail.

Traveiller v. travail.

Traveillos v. travail

Travers, détourné, transversal, de traverse ; contraire, opposé ; *transversus* ; prép *travers* les cans esperonoit, Brut 12266 ; adv. et prép. comp. *à travers, en travers, de travers* I, 129 ; vb. **traverser**, mettre en travers, transpercer ; changer ; de là **traverse** II, 226, traverse ; contrariété, opposition ; **traversier** adj., traversier, de traverse, oblique ; posé de ou allant en travers ; contrariant ; subst. traversin (de lit) ;

transversarius. Cfr. verser, vers, avers, divers, vertir.

Traverse, traverser v. travers.

Traversier v. travers.

Treble v troi.

Trebuchement v. buc.

Trebuchet v. buc.

Trebuchier v. buc.

Trece, tresce, tresse, surtout en parlant des cheveux; trecer, trescer, tresser. On a voulu dériver ce mot du grec θρίξ; mais, comme cette signification est un peu générale, il vaudrait mieux le rapporter à τρίχα, en trois, comme le prov. trena, tresse, de trinus. Cfr. Ménage s. v. tresse.

Trecher, trecheresse v. trichier.

Treezime v. troi.

Tref, trez I, 85, pièce de bois, poutre, et prenant la partie pour le tout, tente, pavillon; voile (de navire); de *trabs*, poutre; de là atraver, loger. Cfr. destraver.

Trefforer v. forer.

Trei, treis, treiz v. troi.

Treible v. troi.

Treille, trelle, treille, treillis; de *trichila;* cfr. Ménage.

Treilleis v. trelis.

Treire v. traire.

Treise v. troi.

Treislis v. trelis.

Treize v. troi.

Trelis, treslis, treslice, treilleis, treislis, *treillis* (étoffe); de *trilix, tri-licium;* de là *haubert, broigne* treisliz, treslice I, 406, etc., c.-à-d. haubert, brogne à mailles, dans le principe tissu de trois fils, triple; lmâ. trilicique lorica indutus, thoraca trilicem disilit (DC.); ce qui prouve qu'il ne faut pas, avec DC., rapporter ce tresliz à treille.

Trelle v. treille.

Trembler v. tremir.

Tremir II, 246, trembler, frissonner,

frémir; *tremere;* tremor I, 53, crainte, peur, effroi, frisson; *tremor;* de *tremulus*, on fit trembler, trambler I, 341. II, 29. 302, trembler, frissonner, frémir; prov. tremolar, ital. tremolare; trestrembler, trembler de tout son corps. Le mot *trémie,* autrefois tremuie, tremoie, qu'on dér. de *trimodius,* parce que cette machine contenait trois boisseaux, est un composé de *trem*=tremir, et *moie* = modia, à cause du tremblement qu'elle éprouve sans cesse; prov. tremueia, ital. tramoggia. Cfr. mui.

Tremis pour tramis, de trametre.

Tremoie v. tremir.

Tremor v. tremir.

Tremuie v. tremir.

Trencer v. trencher.

Trencher, trenchier, trancher, trencer I, 128. II, 225, trancher, tailler, couper, séparer, retrancher, abattre; prov. trencar, trinchar, trinquar. Quelle est l'origine de ce mot? La forme repousse le latin *truncare,* et l'allemand *trennen,* séparer, que M. Diez indique d'une manière douteuse (I, 322), n'aurait pas produit trencar en provençal. Comp. detrencher, detrenchier I, 154. 182, déchirer, couper, mettre en morceaux, en pièces; d'où detrenchement I, 53, action de couper, mettre en morceaux; retrencher I, 50. II, 394, retrancher.

Trenchier v. trencher.

Trentaine v. troi.

Trente v. troi.

Trentime, trentisme v. troi.

Trepeil v. treper.

Trepeiller v. treper.

Treper, triper, sauter, bondir, gambader; d'où trepeiller, courir çà et là, être inquiet, agité; trepeil, agitation, inquiétude, tourment; et notre *trépigner. Treper, triper,* qui s'est conservé dans plusieurs patois, se retrouve dans le celtique et l'allemand: breton *trepa*, kymri *tripio*; allem. *trippeln* de *trippen*, (inconnu), hollandais *trippen*, etc.

Trepie, tringle de fer ployée en forme de triangle, ou trois verges de fer attachées ensemble et ayant la même forme; c'est l'instrument que nous appelons triangle. Il avait au moyen-âge, et même encore au XVIIIe siècle, des anneaux mobiles passés à la tringle de fer; on les agitait et promenait avec la verge qu'on tenait à la main, tout en frappant de temps à autre en cadence sur les côtés du triangle.

Trere v. traire.

Trers v. II, 370.

Tres s. s. et p. r. de tref.

Tres, tries prép. II, 369; *tres dont* II, 369, *tres dont en avant* II, 370; comp. **detres, detries** II, 370; **tresci, tresci que, tresque, trosque, trusque** II, 372; *tres* adv. servant à renforcer le superlatif I, 106. II, 265; *tresque, trosque* conj. II, 381; — *tresque adont que* II, 381; *tres çou que* II, 381. — *Tres* était une particule dont l'ancienne langue faisait un grand usage dans la composition des verbes et des noms; elle y paraît sous les formes trans, tra, tres, tre. Sa signification est souvent augmentative. Il ne faut pas confondre ce *tres* avec celui qu'on voit dans *treslit*, là c'est *tres* = trois; il a aussi quelquefois la forme *tre*.

Tres, trois v. troi.

Tresaive v. aive.

Tresaler v. aler.

Tresbucher v. buc.

Tresce, tresse v. trece.

Tresce, danse v. trescher.

Trescer v. trescher.

Tresche v. trescher.

Trescher, trescer tresker, danser, fré-

tiller; subst. **tresche, tresce, treske,** danse, sorte de branle; du goth. *thriskan*, anglo - saxon *threscan*, ahal. *dreskan*, allmod. *dreschen*, battre le blé; ainsi trépigner des pieds. Cfr. Dief. G. W. II, 683.

Tresci v. tres et II, 382.

Trescorre v. corre.

Trese v. troi.

Tresformer v. forme.

Tresgeter v. geter.

Tresgiteor v. geter.

Tresgieter v. geter.

Tresjeter v. geter.

Tresime v. troi.

Tresistes de traire.

Treske, tresker v. trescher.

Treslice v. trelis.

Tresluire v. luire.

Tresnoer v. noer.

Tresoïr v. oïr.

Tresor II, 155, trésor; coffre; de *thesaurus* avec r intercalé, pourquoi? prov. thesaur, ital. tesoro; de là **tresorier**, trésorier.

Tresorier v. tresor.

Trespas, trespaser v. pas.

Trespasseir v. pas.

Trespassement v. pas.

Trespasser v. pas.

Trespenser v. pois I.

Trespercer, trespercier v. percer.

Trespesser v. pas.

Tresprendre v. prendre.

Tresque v. tres et II, 372.

Tressaillir v. saillir.

Tressaut v. saillir.

Tresser v. tracier.

Tressis de traire I, 225.

Tressuer v. suer.

Trestant v. tant et II, 325.

Trestel, *tréteau;* du néerlandais *driestal,* siége à trois pieds, trépied.

Trestor v. tor I.

Trestorner v. tor I.

Trestot v. tot et I, 196.

Trestrembler v. tremir.

Tresze v. troi.

Treszime v. troi.

Treu v. treud.

Treud, treut I, 295. 305. II, 57, tribut, redevance, impôt; de *tributum*, avec syncope du *b*.

Treuil, treul, pressoir; de *torculum*, ib. (de torqueo, ainsi qqch. qui se tourne); vb. treuiller, truiller, pressurer. Le mot de *treuil* est encore en usage en ce sens dans plusieurs provinces, et on entend également le vb. *trouiller, treuiller.*

Treuiller v. treuil.

Treul v. treuil.

Treve v. trive.

Trez de tref I, 85.

Trezain v. troi.

Treze v. troi.

Trezime v. troi.

Triacle O. d. D. 11084, thériaque, antidote, remède: de *theriacum*; lmâ. teriaculum.

Tribler, briser, écraser; triboler, tribouler, vexer, tourmenter, troubler, faire injustice; subst. tribol, triboul (tribous), tribouil, trouble, tumulte, querelle, dissension; de *tribulare;* tribulation I, 53. 123, tribulation; de *tribulatio;* comp. atribler, battre, accabler, écraser, anéantir, dissiper; contribler, écraser, briser.

Tribol, triboler v. tribler.

Tribouil v. tribler.

Triboul, tribouler v. tribler.

Tribous v. tribler.

Tribulation v. tribler.

Tricer v. trichier.

Tricheor v. trichier.

Tricher, tricherie v. trichier.

Tricherres v. trichier.

Trichier, tricher, tricer, tricier, trecher II, 102. 6. 277. 280, tromper, duper, décevoir; tricherres, tricheor I, 77, trompeur, traître; trecheresse R. d. l. V. p. 21, trompeuse, traîtresse; tricherie, trecerie I, 256. II, 363,

tromperie, fourberie. Ital. treccare. L'anglais *to trick* signifie tromper, jouer un tour; l'allmâ. *trechen*, tirer; ancien frison *trekka*, ib.; néerlandais *trecken*, ib.; *trek*, trait et tour (qu'on joue à qqn.); mots qui se rapportent au goth. *dragan*, tirer. C'est là que se trouve la racine de *tricher*.

Tricier v. trichier.

Tricoter, tricoter; tricot, tricot, tricotage; selon Wachter du néerlandais *strik*, noeud, maille, *strikken*, nouer, avec rejet peu ordinaire du *s*, tandis que dans estriquet, étriquet, le mode de formation usuelle s'est maintenu; ahal. *strikan*. Cfr. Mén. s. v.

Tries v. tres.

Trieve v. trive.

Trifoire, bordure, ornement sur le bord d'une chose, en forme de portique; lmâ. *triforium*, de *tri* et *fores*, à trois portes; v. DC. On trouve souvent *trifoire Salomon;* là-dessus v. DC. Salomon.

Triper v. treper.

Trique, tricot, gourdin; tricoter, rosser; dér. faussement de *ridica* par Ménage, avec *t* préposé; car quelle raison y a-t-il de préposer un *t*? Comme plus haut *tricoter*, ces mots dérivent du bas-allemand avec rejet du *s* impur: ancien norois *strikia*, battre de verges; allmâ. *streichen*, demulcere, verberare; anglo-saxon *à-strican*, verberare; anglais *strike*, ib.; ancien frison *strika*, ib. De même qu'on a vu plus haut le mot *estriquet* se former régulièrement, nous trouvons aussi en ce cas estrique, allumette, allmâ. strîche, de streichen. Cfr. Dief. G. W. II, 342. Dans le patois de Montbéliard, *triquet* a souvent le sens de gros morceau.

Triste, et avec *r* intercalaire, tristre II, 17, triste, affligé, chagrin, mé-

lancolique; *tristis*; de là **tristor,
tristur** I, 251. II, 27, tristesse, affliction, chagrin, mélancolie, fâcherie.
Tristor v. triste.
Tristre v. triste.
Tristur v. triste.
Triuve, triuwe v. trive.
**Trive, triwe, trieve, treve, truwe, triuve,
triuwe** II, 326. 337, trève, suspen-
sion d'armes, pacte, sûreté donnée
en justice entre les parties. Cette
dernière signification est la primitive (v. DC. s. v. treva). *Trive* dérive de l'ahal. *triuva, triwa*, fidélité, foi, loyauté, pacte; anglo-saxon
treove, truva, triove; goth. *triggva*;
allmod. *treue*. De là **atriever, atriver,**
faire trève, faire un pacte, faire
alliance, donner sûreté, assurer
en justice.
Triwe v. trive.
**Troble, truble, trouble; trobler, trubler,
tourbler** I, 89, troubler, devenir
trouble, mettre le désordre; de *tur-
bula*, troupe; *turbulare*; v. *trouble*,
multitude, DC. *triba*. Cfr. torbe.
Trobler v. troble.
Troer v. trau.
Troi, trois, terois, trei, treis, treiz, tres
I, 109. 109. 110, trois; *tres*; de là
troisime, tresime, troisième; — **tiers,
tierz, tierce, tierch, tierche, terche,
tierc, terz, terce** I, 113, troisième,
tiers, troisième partie; *tertius; ore
de tierce* I, 119, la 3e heure du
jour; de là, propr. *tertiolus*, **tiercelet,** tiercelet, parce que, selon la
tradition, le troisième jeune est un
mâle; Ménage a tort de dire que
cet oiseau porte ce nom, parce
qu'il est un tiers plus petit que
l'autour; prov. tersol, tresol, ital.
terzuolo (cfr. Rayn. L. R. V, 412); —
triniteit, trinite II, 253, trinité;
trinitas; — **treble, treible** I, 117,
triple; *triplex*; — **treise, treize, treze,
trese, tresze** I, 108. 109, treize;

tredecim; **trezime, treszime, treezime**
I, 115, treizième; *tredecimus*; **trezain** I, 116, treizième; — **trente,
terente** I, 108. 109, trente; *triginta*;
de là **trentisme, trentime** I, 115,
trentième; **trentaine** I, 117, trentaine.
Troiller, truiller, ensorceler, charmer,
tromper; de l'ancien norois *trölla*,
enchanter.
Trois, tronçon v. tros.
Trois, troisime v. troi.
Tron, tronçon v. tros.
Tron, ciel, firmament; prov. tro, tron;
allongé en *trosne* dans le R. d. C.
d. P. v. 1500, G. Guiart I, 197.
Rayn. L. R. v. 428 dérive *tron* de
thronus, mais la signification de ce
dernier est incompatible avec celle
de *tron*. C'est un mot celtique:
kymri *trôn*, cercle, rondeur.
Tronce v. tros.
Troncener v. tros.
Troncer v. tros.
Tronchon, tronchonner v. tros
Tronçon, tronçoner v. tros.
Trop adv. II, 330; **trope, trupe, troupe,
troupeau;** d'où **tropel,** troupeau; et
d'ici **atropeler,** mettre, réunir en
troupe.
Trope, tropel v. trop.
Trorser v. torser.
Tros, trois, trus, tronçon, morceau;
trognon; mot encore en usage dans
la plupart des provinces, sous la
forme *trou* (de chou); et à côté de
ces formes celles en *n*: **tron** II, 24,
tronce, tronçon, morceau; **tronçon,
tronchon** I, 114, ib.; vb. **troncener,
tronçoner, tronchonner, troncer** II,
243, briser, rompre, mettre en pièces,
couper en morceaux. *Tros* dérive
de *thyrsus*, ital. *torso*. V. Mén. s. v.
trou. *Tron* est-il de la même racine? Il ne peut se rapporter à
truncus, car il ne prend pas de *c*.
Quant à *tronce, tronçon*, leur primitif est *truncus*.

Trosne v. tron.

Trosque v. tres et II, 372.

Trossel v. torser.

Trosser v. torser.

Trot v. troter.

Troter, trotter; trot, trot; de là troton, trotier, valet de pied, messager; cheval qui va le trot, trotteur. On a cherché à dériver *troter*, lmâ. *trotare*, de l'abal *tretan* (Dief. G. W. II, 683); mais je préfère l'étymologie indiquée par Saumaise: de *tolutim*, on forma *tolutare* (il existait peut-être dans le langage populaire), d'où *tlotare*, *trotare*. *Trotier* est *tolutarius* (v. DC. s. v. trotare).

Trotier v. troter.

Troton v. troter.

Trouver v. trover.

Troveor v. trover.

Trover, troveir, trovier, trouver, truver I, 310 et suiv. II, 406, trouver, rencontrer, inventer, composer; de là troveres, troveor I, 77, trouveur, trouvère; comp. atroveir I, 114. 160, trouver, rencontrer, rejoindre, observer, découvrir; entretrover II, 31, se trouver mutuellement, se rencontrer, se rejoindre.

Troveres v. trover.

Trovier v. trover.

Truant II, 326, truand, mendiant, coquin, imposteur; vb. truander, mendier, faire le métier de truand; d'origine celtique: kymri *tru*, *truan*, miser; subst. gallois *truaighe*; breton *truañt*, gueux, vagabond. Cfr. Dief. Celt. I, 150. 233.

Truble, trubler v. troble.

Truffe, truffle Rutb. I, 93, plaisanterie, raillerie, moquerie, conte en l'air, bagatelle; vb. trufer, moquer, railler. On a dérivé ce mot de *τρυφή*, arrogance, mais je crois qu'il est identique avec *truffe*, *truffle*, tuber, et l'on a transporté le nom d'un petit fruit à une bagatelle, etc.

Quant à ce *truffe*, Mén. le dér. de *tuber*, *tubera*, pluriel qu'on employa de bonne heure comme singulier. Les noms de plantes ont éprouvé de si grands changements, que cette transposition du *r* et la permutation du *b* en *f* peuvent être admis. Mén. dér. le comp. *tartufle*, *tartoufle*, de *terrae tuber*.

Truffle v. truffe.

Truie II, 121. 342, truie; lmâ. troga, troja, truia, etc.; prov. trucia, ital. troja, cat. truja, anc. esp. troya. Erythraeus, cité par Ménage (Orig. d. l. l. ital.), dérive ce mot de *trojanus* (sc. porcus). Le plat principal d'un grand repas romain était un sanglier, qu'on servait entier, et qu'on remplissait de différentes choses Faute de sanglier, on prenait un cochon, qu'on préparait de la même manière, et quelquefois le *ferculum* du sanglier était suivi du *ferculum* d'un cochon. Pétrone, c. 48, nous parle d'un cochon rempli de boudins; c. 40 il raconte: strictoque venatorio cultro latus apri vehementer percussit, ex cujus plaga tardi evolaverunt. Les riches de Rome donnaient à ce plat le nom de *porcus trojanus*. Cincius in suasione legis Fanniae objecit saeculo suo, quod *porcum Trojanum* mensis inferant, quem illi ideo sic vocabant, quasi alii inclusis animalibus gravidum, ut ille Trojanus equus gravidus armatus fuit (Macrobe, Sat. II, 9). L'on doit avant tout se demander si cette expression technique et recherchée, avait pénétré jusqu'au peuple et acquis assez d'extension pour lui faire abandonner le nom qu'il donnait auparavant à la truie, animal si étroitement uni aux besoins domestiques. Supposé que cela fût, *trojanus* n'aurait jamais produit *troja;* pour expliquer ce dernier, il faudrait admettre une décomposition de *porcus trojanus* en *porco di Troja, porc de Troie,* etc.; ce qui paraît un peu douteux à une époque si reculée. Et comment se fait-il que *trojanus* lui-même n'ait pas laissé de traces dans quelque adjectif en *n,* tandis qu'on a des formes correspondantes à *troja,* p. ex. *troju,* sale, dans le dialecte sarde? En tout cas, si porcus trojanus est en jeu, *porco di Troja,* etc., n'a pu s'appliquer d'abord qu'à une truie pleine; puis l'on généralisa la signification, tout en rejetant les deux premiers membres de l'expression. — M Diez se prononce aussi en faveur de cette étymologie. Je préfère suivre MM. Pott et Diefenbach, qui remontent au celtique. Le fém. de l'irlandais *triath,* a hog, a sow, serait, selon M. Pott, la racine de troja (cfr. Celt. I, 42); mais cette étymologie pèche pour la forme.

Truiller, pressurer v. treuil.

Truiller, ensorceler v. troiller.

Trus v. tros.

Trusque v. tres et II, 372.

Trusser v. torser.

Truver v. trover.

Truwe v. trive.

Tue v. teie.

Tuen, toen I, 139. 140, tien; dér., avec diphthongaison régulière, de *tuum.*

Tuer, se tuer I, 174. II, 205, éteindre, étouffer (v. DC. s. v. tutare), tuer; prov. tudar, éteindre, étouffer, et, d'après la forme de la langue d'oïl, tuar, avec la signification de tuer. H. Estienne a dérivé *tuer* de *θύειν,*

ce que ne permet ni la forme lmâ. tutare, ni la signification primitive, qui paraît être celle de préserver, éloigner, mettre hors d'état de nuire, étouffer et enfin tuer. D'autres ont eu recours à l'allemand *tödten,* goth. *dauthjan,* ahal. *tôdan,* tuer; mais *au* ou *ô* long n'aurait jamais produit un radical en *u* ni en prov., ni en franç. Il ne reste donc que le latin *tutari,* qui a développé lui-même les significations de se préserver de qqch., le tenir loin. Cfr. Ménage s. v.

Tuit I, 195.

Tumbee v. tomber.

Tumber v. tomber.

Tumer v. tomber.

Tumulte, souvent fém., **toumoute** R. d. l. V. p. 98, tumulte, sédition; *tumultus;* prov. tumult; ital., esp., port. tumulto.

Tun, ton v. tes; **tun** (le), tien, même forme avec l'article; cfr. mun, mien.

Tur, tour v. tor I.

Tur, château fort v. tor II.

Tur, impératif de turner.

Turbation v. torbe.

Turbe v. torbe.

Turber v. torbe.

Turbilhos v. torbe.

Turnei, turneiement v. tor I.

Turneier v. tor I.

Turner v. tor I.

Turtellet v. tarte.

Tus, tu les I, 134.

Tut, tute, tutes I, 195.

Tuteveies II, 293 et glos. s. v. voie.

Tuz I, 195.

Tymiane I, 185, parfum; *thymiama.*

Tympan I, 401, espèce de tambour; *tympanum.* Cfr. timbre.

U.

U pour ou, au v. I, 51.

U adv. où II, 285.

Uan v. an et II, 275.

Uef v. oef.

Ueil v. oil.

Uel v. oil.

Ues, oeuf v. oef.

Ues, besoin v. oes.

Uevre v. oevre.

Ui v. hui et II, 296.

Uime v. oit.

Uimes II, 297.

Uis v. huis.

Uisserie v. huis.

Uisset v. huis.

Uissier v. huis.

Uitain v. oit.

Uitime v. oit.

Uitisme v. oit.

Uitme v. oit.

Ul, ule v. I, 183 note, et nul.

Ulage v. utlage.

Ultre v. oltre.

Ultrecuider v. cuider.

Ultremarin v. oltremer.

Ultremer v. oltremer.

Ultrer v. oltre.

Um, on v. hons.

Umain v. hons.

Umbraige v. ombre.

Umbre, umbrei v. ombre

Umbrier v. ombre.

Ume terminaison substantive pour le latin *udo*. *Udo, udinis,* produisit d'abord *udine: multitudine, man-suetudine;* mais comme cette termi-naison était fort lourde et qu'elle se prêtait peu à la dérivation, le peuple la contracta d'abord en *udne,* puis le *d* fut syncopé et le *n* changé en *m,* peut-être par confusion avec *umen;* ou plutôt on remplaça *udne* par *umen,* car ces changements successifs seraient trop artificiels.

Umelier v. humle.

Un, on v. hons.

Un v. uns.

Unc, unches v. onkes.

Uncor, uncore II, 287 et glos. ore II.

Unction v. oindre.

Unde, undeier v. onde.

Unes v. uns.

Ung v. uns.

Unite, uniteit v. uns.

Universiteit, universitei I, 131, uni-versalité, communauté de ville; université; *universitas.*

Unkes v. onkes.

Unques v. onkes.

Unquore II, 287 et glos. ore II.

Uns, un, une I, 108. 9, un, unique, seul; *unus;* uns, ung art. I, 60. 1; uns, unes, la paire; le même, égal; uns pron. I, 196; uniteit, unite I, 117. II, 271, unité; *unitas;* pron. comp. nuns I, 182; negun I, 182. Cfr. aduner.

Unt adv. II, 285 et glos. ont.

Unureement v. honor.

Unze v. onze.

Unzime v. onze.

Uoc II, 344 et glos. o.

Ur v. or.

Ure v. ore II.

Ureisun v. orer.

Urine I, 357, urine; *urina.*

Urs v. ors.

Ursetel v. ors.

Us, porte v. huis.

Us, besoin v. oes.

Us I, 397. II, 195, us, usage, cou-tume, habitude; *usus;* vb. user I, 178, user, employer, mettre en usage, consommer, consumer; *user la char* ou *le cors nostre signor,* recevoir la sainte Eucharistie; inf. empl. subst. usage, service, utilité; de là usage, usaige I, 46. II, 34, us, usage, coutume, habitude; droit que le seigneur prélevait sur son vassal pour le laisser jouir de quelque portion de territoire; tribut, impôt; prov. usatge; propr. *usaticum; estre usage* I, 174, être d'usage; *se mettre à bon usage,* se corriger, suivre un meilleur parti; *mener fol usage* I, 178, mener mauvaise vie, suivre un mauvais parti; vb. usagier, user du droit d'usage; part. pas. **usagié**, ordinaire, accoutumé; **usagier**, celui qui a droit d'usage; du part. prés. **usant**, on forma **usance**, usance, usage, coutume, manière; — **usure**, intérêt, revenu, droit ou redevance établie par la coutume; intérêt illicite; *usura*; vb. **usurer**, rendre avec usure, donner plus qu'on n'a reçu.

Usage v. us.

Usagier v. us.

Usaige v. us.

Usance v. us.

User v. us.

Uslage v. utlage.

Usler v. hurler.

Ussier v. huis.

Ussir v. issir.

Usure, usurer v. us.

Util, **utle**, utile; *utilis*; adv. **utilement**, utilement; **utiliteit** I, 405, utilité, profit, avantage; *utilitas*.

Utilement v. util.

Utiliteit v. util.

Utime, **utisme** v. oit.

Utlage, **uslage**, **ulage**, hors la loi, banni, proscrit, homme qui vit de rapine, pillard, pirate; composé de deux mots, répondant au latin *ex* et *lex*, anglo-saxon *ût*, hors, *lag*, loi, anglais *out-low*.

Utle v. util.

Utre v. oltre.

Uveraine v. oevre.

Uverer v. oevre.

Uvrer v. oevre.

V.

Vacarme v. II, 403.

Vace v. vache.

Vache, vace 1, 301, vache; *vacca*.

Vague v. wague.

Vaidie v. vice.

Vaillance, **vaillanche** v. valoir.

Vaillant v. valoir.

Vain I, 100. 220, vain, vide, léger, faible, abattu, languissant, sans courage; de *vanus*; adv. comp. **envain** I, 333; d'où encore par l'intermédiaire du verbe *vanitare*, **vanter**, venter I, 269. II, 47, vanter; dér. **vanterres**, **vantierres**, **vanteor**, homme vain et présomptueux, qui ne fait que se vanter; **vanterie**, **vantance**, action de se vanter, vanité, ostentation; — **vaniteit** I, 153, vanité; de *vanitas*.

Vaincre, **veincre**, **vencre**, **veintre** II, 231-33, vaincre, gagner, acquérir; *vincere*; de là **venquerres**, **venqueor**, **vainquierres** I, 77, vainqueur; comp. **sorvaincre** II, 233; *supervincere*; **victoire**, **victorie**, **victore** I, 176. 7. 193, victoire; *victoria*.

Vaingemant v. vengier.

Vainne v. voine.

Vainquierres v. vaincre.

Vair, **veir**, **ver** I, 89. 190, de diverses couleurs, gris-blanc, bleu-blanc mêlé: de *varius*. *Vair*, subst., désignait une espèce de fourrure de couleur gris-blanc mêlé; le *menu vair* était celle dont les taches étaient fort petites. Cfr. DC. vares. Roq. Gl. d. l. l. r. II, 680. 1. De là **vairon**, **veiron**, **veron**, avec la même signification que *vair*.

Vairon v. vair.

Vaisseaus v. vas.

Vaissel, **vaissele** v. vas.

Vaissellement v. vas.

Vaissial v. vas.

Vaissiaus v. vas

Vaissiel v. vas.

Val, **vaus**, **vax** I, 164. 305. R. d. S. G. 3123, val, vallon, vallée; *vallis*; de là **valee** I, 289, vallée; prov. vallada, ital. vallata; cfr. prov. *valadar*, entourer, ceindre de fossés; comp **aval** II, 270, *ad vallem*; **avaler**

avaller I, 210. 329. II, 55. 209, descendre, baisser, abaisser, tomber, couler, découler; **avallée**, roulement; **contreval, cuntreval** II, 270, *contra vallem*; devaler = de avaler I, 100. 307. II, 398, descendre, faire descendre, précipiter, déchoir.

Valant v. valoir.

Valee v. val.

Valeir, valer v. valoir.

Valisant v. valoir.

Vallance, vallant v. valoir.

Vallet, valleton v. vassal.

Vallez v. vassal.

Valoir, valer, valeir II, 80 et suiv., valoir, avoir du prix, du mérite, de la valeur; profiter, être utile, aider, donner du secours; part. prés. **valant, vaillant, valisant**, valant, précieux et vaillant; empl. subst.; *ne valoir à* II, 101, n'être rien auprès de; subst. **valor, valur** I, 60. 332, valeur, prix, mérite; assistance, secours, aide; **vallance, vaillance, vaillanche** I, 148. 272, valeur, prix; vaillance; aide, secours; *valentia;* vb. comp. **contrevaloir** II, 111.

Valor, valur v. valoir.

Van, van; vanne, d'où **vannel**, notre *vanne(s)* et *vanneau(x)*, c.-à-d. les plus grandes plumes des ailes des oiseaux de proie; **vanel, vaniel** R. d. l. V. 197, vanneau; tous de *vannus*. Les *vannes* sont ainsi nommées à cause du mouvement des ailes des oiseaux de proie, qui ressemble à celui d'un van, et à cause de leur forme, de même que le *vanneau* a son nom de la forme de sa huppe.

Vandre v. vendre.

Vandue v. vendre.

Vangence v. vengier.

Vanger v. vengier.

Vaniel v. van.

Vaniteit v. vain.

Vant v. vent.

Vantance v. vain.

Vanteor v. vain.

Vanter, venter v. vent.

Vanter, vanter v. vain.

Vanterie v. vain.

Vanterres v. vain.

Vantierres v. vain.

Vantre v. ventre.

Vanvole v. vole.

Vanz v. vent.

Varer, lancer à la mer; de *rara*, chevalet, traverse.

Varles v. vassal.

Varlet, varleton v. vassal.

Vas, vase, urne; de *vas;* **vaissel, veissel, vaissial, vaissiel, vessel, vascel,** s. s. et pl. r. **vaissiaus, veissiaus, vaisseaus,** vase, vaisseau, coupe, et bâtiment pour naviguer; de *vascellum*, dim. de *vas, vasculum;* figuré, au sens mystique, *vaissel d'election* = vase d'élection; de là **vaissele** I, 50, **vaisselle,** ustensiles, meubles; **vaissellement,** ib.

Vascel v. vas.

Vaslet, vasleton v vassal.

Vaslez v. vassal.

Vassal (**vassaus, vassax, vausaus**) I, 92. 251, lmâ. *vassallus*, homme, combattant, homme d'un courage distingué, brave, intrépide; vassal, feudataire, celui qui tient un fief d'un autre; du kymri *gwas*, jeune homme, serviteur; breton *goas*, puer, servus. Le *gw* n'ayant pas été traduit, ce mot doit avoir été admis de très-bonne heure (gw = w = v). Pour la suffixe *all*, qui n'est pas romane, on a sans doute eu sous les yeux une forme celtique; cfr. le kymri *gwasawl*, servant. De là **vasselage, vassalage, vasselaige** II, 202, courage, grandeur d'âme, valeur, action de valeur, prouesse; droit du seigneur féodal sur son vassal; **vassalment, vassaument,** bravement, vaillamment. Un autre dérivé est **vaslet, varlet, vallet (vaslez, varlez, varles, vallez valles)** I, 182. 4, garçon, jeune homme non marié; nom qu'on donnait aux jeunes gens de la première qualité avant qu'ils eussent été faits chevaliers; écuyer; dimin. **vasleton, valleton, varleton,** enfant, jeune homme impubère. Cfr. DC. s. v. vassus, vassallus, valeti; Roq. valet, valeton. — Un mot encore qui tient à cette famille: **vavassor** I, 283, **vavasseur, vavasseur** Rutb. I, 50, vavasseur, celui qui tient un fief d'un autre; fém. **vavassore,** femme sous la domination d'un prince souverain; lmâ. vavassor, valvassor, etc. (DC. vavassores); de *vassus vassorum?*

Vassalage v. vassal.

Vassalment v. vassal.

Vassaument v. vassal.

Vassaus v. vassal.

Vassax v. vassal.

Vasselage, vasselaige v. vassal.

Vasseur v. vassal.

Vaus v. val.

Vausaus v. vassal.

Vaute v. volte.

Vavasseur v. vassal.

Vavassor, vavassore v. vassal.

Vax v. val.

Veable v. veoir.

Veale v. veël.

Veals adv. II, 331.

Veàus adv. II, 331.

Veder v. veoir.

Vedve v. vuit.

Vee v. veer.

Veeir v. veoir.

Veël II, 198, veau; de *vitellus;* veale II, 225, génisse; *vitella;* de là nos mots *vélin, vêler.*

Veer, voir v. veoir.

Veer, vier I, 188. 373, empêcher, refuser, défendre, prohiber; subst. vee, vie, défense, interdit, ban publié pour défendre qqch.; de *vetare;*

comp. deveer II, 149, défendre, prohiber, interdire, mettre en intredit.

Veie v. voie.

Veier, voir v. veoir.

Veier, voyager v. voie.

Veies pour foie v. voie.

Veil v. viel.

Veile v. voile.

Veiller, veillier, voilher, voilier, voiler, villier I, 210. II, 10. 93. 278, veiller, ne pas dormir; *vigilare;* comp. esveiller, esvoilier, éveiller, réveiller; — vigile I, 49, vigile; *vigilia.*

Veillier, jouer de la vielle v. vïele.

Veillier, veiller v. veiller.

Veillir v. viel.

Veincre v. vaincre.

Veintre v. vaincre et II, 232.

Veioir v. veoir.

Veir, de diverses couleurs v. vair.

Veir, vrai v. voir.

Veir, voir v. veoir.

Veirement v. voir.

Veiron v. vair.

Veirre, voirre, werre, verre; *vitrum;* comp. veirreglas, werreglas R. d. l. M. 18, verglas; de *veirre* et *glace;* le genre masc. du comp. a été fixé par l'idée foncière; d'où le vb. worreglacier, werreglachier V. s. l. M. 18, glisser, trébucher. C'est aussi à cette racine que se rapporte notre *vericle,* propr. vitriculum, fém. d'après le plur. vitricula, pris pour singulier.

Veisdie v. vice.

Veiseus v. vice.

Veisin, veisinage v. voisin.

Veisine v. voisin.

Veisinete v. voisin.

Veisinte v. voisin.

Veissel v. vas.

Veissiaus v. vas.

Vel v. viel.

Velimer v. venim.

Velin v. venim.

Velluau v. velos.

Velonie, velonier v. vile.

Velos, velous (Ben. v. 25063) encore dans Nicot et Ménage pour velours; ainsi *r* intercalaire dans la forme moderne; de *villosus*,• comme l'a dit Ménage; **velluau**, velours, de *villutus*, au = al; esp. veludo, ital. velluto; c'est à cause de ce *villutus* que le verbe est *velouter*, dont l'*ou* doit avoir été adopté par suite de *velous*.

Veltre, vialtre, viautre I, 263. 400, chien de chasse; vb. **viautrer**, chasser avec des chiens (au sanglier). Martial a *vertragus*: Non sibi, sed domino venatur, *vertrăgus* acer (XIV, ép.CC). Arrien dit: *Αἱ δὲ ποδώκεις κύρη; αἱ Κελιικαὶ, καλοῦνται μὲν οὐέρ-ιραγοι κύνες, φωνῇ τῇ Κελτικῇ... ἀπὸ τῆς ὠκύτητος* (c. 3). Ainsi *veltre* est un mot celtique: ancien irlandais *traig*, pied, et *ver* parti-cule intensitive. Les formes du lmâ. sont veltra, veltraus, velter, veltrix, veltris.

Vencre v. vaincre.

Vendible v. vendre.

Vendre, vandre I, 178, vendre; *ven-dere; se vendre*, vendre cher sa vie; de là subst. **vente** I, 103, vente; avec *t* pour *d* comme pente, tente, tonte; prov. venda, ital. vendita; **vendue, vandue** I, 234, vente; propr. part. pas. de vendre; **vendible**, ven-dable; *vendibilis*.

Vendredi v. venredi.

Vendue v. vendre.

Veneir, vener, chasser; *venari*; **ve-neres, venieres, veneor** I, 74, chas-seur; *venator*; **veneisun, venison** II, 27. 353, venaison, gibier, chasse; *venatio*, prov. venaiso, dans Rabe-lais *venation*.

Veneisun v. veneir.

Veneor v. veneir.

Veneres v. veneir.

Vengance v. vengier.

Vengeance v. vengier.

Vengement v. vengier.

Vengeor v. vengier.

Vengerres v. vengier.

Vengier, vanger I, 49. 126, venger; de *vindicare;* comp. **avengier**, ven-ger; **revengier** II, 11, aujourd'hui *revancher*. Dér. **vengerres, ven-gierres, vengeor** I, 77, vengeur; **vengeance, vangence, venjance, ven-janche** I, 106. 233. 241. II, 137, vengeance; *prendre vengance de qqch.* II, 194; **vengement, vainge-mant** I, 389 II, 196, vengeance; droit quelconque pour réclamer une chose aliénée; *prendre vengement de qqch.* II, 96 comme pr. vengeance.

Vengierres v. vengier.

Venieres v. veneir.

Venim, venin I, 78 et, avec change-ment de la liquide, **velin** II, 46, venin, poison; *venenum;* ital. ve-neno, veleno; vb. **venimer, velimer, veliner**, envenimer, empoisonner; de venim, pour venenare; comp. **envenimer, envelimer** S. d. S. B. 523, envenimer, empoisonner.

Venimer v. venim.

Venin v. venim.

Venir I, 385 et suiv., venir, parvenir, survenir, arriver; *venir avant* II, 164, avancer, s'avancer; *venir mieux* I, 403; *se venir* I, 404; **venue**, propr. part. p. f., venue, arrivée; comp. **avenir** I, 405, qui, outre les significations indiquées, avait celles de permettre, accorder, laisser ar-river II, 5, arriver en général, venir II, 59. 74. I, 268; *advenire;* le part. prés. **avenant, adveniens,** I, 126. 315. 337. II, 78, signifiait con-venable, agréable, à proportion; d'où **avenanment, avenamment, ave-naument,** à proportion, convenable-ment, agréablement. De *avenir* et *avenant* dér. encore **avenement** I, 66, avénement, arrivée, venue: **avenan-dise**, convenance, chose agréable.

Avent, avent (fête de l'); du latin *adventus,* arrivée, lmà. hasard, malheur. De *advenire* (adventum) dér. **aventure** (ure = lat. tura, sura) I, 362. II, 271, hasard, sort, occasion, événement inopiné, espoir; terme de chevalerie pour désigner des combats, des périls extraordinaires; biens qui arrivent à qqn.; cfr. DC. adventura; prov., esp., port. aventura, ital. avventura, allemand abentheuer; loc adv. d'*aventure* I, 334; vb. **aventurer,** aventurer, hasarder, risquer, faire naufrage; **aventurier,** qui cherche des aventures; adj. **aventuros,** hasardeux, entreprenant; subst. enfant perdu; comp. **mesaventure** I, 106. II, 130, mésaventure, malencontre, malheur. Comp. de *avenir:* **desavenir,** être inconvenant; désunir; **desavenant,** inconvenant, désagréable, malhonnête; **mesavenir** I, 405. II, 143, mésarriver, éprouver des accidents, commettre une faute. Autres comp. de *venir:* **Convenir,** covenir, **couvenir,** cuvenir I, 167. 172. 357. II, 186, convenir, consentir, disposer, appeler qqn. comme témoin, s'adresser à qqn.; *convenire; le convenir,* le hasard; — **covent** I, 112, couvent, assemblée; *conventus;* **convent,** covant, **couvent,** accord, convention, engagement; souvent empl. adj. I, 138; *conventum;* d'ici **conventer,** faire une convention, convenir; — de *convenir,* propr. part. prés , **convenant,** covenant, cuvenant I, 229. II, 363, accord, convention, traité, stipulation; **convenance,** covenance, **covenaunce** I, 122. 153. 194, convenance, accord, traité; d'ici **convenancier,** s'engager à qqch. par traité et convention; — **covaine,** couvaine, covine II, 96, rapports, commerce secret; **convenable,** **convenaule,** covenable, couvignable I,

144 169. 251. 401, convenable; comp. **desconvenable,** qui n'est pas convenable, indécent; propr. part. pas. du verbe *desconvenir,* disconvenire, **desconvenue I,** 365, malheur, défaite, douleur; part. prés. **desconvenant,** disconvenable, inconvenable. **Devenir** I, 304. 405, devenir, arriver, advenir; *devenire;* I, 353 *se devient,* si l'occasion se présente, s'il se peut; d'où **esdevenir,** arriver, advenir. **Entrevenir** I, 405. **Parvenir** I, 213. 405, parvenir, arriver, remplir, accomplir; *pervenire.* **Revenir,** revenir, retourner, réparer, ranimer, rétablir; *revenire; le revenir* II, 56; la **revenue** II, 73 part. pas. empl. subst., retour; jeune bois qui revient sur une coupe de taillis. **Sovenir,** suvenir I, 252. II, 70, souvenir; *il m'est sovenu* I, 277; *sovenir à qqn. de qqch.* II, 70; inf. empl. subst.; du part. prés. **sovenance,** suvenance, **souvenance I,** 154, souvenance, souvenir. **Survenir** I, 406.

Venison v. veneir.

Venjance, venjanche v. vengier.

Venqueor v. vaincre.

Venquerres v. vaincre.

Venredi, vendredi, **devenres** R. d. C. p. 63. II, 225, vendredi; *veneris dies.* Cfr. di.

Vens v. vent.

Vent, vant, s. s. et p. r. **venz,** vanz, vens I, 83, vent; *ventus; estre mis au vent,* être pendu; dim. **ventelet** I, 99, petit vent; vb. **venter,** vanter II, 44, venter, souffler, jeter au vent, voltiger au vent, souffler le feu, battre des ailes; fréq. **venteler,** agiter, flotter, voltiger au vent; répandre un bruit; *ventilare;* dér. **ventaille,** visière, *ventail,* espèce de soupape placée devant la bouche et que le chevalier relevait pour respirer. C'est ici qu'il faut ranger nos *vantail, éventail;* cfr. esp. ventana, ancien norois vindauga.

Ventaille v. vent.

Vente v. vendre.

Venteler v. vent.

Ventelet v. vent.

Venter, vanter v. vain.

Venter, venter v. vent.

Ventre, vantre I, 271. 343, ventre; *venter.*

Venue v. venir.

Venz v. vent.

Veoir, veor, veir, veder, veer, veeir, veioir, veier, voer, voier, vooir II, 66 et suiv., voir; *mon* **voiant, veiant** II, 296, à ma vue, en ma présence; de là **verres, veor,** qui voit, aperçoit, regarde, contemplateur; — sbst. **vis** II, 279, visage; *de visus;* d'où **visage, visaige** I, 118, visage, figure; — veue II, 70, vue; esp., ital., prov. vista; *n'avoir ne oïe ne veüe de qqn.* I, 252, n'en plus entendre parler; adj. **visible, veable** I, 153. 208. II, 360, visible; *visibilis* (on sait que *abilis* et *ibilis* se confondirent de bonne heure dans les langues romanes, et en langue d'oïl *a* remplace *i, e*); adv. **visablement, visaument, visiaument, visieument, visiblement,** face à face; — **vision** I, 101. 126, vue, vision, apparition; *visio;* — vb. comp. **mesvoir** II, 73; entrevoir II, 128, entrevoir; **porvoir, parvoir** II, 74; d'où **desporvoir** II, 202, dépourvoir; reporvoir — revoir II, 73; sorvoir II, 73. Du part. lat. *visum,* on fit **vis** I, 273, qui fut d'abord employé dans l'expression *estre vis à qqn.,* visum esse; puis subst. **avis,** croyance; d'où le comp. **avis** I, 273 dans le même sens, puis avis, croyance, opinion, nouvelle; d'où **aviser** II, 67, voir, apercevoir, instruire, enseigner, annoncer; subst. **avision** II, 134. 297, vision, apparition, avis, reconnaissance; comp. **raviser,** reconnaître.

Veor v. veoir.

Ver, de diverses couleurs v. vair.

I. **Ver,** printemps; de *ver.* On a dit longtemps le *temps de ver.* Comp. **primevere,** printemps; prov. primver, primavera. Cfr. César: Concilio galliae *primo vere* ut instituerat indicto (Com. VI, 3).

II. **Ver,** verrat; *de verres;* d'où aussi le mot moderne.

III. **Ver, vier,** s. s. et p. r. **vers** I, 162. 293, vers; *versus;* le mot de vers ne signifia pas d'abord ce que nous appelons ainsi, il avait l'acception de verset, strophe, couplet, puis il prit celle que nous lui donnons; dim. **verset,** couplet, petite pièce de vers; **versefier,** faire ou chanter des vers; *versificare;* **versefierres, versefieor** I, 77, versificateur; *versificator.*

Verai v. voir.

Verd v. vert.

Verdeier, verdoier v. vert.

Verdor v. vert.

Verge, verghe I, 92. II, 275, verge, scion, baguette; mesure de terre; *virga;* **vergele, verge,** houssine; I, 78 il signifie colonne ou traînée de fumée; *de virgella pour virgula;* **verget, vergie, vergé,** rayé de diverses couleurs, barré, émaillé; *virgatus;* vb. **verger,** mesurer avec une verge, jauger, mesurer en général.

Vergele v. verge.

Verger, mesurer v. verge.

Verget, vergé v. verge.

Verghe v. verge.

Vergier v. vert.

Vergogne, verguigne, vergoigne, vergoingne, honte, pudeur, retenue, égard; *de verecundia* avec syncope du *d;* mais on trouve aussi vergonde; vb. **vergognier, vergoignier, verguigner,** et avec *d,* vergonder, vergunder, couvrir de honte et d'infamie, déshonorér, outrager; *se vergogner, se vergonder,* devenir honteux, avoir de la pudeur, rougir; de *verecundari;* vergoignos, verguignus, vergondos (verecundus), honteux, qui a de la pudeur, qui manque de hardiesse; comp. desvergoigner, desvergónder, dévergonder, être effronté, déhonté.

Vergognier v. vergogne.

Vergoigne v. vergogne.

Vergoignier v. vergogne.

Vergoignos v. vergogne.

Vergoingne v. vergogne.

Vergonde, vergonder v. vergogne.

Vergondos v. vergogne.

Verguigne, verguigner v. vergogne.

Verguignos v. vergogne.

Vergunder v. vergogne.

Veriteit, veriteiz v. voir.

Veritet, veritez, verite v. voir.

Verm, vers II, 306; ver; *vermis;* ce mot de *vers* se trouve employé dans le sens de dragon, serpent, bête malfaisante; p. ex. P. d. B. v. 676 de venimos *vers* volans; dim. *vermissel* I, 129, *vermisseau; vermicellus* pour vermiculus; dér. vermine I, 345, vermine, insecte, ver. Du dim. latin *vermiculus,* petit ver qui donne la couleur écarlate, on fit vermeil, vermoil, viermel, vermail, vermaus I, 357. 325. 273. II, 240, vermeil, rouge; d'où le nouveau dim. vermellet P. d. B. 568; et vermeillir, rougir, devenir rouge; comp. envermeillir, envermillir I, 274, rougir, devenir rouge.

Vermail v. verm.

Vermaus v. verm.

Vermeil v. verm.

Vermeillir v. verm.

Vermellet v. verm.

Vermine v. verm.

Vermissel v. verm.

Vermoil v. verm.

Verne, aune; de là les noms de lieux *verney, vernoy, vernois,* proprement aunaie. *Verne* (Ch. d. R. 102) signifiait encore mât, vergue. Mot d'origine celtique: breton *gwern,* aûne et mât; cornouaillais *gwernen,* irl. *fearn.*

Vernois v. verne.

Veron v. vair.

Verreglacier v. veirre.

Verroil, verrou; de *veruculum* (Mén.).

Vers, viers II, 346; comp. avers II, 347; devers II, 347; dedevers II, 348; par devers II, 347; envers II, 346.

Vers, ver v. verm.

Vers, vers v. ver III.

Versefieor v. ver III.

Versefier, versefierres v. ver III.

Verser I, 69. II, 57. 327; verser, renverser, tomber, dépenser; *verser une bourde,* dire un mensonge; *versare;* envers I, 337. II, 24. 267, renversé, culbuté, étendu sur le dos; subst. envers, rebours, opposé; *inversus;* d'où enverser, renverser, culbuter, tourner, retourner; part. enversé II, 327, culbuté, étendu sur le dos; et de là renverser; — subversion II, 2, subversion, renversement, destruction; *subversio.* Cfr. vertir, vers, avers, convers, divers.

Verset v. ver III.

Vert, verd I, 325, vert; *viridis;* de là verdoier, verdeier, devenir vert; appeler qqn. sur le pré; le provoquer au combat; verdor, verdure; vergier, vregier II, 329, verger; *viridarium;* comp. vertjus m., verjus, de vert et jus (jūs, juris).

Verté v. voir.

Vertir, tourner, retourner, changer; *vertere;* vertis P. d. B. 5166, sommet de la tête, sommet; *vertex;* comp. avertir, détourner, avertir; *advertere;* convertir, conviertir I, 70 240, tourner, changer, convertir;

convertere; d'où **enconvertir** II, 360, ib.; **conversion** II, 234, conversion; *conversio;* **divertir**, détourner, enlever, soustraire; *divertere;* **revertir** I, 125. 305, retourner, revenir, retomber; *revertere; revertir à honneur à qqn.* I, 358; **pervertir**, **parvertir** II, 314, pervertir; *pervertere;* **pervers** II, 252, pervers; *perversus.* Cfr. verser, vers, avers, convers, divers.

Vertis v. vertir.

Vertjus v. vert.

Vertu, vertud v. vertut.

Vertuit v. vertut.

Vertuos v. vertut.

Vertuosement v. vertut.

Vertut, vertuit, vertud, vertu I, 83. 133, vertu, sagesse, qualité, faculté, force, vigueur, miracle; *virtus* (virtut); de là **vertuos**, vertueux, efficace, vigoureux, capable, habile; adv. **vertuosement;** vb. comp. **esvertuer** I, 405, exciter, efforcer, évertuer; d'où **resvertuer**, reprendre courage, révertuer.

Verve Ruth. I, 93, caprice, fantaisie; selon M. Diez I, 20 de *verva*, tête de bélier, qu'on trouve comme ornement sur les monuments; et il compare avec raison l'ital capriccio, caprice, de caper.

Vescha II, 287.

Vescho v. evesque.

Veschi II, 287.

Vesie v. vice.

Veske v. evesque.

Vespre I, 88. II, 54, vêpre, soir; de *vespera; de bas vespre* I, 407; de là **vespree** II, 395, vêprée, soirée, veillée, propr. *vesperata,* prov. vesprada; vb. comp. **avesprer, avesprir** I, 168. Agol. 174, faire tard, approcher de la nuit, commencer à faire nuit; infin. empl. subst. I, 306; part. prés. empl. subst. **avesprant,** la chute du jour, le soir.

Vespree v. vespre.

Vesque v. evesque.

Vessel v. vas.

Vestement, vite v. viste.

Vestement, vêtement v. vestir.

Vestëure v. vestir.

Vestir, viestir I, 406. 7. 264. II, 44, vêtir, revêtir, habiller, garnir, couvrir, orner, décorer; investir; *vestire;* d'où **vestëure**, vesture I, 53, vêtement; investiture; **vestement** II, 85, vêtement; *vestimentum;* comp. **avestir**, vêtir, investir, donner; au fig. II, 226; **devestir**, dévêtir, déshabiller, priver, enlever; *devestire;* **investir**, investir; *investire;* **ravestir** II, 87, revêtir, habiller; investir, donner la possession; de *revestire,* ou mieux de *re* et *avestir;* comp. de *fer* et *vestir,* **fervestir** I, 407, armer, barder de fer.

Vesture v. vestir.

Veu v. vo.

Veue v. veoir.

Veuillant v. voloir.

Veule v. vole.

Veve v. vuit.

Vez v. viel.

Vezci II, 287.

Vezie v. vice.

Viaire, viarie, viere, viare I, 273. II, 198. G. d. V. 642, R. d. l. V. 78, avis, manière de voir; aspect, apparence, mine, visage; prov. *veiaire, vigaire* Honnorat s. v. Rayn. L. R. V, 534 place ce mot dans la famille de vezer, videre, voir; mais il n'est pas possible de dériver *veiaire* de cette racine. La forme *vigaire* prouve qu'il faut un *c* dans le radical, et en confrontant le prov. *vigaria,* viguerie, et l'ancien franç. *vier, vierg,* de *vicarius,* DC. s. v. vigerius, on serait tenté de rapporter *viaire* à la même source; seulement on ne saurait guère dire comment de *vicarius,* juge, etc.

ont pu se développer les significations indiquées. La variante *viarie*
fournit la preuve certaine d'une
terminaison *arius*.

Vials adv. II, 331.

Vialtre v. veltre.

Viande v. vivre.

Viandier v. vivre.

Viare v. viaire.

Viarie v. viaire.

Vias v. vivre.

Viaus adv. II, 331.

Viautre, viautrer v. veltre.

Viax adv. II, 331.

Vicaire II, 93, vicaire; *vicarius*.

Vice adj. v. vice.

Vice, visce I, 128. II, 231. 383, vice;
vitium; **vitios, vitious** II, 20, vicieux,
corrompu, nuisible; *vitiosus*. A la
même racine *vitium*, se rapporte
vice Ben. v. 6187. 10313. 31385,.
vize II, 149, **vezie, vesie**, et avec
diphthongaison **voisie, voise**, rusé,
habile; d'où **voisdie, veisdie, vaidie**,
pour *voisadie*, I, 134, habileté, félonie, trahison, tromperie, duperie;
voisos, veiseus, viseus, astucieux,
malin; adv. **voisosement, voisousement** II, 376; vb. comp. **envoiser,
enveiser, enviezier** II, 254. 378, se
divertir, s'amuser; au part. passé
envoisie, enveisie, enveise, etc., gai,
de bonne humeur, riant; rusé, habile, trompeur; d'où **envoiserie, envoiseure, envoisure, enveisure** II, 174.
232, joie, gaîté, plaisanterie, tromperie, habileté, duperie, félonie;
envoisement, enveisement R. d. l. V. 7,
plaisir, divertissement; **malvoisdie**
II, 383, méchanceté. Rayn. L. R.
V, 530 confond *vets* m., habitude,
mauvaise habitude, ital. vezzo, qui
contiennent notre radical pur, avec
vets fém. = vices. Notre forme *vice*,
habile, conforme à *vice*, vice, et
les rapprochements suivants, ital.
vizio, défaut, sensualité, lubricité;

vezzi, charmes; esp. vicio, vice,
(anc. esp. plaisir, amusement); prov.
vici, vice et ruse, ne laissent aucun
doute sur la dér. que j'indique.
Quant aux formes diphthonguées,
elles sont plus populaires et des
cantons qui aimaient les formes
larges. Du reste, à y regarder de
près, *vesie, voisie* répondent à *vi-
tiatus, voisos, veisos*, à *vitiosus*.
Quant aux significations, elles ne
font aucune difficulté. L'idée de
mauvaise habitude qui se trouve
surtout dans l'ital. vezzo, découle
naturellement de *vitium*. Le latin
vitiare avait déjà les significations
de séduire, corrompre, d'où celles
de tromperie, duperie, félonie, ruse,
malignité; et comme le séducteur
est un homme sensuel, lubrique,
on a donné à ce défaut le nom de
vice par excellence, parce qu'il est
fort commun dans notre espèce.
Le passage de sensualité, lubricité,
à gaîté se fait sans difficulté. M.
Chevalet dér. ces mots de l'allem.
wiss, weise, sage, prudent, avisé,
ce qui d'abord ne répond pas au
sens, et puis l'on aurait eu guice,
guisos, wice, wisos, etc.

Victoire v. vaincre.

Victore v. vaincre.

Victorie v. vaincre.

Vidnet v. voisin.

Vie, défense v. veer.

Vie, vie v. vivre.

Viel, vel, veil (vez, viez), quelquefois
viol (vious), vieux, laid; de *vetulus*;
vielle II, 229, vieille, vieille femme;
de *vetula*; dim. viellete I, 99, une
petite vieille; de là **viellart** I, 267,
vieillard; **viellece,** vieillesse; **vieillir,
veillir,** vieillir; comp. **enviellir, enveillir,** devenir vieux, vieillir.

Viele I, 387, vielle; de *vitella*; prov.
vïula, vïola, lmâ. vidula, vitula, de
vitulari, se réjouir, être joyeux,

gambader; vb. roman vïeler I, 75.
II, 400, prov. vïular, vïoler, jouer
de la vielle; d'où vielor, vieleur,
joueur de vielle, synonyme de menestrier de vïelle, jongleur de vïelle.
P. 94 du t. I, on lit veilliers pour
vielliers; c'est sans doute une faute
de lecture de l'éditeur des oeuvres
du Rutebuef. Le nom de viole pour
viele ne paraît avoir pris pied en
France que vers le XIVe siècle, et
dans le XVe il remplaça tout à fait
ce dernier. La forme de la vielle
est très-diverse selon les temps;
le nombre des cordes varie de trois
à six. La vielle était par-dessus
tout un instrument joyeux, dont on
jouait avec un archet. Cfr. lyre,
rebec, rote, sinfonie.

Vïeler v. vïele.

Viellart v. viel.

Vielle, viellece v. viel.

Viellete v. viel.

Viellir v. viel.

Vier, empêcher v. veer.

Vier, vers v. ver III.

Viere v. viaire.

Viermel v. verm.

Viers v. vers.

Viestir v. vestir.

Viez v. viel.

Vif v. vivre.

Vigne v. vin.

Vignol, vignou v. vin.

Vigor, vigur I, 74. 300. 352, vigueur,
force; vigor; vigoros, vigoureux,
fort; de là vb. comp. avigorer, avigurer II, 268, renforcé, reconforté,
rétabli.

Vigoros v. vigor.

Vigur v. vigor.

Vil, viol (viz, vis, vios, vious) I, 101.
102. II, 76. 163, vil (e), bas (se),
méprisable; de vilis; adv. vilment
I, 187, vilement, avec mépris, bassement; subst. vilteit, vilte, viute I,
67. 176, bassesse, indignité, gros-

sièreté, mépris; avilissement; de
vilitas. — Viltance, mépris, dédain,
opprobre. — De vil, on forma le
vb. comp. aviler, aviller, avillier II,
255, avilir, abaisser, outrager; sbst.
avilement, avilissement. Sbst. comp.
de viltance, aviltance; mais aussi
avilance, avillance II, 143, de ariler
(avilant), mépris, dédain.

Vilain, vilainement v. vile.

Vilaïner v. vile.

Vilainie v. vile.

Vilanaille v. vile.

Vilaner v. vile.

Vilanie v. vile.

Vilate v. vile.

Vile, ville, habitation à la campagne,
métairie, ferme; réunion de maisons
d'ordinaire peu considérable, et qui
n'était pas entourée d'un mur d'enceinte, hameau, village; de villa.
„La ville était autrefois le contraire
du bourg; la ville n'avait aucun
moyen de défense: le bourg, qui,
en général, était une réunion d'ha-
bitations plus considérable que la
ville, était défendu par un château
ou un mur d'enceinte. On appela
ensuite ville l'ensemble des habita-
tions, hameaux, etc., qui se trouvaient autour de la cité (civitas).
Ces espèces de faubourgs augmen-
tèrent peu à peu d'importance et
d'étendue, et finirent par étouffer
la cité, que ses murailles retenaient
dans son ancienne circonscription.
Alors la ville fut le principal, et
on donna le nom de ville à la réunion de la ville et de la cité."
Dimin. vilate, villete, vilete I, 99.
De ville dérive vilain, villain, vilein
II, 231. 272. 341. 354, villageois,
habitant de la campagne, laboureur,
fermier, cultivateur; homme du
peuple, roturier. Par suite de l'esprit de caste du moyen-âge, on
donna à vilain la signification de

grossier, rustre, vil, abject, méprisable. Adv. **vilainement, vileinement**, vilainement, grossièrement. De **vilain**, lmâ. villanus, on forma le collectif **vilanaille**, cfr. canaille; **vilanie** II, 121, **vilainie, vileinie, vilenie** I, 369, grossièreté, injure, outrage, insulte, affront, mauvais traitement, tromperie. Au lieu de ces orthographes, on trouve **velonie, vilonie, vilounie** I, 241. 315. II, 29. 339. 348, qui out sans doute été occasionnées par un rapprochement à félonie, quoique cette analogie ne soit pas absolument nécessaire, car on a souvent o pour *i, a, e.* Vb. **vilaner, vilainer, villoner, villener, velonier**, injurier, outrager, insulter, maltraiter, déshonorer, calomnier, tromper; comp. **envilanir, envillener**, avilir, outrager, insulter. De *ville* dérive aussi notre *village.*

Vilecomme v. wilecome.

Vilein, vileinement v. vile.

Vileinie v. vile.

Vilenie v. vile.

Vilete v. vile.

Villain v. vile.

Ville v. vile.

Villener v. vile.

Villete v. vile.

Villier v. veiller.

Villoner v. vile.

Vilment v. vil.

Vilonie v. vile.

Viltance v. vil.

Vilte, vilteit v. vil.

Vin I, 60, vin; *vinum;* **vigne** I, 119, vigne; *vinea;* de là **vinage, winage, winnage** I, 194. II, 13, droit seigneurial sur les vignes, droit sur les vins pressurés au pressoir banal, droit sur les vins qui passaient sur les terres de certains seigneurs, droit répondant à notre pot-de-vin, vin du marché; assemblée d'une communauté pour discuter ce qui concernait les vignes; enfin toute espèce de droit et d'impôt; **vignol, vignole, vignou**, vignoble; lmâ. vinoblium, du XIIIe siècle seulement; de *vinealis* sc. terra; prov. vinnal. Ce *vignole* est-il le même mot que notre *vignoble?* Le *b* alors aurait été intercalé; mais il n'y avait aucune raison de le faire. Ménage dér. *vignoble* de *vineabile* sc. solum. Comp. **vinaigre**, vinaigre. On disait aussi aigrevin, v. s. v. aigre.

Vinage v. vin.

Vinaigre v. vin.

Vingt v. vint.

Vins v. vint.

Vint, vingt I, 108. 109, vingt; *viginti;* vint (vinz, vins), variable I, 110, trois vinz, quatre vinz, cinq vinz, etc. I, 110; de là **vintime, vintisme** I, 115, vingtième.

Vintime, vintisme v. vint.

Vinz v. vint.

Viol, vieux v. viel.

Viol, vil v. vil.

Violete II, 118, violette; de *viola;* prov., ital., esp. viola.

Vios v. vil.

Vious, vieux v. viel.

Vious, vil v. vil.

Virer, tourner, diriger, retourner, détourner, changer; subst. **viron**, dans les composés **aviron** II, 203, environ, lieux d'alentour; vb. **avironner, aviruner** I, 92. 212. 220, environner, entourer, parcourir, tournoyer, aller à l'entour; d'où **avironnement**, enceinte, enclos; **environ, envirun**, environ; vb. **environner, enviruner**, environner, faire le tour, parcourir. J'ai dit II, 290, que je n'admettais pas la racine *gyrare*, et je maintiens cette opinion, bien que je ne puisse rien ajouter pour éclaircir ce point philologique. Cfr. girer. Le subst. **aviron** II, 387, espèce de rame, lmâ abiro, dérive également de *viron*, parce que l'aviron décrit un cercle. Cfr. le lorrain *aiviron*, vilebrequin. L'ancienneté du mot aviron ne permet pas de le dér., comme on l'a fait, de l'ital. alberone.

Virge, virgine, virgene I, 160, vierge; la première forme de *virgo*, les autres du radical complet *virgin(is)*, avec terminaison subst. fém.; ital. vergine, esp. virgen, prov. verge, vergi et vergena.

Virgene v. virge.

Virgine v. virge.

Vis, avis v. veoir.

Vis, visage v. veoir.

Vis, vil v. vil.

Vis, viz I, 177. II, 13. Q. L. d. R. III, 247, vis, escalier tournant en limaçon. L'orthographe primitive de ce mot doit avoir été *vit*, comme le prouve la forme en z, le prov. *vitz*, l'ital. *vite*; le *t* se perd devant le *s* de flexion. *Vit, vis* dérive de *vitis*, parce que les vrilles, les mains de la vigne et de beaucoup de plantes ont la forme d'une vis. Cfr. le prov. moderne *vis*, sarment, jet de la vigne. Vit, membre viril, mot dont nos *fableurs* se servaient si souvent, a été rapporté par M. Pott au bret. *piden, biden* = penis, kymri *pid* (m.), pointe; mais il est identique avec vit, vis. Cfr. Dief. Celt. I, 46.

Visablement v. veoir.

Visaige, visage v. veoir.

Visarme v. guisarme.

Visaument v. veoir.

Visce v. vice.

Viseus v. vice.

Visiaument v. veoir.

Visible v. veoir.

Visieument v. veoir.

Vision v. veoir.

Visitation v. visiter.

Visiter II, 102, visiter; *visitare*; visitation I, 50, visitation, visite; *visitatio*.

Visnes, visnet v. voisin.

Vissier v. huis.

Viste adj., vif, prompt, alerte, vite; adv. vistement, vestement I, 284. 407. II, 16, vivement, promptement, vitement. Nous devrions écrire *vite*. L'italien seul a ce mot, *visto*. M. Diez (II, 392) dérive *viste* de *regetus*, avec s intercalaire, et les Italiens nous l'auraient emprunté; mais *vegetus* n'aurait produit que *voiste*. M. Diefenbach (Celt. I, 46) se demande, entre autres dérivations, si on ne pourrait regarder *visto* comme une ellipse de *visto* = vu, sc. à peine. Alors *viste* nous viendrait de l'italien. Le piémontais *vist non vist*, dans l'instant, vient à l'appui de cette opinion; car ce vist est un véritable participe.

Vistement v. viste.

Vit, vis v. vis.

Vit, huit v. oit.

Vitaille v. vivre.

Vitante v. oit.

Vitios, vitious v. vice.

Viuté v. vil.

Vivandier, vivendier v. vivre.

Vivant v. vivre.

Vive v. vivre.

Viver, vivere v. vivre.

Vivier v. vivre.

Vivre, serpent v. voivre.

Vivre, vivere, viver II, 233, vivre, exister, se comporter; *se vivre* II, 235; inf. empl. subst. II, 54. 390, vivres, nourriture, moyens de subsistance; part. prés. empl. subst. vivant II, 302. 315, vivant, vie; comp. revivre, resusciter, ranimer, faire revivre, rétablir; — vie, vie, nourriture, conduite, histoire, biographie; *vita;* d'où devier, devier

II, 10. 58, mourir, sortir de la vie;
d'ici **deviement**, mort; — **vif, vive**
adj. et subst. I., 132. II, 279, vif,
vivant, ardent; *vivus;* d'où **aviver,**
vivifier, animer, enflammer; comp.
raviver, ranimer, raviver; — **vivier**
II, 209, vivier; *vivarium.* De *vi-*
venda dér. **viande** I, 175. 263. 321,
toute espèce de nourriture, vivres.
Cfr. DC. vianda. Le mot de *viande*
conserva cette signification jusqu'à
la fin du XVIe siècle, où il prit
celle qu'il a aujourd'hui, parce que
la chair des animaux fut regardée
comme la nourriture proprement
dite, la *viande* par excellence. Dans
l'ancienne langue, *chair,* caro, remplaçait le viande actuel. De la
même source dér. **vivendier, vivan-**
dier, viandier, riche, hospitalier,
libéral. De *victualia* dér. **vitaille**
I, 332. II, 235, nourriture, vivres,
aliments, provisions des choses nécessaires à la vie; prov. vitoalha,
vitalha, ital. vittuaglia. Au latin
vivax, se rapporte l'adverbe **vias**
II, 331.

Viz, vil v. vil.

Viz, vis v. vis.

Vizo v. vice.

Vo, votre v. vos.

Vo, vou, veu, vu II, 205, voeu, promesse, souhait, désir; de *votum;*
voer, vouer I, 235, faire voeu, promettre; *vovere;* comp. **avoer,** avouer,
reconnaître; **devot** I, 67, voué, dé-
voué, consacré, dévot; *devotus;*
adv. **devotement** I, 147. 268, avec
dévotion, avec dévouement; **devo-**
tion I, 126. 214. 278, dévotion,
prière, exercice de piété; *devotio.*

Vocher v. vois.

Vochier v. vois.

Vodier v. vuit.

Voel v. voloir.

Voer, promettre v. vo.

Voer, voir v. veoir.

Voiage, voiaige v. voie.

Void v. vuit.

Voide v. vuit.

Voidier v. vuit.

Voie, voye, veie I, 67. 166. 251,
voyage, pèlerinage; route, chemin;
de *via;* vb. **voier, veier** I, 225,
voyager, marcher; *viare.* Cfr. Quin-
tilien 8, 6, 33. *Via* se retrouve
dans les adverbes comp. **à la voie,**
à une voie, totevoies, totesvoies, tute-
veies où le *v* se permuta en *f,* d'où
l'on eut **à la foie, à la foiz;** etc.,
toutefoiz, etc., dont on trouve l'explication et la signification au t. II,
292. 3. Les variantes de fois étaient:
foie, foiz, fois, fie, fiee, fleie, foee,
feiee, feiz I, 50. 153. 169. 150. 270.
355. 370. II, 5. 51. 78; *autre foiz*
voulait dire encore une fois, pour
la seconde fois, de nouveau. Comp.
de *voier, veier:* **avoier, aveier,** diriger, indiquer la route, mettre en
chemin, en bon chemin, exciter,
irriter; **s'avoier,** se mettre en route,
dans la bonne route, se diriger,
s'occuper de qqch.; de là **avoiement,**
action de mettre sur la route, sur
la trace, insinuation, suggestion;
et le réitératif **ravoier, raveier;** —
convoier, conveier II, 344, conduire,
accompagner; *conviare;* en convoiant, au départ, au congé; d'où
convoiement, compagnie, cortège;
subst. **convoi, convei,** compagnie,
cortège, soin; — **desvoier, desveier,**
détourner de la route, de la bonne
route, dérouter, tromper; *deviare;*
d'où **desvoiement,** action de détourner de la route, tromperie, dévia-
tion; — **envoier, enveier, envaer,**
diriger, mettre en chemin, envoyer;
inviare; subst. **envoi, envei** II, 138,
envoi; de là **envial, enviaus** I, 296,
envoyé; **enviaille** P. d, B. 38, défi;
— **forsvoier, forvoier, forsveier** I, 269,
mettre hors de la route, du bon

chemin, déranger, détourner, fourvoyer; propr. *forisviare*. Pour tous ces composés v. t. I, p. 295. 6. Du latin, *viaticum*, argent nécessaire à un voyage, dérive **voiage, voiaige** I, 329, **veiage**, voyage, route, direction. Cfr. DC. viaticum.

Voier, voir v. veoir.

Voier, voyager v. voie.

Voies pour fois v. voie.

Voil v. voloir.

Voile, voille, veile I, 89. II, 98, voile, m. et f., *velum, vela;* reveler I, 56, révéler, découvrir; *revelare;* **revelatiun, revelation** I, 358. II, 351, révélation; *revelatio.*

Voiler v. veiller.

Voilher v. veiller.

Voilier v. veiller.

Voillant v. voloir.

Voille v. voile.

Voine, vainne, veine R. d. l. V. 98, veine; *vena.*

Voir, veir, voire, veire, ver I, 137. 163. 174. 264, vrai, véritable, certain; *verus;* prov. ver; *par veir* I, 253, en vérité, vraiment; empl. subst. m. II, 281, vérité; adv. **voirement, veirement** I, 101. 161. 172. 256, véritablement, vraiment; **voire** adv. I, 144. 231, voire, vraiment; *vere;* les formes **verai, vrai** I, 100. 182. 114. 251, vrai, sincère, véritable, dont la dernière nous est restée (prov. verai), dér. de *verac* (verax) ou d'un adjectif hypothétique *veracus* pour *verax* (la syncope ou l'apocope du *c* donne lieu à diphthongaison); d'ici l'adv. **vraiement, vrayement** I, 66. 128. 148. 151. 249, véritablement, vraiment, en vérité, et **averer, aveirer**, devenir vrai, s'accomplir; — **veriteit, veritet, verite, veriteiz, veritez** I, 84, vérité; de *veritas; par verte* II, 61, vraiment, en vérité.

Voire, voirement v. voir.

Voirre v. veirre.

Vois, voix, vuiz, voiz I, 57. 94. 95, voix; *vox;* **vochier, vocher**, crier, appeler; assigner, citer devant le juge, réclamer; *vocare;* comp. **avoe, avoue** I, 242. 388, champion, celui qui se bat pour un autre; seigneur, protecteur, défenseur; administrateur, avoué; de *advocatus;* de là **avoerie** II, 175, protection; **avoement** II, 8, protection. Cfr. Roq. s. v. avouerie, avowerie. On trouve aussi le simple **vowerie** I, 170. 222, corps de biens roturiers qui, quoiqu'ils fussent situés dans l'enclave d'un seigneur, dépendaient cependant d'une seigneurie voisine; on appelait encore ainsi des seigneuries pour lesquelles certains haut-justiciers, surtout ecclésiastiques, étaient obligés d'acheter la protection d'un seigneur puissant.

Voisdie v. vice.

Voise v. vice.

Voisin, veisin I, 105. II, 36, voisin, proche; subst. concitoyen, habitant d'un même lieu; *vicinus;* **voisineteit, veisinetet**, contracté **veisinte**, voisinage; *vicinitas;* — d'un *vicinitum* hypothétique (cfr. l'adv. vicinitus Cod. Th.), on forma **veisiné** II, 38, contracté **visnet, visnes**, voisinage, voisins, et, avec *d* normand pour *s*, **vidnet (z)**, et c'est ainsi qu'il faut lire au lieu de **judnez** I, 270, où l'éditeur indique une variante uidnez; cfr. adne pour asne, etc.; **voisinage, veisinage** I, 245, voisinage; propr. vicinagium; comp. **malvoisin, mauveisin**, mauvais voisin; ital. malvicino.

Voisinage v. voisin.

Voisinete v. voisin.

Voisos, voisosement, voisousement v. vice.

Voitrer v. voltrer.

Voivre, vivre, et, par suite d'une confusion avec le *w* allemand, **wivre,**

guivre, guivere, givre, serpent, vipère; de *vipera*. *Voivre* est encore
en usage dans plusieurs patois,
p. ex. dans celui de Montbéliard.
Guivre, etc., signifiait en outre une
espèce de trait, de dard, et l'on
n'a pas besoin, comme on l'a fait,
de lui chercher, en ce sens, une
autre origine; le serpent s'élançant,
fondant sur sa proie, est une image
qui explique assez bien l'emploi
du mot. Notre mot *givre*, prov.
gibre, *givre*, givre et vipère, est
sans doute le même mot; on a
employé cette figure à cause de la
forme que prend le givre en se
posant sur les arbres. Cfr. occitanien *givre*, glaçons qui pendent
des toits, des arbres, etc.; normand
• *gelee barbelee*, gelée blanche, parce
qu'elle ressemble à des barbes.

Voix v. vois.

Voiz v. vois.

Voizci II, 287.

Volage v. voler.

Volant p. prés. de voloir.

Volant, passant v. voler.

Volantiers v. voloir.

Vole, veule, vain, vide; de *vola*, le
creux de la main pris pour le vide.
On aimait à joindre vole à vain :
vain et vole, vole et vain; d'où
vanvole R. d. Ren. I, 147, chose de
néant; propr. vana vola.

Volee v. voler.

Voleir v. voloir.

Volente v. voloir.

Volenteif, volenteis v. voloir.

Volenteres v. voloir.

Volenterif v. voloir.

Volentos v. voloir.

Volentrif v. voloir.

Volentriment, volentriument v. voloir.

Voler II, 270, voler, se mouvoir en
l'air par le moyen d'ailes; *volare*;
cfr. bas; part. empl. subst. volant,
passant, qui n'est pas domicilié,

étranger; subst. **vol**, vol; **voleter**
P. d. B. 307, voltiger, voler, voler
rapidement et par secousses; *voli-
tare;* de là volee, vòlée; le mouvement d'une balance qui hausse et
qui baisse; **volille** Fl. et Bl. 1677,
volatille, volaille; formé d'après le
latin *volatilis;* **volage**, changeant;
subst. passant, étranger; proprem.
volaticus; prov. volatge; comp.
avoler I, 221, venir, arriver en volant, accourir; *advolare;* dont le
part. pass. s'empl. souvent subst.
avec le sens de étranger, homme
sans patrie, misérable; cfr. DC.
s. v. advoli; envoler I, 292, envoler; contracté de *transvolare*,
trauler, courir çà et là, notre *trôler;*
ital. travolare, passer en courant;
cfr. tres; quoique la racine *trô*,
tour, se trouve dans le celtique:
kymri *trôlio*, tourner, rouler; et
dans l'allemand: *trollen*, trôler; cfr.
Schwenk D. W. s. v. trollen. Notre
voler = dérober, est une abréviation
du latin *involare* = volatu rapere;
prov. envolar, enlever, dérober.
Cfr. Ménage et embler.

Volille v. voler.

Voloir, voleir, vuler, vouloir II, 80 et
suiv., vouloir, désirer; 1. pers. sing.
prés. ind. empl. subst. **voil, vuil,
vueil, vuel, voel, vul**, vouloir, volonté; vb. comp. **revoloir** II, 111.
112, vouloir à son tour, de nouveau, revouloir; **contrevoloir** II,
111; desvoloir II, 111; — **volonte,
volente, volunte** I, 49, volonté;
voluntas; volentos, désireux, volon-
taire, de bonne volonté, disposé;
volenteif, volenteis, dispos, sain;
volonterif, volentrif II, 234, volon-
taire, de bonne volonté, disposé;
adj. formé sous l'influence du latin
voluntarius; d'où l'adv. **volentriment, volentriument,** de bon gré,
volontairement; **volentiers, volantiers,**

voluntiers, volenteres I, 58. 271. 291. 306, volontiers; *voluntarie; trop volentiers* I, 234, *mult volentiers* I, 240, etc.; — d'après le part. prés. de voloir, volant, voillant, vuillant, vulant, veuillant, et en souvenir du latin *benevolens*, on forma bienvoillant, bienvuillant, etc., bienveillant, affectionné; subst. ami, partisan; plus tard on retourna tout à fait au latin et l'on dit *benivolent, benevolent;* de même bienvoillance, etc., bienveillance, affection, amitié, bonté; plus tard *benevolance, benivolence; benevolentia;* malvoillant, mauvoillant, mauvoillent, etc. I, 258, malveillant, ennemi; malevoillance, etc., malveillance, inimitié.

Volonte v. voloir.

Volt, voûté v. volte.

Volt, vout, visage; *vultus.*

Volte, voute, vaute II, 227. 288, voûte, caverne; volt, vout, vous, voûté, bombé; de *volutus,* de volvere; de là volter, voûter, arquer; voutiz, voltiz, voutice II, 301, voûté, ée; comp. envous, voûté, bombé, qui a une bosse; arvolt, arvol, de *arc* et *volt,* arcade, embrasure.

Volter v. volte.

Voltis, voltiz v. volte.

Voltrer, voutrer, voitrer, vutrer, vautrer; de *volvere;* fréquentatif voltriller, vutriller Dol. 244.

Voltriller v. voltrer.

Volunte v. voloir.

Voluntiers v. voloir.

Vomir II, 402, vomir; *vomere.*

Vooir v. veoir.

Vos, vus, vous pron. pers. 2e pers. plur. m. et f. I, 121. 126, vous; *vos;* vostre I, 141 pron. pos. 2e pers. m. et f., votre, vos; avec l'article le vôtre, les vôtres; *voster, vostra* pour *vester;* d'où, par apocope, vost II, 405, puis voz, vos, vo, vou,

vous I, 141, formes aux quelles j'applique ce que j'ai dit des correspondantes de la 1. pers., v. nos.

Vost v. vos.

Vostre v. vos.

Vou, voeu v. vo.

Vou, votre v. vos.

Vouer v. vo.

Vouloir v. voloir.

Vous, vous v. vos.

Vous, voûté v. volte.

Vout, voûté v. volte.

Vout, visage v. volt.

Voute v. volte.

Voutis, voutiz, voutice v. volte.

Voutrer v. voltrer.

Vowerie v. vois.

Voye v. voie.

Voz v. vos.

Vrai v. voir.

Vraiement v. voir.

Vrayement v. voir.

Vregier v. vergier.

Vu v. vo.

Vueil v. voloir.

Vuel v. voloir.

Vuidier v. vuit.

Vuil v. voloir.

Vuillant v. voloir.

Vuissier v. huis.

Vuit, vuide, void, voide I, 311, vide, privé; de *viduus,* par transposition de l'*u* pour les deux premières formes, et diphthongaison de l'*i* pour les autres; vb. vuidier, voidier, vodier, widier I, 104. 136. 191. 377, vider; *viduare;* le double *w* est picard pour *vu;* comp. desvuidier, desvider II, 25. 111, dévider, lancer; esvuidier, esveudier II, 381, propr. évider, dissiper. Dans la signification subst., *viduus, vidua,* prit une autre forme: vedu, vedue, d'abord, puis l'*u* se prononça en consonne vedv, vedve II, 127, d'où l'on fit vef, fém. régulier veve, II, 369.

Vuiz, voix v. vois.
Vuiz, vide v. vuit.
Vul v. voloir.
Vulant v. voloir.

Vuler v. voloir.
Vus v. vos.
Vutriller v. voltrer.

W.

Wage, gage v. gage.

Wage II, 142, vague; de l'ahal. *wâc*, goth. *vegs*, ib. Le double *w* au lieu de se décomposer en *gu*, comme à l'ordinaire, est devenu *v* dans la langue fixée.

Wager v. gage.

Wai v. guai et II, 402.

Waide, gaide, et avec le *s* intercalaire de la langue d'oïl, **waisde**, **gaisde**, **guesde**, guède, pastel; lmâ. *waisda*, *guasdium*, *guesdium*, *guaisdium* (DC. s. v.), avec le même *s* intercalaire, qui semble avoir embarrassé M. J. Grimm II, 67. *Waide* dérive de l'ahal. *weit*, isatis, anglosaxon *vâd*.

Waignon v. gaignon.

Waimenter v. guai.

Waïn v. gaïn.

Waing v. gaagnier.

Waires v. gaires et II, 294. 5.

Waisde v. waide.

Waite v. gaite.

Waitier v. gaite.

Walecomme v. wilecome.

Wambais v. gambais.

Wanbison v. gambais.

Want v. gant.

Warance II, 275, garance; *varantia* pour verantia.

Warant, warantir v. garant.

Warde, warder v. garder.

Warir v. garir.

Warison v. garir.

Warnir v. garnir.

Waschie, waschier v. gaschier.

Waschis v. gaschier.

Waskarme II, 403.

Weier v. guet.

Weit v. guet,

Weiz v. guet.

Welcumier v. wilecome.

Welecome v. wilecome.

Welke, un conchylifère; une moule v. M. d. F. II, 102, note 3; de l'anglo-saxon *veolc*, *veoloc*, cochlea, murex; néerlandais *welk*, anglais *wilk*. Cfr. Dief. G. W. I, 181.

Werbler, werbloier, faire des roulades avec la voix, parler haut; de l'allem *wirbeln*, faire un roulement (sc. avec la voix).

Werbloier v. werbler.

Were I, 158, amende qu'un meurtrier devait payer aux parents de sa victime; par extension amende encourue pour certains autres crimes ou délits; de l'allemand: ahal. *wera*, *weri-gelt*, anglo-saxon *vere*, allmod. *währgeld*, *wehrgeld*. Selon Schmeller le mot *werigelt* est composé de *geld*, argent, et de *wera*, valeur, prix, tandis que M. J. Grimm voit dans *wera* le goth. *vair*, ahal. *wer*, homme, ainsi hominis pretium.

Werpil v. I, 33.

Werpir v. guerpir.

Werre, werreglas v. veirre.

Werre, guerre v. guerre.

Werredon v. guerredon.

Werreier v. guerre.

Wes v. oes.

Wespe v. guespe.

Wessail, wesseyl, à votre santé. Halliwel s. v. wassail, dit: „From the A. S. was hœl, be in health. It was anciently the pledgeword in drinking, equivalent the modern your health. The term in later times was applied to any festivity or intemperance." Par suite de la permutation régulière du *w* allemand en *gu*, et du passage de la lettre *s* au *r*, on eut **guersai**, dont on perdit l'origine de fort bonne heure, à ce qu'il semble; car, ce mot ayant pris la signification d'intempérance, ivrognerie, gourmandise, on l'interpréta dans la langue d'oïl, en en faisant **guersoi**, c.-à-d. guere = beaucoup et soi = soif. Peut-être aussi cette transformation fut-elle faite sciemment par esprit de moquerie. Vb. **gueisseillier** Ben. III, 569, ivrogner.

West, notre *ouest*, de l'anglo-saxon *vest*, ancien norois *vestr*, occidens. Cfr. Dief. G. W. I, 228.

Wicht v. oit.

Wict v. oit.

Widier v. vuit.

Wigre, espèce de javelot; de l'ancien norois *vigr*, javelot.

Wiket, guischet, guichet; de l'ancien norois *vik*, recessus, angulus. Cfr. Dief. G. W. I, 139.

Wiket I, 33, hameau, et par mépris petite ville. J'ai admis que ce mot venait du celtique *wic*: breton *gwik*,

bourg, cité, *gwikad*, bourgeois; gallois *guik*, village; la même racine se trouve aussi dans l'allemand: ahal. *wîh*, *wîch*, vicus; allmâ. *wîch*, arx, civitas; goth. *veihs*, κώμη, ἀργός.

Wilecome, wilecume, welecome, walecomme, terme de civilité dont on se servait pour saluer, équivalant à soyez le bienvenu; vb. **wilcomier, welcumier**, souhaiter la bienvenue à qqn., lui faire bon accueil, puis accueillir en général, recevoir bien ou mal; de l'allem. et immédiatement de l'anglo-saxon *vilcume*, *vilcumian*, allmâ. *willekomen*, all. mod. *willkommen*, *bewillkommnen*, mot composé de *vil*, ahal. *wili*, en composition bene et *kommen*, venire.

Wilecomier v. wilecome.

Wilecume v. wilecome.

Winage, winnager v. vin.

Wisarme v. guisarme.

Wit pour vuit.

Wit pour huit v. oit.

Witisme v. oit.

Wivre v. voivre.

Ws I, 142 pour vus.

Wuis v. huis.

Y.

Ydle II, 231, idole; *idolum*, εἴδωλον.

Yerre v. hierre.

Ymage v. image.

Ymagene v. image.

Ypocrezie v. ypocrite.

Ypocrite II, 195, hypocrite; *hypocrita* (ὑπόκριτης); **ypocrezie** II, 97, hypocrisie; *hypocrisis* (ὑπόκρισις).

Yresie II, 97, hérésie; *haeresis* (αἵρεσις); **herege, herese**, hérétique; *haereticus* (αἱρετικός), prov. heretge, esp. herege, ital. eretico.

Yver v. iver.

Yvre v. ivre.

Yvrer v. ivre.

Z.

Za, zai v. çà et II, 278.

ADDITIONS ET CORRECTIONS.

Page 8, 2 col. l. 4 supprimez le second *d'être*.
- 154, 2 col. l. 2   -   *exempler*.
- 231 **Maidnee** v. mansion lisez v. manoir.
- 128 ajoutez **Engelos** v. jalous. .
- 371   -   **Tosiche** v. toxiche.

Imprimé chez Unger frères à Berlin.

www.ingramcontent.com/pod-product-compliance
Lightning Source LLC
Chambersburg PA
CBHW072001270326
41928CB00009B/1512